現代民事法の実務と理論

田原睦夫先生　古稀・最高裁判事退官記念論文集

上巻

一般社団法人金融財政事情研究会

題字　野崎幸雄

田原睦夫先生近影——最高裁判事執務室にて

はじめに

田原睦夫さんは、このたび古稀の誕生日を迎えられ、また、最高裁判所判事をご退官された。心から、おめでとうと、ご苦労さまを申し上げたい。

二〇〇六年秋、最高裁判所へ赴任される田原さんを激励する会が大阪で開かれた。その席上、田原さんは、「周りの裁判官を説得して、私の意見を常に多数意見とします」と言い切られた。われわれは、爆笑するとともに、大きな拍手を送った。田原さんの言葉が、不可能事を述べられたことを知らないではないが、われわれはこの田原さんの意気を壮としたのである。

昨年（二〇一二年）の夏、田原さんから電話がかかってきたとき、いったい今までいくつくらい少数意見、補足意見を書いたのか、と尋ねた。すると、即座に、「六月末現在で少数意見一六、意見三、補足意見約四〇です」という答えが返ってきた。私は、数字がすらすらと出てきたのに驚いたが、それだけ田原さんの自分の担当した裁判に打ち込む情熱、他面で誇りを感じたのである。

私には、田原さんの少数意見、補足意見などについて多くを語る資格はない。わずかに、民事訴訟法を中心としたごく限られた分野であるが、少数意見には、必ず学界に賛成者がいたし、補足意見には、納得を得ながらも、またこれで議論がむずかしくなったと、学界から嘆きの声が聞かれた。とにかく田原さんほど、自分の担当した裁判に、強く刻印を押し続けてきた人は、ほかに類を見ないのではあるまいか。

田原さんの名は、多数の論文、著書の執筆者として、以前から存じあげていた。また、その執筆者が、京都大学の林良平先生のゼミ出身の俊秀であることも耳にしていた。しかし、初めて面識を得たのは、法制審議会の民事訴訟法部会の席上であった。一九九六年に公布された新民事訴訟法の審議を始めたのは一九九〇年、それが一九九五年末頃まで続いたから、約六年間ほぼ毎月一度顔を合わせたのである。

田原さんはまだ若かったから、幹事の席に座られ、われわれ委員とはコの字型の向こう側の席であった。田原さんの隣席は秋山幹男弁護士（第二東京弁護士会）であったが、このお二人のしゃべること、しゃべること。委員である私の左右には、新堂幸司、竹下守夫と名だたる論客がおられたが、このお二人を含めた委員全員の総発言量よりも、幹事お二人の総発言量のほうが、よほど上回ったのではないか。もちろん多弁ばかりでなく、その内容も鋭細をきわめた。新民事訴訟法のなかには、いくつかの田原さんのアイデアが定着した法文がある。

田原さんは、その後も、法制審議会の倒産法部会の（今度は）委員として活躍を続けられた。破産法、民事再生法、会社更生法の立法、改正に貢献された。田原さんが、民事再生法のわが国最初の開始事件（高橋ビル事件）で、監督委員に選ばれたことはよく知られた事実である。

田原さんは、さほど大きな身体でないのに、ほんとうにタフである。最高裁判所に在任中も、よく関西へ戻ってくれていた。法律の研究会や、お知合いの人のお祝いごとには、決まったように顔を出していた。もともと、夏になると日本アルプスなどへ出かけるので、われわれの間では有名だった人である。それにしても、あれだけの判例を書きながら、そして少数意見や、補足意見を書きながら、どうしてこんな時間がつくれるのか、田原さんの時間創出方法は、私にとってはまか不思議であった。

田原さんは、かなりの毒舌家である。この人によってほめて貰える人は、めったにいないのではないかと思うほど、けちょんけちょんに人をやっつけるし、また、それを大勢の前でやるから、当人に聞こえたらどうするのだと、ハラハラする。

それでいて、田原さんは人に憎まれない。医師ご一家の末弟という、恵まれた家庭環境からくる大らかさと、人なつっこい態度が人に好かれるのであろう。このたび、学界、実務界の多くの人たちから、このような記念論文集を献呈された。田原さんの才能と人柄が、人々によって敬愛されている、なによりの証しであろう。

私個人についていうと、二〇〇六年に「私は少数意見を書きません」という発言を聞きながら、この人が関西に戻ってくるまで、生きておられるだろうかと思った。幸いにして寿命を得て、田原さんの元気な顔を見、また、あの毒舌をたっぷり聞かされそうである。人生の冥加に尽きると思っている。

二〇一三年　四月

鈴木　正裕

〔追記〕その後、定年を迎えられた田原さんから、執筆された少数意見などの数を最終的に教えられた。少数意見（反対意見）一六件（刑事七件・行政六件・民事三件）、意見三件（行政一件・民事二件）、補足意見五二件（刑事一〇件・行政九件・民事三三件）、計七一件。いずれにしても多い数である。よくぞやった、と申し上げたい。

『現代民事法の実務と理論』発刊の辞

田原睦夫先生は、平成二五年四月二二日最高裁判所判事を定年退官され、同月二三日めでたく満七〇歳のお誕生日をお迎えになられました。

本書にご執筆いただいた皆さまとともに、わたくしたち一同心よりお慶び申し上げます。

先生から長い間ご厚情を賜り、ご指導をいただいたわたくしたちは、平成二三年六月、先生の古稀・ご退官をお祝いする記念論文集を編纂し、献呈することを企画いたしました。

そこで先生にゆかりのある各方面の研究者、実務家の方々にご執筆をお願いいたしましたところ、皆さまいずれも研究・実務の第一線で活躍され、ご多忙の方々であるにもかかわらず、快くお引き受けいただき、本企画のため六八編もの力作をお寄せくださいました。そしてこのたび、斯界の財産ともなるべき素晴らしい論文集を発刊し、先生に献呈できる運びとなりました。相好を崩される先生のご様子が目に浮かぶが如き記念論文集が完成したことは、発起人一同にとりましてこの上ない歓びです。

ご執筆いただいた方々に、心より御礼申し上げます。

先生は、昭和四四年四月大阪弁護士会にて弁護士登録されてから、三七年余にわたり弁護士として活躍され、平成一八年一一月に最高裁判事に任官されてからは、ご退官まで六年余の在任期間中、数多くの裁判に関与されました。

　先生のお好きな言葉は「逃げない」です。弁護士・最高裁判事を通じて実務法曹としての四四年余、先生はそのお言葉どおりに歩んでこられました。

　弁護士時代の先生は、ご任官の直前まで終始一貫して実務の最前線に立たれていました。弁護士業務の活動基盤を大阪におかれていた先生は、とりわけ関西圏を中心とする昭和六〇年代以降のバブル経済の興隆と衰亡を反映する数多くの経済案件に、企業アドバイザー、訴訟代理人、倒産事件中立代理人、破産管財人、更生管財人、再生事件監督委員など、さまざまな立場で携わってこられたことで著名です。また先生は、これら経済案件を中心とする民事事件と並行して、弁護士登録直後から国選弁護事件を含め約二〇〇件の刑事事件弁護人を担当され、少なからぬ無罪判決を得られており、さらにはバブル経済下で発生した著名な特別背任被告事件において上場会社元社長の主任弁護人を担当されるなど、刑事弁護にも精通されています。このような先生の弁護士時代の豊富なご経験・ご実績は、最高裁判事としての法廷意見や個別意見にも色濃く反映されています。

　先生は、実務法曹として多忙を極められるその一方で、母校京都大学の恩師であられた故林良平先生のお導きにより、担保法、金融法を出発点として弛みない研究活動を続けてこられました。これまで担保法や倒産法をはじめとする民事法を中心に、刑事法や公害法等にもわたる幅広い分野において、二〇〇本を優に超す著作（下巻末尾の「執筆文献一覧」をご参照ください）を発表され、数多くの学会報告・発言、シンポジウム・座談会出席等、その研究活動において顕著な業績を挙げてこられました。とりわけ倒産法の分野において、実務界はもとより学界に対しても大きな影響を与え続けてこられたことは、世に広く知られるところです。

　また、鈴木正裕先生がお書きくださった本書のはしがきでご紹介がありますように、田原先生は、平成二年から法制審議会民事訴訟法部会幹事として民事訴訟法の改正作業に、平成八年から同倒産部会委員として一連の倒産法改正作業に、それぞれ携わられ多大の貢献をされました。先生の数多い業績のなかでも、実務と理論を架橋する先生の真骨頂を発揮されたものの一つであったと存じます。

先生は、後進の育成にも情熱を注いでこられました。平成一〇年には京都大学大学院客員教授に就かれて企業法務（倒産法と倒産実務）のゼミをご担当されたほか、それぞれの所属組織等にとらわれることなく、事件の共同処理や各種研究会など、ことあるごとに機会を与え、機会をとらえて後輩の指導に当たってこられました。田原スクールの門下生は実務家から若手研究者にまで広く及んでおり、本書の執筆者の方々のなかにも、われは田原スクール門下と名乗りを上げられる方が数多くいらっしゃることと存じます。

もとより、先生が最高裁判事に任官されてからは、周知のように多数の法廷意見、補足意見、少なからぬ反対意見を書かれ、事案の解決、判例理論の発展に尽力されました。先生は「弁護士として三七年余の間に培った多種・多様な経験を生かしつつ、事実に対しては、虚心坦懐に向き合い、法の適用に於いては、その立法理由及び過去に形成されてきた学説や判例法理を弁えつつ、社会の大きな流れに常に注意を払って裁判に当りたい」（最高裁判所ホームページ参照）との信条を表明されていましたが、最高裁判事として裁判に臨まれた先生のご姿勢は、まさに言行一致を体現するものでありました。

最高裁判事のご重責を全うされ、古稀をお迎えになられて先生は、なお一層にお元気でいらっしゃいます。わたくしたちの敬愛する田原先生におかれては、今後とも、末永くご活躍いただき、また、後進に対するご指導、ご鞭撻をくださいますようお願い申し上げます。

最後になりましたが、本書の企画から刊行に至るまで多大なご支援をいただいた金融財政事情研究会出版部の皆さま、とりわけ加藤一浩氏、谷川治生氏、田島正一郎氏、髙野雄樹氏、城戸由紀氏に心より御礼申し上げます。

発起人（代表）

安永正昭
山本克己
山本和彦
松下淳一
園尾隆司
出水順
清水正憲

目次

一 民法

二 商 法

三 信託法

四　金融商品取引法

五　民事立法

執筆者紹介

山本　敬三	京都大学教授	服部　　敬	弁護士
土岐　敦司	弁護士	近藤　昌昭	司法研修所教官
古財　英明	大阪地方裁判所判事	三上　　徹	三井住友銀行
道垣内弘人	東京大学教授	山田　誠一	神戸大学教授
安永　正昭	同志社大学教授	森本　　滋	同志社大学教授
畑　　瑞穂	東京大学教授	村中　　徹	弁護士
滝澤　孝臣	弁護士	中島　弘雅	慶應義塾大学教授
	日本大学教授	池田　光宏	大阪高等裁判所判事
髙橋　　眞	大阪市立大学教授	天野　佳洋	京都大学教授
深山　雅也	弁護士	小野　　傑	弁護士
潮見　佳男	京都大学教授		東京大学客員教授
松岡　久和	京都大学教授	堂園　昇平	三井住友信託銀行
宮下　尚幸	弁護士	森田　　章	同志社大学教授
森田　　修	東京大学教授	始関　正光	東京地方裁判所判事
奈良　輝久	弁護士		

（掲載順・平成25年５月１日現在）

【下巻】 目 次

一－1 倒産法共通

一－2 破 産 法

一―3　民事再生法

一―4　会社更生法

三　家事事件手続法

四　民事執行法

五　弁護士倫理

凡例

［法律］

金商法	金融商品取引法
金販法	金融商品の販売等に関する法律
自賠法	自動車損害賠償保障法
商法特例法	株式会社の監査等に関する商法の特例に関する法律
整備法	会社法の施行に伴う関係法律の整備等に関する法律
投信法	投資信託及び投資法人に関する法律
民執法	民事執行法
民執規	民事執行規則
民訴法	民事訴訟法
民保法	民事保全法

［判例集・判例評釈書誌］

民録	大審院民事判決録
民集	最高裁判所民事判例集
高民集	高等裁判所民事判例集
下民集	下級裁判所民事判例集
裁判集民時	最高裁判所裁判集民事
東高時報	東京高等裁判所判決時報
新聞	法律新聞
判決全集	大審院判決全集
家月	家庭裁判月報
交民	交通事故民事裁判例集
刑集	最高裁判所刑事判例集
刑録	大審院刑事判決録
判解民	最高裁判所判例解説　民事篇
無体集	無体財産権関係民事・行政裁判例集
主判解	主要民事判例解説
リマークス	私法判例リマークス

［定期刊行物（学会誌、官公庁等の発行誌）］

家族	家族〈社会と法〉
季労	季刊労働法
金商	金融商事判例
金法	旬刊金融法務事情
銀法	銀行法務21
金融法	金融法研究
クレジット	クレジット研究：クレジット研究所レポート
ケ研	ケース研究
債管	事業再生と債権管理
司研	司法研修所論集
自正	自由と正義
ジュリ	ジュリスト
商事	商事法務
信研	信託法研究

信託　信託
曹時　法曹時報
手研　手形研究
知管　知財管理
判時　判例時報
判タ　判例タイムズ
判評　判例評論
判民　判例民事法
評論　法律評論
ひろば　法律のひろば
米法　アメリカ法（日米法学会）
法協　法学協会雑誌
法教　法学教室
法支　法の支配
法時　法律時報
法セ　法学セミナー
民研　みんけん（民事研修）
民商　民商法雑誌
民情　民事法情報
民訴　民事訴訟雑誌
労経速　労働経営判例速報
労研　日本労働研究雑誌
労判　労働判例

[定期刊行物（法学部・法学科等のある大学の紀要）]

青法　青山法学論集
秋田　秋田法学
愛媛　愛媛法学会雑誌
岡法　岡山大学法学会雑誌
学習院　学習院大学法学会雑誌
関学　法と政治（関西学院大学法政学会）
関法　法学論集（関西大学法学会）
九法　九大法学
志林　法学志林（法政大学法学志林協会）
新報　法学新報（中央大学法学会）
専修ロー　専修ロージャーナル
同法　同志社法学
都法　東京都立大学法学会雑誌
阪法　阪大法学
広法　広島法学
府経　大阪府立大学経済研究
法学　法学（東北大学法学部）
法協　法学協会雑誌
法研　法学研究（慶應義塾大学法学研究会）
法雑　大阪市立大学法学雑誌
法政　法政研究（九州大学法政学会）
北法　北大法学論集
明学　明治学院論叢法学研究
名法　名古屋大学法制論集
立命　立命館法学
論叢　法学論叢（京都大学法学会）

一

民法

民法の改正と民法典の体系*

山本敬三

一　はじめに

1　民法改正の現況

現在、債権法を中心として、民法の抜本的な改正を行うための作業が進められている。二〇〇九年には、民法学者を中心とした民法（債権法）改正検討委員会（以下では「改正検討委員会」という。）が『債権法改正の基本方針』（以下では『基本方針』という。）を発表したのをはじめとして（注1）、いくつかの研究グループによる改正試案が発表された（注2）。こうした動きをふまえながら、二〇〇九年一一月に、法制審議会に民法（債権関係）部会が設置され、改正に向けた審議が進められている（注3）。二〇一一年五月には、それまでの審議をもとに、「民法（債権関係）の改正に関する中間的な論点整理」（以下では「中間論点整理」という。）が公表された（注4）。その後、パブリック・コメントの手続を経て（注5）、さらに立ち入った審議が進められ、二〇一三年三月には、中間試案を取りまとめて公表する段階に至っている（注6）。

2　検討の課題

この民法（債権関係）の見直しにあたっては、個々の制度や規定の内容とともに、民法典の編成と規定の配置についても見直しを行うべきかどうかが検討課題の一つとして考えられる。

中間論点整理でも、このような観点から、次の六つの検討課題を提示し、「これらを含めて、民法のうち債権関係の規定の配置について、配置の変更により現在の実務に与える影響、中長期的な視点に立った配置の分かりやすさの確保、民法の基本理念の在り方等の観点に留意しつつ、更に検討してはどうか」とされている（注7）。

① 法律行為の規定を第三編債権に置くべきであるという考え方の当否
② 時効の規定のうち債権の消滅時効に関するものを第三編債権に置くべきであるという考え方の当否
③ 債権総則と契約総則の規定を統合するという考え方の当否
④ 債権の目的の規定を適切な場所に再配置する考え方の当否
⑤ 典型契約の配列について有償契約を無償契約より先に配置する考え方の当否

⑥　第三者のためにする契約や継続的契約に関する規定等、各種の契約類型に横断的に適用されうる規定の配置のあり方

このうち、①と②は、総則編と債権編の関係に関する問題であるのに対して、③から⑥は、債権編のなかでの編成にかかわる問題である。後者のなかでは、③と④は、債権総則と債権各則の関係に関する問題であるのに対して、⑤と⑥は、契約に関する規律のなかでの編成にかかわる問題である。

本稿では、民法（債権関係）の改正に伴って問題となるこれらの一連の検討課題について、問題の所在を明らかにし、改正の方向性について検討することとする。ただし、上記の検討課題のうち、④は、債権の目的に関する個々の規定の内容をどのように改正すべきかということと離れて検討することはむずかしいため、本稿では割愛する。そのほか、民法の体系については、より大きな問題として、民法と消費者契約法および商法の関係も問題となるが、これについての検討は、別の機会に譲ることとしたい（注8）。

＊本稿は、二〇一〇年一二月一四日に開催された法制審議会民法（債権関係）部会第二〇回会議に提出した筆者の意見書をもとに、その後の議論の推移等もふまえて加筆し、訂正を加えたものである。敬愛する田原先生の退官記念論文集にこのようなものしか寄稿することができないのは申し訳の立たないことであり、ただご海容を請うほかないことをここでお詫びしておきたい。

（注1）　民法（債権法）改正検討委員会編『債権法改正の基本方針（別冊NBL一二六号）』（商事法務、二〇〇九年。以下では『基本方針』として引用する。）、同編『詳解債権法改正の基本方針Ⅰ～Ⅴ』（商事法務、二〇〇九～一〇年。以下では『詳解Ⅰ～Ⅴ』として引用する。）。

（注2）　民法改正研究会（代表・加藤雅信）編『民法改正と世界の民法典』（信山社、二〇〇九年）、同編『民法改正国民・法曹・学界有志案――仮案の提示（法律時報増刊）』（日本評論社、二〇〇九年）、椿寿夫＝新美育文＝平野裕

之＝河野玄逸編『民法改正を考える（法律時報増刊）』（日本評論社、二〇〇八年）、金山直樹編『消滅時効法の現状と改正提言（別冊ＮＢＬ一二二号）』（商事法務、二〇〇八年）等。

（注３）　法制審議会民法（債権関係）部会における審議の資料と議事録は、法務省のホームページ（http://www.moj.go.jp/shingi1/shingikai_saiken.html）を参照。

（注４）　法制審議会民法（債権関係）部会「民法（債権関係）の改正に関する中間的な論点整理」（以下では「中間論点整理」として引用する。）。これは、法務省のホームページに公表されているほか（http://www.moj.go.jp/content/000074989.pdf）、ＮＢＬ九五三号の付録としても公刊されている。また、この中間論点整理に即して、法制審議会民法（債権関係）部会における議事の概況等を整理したものとして、法務省民事局参事官室「民法（債権関係）の改正に関する中間的な論点整理の補足説明」（以下では「中間論点整理補足説明」として引用する。）も、同様に法務省のホームページに公表されているほか（http://www.moj.go.jp/content/000074988.pdf）、商事法務編『民法（債権関係）の改正に関する中間的な論点整理の補足説明』（商事法務、二〇一一年）として公刊されている。

（注５）　パブリック・コメントの概要をまとめたものとして、金融財政事情研究会編『「民法（債権関係）の改正に関する中間的な論点整理」に対して寄せられた意見の概要』（金融財政事情研究会、二〇一二年）を参照。

（注６）　本稿の執筆・校正時点では、中間試案の取りまとめに向けた審議が行われている過程にあり、中間試案の公表を受けた検討になっていないことをお断りしておきたい。筆者が参照することができたのは、民法（債権関係）部会資料58「民法（債権関係）の改正に関する中間試案のたたき台⑴⑵⑶（概要付き）」（http://www.moj.go.jp/content/000107835.pdf）、民法（債権関係）部会資料59「民法（債権関係）の改正に関する中間試案のたたき台⑷⑸（概要付き）」（http://www.moj.go.jp/content/000108216.pdf）、民法（債権関係）部会資料60「民法（債権関係）の改正に関する中間試案（案）」（http://www.moj.go.jp/content/000108218.pdf）である。

（注７）　前掲（注４）中間論点整理一八七頁のほか、前掲（注４）中間論点整理補足説明四六五頁以下も参照。規定の配置については、中間論点整理に先立ち、法制審議会民法（債権関係）部会の第二〇回会議（二〇一〇年一二月

一四日）で審議が行われ（そのための資料として、民法（債権関係）部会資料20—2「民法（債権関係）の改正に関する検討事項⒂詳細版」（http://www.moj.go.jp/content/000059692.pdf）二四頁以下を参照）、その際に、大村敦志幹事から「民法改正にかかわる総論的諸問題に関する意見——民法典の編成問題を中心に」（http://www.moj.go.jp/content/000059831.pdf、以下「大村意見書」として引用する。）、山野目章夫幹事から「債権関係の規定の見直しと民法の編成」（http://www.moj.go.jp/content/000059832.pdf、以下では「山野目意見書」として引用する。）、山本敬三幹事（筆者）から「民法典の編成と規定の配置」（http://www.moj.go.jp/content/000059833.pdf、以下では「山本意見書」として引用する。）と題する意見書が提出されている。中間論点整理が公表された後では、法制審議会民法（債権関係）部会の第六一回会議（二〇一二年一一月六日）に、審議が行われている（そのための資料として、民法（債権関係）部会資料49「民法（債権関係）の改正に関する論点の検討㉑」（http://www.moj.go.jp/content/000103650.pdf）一七頁以下を参照）。

（注8） 民法と消費者契約法の関係については、山本敬三「消費者契約法の改正と締結過程の規制の見直し——誤認による取消しの現況と課題」平野仁彦＝亀本洋＝川濵昇編『現代法の変容』（有斐閣、二〇一三年）三四七頁以下で若干の検討をしているので、その参照を乞いたい。そのほか、民法改正について筆者自身の考え方を一般的に述べたものとして、山本敬三「インタビュー・山本敬三教授に聞く——債権法改正の現在」法セ六六七号一八頁（二〇一〇年）も参照。

二　総則編と債権編の関係

1　法律行為に関する規定の配置

(一)　法律行為概念の維持

まず、①法律行為の規定を第三編債権に置くべきであるという考え方の当否については、その前提として、そもそも法律行為という概念を維持すべきかどうかが問題となる。

たしかに、法律行為という概念は、法律に不慣れな市民にとって、耳慣れない言葉であり、それが契約や遺言等を包含する上位概念であることは、直ちに理解しにくいことは否めない。しかし、法律行為概念は、現行民法が制定されてから一〇〇年あまりを経て、すでに確立したものであり、民法以外の領域でも、この概念を前提とした立法や解釈が行われている。仮にここで法律行為概念を採用しないとするならば、大きな混乱が生じると予想される。

また、立法技術として見ても、法律行為概念は、契約だけでなく、単独行為に当たるものも漏れなく規律するのに有用なものである。仮にここで法律行為概念を採用しないとするならば、単独行為に当たるさまざまな種類の行為について必要な規律をどのように行うかという――現行法では必要のない――技術的に困難な問題が生じることになる。

以上のような理由から、今回の改正にあたっても、法律行為概念を維持すべきであると考えられる（注9）。

これによると、法律行為に関する規定をすべて契約に関する規定に組み換えて、債権編に置くという考え方はそもそも適当ではないことになる（注10）。

(二) 規定の配置と方法

そのうえで問題となるのは、このような法律行為に関する規定をどこに定めるべきかである。これは、法律行為に関する規定をどのように定めるべきかという問題と密接に関係する。

法律行為概念を維持することを前提とした場合に、規定の配置については、四つの可能性が考えられる（注11）。第一は、現行法どおり、総則編に配置する可能性（A案）、第二は、債権編に配置する可能性（B案）、第三は、総則編と債権編に分属させる可能性（C案）、第四は、総則編と債権編の双方に置く可能性（D案）である。

(1) 債権編に配置する可能性

このうち、B案として考えられるのは、①法律行為に関する規定をそのまま債権編に定める方法（B_1案）と、②債権編に、契約を対象とした規定を定め、それを他の法律行為に準用するという方法（B_2案）である。

いずれにしても、B案が、このように法律行為に関する規定を債権編に定めようとするのは、法律行為に関する規定が適用される主たる場面は契約であり、そうした契約に関する規定群はひとまとまりのものとして定めることが望ましいという考え方によると考えられる。現行法のように、契約に関する規定群を総則編と債権編に分断されたかたちで定めるのは、市民にとってわかりやすいものとは言いがたく、むしろそれらはひとまとまりのものとして債権編のなかに定めるべきだと考えるわけである（注12）。

しかし、法律行為に含まれるのは、契約だけではない。債権編で問題となる単独行為――選択権の行使、相殺、債務の免除、解除、予約完結の意思表示、賃借権の譲渡・転貸の承諾、解約申入れ等――のほか、それ以外の領域で問題となるさまざまな行為も数多く含まれる。たとえば、取消し、同意・追認、権利の放棄、時効利益の放棄、時効の援用、決議等のほか、制限物権の設定行為や共有物の変更・管理・分割に関する合意・同意等、占有に関する意思表示、さらに相続の承認、放棄、遺言をはじめ、家族法の領域で問題となる各種の行為もそうである。法律行為という概念は、もともとこうしたさまざまな行為を包含することを可能にし、それらに共通して問題となる事柄について原則的な規律を定めるために考え出されたものである。このような法律行為概念の趣旨に照らすと、法律行為に関する規定は、現行法どおり、総則編に定めるのが適当というべきである。少なくとも、B_1案のように、法律行為に関する規定をそのまま、つまり法律行為に関する規定として債権編に定めるのは、法律行為という概念がもつ意味にそぐわず、適当とは言いがたい。

また、B_2案のように、債権編に、契約を対象とした規定を定めたうえで、それを他の法律行為に準用するという方法も、やはり問題である。もちろん、これによると、規定の内容が契約に即したものとなるため、契約に関する規律としてはわかりやすく、また使いやすいものとなる可能性がある。たとえば、現行民法九五条本文のように、「意思表示は、法律行為の要素に錯誤があったときは、無効とする」と定めるよりも、たとえば、「契約当事者の一方又は双方が意思表示をする際に、その契約の要素に錯誤があったときは、その意思表示は無効とする」と定めるほうが、少なくとも市民にとってわかりやすくなることはたしかである（注13）。しかし、たとえば、代理に関する規定や意思表示の効力発生（到達等）に関する規定のように、契約以外のさまざまな行為についても原則を定めていると考えられる規定は、そもそも契約に関する規定を定めたうえで、それを他の法律行為に準用するという定め方をすることは適当と言いがたい。現行民法九〇条のように、すべての法律行為について、公序良俗に反する場合は無効とするという基本原則を宣言する規定も、契約に関する規定として定めたうえで、それを他の法律行為に準用する――たとえば第一項で「公の秩序又は善良の風俗に反する事項を目的とする契約は、無効とする」と定めたうえで、「前項の規定は、契約以外の法律行為に準用する」と定める――という定め方をするのにそぐわない。法律行為全体に通じる民法の基本原則としての性格が直截に示されているとはいえなくなるからである。そのほか、意思能力に関する規定を定めるとするならば、それも同様というべきだろう（注14）。

これに対して、もともと法律行為という概念は、上述したように、債権編で問題となる行為に限らず、他の領域で問題となる行為も含めて、それらに関する規律を包括的に定めることを可能にするために考え出されたものである。そのような概念を維持するのであれば、これをわざわざ契約に関する規定として定めたうえで、他の法律行為に準用するという定め方をする必要は乏しいというべきだろう。

(2) 総則編に配置する可能性

以上のような理由から、B案のように、法律行為に関する規定を債権編に定めるのは適当とは言いがたい。むしろ、A案のように、現行法と同様、法律行為に関する規定は総則編に定めることが望ましいというべきである。これはさらに、次のような総則編と法律行為概念がもつ体系的・原理的な意義からも要請される。

現行民法が採用するパンデクテン・システム（注15）は、権利を基軸とした体系であり（注16）、総則編も、権利の主体（「人」と「法人」）、権利の客体（「物」）、権利の変動原因としての行為（「法律行為」）・時の経過（「時効」）として構成されている。法律行為に関する規定は、このシステムのなかで、権利の変動原因としての人の行為に関する共通の基本原則を定めたもの――「法律行為（Rechtsgeschäft）」は、本来、「権利行為」ないし「権利義務設定行為」と訳されるべきものだった——として位置づけられる。一九世紀にドイツで確立したパンデクテン・システムを今なお維持することについては、議論の余地がありうるところだとしても（注17・18）、少なくとも今日において総則編を定めるとするならば、このような市民社会に妥当する共通の基本原則を宣言し、確認するところにその意義を求めるべきだと考えられる。たとえば、法律行為について、「公序良俗に反する法律行為は、無効とされる」という規範や（注19）、「意思表示に一定の錯誤があるときは、その意思表示の効力を否定することができる」という規範（注20）、「意思表示は、相手方に到達した時からその効力を生ずる」という規範（注21）、「代理権を有する者が顕名をして法律行為をしたときは、その効果は本人に帰属する」という規範（注22）等を総則編に定めることは、これらの規範が市民社会に妥当する共通の基本原則であることを宣言し、確認するという意味をもつ（注23）。このような考慮からも、法律行為に関する規定を総則編に定めることが適当だと考えられる。

(3)　総則編と債権編に分属させる可能性

次に、C案のように、法律行為に関する規定を総則編と債権編に分属させるという考え方は、以上に述べたような法律行為概念がもつ意義を一部考慮しようとするものだと見ることができる。具体的には、法律行為に関する定義規定のほか、現行法でいうと、総則編第五章「法律行為」のうち、第一節「総則」の規定（現行民法九〇〜九二条）に相当する規定——さらに意思表示の効力発生に関する規定（現行民法九七〜九八条の二に相当する規定）もその可能性がある——は、まさに法律行為の基本原則に当たるものであるとして、総則編に定められるのに対して、その他の規定は債権編に定められる——具体的には、B_2案のように、契約に関する規定として定め、それを他の法律行為に準用する旨を定める——ことになると考えられる（注24）。このような規定の仕方は、すでに二〇〇六年の法人法改正で、法人に関する原理的な規定のみを民法の総則編に定め、その他の規定を別置したことにより、実際に採用されているとされる。

しかし、これらの規定を総則編に置くだけで、上述したように、法律行為に関して市民社会に妥当する共通の基本原則を宣言し、確認したといえるかどうかは、疑問である。さらに、それ以外の規定について、B_2案と同じような規定の仕方をするのであれば、B_2案について述べたのと同様の問題がここにも当てはまることになる。したがって、C案のような考え方は、やはり適当とはいえないと考えられる。

(4) 総則編と債権編の双方に定める可能性

これに対して、D案のように、法律行為に関する規定を総則編と債権編の双方に定めることが、仮にA案と同じく、法律行為に関する規定をすべて総則編に定めたうえで、さらに債権編でそれを契約に即して確認した規定を置くことを意味するのであれば、少なくとも以上に述べた疑問や批判は当たらない。

この考え方は、法律行為に関して以上に述べた要請を充たしたうえで、その主要な場面である契約について、市民にとってもわかりやすい規定を定めるという要請にも一定の限度で応えようとするものと見ることができる。そうした要請は、債権編で、契約に即したかたちで具体的な規定を置く場合（D_1案）によりよく実現できるが、債権編では、総則編に定められた規定が契約についても適用される旨を明らかにする規定――いわゆるレファランス規定に相当するもの――を定めるにとどめる場合（D_2案）でも、少なくとも何が問題となりうるかということがわかることから、意味があると考えられる（注25）。

もっとも、D_1案による場合は、公序良俗や錯誤、代理等に関して、法律行為一般を対象とする規定と契約を対象とする規定の二つを定めることになり、両者で矛盾・抵触等が生じないようにするためには、かなり慎重な検討を要することが予想される。また、実際に文言を異にする二つの規定が定められたときに、それぞれの規定がどのように解釈されていくか、必ずしも予測がつかない場合もあると考えられる。そのような考慮からすると、D案を採用するのであれば、D_2案のほうが望ましいというべきだろう。

そうすると、問題は、このようなレファランス規定に当たるものを定めるべきかどうかである。契約に関してレファランス規定に当たるものを定めることは、契約に関する規定の適否を一目瞭然にするという意味があることは否定できないものの、なぜ契約についてのみレファランス規定に当たるものを定めるのか、なぜその他の法律行為については定める必要がないのかという疑問が残ることもたしかである。レファランス規定に当たるものが定められている法律行為とそうでない法律行為とで、違った解釈がされる可能性もなくはない。このようなレファランス規定に当たるものを定めなくても、法律行為に関する規定が適用されることは明らかであることを考慮するならば、契約に関してこうしたレファランス規定に当たるものを定めることには慎重でなければならないだろう。

以上によると、結論としては、A案に従い、現行法と同様、法律行為に関する規定は総則編に定めることが適当であると考えられる（注26・27）。

2　時効に関する規定の配置

次に、時効に関する規定の配置については、特に債権に関する消滅時効ないし債権時効を現行法と同じく総則編に規定すべきか（甲案）、債権編に規定すべきか（乙案）が問題となる（注28）。

(一) 現行法

現行民法が時効を総則編に定めているのは、上述したように、権利を基軸とした体系において、時の経過による権利の変動が民法に関する権利一般に共通して問題となる事柄だからだと見ることができる。

現行民法は、このような考え方から、第七章第一節「総則」で、そのような時効に共通して問題となる事柄として、時効の効力(一四四条)、時効の援用(一四五条)、時効の利益の放棄(一四六条)、時効の中断(一四七〜一五七条)、時効の停止(一五八〜一六一条)を定めたうえで、第二節「取得時効」で、所有権その他の財産権に関する取得時効(一六二条、一六三条)、取得時効に特有の中断事由(一六四条、一六五条)を定め、第三節「消滅時効」で、消滅時効の進行等(一六六条)、債権等の消滅時効(一六七条)、定期金債権の消滅時効(一六八条)、定期金給付債権の消滅時効(一六九条)、短期消滅時効(一七〇〜一七四条)、判決で確定した権利の消滅時効(一七四条の二)を定めている。

現行民法がこのような時効制度を規定している趣旨をどこに求めるかについては、争いがある(注29)。いわゆる実体法説は、社会の法律関係の安定——長期間にわたって一定の事実状態が存続することにより、それを前提として社会生活が営まれることになるため、そのようにして築かれた社会の法律関係の安定を図るために、時効制度が必要になるとする——と権利行使の懈怠——権利の上に眠る者は保護に値しない——にその趣旨を求めるのに対して、いわゆる訴訟法説は、真の権利者の立証困難の救済——時効とは、本当は権利を有し、または義務を負わない者が、長期間経過した後にそのことを証明できないために不利益を被ることのないように保護するための制度であるとする——にその趣旨を求めるが、現在の学説では、この両者の側面をいずれも認めるのが一般的である。さらに、たとえば、一〇年の短期取得時効については、不動産取引の安全を図るところにその趣旨を求める見解があるほか、民法に定められた各種の短期消滅時効については、日常的な取引では、受取証書が交付されないことも多く、交付されても長く保存されないため、短期間で法律関係を確定させなければ、債務者が二重払を強いられるおそれがあるところに理由があるとされている。このように、時効制度のすべてが統一的に説明されているわけではないものの、取得時効と消滅時効、消滅時効のなかでも、債権の消滅時効とその他の財産権の消滅時効をまったく別の趣旨に基づくものとして切り離してとらえることまでは、これまで主張されてこなかった。

(二) 債権編に配置する可能性

これに対して、乙案のように、債権時効を債権編に規定すべきであるという立法提案がされているのは（注30）、債権時効は、その他の財産権の消滅時効と趣旨を異にし、それに応じて規定の内容も異なるものとすべきであると考えられたためである。

これによると、債権時効の趣旨は、「時の経過による事実関係の曖昧化によって生じうる諸々の負担と危険から人びとと取引社会を解放し、人びとの日常生活の安心と取引社会の安定を維持する」ことにあり（注31）、その他の財産権――主として用益物権――の消滅時効の趣旨が、権利の不行使状態が継続した場合に、その継続する事実関係に即した法律関係を承認しようとすることであるのと異なる。このような考慮から、たとえば、債権時効については、時効期間の短期化、主観的起算点の導入と客観的起算点との組合せ、債権時効に即した時効障害類型の整備――時効期間の短期化に対して権利者が権利を確保するための手段を整備するという意味をもつ――、効果を履行拒絶権とし、それが認められる者の範囲を縮小することなどが提案されている。その結果、債権時効は、取得時効とはもちろん、その他の財産権の消滅時効とも、趣旨と規定内容を大きく異にすることになるため、これを総則編から切り離し、債権編に規定すべきであると考えるわけである。

たしかに、債権時効の趣旨をこのようなものと理解し、実際にそれに対応した規定の改正を行うとすれば、これを債権編に規定することは十分理解できる。特に効果を履行拒絶権とし、その他の時効については現行法の援用権構成を維持するならば、両者を統一的に規定する基礎が乏しくなることは否定できない。このような改正が実現するのであれば、債権時効は債権編に規定するのがむしろ適当であるというべきだろう。

しかし、債権時効について、このような改正が一般の支持を得られないときは（注32）、これを他の時効制度から切り離して、債権編に定めなければならない理由はない。もちろん、この場合でも、債権に関する消滅時効なのであるから、債権編に定めるのがわかりやすいということは可能である。しかし、その場合は、現行法が総則編の第七章第一節「総則」で定めている事柄――時効の効力、時効の援用、時効の利益の放棄、時効の中断、時効の停止――をどのように規定するかが問題となる。他の時効制度は総則編に規定する以上、こうした時効の「総則」に関する規定も総則編に定める必要がある。そうすると、これと切り離して、債権の消滅時効に特有の規定のみを債権編に定めるのは、債権の消滅時効に関する規定が分断されることになるため、かえってわかりにくくなるというべきだろう。したがって、この場合は、債権の消滅時効に関する規定も、現行法と同じく、総則編に定めるべきであると考えられる。

(三) 将来の可能性

ただ、以上はあくまでも、今回の改正が民法の債権関係を対象としたものであるということを前提としている。物権編のあり方については、今回の改正の検討対象には含まれていない以上、それと密接に関係する所有権その他の財産権に関する取得時効についても、立ち入った改正は今後の課題とせざるをえない。

もっとも、取得時効に関しては、その要件と物権編の占有に関する規定が密接に関係する。この両者を現行法のように分断して規定することが本当に望ましいかどうかは、疑問の余地もある。したがって、将来、物権編についても改正が行われるとするならば、そのときは、取得時効に関する規定を定める場所についても検討する必要があると考えられる。仮にその結果、取得時効に関する規定を物権編に定めるとするならば、今回の改正で債権の消滅時効に関する規定を現行法どおり総則編に定めたとしても、これをなお総則編に定めるべきか、それとも債権編に定めるべきかということがあらためて検討課題になると予想される。このように、時効制度に関しては、今後もその配置が問題となる可能性があることに、留意しておく必要がある。

（注9） 前掲（注1）『基本方針』一九頁、前掲（注1）『詳解Ⅰ』四六頁以下を参照。

（注10） 現在のところ、「法律行為という概念は、これを維持するものとする」ことが提案されている（民法（債権関係）部会資料58・前掲（注6）一頁）。

（注11） 前掲（注1）『詳解Ⅰ』三三二頁以下を参照。

（注12） 前掲（注1）『詳解Ⅰ』三三三頁以下を参照。結論としてC案に立つものの、大村意見書四頁も、「『国民にわかりやすい民法』という観点から見て最も必要度の高いことは、『契約法』の一体化をはかるということである」として、「『契約法』の観点から可能な限りの一体化をはかる編成を採用して配置すべきであろう」としている。

（注13） 錯誤については、現在のところ、「要素」の錯誤の内容を判例法理に従って明確化し、効果を意思表示の取消しに改める――(1)意思表示に錯誤があった場合において、表意者がその真意と異なることを知っていたとすれば表意者はその意思表示をせず、かつ、通常人であってもその意思表示をしなかったであろうと認められるときは、表意者は、その意思表示を取り消すことができるものとする――ほか、動機錯誤（事実錯誤）についても明

文の規定を定め――⑵目的物の性質、状態その他の意思表示の前提となる事項に錯誤があり、かつ、意思表示の前提となる当該事項に関する表意者の認識が法律行為の内容になっているとき、又は、表意者の錯誤が、相手方が事実と異なることを表示したために生じたものである場合において、当該錯誤がなければ表意者はその意思表示をせず、かつ、通常人であってもその意思表示をしなかったであろうと認められるときは、表意者は、その意思表示を取り消すことができるものとする――、表意者に重大な過失があった場合には、錯誤を理由とする意思表示の取消しをすることができないとして、民法九五条但書を原則として維持したうえで、その例外として、表意者が上記⑴又は⑵の意思表示をしたことを相手方が知り、又は知らなかったことについて重大な過失があるときと、相手方が表意者と同一の錯誤に陥っていたときには、取消しをすることができないものとすることが提案されている（民法（債権関係）部会資料60・前掲（注6）二頁を参照）。錯誤に関する筆者の改正提案については、山本敬三「民法改正と錯誤法の見直し――自律保障型規制とその現代化」曹時六三巻一〇号九頁以下・六五頁以下（二〇一一年）を参照。

（注14） 意思能力については、現在のところ、法律行為の当事者が、その法律行為の時に、その法律行為をすることの意味を理解する能力を有していなかったときは、その法律行為は、無効とするものとすることが提案されている（民法（債権関係）部会資料60・前掲（注6）一頁を参照）。

（注15） パンデクテン・システムの概要については、赤松秀岳「近代パンデクテン体系の史的素描」同『一九世紀ドイツ私法学の実像』（成文堂、一九九五年、初出一九九一年）二六一頁、同「民法典の体系」法教一八一号四三頁（一九九五年）、特に四六頁以下を参照。現行民法によるパンデクテン・システムの採用については、「特集・日本にとってのドイツ法学とは？――民事法の場合」における藤原明久「法制史からのコメント」民商一三一巻四＝五号一〇二頁（二〇〇五年）、北居功「穂積陳重『法典論』解題――現行民法編纂事業から眺めた法典論の意義」穂積陳重『法典論（解題付・復刻版）』（新青出版、二〇〇八年）一頁を参照。

（注16） 筏津安恕『私法理論のパラダイム転換と契約理論の再編――ヴォルフ・カント・サヴィニー』（昭和堂、二〇〇一年）一三頁以下・一二二頁以下は、カントがそれまでの義務の体系を権利の体系へと転換し、自律的意

思を権利の体系の構成原理としたことが、サヴィニーによるパンデクテン体系の形成に決定的に寄与したことを強調している。

（注17）　民法改正に関する具体的な議論が開始する前のものとして、広中俊雄「成年後見制度の改革と民法の体系――旧民法人事編＝『人の法』の解体から一世紀余を経て(上)(下)」ジュリ一一八四号九四頁・一一八五号九二頁（二〇〇〇年）、同『新版民法綱要　第一巻』（創文社、二〇〇六年）一一〇頁以下のほか、「特集・日本にとってのドイツ法学とは？――民事法の場合」における北川善太郎「問題提起――日本民法のアイデンティティ」民商一三二巻四＝五号一頁（二〇〇五年）、石部雅亮「法制史からのコメント」同一二二頁（二〇〇五年）、水林彪「日本近代法史学からのコメント」同一一九頁（二〇〇五年）を参照。民法改正に関する具体的な議論が開始した後のものとして、赤松秀岳「民法典体系のあり方をどう考えるか――パンデクテン、インスティトゥティオーネン、その他」椿寿夫ほか編・前掲（注2）四七頁、近江幸治「民法改正について――民法典の役割と総則の意義（マクロ的な視点から）」民法改正研究会（代表・加藤雅信）編・前掲（注2）『民法改正国民・法曹・学界有志案』三四頁、加藤雅信『民法（債権法）改正――民法典はどこにいくのか』（日本評論社、二〇一一年）二一一頁以下を参照。

（注18）　内田貴『民法改正――契約のルールが百年ぶりに変わる』（筑摩書房、二〇一一年）二三一頁は、「人の規定は親族編の規定と一体化させ、物の規定はそのふる里である物権編に戻すといった再編成」を行い、「さらに、思考実験として、法律行為の規定は実際には契約について問題となるのだから、債権編に配置して、必要に応じて契約以外の法律行為（解除や遺言のような単独行為と呼ばれる行為など）に準用する、という手法を採用すると」、「総則は、全体を通ずる一般原則だけになります」としている。このうち、物に関する規定を物権編に統合することは支持できるとしても、人に関する規定は、権利の体系として構成される民法の通則としての意味をもつことからすると、やはり現行民法の編成を維持したうえで、親族編の規定との関係を精査し直すことが望ましいと考えられる（山本敬三『民法講義Ⅰ総則（第三版）』（有斐閣、二〇一一年）五二頁以下も参照）。また、法律行為に関する規定を債権編に配置することについては、本文で述べたとおりの問題があり、支持しがたい。

(注19) 民法九〇条に関しては、現在のところ、「事項を目的とする」を削り、「公の秩序又は善良の風俗に反する法律行為は、無効とする」と改めるほか、暴利行為に関する規定を新設することが提案されている（民法（債権関係）部会資料60・前掲（注6）一頁を参照）。公序良俗に関する筆者の改正提案は、山本敬三「契約規制の法理と民法の現代化(1)(2)」民商一四一巻一号一頁・二号一頁（二〇〇九年）、特に(1)三二頁以下を参照。

(注20) 錯誤に関する改正の方向性については、（注13）を参照。

(注21) 意思表示の効力発生時期に関しては、現在のところ、「相手方のある意思表示は、相手方に到達した時からその効力を生ずる」と改めたうえで、どのような場合に「到達」が生じたといえるのかについて基準を明らかにするほか、到達しなかったことの原因が相手方側にあるときに到達が擬制される旨を定めることが提案されている（民法（債権関係）部会資料60・前掲（注6）三頁以下を参照）。

(注22) 代理の基本原則を定めた民法九九条については、現在のところ、現行法を維持したうえで、署名代理の方法を明示的に認めることが提案されている（民法（債権関係）部会資料60・前掲（注6）四頁を参照）。

(注23) 前掲（注1）『詳解Ⅰ』四六頁以下を参照。

(注24) 前掲（注7）・大村意見書五頁は、「法律行為に関する規定の大部分を契約に関する規定として債権編に移す」ことが望ましいとする。「法律行為について説明する（検討する）際に、主として念頭に置かれているのが契約であることも疑いな」く、「実質的には法律行為の概念は、契約について考えた上で単独行為等との対比を行うために必要なものとして受けとめられている」というのがその理由である。ただし、大村意見書は、さらに「中間案」として、①「代理に関する規定のみを総則に残す」案、②「意思表示に関する規定・無効取消しに関する規定もまた総則に残す」が、「消費者契約に関する特則は債権編に置く」案、③「消費者契約に関する特則もまた総則に置く」が、「債権編を見れば総則編の規定の所在が分かるような配慮をする（いわゆるレファランス規定を設ける）」案も考えられるとしている。

(注25) 前掲（注1）『基本方針』一三頁、前掲（注1）『詳解Ⅰ』三三頁以下・三七頁を参照。レファランス規定の例として、前掲（注1）『基本方針』一一一頁、前掲（注1）『詳解Ⅱ』一〇三頁以下も参照。

（注26） 前掲（注7）山野目意見書三頁も、「『法律行為』の概念の使用を維持し、それに関する基本的規律を従来と同じく総則編に置く」ことを提案している。これは、「現行の民法が長期にわたり広く定着して運用されてきた事実は、あらためて想起されなければならない」という「継続性への配慮」（前掲（注7）山野目意見書一頁）に基づくものと考えられる。

（注27） 民法（債権関係）部会資料49・前掲（注7）三一頁以下でも、①「現在法律行為に関する規定として設けられている内容のルールの適用対象を契約とそれ以外の行為に分けてそれぞれについて規定を設けるという考え方は、法律行為概念を変容させるもの」であるのに対して、「法律行為概念は、難解さが指摘されつつも我が国に定着しており、また、民法以外の法令においてもこの概念が用いられているため、これを変容させるような改正は民法が以外の法令への影響も大きい等の批判があり得る」こと、②「法律行為に関する規定を契約に関する規定に改めるとすると、少なくとも単独行為について、これと同様の規定を設ける債権編の規定を準用することが必要になるとともに、物権法や家族法に関する行為の扱いも問題になる」が、ⓐ「繰り返し同様の規定を設けることに対しては、いたずらに条文数を増やして法典全体の見通しを悪くする等の批判があり得るし」、ⓑ「債権編の規定の準用によって対応するという方法に対しては、現状よりも分かりやすくなると言えるかどうかに疑問があるとの批判があり得る」ほか、ⓒ「物権法や家族法に関する行為の扱いについても、法律行為に関する規定が直接適用されるかどうかには様々な考え方があり、コンセンサスを得ることには困難も予想される」ことから、結論として、「法律行為概念を維持する以上、法律行為に関する規定は、現行法どおり民法総則におくのが適切である」としている。

（注28） 前掲（注1）『基本方針』一一頁以下・一九七頁以下、前掲（注1）『詳解Ⅰ』三四頁以下、前掲（注1）『詳解Ⅲ』一四九頁以下を参照。

（注29） 以下については、山本・前掲（注18）五三九頁以下を参照。

（注30） 前掲（注1）『基本方針』一九七頁以下、前掲（注1）『詳解Ⅲ』一四九頁以下を参照。

（注31） 前掲（注1）『基本方針』一九八頁、前掲（注1）『詳解Ⅲ』一五五頁以下を参照。

（注32） 民法（債権関係）部会資料60・前掲（注6）一三頁では、消滅時効の効果に関して、①時効期間が満了したときは、当事者又は権利の消滅について正当な利益を有する第三者は、消滅時効を援用することができるものとしたうえで、②消滅時効の援用がされた権利は、時効期間の起算日にさかのぼって消滅するものとすることが提案されている。履行拒絶権構成——消滅時効期間の満了により債務者に履行拒絶権が発生するものとする（民法（債権関係）部会資料31「民法（債権関係）の改正に関する論点の検討(4)」(http://www.moj.go.jp/content/000095059.pdf) 三三頁に乙案として掲げられていたもの）——がしりぞけられているのは、とりわけ被担保債権について履行拒絶権が援用された場合に、抵当権等の担保権が消滅するかどうかが不確かになるおそれがあることなどが考慮されたためだと考えられる。もっとも、もともと履行拒絶権構成が主張されたのは、時効の完成ないし援用後にされた弁済の効果をよりよく説明することができる——履行拒絶権構成によると、履行拒絶権の行使後も給付保持力は残っているため、弁済者はそれを取り戻すことができない——と考えられたためである。このような問題意識を受けて、民法（債権関係）部会資料60・前掲（注6）一三頁では、別案として、②について、権利の消滅について定めるのではなく、消滅時効の援用がされた権利の履行を請求することができない旨を定めるという考え方もあることが注記されている。これは、援用権構成を維持しつつ、援用により生ずる効果が請求力の消滅である——したがって給付保持力は存続する——ことを明らかにするという考え方である。もっとも、これによると、被担保債権について時効が援用された場合に、抵当権等の担保権が消滅することは、やはり解釈に委ねられることになるため、履行拒絶権構成に対する危惧が払拭されていないといわざるをえない。仮に別案によるとするとしても、少なくとも担保権の消滅については疑義が残らないように明文で定める必要があるというべきだろう。

三　債権編の編成

1　債権総則と契約総則の関係

次に、債権総則と契約総則の関係については、現行法と同様に、両者を区別して規定すべきか（Ⅰ案）、それとも両者を統合して規定すべきか（Ⅱ案）が問題となる（注33）。

(一)　現行法

現行法は、第三編「債権」に第一章「総則」を置き、第一節「債権の目的」、第二節「債権の効力」――第一款「債務不履行の責任等」、第二款「債権者代位権及び詐害行為取消権」――、第三節「多数当事者の債権及び債務」――第一款「総則」、第二款「不可分債権及び不可分債務」、第三款「連帯債務」、第四款「保証債務」――、第四節「債権の譲渡」、第五節「債権の消滅」を定めている。そのうえで、第二章「契約」に第一節「総則」を置き、第一款「契約の成立」、第二款「契約の効力」――具体的には、同時履行の抗弁、危険負担、第三者のためにする契約――、第三款「契約の解除」を定めている。

このように両者が区別されているのは、パンデクテン・システムの体系思考に従い、債権の総則には、契約だけでなく、債権一般に共通して問題となる事柄しか規定することができない――したがって、契約のみに共通して問題となる事柄は契約の総則にしか定めることができない――という考え方によるものと考えられる。

(二) 統合の可能性

(1) 統合の必要性

こうした現行法の編成は、パンデクテン・システムの体系思考からは、たしかに論理的に一貫したものである。しかし、現実の問題に対処しようとすると、相互に密接に関連する制度や規定であるにもかかわらず、債権総則と契約総則に分断して定められているため、法律の専門家でなければ、それらの制度や規定を適切に使いこなせなくなっていることも否定できない。このことは、とりわけ、契約の履行や不履行に関する問題に当てはまる。たとえば、契約不履行による損害賠償が問題となる場合に、債権総則に定められた民法四一二条や四一五条、四一六条だけでは問題に対処することはできず、たとえば契約総則に定められた五三三条の同時履行の抗弁などを考慮する必要がある。あるいは、契約の解除が問題となる場合に、契約総則に定められた解除に関する規定だけでは問題に対処することはできず、たとえば債権総則に定められた履行期と履行遅滞に関する四一二条なども考慮する必要がある。体系編成にあたって、論理的な一貫性や整合性を保つ必要があることはたしかだとしても、実用性や理解の容易さを犠牲にすることは許されないというべきだろう。民法のように、社会・経済の基本法に当たる法律については、なおさらのことである。

また、それと同時に、現在、債権総則に定められている制度や規定についても、債権・債務の発生原因に応じて、具体的な規律のあり方が規定される場合も少なくない。たとえば、債務不履行による損害賠償責任については、契約に基づく債務の場合、その契約の内容によって、損害賠償責任の要件も効果も規定されてくることになる。このようなものについては、むしろ債務の発生原因である契約に即して要件・効果を定めることが望ましい。

以上によると、Ⅱ案に従い、債権総則と契約総則を統合して規定すべきであると考えられる（注34）。

(2) 統合の方法

このような規定の仕方を実現するための方法として考えられるのは、現在のところ、次の二つである。

第一は、債権総則と契約総則を一つにまとめるという方法である（Ⅱ$_1$案）。具体的には、現在の第三編「債権」の第一章「総則」を、「債権及び契約総則」と改め、そこに、契約総則に定められた制度や規定の多くを取り込むことが考えられる（注35）。

このように、債権総則と契約総則を統合する場合、そのようにして統合された「債権及び契約総則」は、非常に大部なものとなり、またそこにはさまざまな制度が取り込まれることになる。従来のように、これを第一章とすると、節以下の枝分けが非常に深いものとなり、わかりにくくなるおそれもある。そこで、この「債権及び契約総則」は第一部に改め、第二部を「各種の契約」（注36）、第三部を「法定債権関係」として、第三部のなかに、第一章「事務管理」、第二章「不当利得」、第三章「不法行為」を定めることが考えられる。

第二は、債権総則と契約総則を区別して定めるという現行法の編成を維持したうえで、これまで債権総則に含まれていた規定のうち、その内容が債権・債務の発生原因である契約によって左右されるものを契約総則に定めるという方法である（Ⅱ$_2$案）。これによると、「契約の効力」の款のなかに、契約の履行及び不履行に関する規定が定められることになると考えられる。

このように編成としては契約総則を維持する場合には、現行法には明文の規定はないとしても、新たに契約一般について定めることが考えられるものは、契約総則に規定することが可能になる。たとえば、契約に関する基本原則のほか、「契約の成立」に関連するものとして「契約の交渉」や「約款による契約」、「契約の内容」に関連するものとして「契約の解釈」、「契約の効力」に関連するものとして「不安の抗弁」や「事情変更」、さらに「契約上の地位の移転」や各種の典型契約に横断的に問題となるものとして「継続的契約」などがそれに当たる（注37）。

このように、Ⅱ2案は、パンデクテン・システムに従った現行法の編成を大枠として維持するものであり、一見すると穏当であるように見えるものの、問題が残る。最大の問題は、債務の履行や債務の不履行による責任という債権の効力の中核部分が債権総則ではなく、契約総則に規定されることになる点である。債務の履行や債務の不履行による責任は、契約を発生原因とする債務だけでなく、不当利得返還債務や不法行為による損害賠償債務をはじめとして、さまざまな発生原因に基づく債務に共通して問題となることである。それが債権総則に規定されないことになるならば、もはやパンデクテン・システムを維持しているとは到底言いがたい。つまり、Ⅱ2案もまた、パンデクテン・システムを実質的に放棄していることに変わりはないわけである。

そうだとするならば、上述したように、実用性や理解の容易さという観点からは、パンデクテン・システムをこの限りで形式的にも放棄し、債権総則と契約総則を統合して、「債権及び契約総則」というかたちで定めることが望ましいというべきだろう（注38）。

(三) 「債権及び契約総則」の編成

このようにⅡ1案により、債権総則と契約総則を形式的にも統合する場合、次に問題となるのは、そのようにして統合される第一部「債権及び契約総則」のなかをどのように編成するかである。

(1) 債権及び契約に関する基本原則の位置

まず、債権及び契約に関する基本原則を冒頭に定めることが考えられる。たとえば、契約自由の原則や債権債務関係における信義誠実の原則などがその候補として考えられる。仮にそのようなものを定めるとするならば、冒頭に第一章「通則」を設け、そこに定めることが考えられる（注39）。

もっとも、法制審議会において現在、そのような基本原則に当たるものとして検討されているのは、①契約内容の自由、②原始的に履行請求権の限界事由が生じていた契約の効力、③付随義務及び保護義務である（注40）。

このうち、②は、「契約は、それに基づく債務の履行請求権の限界事由が契約の成立時点で既に生じていたことによっては、その効力を妨げられない」とするものであり、原始的不能の契約は無効であるという伝統的な考え方を否定するものである。これは、契約全体に関する基本原則ということもできるが、強いていえば、契約の成立にかかわる基本原則と見ることもできる。

また、③は、契約の当事者は、契約において明示又は黙示に合意されていない場合であっても、(1)「相手方が当該契約によって得ようとした利益を得ることができるよう、当該契約の趣旨に照らして必要と認められる行為をしなければならない」とし、(2)「当該契約の締結又は当該契約に基づく債権の行使若しくは債務の履行に当たり、相手方の生命、身体、財産その他の利益を害しないために当該契約の趣旨に照らして必要と認められる行為をしなければならない」とするものである。これは、信義誠実の原則の具体化と見るならば、契約全体に関する基本原則ということもできるが、強いていえば、広い意味での契約の内容に関する基本原則と見ることもできる。

①が契約自由の原則のうち、契約内容に関するものであることからすると（注41）、いずれも次の「債権及び

契約の成立及び内容」に関する「基本原則」として定めることも考えられる。

⑵　第一章「債権及び契約の成立及び内容」

そこで、まず、第一章として、「債権及び契約の成立及び内容」を定めることが考えられる（注42）。

このうち、第一節を「基本原則」として、上記の①②③を定めることが考えられる。

次に、第二節を「債権及び契約の成立」とし、第一款で「契約の交渉」（契約締結の自由と契約交渉の不当破棄及び契約締結過程における情報提供義務（注43））、第二款「契約の成立」（申込みと承諾による契約の成立及び懸賞広告（注44））、第三款「約款による契約」を定めてはどうかと考えられる。

さらに、第三節を「債権及び契約の内容」とし、その第一款を「債権の内容」として、現行法の第一章「総則」の第一節「債権の目的」（三九九～四一一条）に相当する規定を定め、第二款「契約の解釈」として、契約解釈の方法に関する基本原則――いわゆる本来的解釈・規範的解釈・補充的解釈（注45）――を定めてはどうかと考えられる。

⑶　第二章「債権及び契約の効力」

続いて、第二章として、「債権及び契約の効力」を定めることが考えられる（注46）。これはさらに、第一節「債務及び契約の履行」、第二節「債務及び契約の不履行」、第三節「受領遅滞」に分けて規定してはどうかと考えられる（注47）。

そのうち、第一節「債務及び契約の履行」では、まず、第一款で「履行の請求及び強制」として、履行請求権（注48）、履行請求権の限界（注49）、履行の強制を定めてはどうかと考えられる。第二款以下で、契約に特有の抗弁として、第二款「同時履行の抗弁」、第三款「不安の抗弁」（注50）、第四款「事情変更」（注51）を定めてはどうかと考えられる。

次に、第二節「債務及び契約の不履行」では、第一款で「債務及び契約の不履行による損害賠償」、第二款で「契約の解除」、第三款で「代償請求権」(注52)を定めてはどうかと考えられる。

(4) 第三章「責任財産の保全」

現行法は、第一章「総則」の第二節「債権の効力」のなかで、第二款として「債権者代位権及び詐害行為取消権」を定めている。これは、債権の対外的効力という位置づけであるが、現在では、これらはむしろ責任財産を保全するための制度として機能的に位置づけられることが多い。実用性及び理解の容易さからすると、これに従い、これらは第三章「責任財産の保全」として定め、第一節を「債権者代位権」、第二節を「詐害行為取消権」とするのが適当であると考えられる(注53)。

(5) 第四章「債権の消滅」

現行法は、これに続いて、第三節「多数当事者の債権及び債務」、第四節「債権の譲渡」、第五節「債権の消滅」を定めている。これは、以上の債権の効力を基本として、まず、それが多数当事者の場合にどのように変化するかということを定め、続いて、そうした債権を譲渡する場合を定めたうえで、最後に、以上のような債権が消滅する場合を規定するという仕組みになっていると考えられる。

しかし、実用性及び理解の容易さという観点からは、「債権及び契約の効力」に続いて、そのような債権が消滅する場合を定めることにより、基本的な場合の効果をひととおり定めたうえで、そのヴァリエーションとして、「多数当事者の債権及び債務」や「債権の譲渡」に相当するものを定めることが適当であると考えられる。

これによると、第四章として「債権の消滅」を定めることになる(注54)。

(6) 第五章「債権及び契約の当事者の変動」

現行法によると、「多数当事者の債権及び債務」が「債権の譲渡」よりも先に規定されているが、実用性及び理解の容易さという観点からは、むしろ「債権の譲渡」に相当する規定を先に定めてはどうかと考えられる。まずは、通常の債権の帰趨を中心に規定し、そのうえでそのヴァリエーションとして「多数当事者の債権及び債務」を定めるわけである。

その際、債権譲渡とともに、債務引受、さらには契約上の地位の移転についても規定を整備すべきであると考えられる（注55）。これによると、表題は、第五章「債権及び契約の当事者の変動」としてはどうかと考えられる（注56）。

(7) 第六章「有価証券」

さらに、有価証券についても民法典に規定するとすれば、この章の次（第六章）に定めるのが適当であると考えられる（注57）。

(8) 第七章「多数当事者の債権及び債務」・第八章「保証」

そのうえで、第七章に「多数当事者の債権及び債務」に相当する規定を定めるべきである。ただし、その際、現行法ではその第四款に「保証債務」が定められているが、これは、機能的にも担保として独立した意味をもつことから、別に定めるのが適当であると考えられる。そこで、第七章「多数当事者の債権及び債務」として、現行法の「保証」を除く部分に相当する規定を定め、第八章に「保証」を定めてはどうかと考えられる（注58）。

2 「各種の契約」の通則

以上によると、現行法の契約総則に定められた規定のほとんどは、「債権及び契約総則」に定められることになる。しかし、第三者のためにする契約だけは、債権総則に関する規律と直接かかわるものではないため、「債権及び契約総則」に吸収するのは――不可能ではないものの――必ずしも適当とはいえない。そのため、これをどこに定めるべきかが問題となる。

これとは異なる意味で同様に問題となりうるのは、現在の第二章「契約」に定められた典型契約とは次元を異にする契約類型に関する規律である。具体的には、継続的契約に関する規定を新たに定めるべきであるとすれば(注59)、それは、現在の典型契約と同じレベルの問題ではなく、いわば横断的に問題となりうる事柄であるため、これをどこに定めるべきかが問題となる。

こうしたものを定める場所として、新たに第二部「各種の契約」の冒頭に第一章として「通則」を設け、そこに規定することが考えられる。具体的には、第一章「通則」の第一節として「第三者のためにする契約」、第二節として「継続的契約」を定めてはどうかと考えられる。これを「通則」とするのは、契約総則に相当する規定は、第一部「債権及び契約総則」に定められていることから、それとはひとまず区別するためである。

これらのものを規定する場所として、このように「契約」の冒頭ではなく、末尾に「補則」として定めることも提案されている(注60)。しかし、これらは、典型契約の諸類型に横断して一般的に問題となりうる契約類型であることからすると、その「通則」として冒頭に定めるほうが適当であるというべきだろう。

3 「各種の契約」の配列

最後に問題となるのは、各種の契約類型について、どのような順序で定めるべきかである。

(一) 現行法

現行法は、財産権移転型の契約として、第二節「贈与」、第三節「売買」、第四節「交換」、貸借型の契約として、第五節「消費貸借」、第六節「使用貸借」、第七節「賃貸借」、労務提供型の契約として、第八節「雇用」、第九節「請負」、第十節「委任」、第十一節「寄託」、その他の契約として、第十二節「組合」、第十三節「終身定期金」、第十四節「和解」を定めている。

このうち、それぞれの型の契約類型のなかでは、まず無償契約を定め、続いて有償契約を定めている（贈与に続いて売買・交換、使用貸借に続いて賃貸借）。

(二) 財産権移転型契約

まず、財産権移転型の契約については、売買（第二章）・交換（第三章）を先に定め、贈与（第四章）を後に定めるのが適当と考えられる。これは、現代の社会・経済では、有償契約である売買のほうが果たす役割が大きいと考えられるためである（注61）。

(三) 貸借型契約

(1) 賃貸借・使用貸借・消費貸借の編成

次に、貸借型の契約については、まず、賃貸借(第五章)を定めたうえで、使用貸借(第六章)を定めるのが適当と考えられる。これもまた、現代の社会・経済では、有償契約である賃貸借のほうが果たす役割が大きいと考えられるためである。現行法のように、使用貸借に関する規定を賃貸借で準用するという方法では、そのような重要な意味をもつ賃貸借の規律がわかりにくくなるため、適当とは言いがたい(注62)。

また、現行法と異なり、賃貸借と使用貸借を先に定めたうえで、消費貸借(第七章)をその後に定めるのが適当と考えられる。特定の物を貸借し、それを返還するというタイプの契約は、貸借型の契約のいわば基本型として位置づけることができ、金銭その他の消費物を貸借するタイプの契約は、その特殊性に即した規律をすることが望ましいと考えられるためである。

(2) 新種の契約の配置

このほか、貸借型の契約にかかわる新種の契約として、ファイナンス・リース契約を民法に規定するかどうかが問題とされている(注63)。

ファイナンス・リース契約の法的性質については、賃貸借という法形式を用いているとしても、その実質は目的物の利用と信用供与の双方の側面を併せ持つものであると理解することに、現在ではほぼ争いはないと見ることができる。たしかに、ファイナンス・リース契約でも、目的物を使用収益させるという関係があることは否定できないとしても、たとえば、リース料は、使用収益の対価というよりは、融資の返済としての性格を有すると考えられる。このような考慮からすると、仮にファイナンス・リース契約を民法に規定するとするならば、賃貸借・消費貸借とは別に規定すべきである（注64）。編成上は、上述したように、賃貸借と使用貸借を先に定めたうえで、消費貸借を規定するのであれば、ファイナンス・リース契約は消費貸借に続けて規定するのが適当と考えられる（注65）。これにより、目的物の利用と信用供与の双方を側面を併せ持つというファイナンス・リースの性格に即した位置づけをすることが可能になると考えられる。

四　労務提供型契約

次に、労務提供型の契約については、編成を考える前提として、①雇用契約の意味をどのように理解するか、及び、②準委任に代わる役務提供型契約の受け皿規定として「役務提供」契約に関する規定を定めるかどうかが問題となる。

(1)　雇用契約の配置

まず、①雇用契約の意味について、現行法の起草者は、請負との区別を念頭に置いて、雇用契約を労務そのものを目的とする契約であるとし――その点で、労務の結果を目的とする請負契約と異なる――、医師や弁護士、教師などの高等な労務もそこに含まれるものと理解していた（注66）。これによると、雇用契約は委任契約に近いものとなるが、委任は法律行為をすることの委託を目的とするものとして、区別されていた。現行法が、まず、「雇用」（第八節）と「請負」（第九節）を規定し、続いて「委任」（第十節）を規定しているのは、このような考慮によるものと考えられる。

これに対し、戦後になって、雇用契約を従属的な労務の提供を目的としたものととらえ、委任契約を自主性の高い労務の提供を目的としたものとして、両者を区別する見解が支配的となった（注67）。その後、従属性をもたない労務の提供を目的とした契約で、委任契約に含まれないものは、準委任で受け止められていくことになる。雇用契約に関する規定は、労働法制が整備されることにより、実際上の意味を大きく減じることになっている。

雇用契約のこのような理解は、起草者のそれとは異なるとしても、すでに定着したものとなっており、これを変更することはむずかしいと考えられる。仮に起草者の理解に戻るとするならば、雇用契約と準委任の関係をどのように整序するかということが大きな問題となる。そのような改正をあえて行う必要もないというべきだろう。

これによると、雇用契約は、労務提供型契約のうち、特に従属的な労務の提供を目的とした契約として位置づけられることになる。労務の提供のいわば基本型は、独立した労務の提供を目的とするものと考えられるため、そのような労務の提供を目的とする請負契約・委任契約・寄託契約は、規定の編成上も現行法と異なり、むしろ先に規定し、従属的な労務の提供を目的とする雇用契約は、それに続いて、その性格に即した規定を定めるものとして配置するのが適当であると考えられる。

(2) 「役務提供」契約の新設

次に、②準委任に代わる役務提供型契約の受け皿規定として「役務提供」契約に関する規定を定めるかどうかが問題とされているのは、準委任の規定（民法六五六条）で準用される委任の規定内容が、種々の役務提供型契約に適用されるものとして必ずしも適当でないと考えられているためである（注68）。

このような考慮から、立法提案のなかでは、「役務提供」契約――「当事者の一方（役務提供者）が相手方（役務受領者）から報酬を受けて、または、報酬を受けないで、役務を提供する義務を負う契約」（注69）――という典型契約類型を新設し、請負・委任・寄託・雇用を包摂するとともに、それらのいずれにも当てはまらない契約もカバーするものとして規定することを提案するものがある（注70）。これによると、最初にこの「役務提供」に関する規定を置いたうえで（第九章）、請負（第十章）、委任（第十一章）、寄託（第十二章）を定め、最後に雇用（第十三章）を定めることになると考えられる（注71）。

これに対して、②に関する上述した問題は、準委任の規定の内容を整備すれば足りる——単純に委任の規定を準用するだけでなく、準用するのが適当でない規定を除外したり、準委任の終了等について適当な規律を定めることにより——と考えるならば（注72）、規定の編成は——(1)で述べた点を除けば——動かす必要はないことになる。

(五) その他の契約

その他の契約については、現行法と同様に、組合（第十四章）、終身定期金（第十五章）、和解（第十六章）の順序で定めてよいと考えられる。

（注33） 前掲（注1）『基本方針』一一頁以下、前掲（注1）『詳解Ｉ』三五頁を参照。
（注34） 前掲（注7）大村意見書五頁も同旨である。
（注35） 前掲（注1）『基本方針』一一頁以下は、このように統合された第一部の表題を「契約および債権一般」としている。これは、編成にあたって、「『契約に関する規定群』は、債権編の中にひとまとまりのものとして置くものとする」という考え方を前提としたことと関係している。
（注36） 前掲（注7）大村意見書五頁も、契約各則の部分を独立の編とすることが検討に値するとする。これに対して、前掲（注7）山野目意見書四頁は、債権総則と契約総則を併置するという現行法の編成を基本的に維持し、

債権総則では、第一節「通則」で「債権の請求力、その目的に関する規律のうち通則的な事項及びその他の債権に関する通則的な事項など」、第二節「債権の効力」で「履行強制、損害賠償の通則的原則、債権者代位権及び詐害行為取消権など」、契約総則では、「契約の成立、効力、解釈及び契約の解除」に関する規律を設けるものとし、それらには、「交渉当事者の義務、追完権、追完請求権、受領遅滞、約款及び不当条項規制に関する所要の規律」を含めるものとすることを提案している。ただし、同意見書五頁では、「当該規律のうち基本原則に係る部分と、契約に固有の規律部分との両方を適切に書き分けつつ、いずれも債権の効力に関する通則的な規定を置く部分（現行第一章第二節）に置くという考え方」もあるとし、「いずれを基調とするかは、今後の部会審議の帰趨も踏まえながら見定められる」べきであるとしている。

（注37）Ⅱ$_2$案によると、契約総則は、一例として、次のように編成することが考えられる。

まず、第一款を「契約の成立及び内容」と改め、その第一目に「基本原則」を定めたうえで、第二目として「契約の交渉」（契約交渉の不当破棄と契約締結過程における情報提供義務）、第三目として「契約の成立」（申込みと承諾による契約の成立と懸賞広告）、第四目として「約款による契約」、第五目として「契約の解釈」を定めることが考えられる。

次に、第二款「契約の効力」では、その第一目に「契約の履行」として、「履行の請求」「履行強制」、履行請求に対する抗弁として「同時履行の抗弁」「不安の抗弁」「事情変更」を定め、第二目に「契約の不履行」として、「契約の不履行による損害賠償」「契約の解除」「代償請求権」を定め、第三目に「受領遅滞」を定めることが考えられる。

さらに、第三款として、新たに「契約上の地位の移転」を定めることが考えられる。

最後に、第四款として、新たに「特殊の契約」を設け、その第一目に「第三者のためにする契約」、第二目に「継続的契約」について定めることが考えられる。

（注38）筆者が債権総則と契約総則についてはパンデクテン・システムの考え方を放棄すべきであるとしながら、民法総則は維持すべきであると主張するのは、上述したように、市民社会に妥当する共通の基本原則を宣言し、確認

するところに民法総則の意義があると考えるためである。パンデクテン・システムを墨守すべきであると主張しているのではなく、現行民法が採用した権利の体系の思想を維持し、その基本原則を示すものとして民法総則をいわば再編成していこうという立場に立つものであることに注意を喚起しておきたい。

（注39）前掲（注7）山本意見書八頁では、前掲（注1）『基本方針』八九頁以下にならって、このように提案していた。

（注40）民法（債権関係）部会資料60・前掲（注6）五一頁を参照。

（注41）現在のところ、契約自由の原則のうち、契約内容を決定する自由についてのみ、新たに明文の規定を設ける――「当事者は、法令の制限内において、自由に契約の内容を決定することができる」ものとする――ことが提案されている。契約内容を決定する自由が特にあげられているのは、それが「単に原則や理念であるにとどまらず、契約内容が当事者の合意によって定まるという私法上の効果を持つものであり、比較的条文化になじみやすい」という考慮によるとされている（民法（債権関係）部会資料59・前掲（注6）一頁、同部会資料60・前掲（注6）五一頁を参照）。

（注42）前掲（注1）『基本方針』一五頁は、この章の表題を「契約に基づく債権」とし、そのなかに「契約の成立」と「契約の内容」という節を設けている。

（注43）民法（債権関係）部会資料60・前掲（注6）五一頁以下を参照。

（注44）前掲（注7）山本意見書八頁では、前掲（注1）『基本方針』一〇九頁以下にならって、「懸賞広告」を独立の款として定めることを提案していた。しかし、懸賞広告を単独行為と性質決定するか、契約と性質決定するかを今後も解釈に委ねるとするならば（前掲（注1）『基本方針』一〇九頁も同旨である）、現行法と同様に、「契約の成立」の款に規定しておくのが適当であると考えられる。民法（債権関係）部会資料60・前掲（注6）五三頁以下でも、「懸賞広告」は「契約の成立」という項目のなかに位置づけられている。

（注45）民法（債権関係）部会資料59・前掲（注6）九頁以下、同部会資料60・前掲（注6）五四頁のほか、前掲（注1）『基本方針』一一二頁以下も参照。

（注46）　前掲（注1）『基本方針』一五頁は、この章の表題を「契約に基づく債権」とし、そのなかに「契約の効力」という節を設けている。

（注47）　前掲（注1）『基本方針』一五頁は、「契約の効力」という節のなかに、「債権の基本的効力」「債務の不履行」「受領遅滞」「期間制限」「事情変更」という款を設けている。

（注48）　民法（債権関係）部会資料60・前掲（注6）一五頁を参照。

（注49）　民法（債権関係）部会資料60・前掲（注6）一六頁を参照。

（注50）　民法（債権関係）部会資料60・前掲（注6）五七頁を参照。

（注51）　民法（債権関係）部会資料60・前掲（注6）五六頁によると、「契約の締結後に、その契約において前提となっていた事情に変更が生じた場合において、その事情の変更が」、ア「その事情の変更が契約締結時に当事者が予見することができず、かつ、当事者の責めに帰することのできない事由により生じたものであること」、及び、イ「その事情の変更により、契約をした目的を達することができず、又は当初の契約内容を維持することが当事者間の衡平を著しく害することとなること」という「要件のいずれにも該当するなど一定の要件を満たすときは、当事者は、［契約の解除／契約の解除又は契約の改訂］の請求をすることができるものとするかどうかについて、引き続き検討する」こととされている。

（注52）　民法（債権関係）部会資料60・前掲（注6）一七頁を参照。

（注53）　前掲（注1）『基本方針』一五頁を参照。規律の内容については、民法（債権関係）部会資料60・前掲（注6）二二頁以下・二四頁以下を参照。

（注54）　前掲（注1）『基本方針』一五頁以下を参照。規律の内容については、民法（債権関係）部会資料60・前掲（注6）四三頁以下を参照。

（注55）　規律の内容については、民法（債権関係）部会資料60・前掲（注6）三六頁以下・四一頁以下・四三頁以下を参照。

（注56）　前掲（注1）『基本方針』一六頁は、この章の表題を「当事者の変動」としている。

（注57）前掲（注1）『基本方針』一三・二三〇頁以下のほか、規律の内容については、民法（債権関係）部会資料60・前掲（注6）四〇頁以下を参照。

（注58）前掲（注1）『基本方針』一六頁のほか、「多数当事者の債権及び債務（保証債務を除く。）」の規律の内容については、民法（債権関係）部会資料60・前掲（注6）三〇頁以下、「保証債務」の規律の内容については、民法（債権関係）部会資料60・前掲（注6）三三頁以下を参照。

（注59）民法（債権関係）部会資料60・前掲（注6）五七頁以下を参照。

（注60）前掲（注1）『基本方針』一九頁・四一〇頁以下、前掲（注1）『詳解Ⅴ』三六三頁以下を参照。

（注61）前掲（注1）『基本方針』一一頁以下、前掲（注1）『詳解Ⅳ』四頁以下を参照。

（注62）前掲（注1）『基本方針』一一頁以下、前掲（注1）『詳解Ⅳ』四頁以下を参照。

（注63）このほか、民法（債権関係）部会資料60・前掲（注6）七一頁では、ライセンス契約――「当事者の一方が自己の有する知的財産権（知的財産基本法第二条第二項参照）に係る知的財産（同条第一項参照）を相手方が利用することを受忍することを約し、相手方がこれに対してその利用料を支払うことを約する契約」――に関する規定（当該契約の性質に反する規定を除き、賃貸借の規定を準用するものとする規定）も、賃貸借の節に設けることが提案されている。別の機会に述べたように、民法の基本構想の要素として「情報」を補完すべきであり、そのような観点からすると、そうした「情報」に関する契約としてライセンス契約を民法に規定することは、十分検討に値する（山本敬三「契約法の改正と典型契約の役割」同ほか『債権法改正の課題と方向――民法一〇〇周年を契機として（別冊NBL五一号）』（商事法務、一九九八年）一八頁以下）。もっとも、そのためには、前提として「情報」及びそれを前提とした知的財産ないし知的財産権に関する基本概念を整備する必要がある。それを抜きにして、ライセンス契約のみを民法に規定することには、無理が残る。しかも、「情報」を民法の基本構想の要素として補完すべきだと考えられるのは、もともと有体物と異なり、占有を観念することができず、重畳的な利用が可能であることから、公共財としての性格が強く、「物」のアナロジーによる処理では限界があるためである。仮にライセンス契約を民法に規定するとしても、賃貸借の節に置き、賃貸借に関する規定を準用する

のは、大きな問題があるというべきだろう。前掲（注1）『詳解Ⅳ』一〇頁以下は、「知的財産権の効力はその種類ごとに異なり、これを一般的に規定することは難しい」ほか、「そもそも情報財は、有体物とは異なり、利用の排他性がないので、民法典の契約各則の分類がそのまま妥当することにもならない」等の理由から、「ライセンス契約については、新たな典型契約とするのではなく、契約実務の柔軟な発展と知的財産法による規律に委ねることが適切である」としている。

（注64） 前掲（注1）『基本方針』三四七頁以下、前掲（注1）『詳解Ⅳ』四一九頁以下を参照。これに対し、民法（債権関係）部会資料60・前掲（注6）七一頁は、ファイナンス・リース契約に関する規定を賃貸借の節に設けることを提案している。しかし、これは、本文で述べたような理由から、適当とは言いがたい。前掲（注1）『基本方針』三四八頁以下は、「賃貸借という典型契約の性質決定をする上で最も基本的な要素は、有償の目的物利用という性格であり、そこでは、『一定期間の目的物利用に対する対価としての賃料』は、その契約の性格づけにとって不可欠のものである（当事者間において、使用収益についての対価たる賃料を支払わないという特約をする賃貸借契約というものは観念できない。そのような特約がある場合、それはもはや賃貸借ではない）。それに対して、ファイナンス・リースにおいては、リース料は、こうした目的物利用の対価としての性格を欠いているとされているのであり、これは賃貸借という契約の性格を前提とした上で、その特則として規定される範囲をすでに超えていると考えられる」としている。

（注65） 前掲（注1）『基本方針』二四頁を参照。

（注66） 立法過程について、くわしくは、水町勇一郎「民法六二三条」土田道夫編『債権法改正と労働法』（商事法務、二〇一二年）三頁以下を参照。さらに、荒木尚志ほか「座談会『債権法改正と労働法』」同書二五一頁以下〔中田裕康発言〕も参照。

（注67） 水町・前掲（注66）七頁以下を参照。

（注68） 前掲（注4）中間論点整理一五七頁、前掲（注4）中間論点整理補足説明三九二頁以下を参照。

（注69） 前掲（注1）『基本方針』三五七頁の【3・2・8・01】を参照。

（注70）　前掲（注1）『基本方針』三五七頁以下、前掲（注1）『基本方針Ⅴ』三頁以下を参照。

（注71）　前掲（注1）『基本方針』一七頁を参照。

（注72）　民法（債権関係）部会資料60・前掲（注6）七七頁は、⑴「民法六五六条の規律を維持した上で」、「法律行為でない事務の委託であって、［受任者の選択に当たって、知識、経験、技能その他の当該受任者の属性が主要な考慮要素になっていると認められるもの以外のもの］については、前記1（自己執行義務）、民法第六五一条、第六五三条（受任者が破産手続開始の決定を受けた場合に関する部分を除く。）を準用しないものとする」とし、⑵「上記⑴の準委任の終了について」、ア「当事者が準委任の期間を定めなかったときは、各当事者は、いつでも解約の申入れをすることができる。この場合において、準委任契約は、解約の申入れの日から［二週間］を経過することによって終了する」、イ「当事者が準委任の期間を定めた場合であっても、やむを得ない事由があるときは、各当事者は、直ちに契約の解除をすることができる。この場合において、その事由が当事者の一方の過失によって生じたものであるときは、相手方に対して損害賠償の責任を負う」、ウ「無償の準委任においては、受任者は、いつでも契約の解除をすることができる」という規定を設けるものとすることが提案されている。

四　おわりに

今回の改正にあたり、さしあたり民法典の編成と規定の配置に関して直接問題になる事柄は、以上のとおりである。

このほか、これだけ大規模に民法典の内容を見直すことになるのだから、さらに、総則編の第一章「通則」に定められた基本原則等についても見直すことも考えられなくはない。実際、たとえば、第一条についていうと、第一項の「公共の福祉」に関する規定の当否が問題となるほか、第二条についても、「個人の尊厳」でよいかどうか、「両性の本質的平等」のみをあげるだけでよいかということなどについて、あらためて検討する必要がある。そのほか、人格権を含め、人の基本的な権利や自由の保障について総則編で定める可能性も検討に値する（注73）。さらに、消費者契約に関する規律を民法のなかに取り込むとするならば、消費者及び消費者契約を定義する規定を取り込むほか、消費者契約に関する基本原則を明らかにする規定を定めることが考えられる。こうした規定もまた、現代における市民社会の基本原則として位置づけられることからすると、同様に総則編の第一章「通則」に定めることも考えられる（注74）。

しかし、これらについて実際に定めようとするならば、物権編や親族編、相続編のほか、総則編でも人や法人にかかわる部分、債権編でも法定債権関係、とりわけ不法行為に関する部分について検討することが不可欠となる。したがって、これらの点については、今回の改正では見送らざるをえず、近い将来、他の部分も含めて抜本的な改正を行う際に委ねるべきだろう。

（注73）　このような方向での立法提案として、大村敦志『「民法〇・一・二・三条　〈私〉が生きるルール』（みすず書房、二〇〇七年）一〇三頁以下がある。

（注74）　消費者契約法をはじめとする消費者契約に関する規律を民法のなかに取り込むべきかどうかという点については、消費者契約に関するルールの一覧性を高め、整合的な法形成を促進するという観点からは、むしろ特定商取引法や割賦販売法等における民事ルールを消費者契約法のなかに取り込み、消費者契約法を消費者契約に関する包括的な法典へと発展・拡充させていくことが望ましい。しかし、現代の市民社会は、事業者と消費者が大量の契約を行うことを前提として成り立っているうえ、市民社会の基本法としての民法も、消費者及び消費者契約をその構成要素とすることが求められる。このような要請に応えるためには、民法のなかに――たとえば不実表示

による取消し等、一般法化が可能な規定のほかに――少なくとも消費者及び消費者契約を定義する規定を取り込み、さらに消費者契約法一条をもとにして、消費者契約に関する基本原則を明らかにする規定――たとえば、「この法律は、消費者と事業者との間については、情報の質及び量並びに交渉力の格差があることにかんがみて、解釈しなければならない。」――を定めることが考えられる。もっとも、このように「情報の質及び量並びに交渉力の格差」があることを考慮すべき場合は、消費者契約に限られないことからすると、民法の基本原則としては、より一般的なかたちで規定すること――たとえば、「この法律は、当事者間に情報の質及び量並びに交渉力の格差があるときは、そのことを考慮して解釈しなければならない。」――も検討に値する（以上については、山本・前掲（注8）三四八頁以下を参照）。これに対し、民法（債権関係）部会資料60・前掲（注6）五八頁では、現在のところ、「消費者と事業者との間で締結される契約（消費者契約）のほか、情報の質及び量並びに交渉力の格差がある当事者間で締結される契約に関しては、民法第一条第二項及び第三項その他の規定の適用に当たっては、その格差の存在を考慮しなければならない」ものとし、契約に関する基本原則として定めることが提案されている。

民法の編成案

第一編　総　　則
第一章　通　　則
第二章　人
第三章　法　　人
第四章　物
第五章　法律行為
第一節　総　　則
第二節　意思表示
第三節　代理及び授権
第四節　無効及び取消し
第五節　条件及び期限
第六章　期間の計算
第七章　時　　効
第一節　総　　則
第二節　取得時効
第二節　消滅時効

第二編　物　権

第三編　債　権
第一部　債権及び契約総則
第一章　債権及び契約の成立及び内容
第一節　基本原則
第二節　債権及び契約の成立
第一款　契約の交渉
第二款　契約の成立
第三款　約款による契約
第三節　債権及び契約の内容
第一款　債権の内容
第二款　契約の解釈
第二章　債権及び契約の効力
第一節　債務及び契約の履行
第一款　履行の請求及び強制
第二款　同時履行の抗弁
第三款　不安の抗弁
第四款　事情変更
第二節　債務及び契約の不履行
第一款　債務及び契約の不履行による損害賠償
第二款　契約の解除
第三款　代償請求権
第三節　受領遅滞
第三章　責任財産の保全
第一節　債権者代位権
第二節　詐害行為取消権
第四章　債権の消滅
第一節　弁　　済
第二節　相　　殺
第三節　更　　改
第四節　免　　除
第五節　混　　同
第五章　債権及び契約の当事者の変動
第一節　債権譲渡
第二節　債務引受
第三節　契約上の地位の移転
第六章　有価証券
第七章　多数当事者の債権及び債務
第八章　保　　証

第二部　各種の契約
第一章　通　　則
第一節　第三者のためにする契約
第二節　継続的契約
第二章　売　　買
第三章　交　　換
第四章　贈　　与
第五章　賃 貸 借
第六章　使用貸借
第七章　消費貸借
（第八章　ファイナンス・リース）
（第九章　役務提供）
第十章　請　　負
第十一章　委　　任
第十二章　寄　　託
第十三章　雇　　用
第十四章　組　　合
第十五章　終身定期金
第十六章　和　　解

第三部　法定債権関係
第一章　事務管理
第二章　不当利得
第三章　不法行為

第四編　親　　族

第五編　相　　続

アンダーラインは、現行法から変更される部分を指している。

新法人法制における役員の責任

土岐　敦司

本稿執筆にあたり

平成二三年春に、ある経済団体の関係諸団体の役員の方々に対して、新法人法制の創設により、団体役員の責任に関する規律が大きく変わり、従前のように、「当て職役員」、すなわち、関係団体などへの割当てによる担当役職者の就任により、定員を充足するようなことができる状況ではなくなっている旨のお話をする機会を与えられた。その際、新法人法制における役員と株式会社の取締役などの責任との違いについて検討してみたが、条文の文言では大きな違いを見出せなかった。しかし、営利を目的としない法人の役員と営利企業の役員の責任が同一であることに漠然とした疑問を抱いたままとなった。その後、第一東京弁護士会の研修の一環として、東京大学社会科学研究所の田中亘准教授に、「経営判断原則とは何か」との講演をお願いし、後述する卓越した学説理論に接したことから、一般社団法人及び一般財団法人（以下両者を合わせて一般法人という。）の役員の法的責任と企業の役員の法的責任の統一的な理解が可能ではないかとの考えに至り、本稿を執筆することとなったものである。

また、さらに執筆を進めるうちに、委任関係における受任者の裁量の範囲と責任の関係という問題が、善管注意義務違反の判断要素としては非常に重要と思われるが、民法学の研究においては、この受任者の裁量の範囲は、個別の委任契約の内容として事案ごとに判断されるものと認識されていることから、会社法におけるように、経営判断の法則というような統一的な判断基準を設けることがないことに思い至った。

団体法理としての一般法人の機関の裁量権の範囲を企業の役員と比較することがどの程度の意味を有することとなるかは、未確定ではあるが、その点についても、検討することとした。

なお、本稿執筆にあたり、弁護士の川見友康氏には、資料の収集や原稿の整理・構成など全般にわたり大変お世話になった。ここに紙面を借りてお礼を申し述べたい。

はじめに――非営利法人に関する法律の変遷

従前、民法に規定されていた社団法人、財団法人は、公益を目的とし、その設立には、主務官庁の許可が必要で、容易に設立できなかった（旧民法三四条）。

また、公益を目的としていない非営利目的の団体は民法上法人格が取得できなかったことから、社員が共通の利益を図ることを目的とする法人の設立を意図した中間法人法が制定された（平成一四年一月一日施行）。

さらに、行政改革の一環として、公益法人改革に対する関心が高まり、その整理が必要となったが、その際には、前述の、法人が容易に設立できないとする問題点のほか、主務官庁の監督権限とそれに基づく天下りや、法人のガバナンスやディスクロージャーが不十分であるという点も指摘された。

すなわち、公益法人に関しては、もともと主務官庁の指導監督権限が法人の脆弱なガバナンスを補完するという関係にあったが、公益法人の数が拡大するにつれて、そのシステムが不完全となり、主務官庁による指導監督という仕組み自体が限界にきており、法人の主体的なガバナンスの強化が求められてきたのである。

そこで、公益を目的とするものだけではなく、広く非営利目的の法人の設立を容易に行えることと、従来の公益法人制度の見直しを目的として、「一般社団及び一般財団に関する法律（以下「法人法」という。）と公益社団法人及び公益財団法人の認定等に関する法律（以下「認定法」という。）」が施行（平成二〇年一二月一日施行）された。

また、従来の公益法人が新たな制度に移行するための手続について規定した「一般社団法人及び一般財団法人に関する法律及び公益社団法人及び公益財団法人の認定等に関する法律の施行に伴う関係法律の整備等に関する法律」が法人法及び認定法と同時に成立、施行されている。

一　一般法人における機関

1　民法法人における機関

民法上規定されていた法人制度（以下「民法法人」という。）の下では、一人又は数人の理事が必須であるだけで（旧民法五二条一項）、理事会という機関は存在しなかった。法人の事務について、理事が数人ある場合には、定款又は寄付行為に別段の定めがないときは、理事の過半数で決せられることになっていた（同条二項）。また、理事は法人のすべての事務について法人を代表するものとし（同法五三条本文）、民法上、代表理事の定めは存在しなかった。

また、監事は法人の規模にかかわらず任意の機関であり（同法五八条）、会計監査人に関する定めも存在しなかった。

なお、財団法人について、評議員に関する定めは存在しなかった。

2　一般社団法人における機関

これに対して、一般社団法人では、社員総会（必置）、一人又は二人以上の理事（必置）を置き（法人法六〇条一項）、定款の定めにより理事会・監事又は会計監査人を設置できる（同条二項）。

また、大規模一般社団法人（総負債額が二〇〇億円以上、同法二条二項）については、会計監査人が必要であり、理事会設置一般社団法人及び会計監査人設置一般社団法人では、監事が必要であるといった要件が定められている（同法六一条、六二条）。

理事、監事及び会計監査人は、社員総会において、総社員の議決権の過半数を有する社員が出席し、出席した当該社員の議決権の過半数の賛成によって選任される（同法四九条一項、六三条）。

理事会を設置した場合、代表理事の選定は必須であるが（同法九〇条二項）、理事会を設置していない場合は、任意である（同法七七条三項）。

このように、機関を充実させて、執行機関に対する監視機能を強化する姿勢が示されている。

3　一般財団法人に関する機関

さらに、一般財団法人には評議員、評議員会、理事会、理事、監事、といった機関を必ず置くよう定められている（法人法一七〇条一項）。

財団は、人ではなく財産が基礎となり、別途に自然人による意思決定機関が必要になる。そこで、評議員、評議員会は必須である。同じく業務執行機関も必要であり理事も必須である。また業務執行を管理監督する機関として理事会が必須であり、監事も必須になっている。

このように、一般財団においても、一般社団同様に執行機関に対する監視監督機能の充実を図っている。

なお、会計監査人は任意の機関となっているが、大規模財団法人（同法二条三項）では必置である（同法一七〇条二項、一七一条）。

4　内部統制システムに関する規定

㈠　また、大規模一般社団法人である理事会設置一般社団法人の理事は、その他の一般社団法人の理事又は、理事の職務の執行が法令及び定款に適合することを確保するための体制その他一般社団法人の業務の適正を確保するために必要なものとして法務省令で定める以下の体制を整備しなければならない（法人法七六条三項三号、九〇条五号）こととされており、コーポレートガバナンス、リスクマネジメント並びにコンプライアンスについての規定の整備が要求され、さらなる充実が図られている。

㈡　その法務省令の具体的な内容は以下のとおりである。

⑴　理事会設置一般社団法人以外の一般社団法人の業務の適正を確保するための体制

［施行規則第一三条］

法第七六条第三項第三号に規定する法務省令で定める体制は、次に掲げる体制とする。

一　理事の職務の執行に係る情報の保存及び管理に関する体制
二　損失の危険の管理に関する規程その他の体制
三　理事の職務の執行が効率的に行われることを確保するための体制
四　使用人の職務の執行が法令及び定款に適合することを確保するための体制

2　理事が二人以上ある一般社団法人である場合には、前項に規定する体制には、業務の決定が適正に行われることを確保するための体制を含むものとする。

3　監事設置一般社団法人（法第一五条第二項第一号に規定する監事設置一般社団法人をいう。次項において同じ。）以外の一般社団法人である場合には、第一項に規定する体制には、理事が社員に報告すべき事項の報告をするための体制を含むものとする。

4　監事設置一般社団法人である場合には、第一項に規定する体制には、次に掲げる体制を含むものとする。

一　監事がその職務を補助すべき使用人を置くことを求めた場合における当該使用人に関する事項

二　前号の使用人の理事からの独立性に関する事項

三　理事及び使用人が監事に報告をするための体制その他の監事への報告に関する体制

四　その他監事の監査が実効的に行われることを確保するための体制

(2)　理事会設置一般社団法人の業務の適正を確保するための体制

〔施行規則第一四条〕

法第九〇条第四項第五号に規定する法務省令で定める体制は、次に掲げる体制とする。

一　理事の職務の執行に係る情報の保存及び管理に関する体制

二　損失の危険の管理に関する規程その他の体制

三　理事の職務の執行が効率的に行われることを確保するための体制

四　使用人の職務の執行が法令及び定款に適合することを確保するための体制

五　監事がその職務を補助すべき使用人を置くことを求めた場合における当該使用人に関する事項

六　前号の使用人の理事からの独立性に関する事項

七　理事及び使用人が監事に報告をするための体制その他の監事への報告に関する体制

八　その他監事の監査が実効的に行われることを確保するための体制

㈢　前記で理事が整備すべき具体的内容が明らかになっているが、それは、会社法施行規則に規定された株式会社の取締役（会）が整備すべき内部統制システム（会社法施行規則一〇〇条）とほぼ同趣旨である。また、会社法におけると同様に、理事は、これらを単に整備するだけでは足りず、それが機能していることについて、検証する必要があり、それを怠ったために、法人に損害が発生した場合には、その賠償責任を負担することとなると考えられる。

二　法人法の役員の責任の内容と民法（改正前）、会社法における役員の責任の比較

1　義務違反行為に基づく損害賠償責任

㈠　所属する法人に対する損害賠償責任

⑴　任務懈怠に基づく損害賠償責任

a　法人法の規定

以下の要件を満たす場合には、責任主体となる者について、法人に対する損害賠償責任が発生する（法人法一一一条一項、一九八条）。

社団法人の場合には、理事、監事及び会計監査人が責任主体となる。財団法人の場合にはこれらの者に加えて

評議員も責任主体となる。

要件は、(i)任務懈怠行為（善良なる管理者としての注意義務違反）、(ii)損害の発生、(iii)行為と損害の因果関係、である。これらの要件に関する立証責任は、損害賠償責任を追及する法人が負う。

また、本件の責任は原則として過失責任であり、過失の立証も法人が負う。ただし、利益相反取引（同法八四条一項二号又は三号）をした理事の責任のときは役員が無過失の立証責任を負う（同法一一一条三項）。さらに、理事が自己のためにした取引（同法八四条一項二号の取引のうち、自己のためにした取引）により、法人に損害が発生した場合には、理事は無過失で責任を負担することとなる（同法一一六条一項）。

b　民法法人との比較

民法法人では、前述のように、理事・監事の所属法人に対する損害賠償責任の明文規定はなく、委任の善管注意義務等違反に基づく損害賠償請求のみ可能（民法六四四条、四一五条）であった。

法人法では上記任務懈怠に基づく損害賠償責任制度が新設された。

c　会社法との比較

法人法は、会社法上の役員等の任務懈怠に基づく損害賠償責任の規定（会社法四二三条一項）を取り入れたことから、法文上は同様の規定となっている。ただし、会社法上の役員等の任務懈怠責任については、判例上、以下に述べる「経営判断の法則」が採用されているところ、利益の分配を予定していない一般社団法人や一般財団法人の理事についてもこの経営判断の法則が適用されるか、という点については議論がなされるべきところである。

詳細については、本項「二1(二)　経営判断の法則の適用の有無」において、述べる。

(2) 損害の推定規定

a 法人法の規定

理事の競業取引の制限に関する規定（法人法八四条一項一号、一九七条）で、社員総会又は理事会への重要事実の開示及び承認を得ることが必要（同法九二条一項、八四条一項、一九七条）となったが、当該制限に違反する取引によって理事または第三者が得た利益の額は、損害の額と推定される（同法一一一条二項、一九八条）。

b 会社法との比較

会社法上の取締役の競業取引の制限における推定規定と同じ（会社法四二三条二項、三五六条一項一号、三六五条一項・二項）である。

(3) 任務懈怠の推定規定

a 法人法の規定

理事の利益相反取引によって法人等に損害が生じたときには、(i)当該取引を行った理事、(ii)当該取引をすることを決定した理事、(iii)当該取引に関する理事会の決議に賛成した理事は、任務を怠ったものと推定される（法人法一一一条三項、一九七条）。

b 会社法との比較

会社法上の取締役の利益相反取引における推定規定と同じ（会社法四二三条三項、三五六条一項二号・三号、三六五条一項・二項）である。

(4) 役員の責任の免除・減免規定

a 法人法の規定

① 総社員（財団法人においては総評議員）の同意による免除

対法人の損害賠償責任は、総社員（総評議員）の同意により免除可能（法人法一一二条、一九八条）である。

② 社員総会における責任の一部免除

総社員（財団法人においては総評議員）の同意による免除がなされない場合であっても、(i)職務を行うにつき善意かつ無重過失で、(ii)社員総会（財団法人においては評議員会）の決議があるときは、賠償責任を負う額から、最低責任限度額を控除した額を限度に免除が可能（法人法一一三条一項、一九八条）である。この最低限度額とは、会社法上の規定（会社法四二五条）と同様であり、当該役員等がその在職中に一般社団法人又は一般財団法人から職務執行の対価として受け、又は受けるべき財産上の利益の一年間当りの額に相当する額として法務省令（法人法施行規則一九条）で定める方法により算定される額に、その職に就いていた年数又は、以下の区分に応じて定められている数を乗じて得た額をいう。

(i) 代表理事については6

(ii) 代表理事以外の理事であって外部理事でないものについては4

(iii) 外部理事、監事又は会計監査人については2

外部理事とは、一般社団法人の場合、一般社団法人の理事であって、当該一般社団法人又はその子法人の業務執行理事又は使用人でなく、かつ過去に当該一般社団法人又はその子法人の業務執行理事又は使用人となったことがないものをいう（法人法一一三条一項二号ロ）。

③　定款の定めによる一部免除

会社法と同様に、法人法においても定款の定めによる責任の一部免除が認められている。その要件としては、(i)監事設置法人で理事が二人以上ある場合で、(ii)定款の定めがあり、(iii)当該役員が善意かつ無重過失のときで、(iv)責任の原因となった事実の内容、当該役員らの職務の執行の状況その他の事情を勘案して特に必要と認めるときは、理事の過半数（当該責任を負う理事は除く）の同意（理事会設置法人は理事会の決議）により、賠償責任を負う額から、最低責任限度額を控除した限度に免除（法人法一一四条一項、一一三条一項、一九八条）できる。

④　責任限定契約

責任限定契約についても会社法と同様の規定が置かれている。締結の要件としては、(i)外部理事、外部監事、会計監査人について、(ii)善意かつ無重過失で負担した責任について、(iii)定款で定めた額の範囲内であらかじめ一般社団法人が定めた額と最低責任限度額とのいずれか高いほうに限定できる（法人法一一五条一項、一九八条）というものである。

b　会社法との比較

責任免除・減免規定については、以下のとおり、基本的に会社法の規定と同じである。

①　総社員の同意による免除

総株主の同意による免除に対応（会社法四二四条）している。

②　責任の一部免除

株主総会の特別決議による一部免除に対応（会社法四二五条）している。

③　定款の定めによる一部免除

定款の定めに基づき、取締役の過半数又は取締役会決議による一部免除に対応（会社法四二六条一項）している。

④　責任限定契約

社外役員に関する定款の定めに基づく責任限定契約（会社法四二七条）に対応している。

(5)　無過失責任

利益相反取引のうち、自己のために取引をした場合については、当該行為をした理事は、無過失責任（法人法一一六条一項、一九八条）を負担する。

当該規定は会社法と同様の規定である（会社法四二八条一項・二項）。

(6)　**責任追及の主体**

a　法人法の規定

①　法人の代表による訴え

社団法人の場合、原則は、代表理事（法人法七七条四項）が法人を代表し、理事（元理事を含む）と法人との間の訴訟では、社員総会で定めた者を当該訴えに関する代表者（同法八一条）とすることができる。

ただし、監事設置社団法人において理事（元理事を含む）に対して訴えを提起する場合には監事（同法一〇四条一項）が、法人を代表する。

財団法人の場合にも原則として、代表理事（同法一九七条、七七条四項）が法人を代表し、理事の責任追及等については監事が代表（同法一九七条、一〇四条一項）することとなる。財団法人については、監事の設置が必須であることから、評議員会における代表者の定めはない。

② 社員代表訴訟

一般社団法人の社員も理事、監事などの損害賠償責任の追及訴訟を提起できるようになった（法人法二七八条ないし二八三条）。

このような制度を一般社団に導入したのは、理事相互間又は理事と監事の間で、情実により適正な責任追及訴訟が提起されないおそれがあることから、社員にも、一定の場合に理事等を提訴する権限を認めることにより、一般社団法人のガバナンスを強化するためである。

具体的には、社員が、一般社団法人に対して（監事設置一般社団法人においては、監事に対して請求する、同法一〇四条二項一号）、設立時社員、設立時理事、理事、監事又は会計監査人並びに清算人に対する責任追及の訴訟を提起するように請求してから、六〇日以内に、一般社団法人によってその訴訟が提起されないときには、社員が一般社団法人に代わって、当該訴訟を提起することができることとなっている（同法二七八条一項）。その他、不当な代表訴訟に対する却下の制度や担保提供の申立ての制度がある（同条六項）。

これに対して、一般財団においては、社員に該当する存在がなく、評議員が、評議員会を通じて、理事、監事を監視監督する立場であることから、この監督機能により、一般財団法人のガバナンスを確保しようとしたことから、代表訴訟の制度が設けられていないのである。

b 会社法との比較

① 法人の代表による訴え

法人の代表による訴えについては、会社法上にも同様の規定があり、取締役が株式会社を代表し（会社法三四九条一項）、代表取締役を定めた場合には、当該代表取締役が法人の代表となる（同条四項）。また、株式会社が取締役（元取締役を含む）に対し訴えを提起する場合には、株主総会において、当該訴えについて株式会社を代表する者を定めることができる（同法三五三条）。

これらの規定にかかわらず、監査役設置会社が取締役（元取締役を含む）に対し訴えを提起する場合には、監査役が会社を代表する（同法三八六条）。

②　株主代表訴訟

社員代表訴訟は、株主代表訴訟制度と同様の規定である（会社法八四七条）。

(7)　監事設置法人の理事に対する不正行為等差止請求権（法人法一〇三条、一九七条）

要件としては、(i)理事が法人の目的の範囲外の行為・その他法令若しくは定款に違反する行為をし、又はこれらの行為をするおそれがある場合で、(ii)当該行為によって監事設置法人（財団法人はすべて監事設置法人）に著しい損害が生じるおそれがあるときは、監事は理事に対し、当該行為の差止請求権を有する（法人法一〇三条、一九七条）。

会社法上の監査役の差止行為請求権に類似（会社法三六〇条）しているが、会社法上の監査役（監査委員会）の差止請求権においては、「著しい損害」ではなく、「回復することができない損害」が要件とされている。

また、会社法上では株主による請求権も認められているが、法人法では監事のみに請求権が認められている。

(二) 経営判断の法則の意義と一般法人への適用に関して検討する意義

(1) 経営判断の法則の適用の有無

法人法においては、(一)で述べたように、理事などの責任について、基本的に会社法同様の規定が設けられている（法人法一一一条、一九八条）。ただ、このような規定を設けることについては、その必要性、特に、民法法人当時の判例では、善意・無重過失で、理事の責任を認めた事例はほとんどなく、そのような規定を設けるべき立法事実があるのかについては、疑問なしとしない。

しかし、この点について、民法法人におけるガバナンスを強化することにより、主務官庁の認可や監督なしに、自由に法人を設立し運営できるようになり、その目的も限定されず、営利を目的とする（収益を配当する）ことはできなくとも、一般社団法人においては解散時に社員に対して残余財産を分配することが認められていることを考え合わせると、それを利用して、収益事業などにより獲得した財産を最終的に社員に還元するものも存在しうる一方で、多額の資金を集めてそのような事業を行って、多数の利害関係者に対して損害を発生させる事態も想定されることから、このような役員の責任に関して、会社法と同様の規制が行われることについては、合理性があると考えられる。

ところで、経営判断の法則（または経営判断の原則）とは、業務執行機関の行為について、善管注意義務違反の有無を判断する判断基準である。業務決定において、この法則に従っていれば、たとえ業務執行機関の行為により会社に損害が発生しても責任がないとする考え方をいうとされている。

この経営判断の法則があることにより、業務執行機関は、責任の発生という事態を想定して、業務決定において過度に萎縮することなく経営判断をすることができるとされている。

そこで、法人法上の理事についても、その意思決定を過度に萎縮させないために、経営判断の法則が適用されるべきかが問題となると考えられるのである。

(2) 経営判断の法則におけるいわゆる「二段階説」について

株式会社における取締役の善管注意義務違反については、裁判上、経営上の判断には広い裁量が認められるべきであり、結果として会社に損害が発生したからといって安易に取締役の責任を認めてはならない、といういわゆる「経営判断の法則」という考え方が採用されている。

この「経営判断の法則」に基づき、取締役の経営判断が善管注意義務違反に当たるかの審査について、学説では、これまで判断の過程面と内容面に分け、過程については善管注意義務を厳格に判断し、内容面については緩やかに判断するという見解（いわゆる「二段階説」）が有力に説かれてきた。裁判例においても、過程と内容で審査基準を分け、前者については善管注意義務違反を厳格に判断していると見られるものが多く存在する。

たとえば、東京地判平14・4・25判時一七九三号一四〇頁（長銀初島クラブ事件）においては、旧長銀が行ったリゾート開発に関する融資の責任が問われた件において、判旨は以下のように述べている。

「取締役の判断に許容された裁量の範囲を超えた善管注意義務違反があるとするためには、判断の前提となった事実の認識に不注意な誤りがあったか否か、又は判断の過程・内容が取締役として著しく不合理なものであったか否か、すなわち、当該判断をするために当時の状況に照らして合理的と考えられる情報収集・分析、検討がなされたか否か、これらを前提とする判断の推論過程及び内容が明らかに不合理なものであったか否かが問われなければならない」

以上のように判旨は「合理的」と考えられる情報収集・分析、検討がなされたかを判断し、判断の推論過程及び内容が「『明らかに』不合理」なものであったか否かが問われている。「情報収集・分析、検討」が過程面、「判断の推論過程」が内容面だとすれば、前者がより善管注意義務違反を厳格に判断していると解することができる。

(3) 「二段階説」に対する批判的検討

しかし、学説が主張し、いくつかの裁判例が述べていると解される過程面と内容面で判断基準を分けるという方法は、実際には過程面の審査を行う際に内容面の判断が含まれるため、明確に分けることは困難ではなかろうか。

この点については、田中亘准教授がアパマンショップHD株主代表訴訟事件（最判平22・7・15）の評釈でも同様の問題点を指摘している（ジュリ一四四二号一〇一頁）。

a 事案及び判決の概要

本件は、A社の親会社であるZ社が、A社を完全子会社化する際に、Z社以外の少数株主から、平成一三年にA社が設立された際の払込金額五万円で買い取ったことについて、Z社の代表取締役等の善管注意義務違反が問われたものである（完全子会社化当時、複数の監査法人によるA社の株式評価額は一株当り約六五〇〇円から二万円の間であった）。

本件に関し、判決では、取締役の責任を肯定した原審を破棄し、以下のとおり判示した。

「本件取引は、AをBに合併して不動産賃貸管理等の事業を担わせるというZのグループの事業再編計画の一環として、AをZの完全子会社とする目的で行われたものであるところ、このような事業再編計画の策定は、完全子会社とすることのメリットの評価を含め、将来予測にわたる経営上の専門的判断にゆだねられていると解される。そして、この場合における株式取得の方法や価格についても、取締役において、株式の評価額のほか、取得の必要性、Zの財務上の負担、株式の取得を円滑に進める必要性の程度等をも総合考慮して決定することができ、その決定の過程、内容に著しく不合理な点がない限り、取締役としての善管注意義務に違反するものではないと解すべきである。」

「……株式交換に備えて算定されたAの株式の評価額や実際の交換比率が前記のようなものであったとしても、買取価格を一株当たり五万円と決定したことが著しく不合理であるとはいい難い。そして、本件決定に至る過程においては、Z及びその傘下のグループ企業各社の全般的な経営方針等を協議する機関である経営会議において検討され、弁護士の意見も聴取されるなどの手続が履践されているのであって、その決定過程にも、何ら不合理な点は見当たらない。

以上によれば、本件決定についてのYらの判断は、Zの取締役の判断として著しく不合理なものということはできないから、上告人らが、Zの取締役としての善管注意義務に違反したということはできない。」

b　判決の評価

本判決は、これまで判例がとってきたとされる「過程」と「内容」を分け、「過程」については、厳格な審査基準を適用するという審査を採用せず、過程と内容双方について緩やかな審査基準（「著しく不合理な点」の有無）を採用したと見る余地がある。また、買取価格の判断において、株主がZの事業の加盟店であり、鑑定価格による買取りを行えば、反発を受けて本業にも影響しかねないと考えて、発行価格である一株五万円による買取りを行ったことについて、本判決の控訴審判決は、過程の問題ととらえ、その検証がないことを取締役の責任を認める根拠の一つととらえている。しかし、この点は、まさに、判断の内容そのものと考えることも可能であり、過程面と内容面の分離を明確に行うことは困難であるといわざるをえない。両者を分けることなく、「著しく不合理」という緩やかな基準で善管注意義務違反の判断をした点については、本判決は、望ましいものといえる。

なお、過程面と内容面の分離ができない点について、上記の本判決の評釈において、田中亘准教授は、さらに次のように指摘している。

「例えば、本件において、A社の完全子会社化の判断に関する「過程面」としては、Z社の取締役が、A社を完全子会社化することが経営上どの程度有益な効果を生むかという観点から検討が必要になる。しかし、取締役の誰もがA社の子会社化には十分な経営上の効果が見込めると考えていたとすれば、異論を挟む者は誰もいないため、この点について詳しい検討はなされないことになる。この場合に検討が十分になされていないとして善管注意義務違反を肯定するとすれば、それは取締役全員が異論の余地がないと考えていた経営判断を裁判所が否定すること、すなわち内容を審査することに他ならないのではないか。」

まさに、取締役の意思決定について、全体を通して一貫した判断基準を適用すべきことの証左である。

また、田中亘准教授は、緩やかな判断基準をとるべき理由を裁判官の誤判のリスクととらえている。すなわち、裁判官が合理性を判断基準とするならば、責任回避に積極的である取締役としては、誤判があっても、責任を負わないように、合理的と考えられる判断よりもさらに、保守的な判断をする可能性が高く、それは、多くのリターンを得るためには、ある程度の高いリスクも容認するという株主の意思に反することとなるからであり、経営判断の法則は、そのような考えに基づく裁判所の判断の自己抑制であると位置づけられている。

以上のような検討によれば、取締役の善管注意義務違反の有無を判断する基準としての経営判断の法則は、業務決定における過程面及び内容面について、裁判所がとるべき基準（裁判規範）を統一的に「著しい不合理性がない」とするものであると考えられる。

c　一般社団法人等の理事に対する経営判断の法則の適用について

このような経営判断の法則は、一般法人の理事の善管注意義務違反を判断する裁判規範としても適用されるべきものであろうか。以下において、検討する。

① 営利性との関係

(1)で述べたように、法人法及び認定法の施行に伴い、これまで目的が制限され、主務官庁の認可を受けていた公益法人について、簡便な方法で法人が設立できるようになったこと、法人法に基づく法人と、認定法に基づく公益性の認定が分離されたことから、必ずしも公益性を有する法人ばかりではなくなったことから、たとえば、同族の資産管理のための法人のように、出資者の意図としては、営利性すなわち配当をすることは予定していないが、収益的な事業を行い、なんらかの事由が発生したときは、当該法人を解散して、出資者にも残余財産が分配されることにより、増殖した法人の財産の恩恵にあずかるようなシステムを構築することも一般社団法人においては可能なのである。

しかし、一般社団法人であっても、公益性が強く、なんら財産の増殖を意図していない法人もあり、このようにさまざまな目的をもった法人がある以上、裁判規範上は、一律に経営判断の法則を適用したうえで、理事が行った経営判断の過程面と内容面双方において「著しく不合理」な事情の有無で判断すべきではない。「著しく不合理」か否かの判断によるべきかは、出資者の意図等を考慮して行われるべきである。

② 理事の自己抑制の防止

また、会社法に基づく経営判断の法則が適用されない場合、取締役の自己抑制の問題、すなわち、ある経営判断が誤った場合に簡単に責任追及がなされるとなると、経営の萎縮効果が懸念される。これは、前述のように、法人法上の法人であっても出資者が収益の分配を求める意図がある場合には、理事の自己抑制を防止する要請が強くなる。

一方、なんら営利性を求めない法人の場合には、出資者には、理事に対して、積極的にリスクをとって事業を行うことの要望はなく、理事側としても、経営判断としてリスクをとる必要がないことから、理事の自己抑制の防止という要請は後退することになる。

③　裁判所の判断の自己抑制

さらに、裁判所もさまざまな事業のプロではない。したがって、理事が行った行為が、善管注意義務違反に該当するか否かの判断は、裁判所の範疇を超える可能性がある。この判断は、株式会社であっても、法人法上の法人であっても変わることはない。

したがって、裁判所の判断の自己抑制を促すことが必要な場面も存在する。

しかしながら、その判断についても、そもそも理事がリスクをとって、事業を運営することを目的としていない場合には、合理性の基準を採用すべき事案においてさえ、自己抑制の必要性が高いとは考えられない。

④　経営判断の法則の適用について

以上のことから考えられるように、経営判断の法則は、リスクを冒しても、高い収益をあげることが考慮されるべき営利企業における基準であって、これをさまざまな目的をもつものが考えられる一般法人に一律に適用することはできないものといわざるをえない。

そこで、裁判規範として、法人法上の法人についても、行為時点の社員（設立者）の意図がリスクをとって利益をあげることを望んでいるかによって、「著しく不合理」な過程と内容ではないかを判断することで足りるのか否かが考えられなければならないこととなる。

たとえば、収益事業を行い、最終的には当該法人を解散したうえで、残余財産を分配することを前提としている一般社団法人のような場合には、出資者はリスクをとって利益をあげることを望んでいるといえる。一方で、法人の目的が限定され、理事の行動の幅も限られており、およそ利益の追求を求めておらず、出資者としても解散時の分配金を期待していないような場合には、理事による経営に関する裁量は非常に狭いものとなり、「著しい不合理」な判断までも容認することはできないこととなろう。

⑤　委任契約における裁量の範囲

結局この経営判断の法則の適用に関する問題は、理事と法人との委任契約関係から受任者たる理事が有する自由裁量の範囲の問題、すなわち、委任者がどの範囲の裁量を受任者に与えたかの問題ととらえることが妥当である。

すなわち、委任契約においては、委任者が受任者の裁量の範囲を画することができるのであって、営利を目的とし、収益をあげることが目的の会社においては、会社の事業目的（権利能力）に属することであれば、そのこと自体から、裁量の範囲としては、取締役の判断が著しい不合理ではなければよいこととされているにすぎず、それが会社法における「経営判断の法則」の本質であると考えられるのであるが、一般法人などでは、その設立目的は多様であり、収益の獲得を目的とするものから、公益的な事業を目的とするものまで存在するのであって、その際に、出資者の意図を判断するためには、当該法人の設立経緯、目的、解散事由などを考慮のうえで総合的に検討すべきであって、そこに一律的な基準を構築する必要性はないと考えられるのである。

(三) 設立時理事等の責任

(1) 所属する法人に対する損害賠償責任

a 任務懈怠に基づく損害賠償責任

法人法において、設立時社員（一般社団法人を設立するに際して、その社員となろうとする者、法人法一〇条一項）、設立時理事（一般社団法人を設立に際して理事となる者、同法一五条一項）又は設立時監事（一般社団法人を設立に際して監事となる者、同条二項）は、法人に対する損害賠償責任が発生する（同法二三条一項）。

設立時理事等が責任を負うのは、(i)一般社団法人の設立についてその任務を怠り（任務懈怠）、(ii)法人に損害が発生し、(iii)設立時理事等の任務懈怠と損害との間に因果関係が生じる場合である。

また、設立時社員、設立時理事又は設立時監事がその職務を行うについて悪意又は重大な過失があったときは、当該設立時社員、設立時理事又は設立時監事は、これによって第三者に生じた損害を賠償する責任を負う（同条二項）。

一般財団法人についても同様の規定がある（同法一六六条一項）。

b 民法法人との比較

民法法人には設立時理事等の規定は存在しなかった。

c 会社法との比較

会社法において、設立時取締役等の責任として同様の規定がある（会社法五三条一項）。

⑵　連帯責任

複数の設立時理事等が責任を負う場合には、連帯債務となる（法人法二四条、一六七条）。会社法上も連帯責任とされており、同様（会社法五四条）である。

⑶　責任の免除

総社員（総評議員）の同意による免除は可能（法人法二五条、一六六条）であり、これも会社法と同様である。

㈣　第三者に対する損害賠償責任

⑴　法人法による規定

a　悪意又は重過失による損害賠償責任

以下に述べる要件を満たす場合には、第三者に対して損害賠償責任を負う（法人法一一七条一項、一九八条）こととなる。

まず、責任主体は理事、監事、会計監査人、評議員である。

責任を負う要件は、(i)職務を行うについて悪意又は重過失があったこと、(ii)損害の発生、(iii)行為と損害の因果関係、となる。

b　過失に基づく責任

原則として、第三者に対する損害賠償責任は上記(i)に記載のとおり悪意又は重過失が条件であるが、下記要件を満たす場合には、単なる過失であっても第三者に対して損害賠償責任を負う（法人法一一七条二項、一九八条）。

①　以下の行為を行うこと

理事については、(i)計算書類及び事業報告並びにこれらの付属明細書に記載又は記録すべき重要な事項についての虚偽の記載又は記録をする、(ii)基金（法人法一三一条）を引き受ける者の募集をする際に通知しなければならない重要な事項についての虚偽の通知又は、その募集のための当該一般社団法人の事業その他の事項に関する説明に用いた資料についての虚偽の記載若しくは記録をする、(iii)虚偽の登記をする、(iv)虚偽の公告をすることである。

監事については、監査報告に記載し、又は記録すべき重要な事項についての虚偽の記載又は記録をすることである。

会計監査人については、会計監査報告に記載し、又は記録すべき重要な事項についての虚偽の記載又は記録をすることである。

② その他の要件

その他の要件としては、(i)過失（過失がないことを理事側が立証する責任を負う。）、(ii)損害の発生、(iii)行為と損害の因果関係、である。

(2) 会社法との比較

悪意又は重過失による損害賠償責任について、法人法に基づく第三者責任は、会社法と同様の規定となっており（会社法四二九条一項）、上記(1)bの過失に基づく責任の規定も会社法と同様である（同条二項）。

(五) 不法行為に基づく損害賠償責任

(1) 法人法の規定

役員が職務を行うについて犯した不法行為の場合は、所属する法人が不法行為責任を負う（代表理事が犯した不法行為の場合、法人法七八条、一九七条、その他の理事・監事の場合は、民法七一五条）。

なお、損害を賠償した法人は、当該理事・監事に対して求償権の行使が可能である。

(2) 民法法人との比較

旧民法においても不法行為に基づく損害賠償は可能であった（民法七〇九条）。また、「理事その他の代理人がその職務を行うについて不法行為を行ったときは法人が責任を負う」とされていた（旧民法四四条一項）。

(3) 会社法との比較

不法行為に基づく損害賠償責任は、会社法上の役員も同様である（民法七〇九条、七一五条）。

2 理事・監事・会計監査人又は評議員の連帯責任

対法人責任及び対第三者責任のいずれにおいても、複数の理事等が責任を負う場合には、連帯債務となり（法人法一一八条、一九八条）、これは会社法も同様である（会社法四三〇条）。

3 責任追及の対策

(一) 役員就任にあたって

民法法人と比較して、一般社団法人等の役員の責任が非常に厳格化されたことを意識すべきであり、派遣する企業等においても、単なる「当て職」で考えてはならない。また、役員に就任した場合に、理事会などへの出席が実際に行えるか検討すべきで、「名前だけ貸す」ではすまされないことを理解する必要がある。

また、正当な理由なく理事会等は欠席せず、議案はしっかり審理するように心がけるべきである。

なお、就任予定の法人の実態についてはしっかり調査する。一般社団法人は、要件が整っていれば登記できてしまうので法人格の濫用も懸念されるからである。

なお、外部役員は、責任限定契約が可能であり、これを締結すべきである。ただし、その場合でも、対第三者責任については限定できないので注意すべきである。また、評議員には、責任限定契約はない。

(二) 判断の合理性を裏付ける証拠を確保する

1、2で述べたように法人と理事との関係が委任関係であることから、判断が合理的裁量の範囲内であれば、善管注意義務違反（任務懈怠）にはならない。

検討のための十分な資料に加え判断が合理的であることを裏付ける資料（意見書など）も必要である。場合によっては、弁護士の見解を求めるなど、独自に資料を確保することも検討すべきである。

反対すべきときには反対して、議事録にもそれを記載してもらうことも大切である。

三　理事及び監事の解任

1　社団法人における社員総会決議による解任

理事、監事、会計監査人は社員総会の普通決議により、いつでも解任されうる（法人法七〇条一項、四九条一項）。ただし、「正当な理由」がある場合を除き、理事は解任によって生じた損害賠償請求が可能である。

この「正当な理由」とは、役員としての職務遂行が困難な場合をいい、「正当な理由」が認められた例としては、持病が悪化したため、職務遂行が困難な場合（最判昭57・1・21判時一〇三七号一二九頁）や、職務執行に必要な見識を欠き職務執行について過誤があった場合（東京高判昭58・4・28判時一〇八一号一三〇頁）などがある。

2　財団法人における評議員会決議による解任

財団法人においては、以下の場合に評議員会の決議により解任されうる。

まず、理事又は監事については（法人法一七六条一項）、「職務上の義務に違反し、又は職務を怠ったとき」（同項一号）又は「心身の故障のため、職務の執行に支障があり、又はこれに堪えないとき」（同項二号）に解任されうる。

会計監査人については（同法一七六条二項、七一条一項）、「職務上の義務に違反し、又は職務を怠ったとき」（同項一号）又は「会計監査人としてふさわしくない非行があったとき」（同項二号）解任されうる。社団法人のように、いつでも解任されるというものではない。

3 訴えによる解任

以下に述べる要件を満たす場合には、理事、監事又は評議員は解任請求をされうる（法人法二八四条）。

理事等が解任請求をされうるのは、(i)職務執行に関し不正の行為又は法令若しくは定款に違反する重大な事実があったにもかかわらず、(ii)解任議案が社員総会又は評議員会において否決されたときで、(iii)当該請求に係る理事を除いて議決権の一〇分の一（これを下回る割合を定款で定めた場合はその割合）を有する総社員又は評議員が、(iv)当該社員総会又は評議員会の日から三〇日以内に訴訟提起をする場合である。

四 刑事罰・過料

1 旧民法における役員の責任

民法法人の役員については、民法上特別な刑罰規定は置かれておらず、法人の理事、監事又は清算人の、登記の懈怠（旧民法八四条一号）、財産目録・社員名簿への不実の記載（同条二号）、裁判所などによる検査の妨害（同条三号）、監督命令の違反（同条三号の二）、官庁又は総会に対する不実の申立て等（同条四号）、破産の申立ての懈怠（同条五号）並びに公告の懈怠等（同条六号）に対して、過料の制裁に関する規程が置かれていたにすぎなかった（旧民法八四条）。

これは、役員が法人運営において、責任ある対応をするように罰則により強制しようとするものであるが、設立について、認可主義を採用し、さらに、全体的に監督官庁の監督に服することから、刑罰法規による厳格な強制を行うまでの必要がないとの認識によるものであった。

もっとも、理事・監事などは、法人との委任関係に基づいて法人のためにその事務を処理する者であるから、自己若しくは第三者の利益を図り又は法人に損害を加える目的で、その任務に背く行為をし、本人に財産上の損害を加えたときは、刑法上の背任罪（刑法二四七条）により、処罰されることとなっていた。

これに対して、新法人法においては、設立について準則主義を採用し、法人財産のみが債権者の引当になっていることから、役員の違法行為により法人の財産が害されることを防止し、その社会的信用を維持する必要から、会社に対すると同様の刑罰規定を設けている。

2　一般・公益法人共通の罰則の概略

(一)　特別背任罪（法人法三三四条）

会社法九六〇条とほぼ同様な規定であるが、理事、監事、評議員等が、自己若しくは第三者の利益を図り又は法人に損害を加える目的で、その任務に背く行為をし、法人に財産上の損害を加えた場合（未遂を含む）には、七年以下の懲役若しくは五〇〇万円以下の罰金又はこれらの併科となる。

目的については、実質的に判断される。したがって、法人の利益のために行われた場合であれば、犯罪は成立しない。

㈡　法人財産の処分に関する罪（法人法三三五条）

理事、監事、評議員等が、法令又は定款の規定に反して、基金の返還をしたとき、又は、法人の目的の範囲外において、投機取引のために法人の財産を処分したときは、三年以下の懲役若しくは一〇〇万円以下の罰金又はこれらの併科となる。

会社法九六三条五項とほぼ同様の規定であり、法人の財産的な基礎の毀損を招く行為に対する処罰規定である。

㈢　虚偽文書行使等の罪（法人法三三六条）

設立時社員や理事、監事、評議員等が、基金を引き受ける者の募集をするにあたり、法人の事業その他の事項に関する説明を記載した資料若しくは当該募集の広告その他の当該募集に関する文書であって重要な事項について虚偽の記載のあるものを行為し、又は、これらの書類の作成に代えて電磁的記録の作成がされている場合における当該電磁的記録であって重要な事項について虚偽の記録のあるものをその募集の事務の用に供したときには、三年以下の懲役若しくは一〇〇万円以下の罰金又はこれらの併科となる。

会社法九六四条と同じく、虚偽の重要事実により、募集することにより、一般人に財産的損害を与えることを処罰するための規定である。

㈣　贈収賄罪（法人法三三七条）

設立の関与者や理事、監事、評議員、会計監査人等がその職務に関し、不正の請託を受けて、財産上の利益を収受し、又はその要求若しくは約束をしたときには、五年以下の懲役又は五〇〇万円以下の罰金又はこれらの併科となる。

供与した側も三年以下の懲役又は三〇〇万円以下の罰金又は併科となる。

会社法九六七条と同様に、理事などの役員の職務の公平性を担保するための規定である。

㈤　過料（法人法三四二条）

理事、監事、評議員、会計監査人等が、以下の行為に該当する場合は、一〇〇万円以下の過料となる。

① 登記懈怠

② 公告・通知懈怠又は不正の公告・通知

③ 開示懈怠

④ 正当理由なく、書類の閲覧・謄写又は書類の謄本・抄本の交付、電磁的記録事項の電磁的方法又は書面による交付拒否

⑤ 調査妨害

⑥ 官庁・社員総会・評議員会に対する虚偽の申述又は事実の隠蔽

⑦ 定款、社員名簿、議事録、財産目録、会計帳簿、貸借対照表、損益計算書、事業報告、事務報告、付属明細書、監査報告、決算報告等に記載すべき事項の記載懈怠又は虚偽記載・記録

⑧ 定款、社員名簿、社員総会議事録等、備え置くべき帳簿・書類・電磁的記録の備置き懈怠

⑨ 社員総会又は評議員会の招集懈怠

⑩　社員・評議員から規定の請求があった場合に、当該請求に係る事項を社員総会又は評議員会の目的としなかったとき

⑪　社員総会・評議員会における説明義務違反

⑫　理事等に欠員が出た場合の選任懈怠等

3　公益法人特有の罰則

(一)　不正な公益認定取得等（認定法六二条）

以下の行為を行った者は、六カ月以下の懲役又は五〇万円以下の罰金となる。

①　偽りその他不正の手段により、公益認定を受けた者

②　偽りその他不正の手段により、公益目的事業を行う都道府県の区域（定款で定めるものに限る。）又は主たる事務所若しくは従たる事務所の所在の場所の変更（従たる事務所の新設又は廃止を含む。）、公益目的事業の種類又は内容の変更、収益事業等の内容の変更の認定を受けた者

③　偽りその他不正の手段により、合併による地位の承継の認可を受けた者

④　公益目的事業を行う都道府県の区域（定款で定めるものに限る。）又は主たる事務所若しくは従たる事務所の所在の場所の変更（従たる事務所の新設又は廃止を含む。）、公益目的事業の種類又は内容の変更の認定を受けないで、当該変更（行政庁の変更を伴うこととなるものに限る。）をした者

⑤　公益目的事業を行う都道府県の区域（定款で定めるものに限る。）又は主たる事務所若しくは従たる事務所の所在の場所の変更（従たる事務所の新設又は廃止を含む。）、公益目的事業の種類又は内容の変更の認定を受けな

いで、当該変更（法人法二九条二項一号に該当するものに限る。）をした者

(二) 不当表示（認定法六三条）

以下の行為を行った者は、五〇万円以下の罰金となる。

① 公益社団法人又は公益財団法人でないのに、その名称又は商号中に、公益社団法人又は公益財団法人であると誤認されるおそれのある文字をその名称又は商号中に用いた者

② 不正の目的をもって、他公益社団法人又は公益財団法人であると誤認されるおそれのある名称又は商号を使用した者

(三) 虚偽記載等（認定法六四条）

以下の行為を行った者は、三〇万円以下の罰金となる。

① 公益認定の申請書又はその添付書類に虚偽の記載をして提出した者

② 公益目的事業を行う都道府県の区域（定款で定めるものに限る。）又は主たる事務所若しくは従たる事務所の所在の場所の変更（従たる事務所の新設又は廃止を含む。）、公益目的事業の種類又は内容の変更、収益事業等の内容の変更の認定を受けようとする場合の申請書又は添付書類に虚偽の記載をして提出した者

③ 事業計画書、収支予算書、財産目録、役員等名簿、理事・監事及び評議員に対する報酬等の支給の基準を記載した書類等、又は当該電磁的記録を備え置かず、又はこれらに記載し、若しくは記録すべき事項を記載せず、若しくは記録せず、若しくは虚偽の記載若しくは記録をした者

(四) 過料（認定法六六条）

公益法人の名称又は代表者氏名の変更等の届出懈怠又は虚偽の届出等を行った者は五〇万円以下の過料となる。

法律行為の成立要件・有効要件と立証責任
——代理、確定性、実現可能性を中心として

古財　英明

一　はじめに

1　問題意識

㈠　成立要件・有効要件の区別の実益に関する伝統的見解

法律行為の要件については、民法学上、成立要件と有効要件（効力要件）とに区別して論じられるのが一般的である。そして、その区別の実益について、①法律行為が成立要件を備えていなければ、有効要件は問題となる余地がないという論理的関係を明らかにする点と、②成立要件は法律行為の存在を主張する当事者が立証責任を負うが、有効要件は法律行為の効力を争う側が立証責任を負うと解されている点にあるとされる（平井宜雄『新版注釈民法3巻』五三頁、幾代通『民法総則（第三版）』一九五頁）。

このうち、①については異論を見ないところであるし、②についても、多くの体系書が、有効要件については法律行為の効力を争う側に立証責任を負わせることを前提としており（鈴木禄也『民法総則講義（改訂版）』一一三頁、内田貴『民法Ⅰ（第四版）』二六五頁、大村敦志『基本民法Ⅰ（第三版）』二一頁、近江幸治『民法講義Ⅰ（第四版）』一四五頁、加藤雅信『新民法大系Ⅰ』二一四頁、船越隆司『民法総則（第三版）』一〇六頁など。）、いわば伝統的な見解であるといえよう。

(二) 伝統的見解に対して疑問を呈する学説

しかしながら、上記伝統的見解に対しては、石田穣助教授が、成立要件と有効要件の区別の基準が明確ではなく、立証責任の配分は、立法者意思、規定の立法趣旨、証拠との距離で行うべきと主張された（石田穣『民法総則』二五四頁）。その後も、辻正美教授は、等しく有効要件に位置づけながらも、「確定性」「実現可能性」については法律行為の存在を主張する当事者が立証責任を負うが、その他の有効要件は法律行為の効力を争う側が立証責任を負うとしている（辻正美『民法総則』一九六頁。佐久間毅教授が補訂）。また、潮見佳男教授も、有効要件と立証責任とは別問題であると指摘しており（潮見佳男『民法総則講義』七八頁）、必ずしも有効要件のすべてについて法律行為の効力を争う側に立証責任を負わせるとは考えていない。さらに、山本敬三教授は、成立要件を満たしたものについて、意味内容の確定としての「法律行為の解釈」という範疇を独立に設定して、法律行為の効力を判断する前提としてこれを検討すべきとしている（山本敬三『民法講義Ⅰ（第三版）』一〇四頁）。

(三) 本稿の意図と検討対象

本稿は、こうした伝統的見解とこれに異を唱える学説が存在する状況のなかで、日頃裁判実務に携わる筆者が、実務における思考過程をふまえつつ、法律行為の要件のうち、辻教授が俎上に乗せている「確定性」「実現可能性」について、立証責任の所在を検討するとともに、これらを「有効要件」と位置づける伝統的見解を今日なお維持することができるのかについて考察しようとするものである。

また、「代理」に関しては、民法一一三条一項は、代理権のない行為は無効とされているが、民法学上、代理人による法律行為の場合、代理人に代理権があり、その行為が代理権の範囲内であることが必要であり、これをも有効要件として論じられている（内田・前掲二六七頁、川島武宜『民法総則』四一三頁、石田・前掲二五四頁など）。これについても、伝統的な見解であるといってよいであろう。しかしながら、実務では、代理権発生原因事実等については代理権発生による効果を主張する側に立証責任があるとの運用が定着している。そこで、代理に関する立証責任の所在について考察することに加え、「有効要件」との位置づけが妥当なのかについて検討を加えることにしたい。

さらには、こうした検討を通じて、「成立要件」「有効要件」の区別の実益は立証責任による区別にあるという伝統的見解が、今日なお維持できるのかについて考えてみたい。

もっとも、最後の点については、本来、法律行為の要件全体についての考察を経なければならない事項であろう。しかし、法律行為の要件といっても、成立要件、有効要件その他の要件に分かれており、有効要件だけを取り上げても、伝統的な見解によれば、確定性、実現可能性以外にも、適法性、社会的相当性に加え、意思能力、行為能力、意思の欠缺・瑕疵など多くの項目に分類されていることから、そのすべてについて考察するのは筆者の力量を遙かに超える作業となる。「成立要件」「有効要件」に関する伝統的見解にかわる新たな枠組みを提案するというのであれば、要件全体の検討が必要となるが、伝統的見解が今日なお維持できるか否かというレベルの検討にとどまるのであれば、要件の部分的な検討であっても一定の成果を導き出せるのではないかと考え、「代理」「確定性」「実現可能性」という要件に絞る次第である。

2　前提となる民事実体法規範のとらえ方

(一)　行為規範と裁判規範

本テーマを検討する前提として、対象となる民事実体法規範をどのようなものとして把握しておくかという問題がある。民事実体法の規範には、裁判規範としての面と行為規範としての面があるといわれている（内田貴「民事訴訟における行為規範と評価規範」法教七五号六九頁）。本稿では、裁判実務家の観点から検討を加えようとするものであることから、裁判規範としての民法における「法律行為」が前提となる。

(二)　裁判規範の核となる考え方

ところで、民法学者による体系書の法律行為論においては、とりわけ意思表示の解釈を中心に、裁判官がどのように解釈するかを念頭に論述されるなど、一見すると裁判規範性を意識したかのようなものとなっている。しかし、裁判規範としての民事実体法についての核となる部分の考えというのは、立証責任の分配の考え方をもとにして、その具体的事実が存否不明になれば、訴訟上その事実を存在したものとは扱わないかたちで要件が定められているというところにある（伊藤滋夫『要件事実の基礎』二〇六頁、難波孝一「主張責任と立証責任」伊藤滋夫＝難波孝一編『民事要件事実講座1』一七〇頁）。そして、この要件に該当する具体的事実が要件事実と呼ばれる。

要件事実が何かについては、実体法規の解釈によって決められる。実務では、法律要件分類説に従って、実体法の定める権利の発生要件、発生障害要件、消滅要件、阻止要件が何かを解釈していくことになる。法律要件分類説とは、それぞれの法規における構成要件の定め方を前提として、その要件の一般性・特別性、原則性・例外性、その要件によって要証事実となるべきものの事実的態様とその立証の難易等を考慮して、立証責任の分配を考える立場であり、それぞれ自己に有利な法律効果の発生原因事実について立証責任を負うことになる（司法研修所編『増補　民事訴訟における要件事実第1巻』五・一〇頁参照）。

㈢　民法学者における民法規範のとらえ方

民法学者による体系書のほとんどのものは、程度の差はあるが、裁判規範性をそれなりに意識して部分的にこれを取り入れた解釈がされていると思われるが、なお、行為規範性をふまえた解釈論が維持されているものと思われる。

わが国の民法法規を中心とした民事実体法における要件事実の分析、研究は、これまで伝統的に司法研修所の実務家教員による民事裁判、民事弁護の実務教育を中心に行われてきた。近時は、法科大学院が発足し、要件事実教育が法科大学院において取り入れられるようになるに従い、大学教育の場での民事実体法学においても、立証責任の所在を意識して実体法の要件を解釈するという傾向がより顕著になってきているように思われるが（山本敬三『民法講義Ⅳ－1』はしがき参照）、なお、民法学者の立場からは、要件事実論に依拠した実務教育、すなわち裁判規範として民事実体法をとらえるアプローチに対しては、一定の距離感があるようである（「(座談会)要件事実論の教育・研究における役割」ジュリ一二九〇号六頁参照）。その背景には、民事実体法の解釈における行為規範性の意識があるものと思われる。少なくとも、法規の解釈の出発点では立証責任を意識せず、まずは法規が定めるところの意味内容を明らかにすべく、積極要素、消極要素を問わず、法規が求める要素、要件は何かを探るという解釈態度であると思われる。そして、その後のプロセスで立証責任の問題をも考慮に入れて、さらに要件の解釈を詰めていくという思考パターンがあるように考えられる。

ところで、契約類型など個々の実体法規の要件事実については、司法研修所でのこれまでの蓄積やその後の学者の研究等も加わって、その解析は相当程度深化しているところである。しかしながら、契約の上位概念である法律行為そのものの要件事実の分析については、他の分野と比べて未整理な部分が多く残されているように思われる。

その理由は、そもそも「法律行為」の要件が、たとえば有効要件一つを取り上げても、抽象度が高く、取り上げにくかったことにも原因があると思われるが、民法学においても法律行為の要件をどのようにとらえるかについて一様ではないこと、また、必ずしも裁判規範性が十分に意識されないまま民法学が要件論の理論を深化させてきたことにも起因しているのではないかと考える。

二　法律行為に関する民法の規定及び要件に関する学説の状況

1　民法典における「法律行為」

民法総則に規定される「法律行為」は、周知のとおり、一九世紀ドイツの概念法学によって生み出された概念であり、わが国の民法典がこれを継受したものである。

現行民法第一編総則第五章の表題が「法律行為」となっており、法律行為の用語は九〇条（公序良俗）、九二条（任意規定と異なる慣習）、九五条（錯誤）、一〇八条（自己契約及び双方代理）等に用いられているが、条文のなかには、「意思表示」や単なる「行為」という用語が使われているところもあり、これらは必ずしも厳密に区別したうえで用いられているわけではないようである。

2　法律行為の分類

法律行為は、講学上、契約、単独行為、合同行為といった意思表示を要素とする行為の上位概念とされている。

法律行為によっては、その成立のために、意思表示のほかに、物の交付を要件とするもの（要物契約）や必要な方式をとることが必要なもの（要式行為）もある。

3　法律行為の要件についての学説の状況

(一)　伝統的見解

法律行為の要件については、冒頭に述べたように、伝統的に成立要件と有効要件（「効力要件」と呼ぶ学説もある（我妻など））を軸として論じられてきている。

法律行為の成立要件については、法律行為が法律行為と呼ばれるに値するだけの最小限の外形的要素と説明されている（平井・前掲五三頁）。成立要件と有効要件の区別は、民法の起草者も明確に両概念の区別を意識していたわけではないようであり（牧野利秋＝牧野知彦『民事要件事実講座3』六頁）、民法の条文から明確に導くことはできない。すなわち、民法の条文上、「成立」との表現を用いているのは隔地者間の契約（五二六条、五二七条）や準消費貸借（五八八条）であり、各典型契約の冒頭にある規定では、「効力を生ずる」との表現が用いられているが（五四九条、五五五条、五八六条一項、五八七条、五九三条、六〇一条など）、後者については少なくとも各典型契約の成立要件について定めていると見ることができる。したがって、このような条文の表現の差にあまりこだわる必要はないとされる（辻・前掲一九五頁参照）。

有効要件（効力要件）とは、成立要件を備えた法律行為が効力を発生する（有効である）ための要件である。当事者が意思能力・行為能力を有すること、法律行為の内容が確定でき、不能ではなく、強行法規・公序良俗に反せず、意思の欠缺・意思表示の瑕疵がないこと、などが効力要件とされる（平井・前掲五三頁）。我妻榮『民法総則』二四二頁、川井健『民法概論1（第三版）』一一八頁をはじめ、多くの体系書がこのような分類に基づいて解説をしている。なお、内田教授は、有効要件という用語を用いているものの、これとの対比で成立要件という用語は避けて、「有効に成立」という表現を用いているが、なお伝統的な考えの枠組みを前提としているものと思われる。

このように、法律行為は、成立要件と有効要件に区別され、有効要件としては、意思能力・行為能力のほか、内容の確定性、実現可能性、適法性、社会的妥当性が一般的有効要件の問題として論じられ、意思能力、行為能力や意思の欠缺、意思表示の瑕疵についても取り扱われるというのが伝統的な見解である。

(二)　効果帰属要件を別個の要件として考える見解

代理権について、効果帰属要件として有効要件とは異なる要件としてとらえるものもある（四宮和夫＝能見善久『民法総則（第八版）』二五八頁）。この要件は、法律行為の効果が人に帰属しまた物に及ぶのにも、一定の要件が必要であるとして、たとえば、他人の行った法律行為の効果が本人に帰属するためには、行為者が本人に対する関係で代理権を有することが必要であるとされる。財産管理権論の立場からの考えである（於保不二雄『財産管理権論序説』）。

㈢　その他の要件を別個の要件として考える見解

効力発生要件を別個の法律行為の要件としてとらえる見解もある。効力発生要件の代表例は、条件、期限である。

前記のとおり、成立要件と有効要件の間に、「法律行為の解釈」を介在させる見解（山本・前掲一一五頁）もある。

三　「代理」の立証責任と要件の位置づけ

1　伝統的見解

伝統的見解では、代理は有効要件に位置づけられている。それゆえ、まずは、本人か代理人かを問わず、人により外形的になんらかの法律行為がされればそれをもって成立要件が満たされることになり、あとは有効要件の問題となる。その法律行為を行った者が本人以外であり、本人にその効果が帰属するためには、代理権があり、その行為が代理権の範囲内であることや、本人のためにすることを示したこと（顕名）が必要となる。これらを有効要件と位置づけてしまうと、立証責任に関する伝統的な見解に従えば、代理による法律行為の効果を争う側が立証責任を負うことになる。これが、代理の立証責任について、有効要件と位置づけた場合の論理的な帰結ということになる。

2　有効要件との位置づけに対する疑問

しかし、伝統的見解に従った立証責任の負担のさせ方というのは不都合な結果をもたらすことになるのではないか。顕名をしなかったことや代理権発生原因事実がなかったことというように、消極的事実が立証対象となってしまうが、消極的事実の立証はかなりの困難が予想され、真偽不明の場合に、代理権があったとの扱いになることは妥当なことであろうか。

特に、代理による法律行為をでっち上げて、相手方に対し架空の請求が行われたような場合を想定すると、その不都合さは容易に理解できよう。すなわち、相手方は、顕名がなかったことや代理権発生原因事実がなかったことを立証する立場に置かれるが、これを立証しようとしても、一般的にはこれといった書証がないことから、自らの本人尋問による供述以外に具体的な立証手段がないことが多い。そして、請求者が、その本人尋問において相手方の供述を否定する供述を行うと、相手方は、よほど請求者の供述の信用性を弾劾できる材料を持ち合わせていない限り、結局は真偽不明という事態になり、代理権があったという結果になりかねない。

このような不都合性があることを考えると、代理を有効要件と考えている説も、実際に、立証責任についてまで、法律行為の効果を争う側に負担させるとの結論を維持しているのかは疑問なしとしないところである。

3　実務の運用

実務では、代理人による行為であることや、代理権の発生原因事実、顕名については、代理による法律行為の効果の発生を主張する側が立証責任を負担するという考えが一般的である。司法研修所においても司法修習生に対してそうした指導が伝統的に行われてきている（司法研修所編・前掲六七頁）。もっとも、代理人による行為について争いがない場合には、判決文には、上記のような細分化した主張として記載することはせず、単に「Aの代理人Bは、Cとの間で〇〇を行った」と簡略に記載することが多い。

代理権の存否が争点となる場合、代理権の発生原因事実を代理による法律行為の効果を主張する側が代理権付与を基礎づける書証等を用いて積極的に立証活動を行う。真偽不明になれば代理権発生原因事実は存在しなかったものとして扱われる。これが実務において定着した取扱いである。

4　法律行為の要件としての位置づけ

実務では、すでに見たとおり、代理にかかわる上記各事実の立証責任について代理人による法律効果の発生を主張する側に負わせる運用が一般的であるが、法律行為の要件として見た場合、それらはなおも有効要件に位置づけられると考えるべきなのであろうか。有効要件性を維持するのであれば、成立要件と有効要件との区別の実益を立証責任による区別とする伝統的見解は崩れることになる。

しかし、法律行為は、本人による法律行為の場合と代理人による法律行為の場合の二通りの方式があって、いずれの場合でも、方式については、法律行為の効果を主張する側が最小限の外形的要素として主張・立証することが必要と考えれば、代理人による法律行為の場合、代理に関する上記の各事実は、「成立要件」と位置づけることが可能であると考える。

このように考えれば、代理に関する法律行為について、成立要件と有効要件との区別を立証責任による区別と一致させる伝統的見解は、なお維持されているということができる。

四 「確定性」の立証責任と要件の位置づけ

1 伝統的見解

伝統的見解によれば、「確定性」とは、意味内容の確定をいい、成立要件を満たした法律行為について、意味内容が確定しているかどうかを有効要件の問題として検討されることになる。そして、意味内容が不確定であることを基礎づける事実についての立証責任は、法律行為の効果の発生を争う側が負うことになる。その事実の存在が真偽不明の場合、意味内容が不確定ということにはならず、結局、意味内容は確定していると扱うことになるのが、その論理的帰結となる。

2 伝統的見解に対する疑問

冒頭に見たように、辻教授は、「確定性」については有効要件に位置づけながらも、法律行為の存在を主張する当事者が立証責任を負うとしている（なお、辻教授の『民法総則』の当該部分の補訂を担当された佐久間教授は、法律行為の成立と内容の確定について、通説的な区別に一応は従いながらも、両者は密接不可分の関係にあると指摘している（佐久間毅『民法の基礎1（第三版）』四九頁）。また、山本敬三教授は、成立要件と有効要件との間に「契約の解釈」（契約内容の確定）という独立の範疇を設け（山本・前掲一〇九頁）、有効要件の前段階として検討すべきものと位置づけている。そして、潮見教授は、伝統的な理解における有効要件としての契約内容の確定について、契約が成立していることの前提であり、これを「契約の成立」から分離して論じるのは適切ではないとしている（潮見・前掲七八頁）。

このように、「確定性」をめぐる上記のような指摘は、伝統的な見解による立証責任の所在や法律行為の要件の区分を揺り動かすものとして、興味深く、注目に値するところである。

3　実務の運用

ところで、先に見た伝統的な見解による取扱いは、実務における思考過程にもそぐわないものとなっている。訴訟事件を担当する裁判官の思考過程を見てみると、原告が提出する訴状、準備書面等を通じて、原告が主張する法律行為について、口頭弁論終結時点までに、その意味内容が確定しているかどうかが検討される。すなわち、訴訟物である権利又は法律関係の発生に必要な事実がすべてその時点までに主張されているかどうかが検討される。事実が主張されているといえるためには、その事実の意味内容が明らかになっていることが前提となる。意味内容が明らかかどうかについては、相手方が反論する前提として原告の主張内容が明らかになっているかという観点から吟味されることになる。意味内容が不明確な場合には、求釈明をしながら、意味内容の確定に向けた作業を重ねていく。

このように、法律効果の発生を主張する当事者の側の主張自体から確定性の有無の判断を行うのが通常であり、ほとんどの場合、それで足りることが多い。意味の確定については、効力の否定原因を探るというようなアプローチはほとんどとられていない。もとより、確定性が争われており、原告の主張のみではその判断がつかない場合、被告の反論も見たうえで判断がされることもあるが、それはあくまで例外的な場合である。

そして、口頭弁論終結時点になっても、訴訟物である権利等を発生させるに足りる最小限の事実が主張されていないと見る場合（各事実の意味内容が不確定であるがゆえに、最小限の事実主張がされたと見られない場合も含まれる）には、主張自体失当として扱い、判決文において、そもそも請求原因として立てない（請求原因として成り立つものとして取り扱わない）のが一般的である。請求原因として立てることをしないのは、その主張に係る事実がすべて認められるとしても、法律効果である権利又は法律関係は発生しないことを意味する。もっとも、上記の例外的なケースの場合には、判決において、請求原因として一応立てながら（又は確定であることを基礎づける事実をも加えた主張として掲げながら）、不確定を基礎づける事実を抗弁として立てる記載例もありえよう。しかし、これは、要件事実を理論的に詰めたうえでの構成というよりは、双方の言い分を明確に対比させることにより、争点をより明確に示すということを意識してのものと考えられる。

4　法律行為の要件としての位置づけ

㈠　立証責任

まず、立証責任については、上記に見たとおり、実務における思考過程では、法律効果の発生を主張する当事者の側の主張自体から確定性の有無の判断を行っているのが通常で、効力の否定原因を探るというアプローチは例外的なのであるから、立証責任は、法律行為の効果を主張する側が負うと考えるのが妥当である。この意味で、辻教授の考えは、実務の運用に結果的に符合しているものといえる。

(二) 法律行為の要件の位置づけ

法律行為の主張が主張自体失当となり、請求原因として立たないというのは、その主張を見ただけで、法律行為としてのなんらかの要件が欠けているとの判断ができる場合をいうのであるから、理論的には、成立要件、有効要件その他の要件のいずれについてもその欠缺の対象となりうるところである。しかしながら、そもそも意味内容の確定というのは、法律行為を主張する側が、どのような法律行為であるのかを明らかにする作業であり、その性質上、検討の出発点ともいうべきものである。実務においては、意味内容の確定という作業自体が、通常は、原告の主張だけを見て、不明な場合には求釈明を通じるなどしてその意味を明らかにさせながら、権利等の発生を基礎づけるに足る最小限の主張として認められるかという思考過程をたどる。そして、効力の否定原因を探るというアプローチはほとんどとられていない。このことを考えると、むしろこれを成立要件として位置づけるのが自然であり、妥当なのではないだろうか。その意味で、潮見教授の考えに賛成するものである。

(三) 行為規範説から予想される批判

この点、たとえば、契約において、当初の合意時点では、契約の細部まで決まっていないことがあり、その後慣習や解釈、任意規定、もしくは当事者間の交渉により細部が決まることも多いのだから、法律行為の時点では「確定性」の要件を満たすことはなく、確定性を成立要件と見ることは相当ではないとの反論もありえよう。民法を行為規範と見る立場では、契約の成立過程とは、まさに論者が指摘するとおりのプロセスを経るのが実態であるといえよう。

しかしながら、裁判規範としての民法の立場からは、確定性の基準時は、あくまで訴訟における口頭弁論終結時となる。その時点までに、慣習やその後の当事者間による細部の詰めの合意により内容が確定しているかが問われるのである。口頭弁論終結時点までに内容が確定していれば、その法律行為は、実体法上は法律行為時点で成立していたという扱いを受けることもあるし、内容が確定していなければ結局は当初から成立していなかったという扱いとなるのである。内容が確定していないまま、給付判決なり確認判決をするということはありえないのである。このように、裁判規範としての民法の立場をより徹底すれば、内容の確定性については、法律行為の「成立要件」との位置づけが十分に導かれるのではないかと考える。

五 「実現可能性」の立証責任と要件の位置づけ

1 伝統的見解

伝統的見解によれば、「実現可能性」の要件は、成立要件を満たした法律行為について、内容について実現可能性があるか否かを有効要件の問題として検討されることになる。そして、立証責任の区別について、実現可能性がないことを基礎づける事実についての立証責任を法律行為の効果の発生を争う側が負うことになる。そして、その事実の存在が真偽不明の場合、実現可能性がないということにはならず、結果的に実現可能性があると扱われることになる。

2　実務の運用

実務での取扱いとしては、内容の確定性の場合と同様に、主張を見ただけで明らかに権利内容について実現不可能なものがあり（たとえば、一ヵ月後に月旅行に連れて行くという契約上の権利の確認請求）、この場合は、主張自体失当として扱い、そもそも請求原因として立たないとする扱いが一般的と思われる。このような極端なケースの場合には、相手側の反論を待つまでもなく、しかも、一応法律行為は成立するが、有効要件を欠くので無効だというような分析的な思考過程を踏むまでもなく、結論としての主張自体失当という判断は容易にされるところである。しかし、法律行為の存在を主張する当事者（原告）の主張からだけでは、実現可能性の有無の判断が容易ではないケース（たとえば、二〇年後に月旅行に連れて行くという契約上の権利の確認請求）や、一見すると実現可能性に問題がないと思われる主張でも、相手側（被告）の反論によりそれが問題となってくるケースがあり、実務上は、むしろ実現可能性が問題となるケースの多くは、原告の主張だけからでは判断がつかないような場合であるように思われる。この点が、「確定性」の場合とは異なるところである。

求釈明を通じるなどして、両当事者に主張を補充させ、場合により実現可能性に関する立証活動をしてもらうことになる。そして、実現可能性があることについての疑問が払拭できない場合の取扱いは、裁判官によって扱いが異なるものと思われる。

一つは、実現可能性への疑問が払拭できない以上、執行不能となることをおそれて、債務名義の作成について躊躇したり、慎重に考える立場である。この立場では、執行不能となる疑問が払拭できない以上、請求原因として立てない（主張自体失当）か、請求原因として立てたうえ、実現不可能性の抗弁が立つという扱いに傾くのではないかと思われる。もう一つの立場は、執行段階で執行不能になったとしても、そのことと債務名義成立とは無関係と割り切って考える立場である。もっとも、この両者の違いは、実現可能性（又は実現不可能性）の立証ができていると見る程度をどのレベルに設定するかの違いにすぎないとも考えられ、必ずしも立証責任の所在を異にすることに結びつくとは限らない。

3　法律行為の要件としての位置づけ

原告の主張自体から一見して明らかに実現可能性がない場合に、主張自体失当とするのは、そのような場合には法律行為として成立していないと見る余地もある。しかしながら、実務上、そのようなケースは少なく、原告の主張自体から実現可能性が問題となる事情を読み取るのが困難なケースが少なくないことを考えると、実現可能性を成立要件と見るのは困難であろう。したがって、ここでは、有効要件と位置づける伝統的な見解がなお維持されるべきものと考えられる。一見して明らかに実現可能性がないとして主張自体失当になる場合の理論的な説明としては、請求原因の主張自体に本来抗弁事実である実現不可能を基礎づける事実が現れていて、主張自体の失当性が基礎づけられるということになろう。

4　立証責任

次に、裁判規範としての実体法という観点から、実現可能性の立証責任の問題を見た場合に、そこでの判断のポイントは実現可能な事態が原則的か、例外的かということになるのではないかと思われる。この点、先に見たように主張されている法律行為は通常実現可能性を伴うものであることから、実現不可能であることはむしろ例外的なことであるし、その多くは被告の主張を待って問題点が浮き上がってくるものである。そうであるならば、実現可能性の立証責任については、実現可能性を争う側に負担させるのが相当である。その意味では、実現可能性の立証責任を法律行為の効果を主張する側に負わせるという辻教授の考えには、賛同しかねるところがある。

六　おわりに

以上のとおり、本稿は、実務における思考過程をふまえ、裁判規範としての実体法という観点から、「代理」「確定性」「実現可能性」を取り上げ、その要件の位置づけ、立証責任についての考察をしてきた。そして、「代理」「確定性」については、むしろ成立要件に位置づけられ、立証責任は法律行為の効果を主張する側が負担すると考え、一方、「実現可能性」についてはなお有効要件にとどまり、立証責任については法律行為の効果を否定する側が負担するとの結論に至るものである。

立証責任に関する限り、法律行為の成立要件、有効要件に関する区別の実益を立証責任による区別と見る伝統的見解と、結果的に一致していることになる。しかし、これは裁判規範としての民事実体法という立場からは、ある意味当然ともいうべき帰結である。というのも、すでにこれまでの記述からも明らかなとおり、この立場では、もともと民事実体法の要件分析については、立証責任の所在を意識して行うからである。要件の位置づけと立証責任の所在とはリンクする関係に立つことになる。

つまり、訴訟物たる権利又は法律関係の発生に最小限必要な事実（請求原因事実）は、その効果を主張する側が立証責任を負担する。この請求原因としての最小限の事実というとらえ方が、実体法レベルに引き直した場合に、法律行為としての最小限の外的要素と定義づけられる「成立要件」と重なると考えられるのではなかろうか。すなわち、請求原因事実は、法律効果である権利の発生に必要最小限の事実は何かというレベルの問題であり、他方、法律行為の成立要件でいうところの最小限の外的要素が何かについても、当然に、当該法律行為が前提とする法律効果を念頭に置いての最小限の外的要素が対象になるのである。しかも、法律行為に関する請求原因事実は、ほとんどが外的要素であるといってよい。そうであるならば、両者は原則的に重なり合うと見ることができよう。したがって、請求原因事実は、実体法レベルの要件で見た場合、成立要件を構成するものととらえることが可能となる。

そして、権利が成立すれば、原則として効力も発生するという関係になるが、例外的に効力の発生が否定されることがある。効力発生の否定を定めた法規の要件に該当する事実（障害事実）が抗弁事実ということになる。抗弁事実は、権利の効力を否定する当事者が立証責任を負担する。これも実体法のレベルに引き直すと、その事実で構成される要件が、効力否定要件であり、法律行為の場合で見ると有効要件として位置づけられることになる。裁判規範性を徹底する立場からは、有効要件を効力否定要件と位置づける以上、有効要件でありながら、なお法律行為の効果の発生を主張する当事者が立証責任を負担するというものは存在しないことになる。

伝統的見解は、行為規範としての民事実体法という観点を中心に、成立要件と有効要件の分析、区別についての理論を深化させたうえで、後発的に、立証責任の区別を実益として組み込んだものである。それゆえ、これを維持させようとすると、実務の場においては、これまで述べてきたような不都合な事態が生じかねないことから、伝統的見解における成立要件・有効要件の区別と立証責任の区別との整合性はもはや破綻していると見てよいのではなかろうか。

これを解決しようとすれば、石田助教授、辻教授、潮見教授等のように、有効要件の問題と立証責任との問題は別問題であるとして、有効要件によっては立証責任の負担が区々になることがあるということで解決を図ろうとするか、筆者のように裁判規範の立場を徹底して、成立要件と有効要件のこれまでの区別を組み直したうえで、なお、立証責任による区別と一致するものと考えるかの、いずれかの道を選ぶほかないように考える。

いくつかの最高裁判決に見る「○○条の類推」と「○○条の法意に照らす」の区別

道垣内　弘人

一　はじめに

1　「〇〇条の類推適用」と「〇〇条の法意に照らす」

(1)　裁判は、法律を適用して行われる。しかし、当該事案に直接に適用すべき法条がないとき、「〇〇条の適用」ではなく、「〇〇条の類推」が行われることもある。そして、類推（適用）に関しては、どのような法学入門の本にも、一定の説明がされている。

ところが、判決中には、「〇〇条の法意に照らす」ことがされる例も見られる。最高裁の判決においても、そうである。しかるに、この「〇〇条の法意に照らす」ということの意味については、さほど論じられることがなかったように思われる。

「〇〇条の法意に照らす」ということの意味は何か、「〇〇条の類推」と「〇〇条の法意に照らす」とは、どのような違いがあるのだろうか。学説中には違いをあまり重視しないものも見られるが、多数の専門家が、一語一語、その妥当性を吟味している最高裁判決において、適当に使い分けているとも考えにくい（注1）。

(2)　そこで、本稿では、「〇〇条の法意に照らす」という言い方をしている最高裁判決をいくつか取り上げ、当該判決が、「〇〇条の類推」とせず、あえて「〇〇条の法意に照らす」という言い方をしたのはなぜなのかを考えてみたい。

2　取り上げる判決

(1)　直接に取り上げる判決は、次の三つである。
・最判昭35・10・21民集一四巻一二号二六六一頁
・最判昭43・10・17民集二二巻一〇号二一八八頁
・最判平9・6・5民集五一巻五号二〇五三頁

さらに、昭和四三年判決との関係で、最判平18・2・23民集六〇巻二号五四六頁と最判平15・6・13判時一八三一号九九頁を、平成九年判決との関係で、最判昭37・8・10民集一六巻八号一七〇〇頁を扱う。

本来ならば、少なくとも最高裁の民事判決において、「〇〇条の法意に照らす」としているもののすべてを取り上げるべきではあるが、議論の出発点として、目についた少数の判決を素材とするにとどめる（注2）。

(2)　また、判決中には、「〇〇条の法理」という言い方をするものもある。本稿で取り上げるもののうち、昭和三五年最高裁判決は、そうである。したがって、厳密にいえば、「法理」と「法意」はどのように異なるかを問題にしなければならない。

しかし、自らの積極的な判示部分において、「〇〇条（等）の法理」という言い方をする最高裁判決（民事法の適用が問題となったものに限る）は、四件しかない。

それらのうち三件は、その一件である最判昭38・2・21民集一七巻一号二一九頁が、土地賃貸人と土地賃借人が賃貸借契約を合意解除しても、土地賃借人は、その解除をもって、土地賃借人所有の地上建物の賃借人に対抗できない旨を判示するにあたり、「民法三九八条、五三八条の法理からも推論することができる」とし、残りの二件が同判決を引用しながら、「○○条の法理」という言い方をしているにすぎない。したがって、実質的には一件である。

それ以外では、最判昭41・6・10民集二〇巻五号一〇二九頁が、自動車運送事業について営業免許を得ていない者に名義を貸与した者が、交通事故の際、使用者責任を負うか、という問題を肯定するにあたり、「民法七一五条の法理に従い賠償責任を肯定した原判決は正当である」としたものがある。しかし、これは、民法七一五条の直接適用の事例だとも見ることができる。

これに対して、「○○条（等）の法意」という言い方をする最高裁判決は、近時まで多く、たとえば、最判平21・4・28民集六三巻四号八五三頁は、「民法一六〇条の法意に照らし」としている（注3）。

このような状況にかんがみると、かつての判決にいう「○○条の法理」という言い方は、同条の直接適用のために、解釈の結果を明らかにしている場合を除き、現在における「○○条の法意」とほぼ同義だと考えてもよいと思われる。

3 本稿の構成

以下、四つの裁判例を順に取り上げ、最後に五で簡単なまとめを付したい。

（注1） 多少広がりが狭いので本稿では扱わないが、抵当不動産の不法占拠者に対する抵当権者の明渡請求を扱う、最判平11・11・24民集五三巻八号一八九九頁も、「民法四二三条の法意に従い」という表現を用いている。この点について、奥田昌道『紛争解決と規範創造』三五頁は、注意を促している。なお、同判決が、「法意に従い」という表現を用いている点は、道垣内弘人「『侵害是正請求権』・『担保価値維持請求権』をめぐって――最大判平11・

11・24の理論的検討」ジュリ一一七四号三〇四頁で簡単に分析している。

（注2）真の理由は別のところにある。本論文集の執筆債務の弁済期は、すでにかなり以前に到来しており、これ以上、迷惑をかけることはできない。そこで、これまで私が若干なりとも検討したことのある判決を選んだのである。ただ、弁済期は当然に明らかにされていたのであり、その徒過については、債務者である私にすべて責任がある。平成元年一〇月の金融法学会において、共同でシンポジウム報告をさせていただく機会を得、その準備のため、代表者である林良平先生のご自宅でお目にかかって以来、さまざまにご教示をいただいている田原睦夫先生のご退官を記念する論文集には、まったく不十分な内容のものであり、心からお詫び申し上げる。

（注3）なお、この判決の法廷意見は、民法一六〇条を直接に適用するものでないことは明らかである。このことは、田原睦夫判事が、多数意見とは異なり、同条を直接適用するという意見を執筆されていることからもわかる。

二　最判昭35・10・21民集一四巻一二号二六六一頁

1　事案

(1)　標記の昭和三五年最高裁判決は、「代理権授与の表示による表見代理」と称される民法一〇九条に関する有名な判決であり、多くの教科書類にも引用されている。「東京地方裁判所厚生部事件」と呼ばれるものである。

(2)　東京地方裁判所には、戦前から職員の生活物資の購入配給活動を行う組織があり、「厚生部」と自然発生的に称されるようになっていた。そして、その運営ももっぱら同裁判所の職員によってされてきた。昭和二三年になり、同裁判所の事務局総務課に新たに「厚生係」が置かれることとなったが、その際、同裁判所では、従来、

「厚生部」の担当であった職員Aらをそのまま厚生係に充て、同裁判所としての厚生に関する本来の事項を担当させるとともに、従来どおり、「厚生部」の担当者としてその事業の処理を継続することを認めた。そして、Aらは、「東京地方裁判所厚生係」の表札を掲げた同裁判所内の一室において、「東京地方裁判所厚生部」という名義で他と取引を継続していた。その際、Xなど第三者と取引をするにあたっては、発注書・支払証明書といった官庁の取引に類似する様式の書面を用い、かつ、その書面を裁判所用の裁判用紙を用いて作成していた。さらには、発注書の頭には、「東地裁総厚第〇〇号」と記載し、支払証明書には東京地方裁判所の庁印を用いていた。

X（原告・控訴人・上告人）は、昭和二六年初めに、Aらを通じて「厚生部」から注文を受け、繊維製品の売買契約を締結し、目的物を引き渡したが、「厚生部」が代金を支払わないので、Y（国）（被告・被控訴人・被上告人）に対して、代金の支払を求めて訴えを提起した。

一、二審ではX敗訴。Xが上告した。

2 判旨

原判決破棄、差戻し。

「およそ、一般に、他人に自己の名称、商号等の使用を許し、もしくはその者が自己のために取引する権限ある旨を表示し、もってその他人のする取引が自己の取引なるかの如く見える外形を作り出した者は、この外形を信頼して取引した第三者に対し、自ら責に任ずべきであって、このことは、民法一〇九条、商法二三条等の法理に照らし、これを是認することができる。」

「東京地方裁判所当局が、『厚生部』の事業の継続処理を認めた以上、これにより、東京地方裁判所は、『厚生部』のする取引が自己の取引なるかの如く見える外形を作り出したものと認めるべきであり、若し、『厚生部』の取引の相手方であるXが善意無過失でその外形に信頼したものとすれば、同裁判所はXに対し本件取引につき自ら責に任ずべきものと解するのが相当である。」

3 分　析（注4）

(1) 商法二三条は、商人たる名板貸人の責任に関するものであるところ、本件におけるYは国であり、商人ではない。したがって、同条が直接に適用されえないことは明らかである。それでは、民法一〇九条についてはどうか。なぜ、その条文の「適用」をせず、「法理への照合」という回りくどい方法をとったのであろうか。

(2) 民法一〇九条の適用要件は、①代理権授与の表示があること、②表示された代理権の範囲で代理行為がなされたこと、③代理権が実際には不存在であることにつき、相手方が悪意または有過失でないこと、であり、①、②は、表見代理の成立を主張する側によって、その充足が証明されねばならず、③は、その要件の充足されていないことが、表見代理の成立を否定しようとする側により証明されなければ、充足されているものとして扱われる。

上記の事案は、まず①を満たしていない。この点、東京地方裁判所が、「東京地方裁判所厚生部」に代理権を与えているかのような表示を第三者に対してしているのではないか、だから、まさに①を満たす事案ではないか、と思うかもしれない。しかし、代理権の授与というのは、ある法人格者が、別の法人格者に対して行うものである。代理人は、本人とは別の法人格を有する「他人」なのであり、別の法人格を有する「他人」に対して代理権を与えたかのような表示をしている場合が、①の要件を満たす場合ということになる。

ところが、裁判所の一室で「東京地方裁判所厚生係」の表札を掲げて職員Aが事務を行うことを認め、裁判所用の裁判用紙や東京地方裁判所の庁印を使わせていた、というのは、「『厚生部』という、別の法人格を有する『他人』に、代理権を与えた」という表示ではなく、「『厚生部』は、東京地方裁判所の一部局であり、同一法人格を構成している」という表示である（そして、東京地方裁判所は国の機関であるから、結局、国の一部である、ということになる）。これは、厳格にいえば、①の要件を満たすものではない。

次に、②の要件はどうか。実は、この要件も満たしていない。仮に、「厚生部」が、自らは東京地方裁判所とは別の法人格を有する組織であり、代理権の授与を受けているとして代理行為を行ったのであれば、この要件は満たされている。しかし、「厚生部」は、単に「厚生部」と表示してXと取引をしたにとどまる。この事件では、「厚生部」が支払困難に陥ったという事情があったわけだが、仮にそういった事態にならなければ、「厚生部」の財産から、Xに代金の支払がされていたはずである。「厚生部」は、東京地方裁判所とは別個の組織である「厚生部」として、取引をしていたのである。もちろん、「厚生部」という取引主体の表示を外見的に観察したとき、それは、東京地方裁判所、ひいては国が取引主体となっているという表示と解釈されるということはありうる。しかし、そうだとしても、「厚生部」は、本人たる国のために代理行為を行っているのだ、と表示したわけではない。自分は国の機関の一部だ、つまり本人だ、と表示したのである。

以上見たように、東京地方裁判所厚生部事件の事案は、民法一〇九条が直接に適用されるための要件を満たしていないと評価できる。

(3) それでは、民法一〇九条の類推は可能であろうか。

この点で、「この判決は、『法理に照らし』と述べているが、これもまた、ある条文を類推適用する際に判例がよく用いる用語の一つである」と説明するものもある（注5）。これは、「法理への照合」という言い方と「類推」という言い方との間に有意の区別を認めないものだと思われるが、しかし、判決が正面切って「類推」といわないのには、やはりそれなりの理由があるように思われる。

類推適用については、次のように説かれる。すなわち、類推適用において重要なのは、「規定Xが予定する事態Aと、いま問題としている事態Bとが、本質的な点で同一であること、それゆえ、同じ法律効果をもって律するのが適当であるかどうかを判断することである。単に少し似たところがあるだけでは、類推適用はできない。そして、事態Bが規定Xの予定する事態Aと本質的に同一であると考えてよいかどうかを判断するには、規定Xが事態Aについてどのような根拠から法律効果を付与しているのかを明らかにする必要がある。これを明らかにした後に、事態Bについてもその根拠が妥当するかを考えて、類推適用の当否を判断することになる」（注6）。

ところが、本件では、それがかなりむずかしい。そもそも、代理の事案ではないのである。そうすると、単に「類推」とは言いにくかったものと思われる。

(4) そこで、本判決は、まず民法一〇九条を、「およそ、一般に、他人に自己の名称、商号等の使用を許し、もしくはその者が自己のために取引する権限ある旨を表示し、もつてその他人のする取引が自己の取引なるかの如く見える外形を作り出した者は、この外形を信頼して取引した第三者に対し、自ら責に任ずべきであ（る）」という一般法理に基づくものととらえる。そして、代理権授与の表示というかたちをとった場合について、その一般法理を具体的に規定したのが、民法一〇九条ととらえるわけである。

実は、判例法理による同条のこのようなとらえかたは、すでに、大判昭5・10・30民集九巻九九九頁に明確に示されていた。すなわち、「第三者ニ対シテ他人ニ代理権ヲ与ヘタル旨ヲ表示シタル者ハ、其ノ代理権ノ範囲内ニ於テ其ノ他人ト第三者トノ間ニ為シタル行為ニ付其ノ責ニ任スヘキコトハ、民法第百九条ニ規定スル所ニシテ、……此等ノ規定ハ取引ノ安全ヲ保護スル為、法律行為ヲ為スニ当リ、自己カ責任ヲ負担スヘキ地位ニ在ルカ如キ表示ヲ為シ又ハ責任ヲ負担スルカ如キ行動ヲ為シタル者ハ、其ノ真意ノ如何ニ拘ラス之ヲ知ラサル者ニ対シテハ其ノ責ニ任セサル可ラストノ法律ノ精神ニ基クモノニシテ、前示法条ノ如キハ此ノ精神ノ一端ヲ明文ヲ以テ規定シタルニ過キサルモノトス」（読点―引用者）というわけである（なお、商法二三条についても、同様の一般法理が具体化されたものだととらえられている）。

そして、同条の類推という法技術を離れ、その一般法理、つまり民法一〇九条に現れている一般法理を適用するということにした。要件をきちんとは充足していないが、だいたい類似した状況にある、ということを根拠とする「類推」とは異なり、一般法理の抽出・樹立を正面に出す方法である。だからこそ「民法一〇九条の法理に照らす」という言い方をしているのだと思われる。

（注4）以下の分析は、道垣内弘人「代理に関わる類推適用など(2)」法教二九九号五三頁以下で示したことがある。
（注5）中舎寛樹「名義貸しと一〇九条」椿寿夫＝中舎寛樹編『解説・類推適用からみる民法』五九頁。
（注6）佐久間毅『民法の基礎1総則（第三版）』一三二頁。

三　最判昭43・10・17民集二二巻一〇号二一八八頁

1　事　案

(1)　本件第一、第二不動産は、競落によりX（原告・被控訴人・被上告人）が取得し、その登記を経たものだが、取引先の信用を得るために登記名義だけでも渡してほしいと訴外Aに頼まれたので、売買予約を仮装し、Aを仮登記権利者とする所有権移転請求権保全の仮登記を行った。ところが、AはX名義の印章を用い、その印鑑届をして印鑑証明書の交付を受け、それを用いて、右の仮登記に基づく本登記を行った。そして、その後、第一不動産はAからBを経てY_1（被告・控訴人・上告人）へ、第2不動産はA、B、Y_1を経てY_2（被告・控訴人・上告人）に譲渡され、登記名義も移転された。

そこで、XがY_1、Y_2に対して、所有権確認と移転登記抹消手続を求めて、訴えを提起した。

一、二審ではX勝訴。Y_1、Y_2が上告した。

2　判　旨

破棄差戻し。

「不動産について売買の予約がされていないのにかかわらず、相通じて、その予約を仮装して所有権移転請求権保全の仮登記手続をした場合、外観上の仮登記権利者がこのような仮登記があるのを奇貨として、ほしいままに売買を原因とする所有権移転の本登記手続をしたとしても、この外観上の仮登記義務者は、その本登記の無効をもつて善意無過失の第三者に対抗できないと解すべきである。けだし、このような場合、仮登記の外観を仮装した者がその外観に基づいてされた本登記を信頼した善意無過失の第三者に対して、責に任ずべきことは、民法九四条二項、同法一一〇条の法意に照らし、外観尊重および取引保護の要請というべきだからである。」

そこで、Y_1らが善意無過失であるかどうかを審理するため、原審に差し戻す。

3 分析

(1) この判決における「法意に照らす」ことの意味を考えるためには、最判平18・2・23民集六〇巻二号五四六頁と比較することが有用である。

平成一八年判決は、次のような事案に関するものである。

甲不動産の所有者であるXから甲不動産の賃貸に係る事務や他の乙不動産の所有権移転登記手続を任されていたAが、Xから交付を受けた甲不動産の登記済証、印鑑登録証明書等を利用して甲不動産につきAへの不実の所有権移転登記を行った。

このあたりの事情につき、判決では、Xは、乙不動産の所有権移転登記等に必要であるとは考えられない甲不動産の登記済証を合理的な理由もないのにAに預けて数カ月間にわたってこれを放置し、Aから乙不動産の登記手続に必要といわれて二回にわたって印鑑登録証明書四通をAに交付し、甲不動産を売却する意思がないのにAのいうままにXA間の甲不動産の売買契約書に署名押印するなど、Aによって甲不動産がほしいままに処分されかねない状況を生じさせていたにもかかわらず、これを顧みることなく、さらに、甲不動産につきXからAへの所有権移転登記がされたときには、Aのいうままに実印を渡し、AがXの面前でこれを本件不動産の登記申請書に押捺したのに、その内容を確認したり使途を問いただしたりすることもなく漫然とこれを見ていた、とされている。

そして、その後、Aは、甲不動産をYに売却し、所有権移転登記もされた。Yは、Aが甲不動産の所有者であることを無過失で信じていたとされる。

平成一八年判決は、このような事案において、XがYを相手取ってした所有権移転登記抹消登記の手続の請求を認めなかった。その際、判決は、「Aが本件不動産の登記済証、Xの印鑑登録証明書及び上告人を申請者とする登記申請書を用いて本件登記手続をすることができたのは、上記のようなXの余りにも不注意な行為によるものであり、Aによって虚偽の外観（不実の登記）が作出されたことについてのXの帰責性の程度は、自ら外観の作出に積極的に関与した場合やこれを知りながらあえて放置した場合と同視し得るほど重いものというべきである。そして、前記確定事実によれば、Yは、Aが所有者であるとの外観を信じ、また、そのように信ずることについて過失がなかったというのであるから、民法九四条二項、一一〇条の類推適用により、Xは、Aが本件不動産の所有権を取得していないことをAに対し主張することができないものと解するのが相当である」としたのである。

(2) それでは、平成一八年判決は、どのような理由により、昭和四三年判決の「民法九四条二項、同法一一〇条の法理に照らし」という文言を、「民法九四条二項、一一〇条の類推適用により」という文言に変えたのであろうか。

昭和四三年判決の事案は、Y_1が、XとY_1との間の虚偽の仮登記をするための相手方であり、Xの代理人ではない事案である。そこで、民法一一〇条の適用はもちろん不可能であるし、類推適用もしにくかったものと思われる。しかしながら、本登記がされたことについてのXの帰責性を考えると、そもそもXがAに一定のこと（ここでは仮登記）は許したことに発端があるのだから、民法一一〇条と状況が類似していると評価できた。そこで、民法一一〇条の「法意」という文言が登場したのである。

これに対して、平成一八年判決の事案は、XからAに対して、賃貸業務等に関する代理権が授与されていたケースである。したがって、「民法一一〇条の類推適用」と言い得たのだと解される。もっとも、民法一一〇条の直接適用事例ではない。甲不動産の取得者であるYは、Aを所有者だと信頼したのであり、AをXの代理人と信じたわけではないからである。帰責根拠の面だけで、「民法一一〇条の類推適用」としているのである。

(3)　もっとも、そうすると、いずれにせよ、代理権に対する信頼ではなく、第三者の要保護性との比較における真の権利者の帰責性を考慮するためにのみ民法一一〇条が問題になっているのだから、むしろ、双方とも「法意」というべきではないか、という疑問も生じてくる。

しかし、平成一八年判決の射程を考える際には、昭和四三年判決が「法意」とし、平成一八年判決が「類推適用」としていることには積極的な意味が付与できるように思われる。

昭和四三年判決の事案は、XがY_1に対して、登記に関連して一定のことをさせたという「一部については意思的関与がある」事案であり、「何らかの権利の外観を作出し、あるいはこれを承認する意思を有していた」というものである。これに対し、平成一八年判決の事案は、登記をすることをいっさい認めていなかったものであり、ただ、Aのなすがままにされてしまったという「大きな不注意」がXにあった事例である。そして、平成一八年判決が、不注意型にまで第三者保護を拡大したことに対しては、学説上、批判も強い（注7）。

しかし、平成一八年判決を、代理権を一定の範囲で与えていたということを考慮して、その場合については、外観信頼保護を拡大した、と評価すること、言い換えれば、代理が絡み、「民法一一〇条の類推適用」とできる事案についてのみ不注意型にまで拡大したと考えるならば、「法意」でしか語れない場合についての不注意型については、まだ判例はない、ということになる。

このように考えると、「法意」と「類推適用」というように、言葉を使い分けたことにも大きな意味があることになる。

(4) なお、関連して、最判平15・6・13判時一八三一号九九頁についても触れておく必要がある。これは、不動産の買主Aが、所有権の移転および登記の移転に先立って(所有権・登記の移転は、代金の支払と引き換えになされる約定であった)、地目の変更等が必要である旨偽って、売主Xから白紙委任状、登記済証、印鑑証明書等の交付を受け、それを用いて、自己への移転登記をしたうえで、第三者Yらに売却し、移転登記を行った、という事案につき、「Xは、本件土地建物の虚偽の権利の帰属を示す外観の作出につき何ら積極的な関与をしておらず、本件第一登記を放置していたとみることもできないのであって、民法九四条二項、一一〇条の法意に照らしても、Aに本件土地建物の所有権が移転していないことをYらに対抗し得ないとする事情はないというべきである。そうすると、上記の点について十分に審理をすることなく、上記各条の類推適用を肯定した原審の判断には、審理不尽の結果法令の適用を誤った違法があるといわざるを得」ない、としたものである。

これは、XからAへの一定の代理権授与があったと評価できる事案であり、(3)に示した分析からは、「類推適用」となりそうであるが、判決には、「民法九四条二項、一一〇条の法意に照らし」という文言が用いられている。これは、ここまでの分析が不適切であることを意味するのであろうか。

しかし、この判決における「民法九四条二項、一一〇条の法意に照らし」という文言は、Yらの保護のための適用法条を示すものではない。保護のための理屈は「民法九四条二項、一一〇条の類推適用」だとしたうえで、そこにおける第三者の要保護性・本人の帰責性の判断の基準として、「民法九四条二項、一一〇条の法意に照らし」すことを示しているにすぎないのである。ここまでの分析に矛盾するものではないといえる。

（注7） たとえば、磯村保「判批」ジュリ一三三二号六七頁。

四 最判平9・6・5民集五一巻五号二〇五三頁

1 事案

X（第一事件原告・第二事件被告、被控訴人、上告人）は、訴外Aが訴外Bに対して有する売掛代金債権を譲り受けた、と主張しているが、Y（国）（第一事件被告・第二事件原告、控訴人、被上告人）は、譲渡があったという主張そのものをも争っており、いずれの主張が正しいかは最終的にも判断されていない。

ともあれ、Xの主張によれば、XはAより、AがBに対して有する売掛代金債権を昭和六二年一二月九日に譲り受け、翌一〇日にAからBに対して譲渡の通知がなされた。ところが、この債権には譲渡禁止特約が付されており、この特約の存在について、Xは知り、または、知らないことに重過失があったと認定されている。

他方、後日、この債権は複数の他の者にも譲渡されたようであるし、また、昭和六二年一二月一一日には平塚保険事務所長によって全部が、同月二二日には藤沢税務署長によって一部が、それぞれ差し押さえられ、いずれについても、同日、Bに対して差押通知書が送達された。

そこで、第三債務者であるBは、昭和六三年一月二九日、売掛代金債権相当額を供託した。この供託にあたって、Bは、供託書に、被供託者の一人としてXを含めており、また、譲渡禁止特約違反の主張の記載を行っていない。このことをもって、Bは供託に際して、AからXへの債権譲渡を承諾したものと認定されている。

以上の事実のもとで、Xは、Yらを相手取って、逆に、Yは、Xらを相手取って、それぞれ自らが前記供託金還付請求権を有することの確認を求めて訴えを提起した。

第一審ではX勝訴。原審は逆にYを勝訴させた。X上告。

2 判旨

上告棄却。

「譲渡禁止の特約のある指名債権について、譲受人が右特約の存在を知り、又は重大な過失により右特約の存在を知らないでこれを譲り受けた場合でも、その後、債務者が右債権の譲渡について承諾を与えたときは、右債権譲渡は譲渡の時にさかのぼって有効となるが、民法一一六条の法意に照らし、第三者の権利を害することはできないと解するのが相当である（最高裁昭和四七年（オ）第一一一号同四八年七月一九日第一小法廷判決・民集二七巻七号八二三頁、最高裁昭和四八年（オ）第八三二号同五二年三月一七日第一小法廷判決・民集三一巻二号三〇八頁参照）。」

「右事実関係の下においては、仮にXの主張するように、昭和六二年一二月九日にXがAから本件売掛代金債権の譲渡を受けたものであるとしても、Xは、右当時、本件売掛代金債権の譲渡禁止特約の存在を知り、又は重大な過失によりこれを知らなかったのであるから、右譲渡によって本件売掛代金債権を直ちに取得したということはできない。そして、本件売掛代金債権に対して、同月一一日に平塚社会保険事務所長により、同月二二日に藤沢税務署長により滞納処分による差押えがされているのであるから、Bが昭和六三年一月二九日にAからXへの本件売掛代金債権の譲渡に承諾を与えたことによって右債権譲渡が譲渡の時にさかのぼって有効となるとしても、右承諾の前に滞納処分による差押えをしたYに対しては、債権譲渡の効力を主張することができないものというべきである。」

3 分析（注8）

(1) 債権譲渡禁止特約に反した譲渡は、譲渡の効力を発生させず、譲受人は債権を取得できない。これは、学説上はいまだ反対説も強いものの、判例として確立した命題である。

しかるに、判旨でも引用されている最判昭52・3・17民集三一巻二号三〇八頁は、「譲渡禁止の特約のある指名債権をその譲受人が右特約の存在を知って譲り受けた場合でも、その後、債務者が右債権の譲渡について承諾を与えたときは、右債権譲渡は譲渡の時にさかのぼって有効となり、譲渡に際し債権者から債務者に対して確定日付のある譲渡通知がされている限り、債務者は、右承諾以後において債権を差し押え転付命令を受けた第三者に対しても、右債権譲渡が有効であることをもって対抗することができるものと解するのが相当であり、右承諾に際し改めて確定日付のある証書をもってする債権者からの譲渡通知または債務者の承諾を要しないというべきである」と判示した。

(2) それでは、債務者による承諾の以前に登場した第三者との関係はどうか。可能な選択肢としては、次の四つがある（注9）。

① 対抗要件も遡及的に有効となる結果、債務者による承諾以前に登場した第三者との関係でも、譲受人は当初から有効な債権譲渡を受け、その時点から対抗要件を取得していることを主張できる、という見解である。必ずしも明確ではないが、第一審の論理はこれであろうと思われる。

② 債務者の承諾前の差押えによって、債務者は当該債権に対する処分権を奪われるので、債務者の承諾は効力を有せず、その結果、差押債権者が優先する、という見解である。

③ 対抗要件も遡及的に有効となるが、民法一一六条但書の類推適用等により、それ以前に登場した第三者の権利を害することができず、その結果、譲受人は、先に譲渡を受け、対抗要件を取得したことを、当該第三者には対抗しえない、という見解である。本判決のとる論理であり、学説上も主張されていたところである。

④ 譲渡自体は遡及的に有効となるが、対抗要件具備の効力は遡及せず、債務者に承諾があった時点からとなるから、右承諾前の第三者には対抗できない、という見解である。原審判決のとるところであり、学説上の主張もあった。

いずれの見解も、昭和五二年最高裁判決によって否定されているわけではない。すべてが論理的には、ありえた結論であった。

(3) それでは、どの結論が素直であるか。これは、昭和五二年最高裁判決をどのような論理を有するものと見るかによって決まってくる。

ところが、同判決は、結論だけを述べているものであり、そこには根拠条文の引用もない。いったん無効となった行為の効力を遡及的に認めることを肯定する条文としては、無権代理行為の追認に関する民法一一六条がある。しかし、同判決はこの条文を引用しないどころか、公式判例集には、その参照条文として民法一一九条があげられているのである。そして、それでは、民法一一九条を根拠にするのか、といえば、そうではない。同条は、かえって遡及効を明示に否定するものであり、「さかのぼって有効とな」るとする同判決の判旨に適合的ではないからである。

いったいどういうことなのか。

(4) 最判昭37・8・10民集一六巻八号一七〇〇頁は、次のように判示している。すなわち、「或る物件につき、なんら権利を有しない者が、これを自己の権利に属するものとして処分した場合において真実の権利者が後日これを追認したときは、無権代理行為の追認に関する民法一一六条の類推適用により、処分の時に遡って効力を生ずるものと解するのを相当とする」。この判決は、「民法一一六条の類推適用」という手法を明示している。これに対して、すでに述べたように、昭和五二年最高裁判決は適用条文を明らかにしていない。この違いについては、次のように理解すべきであろう。

無権利者による物件の処分行為は、仮に処分行為が代理の形式をとっていなくても、実質的には（無権）代理と見ることもできる。権利の帰属していない者による当該権利の処分であることに変わりがないからである。したがって、権利者による追認は、無権代理行為の追認に擬しやすい（注10）。これに対して、譲渡禁止特約付債権の譲渡においては、債権者による譲渡行為は、あくまで権利者による処分行為なのであり、行為の効力が生じない理由が不帰属にあるわけではない。そこで、前者では、民法一一六条の類推適用といいやすいのに対し、後者では根拠条文が明記しにくかった。

さらにいうならば、昭和五二年判決が民法一一六条に言及していないことは積極的に評価されるべき事柄である。同判決は、「無効行為の追完」という類型にも、民法一一六条の類推適用で処理するのに適したものと、そうでないものとの二種が存在することを明らかにした判決とすら理解できるのである。そして、最高裁は、昭和五二年判決によって、何らかの条文に基礎を求めることのできない、「無効行為の追完」法理を積極的に認めたといえるのである。

(5) ところが、このように見てくると、本判決の事案において、民法一一六条但書の類推適用という結論は単純には出てこない。債権譲渡の有効化の遡及効を認めるにあたって民法一一六条本文によらず、第三者の権利を害しえないというところだけ同条但書を用いるのはおかしいからである（注11）。しかし、承諾前に登場した第三者が保護されるべきことはたしかである。したがって、①はとれない。

②は射程が狭いし、④は必ずしも素直ではない。「譲渡契約は譲渡時に有効になり、対抗要件は通知によって具備されているというのであれば、その対抗要件の効果も通知到達時に発生すると考えるのが自然」（注12）だからである。

そこで、譲渡の実体的効力も対抗要件の具備の時期も遡及することを前提としながら、「民法一一六条但書の類推適用」にもよらないようにするため、最高裁がとったのが、判旨における「民法一一六条の法意に照らし」という根拠づけである。昭和五二最高裁判決をめぐる学説上の議論においても、「民法一一六条但書の精神（注13）」「民法一一六条但書の法意（注14）」「民法一一六条但書の趣旨（注15）」とするものがあった。

これは、あいまいな文言である。しかし、あえてあいまいな文言を用いた点には、「本件の権利者の追完の対第三者効を非権利者の無効な処分行為の場合にとどまらず未確定無効行為全体の視野の中で解したことによる」（注16）と積極的にとらえるべきであって、類推適用というのと変わりがないとするのは（注17）、妥当でない。

（注8） 以下の分析は、道垣内弘人「判批」金法一五二四号二七頁以下で示したことがある。
（注9） 角紀代恵「判批」民商一一八巻一号一一四頁など参照。
（注10） 中馬義直「判批」ジュリ六六六号七二頁。
（注11） 池田真朗「判批」金法一四九九号一八頁。
（注12） 池田真朗「判批」リマークス八号四五頁。つとに、金山正信「判批」判評二二六号二七頁。佐久間毅「判批」ジュリ一一三五号七〇頁も参照。
（注13） 中馬・前掲（注10）七二頁。
（注14） 金山・前掲（注12）二七頁。
（注15） 奥田昌道「判批」星野英一＝平井宜雄編『民法判例百選Ⅱ（第二版）』七五頁。
（注16） 並木茂「判批」金法一五〇四号四一頁。同旨、角・前掲（注9）一一二頁。
（注17） 池田・前掲（注11）一八頁、大島和夫「判批」法教二〇六号一〇一頁。

五　おわりに

(1)　すでに述べたように、本来ならば、少なくとも最高裁の民事判決において、「〇〇条の法意に照らす」としているもののすべてを取り上げるべきである。しかし、以上示してきたところからだけでも、「〇〇条の法意に照らす」という表現には、単に「〇〇条の類推」と類似したものということを超えた意味が込められているように思われる。

そのことを示すことができていれば、本稿の目的は達成できたと考えている。

冒頭に述べたように、多数の専門家が、一語一語、その妥当性を吟味している最高裁判決において、深い意味もなく、別の表現が用いられているとは考えにくい。

(2) しかし、最高裁判決の分析は、何も、最高裁判事が主観的に何を考えたのかを分析するものではない。「〇〇条の法意に照らす」という表現と「〇〇条の類推」という表現との違いをもとに、最高裁判決を、判事の主観的意図を超えて解釈していくことも重要な作業である。よりよい判例法理の構築は、事件に基づいて判決を下す者と、そこで示された法理を解釈し、さらなる発展の方向性を示そうとする解釈者の共同作業である。本稿での分析も、その時点における最高裁判事の主観的意図を超えているかもしれない。しかし、その点はまったく問題ではない。

抵当不動産の自主占有の継続（取得時効）と抵当権の消滅

安永正昭

一　はじめに

1　抵当権の独自の消滅理由

抵当権はその付従性から消滅に関して被担保債権と運命を共にするが、権利（物権）の一種として被担保債権から独立して消滅することがありうる。物理的に目的物が滅失するという場合はもちろん所有権とともに消滅する。

法律的に抵当権の消滅が問題となるのは、抵当権が設定されている不動産の所有権が第三者により時効取得される場合である（ほかにも、重要ではないが抵当権の消滅時効の問題がある（民法一六七条二項、三九六条））。すなわち、A所有の甲不動産につき、債権者（H）のために抵当権の設定がなされており、他方で、この甲不動産を自主占有している者（B）がおり、このBにつき所有権の取得時効に必要な要件が具備された場合であり（民法三九七条、一六二条）、これによりHの抵当権は消滅することになるかという問題である。この問題は考えていくと理論的にはかなり難問であり、これまでにすでにいくつかのすぐれた研究論文があるところである（注1）。屋上屋の感があるが、自分なりの整理をするつもりで、この問題につき若干の検討をしてみたいと思う。

2　三つの類型

問題となる事案としては、これまでの裁判例等からして三つの類型に分けることができるように思われる。

第一類型は、所有者Aがすでに H に対して抵当権の設定をしその旨の登記を経由している不動産（抵当不動産）につき、その後で、Bが、その不動産を譲り受けるなどして自主占有を開始する場合である。Bは、抵当不動産の第三取得者となり、抵当権の負担付きの不動産所有者となる。しかしながら、この場合において、民法三九七条の適用がありえて、Bがその後、「抵当不動産について取得時効に必要な要件を具備する占有をしたときは……抵当権は、これによって消滅する」（民法三九七条）ことになる（最判昭43・12・24民集二二巻一三号三三六六頁参照）。なお、民法三九七条の要件が満たされる時点において、Bが所有権移転登記を経由していることは求められてはいない。

第二類型は、BとHと登場する順序が逆で、Bがすでに自主占有している不動産につき、その後で、登記上の所有名義人Aが所有者としてHに対して抵当権の設定をしてその旨の登記を経由した場合であって、さらにBにつき占有開始の時点から一〇年ないし二〇年間の自主占有が継続し、民法一六二条に基づく取得時効が完成した場合である。この場合には、Bの所有権の取得時効との関係では、Hの抵当権は消滅すると扱われることになるであろう（最判昭42・7・21民集二一巻六号一六四三頁参照）。

以上の第一、第二の各類型において、抵当権が消滅する根拠はどのように考えられているのか。抵当権が一定の時の経過によって消滅するのではあるが、消滅時効ではないのでその説明原理、たとえば、権利の上に眠ること（権利行使が可能であるにもかかわらず権利の不行使が継続（民法一六七条一項））などが当てはまるわけではない。この点、判例は、第一類型、第二類型のいずれにおいても、Bが甲不動産の所有権を時効により取得した場合であるととらえ、時効による所有権取得は原始取得であり、それまでの所有権を承継せず、したがってその所有権を対象とする抵当権も反射的に消滅すると見ている（上記の最判昭和四三年、最判昭和四二年参照）。このような判例の説明によれば、民法三九七条の規定は第三者の時効取得による反射的効果として当然のことを規定したものということになる（現行民法の条文のタイトルも「抵当不動産の時効取得による抵当権の消滅」とされている）。

ただ、これまでの議論を集約すると、民法三九七条の解釈論上の問題点は以下のような点にあるとされる。すなわち、第一類型においては、すでにHの抵当権設定登記があり、所有権の第三取得者Bは占有開始の時に、Hの抵当権の存在を知るはずであり、抵当権につき悪意、少なくとも知らないことにつき過失があると評価されるにもかかわらず、その所有権について善意・無過失でさえあれば一〇年の短期の時効取得（民法一六二条二項）

が認められ、その結果、Hに対して抵当権の消滅を主張することができることになるという点である。そこで、学説では、民法三九七条の解釈につき、第三取得者の善意・無過失（一〇年）、悪意・有過失（二〇年）の対象を前主の所有権についてではなく、抵当権の存在についての善意・悪意と読む方向での議論が有力となっている。しかし、この結論を導くための条文解釈、法律構成はどのように考えるべきかが問題となる。

第一、第二類型に加えて、比較的最近問題とされている第三のものがある。第三類型は、A所有名義の不動産につき、Bが自主占有し民法一六二条の取得時効が完成したがその所有権移転登記を経由しないでいる間に、Hが、登記名義人Aから抵当権の設定を受けその旨の登記を経由した場合であって、この登記後さらにBが占有を継続し再度の取得時効が完成した場合である。この場合には上記の第一類型に適用される民法三九七条によるか、第二類型に適用される民法一六二条によるかの検討が必要であるが、いずれにしろHの抵当権は消滅の扱いとなるように思われる。最近の判例（最判平24・3・16民集六六巻五号二三二一頁）で、抵当権の消滅を認めたものがある。

ところで、以上の抵当不動産の時効取得と抵当権の消滅に係る論点は多様であり、また、その背景に議論があるものが多く、たとえば、民法一六二条の取得時効の要件である「他人の物を占有」に係る解釈、取得時効の効果は原始取得と言い切れるのか、民法一七七条における時効と登記に係る解釈（登記重視か占有重視か）、民法三九七条の沿革と解釈（第三取得者に適用されるか、第三取得者が抵当権の存在につき悪意の場合はどうか、また、時効による原始取得の反射として抵当権が消滅するのか、あるいは条文の文言どおりの要件具備による抵当権消滅なのか）などがある。これらの諸論点が全体として整合性のあるかたちで議論されているのか、それに意を用いることなく、論点ごと、事案ごとに個別に論じられているのではないか、検討が必要な状況となっている。本小稿では、上記諸論点についての整合性を意識しながら、三つの類型における抵当権の消滅の問題を検討する。

（注1） 個別の判例研究以外のものを掲げるだけでも、清水誠「抵当権の消滅と時効制度の関連について」加藤一郎編『民法学の歴史と課題』一六五頁以下、草野元己「抵当権と時効」伊藤進ほか編『玉田弘毅先生古稀記念論文集・現代民法学の諸問題』四五頁以下、大久保邦彦「自己の物の時効取得について（2完）」民商一〇一巻六号七八二頁以下、道垣内弘人「時効取得が原始取得であること」法教三〇二号四六頁以下などがある。本稿の構想の基礎はこれらに負っている。また、次項以下にあげる個別の判例についての研究はさらに多くのものがある。しかし、時間等の関係であまり目を通すことができなかった。以下の記述は、自分の思考による整理を優先したので（「思而不学則殆」でないことを祈るのみである）、あるいは先行業績のいずれかですでに論述されていることを認識しないまま引用もしないで議論を展開している部分があるかもしれない。もしもそのようなことがあった場合には、ご指摘いただきご寛容をお願いしたい。

二　第一類型

1　対立の構図

所有者Aがすでに日に対して抵当権の設定をし、その旨の登記を経由している不動産（抵当不動産）につき、Bが、その不動産を譲り受けるなどして占有を開始する場合である。

このBの占有開始の原因は、いくつか考えられる。①典型的なのは、抵当不動産の所有者Aから、売買、贈与など自主占有を基礎づける権原に基づいて引渡しを受け占有を開始する場合である。(i)売買、贈与などが、有効な場合〔有効権原による〕と、(ii)無効な場合〔無効権原による〕とがありうる（さらに、権原に瑕疵が付着している場合と、Aが所有者でない場合とがありうる〔後者は検討から除外する〕）。①においては、Bが自主占有を開始するだけではなく、通常はBに対して所有権移転登記が経由される。②Bが、権原に基づかず、（隣接地を譲り受けたことなどを契機として、境界を越えて）他人Aの所有地（第三者Hの抵当権が設定されている）を自己所有地（の一部）と思い込んで自主占有を開始するなどという場合もありうる〔無権原である〕。この場合のBは抵当不動産の第三取得者という立場にはない。

この場合、Bは、有効権原により取得し、かつ所有権移転登記を経由している場合であっても、Hには対抗できず抵当権の負担付きの不動産を第三取得者として占有することになる。ここで、Hにより抵当権が実行されてしまうと、Bによる占有開始の原因が何であれ、抵当不動産は買受人の所有に帰し移転登記がなされHの抵当権は目的を達して消滅する。Bは買受人に対して不動産を明け渡すことになる（ただし、Bの占有が継続すると取得時効の問題が残る）。

2　民法三九七条による抵当権の消滅

(一)　民法三九七条

他方、抵当権がそのままの状態である場合であって、Bが、この「抵当不動産について取得時効に必要な要件を具備する占有をしたときは」「抵当権は、これによって消滅する」とされる（民法三九七条）。この条文については、Bが第三取得者である場合にも適用があるか、及び、なぜこの場合Hの抵当権が消滅するのかその理由が解釈上問題となる。

(二) 判例

(1) 第三取得者

有効権原に基づく第三取得者に対するこの条文の適用については、古い判例でこれを否定したものもある（大判昭15・8・12民集一九巻一六号一三三八頁。AからBへの所有権移転登記のある事例）。この大判昭和一五年が否定した理由は、第三取得者は所有者として不動産を占有しているので、民法一六二条の要件「他人の物を占有」したことにはならないと考えた（「取得時効ノ性質ニ鑑ルモ」と述べる）ことによるものである。しかし、その後の判例は、周知のごとく、一定の場合（二重譲渡の事例、抵当権の設定された不動産の場合など）には、自己の物の占有であっても時効取得の要件は満たされるという（最判昭42・7・21民集二一巻六号一六四三頁。AからBへの所有権移転登記のない事例）。そこで、昭和一五年の大審院判決の述べるような理由では、第三取得者への適用を否定することはできない。

(2) 最判昭43・12・24民集二二巻一三号三三六六頁

現在の判例は、適用肯定の立場に立っている。事案は、Hのため抵当権が設定されその旨の登記が経由された不動産甲を、その所有者（A）から贈与されたB（第三取得者）が、その所有権移転登記を経由しないまま、引渡しを受けた時から一〇年間占有を継続したとして時効取得を主張し、抵当権の実行により当該不動産を買い受けた者Dに対して、所有権移転登記手続を請求したものである。争点としては、第三者Bの取得の時点でHの抵当権設定登記があり抵当権について善意・無過失といえないから、民法一六二条二項の適用は認められないのではないかが問題とされている。判旨は、「民法一六二条二項にいう占有者の善意・無過失とは、自己に所有権があるものと信じ、かつ、そのように信じるにつき過失がないことをいい、占有の目的物件に対し抵当権が設定されていること、さらには、その設定登記も経由されていることを知り、または、不注意により知らなかつたような場合でも、ここにいう善意・無過失の占有というを妨げないものと解すべきである」、と述べている。

まず、この事案は、第三取得者が買受人を訴訟の相手方とするものであるが、抵当権が存続していたと仮定して第三取得者がその抵当権の消滅を主張できないというのであれば買受人の地位も否定できない関係にあるので、第三取得者につき民法三九七条の適用を認めたものと評価することができる（注2）。

次に、この判例は、買受人の地位の否定、すなわちHの抵当権が消滅する根拠を、占有者Bが当該不動産を民法一六二条（二項）により時効取得することに求めている。明示的ではないが、これは、すなわち、取得時効による権利の取得は承継取得ではなく、その効果は原始取得であり、したがって、その反射として抵当権が消滅すると考えているわけであり、取得時効の基礎となった占有の内容によってのみその権利内容が定まるとする伝統的な理解に基づいている。これは、民法三九七条を取得時効の性質上当然のことを規定したものであって、その意義を、債務者及び抵当権設定者を取得時効を主張できる者の範囲から除外した点にのみ認めるという考えである（注3）。

(三) 学説

(1) 民法三九七条に関する有力学説

学説では、民法三九七条の解釈につき判例と同趣旨のものがある一方で、これと別の見方をするもののほうがむしろ有力である。民法三九七条の規定を、条文文言どおりの要件（「抵当不動産について取得時効に必要な要件を具備する占有をしたとき」）が具備されたことによる抵当権の消滅を定めたものと見る考えである（注4）。

このような解釈を基礎づける第一は、この条文の沿革である。沿革をたどれば、この規定は、抵当不動産が譲渡され第三者が占有するに至った場合、一定期間の経過により抵当権が時効によって消滅するとのルールを下敷きにしてつくられたものである（注5）。第二は、前述のような利益考慮の感覚であろう。すなわち、抵当不動産の第三取得者（これが本条の適用される主要な事例）が、登記によりその存在が明らかである抵当権につき悪意（少なくとも有過失）であるにもかかわらず、判例の考え方によると、所有権についての善意・無過失を問題とするので、多くの場合一〇年の短期取得時効により抵当権が消滅することになる。これは、もともと抵当権が登記されており対抗関係で優先していたにもかかわらず、抵当権の追及力を弱めることになり、妥当ではない。そこで、第三取得者Bが所有権を時効取得する場合の規定ではなく、端的に、Bにおいて条文文言どおりの要件が具備されたときに、抵当権が消滅する規定と見たうえ、善意無過失の対象はその抵当権の存在ととらえるわけである。そうすると、抵当権が登記されている抵当不動産を譲り受ける通常の場合、当然、抵当権につき悪意、少なくとも有過失と判断され、本条により抵当権消滅の効果が生ずるには二〇年の期間の経過が必要となる。

(2) 検討すべき論点

本条文の沿革、また、結論の実質的妥当性を考慮すると、有力学説の考えが妥当であると考える。しかし、この見解を採用するにあたっては、取得時効制度の根本にかかわる次の三つの論点について、検討を加えておくことが必要である。

a　民法一六二条と民法三九七条との適用関係

①　有力学説は民法三九七条は抵当権の消滅に関する独立した規定であると位置づける。この学説では、この条文と民法一六二条との条文適用関係をどう考えているのか。Hの抵当権の付着した抵当不動産をBが一定期間

自主占有しているとの基本的事例において、民法三九七条は抵当権を二〇年の占有期間で消滅させることになるが、この事例に対して民法一六二条の適用関係はどうなるのか。占有者Bに所有名義人Aとの関係で民法一六二条二項による一〇年の占有期間の時効取得を援用できる関係が生じている場合、BがHに対してこれを主張すると、取得時効の原始取得効の反射として抵当権が消滅してしまうとすれば、元の木阿弥である。これについてどのような対処が考えられるか。以下、二つの立場がありえよう。

② 第一は民法三九七条は民法一六二条の特則であると考える立場である。すなわち、右の基本的事例（Hの抵当権の付着した抵当不動産をBが一定期間自主占有している）において、BがHに対して抵当権の消滅を主張する関係にあっては、民法三九七条が特則として適用され、民法一六二条の適用は排除されると考えるわけである（民法一六二条の時効による原始取得の反射的効果として抵当権が消滅したとは主張できない）。具体的に説明すると以下のとおりである。

すなわち、たとえば、Hの抵当権（登記済み）の付着したA所有不動産をBが善意・無過失で自主占有し一〇年間で時効取得している場合、BはAに対する関係では所有権を主張できるが、Hに対する関係では、民法一六二条の時効による原始取得の反射的効果として抵当権が消滅したとは主張できず、特則たる民法三九七条のみを援用でき、したがって、Bは、抵当権の存在については悪意又は有過失であるので二〇年間の自主占有によりはじめて抵当権の消滅を主張することができる、と。現象的には、BはAに対する関係で一〇年間の自主占有により所有権を時効取得するが（民法一六二条二項）、これは抵当権付きであり（時効の効果が原始取得であることが見た目には制限されているかたちになる）、Hに対する関係では二〇年の自主占有期間を経てそれが消滅したと主張できることになる（民法四九七条）（注6）。

③　ありうる第二の立場は、民法一六二条、三九七条の併列適用を前提とし、しかし、もともと一六二条の時効による原始取得の反射的効果としての抵当権消滅はなく、抵当権は三九七条によって消滅するとするものである。

原始取得という効果（前所有権を承継取得するのではないこと）は、民法の実定規定として存在するものではない。民法の実定規定としては、「時効の効力は、その起算日にさかのぼる。」（民法一四四条）とされているのみである。この規定によると、占有者の占有開始時点以後、所有名義人の関与により当該不動産に関し生じた権利義務関係（他物権の設定など）はその意味を失う。

原始取得の反射的効果という議論は、この遡及効を越え、占有開始時点以前から存在する当該不動産にまつわる担保物権等の権利関係が時効起算点において清算されることを意味する（無垢の所有権の誕生）。本当にそうなのか。指摘すべきは、第一に、これらの権利については前の所有名義を基礎としすでに登記がなされていること、すなわち、第三取得者に対しこれに対抗できる立場であり、また、周知のごとく時効取得を原因とする登記は占有開始日を移転日とする所有権移転登記（承継取得形式）がなされるので、これら設定登記は当然には抹消できないこと（注7）、第二に、抵当権については別個にその消滅を定める民法三九七条があることである。

議論を全面にわたって展開する用意はないが、たとえば賃借人Mがその対抗要件を具備し占有利用している不動産を譲り受け自主（間接）占有を開始した者Bが一〇年の時効取得を援用した場合は、時効による原始取得の反射的効果として賃借権の消滅を主張することはできない。理由は、不動産の譲受人Bの自主占有はその客観的態様が賃貸借契約の存在を前提とした占有だからである（注8）。占有の客観的態様を前提として所有権の原始取得をするのである。

では、Hのために登記が経由されている抵当権の場合はどうか。抵当権は占有を伴わない権利であるので、賃借権などと同じ議論とはならない。しかし、占有者が抵当権の存在を承認してこれを占有するときは所有権の時効取得にあたって抵当権は消滅しないとする判例がある（大判昭13・2・12判決全集五輯六号二五九頁）。この判例を基礎に、抵当権設定登記により交換価値支配の状態が公示され、占有者が知りつつ放置していた場合には抵当権の存在を容認した占有態様であると位置づけてもよいとする考えもある（注9）。

これをさらに展開すると、Bは不動産を一〇年の自主占有で時効取得するが（民法一六二条）、占有以前から設定登記があった抵当権はそれによっては消滅せず、別個に適用される民法三九七条により、Hに対する関係では悪意二〇年の自主占有に基づき抵当権の消滅を主張することができる、と論ずる可能性も出てくる。もっとも、抵当権の承認を理由に取得時効による抵当権消滅を認めないのであれば、「取得時効に必要な要件を具備する占有をした」（民法三九七条）ともいえず、三九七条の適用も認められないという判断をすることになる可能性はある。ここまでくれば、抵当権設定登記のある場合には抵当権は民法一六二条によっては消滅せず占有開始の時点で承継される（その後、民法三九七条の適用がある）との議論をするほうが、わかりやすいかもしれない。

④　以上、民法一六二条と民法三九七条との適用関係を論じたが、民法三九七条を民法一六二条の特則とする考えと、時効の原始取得効の見直しをする考えといずれが妥当であろうか。具体的な結論は同じであるが、時効の効果として所有権は原始取得されるということを正面から否定することになる後者のような議論は無理であり、前者のほうが議論に無理がなく妥当ではないか。民法三九七条についての有力学説は、議論を展開しては

いないが、特則と理解するようなので、おそらくこのように考えるものと思われる。

b 「他人の物」要件に関して

判例の民法三九七条理解は、占有者が時効により不動産所有権を原始取得するその反射として抵当権が消滅するというものである。これは、Hの抵当権登記が付着する不動産をBが所有者Aから有効に譲り受け所有権移転登記を経由しているという事例においても妥当するのであろうか。ここでは、AB間では所有権移転についてなんら争いがなく、したがって本来時効取得の主張（原始取得）は問題とはならない。しかし、時効取得が問題とならないとすると、この事例についてだけ抵当権の消滅を主張できないこととなり、それ以外の事例と比べて均衡を失する扱いとなる。

判例は、権原が有効であっても所有権移転登記を経由していない事案では、自己の物の時効取得も認められるとして、抵当権の消滅を結論づけている。そこで、さらに登記を経由した事例でも、同様な議論をするのであろうか。しかし、これを認めると、売買による所有権取得を登記により完結させているにもかかわらず、同時に取得時効の進行による所有権取得を認めることとなり、きわめて落着きの悪い議論とならざるをえない。自己の物の占有による時効取得を許容するとしても、判例は、譲渡による所有権取得を主張するか時効取得を援用するかを選択できる状態の場合においてこれを認めたにすぎないのではないかとも考えられる（注10）。

この点について、上記の有力学説によれば、抵当権の消滅につき時効による原始取得という中間項を媒介としないので、有効で所有権移転登記がある事例についても、もちろん、民法三九七条の適用を認めることができ、ここでは、抵当権につき悪意または有過失であるので二〇年の占有継続を要件として、抵当権が消滅すると結論づけることができる。以上の論点は、有力学説に有利な論点ということができる。

c　民法三九七条の趣旨

抵当権消滅の根拠について、判例は、Bは取得時効により所有権を原始取得しその反射としてHの抵当権が消滅すると説明する。取得時効の制度から抵当権消滅は必然的な結論ということになる。民法三九七条の趣旨をあらためて説明する必要はない。

しかし、有力学説による場合は、あらためて民法三九七条の要件（一定期間の抵当不動産の占有）に該当すると、なぜ抵当権を消滅させるのかを説明する必要がある。

まず、前提として、第一事例の事案の大多数である抵当不動産が譲渡され第三取得者が占有を始める場合については、譲渡に際して被担保債権が代位弁済されるなどで抵当権が消滅させられていることが多いことを指摘できる。また、抵当権の負担付きで第三者へ譲渡、占有移転され、第三者による利用が開始した場合も、それ以降二〇年間も経てば、その間に被担保債権の弁済等で抵当権が消えていることも十分考えられる。このような事情を背景とすると、被担保債権の消滅につき証明ができなくとも、「取得時効に必要な要件を具備する占有」の継続を理由として抵当権の消滅を認めることにもそれなりの理由があるといえよう（注11・12）。

他方で、もちろん、抵当権者の側も、抵当権の担保価値の管理として、抵当権設定後に出現した第三者の占有が相当程度長くなった場合には、時効中断を意識した行動を起こすことが求められてしかるべきであろう。時効中断の方法としては、占有者に対し、無効権原及び無権原による占有移転では、所有権者の明渡請求権を抵当権の価値維持請求権に基づいて代位行使することで中断させ、有効権原に基づく占有移転の場合には、抵当権の承認請求をすることで承認または勝訴判決の時点での民法三九七条の「取得時効に必要な要件を具備する占有」継続の中断を得ることができると解することができよう（注13）。

（注2） 横山長「判解民昭和四三年度」一三九〇頁。
（注3） 横山・前掲（注2）一三八四頁。
（注4） 道垣内・前掲（注1）五二頁、内田貴『民法Ⅲ（第三版）』四七四頁。
（注5） 沿革については、草野・前掲（注1）五八頁以下が詳しい。
（注6） 横山・前掲（注2）一三八五頁参照。
（注7） 承継取得との議論もある（川島武宜編『注釈民法(5)』二三三頁以下、二三五頁〔安達三季生〕）。
（注8） 道垣内・前掲（注1）五〇頁以下参照。
（注9） 横山・前掲（注2）一三八八頁以下。
（注10） 後掲最判昭42・7・21民集二一巻六号一六四三頁は、「所有権に基づいて不動産を永く占有する者であっても、その登記を経由していない等のために所有権取得の立証が困難であったり、又は所有権の取得を第三者に対抗することができない等の場合において、取得時効による権利取得を主張できると解することが制度本来の趣旨に合致するものというべきであり……」、と述べる（三2（二）(2)参照）。また、後掲最判平15・10・31判時一八四六号七頁も、「確定的に本件土地の所有権を取得したのであるから、このような場合に……取得時効の完成を主張し、これを援用することはできない」と述べている。
（注11） なお、草野・前掲（注1）七〇頁以下参照。
（注12） 無権原での（他人が所有する隣地の一部などについての）占有開始の場合については、抵当権の存在につき善意・無過失であることが通常であり、民法三九七条の適用については一〇年の占有継続で足るが、そもそも、所有権を取得していないのに抵当権の消滅を論ずることはできないから、まず民法一六二条で二〇年の取得時効が完成することが前提となるので、占有者Bは結果的に二〇年の経過を待って初めて抵当権の消滅を主張できる。そこで、この場合についても、抵当権消滅の理由としては上記のことが妥当するといってよいのではないか。
（注13） なお、判例の立場における時効中断の方法に関して、最判平24・3・16に関する判時二一四九号六八頁以下（七〇頁以下）の無署名解説参照。

三　第二類型

1　対立の構図

第二の類型は、Ｂと Ｈの登場順序が逆で、Ｂが自主占有を開始している不動産につき、登記上の名義人Ａが所有者としてＨのために抵当権を設定しその旨の登記を経由したところ、Ｂにつき占有開始の時点から一〇年間ないし二〇年間の期間が経過し、民法一六二条に基づく取得時効が完成する場合である。

Ｂの自主占有の開始原因は、第一の類型の場合と同様な事情である。①所有者Ａから、自主占有を基礎づける権原に基づいて引渡しを受け占有を開始する場合で、(i)有効権原によるものと、(ii)無効権原によるものとがある。なお、第二類型では、ＡからＢへの所有権移転登記は経由されていない。Ｂへの登記がなされておれば、その後に、Ａによる抵当権設定はありえないからである。占有開始原因としてほかに、②無権原の場合もある。

このＢによる自主占有開始の後で、Ｈが所有名義人Ａから当該不動産に抵当権の設定を受け登記がなされる。Ｂは仮に有効に所有権の移転を受けていたとしても、未登記なのでＢには対抗できない。この時点で仮に抵当権が実行され買受人Ｄに引き渡されれば、以後はＢは退場する。しかし、抵当権が実行されないままの状態で（あるいは実行されＤにより買い受けられた状態で）、Ｂがなお引き続き自主占有を継続した場合であれば、民法一六二条によりＢが時効取得をする可能性が出てくる。有効権原又は無効権原によりＢが自主占有を開始している場合は通常一〇年の時効期間で、無権原で自主占有を開始した場合には過失があると考えられるので二〇年の時効期間で、取得時効は完成する。BはHに対して所有権の原始的取得による抵当権の消滅を主張する。

2　民法一六二条の適用による抵当権の消滅

(一)　取得時効の完成と時効当事者論

このBの不動産所有権の時効取得の主張に対して、抵当権者（あるいは、買受人）はどのような法的地位に立つか。この事例については、まず、民法一七七条の時効取得と登記問題に関するいわゆる時効当事者論の適用が考えられる。

すなわち、判例は、不動産がBとCとに二重譲渡され、第二譲受人Cが先に登記を経由しても、引渡しを受けている第一譲受人Bが占有を継続し時効取得の要件を満たした場合につき、BはCに対して所有権取得を登記なくして主張できるとしている。その理由は、Cは時効取得の当事者であるからだ、という（注14）。ただし、学説のなかには、物権変動における登記の役割を重視して、第二譲受人Cの所有権移転登記時点をもって、（有効権原に基づき占有を開始した）占有者Bの取得時効の進行におけるいわば時効中断事由と見て、その時点からあらためて、Cを当事者とする取得時効が起算されると見る考えも有力であるが（注15）、上記判例の態度は一貫したものである。

(二)　抵当権の場合はどうか

(1)　当事者か

右の二重譲渡における当事者論は、所有者A及びその特定承継人Cを物権変動のいわば「当事者」として、B

が時効取得を主張できるという趣旨である。これが抵当権者Hである場合、Bにとって右の意味での当事者はAのままであるのでHは物権変動の当事者ではなく、所有権の二重譲渡事案での判例の当事者論はそのまま妥当するわけではない。

(2) 判　例

ところで、判例は、抵当権者Hとの関係においても占有者Bの時効取得が認められるという（最判昭42・7・21民集二一巻六号一六四三頁）。AからBに不動産が贈与され、その後にこの不動産に抵当権が設定、登記され、抵当権者Hが競売をしてDが買い受けたという事案で、DがBに対し明渡しを求めたところ、Bが一〇年の時効取得を主張したというものである。原判決は、Bは贈与を受けているので「自己の物の占有者であり、取得時効の成立する余地はない」としてBの抗弁を排斥した。判旨は、「民法一六二条所定の占有者には、権利なくして占有をした者のほか、所有権に基づいて占有した者をも包含するものと解するのを相当とする。すなわち、所有権に基づいて不動産を占有する者についても、民法一六二条の適用があるものと解すべきである。」とし、「けだし、取得時効は、当該物件を永続して占有するという事実状態を、一定の場合に、権利関係にまで高めようとする制度であるから、所有権に基づいて不動産を永く占有する者であっても、その登記を経由していない等のために所有権取得の立証が困難であったり、又は所有権の取得を第三者に対抗することができない等の場合において、取得時効による権利取得を主張できると解することが制度本来の趣旨に合致するものというべきであり、民法一六二条が時効取得の対象物を他人の物としたのは、通常の場合において、自己の物について取得時効を援用することは無意味であるからにほかならないのであって、同条は、自己の物について取得時効の援用を許さない趣旨ではないからである。」と述べた。争点は、民法一六二条の要件である「他人の物」の解釈であった。

Bの時効取得の抗弁が認められる結果、買受人であるDは所有権を主張できない。自己物の占有であっても時効取得を認めるというのであるから、Hの抵当権がそのまま存続していた場合であっても、当然Bの時効取得は認められることになる。ただ、後者の場合、抵当権は消滅するのであろうか。利益衡量の観点からは、所有権(買受人の所有を含め)ですら消滅する結果となるのであるから、抵当権が生き残るというのではバランスが悪い。抵当権であっても消滅すると考えるべきである(注16)。

なお、抵当権者にその目的物につき進行する所有権の取得時効の中断方法を考慮する必要がある。抵当権は占有を伴わない権利であり、当事者論が適用される所有権を取得した事例で、所有権の取得者が所有権に基づく物権的請求権を行使することで時効の進行を中断できるのと比べて大きく相違する。抵当権者の側にあっては、その中断方法については、民法三九七条において述べたこと(二2(三)(2)d参照)がそのまま妥当する。加えて、第二類型では、抵当権設定を受ける者は、目的不動産の担保価値の評価にあたって、その占有関係についても調査することが当然期待される。

(3) 根　拠

Bは時効取得したことをもって抵当権者であるHに(抵当権の消滅を)主張できる法的な根拠をどこに求めるか。いくつか考えられる。第一は、Bの取得時効の効力は起算日にさかのぼるので(民法一四四条)、抵当権設定の時点では、Aは所有者ではなかったから、Aの抵当権は成立していない。この説明は実定法規に基礎を置くもので、わかりやすい。第二は、時効取得は当該不動産の所有権の原始取得であり、その反射として抵当権は消滅する、と。第一類型についての判例からすると、判例はこう説明するであろう。しかし、この第二類型では遡及効を援用することで十分であり、後者の説明を用いる必要はない。

なお、第二類型の事案に民法三九七条を適用することは問題となりえないというべきであろう。「抵当不動産」という条文文言は、第一類型の条文趣旨で説明したように、「抵当権の設定されている状態の不動産について取得時効に必要な要件を具備する占有をしたとき」を意味するからである。そこで、第一類型における抵当権の消滅と、第二類型における抵当権の消滅は別の趣旨に依拠しているということになる（なお、この点については、「五　結語」も参照）。

（注14）「Bは本件土地の占有により昭和三三年三月二一日に二〇年の取得時効完成したところ、Cは、本件土地の前主から昭和三三年二月本件土地を買受けてその所有者となり、同年一二月八日所有権取得登記を経由したというのである。されば、Bの取得時効完成当時の本件土地の所有者はCであり、したがつて、Cは本件土地所有権の得喪のいわば当事者の立場に立つのであるから、Bはその時効取得を登記なくしてCに対抗できる筋合であり……」（最判昭42・7・21民集二一巻六号一六五三頁）。「なお、時効完成当時の本件不動産の所有者である被上告人は物権変動の当事者であるから、上告人は被上告人に対しその登記なくして本件不動産の時効取得を対抗することができることはいうまでもない。」（最判昭46・11・5民集二五巻八号一〇八七頁）。

（注15）星野英一『民法概論Ⅱ』五七頁。山田卓生「取得時効と登記」ジュリ増刊『民法の争点Ⅰ』一〇六頁以下。

（注16）なお、後述の最判平24・3・16民集六六巻五号二三二一頁は、第三類型事案における民法一六二条の適用にあたって、「占有者が上記抵当権の存在を容認していたなど抵当権の消滅を妨げる特段の事情がない限り、上記占有者は、上記不動産を時効取得し、その結果、上記抵当権は消滅すると解するのが相当である。」と、抵当権の消滅を妨げる留保事情を述べており、これは、第二類型においても妥当することになろう。

四　第三類型

1　対立の構図

第三類型は、A所有名義の甲不動産につきBが相当な長期間にわたって自主占有を継続しており、その間にHがAから抵当権の設定を受けその登記を経由しているという事例であるが、時間の経過に沿って事後的に整理すると、いったんBにつき民法一六二条の取得時効が完成しその登記未経由の間に、Hが抵当権を取得し登記を経由、この後さらにBが占有を継続し、再度取得時効に十分な期間が経過したという場合である。

Bによる占有開始の原因は第二類型と同じであり、この時点でBへの所有権移転登記が未経由であることも第二の類型と同様である。第三類型では、これに加えて、Bによる所有権の時効取得についても移転登記が経由されていない。抵当権者Hは、このBの時効完成後の第三者に当たるので、Bは所有権取得を抵当権者Hに対抗できない。問題は、しかしながら、この後さらにBが占有を継続して再度取得時効に十分な期間が経過した場合、Hの抵当権は消滅するのか、消滅するとしていかなる法律構成によるか、である。

2　最判平24・3・16民集六六巻五号二三二一頁

㈠　序

この判例は、最判昭36・7・20民集一五巻七号一九〇三頁を引用しながら、Bは、Hの「抵当権の設定登記の日を起算点として」「不動産を時効取得し、その結果、上記抵当権は消滅する」と判示したものである。その結論は妥当であるが、その理論構成などにつき、なお、検討すべき課題がある（注17）。

(二) 最判平成二四年の事案と判旨

事案は、上記の対立の構図で示したとおりのものであり、抵当権者Hが競売を申し立てその開始決定を得たのに対して、Bが、再度の取得時効完成を理由に第三者異議訴訟を提起したものである。以下少し長くなるが、まず、抵当権が消滅するとする理論構成などを見ておきたい。

最高裁は、まず、「不動産の取得時効の完成後、所有権移転登記がされることのないまま、第三者が原所有者から抵当権の設定を受けて抵当権設定登記を了した場合において、上記不動産の時効取得者である占有者が、その後引き続き時効取得に必要な期間占有を継続したときは、上記占有者が上記抵当権の存在を容認していたなど抵当権の消滅を妨げる特段の事情がない限り、上記占有者は、上記不動産を時効取得し、その結果、上記抵当権は消滅すると解するのが相当である。」と判示した。そして、本件Bは、①本件抵当権の設定登記時において、本件旧土地を所有すると信ずるにつき善意かつ無過失であり、同登記後引き続き時効取得に必要な一〇年間の占有を継続し、時効を援用しており、また、②本件抵当権が設定されその旨の抵当権設定登記がされたことを知らないまま本件土地の占有を継続したので、Bが本件抵当権の存在を容認していたなどの特段の事情はうかがわれないので、「Bは、本件抵当権の設定登記の日を起算点として、本件旧土地を時効取得し、その結果、本件抵当権は消滅した」としてBの第三者異議を認めた。

このようなルールを立てる理由として、最高裁は、以下の二点をあげている。

第一は、取得時効の完成後、所有権移転登記がされないうちに、第三者が原所有者から抵当権の設定を受けて抵当権設定登記を了したならば、占有者がその後にいかに長期間占有を継続しても抵当権の負担のない所有権を取得することができないと解することは、長期間にわたる継続的な占有を占有の態様に応じて保護すべきものとする時効制度の趣旨に鑑みれば、是認しがたいというべきである。

第二は、不動産の取得時効の完成後所有権移転登記を了する前に、第三者に上記不動産が譲渡され、その旨の登記がされた場合において、占有者が、上記登記後に、なお引き続き時効取得に要する期間占有を継続したときは、占有者は、上記第三者に対し、登記なくして時効取得を対抗し得るものと解されるところ（最判昭36・7・20民集一五巻七号一九〇三頁）、不動産の取得時効の完成後所有権移転登記を了する前に、第三者が上記不動産につき抵当権の設定を受け、その登記がされた場合には、占有者は、自らが時効取得した不動産につき抵当権による制限を受け、これが実行されると自らの所有権の取得自体を買受人に対抗することができない地位に立たされるのであって、上記登記がされた時から占有者と抵当権者との間に上記のような権利の対立関係が生ずるものと解され、かかる事態は、上記不動産が第三者に譲渡され、その旨の登記がされた場合に比肩するということができる。また、上記判例によれば、取得時効の完成後に所有権を得た第三者は、占有者が引き続き占有を継続した場合に、所有権を失うことがあり、それと比べて、取得時効の完成後に抵当権の設定を受けた第三者が上記の場合に保護されることとなるのは、不均衡である（注18）。

(三) 適用条文（再度の所有権取得？）

本判決登載の民集にあげられている参照条文は民法一六二条、一七七条、三九七条である。Bの占有開始が先でBは一度不動産所有権を時効取得し、その後Bのさらなる占有継続中にはじめてHの抵当権設定がなされ、さらに再度取得時効に十分な期間が経過した場合であるから、第二類型の一六二条の適用と親和的ではある。しかし、再度の取得時効の起算点（占有開始時）を抵当権設定登記時点とするので、対抗できない抵当権に対して、取得時効に必要な要件を具備する占有でもってこれを振り払う趣旨であるとすれば、民法三九七条の適用とも考えられる。

この点に関係して、Bにつき再度の所有権の時効取得を認めることは必要ないのではないかという疑問が提起されている（注19）。一度目の取得時効完成によりBはAに対する関係ですでに所有者となっており、その後、Hの抵当権設定、その旨の登記経由によりBはHに対抗できない所有者であるというにとどまる。であるから、Bは、さらに時効取得に必要な期間自主占有を継続することでHに対する関係でこの抵当権を振り払うことができ、その根拠が民法三九七条の抵当権消滅の規定である、と説明するほうが単純明快である。第一類型で紹介した有力学説では、そのような説明になるものと思われる。

しかし、判例の考えでは、前述のように、抵当権が消滅するのは、取得時効により所有権を原始取得しその反射として消滅するという構造で理解するものだから、どうしても、本判決で、不要と思われる二度目の所有権の時効取得を認めなくてはならなかったものと思われる（法廷意見は適用条文を民法一六二条と考えているようである）。

3 検討

㈠ 最判昭36・7・20民集一五巻七号一九〇三頁の意義

最判平成二四年は、最判昭和三六年で形成されたルールを下敷きにしている。最判昭和三六年の事案は、右の判決で紹介されたとおりのものである。判旨は、「時効が完成しても、その登記がなければ、その後に登記を経由した第三者に対しては時効による権利の取得を対抗しえないのに反し、第三者のなした登記後に時効が完成した場合においては、その第三者に対しては、登記を経由しなくとも時効取得をもつてこれに対抗しうることとなると解すべきことは、当裁判所の判例とするところであ」るとしたうえで、本事例のBはさらに「(Cによりなされた——筆者注)右登記の日より……一〇年間引き続き所有の意思をもつて平穏、公然、善意、無過失に占有を継続したというのである。されば、前記Bは右時効による所有権の取得をその旨の登記を経由することなくてもCに対抗することができること前示当裁判所の判例に照し明らかであり」、と述べる。

これを要するに、この判決は、取得時効の起算点をあらためてCへの所有権移転登記時点に再設定することで、BとCとの関係を、「第三者のなした登記後に時効が完成した場合」と位置づけて、当事者ルールが適用できる関係にもっていったのである。

この時効起算点の再設定については、第三者Cが所有権取得者である場合には次のような説明が可能である。つまり、第三者Cが所有権移転登記をした時にいったん所有権がCに確定的に移転し、一度時効取得をしたBはその時点で無権利者となるので、その時点以降、BはCを当事者とする取得時効の進行が新たに開始することになる、と(注20)。

(二) 抵当権の事例において

(1) 準じた解決

最判平成二四年は、上記の第三類型の事案について、最判昭和三六年を引用しこれに準じた解決を図った。民法一七七条の解釈における時効と登記に関する当事者ルールによろうとしたといってよい。しかし、双方には明白な相違点があり、それは、昭和三六年事案では第三者が所有権譲受人Cであるところ、平成二四年事案では抵当権者Hであるという点である。後者では、取得者BにとってHは当事者とはならないから、「当事者ルール」にはよれないのではないかという疑問が生ずる。したがって、最判昭和三六年に準じて、抵当権設定登記の時点を二度目の時効の起算点とすることにはなんらの根拠もない。

この点、最判平成二四年は判決のなかで以下のように弁じている。すなわち、準じた解決を図る理由を、「比肩」「不均衡」と述べる。すなわち、抵当権者Hが不動産を競売し買受人が現れることになるとBは所有権の取得自体を対抗することができない事態となるが、これは第三者Cに譲渡される場合に比肩するということができる、また、所有権を得た第三者Cは所有権を失うことがあることと比べて、抵当権である場合には消滅しないというのは不均衡である、というのである。これで、所有権の再度の取得時効の起算点を抵当権設定登記時点に設定するに十分な説明となっているか、である。

やはり、理論的に問題となるのは、抵当権者Hとの関係で、Aを当事者とする所有権の取得時効が抵当権設定登記の時点で再度起算され、二度目の時効取得を認めるという法律構成である。最判昭和三六年事案では、BはCの所有権移転登記時で確定的に所有権を失うので、二度目の取得時効が必然的に問題となるが、抵当権の場合には、その登記があっても一度目の時効で取得している所有権に抵当権の負担が付くだけであるので、所有権を再度時効取得させるという必然性はない。時効取得にこだわる理由は、煎じ詰めれば、判例が、抵当権の消滅を時効による所有権の原始取得の反射的効果として位置づけていることがそもそもの原因ということになる。

(2) 民法三九七条の適用

結局、ここでは、端的に、民法三九七条を適用して、Hとの間の争いにおいて抵当権の消滅を主張させる法律構成が妥当なのではないか。それによると以下のようになる。

BはHとの争いで、まず、Aとの間での第一回目の所有権の取得時効を援用し、その後のHの抵当権設定登記により移転登記を経ていないBの所有権でもってはこれに対抗できないこと(抵当権付きの所有権であること)を確認したうえ、この抵当権の消滅につき民法三九七条を援用し、Hの抵当権設定登記を起算点として取得時効に十分な期間の自主占有継続を理由に抵当権が消滅した旨主張することになる。この場合、自主占有の継続すべき期間は一〇年となる。抵当権の設定される前から占有をしているのであるから、抵当権の負担があることについては「抵当不動産について」の「占有の開始の時」(つまり、抵当権設定登記時と同時になる)には知りようがないので、善意無過失だからである。なお、もちろん、抵当権者Hから、Bが所有者であることについて争われ、Bの所有権が否定されるようであっては、所有者ではないBとしては抵当権の消滅を語る余地がないので、Aに対し時効の援用ができることがもちろん前提となる(一〇年の時効期間なのか、二〇年なのかは自主占有開始の時に善意、無過失であるかどうかで決まる)。

以上のように考えてくると、前掲(注18)で紹介した、最判平15・10・31判時一八四六号七頁の事案については、別の解決が可能であったといえるのではないか。すなわち、Aに対する関係での所有権の争いにおける時効取得の援用と、Hに対する関係での抵当権の消滅についての争いにおける民法三九七条の援用とを切り離して考えることができるのではないかということである。判決は、「時効の援用により、占有開始時……にさかのぼって本件土地を原始取得し、その旨の登記を有している。……被上告人（B）は、上記時効の援用により確定的に本件土地の所有権を取得したのであるから、このような場合に、起算点を後の時点にずらせて、再度、取得時効の完成を主張し、これを援用することはできない」。たしかに、再度の援用は許さないという結論は、判例の法律構成、すなわち、抵当権者Hとの争いでも、取得時効による所有権の原始取得の反射による抵当権の消滅という（余分な）構成に忠実であれば、ありうる結論である。しかし、Hとの争いでは、端的に、Hの抵当権の負担の付いたBの所有権から、民法三九七条を援用して、Hの抵当権を消滅させることのみを考えることで十分である。そして、それに際しては、Aとの関係で抵当権設定登記時を起算点とする再度の所有権の時効取得が完成している旨を述べる（援用する）必要はなく、単に、Bの所有権に付着するHの抵当権との関係で「取得時効に必要な要件を具備する占有をしたとき」（民法三九七条）に該当する旨を述べるだけでよい。そうすると、「起算点を後の時点にずらせて、再度、取得時効の完成を主張し、これを援用」することには該当しないので、抵当権の消滅の主張を認めることも可能であったのではないか。

五　結　語

以上、「抵当不動産の自主占有の継続（取得時効）と抵当権の消滅」という表題での分析を終える。議論の整合性を意識しながらということであったが、第一類型、第三類型においては、権原により又はよらないで占有を開始した者が、対抗できない抵当権に対してその消滅を主張する関係においては、民法三九七条の適用を問題とし、その解釈としては、判例の考え方のような、時効による所有権の原始的取得の反射的効力として抵当権が消滅するという迂遠な構成をとらず、有力学説の説く、単に取得時効に必要な要件を具備する占有があったかどうかを吟味し、それにより抵当権が消滅すると解釈することが妥当であるという結論に至った。なお、抵当権が消滅するための占有期間は第一類型では抵当権について悪意または有過失であるので二〇年、第三類型では善意無過失であるので一〇年である。

第二類型においても、権原により又はよらないで占有を開始した者が事後に出現した対抗できない抵当権に対してその消滅を主張する関係が、第三類型と同様に発生するが、ここで、第三類型と同じく、民法三九七条を適用して抵当権設定登記の時点からの自主占有継続を求める考えもありうるかもしれない。すなわち、民法一六二条で時効により占有者が不動産所有権を時効取得する場合、その遡及効（及び原始取得の反射効）により抵当権は消滅することになるはずであるが、抵当権の消滅については、民法三九七条のみがその定めをおいており、それが、民法一六二条の特則として適用され、その要件（抵当権の設定登記時点を起算点とするおそらく善意無過失の一〇年の自主占有）が具備されるまでは抵当権は消滅しない、と考えるわけである。ここまでくると、抵当権の消滅については、第一から第三類型まですべて民法三九七条の問題として処理することになり、かたちはきれいになる（注21）。しかし、このような考え方によると、抵当権の消滅が問題となる局面では、取得時効（民法一六二条）による所有権の原始取得の反射的効力のみならず、法に規定された占有開始時への遡及効（民法一四四条）までもが、民法三九七条の要件が具備される時点まで適用が除外されることとなる。第二類型においては、第三者（C）が所有権を取得する場合であっても、占有者Bは時効当事者としてこれに優先することになるのと比較して、抵当権は生き残るというのでは、利益のバランスとしていかがであろうかという議論となる。

そこで、民法一七七条における時効取得と登記論において登記尊重の立場で、第二譲受人（第三者）の所有権移転登記があればそれにより時効が中断するとの有力な議論が採用されることにならない限り、右の議論は成り立ちがたいといわなければならない。

（注17） この判決については、大久保邦彦・民商一四六巻六号七三頁以下、吉田邦彦・判評六四九号（判時二一七二号）二頁以下、占部洋之・金法一九六四号三八頁以下などの判例研究がある。

（注18） 第三類型に属する事案につき抵当権の消滅を認めた最初の判例である。ただし、これより前に、事実関係が第三類型に属するものについての最高裁判決がすでにある（最判平15・10・31判時一八四六号七頁）。この判例の事実関係には、最判平成二四年のそれと相違する点が一点ある。それは、Hの抵当権設定登記後に、無権原占有者であったBが所有者Aとの所有権をめぐる訴訟において、最初に成立した二〇年の取得時効を援用し所有権移転登記も経由したことである（もちろん抵当権に対抗できない）。判旨は、この点をとらえて、最判平成二四年判決と逆の結論に達している。すなわち、「時効の援用により、占有開始時……にさかのぼって本件土地を原始取得し、その旨の登記を有している……被上告人〔B〕は、上記時効の援用により確定的に本件土地の所有権を取得したのであるから、このような場合に、起算点を後の時点にずらせて、再度、取得時効の完成を主張し、これを援用することはできない」とした。

なお、また、最判平23・1・21判時二一〇五号九頁も、類似の最高裁判決である。Bに当たる者が賃借人（M）として土地を占有し、その対抗要件を具備しないまま一度賃借権の取得時効が完成し、その後当該土地に抵当権が設定されてその旨の登記がされた。その後、Mがさらにその登記から起算して再度の賃借権の時効取得に必要とされる期間当該土地を継続的に用益した場合、競売（公売）による土地買受人に対して賃借権を時効により取得したと主張してこれを対抗することができるか。判旨は、「賃借権を有する者は、当該抵当権の設定登記に先立って対抗要件を具備しなければ、当該抵当権を消滅させる競売や公売により目的不動産を買い受けた者に対し、賃借権を対抗することができないのが原則である。このことは、抵当権の設定登記後にその目的不動産について賃借権を時効により取得した者があったとしても、異なるところはない」として、否定した。この判決については、賃借権については対抗要件を具備して初めて物権的地位を取得できるとの議論がその判断に影響したのではないかと思われる（石田剛「判批」リマークス四四号一八頁以下参照）。

（注19） 本判決の、古田佑紀裁判官の補足意見末尾参照。

（注20） もっとも当事者ルールを適用するわけであるから、売買などによる最初の占有開始時を起算点とするもともとの当事者事例の場合と同様に、Bの第一回目の時効完成（所有権取得）時点を再度の取得時効の起算点として、Cを再度の時効完成前の譲受人と位置づけることも考えられないではない。Bは第一回目の時効完成による所有権取得を登記していないので、自己の物の占有ではあるが取得時効が進行することも認められるからである（林良平「民事判例研究（最判昭和42・7・21）」法時三九巻一四号一三七頁）。この見解のほうが、じつは、取得時効と登記に関する当事者事例と整合的であり、また、自己所有物の占有であっても時効の進行を認めるとの判例に合致しているようにも思われる。最判昭和三六年の態度は、その意味で、中途半端ではある。しかし、結局は、占有のみを基礎とする時効取得といえども、第三者との優劣を決定する関係においては、時効の起算点について、占有を継続する限り占有者は繰り返して時効取得しているとのやや非現実的な結論を認めることとなる考え方をとらないで、より明確な対立状況が生じた時点を選択したということになろう（その意味で、最初の占有開始時を起算点とするもともとの当事者ルールとは異なる判断となる）。その意味で、理論的には、自己の物の占有であっても時効取得できるとの解釈については、むやみに一般化するのではなく種々の状況的限定が加えられることになるといえよう。

（注21） 大久保・前掲（注1）（注17）は、法律構成は異なるが（民法三九七条の解釈として、抵当権の付着する不動産について「所有権を完全にするための時効」を認めるものと位置づける）、このような結論を導いている。

転得者に対する否認権・詐害行為取消権行使の効果に関する覚書

畑　瑞穂

一　はじめに

転得者に対する否認権・詐害行為取消権（注1）の行使に関して、とりわけその効果ないし事後処理については、従来必ずしも十分議論されていない面があり、法制審議会民法（債権関係）部会（以下、「部会」という）で現在進行中の債権法改正準備作業（注2）においても詐害行為取消権に即して論点の一つとなっている（注3）。

転得者に対する否認権・詐害行為取消権の行使は、実務的にはあまり問題にならないようでもある（注4）が、理論的には、従来から否認権と詐害行為取消権で全く異なる考え方がそれぞれ多数説になっており、否認訴訟・詐害行為取消訴訟の構造等にかかわる面もある興味深い問題であるように思われる。

そこで、本稿では、転得者に対する否認権・詐害行為取消権行使の効果ないし事後処理について、従来の解釈論（二）と詐害行為取消権に関する近時の立法論（三）を見た後に、若干の検討を行う（四）こととする。

もっとも、転得者に対する否認・取消しの要件（注4a）等の関連問題を直接扱うことはできないし、効果についても、転得者に対する否認・取消しの対象を厳密にどうとらえるか（注4b）といった点よりも実質的な処理の点に重点を置いている。また、時間や筆者の能力をはじめとする諸般の制約から、否認権・詐害行為取消権に関する膨大な学説・判例を網羅的に検討することはおよそなしえず、いくつかの見解に即して、大まかな方向性を論じるものにすぎない（注4c）。詐害行為取消権の性質論についても、近時の立法論において、判例（大判明44・3・24民録一七輯一一七頁等）のいわゆる折衷説を基本的に維持しつつ、必要な範囲で修正を加えるという方向が有力である（注5）ことをふまえて、目的財産を受益者等の手許に残したまま強制執行の対象とする責任説等の考え方をとった場合どうなるかといった検討はなしえていない。

なお、以下では、債務者・受益者間の行為が財産減少行為（とりわけ廉価売却）であり、受益者・転得者間の行為は通常の譲渡である、という事例を典型例として想定して検討する。代物弁済のような偏頗行為については、それ独自の問題を含みうるためである。

（注1）「債権者取消権」の語が用いられることもあるが、本稿では、現在の法文（民法四二四条見出し等）に即して「詐害行為取消権」の語を用いる。

（注2） 部会での審議の状況は、法務省のウェッブサイトで資料等も含めて公開されている（http://www.moj.go.jp/shingi1/shingikai_saiken.html）。本稿執筆・校正時点では、平成二三年四月一二日部会決定「民法（債権関係）の改正に関する中間的な論点整理」及び法務省民事局参事官室「民法（債権関係）の改正に関する中間的な論点整理の補足説明」の公表・パブリックコメントを経て、平成二五年二月二六日部会決定「民法（債権関係）の改正に関する中間試案」を取りまとめてパブリックコメントに付している段階である。これらのうち、上記「論点整理の補足説明」が、商事法務編『民法（債権関係）の改正に関する中間的な論点整理の補足説明』として公刊されている。本稿における部会での審議状況の紹介としては、主に、上記「論点整理」及び上記「中間試案」の引用によることとする。

（注3） 「論点整理」前掲（注2）三四頁以下、「論点整理の補足説明」前掲（注2）八二頁以下、「中間試案」前掲（注2）二九頁以下参照。

（注4） 部会第二分科会第四回会議議事録九頁〔岡正晶発言〕参照。なお、議事録の頁数はＰＤＦ版のものである（以下も同様）。

（注4ａ） 近時の文献として、平田健治「債権者取消権の位置づけ」國井和郎先生還暦記念論文集『民法学の軌跡と展望』四八一頁。

（注4ｂ） 宗田親彦「転得者の否認」法研五九巻一二号二九一頁参照。なお、宗田説も、本稿（後述四参照）と同様に、転得者から前者に対する担保責任追及の可能性を前提としつつ、相対的無効の意味を再吟味する必要がある、としている。宗田・前掲三一二頁。

（注4ｃ） 近時の労作である佐藤岩昭『詐害行為取消権の理論』、片山直也『詐害行為の基礎理論』、水野吉章「詐害行為取消権の理論的再検討㈠～㈦」北法五八巻六号、五九巻一号、三号、六号、六〇巻二号、五号、六一巻三号等の成果も十分に参照できていない。

（注5） 「論点整理」前掲（注2）二六頁以下、「中間試案」前掲（注2）二四頁以下参照。

二 従来の解釈論等

1 詐害行為取消権

詐害行為取消権については、いわゆる「相対的取消し」の考え方（前掲・大判明44・3・24等）を前提として、受益者には取消しの効力が及ばないため、転得者から受益者への担保責任追及はできず、債務者への不当利得返還請求のみが認められる、とされることが多い（注6）。例として、図表1は、価格100の土地が債務者Sから受益者Aに代金30で譲渡され、さらに代金70で転得者Bに譲渡された事案において、債権者Gによる詐害行為取消権行使がされた場合を示している（注7）。

この点は、とりわけ、受益者善意・転得者悪意の場合に転得者に対する取消権行使を認めるか、というい わゆる「絶対的構成・相対的構成」の問題との関連で論じられることが多い。すなわち、この場合に転得者に対する取消権行使を認める（相対的構成）としても、取消しの相対効ゆえに担保責任追及はできず、善意の受益者を害することはない、と論じられるのである（注8）。なお、「受益者又は転得者から転得した者が悪意であるときは、たとえその前者が善意であつても同条に基づく債権者の追及を免れることができない」として相対的構成の考え方を述べる最高裁判例がある（最判昭49・12・12金法七四三号三一頁）。

もっとも、絶対的構成・相対的構成の問題は、通謀虚偽表示における善意者保護（民法九四条二項）等の他の局面でも生じ、そこでは、相対的取消しとの関連といった議論の仕方ではなく、より実質的に、相対的構成をと

図表1

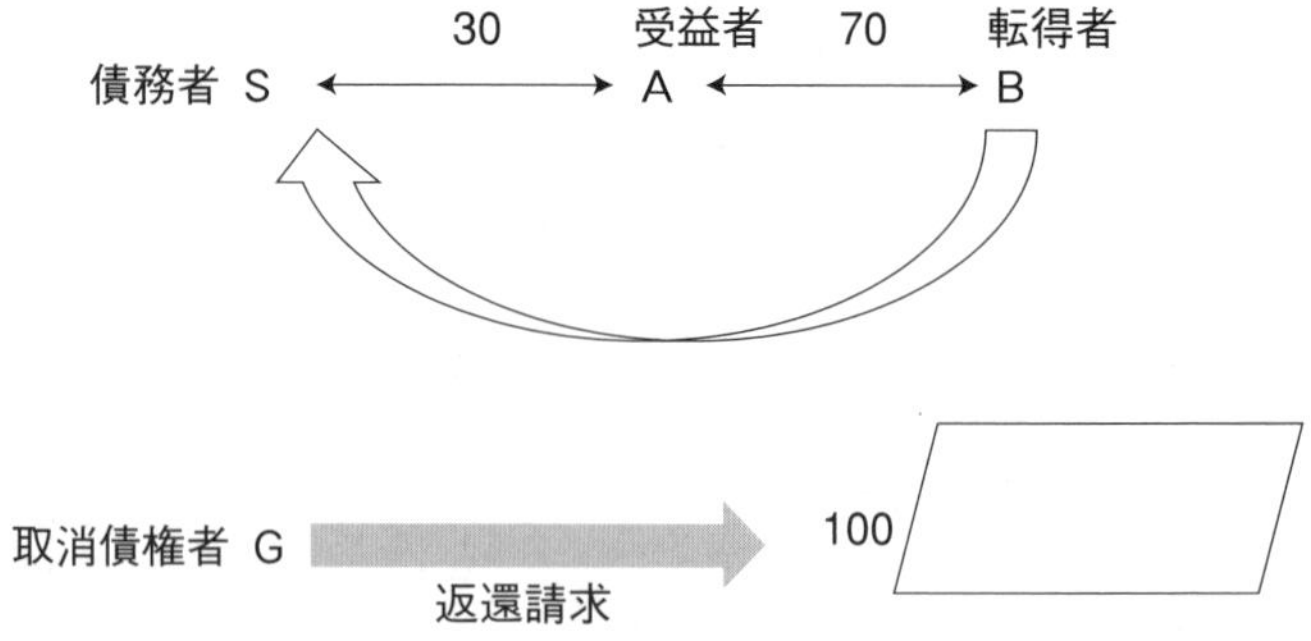

った場合も自らの悪意ゆえに目的物を失った転得者は善意の前者の責任を問いえない、といった議論の仕方がされている（注9）ことにも留意する必要があろう。逆に、詐害行為取消権に即しても、相対的取消しの考え方を前提としても、一般的には前者に対する担保責任を問いうるはずであるとしつつ、受益者善意・転得者悪意の場合に担保責任を問えないことはまた別問題として位置づける見解もある（注10）。

とすると、取消しの効力の相対性の問題と担保責任追及の可否の問題が必然的に結びつくわけではない、ということにもなりえそうであるが、いずれにしても、担保責任の追及に問題が生じうるのは相対的構成をとる場合であることを確認しておきたい。

なお、この「相対的取消し」の考え方における不当利得返還請求の額は、実は問題である。「相対的取消し」の考え方からすると、直接の受益者に対して詐害行為取消権が行使される場合にも同様の問題を生じるので、単純な事例に即して見ておく。図表2は、価格100の土地が債務者Sから受益者Aに代金30で譲渡されたのに対して、債権者Gによる詐害行為取消権行使がされた場合を示している。

この場合、我妻説では、受益者Aが債務者Sに支払った対価（図表2の例では30）が不当利得になるとされる（注11）が、これに対しては、債務者に取消しの効力が及ばないという相対的取消しの考え方からすると、対価

図表2

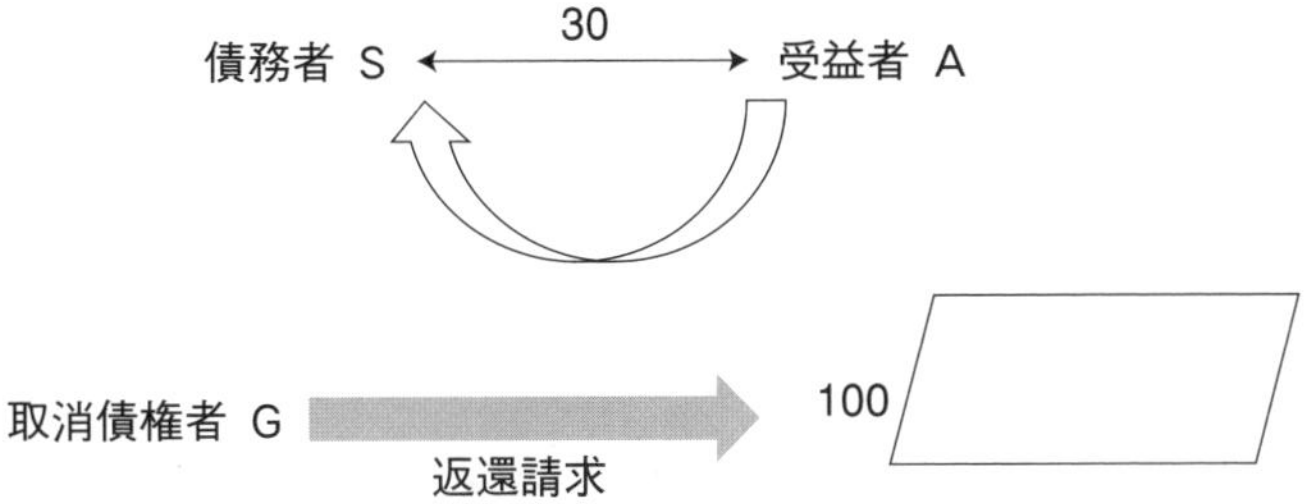

の支払が不当利得になるのはおかしい、という批判が強く、むしろ、当該不動産から取消債権者（や他の債権者）が満足を得た段階で、そのことが不当利得になる（取消しの相対効ゆえに、目的物は債務者との関係では受益者に帰属し、そこから債務者の債務が弁済されたことになる）、という考え方が有力である（注12）。取消債権者等が満足を得て初めて不当利得返還請求権が生じるので、受益者は実質的に取消債権者等に劣後することになるが、額としては当該財産の価額（図表2の例では100）ということになる（注13）。

これを前提とすると、転得者の場合も不当利得返還請求権の額は当該財産の価額（図表1の例では100）ということになりそうである。もっとも、額がいくらであっても、債務者が無資力であるからこそ詐害行為取消権の行使が認められるのであり、実際に債務者から回収するのは困難であるのが通常であろう。

2 否認権

否認権については、転得者からその前者（受益者）への担保責任追及による解決が論じられることが多く、条文上は民法五六一条や五六七条の類推適用という位置づけがされている（注14）。例として、図表3は、図表1と同様の事案において、Sについて倒産手続が開始され、否認権が行使された場合を示したものである。

この事例では、前述の見解によれば、BはAに担保責任を問うことができることになる。具体的には、少なく

図表3

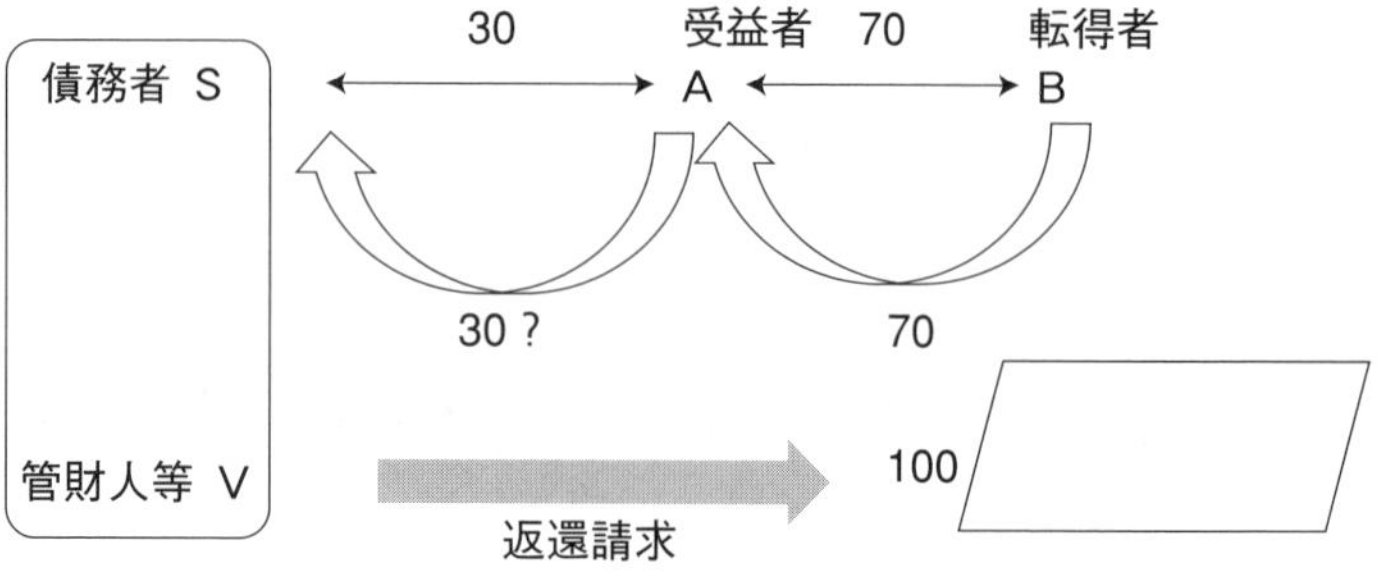

ともＡＢ間の売買契約を解除して代金70の返還を求めることができることになろう（注15）。

この場合、受益者と債務者側（破産財団等）の関係がどうなるかについては、言及されないことも多いが、受益者が転得者に担保責任を履行したときは財団債権（破産法一六八条一項二号）等を取得すると述べる見解（注16）や、転得者が受益者の財団債権等を代位行使する可能性があること等を述べる見解（注17）が見られる。もっとも、仮に受益者が担保責任履行前には財団債権等を有しないとすると、転得者によるその代位行使等については問題がありそうである（後述四2参照）が、その点についてはあまり論じられていないようである。

このほか、いわば折衷的なものとして、たとえば、破産に即して、受益者に対して担保責任を追及できない場合に受益者の有すべき地位の範囲で財団に対する権利を認める、という見解もある（注18）。

なお、平成一六年に実現した倒産実体法全面改正の準備作業においては、従来の絶対的構成から受益者善意の場合にも転得者に対する否認権行使を認める相対的構成に転換するという立法論（注19）に関連して、転得者がその前者に対してした給付の価額の限度で受益者と同様の権利を行使することができるとする手当てについて議論された（注20）が、適切な事後処理がやはりむずかしいと考えられたため、相対的構成に転換すること自体があきらめられた（注21）という経緯がある。

（注6）我妻榮『新訂債権総論（民法講義Ⅳ）』二〇〇頁以下等。

（注7）以下の各設例については、部会第二分科会における中井康之委員提供資料「『6 債務者と転得者の関係』の論点等について」（http://www.moj.go.jp/content/000099233.pdf）を参考にしている。

（注8）我妻・前掲（注6）一九九頁等。

（注9）辻正美「転得者の地位」加藤一郎＝米倉明編『民法の争点Ⅰ』四六頁参照。詐害行為取消権について我妻・前掲（注6）一九九頁が引用する梅謙次郎『民法要義巻之三債権編』八〇頁以下は、取消しの相対効には言及しておらず、こちらのタイプの議論であるようにも見える。詐害行為取消権以外の場合には、法律行為の効力の否定という効果が法律行為の当事者に及ばない、という構成（詐害行為取消権における相対的取消しのような構成）をとることがそもそも考えにくいようにも思われる。

（注10）奥田昌道編『新版注釈民法⑽Ⅱ』九五四頁以下〔下森定〕。

（注11）我妻・前掲（注6）一九九頁以下。当該財産に対する強制執行への配当加入もできる、という。

（注12）奥田昌道『債権総論（増補版）』三二六頁以下、内田貴『民法Ⅲ（第三版）』三一六頁、三三一頁以下、潮見佳男『債権総論Ⅱ（第三版）』一七六頁、中田裕康『債権総論（新版）』二六二頁以下。

（注13）この考え方からすると、不当利得返還請求権の額は受益者が債務者に支払った対価の額とはかかわらないことになり、端的には、受益者が対価を支払わない贈与の場合であっても、当該財産の価額の不当利得返還請求権が成立することになる。

（注14）伊藤眞『破産法・民事再生法（第二版）』四二二頁等。

（注15）損害賠償については、本稿では検討しえない。

（注16）兼子一監修『条解会社更生法㊥』一八六頁、斎藤秀夫ほか編『注解破産法（第三版）』五四七頁〔宗田親彦〕、伊藤眞ほか『条解破産法』一〇八六頁。山木戸克己『破産法』二三〇頁も同旨か。

（注17）兼子監修・前掲（注16）一八六頁、伊藤ほか・前掲（注16）一〇八六頁。

（注18）　中野貞一郎・道下徹編『基本法コンメンタール破産法（第二版）』一二八頁〔池田辰夫〕。

（注19）　法制審議会倒産法部会決定「破産法等の見直しに関する中間試案」別冊NBL七四号三五頁参照。同部会における審議の概要は、法務省のウエッブサイトで公表されている（http://www.moj.go.jp/shingi1/shingi_tousanhou_index.html）。

（注20）　法制審議会倒産法部会第二六回会議議事録参照。転得者から前者（受益者）に対して追奪担保責任を問う可能性や、転得者は債務者に対する不当利得返還請求のみを有するという詐害行為取消権における通説的見解（前述二1）にも言及されている。

（注21）　法制審議会倒産法部会第三三回会議議事録参照。小林秀之＝沖野眞已『わかりやすい破産法』一九二頁以下、伊藤ほか・前掲（注16）一〇九八頁以下も参照。

三　詐害行為取消権についての近時の立法論

1　関連問題についての方向性

まず、近時の立法論における関連問題についての方向性（注22）を見ておくと、詐害行為取消権についての部会の議論では、前述のとおり、基本的にはいわゆる折衷説を維持しつつ、債務者に効力を及ぼさないという意味での「相対的取消し」からは転換して債務者に効力を及ぼす方向が有力であり、これをふまえて、債務者を詐害行為取消訴訟の共同被告にする、あるいは、債務者に訴訟告知をする、といった手当てが議論されている（注23）。

そのうえで、取消しの効果としての債務者と受益者の関係については、否認権におけるのと同様にいわば契約を巻き戻す方向に改めることが検討されており、受益者は現物を返還したときに自らがした反対給付の返還ないしその価額の償還請求ができるものとし、価額償還請求権には受益者が返還した財産を目的とする特別の先取特権を付与することが議論されている（注24）。

また、転得者に対する詐害行為取消権の要件については、従来の判例（前掲・最判昭49・12・12）を改めて、絶対的構成へ転換する方向が有力である（注25）。

図表4

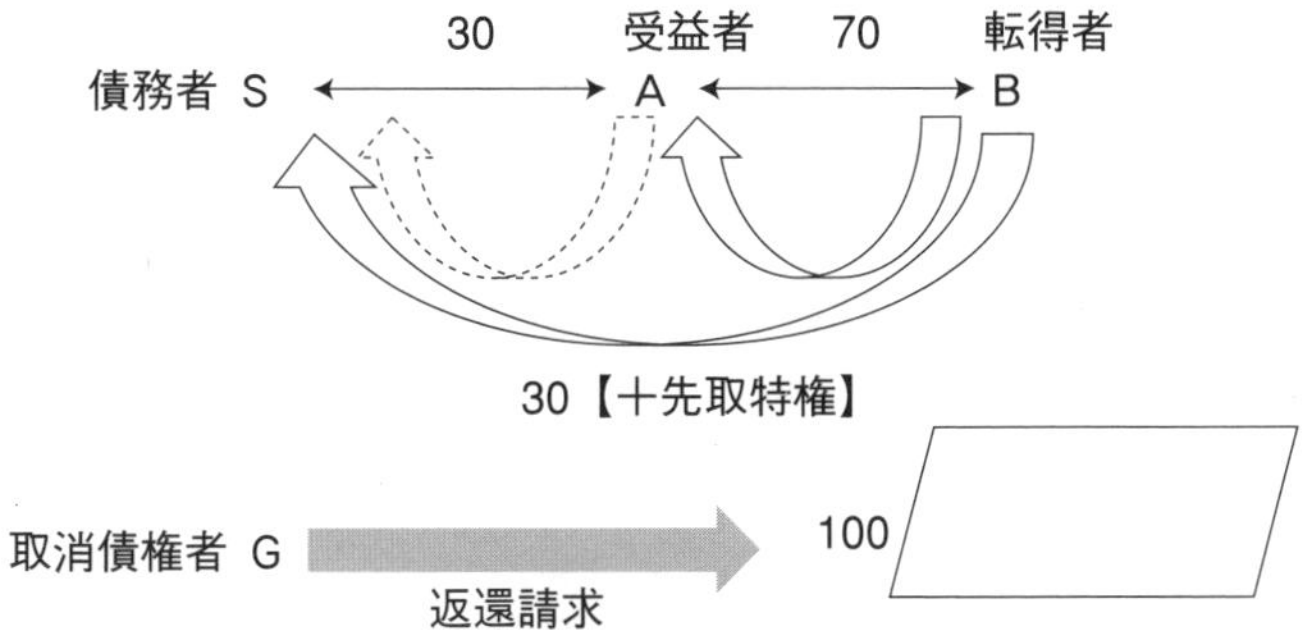

2 転得者に対する詐害行為取消権行使の効果についての議論状況

転得者に対して詐害行為取消権が行使され、財産が債務者に返還された場合、転得者は、自己が前者（受益者）にした反対給付の価額の限度で、受益者に対して取消権が行使されていれば受益者が債務者に対して有したはずの権利（前述三1のとおり、先取特権の付与等が論じられている）を行使できる、という債務者に対するある種の直接請求権を認める提案が有力である（注26・27）。例として、図表4は、図表1と同様の事例において、転得者Bが、受益者Aに対して取消権が行使されていれば受益者Aが債務者Sに対して有したはずの価額償還請求権（30）を行使できることを示して

図表5

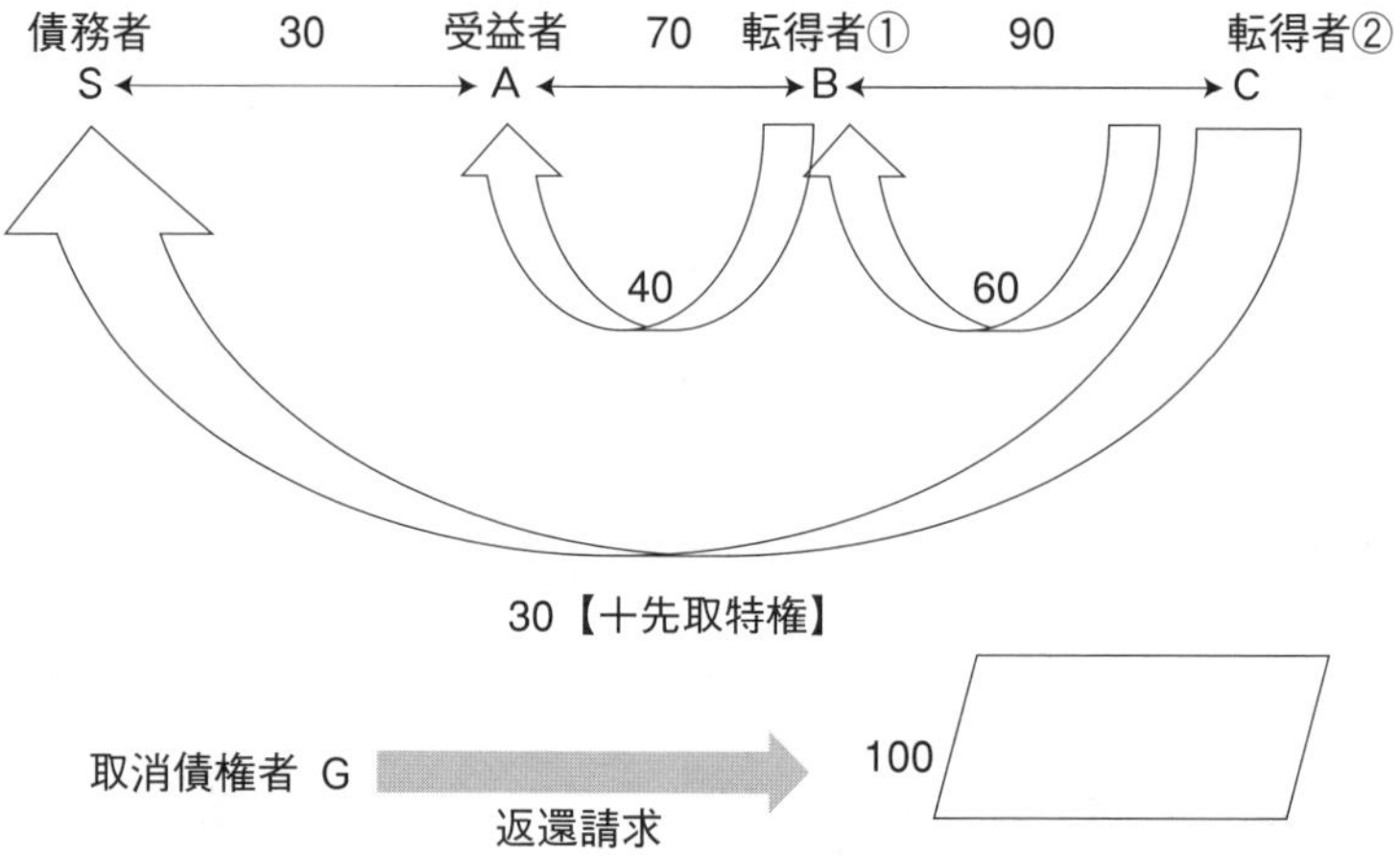

いる。この事例では、BはAに70の対価を支払っているので、「自己が前者（受益者）にした反対給付の価額の限度で」という限定が働かないわけである。

転得者が受益者に担保責任（図表4のB→A請求権）を問えるか、という点については、否認権における従来の多数説（前述二2参照）と同様に、問えてよいという見解も有力である（注28）が、詐害行為取消権における従来の多数説（前述二1参照）と同様に、問えないという見解も有力である（注29）。

ただし、後者の見解によると、そのままでは、転得者は財産を失う一方で、自らが受益者に支払った対価を完全に回復することができないことになりうるため、転得者が受益者にした反対給付の額が受益者が債務者にした反対給付の額よりも高い場合には、転得者は、不足分について受益者に一種の担保責任を問えるという提案もされている（注30）。

そして、これを前提に、さらに複雑な提案もされている。図表5及び図表6はこれを示すためのものであり、価格100の土地が債務者Sから受益者Aに代金30で譲渡され、さらに代金70で転得者①Bに譲渡され、さらに代金90で転得者②Cに譲渡され

図表6

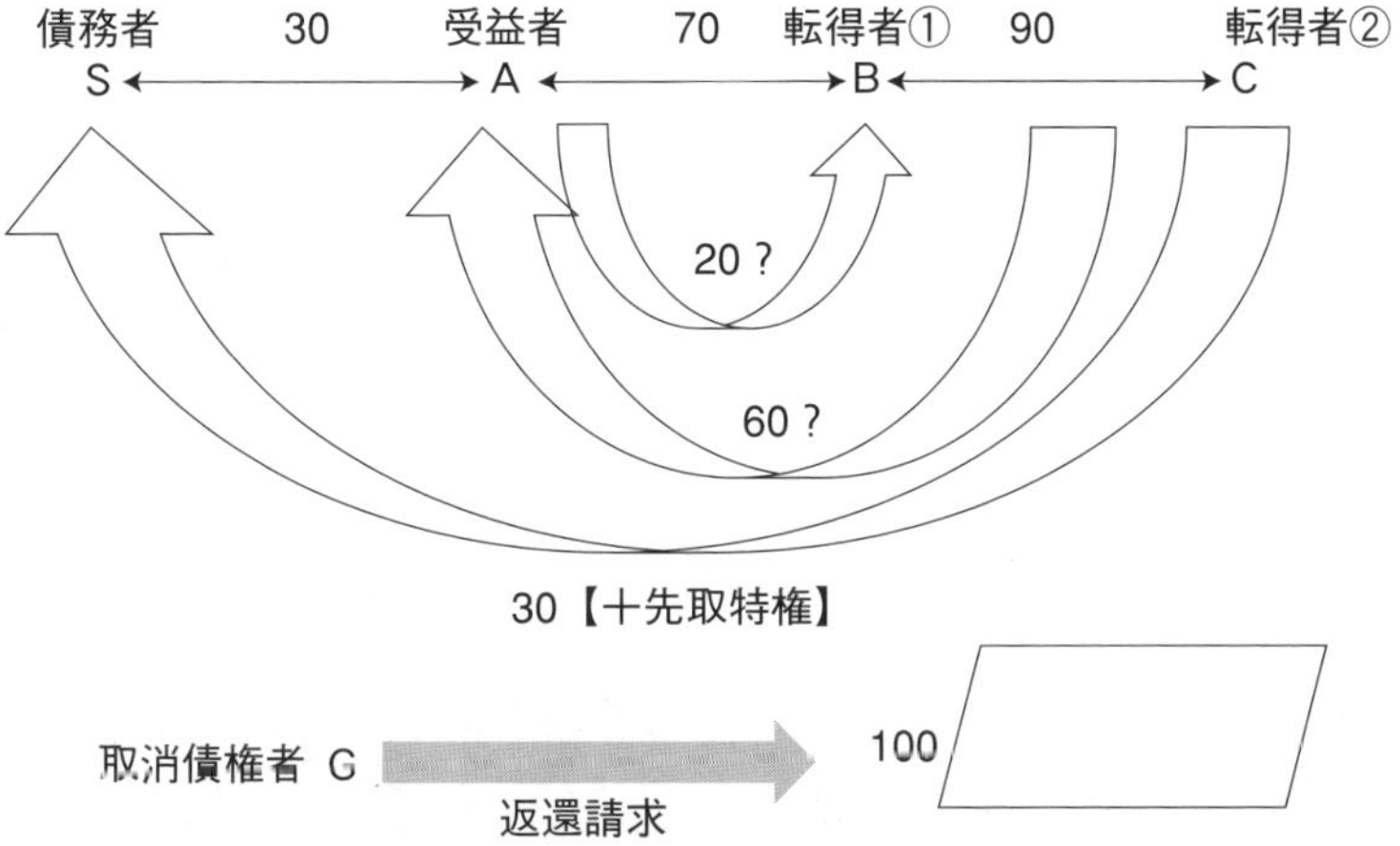

たという事案を前提としている。

具体的には、転得者から前述の一種の担保責任を問われた前者は、自らの前者に対して責任を問うことができる（図表5のB→A請求権）、また、転得者は、直接の前者をいわば飛ばして、そのさらに前者に責任を問うこともできる（図表6のC→A請求権）、という提案である（注31）。

この提案の基本的な考え方は、「受益者や転得者①などの中間者も、仮に自らが詐害行為取消し訴訟の被告とされたならば債権者との関係で債務者に回復させなければならない財産の限度で、自己の後者から負担を求められたのであれば、それは甘受すべきである」というものである（注32）。この考え方によると、図表6のC→A請求権の額は、40ではなく、60ということになる。そうすると、受益者Aがいわばとられすぎになる（Aが転売によって得た利得40以上をとられることになる）ため、今度は、受益者から転得者①に求償する（図表6のA→B請求権）ことになるのか、という問題が生じることになる（注33）。

これではあまりにも複雑ではないかということで、部会（分科会）では、転得者②が転得者①を飛ばして受益者に請求でき

図表7

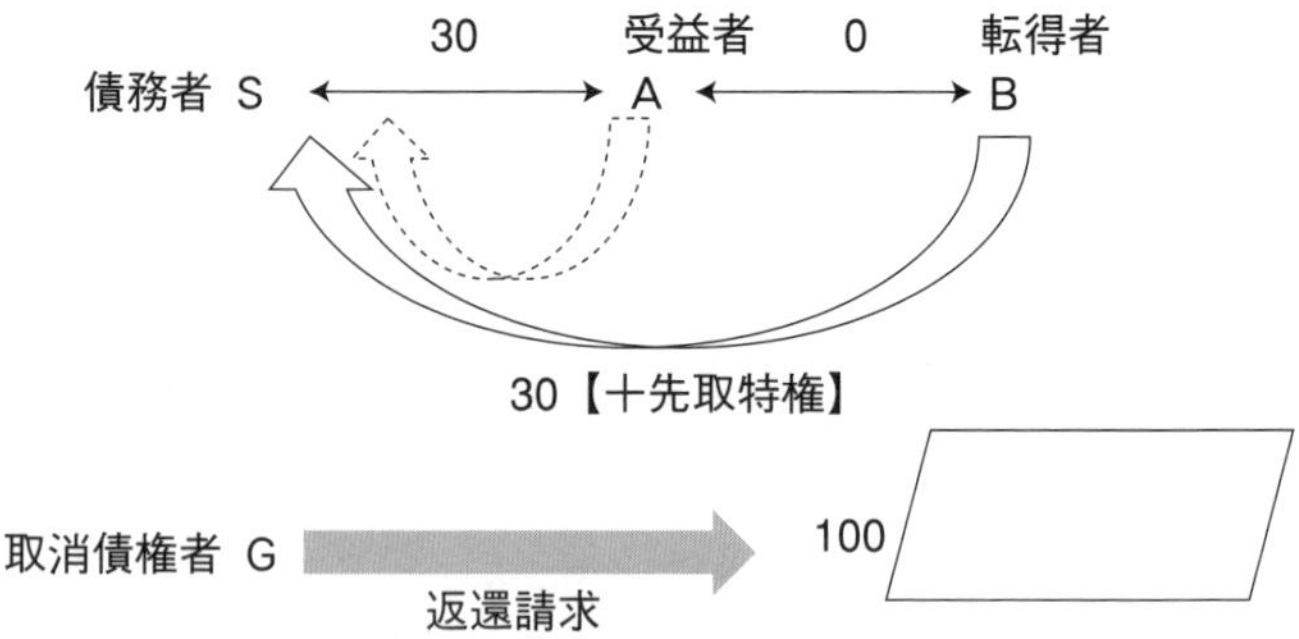

るとしても、額は40なのではないか、という意見も出されている（注34）。

他方、転得者から債務者に対する権利行使について、「自己が前者（受益者）にした反対給付の価額の限度で」という限定を付すべきではない、という提案も見られる（注35）。「受益者の反対給付がある場合には、債務者の行為の詐害性の実質は、債務者が逸出財産と反対給付の差額の価値分を責任財産から減少させた点に求められ、この場合に取消債権者は、転得者を相手方として取消しをするときであっても、逸出財産と反対給付の差額の価値分を超えて、逸出財産の価値そのものを転得者に返還・償還するよう請求」することはできないという考え方に基づくものであり、たとえば、図表7のように、転得者Bが贈与で目的物を取得した場合であっても、債務者Sに対して30の権利行使をすることができる、ということになる。

ただし、その後、これらのさまざまな提案をしてきた大阪弁護士会民法改正問題特別委員会有志の意見は、転得者の前者に対する反対給付等については、議論が尽くされているとは到底いえないところであるとして、そもそも改正論点として取り上げるべきではない、というものにさらに改められている（注36）。

以上のような議論を経て、部会で決定された「中間試案」では、転得者が、自己が前者（受益者）にした反対給付の価額の限度で、受益者に対して取消権が行使されていれば受益者が債務者に対して有したはずの権利を行使できることがやはり提案されるとともに、規定を設けず解釈に委ねるという考え方と転得者は前者の責任を問いうるという考え方が注記されている（注37）。

（注22）いうまでもなく、これらはそれぞれ慎重な検討を要する問題であり、とりわけ絶対的構成への転換は本稿の問題にとって重要であるが、本稿で立ち入ることはできない。

（注23）「論点整理」前掲（注2）二六頁以下、「中間試案」前掲（注2）二四頁参照。

（注24）「論点整理」前掲（注2）三四頁、「中間試案」前掲（注2）二八頁以下参照。

（注25）「論点整理」前掲（注2）三一頁以下、「中間試案」前掲（注2）二六頁以下参照。

（注26）「論点整理」前掲（注2）三四頁以下、「中間試案」前掲（注2）二九頁以下参照。倒産実体法全面改正の際に論じられた方向であり（前述二2参照）、民法（債権法）改正検討委員会「債権法改正の基本方針」NBL九〇四号一七二頁が提案していた方向でもある。民法（債権法）改正検討委員会・前掲等では、受益者の権利の「代位行使」という表現が用いられているが、弁済による代位や債権者代位とはもちろん別物である。

（注27）この場合、従来の通説的見解（前述二1参照）が想定していた債務者に対する不当利得返還請求権がどうなるかについては、なお検討を要するように思われるが、債務者に取消しの効力を及ぼす方向による（前述三1参照）以上は、少なくとも、取消しの相対効ゆえに債務者との関係では目的物は転得者の財産であり、そこから債務者の債権者に弁済がされたことが不当利得になる、という従来の法律構成をとることは困難になりそうである。

（注28）部会第四二回会議議事録五七頁〔鹿野菜穂子発言〕、五八頁〔佐成実発言〕等。

（注29）「論点整理」前掲（注2）三四頁参照。

（注30）大阪弁護士会民法改正問題特別委員会有志「詐害行為取消権の条文提案」（http://www.moj.go.jp/content/000096656.pdf）一一頁以下。中井康之委員提供資料・前掲（注7）一頁以下、「民法（債権関係）部会資料35」（http://www.moj.go.jp/content/000083640.pdf）一一頁参照。民法（債権法）改正検討委員会・前掲（注26）一七二頁が提案していた方向である。

（注31）　大阪弁護士会民法改正問題特別委員会有志・前掲（注30）一一頁以下。中井康之委員提供資料・前掲（注7）一頁以下参照。
（注32）　中井康之委員提供資料・前掲（注7）二頁参照。
（注33）　中井康之委員提供資料・前掲（注7）一頁参照。
（注34）　部会第二分科会第四回会議議事録五頁以下〔山本和彦発言〕。
（注35）　大阪弁護士会民法改正問題特別委員会有志「詐害行為取消権に関する部会資料51（中間試案提案のたき台）の修正提案」（http://www.moj.go.jp/content/000104099.pdf）一三頁。従来の提案を改めたものである。
（注36）　大阪弁護士会民法改正問題特別委員会有志「詐害行為取消権に関する部会資料54（中間試案のたき台）に対する意見」（http://www.moj.go.jp/content/000105225.pdf）一三頁。
（注37）　「中間試案」前掲（注2）一九頁以下。

四　若干の検討

1　否認権・詐害行為取消権の「相対効」の意味

以上のように、詐害行為取消権に関する議論の多くでは、転得者に対する取消しの効果はその前者（受益者）には及ばないことが前提にされることが多く（前述二1、三2参照）、近時の立法論においても、取消しの効果を債務者に及ぼすとしても、受益者に効果が及ぶことにはならない、といった説明もされている（注38）。しかしながら、否認権については必ずしもこの前提はとられていないように見受けられる（前述二2参照）こともあり、この前提にどのような必然性があるのか、検討する必要があるように思われる。

そもそも、否認権にせよ、詐害行為取消権にせよ、「相対効」が論じられるのは、その効果を不必要ないし不当に拡大しない、というそれ自体としては正当な考慮に基づいていると思われる。たとえば、受益者に対する否認権・詐害行為取消権行使の効果が当然に転得者に及び、転得者が目的物を失う、ということになると取引安全の観点からたしかに問題があろう（注39）。これに対して、転得者に対する否認・取消しの要件について、否認権において絶対的構成が維持され（前述二2参照）、詐害行為取消権において絶対的構成への転換が図られている（前述三1参照）ことを前提とすると、転得者に対する否認権・詐害行為取消権行使の効果が前者（受益者）に及ぶことが不当であるとは実体法的にはいえず、むしろ、転得者が目的物を失う一方で、受益者が目的物の転売で得た利益を保持しつづけるのは不当なのではないだろうか。近時の立法論でも、転得者とその前者（受益者）の間でなんらかの清算を認める議論が多く出されていたところである（前述三2参照）。

そこで、むしろ受益者等の前者にも取消しの効力が及ぶことを認めたうえで、否認権における多数説と同様に、詐害行為取消権においても転得者から前者に対する担保責任の追及がありうることを前提に考えていくという方向もありうるのではないだろうか（注40・41）。

この方向でもっとも単純に考えると、図表5や図表6の事例に即して図表8に示したように、それぞれの前者との関係で問題を処理することになりそうである。

考えてみれば、否認権・詐害行為取消権以外のなんらかの理由（錯誤に基づく無効や詐欺による取消し等）でもとの法律行為（契約）の効力が否定されて、かつ、その効果が転得者に及ぶ（対抗できる）場合には、図表8のような処理になるはずではないだろうか。契約の目的物についてイレギュラーな事態が生じた場合に、契約当事

図表8

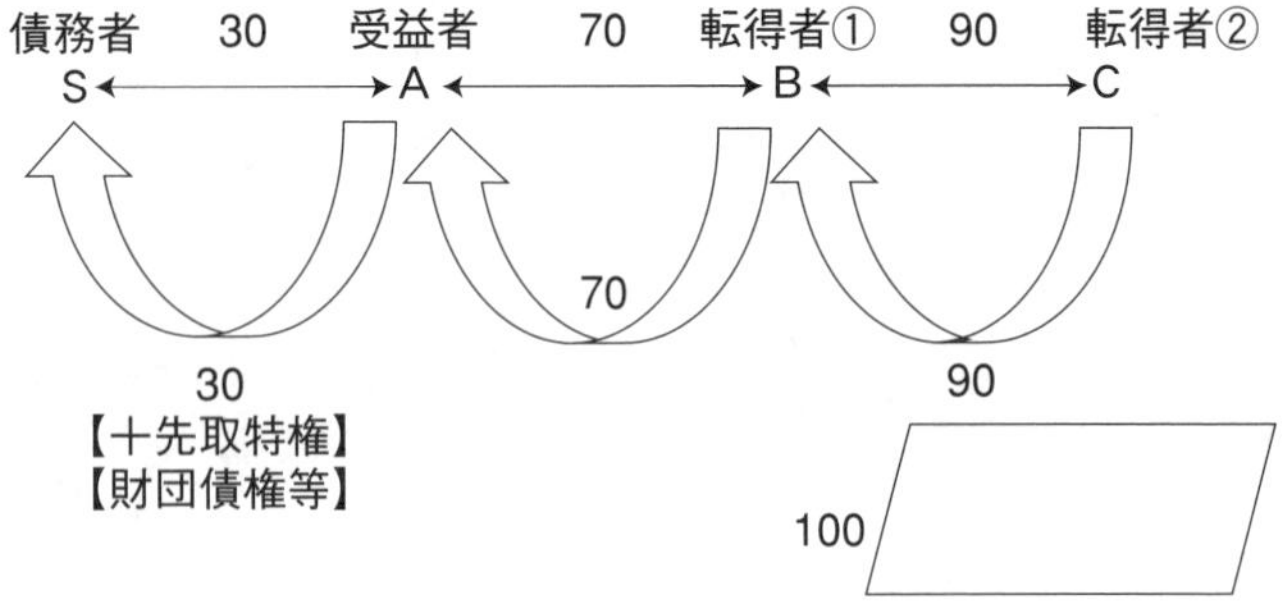

者間で問題の処理を行うというのは、ある意味では最も素直なあり方であるようにも思われるところであり、否認権・詐害行為取消権の場合にのみそれと異なる処理をする理由があるのかを検討する必要があるのではないかとも考えられる。その際、前述のとおり受益者等の前者に否認・取消しの効力を及ぼさない根拠に欠けるとすると、否認権・詐害行為取消権の場合は相対効である点が特殊である、とはいえないことになろう。

2　担保責任による処理の限界

他方で、転得者から前者に対する担保責任追及の可能性を認めることと、詐害行為取消権についての近時の立法論において提案されている転得者から債務者（や破産財団等）に対するある種の直接請求権を設けることは、両立しえないわけではない（担保責任追及の可能性を認めたうえで、なんらかの必要性があれば直接請求権を設けることも考えられる）であろう。そうだとすると、否認権・詐害行為取消権の場合と他の理由でもとの法律行為の効力が否定される場合との違いを問うことは、同時に、直接請求権を併存させる必要性を考えることにもなろう。それはまた、図表8のような担保責任による処理にどのような限界があるかを見極めることでもあると考えられる。

そこで若干の検討を試みると、部会では、図表8のような処理方法では、中間に無資力者がいる場合に担保責任追及の連鎖が止まって、清算されない利得・損失が残ることになるのではないか、という問題が議論されている（注42）。すなわち、他の場合であれば、たとえば転得者②は、転得者①が無資力であっても、転得者①がそのさらに前者（当初の目的物取得者＝否認権・詐害行為取消権の文脈では受益者）に対して有する権利を債権者代位によって行使することができるが、ここでは、「相対効」であるため、転得者①の受益者に対する権利は存在せず、債権者代位による行使もありえないのではないか、というのである。しかしながら、この点についても、前述のとおり、「相対効」の射程を限定的にとらえて、問題の処理に必要な範囲で効力を及ぼす方向によるのであれば、転得者①や受益者に効力が及ぶことを否定する理由はおそらくなく、他の場合と異なる状況にはないと考える余地が十分にあるように思われる。もっとも、たとえば図表8におけるB→A請求権はどのようなものか、とりわけ、C→B請求権が支払われる前の段階でB→A請求権は存在するのか、といった問題もありそうであるが、担保責任一般の解釈問題であり、やはり他の場合と共通する状況なのではないだろうか。

とはいえ、否認権・詐害行為取消権の場合には倒産手続・強制執行手続の進行との関係で特殊性がある、という議論の余地はあるように思われる。すなわち、たとえば図表8において、仮に、C→B請求が履行された後に初めてB→Aの請求ができ、その後に初めてA→Sの請求ができるということになるのであれば、否認権の場合の倒産手続や詐害行為取消権の場合の目的財産についての強制執行手続に受益者（A）の権利行使が間に合わない可能性が高くなって適当でないとも考えられるのである（注43）。そこで、否認権・詐害行為取消権行使の対象とされた転得者から債務者・破産財団等に対する直接請求権を設けることがたしかに考えられるし、さらに、受益者が倒産手続・強制執行手続に間に合わなくなって損失を被るのが適当でないという点を強調すれば、転得者は前者に対する担保責任追及に先立ってまず直接請求権を行使すべきであるという提案（注44）に至ることにもなろう。他方、この観点からは、転得者から債務者・破産財団等以外に対する直接請求権（たとえば図表6のC↓A請求権）を基礎づけることはむずかしいように思われる。また、仮に転得者から債務者に対する直接請求権の併存を認めるとしても、その額について「自己が前者（受益者）にした反対給付の価額の限度で」という限定を付さない、という提案（注44a）は、他の場合と比較して転得者の保護が厚くなりすぎるように思われるし、転得者が得られる救済の最大値が債務者・受益者間の取引の内容で画されることになりうる点でもやや不自然なのではないだろうか。いずれにしても、転得者から債務者・破産財団に対する直接請求権の併存が問題全体の処理にどのような影響を及ぼすか（たとえば、図表8におけるB↓A請求権に、はたして、なぜ、どのような影響を及ぼすか（注44b））についても検討を要しよう。さらに、仮に、Cに対して否認権・詐害行為取消権が行使されて目的物が返還された時点でA↓Sの請求権が成立するといった規律（Aの救済という意味では最も直截であろう）を想定できるのであれば、そもそもこの議論自体が成り立たなくなりそうであることにも留意する必要があろう。

3　手続的な側面

もっとも、従来はあまり論じられていないように見受けられるが、受益者等の前者に否認・取消しの効力を及ぼすことについては、いわば手続的な側面からの検討もなお必要であるように思われる。

すなわち、詐害行為取消訴訟が形成訴訟で（も）あること自体は維持されることを前提とすると、とりわけ取消しの対象である詐害行為（契約）の当事者たる受益者に、転得者に対する訴訟の判決の形成力を及ぼしうるのか、やや問題があるとも考えられるのである（注45）。これに対して、否認権の場合は、もともと形成訴訟ではない（裁判上の行使を要する形成権であるが、訴えによる必要はなく、抗弁等としても行使できる）（破産法一七三条一項等）ため、受益者等の前者に効力を及ぼすことへの抵抗はやや少なそうである。詐害行為取消権についても、とりわけ民事訴訟法学説上は、裁判上の行使で足りる、という考え方も古くからかなり有力であり（注46）、その方向で改正することも十分考えられよう。とはいえ、裁判上の行使を要する形成権であるとしても、その実体的な効果を受益者等に及ぼしてよいのかはやはり問題たりうるところであるが、いずれにしても（形成訴訟であるにせよ、裁判上の行使を要する形成権であるにせよ）、既判力等の拘束力を及ぼすわけではなく、受益者等が取消し・否認の要件を争えなくなるわけではないとすると、要件を満たす限りで実体的な効果を及ぼしてさしつかえないという判断もありえそうであり（注47）、否認権に関する多数説や詐害行為取消権に関する一部の学説（注48）は、受益者等に効力が及ぶと明言するかどうかはともかく、大きな方向としては現にそう考えてきたことになりそうである（注49）。

他方で、一般の実体法上の取消権の場合に目を転じると、取引（契約）の当事者（相手方）に対して取消しの意思表示をするという構造が前提になっている（そして、その効果を転得者等に対して主張（対抗）できるかが問題になる）。仮にこれに引きつけて考えるとすると、転得者に対する否認・詐害行為取消しについても、受益者に対しての意思表示を要するということになりそうであり（注49a）、そのうえで、裁判上の行使という点を維持するのであれば、たとえば、受益者に対する訴訟告知によって意思表示することを要求する（注50）というような規律も考えられそうである。このような規律には、実体法的な意味合いとともに、既判力等の拘束力が及ぶわけではないとしても、受益者に否認訴訟・詐害行為取消訴訟への参加の機会を与えるという手続的な意義ももちうると考えられるが、当然ながら従来の規律よりも手続的に重くなる（注50a）とともに、（実体法上の取消権に引きつけた結果として）転得者に対する否認権・詐害行為取消権を受益者に対するそれとは別物として想定してきた従来の大方の理解から離れることにはなる。

以上についても、詐害行為取消訴訟の構造（債務者の位置づけ等）（注51）や一般の実体法上の取消権について受益者に対する意思表示を要求する規律のもつ意味等も含めて、なお検討を要するところである。

（注38）「民法（債権関係）部会資料35：民法（債権関係）の改正に関する論点の検討(7)」（http://www.moj.go.jp/content/000083640.pdf）一一一頁。このため、債務者から回収できない不足分について「一種の担保責任」を認めること（前掲（注30）及び対応する本文参照）には、この前提との関係で問題がある、とも指摘されている。

（注39）であるからこそ、転得者に対する詐害行為取消し・否認の要件を別に定めているわけである。なお、このように否認・取消しの効力が転得者に及ばないとしたうえで転得者に対する否認・取消しの要件を別に定めるという規律と、詐欺に基づく取消しの場合のようにその効果を一定の（詐欺取消しの場合は、善意の）第三者に対抗できないとする規律（民法九六条三項参照）は、ほぼ同様の結果をもたらしうるように思われるが、違いの有無やその意味等についてはなお検討を要しよう。後述四3も参照。

（注40）詐害行為取消権についても、板木郁郎「詐害行為取消の効果（一）（二完）」法と経済（立命館大学）一一巻一号一頁、四号八一頁が、以上とほぼ同様に、取消しの効力を必要な範囲にとどめるという基本的な考え方を正当としつつ、取消しの効力は取消しの相手方の後者には及ばないが、債務者を含む前者には及び、取消しの相手方とされた転得者は前者に担保責任を問いうる、としていた。

（注41）十分な調査ができておらず、誤解があることをおそれるが、ドイツ法でも、倒産法（旧破産法）と倒産手続外取消法（旧破産手続外取消法）を通じて、論者によって細部に違いがあるようには見受けられるものの、大きな方向としては一致して、転得者が前者にした反対給付に関してなんらかの請求をしうるのは前者のみであるとされているように見受けられる。倒産法（InsO）につき、Vgl. Jaeger/Henckel, Insolvenzordnung Bd.4 §145 Rn71; Münchener Kommentar zum Insolvenzordnung §145 Rn.34f. [Kirchhof]; Uhlenbruck/Hirte, Insolvenzordnung 13.Aufl. §145 Rn.16; Braun/Riggert, Insolvenzordnung 5.Aufl. §145 Rn.24. 倒産手続外取消法

（AnfG）につき、Vgl. Münchener Kommentar zum Anfechtungsgesetz §15 Rn.41 [Kirchhof]; Huber, Anfechtungsgesetz 10.Aufl. §15 Fn.22. 旧破産法（KO）の立法理由書として、Vgl. Carl Hahn, Die Gesamten Materialien zu den Reichs-Justizgesetzen Bd.4 S.156.

（注42）部会第二分科会第四回会議議事録八頁以下参照。

（注43）このような観点から詐害行為取消権において直接請求権を設けるのであれば、当然ながら、否認権についても同様の仕組みを設けるべきことになろう。部会第二分科会第四回会議議事録九頁〔沖野眞已発言〕参照。

（注44）前掲（注30）及び対応する本文参照。

（注44ａ）前掲（注35）及び対応する本文参照。

（注44ｂ）図表５に示した提案ではB→A請求権の額は40と想定されているが、第一次的には担保責任の一般原則による処理を想定する本稿の立場からどうなるかは検討を要しよう。

（注45）詐害行為取消権に関する板木・前掲（注40）は、転得者に対して取消権を行使する場合は、債務者・受益者を含む前者すべてを共同被告にすべし、としていた。

（注46）加藤正治『新訂増補破産法要論』一七一頁、兼子一『民事訴訟法体系』一四六頁、新堂幸司『新民事訴訟法（第五版）』二〇九頁等。ドイツ法の倒産手続外取消権も、抗弁としても行使できるようである（AnfG§9）。

（注47）実体法上の形成権の場合はもとより、形成訴訟の場合であっても、形成要件を満たす場合に実体的な形成力が及ぶことと、既判力等の拘束力によって形成結果を争えなくなることは別問題であろう。兼子一原著・松浦馨ほか『条解民事訴訟法（第二版）』五九六頁以下〔竹下守夫〕参照。

（注48）前掲（注10）及び対応する本文参照。

（注49）ドイツ法（前掲（注41）参照）もそう考えていることになりそうである。

（注49ａ）宗田・前掲（注４ｂ）二九四頁以下は、転得者に対する否認においても受益者に対する意思表示を要求する解釈の可能性についても論じている。

（注50）訴訟告知に本来とは異なる機能を委ねることにはなる。

（注50ａ）　宗田・前掲（注４ｂ）二九六頁以下は、転得者に対する否認においても受益者に対する意思表示を要求する立場を徹底すると、転得者に対する否認訴訟と受益者に対する否認訴訟を必ず併合するか、受益者に対する否認訴訟の確定後に転得者に対してその効果を主張することになる、と論じていた。本文の試論のように、訴訟告知のある種の転用によるとしても、程度の差はあれ、やはり手続的に重くなることは否定できない。

（注51）　詐害行為取消訴訟の構造については、別稿で検討することを予定している。

五　おわりに

以上のように、本稿の検討は十分なものでは到底なく、確定的な結論を示すことも必ずしもできていないが、少なくとも、転得者から前者に対する担保責任追及の可能性を前提として検討すべきであるとはいえそうである。実体法と手続法にまたがる難問であるため、民事手続法を専攻する筆者としては、思わぬ誤りを冒していることをおそれるが、今後の立法論・解釈論に多少なりとも裨益するところがあれば幸いである。

付記

田原睦夫最高裁判事には、とりわけ筆者が神戸大学に赴任して以降、日本民事訴訟法学会関西支部研究会をはじめとするさまざまな場でお世話になってきた。本稿は、田原判事ご退官の記念にお捧げするにはあまりにも不十分なものであるが、大方のご叱責・ご批判を覚悟しつつ、あえて提出させていただく。

付記2

本稿は、学術研究助成基金助成金（基盤研究(C)）（課題番号23530091）による研究成果の一部である。

いわゆる「過怠約款」をめぐる諸問題

滝澤孝臣

一　はじめに

金銭消費貸借契約に基づく貸金返還債務の場合に限られないが、金銭の支払を目的とした債務については、当該債務の分割支払が約定される場合が少なくない。そして、この場合に、債務者が当該分割支払を怠ったときは、債権者の請求により期限の利益を失う「請求喪失型」として、あるいは、債権者の請求を待たないで直ちに期限の利益を失う「当然喪失型」として、残債務に係る金銭を一括して支払わなければならない旨の期限の利益喪失約款、いわゆる「過怠約款」が約定されている場合がほとんどである。もとより、分割支払を怠った場合というのは、期限の利益を喪失する代表的な場合であって、期限の利益喪失事由として規定されるのは、この場合に限られない。

本稿は、そのような過怠約款をめぐる実務上の諸問題につき、裁判例を分析して、すでに解決済みである問題点と、今後に議論が予想される問題点とを、概括的にではあるが、整理してみようとしたものである。

なお、過怠約款をめぐる実務上の諸問題は、これをいくつかの場合に分けて分析・検討することが可能であるが、本稿では、これまでの裁判例の分類から、第一に、過怠約款の解釈をめぐる問題点、第二に、過怠約款の適用をめぐる問題点、第三に、過怠約款の効果をめぐる問題点に三分して考察することとした。

二　過怠約款の解釈をめぐる問題点

まず、過怠約款の解釈をめぐって争われている裁判例を見ると、過怠約款が特約として存在しているか否かといった過怠約款の存否について争いがある事案、過怠約款は特約として存在しているが、同約款にいう期限の利益喪失事由がどのような趣旨で規定されているのかといった同約款の性質ないし内容について争いがある事案がある。

1 過怠約款の存否

金銭債務の分割支払が約定された場合に、請求喪失型であっても、当然喪失型であっても、当該分割支払を怠ったときに、残債務に係る金銭を一括して支払わなければならない旨の約定がされていなければ、債務者が当該分割支払を怠ったとしても、過怠約款が存在しないのであるから、債権者が残債務の一括支払を求めることはできない。東京地判昭36・7・5下民集一二巻七号一六〇八頁は、この点につき、「原被告間の割賦弁済契約は、原告が被告に対し期限の利益を与えたものと解すべきであり、従って特約があれば格別、そうでない限り債務者が期限の利益を失うのは民法第一三七条所定の場合に限られるといわねばならない。すなわち、債権者が既に期限の到来した割賦金の債務不履行を理由として割賦弁済契約を解除し、それによって後に期限の到来する割賦弁済の利益を失わせることは許されない」と判示している。過怠約款が存在しない以上、その判断に異論はないところと解される。

もっとも、分割支払が約定される場合であっても、債務者がすでに債務の履行を遅滞している状態で、当該債務の分割支払が約定される場合には、これを「なしくずし弁済契約」というようであるが、当該分割支払の約定に際して過怠約款が存在しない場合につき、東京地判昭35・7・13判時二三五号二四頁、判タ一〇六号八六頁は、「一般に既に履行期が到来して債務者が履行遅滞に陥っている債権について、特に一定期間その弁済を猶予する意味において割賦弁済契約を締結した場合（所謂済崩し弁済契約）においては、該契約は特に債務者において一回（又は二回以上）以上割賦金の弁済を怠った場合には債務者において期限の利益を失う旨の特約（所謂過怠約款）がない場合においても、反対の特約がない限り、各履行期に遅滞なく履行がなされなかった場合には、債権者において、相当の期間を定めて催告をなし、右期間内に履行がなされないときは、債務者に対する一方的意思表示により債務者の期限の利益を喪失せしめうる趣意であると解するのが、前記の如き契約の性質並びに一般の取引観念に照し相当である」と判示し、その理由につき、「所謂済崩し弁済契約は、既にその前提となる債務が履行期にあり債務者において履行遅滞に陥っている場合に、本来債権者において直ちに債務者に対して請求をなし得るのであるが、債務者が新に定められる済崩弁済の履行期に割賦金の弁済を確実に行うことを期待し、且つ確実に履行されることを前提として、特に恩恵的意味において債務者に対し一定の条件の下に期限の利益を与え、これにより債務者をして、直ちに強制執行を受けその信用を失墜し、営業上再起不能に陥ることを避けることを得しめる趣旨において締結されるものと解するのが一般の取引観念上相当であり、従って債務者において割賦金の弁済を怠るに至った場合においては前記の期待が裏切られ、前提が崩れたものであるから、債権者においてその一方的意思表示により(予め履行の催告をなすことを要するか否かは別問題として)債務者に対し期限の利益を失わしめることを得るものと解するのが相当である」と付言し、その結果として、「この場合予め一定の期間を定めて履行の催告をなすことを要すると解すべきか否かの点については、特に過怠約款が附せられていないことに鑑ると、予め履行の催告をなすことなく、債権者において一方的に期限の利益を喪失せしめうるものとすることは、著しく債務者の利益を害することとなり、衡平を失するものというべきであるから、過怠約款のある場合と異り、債権者において予め一定の期間を定めて履行の催告をなすことを要するものと解するのが相当である」から、「所謂済崩し弁済契約の内容を前記の如く解するときは、特に過怠約款の定めがなくとも、右済崩し弁済契約の効力としても、債権者の一方的意思表示により期限の利益を失わしめうるものと解すべきである」と結論づけている。過怠約款が存在しない場合にも、債務者が分割支払を怠ったときに、債権者が残債務の一括支払を求めうるとしているが、なしくずし弁済契約に係る上記理解を前提とした裁判例であって、なしくずし弁済契約がすでに履行遅滞に陥っている債務について期限を猶予するものであったとしても、その猶予が分割支払を認めている以上、その分割支払が認められた債務についてそれぞれ期限の利益が付与されたと見るべきであるとすると、当該債務について一括支払を求めうるとするには、過怠約款が存在することを必要とするという解釈も成り立つのではないかと解される。

なお、東京地判昭45・6・22判時六一三号六五頁は、分割支払を前提にした過怠約款が存在する場合ではないが、弁済期の定めを前提に、債務者が期限の利益を喪失する事由が約定されると同時に、「債権者はいつでも返済を求め得る」旨の特約が存在する場合に、貸金債権の消滅時効の起算点が問題となった事案につき、「債権者たる原告は借用期間中であっても何時でも元利金の返済を求め得る旨の特約……がなされておることは明らかであるが、かかる特約をした趣旨はこれを明らかにする資料はない」ところ、「少くとも債務者において借用期間中でも弁済を要求されてもやむをえない事由がないのに債権者たる原告は弁済請求をすることはできないと解するのが相当である」と判示し、その理由について、「そうでなければ……一方において確定の弁済期限が定められておるのみならず、一定の事由があれば債務者が期限の利益を失う旨の特約がなされている趣旨を合理的に解することができない」と付言して、「本件消費貸借が契約成立と同時に消滅時効の進行が開始することを前提とする被告の抗弁は到底採用できない」と結論づけている。過怠約款とこれに矛盾する上記特約との優劣が問題となった事案ということもできるが、弁済期の定めがある以上、債権者がこれを否定して、債務者にいつでも返済を求めうるという矛盾した約定の効力を否定するのが自然な解釈で、反対に、いつでも返済を求めうる以上、弁済期の定めがないとして、これを否定するのは、期限の利益喪失事由も約定されていることとも矛盾し、採りえない解釈ではないかと思われる。

また、いわゆる「例文解釈」として、過怠約款の効力それ自体を制限している裁判例もある。東京地判昭44・1・17判時五六二号五四頁であるが、同判決は、公正証書記載の「他の債務につき強制執行を受けたとき」という期限の利益喪失事由につき、「右公正証書記載の期限の利益喪失に関する条項は、印刷した不動文字をもって書かれており、これらは、債務者の支払の意思なく、支払不能又は、支払停止の状態に陥った場合ないしは、債権者に対し著しい背信行為をなした場合の具体的事例を例示的に列挙したものであり、これに該当するか否かは形式的に判断すべきでなく、実質的見地から判断すべきものである」と判示して、当該事案における強制執行は、その経緯から、無効のものであって、右条項に該当するものではないとしている。過怠約款の存否といった問題ではないが、ここで採り上げておくほうが問題点がわかりやすいのではないかと思われる。

2 過怠約款の性質

過怠約款は、債務者に期限の利益を喪失させるにつき、債権者の請求が必要であるか否かによって、これを必要とする請求喪失型と、これを不要とする当然喪失型とに二分されるが、仙台高決平元・6・21判時一三二九号一五九頁は、いわゆる執行証書に過怠約款が記載されている場合に、当該約款が請求喪失型であるのか、当然喪失型であるのかをめぐって争われた事案につき、原決定が「上記公正証書の上記条文は、上記条文が作成される前には「甲（債権者）からの通知催告等の手続がなくとも当然」との定型文言が印刷されてあったのをわざわざ抹消して作成されたものであるから、上記条文の趣旨が、債権者の請求により期限の利益を喪失するものであることは明らかである」としたのに対し、「上記公正証書第四条の記載を見ると、原決定指摘のとおりの加除訂正がなされたうえ、……上記公正証書第四条が作成されたものであることが認められる」が、「本件公正証書の文言に照らすと、第四条がもともと印刷してあった「甲からの通知催告等の手続がなくとも当然」の文言を抹消して作成されたからといって、そのことにより、債務者が遅滞した後でも、債権者は債務者に対し改めて通知催告をすることを要し、その通知催告後始めて、債権者は債務者又はその連帯保証人に対し、残債務全部の弁済を求めることができると解釈するのは相当でない」と判示して、当然喪失型であると解釈している。請求喪失型であるのか、当然喪失型であるのか不明である場合には、債務者の保護といった見地からも、請求喪失型と解釈されるべきものであるから、また、そう解釈しても、債権者は、債務者に対し、期限の利益を喪失させる旨の請求をすれば足りるのであるから、その請求に対し、債務者が遅滞していた分割支払を履行して、期限の利益を喪失する結果を免れうる余地があるとしても、債権者にとって格別に不利益なことではないはずである。これを相当でないとする前記仙台高決の判断には異論も予想されるところである。

事案は異なるが、東京高判昭49・3・19金商四一一号一七頁、金法七二〇号三四頁は、根抵当権設定契約において期限の利益喪失事由が生じた場合には無催告で契約が解除される旨の約定（条項）につき、「当裁判所は、右条項の解釈として、以上の各規定を素直に読めば手形不渡り事故等所定の期限の利益喪失の事由が生じても、これにより当然に本件根抵当権設定契約の基本たる前記商品売買取引解除の効力を生ずるものではなく、担保権者たる被控訴人の右取引契約解除ないしこれに準ずる意思表示をまってその解除の効力を生じ被担保債権は確定に至るべきものと解する」と判示している。当該根抵当権の被担保債権の期限の利益喪失につき、請求喪失型か、当然喪失型かが争われた場合ではなく、期限の利益喪失を前提に、被担保債権が確定するか否かの前提となる取引契約の終了につき、解除の意思表示を必要とするか否かが争われた場合であるが、請求喪失型と解釈するか、当然喪失型と解釈するかの視点には、共通するものがあるのではないかと解される。

3 過怠約款の内容

また、過怠約款が存在する場合に、当該約款で規定されている期限の利益喪失事由が何を意味しているのか、その内容をめぐって争われる場合もある。たとえば、「分割支払を怠った」場合につき、その回数を基準に「二回怠った」と規定する場合(①)と、その金額を基準に「二回分怠った」と規定する場合(②)とで異なるのか、さらに、その回数を「二回以上怠った」と規定する場合(③)と①とで違いがあるのか、また、これに遅滞した金額を付加して、「二回以上怠り、その金額が○○円に達したとき」と規定する場合(④)と②とで違いがあるのかといった点が問題となりうるところである。①の場合には、その約定された分割金に満たない支払が二回生ずると、期限の利益を喪失する意味であるから、約定された分割金が一万円であったとして、一万円に満たない支払額の合計が二回分の二万円に達しない場合であっても、期限の利益を喪失することになる。これに対し、②の場合には、一万円に満たない分割支払が二回生じても、いずれも一万円の全部の支払を怠った場合は、二回分、すなわち、二万円の支払を怠る結果となるので、期限の利益を喪失するが、一万円の一部の支払を怠った場合には、その回数が二回以上であっても、一万円に満たない支払額の合計が二万円に達しない場合には、なお期限の利益を喪失しないことになる。たとえば、毎回五〇〇〇円の分割支払を続けた場合には、毎回の分割金の一部にそれぞれ充当すると、四回目の支払で二回分の支払を怠ったことになるので、期限の利益を喪失するということになる。④の場合は、その所定の金額が二回分の金額、すなわち、二万円であれば、以上と同じ結果になるが、以上の点の疑義を解消するために④の規定が設けられるのが普通であるから、当然である。なお、以上の①②及び④の場合には、請求喪失型も対象になるほか、当然喪失型も対象になるが、③の場合には、請求喪失型のみがその対象となって、当然喪失型は対象とならないと解されるべきである。二回の支払を怠ることで当然に期限の利益を喪失するとすれば、それ以上の支払を怠ったことは期限の利益を喪失する要件ではなく、それにもかかわらず、それ以上の支払を怠ったことを含めて規定する以上は、二回の分割支払を怠ったことによって期限の利益を喪失するか、それ以上の分割支払を怠ったことによって期限の利益を喪失するかは、債権者の判断に委ねられているとみるべきであって、二回以上の分割支払を怠ったいつの時点で期限の利益を喪失させるかについては、債務者にその旨の請求を必要とすると解されるからである。そう解しなければ、債務者には、二回の分割支払を怠った時点で期限の利益を喪失したのか、それ以上の分割支払を怠った時点で期限の利益を喪失したのかわかりえないことになって、その保護に欠けることになる。この見地から見ると、東京高決昭30・6・3東高時報六巻六号一四二頁は、調停条項に「賃料の支払を二回以上怠ったときは何らの通知催告を要せず賃貸借契約は解除となる」旨の過怠約款が存在するところ、昭和二八年三月分までの賃料については、賃貸人に受領遅滞があったのか否か（賃借人が賃貸人の父に賃料を持参したが、その額が調停で取り決められた賃料の額であるか否かが不確かであるとして、その受領を拒絶されたことが賃貸人の受領遅滞となるか否か）が問題となっているが、これを除くと、同年四月分以降の賃料については、賃借人がその支払を怠っていることが明らかであるという場合に、これによって賃貸借契約が当然に解除されているか否かが争われた事案につき、「仮りに同年三月末日迄の賃料及び前年度延滞賃料の分割支払分について、賃貸人が受領遅滞の責に任すべきものとしても、賃貸人の父が当然その後の賃料等の受領をも続いて拒否するものとは直ちに考へられぬところであるから、賃借人は同年四月末日以降毎月末日弁済期の到来した分については、その都度現実に支払うべきは当然であるといわねばならぬ。然るに賃借人がその支払を怠つたことは前段認定のとおりであるから、前記賃貸借は調停条項の趣旨により、遅くとも同年五月末日には解除の効果を発生したものというべきである」と判示している。その判断によれば、「二回以上怠ったとき」と、「二回怠ったとき」とを同義に解釈しているか、「二回以上」の「以上」は、いわば「言葉の綾」であって、これを省略して、「二回」と解釈していることになるが、そうであれば、端的に「二回怠ったとき」と規定すれば足りるのであって、「二回以上怠ったとき」と規定すれば、それは、当然喪失型ではなく、請求喪失型と解釈すべきものであるとすると、同事案において、賃貸人が賃借人に対して期限の利益を喪失させる旨の請求をする必要があったと解する余地もないわけではなく、そのように解すれば、賃借人において、調停条項で取り決められた賃料を持参するなどして、賃貸借契約の解除を免れえた可能性もある。過怠約款の性質を当然喪失型と解釈するか、請求喪失型と解釈するかの分かれ目もここにあるのであって、同判決の「二回以上怠ったとき」を当然喪失型の過怠約款とした解釈には検討の余地があるのではないかと思われる。長崎地判昭41・1・18判タ一八九号一七七頁は、裁判上の和解における「二回以上怠ったとき」（当該事案では、分割支払を二回以上遅滞したとき）の意義につき、「過怠約款は裁判上の和解において附加されるのを通例とする条項であるが、一方債務者に対し割賦弁済の利益を与えると同時に他方債務者が割賦金の支払いを所定の回数だけ怠れば和解契約を解除され、或いは残額を一時に支払う不利益を同人に負担せしめることによって債務者の支払いを強制し、債権者の利益との調整を計るものであるから、裁判上の和解に当っては、債権者において解除権を行使し或いは期限の利益を失わしめる要件として、債務者が割賦金の支払いを引続き何回か怠ることをあげるのが通常であり、割賦金支払いの単なる遅滞を右の要件とすることは、容易に期限の利益の喪失若しくは債権者による解除権の行使を招来することになって債務者に酷に失し、延いて和解の実を挙げ得ない結果になるところから、異例にとは、文字どおりの遅滞を意味するものではなく、分割支払いを引続き二回以上怠った場合を指すものであり、本来ならば、怠ったというべきところを、単に遅滞したと表現したにすぎないものと解するのが和解当事者の利害の衡平を計る上から相当というべきである」と判示している。しかし、仮に、そのような趣旨であったとすれば、和解条項の作成に際して、「分割支払を引き続き二回遅滞したとき」あるいは「分割支払を連続して二回遅滞したとき」と記載すれば足り、かつ、そのような記載を妨げる事情もなかったのではないかとうかがわれるのであるから、債務名義となる和解調書の解釈に際して、同判決のような解釈をするのは、和解条項の作成に際して注意して当然の言葉遣いに対する注意を散漫にさせる危険もある。同判決の解釈が当該事案の救済的な判断として避けられなかったとしても、この点は留意しておく必要があるのではないかと解される。

分割支払の過怠の回数・金額に係る場合以外に、過怠約款の内容をめぐって争われた裁判例を見てみると、東京地判平14・3・14金商一一五三号四一頁、金法一六五五号四五頁は、民事再生手続開始の申立てが期限の利益喪失事由に当たるとする。同事案は、民事再生法の施行によって廃止された和議法が施行されていた当時の過怠約款であるが、同判決は、単純に同約款の規定する和議法に基づく再建手続を民事再生法に基づく再建手続と読み替えたわけではなく、両手続の異同をふまえたうえで、「もともとこの条項の趣旨は、債務者について法的整理手続開始の申立てがあったときは、支払期限が到来していないため未だ履行遅滞に陥っていない債務についても、早晩履行遅滞に陥ることが確実で、かつ、期限の到来した債務の全額につき弁済されることが通常期待し得ず、債務者に対して期限の利益を与えておく理由が失われたことから、債権者が即時に債権の全額について期限が到来したものとして対処し得ることを認めたものと解される。そうすると、この条項が契約書を取り交わした時点における法的倒産手続（いわゆる倒産五法）をすべて挙げている以上、契約当事者の意識としては、そこに列挙された手続のみならず、これと基本的には同種の法的倒産手続の開始の申立てがあれば期限の利益が失われると理解していたとみるのが相当である。そして、債務者について法的倒産手続の開始申立てにより債務の全額について弁済の見込みがなくなった以上、期限の利益を喪失させても格別に不利益が生じるわけではない。そこで、倒産法制の改変により、契約条項中には明記されていない新たな倒産手続が創設された場合についても、列挙されたものと基本的には同種とみられる手続開始の申立てがあれば、同条項による期限の利益の喪失という事態が生じると解するのが、当事者の合理的意思に合致するとみられる」とし、「本件包括保証契約に列挙された法的倒産手続のうち再建型手続と基本的に同種の民事再生手続の開始申立てもまた期限の利益喪失事由に含まれると解される」と判示しているが、その解釈に特に異論はないものと思われる。東京地判昭56・9・10判時一〇四三号八九頁は、信用組合取引契約上で期限の利益喪失事由として規定されている「仮差押え」に手形債務者が不渡処分を免れるために提供した異議申立預託金に対する手形債権者の仮差押えが含まれるか否かが争われた事案につき、これを肯定している。異議申立預託金の提供は、支払拒絶の理由によっては、手形債務者の信用不安とは関係がない場合もあるが、仮差押えを受けた場合を期限の利益喪失事由と規定している以上、当該仮差押えに理由があるか否かを考慮に入れて、期限の利益を喪失した場合であるか否かを判断しなければならないとするのでは、過怠約款を規定した趣旨を損なうことにもなりかねないので、それと同様に、仮差押えを受けた対象が異議申立預託金である場合、特に、その前提となる支払拒絶の理由が手形債務者の信用不安に関係しない場合を除外するといった解釈は採りえない。同判決の判断も異論がないのではないかと解される。なお、和議開始申立てを期限の利益喪失事由とする特約の効力につき、東京地判平8・11・26判時一六一六号七九頁、判タ九四〇号二六五頁、金法一四九三号六一頁は、「金銭消費貸借債務の期限の利益が喪失したとしても、債務者としては、本件の訴外会社のように弁済禁止の保全処分を得てその支払を停止する途などもあり、和議開始の申立てを期限の利益喪失事由とする特約が存在することによって、債務者の破産を予防しようとする和議法の趣旨を直ちに害するものとは解されず、本件全証拠によっても、本件借入れについて、和議開始の申立てを期限の利益喪失事由とする特約が無効であると認めることはできない」と判示しているが、和議法の規定する保全処分による弁済禁止決定発令後の分割金の不払いが履行遅滞による期限の利益喪失事由に当たるかについては、「和議開始決定の申立てがあった債務者に対して和議法二〇条の規定による弁済禁止の保全処分が命じられたとき、債務者はその該当する債務を弁済してはならないとの拘束を受けるのであるから、右保全命令後に弁済期が到来した債務の履行をしないことに法律上正当な理由があることになり、債務者は履行遅滞の責任を負わないことになる」と判示している。注意を要するところである。

三　過怠約款の適用をめぐる問題点

次に、過怠約款の適用をめぐって争われている裁判例を見てみると、過怠約款の適用が制限されるか否かといった過怠約款の適用の制限について争いがある事案のほか、過怠約款の適用に際して、所定の方式を履践する必要があるか否かといった過怠約款の適用の方式について争いがある事案がある。

1　過怠約款の適用の制限

過怠約款の適用が制限されるか否かが問題となる場合の一つとして、債権者において、債務者が分割支払を怠っているのに、残債務に係る金銭の一括支払を求めることなく、債務者がその後も分割支払を続けている場合に、その後の分割支払につき、債務者が期限の利益を喪失していることを前提に、利息の支払ではなく、遅延損害金の支払として取り扱うことが許されるか否かをめぐって争われている事案がある。たとえば、東京高判平14・10・17金商一一六二号一四頁は、「平成八年一〇月分の支払については、本来支払うべき一四五万円に満たない額しか返済していない以上、甲らは形式的にみれば履行遅滞に陥っていたというほかない」が、「乙銀行が平成八年一二月に送付した催告書に記載された同年一〇月分の遅滞額は送付時点では十数万円程度であったこと、その後の乙銀行の対応からは本件各貸金債権が斯限の利益を喪失したものであると到底窺えないことなどを総合すると、乙銀行から丙会社への本件各貸金債権の譲渡に特段の異議も留めないで根抵当権付確定債権全部譲渡契約証書……に甲らが署名押印をしているとしても、当該証書が作成された平成一一年三月二三日の時点において、前記催告書による平成八年一〇月分の履行遅滞による期限の利益喪失の主張は、形骸化しており、これを撤回したものと推認するのが相当であり、丙を合併した丁が甲らに対し、上記期限の利益を喪失したことを前提にした本件各貸金債権の一括弁済を求めることは信義誠実の原則に反し、許されないものというべきである」から、「甲らの本件各貸金債権について平成八年一二月一九日から支払済みに至るまで年一四％の遅延損害金支払債務の存在しないことの確認請求は理由がある」と判示して、過怠約款の適用を否定している。さいたま地判平13・5・29金商一一二七号五五頁は、当該事案における過怠約款が、その規定からして、請求喪失型ではなく、当然喪失型としか解釈しえない場合であることをふまえ、債務者が約定期限を徒過した第五回目の支払によって期限の利益を喪失していることを前提に、「債務者において、第五回目の支払によって期限の利益を喪失するに至った以上、それ以後は、債権者に対し、元金を一括弁済し、かつ、前記約定損害金の割合が利息制限法（当時）によって許容される範囲内の年三割の割合による遅延損害金を支払うべきものであって、また、債権者においても、債務者に対して元金の一括返済及び遅延損害金の支払を求めることができたのに、本件においては、……第五回目の支払を含め、以後、三年九か月余りという長期間にわたり、四四回に及ぶ合計三一一万九二〇〇円の本件支払が続けられ、しかも、その支払には、第五回目の支払と同様に、約定期限を経過した支払も少なくないのである。そのような第五回目の支払以降も本件支払が続けられてきた背景には、債務者において、約定期限の支払が時に遅延することがあっても、債権者から元金の一括弁済を求められることはないと期待するのが当然ともいえる状態に置かれていたからであることは明らかであって、債権者において、本件過怠約款に従った期限の利益の喪失を前提に、債務者に対して元金の一括弁済及びこれに対する遅延損害金の支払を求める措置を講じていれば、そのような状態は容易に解消され、その時点で、利息制限法所定の制限超過利息の元本充当計算が問題となって、以後、債務者の債権者に対する本件支払も中止され、当該充当計算に基づく清算及び残元利金の支払が行われていたであろうと推認し得るところである」のに、「債権者において、第五回目の支払によって債務者が期限の利益を喪失したことを前提に、前記した措置を講ずることに特に支障があったというような事情は何ら窺われない」から、「債権者において、本件過怠約款を盾に、第五回目の支払が行われた平成八年五月七日の時点で、債務者が既に期限の利益を喪失していたことを前提に、卒然として、それ以後の本件支払につき、利息制限法所定の制限利息としてではなく、同法で許容される範囲の損害金として受領し得るものであったと主張し、その損害金計算をした残額を元本に充当するというのは、本件消費貸借契約の相手方である債務者の前記した期待を著しく裏切る一方的な措置であって、債務者本人に対する関係のみならず、その連帯保証人……に対する関係においても、信義則に反し、その権利を濫用するものとして、許されないといわざるを得ない」と判示して、当該支払に係る利息制限法所定の制限超過部分の元本充当によれば、すでに元本が消滅していることを理由に、債務者の連帯保証人がその保証債務の不存在確認を求める請求を認容している。同判決は、筆者が単独体の裁判官として言い渡したものであるので、弁明する趣旨ではないが、その判断の過程で、「本件において、債権者の意思解釈としては、……債務者に対して改めて期限の利益を付与したとまで認めるには躊躇せざるを得ない」と判示して、このような場合における期限の利益の再度付与といった認定を排斥している。期限の利益の再度付与では、いつの時点で期限の利益が再度付与されることになるのか、その時期いかんによっては、その後の分割支払の懈怠によって、再度付与された期限の利益も喪失していることになりかねないことを慮った結果である。これに対し、期限の利益が再度付与されていると認定する裁判例として、佐世保簡判昭60・9・24判タ五七七号五五頁がある。同判決は、「被告が昭和五九年四月二六日支払うべき利息の支払を懈怠したことは当事者間に争いがな」いが、「原告会社の従業員は、右四月二六日を経過した後も、期限の利益を喪失したとして、元金の一括返済と遅延損害金の請求をしたことはなく、むしろ、利息の支払を請求し続けてこれを受領していることが認められ」るので、「被告はいったん喪失した期限の利益を黙示の合意により再度付与して、元金の利用を許容し遅延損害金の請求を一時放棄したものと認めるのが相当である」と判示している。その結果として、「昭和五九年四月二六日の経過により期限の利益を喪失したとする原告の主張は理由がな」いが、「被告は昭和五九年四月二七日以後も同年一二月二九日まで利息を支払い続けてきた」ところ、「それより後は、全く弁済していないことは当事者間に争いがない」ので、「約定による次回の利息支払期日」である「昭和六〇年一月二九日……の利息（利息制限法所定の利率）の支払をしていないのであるから、同日の経過により再度当然に期限の利益を喪失した、というべきである」と判示している。再度付与された期限の利益を再度喪失したという錯綜した認定になるが、期限の利益を喪失した後にそれ以前と同様に支払われた利息を損害金として充当計算することを信義則に違反し、権利を濫用するものとして否定するのが簡明ではないかと解される。もっとも、最判平21・4・14判時七〇四七号一一八頁、判タ一三〇〇号九九頁、金商一三二五号四二頁、金法一八七五号六一頁は、要旨、「貸金業者が、貸付けに係る債務につき、借主が期限の利益を喪失した後に、借主に対して残元利金の一括支払を請求せず、借主から長期間多数回にわたって分割弁済を受けていた場合において、貸金業者が、債務の弁済を受けるたびに受領した金員を利息ではなく損害金へ充当した旨記載した領収書兼利用明細書を交付していたから、期限の利益の喪失を宥恕し、再度期限の利益を付与する意思はなかったと主張し、これに沿う証拠も提出していたにもかかわらず、上記主張について審理することなく、貸金業者が、借主に対し、期限の利益の喪失を宥恕し、再度期限の利益を付与したとした原審の判断には、違法がある。」と判示し、最判平21・11・17判タ一三一三号一〇八頁、金商一三三三号四五頁、金法一八八八号五八頁も、同旨を判示しているので、注意を要するところである。

また、東京高判昭44・11・21金法五六八号一九頁は、債務者が分割支払を所定の期限より一日遅滞したが、債権者（信用金庫）がその支払を異議なく受領した後、当該支払に係る債務全部につき債務者が期限の利益を喪失して弁済期が到来したとして、これを自働債権とし、債務者に対する預託金の返還債務を受働債権とする相殺をしたという場合に、相殺の効力を否定しているが、「被告金庫は、第二回の月賦金支払期である昭和四三年三月末日を徒過したことにより、訴外会社は期限の利益を喪失し、残額一九〇万円について弁済期が到来したと主張するが、信用金庫取引約定書の第五条には「貴金庫に対して負担する一切の債務のうちその一でも履行を怠ったとき」は「私の貴金庫に対する一切の債務につき期限の利益を失ったものとされても異議ありません」と記載されているところ、翌四月一日に被告金庫が異議なく（異議を止めたことの主張・立証はない。）一〇万円を受領しているところからみれば、被告金庫は、右一日の遅滞のため、全債務について期限の利益を失わせたものと認めることはできない」というのがその理由である。

以上は、債権者が過怠約款の適用を求めた事案であるが、反対に、債務者の保証人が過怠約款の適用を求めた事案もある。東京地判平14・12・18判時一八二一号三五頁は、保証債務の約定除斥期間が主たる債務者の破産申立てによる期限の利益喪失の事実の発生した時から進行する場合に、保証人において、同除斥期間の始期につき、債権者が覚知していなかった主債務者の破産申立てによる期限の利益喪失を主張することが信義則に反しないと判示して、保証債務の時効消滅を認めているが、東京地判平13・3・23金商一一二四号五四頁、金法一六三四号七七頁は、債務者の債権者（銀行）に対する預金債権について債権差押命令が送達された平成九年七月二九日をもって、債務者が債権者に対する貸金債務について期限の利益を喪失していることを前提に、保証人は、同日から一年を経過したことによって、その保証債務について免責されると主張して、債権者の保証債務の履行請求を争った事案であるが、保証人の主張を排斥している。当該事案では、「平成一〇年二月の段階で、債権者が保証人に対し保証債務の履行を請求したとまではいえない」が、「保証人の根拠としている平成九年七月の債権差押はその後取り下げられ、債権者、保証人双方、前記差押による期限の利益の当然喪失はないものであるとの了解のもとに行動をとっている」と認定したうえで、保証人が「前記債権差押を根拠に本件保証契約九条三項の保証の免責の主張をすることは、禁反言ないしは信義則に反し許されないと解するのが相当であり、前記判断を左右するに足りる証拠は存在しない」と判断した結果であって、そのような事情がなければ、保証人の免責が認められたのではないかと解される事案である。

また、東京地判昭52・10・6判時八八九号九五頁は、期限の利益喪失事由の一つとして、「主債務者または連帯保証人が振出、引受、保証、裏書した手形若しくは小切手が不渡となったとき」が規定されていたところ、債権者が所持していた債務者振出の先付小切手が不渡処分を受けた場合に債務者が期限の利益を喪失するか否かが問題となった事案である。債務者の主張によれば、「債務者振出の先付小切手が不渡になったのは、債権者と債務者とで右小切手記載の振出日付に銀行に支払の呈示をするとの約束があったのに、債権者がその約束を無視して右小切手記載の振出日付より二か月以上以前に銀行に支払の呈示をしたために生じたことであるから、これによって期限の利益を喪失したとしても、債権者が利息の倍額に相当する損害金を取得するとすることは明らかに法感情に反し、債権者主張の遅延損害金の請求は権利濫用というべく、仮りに然らずとしても、その損害金は約定利息の利率の限度たるべきである」というのである。しかし、同判決は、「債権者が右先付小切手を銀行に振込んだのは、債務者の連帯保証人が債務者の金を使い込みし、債務者の経営が危ぶまれたからであることが認められる」として、債務者の主張を排斥して、期限の利益喪失を認めている。その判断によれば、その認定に係る債務者の信用不安といった事情がなければ、債務者との約定に反して支払呈示をした小切手が不渡りとなっても、過怠約款を適用する前提を欠くということになるのではないかと解されるが、そうであれば、同判決の判断には異論がないのではないかと解される。

2 過怠約款の適用の方式

過怠約款の規定する期限の利益喪失事由が発生した場合に、当然喪失型であればともかく、請求喪失型であれば、期限の利益を喪失させるには、その旨の請求が必要となるが、その方式については、特に限定がないのが普通である。請求が到達したのか否かをめぐって争いが生じることを防止するため、いわゆる「みなし到達」の特約が規定されている場合もあるが、請求の方式について規定するものではない。ちなみに、みなし送達の特約につき、東京高判昭53・1・25判タ三六九号三七二頁、金商五四六号一七頁、金法八五三号四三頁は、その効力を否定している。控訴人が、被控訴人のした相殺の意思表示の前である昭和五一年二月一四日付及び同年三月四日付各書面をもって訴外会社に対し相殺の意思表示をしたと主張して、被控訴人のした相殺の効力を争っている事案であるが、「控訴人が右各書面をその主張の頃発送した」が、右各書面は「訴外会社代表者の所在不明のためいずれも到達しなかった」ところ、みなし到達の特約によって、右各書面が通常到達すべき時に到達したものとみなされるか否かにつき、「特約当事者以外の第三者、殊に本件預金債権の差押をし転付をうけた被控訴人がその効力を受容しなければならないいわれはない」というのがその理由である。

裁判実務において、過怠約款の適用の方式が問題となるのは、期限の利益の喪失を主張・立証する必要がある場合に、その立証方法が書証に限定されていると、請求の方式それ自体も自ずと書証に限定される結果、請求の方式も書面による必要があるのではないかという場合である。その例は、抵当証券に基づく競売の申立てに見られるが、東京地決平4・4・15判時一四二二号一一六頁、判タ七八〇号二八一頁、金法一三二〇号六七頁は、この点につき、「登記簿および抵当証券に記載のない期限の利益喪失特約の立証方法につき、競売の申立て段階ににおいて、登記簿及び抵当証券に記載のない期限の利益喪失特約が存在することを立証するには、債権者が登記申請書及び抵当証券の発行申請書に特約の内容を記載しなかったのは、その当時特約が存在しなかったからではなく、他の理由によるものであることを、その内容が他の証拠等により裏付けられており、執行裁判所が即座にその証拠価値を判定できる書証を提出して証明する方法でしなければならない」と判示して、請求それ自体を書面でする必要を示唆する。

しかし、同旨の事案につき、東京高決平4・3・6判タ八〇〇号二五九頁は、「抵当証券は、手形のような無因証券ではなく、抵当権設定者と抵当権者間に合意された権利を表章するものであり、原因関係が証券に記載されている有因証券であることは原裁判所も指摘するとおりである。したがって、権利内容も抵当証券上に記載されている文言により定められるのではなく、証券外において約定された実質的内容により決定され（非設権証券）、証券への裏書により原契約関係（原因関係）が譲渡されるものと解せられる。民事執行法一八一条二項では抵当証券の所持人が競売の申立てをする場合には抵当証券を提出しなければならない旨規定しているが、これは所持人が抵当権設定者と抵当権者との間に約定された権利とは別の抵当証券上の記載文言による権利に基づく競売を定めたものではなく、抵当権を行使する方法並びに競売手続中に当該抵当証券が転々として流通することによる混乱を防止するためにその提出が必要とされるに過ぎない。それゆえ、右条項が、抵当証券の発行されている競売の申立てにおいては、抵当証券の記載文言に拘束され、これ以外の原因関係の主張・立証を許されないとする論拠にはならない」などと判示して、請求それ自体を書面でする必要を否定している。そして、この場合の競売の申立てについて、「法定文書に弁済期の記載があり、その記載から被担保債権の弁済期が未到来であることが認められる場合には、提出された資料から実体法上の要件が具備していないことが明らかであるから原則として競売の申立ては却下されるべきである」が、「民事執行法は、弁済期到来という要件については、前記のとおりもともと何らの証明も要求しておらず、また、被担保債権の存否等の抵当権実行のための実体法上の要件の存否については強制競売手続と異なり執行異議手続で争わせ、その手続においては申立てにおける主張・立証の補完訂正を許すこととしているのである」から、「担保権実行の申立てにおいて、法定文書における弁済期の記載自体から弁済期の未到来が認められるとしても、同時に提出された申立書に添付されている他の資料から、法定文書の記載と異なり失権約款による期限の利益喪失により弁済期の到来が認められる場合には、実体法上の要件が具備していないことが明らかであるとはいえないと解するのが相当である」とし、「右のような場合において、申立人が法定文書記載の弁済期が失権約款により実体上変更され、現に弁済期の到来していることを主張・立証したときには、この点に関する法定文書の記載が補正され、弁済期についても不備がないものとして取り扱うのが相当である」などと付言している。

なお、この点については、ほかに、東京地決平3・11・18判時一四〇一号一二〇頁、判タ七七〇号二八五頁、金法一三一五号二六頁、東京地決平3・5・17判時一三八三号一四九頁、判タ七五八号二七六頁、金法一二九一号二七頁、東京地決平3・5・17判時一三八三号一五二頁、判タ七五八号二七九頁、金法一二九一号二九頁、東京高決平3・3・29金法一二九〇号二五頁などの裁判例がある。

四　過怠約款の効果をめぐる問題点

次に、過怠約款の効果をめぐって争われている裁判例を見ると、過怠約款が適用される場合に生ずる効果がもっぱら問題となっている事案だけでなく、過怠約款の存在それ自体によって生ずる効果が問題となっている事案もある。

1　過怠約款の適用による効果

過怠約款の適用によって期限の利益を喪失すると、当該期限の利益を喪失した債務については、債権者において、当該債務に係る債権の全部につき、権利行使が可能であるから、債務者はその時点から履行遅滞の責任を負い、その反面、当該債権の消滅時効もその時点から進行することになる。もっとも、過怠約款には、当然喪失型と、請求喪失型とがあるところ、当然喪失型であれば、期限の利益喪失事由の発生と同時に履行遅滞に陥り、消滅時効も進行すると解されるのに対し、請求喪失型では、当該事由の発生した後、債権者が債務者に対して期限の利益を喪失させる旨の請求をすることが必要であるから、その請求が到達した時点から履行遅滞に陥り、消滅時効も進行すると解される。期限の利益喪失事由が発生すれば、いつでも請求が可能であるからとして、その発生と同時に履行遅滞に陥り、消滅時効も進行すると解するのは相当でない。この点につき、消滅時効の起算点を明示する裁判例として、横浜地判平3・1・21判タ七六〇号二三二頁がある。同判決は、「期限の利益喪失条項は、債権者が、重大な規約違反があったことを認識したうえで債務者に対し残債務全額の弁済を求める意思表示をしたときに、期限の利益が喪失されるものと解すべきである」との見地から、「債務者が期限の利益を失うべきこととされた事実が発生したからといって、債権者が全額一時払いを請求するか従来どおり割賦弁済を請求するか否かは、そもそも債権者の自由であり、また、そう解しないと、特約の利益を主張せず当初の約定どおりの割賦払いを受けようとする債権者が、その知らぬ間に当初の約定弁済期に達しないうちに時効によりその債権が消滅することになり、不合理な結果となるからである」と判示して、当該事案における「内容証明郵便の請求が全体の立替金のうちどれに該当するかが明らかでないこと」から、「右内容証明郵便で本件立替金が被告に対し請求された事実は、本件全証拠によるもこれを認めるに足りる証拠がないことになる」ので、「本件立替金がすべて消滅時効により消滅した旨の被告の主張は理由がない」とする。ただし、当該分割支払に係る割賦金債務のうち、ついては、「約定弁済期の到来ごとに順次消滅時効が進行するものと解されるところ、本件立替金債務のうち、昭和五九年六月六日支払分金二二万九五二八円は、本訴提起までに時効期間五年が経過している」ことを理由に、その時効消滅を認めている。なお、過怠約款が適用される場合には、残債務の全部につき、その支払期限が到来することになるが、東京高判昭33・8・23金法一八六号五頁は、この点につき、「原判決によれば、原審は本件無尽契約においては、上告人は本件無尽返掛方法として昭和三〇年二月から同年一〇月まで九回に毎月二五日金一万円宛支払うべく、もし右払込金の支払を一回でも怠ったときは、当然分割弁済の利益を失い、一時に未済額全部の請求を受けても異議ない旨約した事実を認定したこと明らかである」ところ、「債務者がその債務を分割して弁済する旨約するに当り、割賦金の弁済を一回若しくは数回怠ったときは当然期限の利益を失う旨定めた場合においては、通常右延滞により期限の利益を失った割賦金についても、既に延滞にかかる割賦金と同様に扱い、損害金の如きも右延滞の時から支払う趣旨であると認むべく、原審も本件契約が右通常の趣旨に従ってなされたものであることを認定したことをその判文によって看取することができるから、上告人に期限の利益を失った部分について履行遅滞の責任を生ぜしめるため上告人主張のような催告をなすことを必要とするものではない」と判示している。

過怠約款が適用されると、債務者が残債務について期限の利益を失い、債権者は、当該残債務に係る債権につき、債務名義を得ていれば、これに基づく強制執行が可能となるが、そのためには、執行文の付与を受ける必要がある。過怠約款のうちでも、分割支払を怠ったことを期限の利益喪失事由と規定している場合については、分割支払を履行していることが債務者の証明すべき事実であるとすると、債権者は、執行文の付与を求めるに際して、債務者が分割支払を怠ったことを証明する必要がないことになるから、所定の分割支払の期限が経過すれば、無条件に、執行文の付与を求めうることになる。たとえば、期限の利益喪失する事由が「分割支払を二回怠ったとき」であれば、二回の支払時期が経過すれば、債務者が当該二回の分割支払の全部を怠る可能性があるので、その事実を証明する必要がない債権者は、その時点で執行文の付与を求めることができ、債務者において、当該二回の分割支払の全部又は一部を履行しているとすれば、その履行の事実を証明して、債権者に対する執行文の付与に異議を述べることになる。期限の利益を喪失する事由が「分割支払を二回分怠ったとき」であっても、二回の支払時期が経過すれば、債務者が当該二回の分割支払をすべて怠る可能性があるので、二回分の支払がないことを証明する必要がない債権者は、執行文の付与を求めることができ、債務者において、当該二回分の支払を一部でも履行しているとすれば、その事実を証明して、債権者に対する執行文の付与について異議を述べるというわけである。ただし、京都地判昭40・2・27判時四〇八号四四頁、判タ一七四号一六〇頁は、債務者は、過怠約款の条件不成就を理由に、債権者に対し、請求異議の訴えを提起して、その債務名義に基づく執行の不許を求めうるとしている。同旨の裁判例として、山口地裁下関支判昭39・12・16判タ一七二号一五八頁、大阪高判昭36・11・1下民集一二巻一一号二六四四頁がある。

さらに、過怠約款が適用される場合の効果につき、これを約定した当事者以外の第三者に対しても主張することができるか否かがこれまでに問題となっているが、この点に関係する先例として、最判昭45・6・24民集二四巻六号五八七頁、判時五九五号二九頁、判タ二四九号一二五頁、金商二一五号二頁、金法五八四号四頁がある。同判決は、要旨、「銀行の貸付債権について、債務者の信用を悪化させる一定の客観的事情が発生した場合には、債務者のために存する右貸付金の期限の利益を喪失せしめ、同人の銀行に対する預金等の債権につき銀行において期限の利益を放棄し、直ちに相殺適状を生ぜしめる旨の合意は、右預金等の債権を差し押えた債権者に対しても効力を有する」と判示しているからであるが、その判旨をふまえ、最判昭45・8・20判時六〇六号二九頁、判タ二五三号一六五頁、金商二二七号一三頁、金法五九一号二〇頁は、要旨、「銀行の貸付金債権について、債務者に対し強制執行、仮差押等の手続が開始されたときは、なんらの通知、催告を要せず、右債務が当然期限の利益を失う旨の合意は、右貸付金債権を差し押えた者に対しても、その効力を対抗しうる」と判示し、最判昭45・11・6判時六一〇号四三頁、金商二三六号一五頁、金法六〇二号五五頁も、同旨を判示している。

もとより、下級審の裁判例では、以上の最高裁の判例と同旨を判示している。最高裁の判例の時期と前後するが、たとえば、大阪地判昭44・6・30金法五五三号二〇頁、東京地判昭44・9・20金商一九六号一八頁、大阪高判昭45・6・16金法五八九号三二頁、東京地判昭54・5・31判タ三九四号九〇頁などがある。もっとも、前掲東京高判昭53・1・25は、みなし到達の特約につき、第三者に対する効力を否定しているが、過怠約款の第三者に対する効力を否定したものではない。

2　過怠約款の存在による効果

過怠約款の存在それ自体に効果が認められた場合として、貸金業法の改正前に認められていた、いわゆる「みなし弁済規定」との関係を掲げることができる。

その第一は、貸金業法一七条所定の書面性についてであるが、たとえば、東京地判平11・10・28判タ一〇七九号二九七頁は、分割払いによる貸金の弁済期等につき、「貸付の日より二年内自由弁済」との定めがある一方で、貸主の第三者に対する債務不履行を借主の右貸金債務の期限の利益喪失事由とする旨の約定がされている場合に、このような約定を記載した書面は貸金業法一七条一項の要件を満たす書面に該当しない、と判示している。

その第二は、みなし弁済規定の適用要件である支払の任意性についてである。最判平18・1・13民集六〇巻一号一頁、判時一九二六号一七頁、判タ一二〇五号九九頁、金商一二四三号二〇頁、金法一七七八号一〇一頁は、要旨、「貸金業の規制等に関する法律施行規則一五条二項の規定のうち、貸金業者が弁済を受けた債権に係る貸付けの契約を契約番号その他により明示することをもって、貸金業の規制等に関する法律一八条一項一号から三号までに掲げる事項の記載に代えることができる旨定めた部分は、同法の委任の範囲を逸脱した違法な規定として無効である」から、「利息制限法所定の制限を超える約定利息と共に元本を分割返済する約定の金銭消費貸借に、債務者が元本又は約定利息の支払を遅滞したときには当然に期限の利益を喪失する旨の特約が付されている場合、同特約中、債務者が約定利息のうち制限超過部分の支払を怠った場合に期限の利益を喪失するとする部分は、同法一条一項の趣旨に反して無効であり、債務者は、約定の元本及び同項所定の利息の制限額を支払いさえすれば、期限の利益を喪失することはない」にもかかわらず、「利息制限法所定の制限を超える約定利息と共に元本を分割返済する約定の金銭消費貸借において、債務者が、元本又は約定利息の支払を遅滞したときには当然に期限の利益を喪失する旨の特約の下で、利息として上記制限を超える額の金銭を支払った場合には、債務者において約定の元本と共に上記制限を超える約定利息を支払わない限り期限の利益を喪失するとの誤解が生じなかったといえるような特段の事情のない限り、制限超過部分の支払は、貸金業の規制等に関する法律四三条一項にいう『債務者が利息として任意に支払った』ものということはできない。」と判示し、最判平18・1・19判時一九二六号二三頁、判タ一二〇五号一〇五頁、金商一二四三号二八頁、金法一七七八号一〇九頁、最判平18・1・24判時一九二六号三六頁、判タ一二〇五号九三頁、金商一二四三号四三頁、金法一七八六号一〇一頁も、同旨を判示している。

同判旨によれば、要するに、無効な過怠約款の存在によって支払の任意性が否定されるというのであるが、その判断の結論についてはともかく、その判断の過程については、要旨、「貸金業の規制等に関する法律四三条一項にいう『債務者が利息として任意に支払った』及び同条三項にいう『債務者が賠償として任意に支払った』とは、債務者が利息の契約に基づく利息又は賠償額の予定に基づく賠償金の支払に充当されることを認識した上、自己の自由な意思によって支払ったことをいい、債務者において、その支払った金銭の額が利息制限法一条一項又は四条一項に定める利息又は賠償額の予定の制限額を超えていることあるいは当該超過部分の契約が無効であることまで認識していることを要しない」と判示して、利息制限法所定の制限を超える利息ないし損害金の約定が無効であっても、その無効であることを知らないでした支払もそれ自体では任意性に欠けることはないとの判断を示していた最判平2・1・22民集四四巻一号三三二頁、金商八五四号三頁、判時一三四九号五八頁、判タ七三六号一〇五頁、金法一二五九号三四頁に抵触するので、判例変更（大法廷による判決）が必要であったのでないかとの疑問を拭い去ることはできない。

この点は、拙稿「『支払の任意性』に始まり、再び『支払の任意性』へ――最二判平成18・1・13、最一判平成18・1・19、最三判平成18・1・24の意義とその射程」銀法六五九号四頁その他で詳述したところであるが、貸金業法の改正に伴い、みなし返済規定それ自体が廃止されている現在では、実益のない議論になっているのが残念である。

五　おわりに

過怠約款をめぐる問題点は、本稿で採り上げた問題点に限られないが、本稿は、はじめに掲げたねらいとは裏腹に、過怠約款が問題となった裁判例のいくつかを羅列したにとどまり、問題点の分析それ自体が不十分なままに終わってしまった。そのために、今後の展開も予測しえない状況にあるが、無責任な言い方をおそれなければ、新たな問題点の対処も、基本的には、これまでの問題点に対する対処の延長にあるのではないかと思われる。

過怠約款をめぐる実務的な問題点を系統立って分類・整理しておくことは実務的に有用ではないかと考えたゆえんもそこにあるが、自らの力量も顧みず、本稿をまとめようとしたため、その有用性を実証しえない結果に終わってしまった。あらためてその機会を得て、有用なまとめを試みたいところであるが、本稿が多少でも契機となって、別途、実務家の優れた論証が発表されるならば、これに勝ることはない。その願いを込めて、拙稿を締め括ることとする。

このような拙稿が田原裁判官のご退官を記念するのに相応しいか否かは、自分で問うてみても、直ちにこれを否定するしかない状態であって、田原裁判官から教えていただいたところを少しも反映するところがなく、忸怩たる思いで一杯であるが、かねてまとめてみたいと思っていた問題であるので、管見の域を出ない拙稿を借り、ご退官を記念する気持ちだけでもお伝えできれば幸いと考え、ここに認めた次第である。ご寛恕を賜りたい。

債権譲渡と相殺――判例を読み直す

髙橋　眞

一　はじめに

1　本稿の課題

昭和四五年の大法廷判決（最判昭45・6・24民集二四巻六号五八七頁）は、「相殺の制度は、……受働債権につきあたかも担保権を有するにも似た地位が与えられるという機能を営むものである。相殺制度のこの目的および機能は、現在の経済社会において取引の助長にも役立つものであるから、この制度によって保護される当事者の地位は、できるかぎり尊重すべきもの」であると述べたうえ、差押えと相殺との関係についていわゆる「無制限説」をとった。

右判決以来、「相殺の担保的機能」は、すでに一般に定着した観念である。しかし、「担保的機能」の承認によって、判例はいかなる法理を認めたのか。その内容と法的・理論的根拠については、十分に明らかにされたとは言いがたい。また、債権譲渡と相殺に関する昭和三二年の最高裁判決（最判昭32・7・19民集一一巻七号一二九七頁）及び差押えと相殺に関する昭和三九年の大法廷判決（最判昭39・12・23民集一八巻一〇号二二一七頁）は、「相殺の期待・利益」が保護に値する旨を述べているが、この「期待・利益」は法的にいかなる意味を有するのか。換言すれば、相殺の期待・利益が、判例において一種の担保権として確立されたとまでいってよいか。

この点について、たとえば我妻博士は、相殺をなしうる地位を「相殺権」と呼び、さらに「ただ、その際特に注意すべきことは、保護されるべき相殺権の内容は、現在相殺することができる者の地位に限らず、将来相殺によって清算すると予期しうる者の地位を広く含むべきだということである」と述べ（注1）、同時に、銀行が「自行預金を貸付の見返りとしている場合には、質権設定の手続をとらなくとも、またこれを質権と構成しなくとも、それと同様の効果を認めて妨げない。……預金債権の上に質権が設定されるときは、質権特有の成立要件（証書の交付（三六三条））と対抗要件（通知・承諾（三六四条））を必要とするに反し、預金債権が貸付債権によって相殺される可能性をもつことについては公示の必要はない。……債権の成立や消滅については公示を必要としないのが本則である。……受働債権の債権者と取引をしようとする者は、受働債権に相殺によって消滅する可能性が伴っていないかどうかは、自分の危険において調査すべきものであること、あたかもその債権がすでに消滅していないかどうかと同様だといって妨げあるまい」と説く（注2）。

この見解によれば、公示なくして第三者に対抗できる「相殺権」が認められることになる。ただ、債権がすでに消滅していることと、相殺によって消滅する可能性があることとを、当該債権の属性として同様に扱うことができるかどうかには疑問があるが、それ以前の問題として、本稿では、このような「相殺権」が判例そのものによって認められたといえるかどうか、また判例の具体的な判断はどのような根拠に基づくものか、担保的効力を有する「相殺権」を認めるとすれば、その根拠と内容はどのようなものであるべきかを検討する。

2 差押えと相殺

相殺をなしうる地位について「相殺権」を観念し、自働債権の債権者の保護をその「相殺権」の効果と考えるときは、差押債権者との関係、受働債権の譲受人との関係は、いずれも「相殺権」の第三者に対する効力の問題ととらえることになり、それぞれの場合に「相殺権者」の保護の程度が同じかどうかを検討することになる。しかし、旧稿(注3)において、差押えと相殺に関する二つの大法廷判決を検討した結果、昭和四五年大法廷判決では、その判断は「相殺権」ないし「相殺の担保的機能」から導かれたものではないことを確かめることができた。ここではまず、差押えと相殺に関する二つの大法廷判決の論理を確認することとする。

第一に、昭和三九年判決はいわゆる「制限説」をとり、昭和四五年判決は「無制限説」をとったとされるが、その「制限」「無制限」は何を意味するか。これは、昭和三九年判決は、民法五一一条の反対解釈によって差押え前に取得した債権を自働債権とする相殺は差押債権者に対抗しうるという命題を導いたうえで、自働債権の弁済期が受働債権の弁済期よりも先に到来する場合にのみ、対抗を認めるべきものとして、右命題を適用する場面を制限する。これに対して昭和四五年判決は、そのような制限をすることなく、両債権の弁済期の前後にかかわらず、差押えがあっても、相殺適状になったときに相殺が可能であるとする（注4）。したがって、「制限」「無制限」の対象は、受働債権について差押えがなされた場合において、差押え前に取得した債権によって相殺をなしうる可能性である。

第二に、「制限説」「無制限説」の理論的構造はどうか。昭和三九年判決は、差押えが第三債務者による相殺をも禁ずるものと理解したうえで、第三債務者の相殺の期待利益を保護するために、民法五一一条の反対解釈によって相殺についてては例外を認め、自働債権の弁済期が先に到来する場合に限り、差押債権者に対抗できるものとする。受働債権の弁済期が先に到来する場合には、第三債務者はその履行を拒絶できないのであるから、相殺について正当な期待利益があるとはいえないからである。これに対して昭和四五年判決は、差押えは「債務者の行為に関係のない客観的事実または第三債務者のみの行為により、その債権が消滅しまたはその内容が変更されることを妨げる効力を有しない」がゆえに、相殺を禁ずるものではないことを理由とする。すなわち、昭和三九年判決が、差押えに相殺を禁ずる効力があることを前提としたうえで、正当な相殺の期待利益がある場合に、それが差押えの効力をはね返すという論理をとり、制限的ながら「相殺の担保的機能」に基づいて結論を導いているのに対し、昭和四五年判決は、そもそも差押えには相殺を禁ずる効力がないがゆえに（相殺が強い効力をもつがゆえにではなく、差押えの効力が弱いゆえに）、両債権の弁済期の前後を問題にする必要がないという論理をとっているのであるから、1の冒頭で示した「あたかも担保権を有するにも似た地位」という性格づけは、結論を導くために機能してはいない。したがって法定相殺に関しては、昭和四五年判決によって、「相殺権」の理論が確立されたものということはできない（注5）。

第三に、差押え後に転付命令があった場合、両判決によれば第三債務者の「相殺の期待」の保護はどうなるか。この点につき、昭和四五年判決に付した意見のなかで、大隅裁判官は、「多数意見は、一見、相殺制度の目的および機能にかんがみて第三債務者の地位をつよく尊重するかのごとくであって、実際上は、かえって第三債務者の正当な期待を害しこれに不当な不利益を課する結果となるのではないかと思う」と述べている。すなわち、昭和三九年判決では、自働債権の弁済期が先に到来する場合につき、相殺の正当な期待を理由とする実質的な価値判断の結果、差押債権者に対して相殺を対抗することを認めたのであるから、差押えに続いて転付命令があった場合であっても、差押えに対して相殺の期待を優先する右の判断は変わらない。これに対して昭和四五年判決では、差押えはそもそも相殺を制約しないため、「相殺適状に達しさえすれば」両債権の弁済期の前後を問わず、相殺が可能なのであるが、相殺の期待の優先を理由に差押えの効力が否定されたわけではないので、転付命令の効力も否定されない。したがって、相殺をする前に転付命令により受働債権が移転してしまえば、もはや相殺適状の一要件である「同一当事者間における債権の対立」が欠け、相殺適状が生じないことになって、相殺もできないことになる（注6）。

第四に、相殺予約の効力である。昭和三九年判決は、差押えが相殺をも制約するという前提をとったうえで、正当な「相殺の期待」がある場合にのみ、民法五一一条の反対解釈によって例外的に相殺を認めるのであるから、相殺予約の効力も「相殺の期待」が正当といえる場合、すなわち自働債権の弁済期が先に到来する場合にのみ認めることになる。これに対して昭和四五年判決は、相殺予約の特約は、貸付金の債務者について信用悪化等の客観的事情が発生した場合に、銀行の貸付金債権については債務者の期限の利益を喪失させ、預金債務については期限の利益を放棄することによって「直ちに相殺適状を生ぜしめる旨の合意」であって、「かかる合意が契約自由の原則上有効であることは論をまたないから、本件各債権は、遅くとも、差押の時に全部相殺適状が生じたもの」であるとする。

昭和三九年判決は、自働債権の弁済期が先に到来する場合には「相殺の期待」が保護に値するという価値判断の結果として、差押え時に直ちに相殺をなしうるとしても第三者（差押債権者）との関係で問題はないという論理をとる。これに対して昭和四五年判決では、差押えは相殺を制約しないがゆえに「相殺適状に達しさえすれば相殺は可能」という論理をとったうえで、相殺適状をいつ生じさせるかは両当事者の問題であり、差押債権者は両当事者によって形成された権利関係を前提として権利行使をすべきものであるとする。

したがって、相殺予約に関する昭和四五年判決の考え方は、相殺の意思表示により、相殺適状時にさかのぼって受働債権が消滅するという、相殺のメカニズムを根拠とするものであって、差押え時点における「相殺の期待」と差押債権者の利益との優劣関係について検討した結果ではない（注7）。しかし、両債権の本来の弁済期が到来することによって相殺適状が生ずる場合、その前に行われた差押えが、相殺適状に達した後の相殺を制約するものではないと認めたとしても、そのことは、差押えに対抗するために相殺適状の時期を動かすことが「契約自由の原則上有効であることは論をまたない」という判断を、当然に導くものではない。債権の消滅が、債権自体の属性によるものであれば、あるいは1で見た我妻博士の指摘のように公示を必要としないといえるかもしれない。しかしそれが差押えを意識して行った当事者間の合意に基づくものであるという場合には、当然には同様に考えることはできない。昭和四五年判決の入江・長部・城戸・田中裁判官の反対意見や、大隅裁判官の意見において、相殺予約の合意の公示や公知性が問題にされるゆえんである（注8）。

3　「差押えと相殺」問題と「債権譲渡と相殺」問題

差押えと相殺に関して昭和四五年判決のとった「無制限説」は、債権譲渡と相殺の問題についてどのような意味をもちうるか。仮に、最高裁判決において、担保のための「相殺の期待」そのものが保護されるべき利益であることを認めたのであれば、担保としての性格上、第三者に対して優先する利益を認めるべきことは、差押えの場合と譲渡の場合とで扱いを変える理由はないということができるかもしれない。しかし昭和三九年判決・昭和四五年判決のいずれも、差押えの効力と相殺との関係を問題としたものであって、自立した担保権としての「相殺権」の効果を問題としているものではない。したがって、債権譲渡と相殺の関係については、「相殺の期待・利益」を問題にする場合にも、あくまでも債権譲渡の規定の解釈問題として検討を加える必要がある。

(注1)　我妻榮『新訂債権総論』三一九〜三二〇頁。
(注2)　我妻・前掲三一八〜三一九頁。
(注3)　髙橋眞「『相殺の担保的機能』について――判例を読み直す」髙橋眞＝島川勝編『市場社会の変容と金融・財産法』
(注4)　髙橋・前掲三九〜四〇・四三頁参照。
(注5)　髙橋・前掲四三〜四四頁参照。三2に紹介する鳥谷部教授の見解も参照のこと。
(注6)　髙橋・前掲五二〜五三頁参照。
(注7)　髙橋・前掲四六頁参照。
(注8)　髙橋・前掲五六〜五七頁参照。

二　「債権譲渡と相殺」問題に関する判例の検討

1　立法時から大審院判例まで

(一)　問題の所在

「差押えと相殺」に関する二つの大法廷判決以前、「相殺の期待」ないし「相殺の担保的機能」をめぐる判例法理は、早くから譲渡や転付による債権の移転の事例において形成されてきた。しかし、石垣教授は、相殺に第三者効を認めうる理由が問われてこなかったことが問題であるとし、たとえば「債権譲渡が行われると、相殺適状の要件の一つである相互対立性が失われ、もはや相殺することができないはずであるが、四六八条を根拠にそれでも債権譲受人に対して相殺を対抗できるのはなぜか」という問いを立てる（注9）。

また石垣教授は次のように述べる。旧民法財産編五二七条一項は「債権ノ譲受人カ其譲受ヲ債務者ニ告知シタルノミニテハ債務者ハ譲渡人ニ対シテ従来有セル法律上ノ相殺ヲ以テ譲受人ニ対抗スルノ権利ヲ失ハス」、五二八条一項は「払渡差押ヲ受ケタル債務者ハ自己ノ債権者ニ対シテ差押後ニ取得シタル債権ノ相殺ヲ以テ差押人ニ対抗スルコトヲ得ス」と規定するが、ボアソナードの説明によれば、そもそも当然消滅主義により、両債権は相殺適状によって消滅するのであり、ここで述べられている相殺の主張とは、相殺適状によりすでに債務が消滅したとの主張であると考えられる（注10）。しかし現行民法においては、相殺は相殺適状により当然に生ずるものではなく、当事者の意思表示によってなされることになる。仮に現行民法においても、旧民法と同様「相殺適状の場合にのみ第三者に対して相殺を主張することを認める趣旨」であったとすると、「当然消滅主義のもとでは、相殺適状は債務消滅効を生ずるものであるが、意思表示による相殺では、相殺適状からそのような効果が直ちに生ずるものではなく、相殺する権利を発生させるにすぎないのである。仮にこの両者を同じく『相殺適状』という言葉をもって同視したとすれば、それは『相殺がなされたことを対抗する』ということと、『相殺しうべきことを対抗する』ということを同視するものであり、一足飛びに相殺可能性による第三者効が認められることになってしまう」と（注11）。すなわち、旧民法と現行民法では履行期の到来した債権の対立の意味が異なるが、そのことが第三者との関係を論ずる際に正確に意識されているかという問題である。

本稿は、石垣教授の右の指摘、すなわち、第一に、譲渡によって両債権の相互対立性が失われた場合になお相殺をなしうるとする理論的根拠、第二に、「相殺適状」が何を意味するかという点を手がかりとして、「債権譲渡と相殺」に関する判例の流れを検討する。

(二) 現行民法――意思表示による相殺と債権譲渡

相殺における「当然消滅主義」につき、現行民法五〇五条に関する法典調査会の審議において起草委員（穂積陳重）は、これはもともと中世ローマ法の誤解から生じ、かつその誤解を引き継いだものであるが、一種の「便宜法」としてフランス・イタリア等において取り入れられている。しかし一方当事者は債権がまだ存立していると考え、他方はもう消滅していると考えることで間違いが生じ、また「何処ノ国ニ於キマシテモ相続トカ譲渡トカ云フ場合ニハ屢々間違ヒヲ生スル」がゆえに、意思表示をもって相殺をするという主義をとったと説明されている（注12）。

他方、現行民法四六八条に関する審議においても、「当然消滅主義」の問題に触れている。すなわち、原案では、債務者が留保なくして承諾をした場合、譲渡人に対抗しえた事由があってもこれを譲受人に対抗しえない旨を定め、但書で「債務者カ譲渡人ニ払渡シタルモノアルトキハ之ヲ取返シ、負担シタル債務アルトキハ之ヲ成立セサルモノト看做シ又自己ノ債務ト相殺スルコトヲ得ヘカリシ債権アルトキハ譲渡人ニ対シテ之ヲ行使スルコトヲ妨ケス」と記されていたが、右の「又」以下について、この文章からいうと、相殺が法律上当然に生ずるように読める、相殺は「対抗」(意思表示)しなければ生じないという主義をとるならばこのように書く必要はないのではないかという疑問が示された(注13)。議論の結果、右の文のうち相殺に関する部分はなくてもすむとして削除された(注14)。相殺の意思表示をしていなければ、自己の債権は消滅していないのであるから、譲渡人に対して行使しうるのは当然である。異議なき承諾により相殺を譲受人に対抗しえないという場合、意思表示によって「相殺シタル債権」ではなく、「相殺スルコトヲ得ヘカリシ債権」についてあえて規定することは、旧民法の「法律上ノ相殺」(財産編五二〇条)を前提としているのではないかという疑問を招いたのではないかと推測される。いずれにせよ、この点の議論にあたって相殺の遡及効が問題にされていることから(注15)、この段階において、相殺を対抗するとは被譲渡債権の消滅を対抗することを意味するものと考えられる。

(三) 大審院判例

しかし大審院は早くから、譲受人に対して相殺を対抗するにあたり、債務者が債権譲渡の通知を受けた時点で相殺の意思表示がなされていること(したがって被譲渡債権が消滅していること)を要しないとする判断を行った。大判明35・7・3民録八輯七巻一四頁は、債権譲渡の通知の時点で、すでに自働債権の弁済期が到来していたが受働債権の弁済期が未到来であった事例である。上告人（譲受人）が、民法四六八条二項により「譲渡人ニ対シテ生シタル事由」を譲受人に対抗するためには、その事由が譲渡通知前に生じたこと、したがって相殺の場合には通知前に相殺の意思表示までしたことを要すると主張したのに対し、被上告人（債務者）は、債権譲渡とは譲受人が譲渡人の「位地」を承継するものであり、債務者は譲渡人に対して有した事由を譲受人に対抗できるとして、相殺の意思表示を譲渡通知前にする必要はなく、譲渡債権に対して相殺しうべき債権が存在すれば足りると主張した。

大審院は、民法四六八条二項にいう『「生シタル事由」とは、債務者が債権譲渡の通知を受けるまでに発生した事由で、債務者が当時すでにその債権者に対抗できたものでなければならないと述べたうえで、相殺の場合、譲渡通知を受けるまでに相殺をするに適する債務が相互の間に存し、その意思の表示があるときは相殺による債権消滅の結果を生ずべき場合であることを要するが、譲渡通知の当時、すでに相殺の意思表示をしていたことを必要としないのは被上告人の主張どおりであるとした。しかし本件では受働債権の弁済期が到来していないため、譲渡通知の当時に「既ニ相殺ニ適スル相互ノ債務存シタリト云フヘカラス」、もし譲渡通知までに被上告人が期限の利益を放棄したという事実があれば、「生シタル事由」として相殺の事由を認めることができると判示した。

大判明38・3・16民録一一輯七巻三六七頁は、原判決が民法四六八条二項にいう「生シタル事由」とは譲渡人の請求権自体について発生した異議の原因を指し、譲渡人に対して債権を有していたことはこれに当たらないとするのは不当であるという上告人（譲受人）の主張に対し、原審は右事由を請求権そのものから生じた異議の原因に限定して、相殺の原因はこれに当たらないとしたのではなく、譲渡人に対して債権を有していても譲渡通知前にいまだ相殺の原因とならないものは右事由に含まれないとしたものである。本件では譲渡通知の時点で、自働債権の弁済期が到来していたが受働債権の弁済期が未到来であり、債務者が期限の利益を放棄した事実は主張されていないため、双方の債務はなお相殺に適しないことが明白であるとして上告を棄却した。

大判大元・11・8民録一八輯九五一頁は、期限は債務者の利益のために設けられたものであるから、自働債権の弁済期が到来していれば受働債権の弁済期が未到来でも相殺は可能であるという上告人の主張に対し、期限の利益を放棄した場合、債務の弁済期は期限の利益の放棄時であり、譲渡通知後に相殺の意思表示をしたときは、その時点で期限の利益の放棄があったと認めることはできるが、それをもって譲渡通知前に期限の利益の放棄があったものとみなすことはできないと述べて、右主張を斥けた。また大判大3・12・4民録二〇輯一〇一〇頁も、大正元年判決を引用して、債務者が相殺をするためには債権譲渡の通知を受けるまでに双方の債務が相殺に適したこと、すなわち各弁済期にあることを要することは民法五〇五条一項により明らかであり、債権譲渡の通知を受けるまでに単に期限が到来すれば、もしくは期限の利益を放棄すれば債務者が相殺をすることができた状態にあるだけでは足りないと述べた。

ところが大判昭8・5・30民集一二巻一四号一三八一頁は、上告人が「民法五百五条第一項ノ適用ニ関シ多数ノ学説ハ受働債権ニ付テハ期限ハ債務者ノ利益ノ為ニ存スルモノト推定セラルヘキモノナルヲ以テ債務者ハ期限到来前ト雖民法第百三十六条ニ依リ期限ノ利益ヲ抛棄シテ相殺ヲ為シ得ヘキ旨ヲ肯定シ異説アルヲ見ス」と述べ、債務者が、受働債権の期限の到来を待ち、またはこれに対する期限の利益を放棄して自己の有する自働債権と「随意ニ相殺シ得ヘキ権利」を有したにもかかわらず、たまたま自己の関与しない債権譲渡により「相殺権」を剥奪されるものとするのは失当であると主張したのに対し、特に理由を述べることなく、「相殺適状」にあるためには、反対債権（自働債権）がすでに弁済期にあることを必要とするのは無論であるが、主債権（受働債権）

については必要でなく、債務者は即時に弁済の権利がある以上、期限放棄の意思表示は現にしていなくても、債務者は直ちに相殺をすることを妨げないと判示した。もっとも、本件において債務者が「期限ノ利益ヲ抛棄スルヲ得サル何等カノ事由アルコト」は確定されていないという理由をあげているところから、期限の利益の放棄が可能であることは前提とされているようである。ともかく、譲渡通知の時点ですでに期限の利益を放棄したことを必要としないという点で、大審院は、明治期以来とってきた立場に一定の修正を加えたということができる。

(四) 検討

民法四六八条二項の「譲渡人に対して生じた事由」は、相殺についてはどこまでの事実を求めるべきか。大審院判決のなかに表れた議論に照らすならば、次のような考え方が可能であろう。

(1) 相殺による債権の消滅

「当然消滅主義」によれば、対立する債権の弁済期がともに到来していれば当然に、意思表示を要する法制の下では意思表示がなされることによって債権は消滅する。これは明治三八年判決において問題とされた「請求権自体について発生した異議の原因」であり、その後に譲渡が行われても、すでに消滅した債権の譲渡であるから、譲受人が履行請求できないのは当然である。ただ、大審院はここまでの限定はせず、譲渡通知の時点で相殺の意思表示がなされている必要はないとした。

(2) 相殺適状

譲受人に相殺を対抗するためには、対立する両債権の本来の弁済期がともに到来しているか、受働債権について期限の利益を放棄したことによって、債権が消滅してはいないが、相殺の意思表示をしさえすれば消滅する状態になっていることが必要であるとするもの。明治・大正期の大審院判決はこの立場をとる。しかし、まだ相殺の意思表示をしていない段階において、譲受人にこの事由を「対抗」できるということは何を意味するか。同時履行の抗弁とは異なり、同一当事者間で相互に債権が対立していることは、それ自体は被譲渡債権自体の性質ではなく、偶然の事実である（とりわけ同一当事者間で複数の債権が対立している場合、相殺の意思表示がない段階では、どの債権とどの債権が相殺されるか、確定してはいない）。また、㈠で示した疑問、すなわち譲渡によって相殺適状の要件の一つである相互対立性が失われるがゆえに、もはや相殺はできないのではないかという疑問も否定できない。にもかかわらず譲受人に「対抗」できるとするのであれば、「当然消滅主義」をとるのでない以上、相殺適状になった段階で（またその段階ではじめて）、保護に値する相殺の期待が生じたと説明するほかはないように思われる。ただ、明治三五年判決における被上告人の主張のように、債権譲渡によって譲受人が譲渡人の地位を承継するというような包括的なとらえ方ではなく、「譲渡人に対して生じた事由」としては、民法五〇五条所定の相殺適状という客観的な事実を必要とすると考え、債務者が期限の利益を放棄できるがまだ放棄していない状態では足りないとしたものであろう。

⑶　自働債権の弁済期が到来していること

昭和八年判決の立場である。「相殺適状」にあるためには、受働債権が弁済期にある必要はなく、債務者において即時に弁済をする権利がある以上、期限の利益放棄の意思表示をしていなくても「直チニ相殺ヲ為スヲ妨ケサルモノトス」とするものである。「相殺適状」を要件としている点で⑵の基準を継承するものではあるが（注16）、相殺をするために期限の利益放棄の意思表示の必要がないとする点で、相殺に関する理論的ないし技術的な側面よりも、相殺の期待ないし「相殺権」が前面に出てきている（もっとも、本件では債務者本人ではなく、債権者代位権による「相殺権」の行使であったという事情がある)。

右の考え方のうち、(1)は第三者に対し相殺による債権の消滅を対抗しうることを説明できるが、石垣教授の指摘するように、「相殺適状」すなわち「相殺しうべきこと」は、それだけでは譲受人の権利を否定する理由にならないのであるから、(2)(3)においては、理論的・技術的に、第三者に対する対抗を説明することはできない。したがって「相殺の期待」はどのような場合に保護されるべきかという実質論と、債権譲渡の後に相殺による決済をなしうる理論的な根拠の解明が課題となる。

2 最高裁判例

(一) 「相殺の期待」の明示

最判昭32・7・19民集一一巻七号一二九七頁は、差押えの後の転付命令によって移転した満期未到来の定期預金債権に対し、債務者である銀行が、預金者に対する手形上の償還請求権(転付命令送達前に弁済期到来)をもって、定期預金の満期到来の後に相殺の意思表示をした事案である。最高裁は次のように述べて、相殺の対抗を認めた。すなわち、受働債権の移転後に債務者が相殺をもって対抗するためには「譲渡の通知または転付命令の送達当時その自働債権が弁済期にあることを要するはもちろん、受働債権もまたひとしく弁済期にあるかまたは少くとも債務者において期限の利益を放棄しうる場合でなければならないということは、大審院判例の繰り返し判示するところであることは所論のとおりである。しかし債務者が債権者に対し債権の譲渡または転付前に弁済期の到来している反対債権を有するような場合には、債務者は自己の債務につき弁済期の到来するを待ちこれと反対債権とをその対当額において相殺すべきことを期待するのが通常でありまた相殺をなしうべき利益を有するものであって、かかる債務者の期待及び利益を債務者の関係せざる事由によって剥奪することは、公平の理念に反し妥当とはいい難い。それ故に、債権の譲渡または転付当時債務者が債権者に対して反対債権を有し、しかもその弁済期がすでに到来しているような場合には、少くとも債務者は自己の債務につき譲渡または転付の存するにかかわらず、なおこれと右反対債権との相殺をもって譲受または転付債権者に対抗しうるものと解するを相当とする。以上の見解に反する前示大審院の判例は採用しない」と。

この判決は、両債権がともに弁済期にあることを求める「従来の大審院判例を覆したものである」と評価されるが（注17）、大審院の昭和八年判決に対し「さらにこれに一歩をすすめたものであり、期限の利益を云々することすらまったく必要のないこととし」たものであるという評価もなされた（注18）。昭和八年判決と比べるならば、「期限の利益を放棄しうること」を要求しないことが一つの特徴であるが、これについて我妻博士は「期限の利益を放棄して相殺ができたと認めるにしても、現実には差押前に放棄はしていない。それなのに差し押えられてからあわてて期限の利益を放棄して相殺するなどというのは、差押後において、少なくとも間接に、その債権を処分することになる。第四八一条に違反する」という疑問がありうることを指摘する（注19）。

しかし、より重要なのは、公平の理念に基づき、相殺に対する債務者の期待・利益の保護を理由としたことである。このような「正当な期待の保護」という考え方は、差押えと相殺に関する昭和三九年の大法廷判決と共通するが、相殺および債権譲渡に関する理論的・技術的な根拠づけではないため、その射程が明らかにならないという問題を残し、また差押えの事例との違いを見えにくくする結果となった。

(二) 「無制限説」判決と債権譲渡事例

差押えと相殺に関する昭和四五年の大法廷判決は、いわゆる「無制限説」をとったが、その判断は債権譲渡の場合に影響するか。最判昭50・12・8民集二九巻一一号一八六四頁は、一方が機械類の製造販売を業とする会社であり、他方が商社である事例である。民集の「判決要旨」では「債権が譲渡され、その債務者が、譲渡通知を受けたにとどまり、かつ、右通知を受ける前に譲渡人に対して反対債権を取得していた場合において、譲受人が譲渡人である会社の取締役である等判示の事実関係があるときには、右被譲渡債権及び反対債権の弁済期の前後を問わず、両者の弁済期が到来すれば、被譲渡債権の債務者は、譲受人に対し、右反対債権を自働債権として、被譲渡債権と相殺することができる」とされ、一見、「無制限説」を採用したかのような判断を行ったように見える。

しかし調査官解説では、本件においてY（債務者）がX（譲受人）に対して相殺をもって対抗しうるとされたのは、①「債権譲渡のうちにもその譲受人を強く保護すべき場合とそれほど保護するに価いしない場合が存在するから、債権譲渡一般と相殺との関係といった抽象的論議は不当な結果を招来するおそれがあ」る、②「Xは、A社〔譲渡人〕の取締役であり、A社とYとの取引に関与していたものであって、本件売掛代金の譲渡を受けた際には、YがA社に対して反対債権を取得していることを知っていたか、少くとも容易に知りえたものであり、Xが相殺の対抗を受けるとしてもXに不測の損害を与えることにはならない」、③「Xが本件売掛債権を譲り受けたのちA社が倒産し、そのためYの本件手形債権が回収不能となるのにかかわらず、A社の取締役Xが本件売掛債権全額を回収しうると解するのは不公平である」点にあると思われ、「債権譲渡と相殺に関する事案であっても、本件と別異の事実関係の事件については、本判決は先例としての意義を有するものではない」と述べる

（注20）。

また林教授は、この判決の評釈において、期待利益説の立場から差押えの場合と債権譲渡の場合とを区別する必要は認められないとしたうえで、「取引の実情に則した利益衡量が最適である」とし、「恐らく、通常の債権で、その譲渡があり、しかも本件のような事情もない場合に、なお無制限説を支持することは困難なように見える。そして、債権譲渡の場合にだけ昭和三九年判決の線まで引き下ったとて、問題の解決には余分な後退といえるであろう。あいまいな中に相殺の期待利益の存在の場合を類型化するのが妥当ではなかろうか」と説く（注21）。

(三) 担保的機能と「相殺」の枠組み

「相殺の正当な期待」に根拠づけられた「相殺権」という観念を認めるとしても、それは相殺をすることが差押えや債権譲渡によって妨げられないことを意味するにとどまり、相殺による自働債権の回収のためには、相殺制度の枠組みに従い、相殺の意思表示が必要である。いわゆる「逆相殺」の事例に関する最判昭54・7・10民集三三巻五号五三三頁は、この点について判断を示した。

事案は、X信用金庫がAに対して貸金債権を有しており、AがXに対して預金債権を有していたが、両債権は、相殺予約とAの取引停止処分により、昭和五〇年一二月二日には相殺適状になっていた。YはAのXに対する預金債権につき差押・転付命令を受け、昭和五一年六月一四日、これをもってXのYに対する手形債権と相殺した（なお、X・Y間の両債権の相殺適状の成立は、昭和五一年三月二六日以降であった）。これに対してXは、同年六月二一日に、前記のAに対する貸金債権をもって本件預金債権と相殺したと主張した。

原審は、相殺の意思表示はXよりもYのほうが早いが、AX間の相殺適状のほうがXY間の相殺適状よりも先に生じたのであるから、Yはその相殺をもってXに対抗しえないとした。しかし最高裁は「相殺適状は、原則として、相殺の意思表示がされたときに現存することを要するのであるから、いったん相殺適状が生じていたとしても、相殺の意思表示がされる前に一方の債権が弁済、代物弁済、更改、相殺等の事由によって消滅していた場合には相殺は許されない」と述べ、差押えがあっても第三債務者は債務者に対する反対債権をもって、両者が相殺適状になりさえすれば相殺することができるが、「そのことによって、第三債務者が右の相殺の意思表示をするまでは、転付債権者が転付命令によって委付された債権を自働債権とし、第三債務者に対して負担する債務を受働債権として相殺する権能が妨げられるべきいわれはない」として原判決を破棄した。

調査官解説は、昭和四五年の「大法廷判決は、金融機関の預金債権に対する相殺期待権を最大限に尊重したものであるが、本判決は右大法廷判決の趣旨を没却するものである、との批判がある」が、「右大法廷判決のケースにおいては、第三債務者側からの相殺にあたり、受働債権の弁済禁止効が問題となるにすぎず、当該債権自体は存続していたのであるが、本件の場合には、第三債務者からの相殺の時点において、転付債権者からの相殺により、受働債権自体が消滅していたものとすべきか否かが問題となったのである」として、「右大法廷判決と本判決とは、事案を異にする」と述べた（注22）。原判決のように相殺適状時の前後で優劣を決めるか、本判決のように相殺の意思表示の前後を問題にするか等については、学説上、主として相殺の期待をどこまで保護するべきかという利益衡量の問題として論じられる（注23）。

ただ、「担保的機能」を機能として有するとしても、そのために用いられるのが相殺の制度である以上は、その制度枠組みに従うことが必要であり、昭和四五年大法廷判決も、差押えの後、両者が「相殺適状に達しさえすれば」相殺することができる（譲渡がなされた場合に相殺適状が崩れているのではないかという1㈠であげた疑問は、債権譲渡に関する昭和三二年判決を前提とするときは度外視する）としているのであるから、相殺適状になった後に、相殺の意思表示をして初めて目的を達するのではないかと考えられる。これに対して、高木教授は以下のように疑問を提起する。すなわち、最高裁は「乙金融機関〔X〕が、相殺しない限り、預金債権は存在しているのであり、転付債権者は、これを自働債権に利用しうるという考えに立っている」が、「旧民法に存在していた自然相殺の思想〔「当然消滅主義」〕は、現行相殺制度に存続している。相殺の意思表示をすれば、相殺の効力が、相殺適状時に遡るとする五〇六条但書、時効によって消滅した債権でも、消滅前に相殺適状になっておれば、相殺をなし得るとする五〇八条は、自然相殺の考え方を基礎に置いているということができる。……したがって、相殺が交錯する場合に、意思表示の前後ではなくして、相殺適状の前後で定めるとする原審の立場も、自然相殺主義の側から説明することも可能なのである。両主義の立場のいずれを、どのような場面で採用するかは、結局、利益衡量の問題といわなければならない」と（注24）。

昭和五四年判決は、譲渡後の相殺を認めつつ、そのうえでなお相殺適状とその後の意思表示による相殺という枠組みに従うことを明らかにした。昭和三二年判決では「相殺の期待・利益」という包括的な用語が用いられたが、高木教授の右の指摘は、相殺の理論的ないし技術的な側面の検討に立ち戻るべきことを示唆するものである。次の章で検討する。

（注9）石垣重光「相殺における担保的機能論に関する一考察」独協四三号三八一頁。
（注10）石垣・前掲三八五〜三八六頁。
（注11）石垣・前掲三八七〜三八八頁。
（注12）「法典調査会民法議事速記録」二三巻四〇丁表、前田達明監修『史料債権総則』六八一〜六八二頁参照。

（注13）「法典調査会民法議事速記録」一一巻一七四丁裏の田部芳委員の発言。前田監修・前掲四二六頁参照。

（注14）前田監修・前掲四二六〜四二七頁。

（注15）前田監修・前掲四二六頁の梅謙次郎委員の発言参照。

（注16）石垣教授は、(2)の段階においては「相殺適状といいうるためには、当然消滅主義の影響もあってか、両債権の弁済期が到来していなければならないとしていたのである。これに対して本判決〔昭和八年判決〕は、相殺権を発生させる相殺適状とは自働債権の弁済期到来のみで足りるとするものである。いずれにあっても相殺権の発生は必要であることから、その意味で旧来の立場を変更したものとはいえない」と評価する（石垣・前掲三九九頁）。

（注17）長谷部茂吉「解説」判解民昭和三二年度一六六頁。田中実「判批」判評一一号一六頁も参照。

（注18）山中康雄「判批」民商三七巻二号七三頁。

（注19）我妻榮『新版民法案内Ⅸ』二四七頁。

（注20）柴田保幸「解説」判解民昭和五〇年度六五八頁。

（注21）林良平「判批」民商八三巻一号一五二〜一五三頁。

（注22）柴田省三「解説」判解民昭和五四年度二七二頁。

（注23）学説の整理については、福永有利「判批」民商八二巻五号六六九頁以下に詳しい。また能見善久「判批」法協九七巻一一号一六七八頁以下も参照。

（注24）高木多喜男「判批」判評二六〇号一六〇〜一六一頁。

三　分析とまとめ

1　被譲渡債権との相殺への疑問

立法にあたり、部分的に当然消滅主義によると同じ規律が、便宜を理由として採用されたことは、高木教授の指摘どおりである（注25）。しかし二1㈡で示したように、当然消滅主義の原則をとることは否定され、その説明において、譲渡の場合に間違いが生ずる危険に言及されている。それはたとえばどのように表れるか。

AがBに対して、甲（弁済期四月三日）・乙（弁済期四月五日）の二個の債権を有し、BがAに対して、丙（弁済期四月一日）債権を有している（いずれも債権額は同じとする）。ともに相殺適状の成立した後の四月七日、甲はCに、乙はDに譲渡されたとする。当然消滅主義によれば、四月三日に甲・丙債権が消滅し、Cはすでに消滅した債権を譲り受けたことになるが、Cが甲債権の成立事情を調べても、消滅の危険は認識できないであろう。したがって、消滅したことを明確にする意思表示主義をとる理由があるが、意思表示主義によるときは、譲渡後の相殺も可能であるとすると、C・Dの請求に対して、いずれについて相殺を援用するのもBの自由だということになる。

同一当事者間で甲・乙債権および丙債権が対立している場合であれば、甲・乙いずれが消滅するかについて問題は少なく、また民法五一二条により充当の規定によることもできる。本来、相殺は同一当事者間において意味をもつものであり、移転の後にも相殺を認めることに問題があるのではないか。これを認める昭和三二年判決の判断を前提とするとき、「相殺の期待・利益」の保護ということは、理論的ないし技術的には何を意味するか。

2　相殺の法理と担保の法理

右の問いに対し、一つには明治三五年判決の被上告人の主張に示されるような、譲受人は債務者に対する譲渡人の地位を承継するという説明が考えられる。しかし債権譲渡は、財産権としての債権を移転するものであり、譲渡人がもつ権利義務関係を承継するものではない。もう一つの説明は、対立する両債権が、相殺の法理とは別の根拠によって結びついており、譲渡によってもその結合は維持されるというものである。これが「担保の法理」による説明である。

清水教授は、相殺における「公平の論理」の延長に「物的担保の論理」が生まれるものではないとして、次のように述べる。すなわち「公平というのはAとBとの間の公平ということである。担保というのは、Aに対する債権者のなかでBだけが他のC、D、E、F……に優先して弁済を受けるということであり、債権者間で差別をする不公平の論理である。そのような優先力は、質権のような物的担保の手段を講じた債権者にだけ認められるのが原則である」と(注26)。A・Bが互いに、相手方が無資力で自己の債権の回収ができない場合にも、自己の債務を一方的に履行することを強制されず、これと相殺することによって自己の債権を実質的に回収しうることを一種の「担保的機能」と表現することができるとしても、その実体は「公平維持の機能」にほかならない。相殺適状が成立している以上、当事者のいずれの側からも相殺できるという「相殺の法理」からは、第三者に対する優先の法理は生じない。

第三者に優先する担保手段でありうるための要素として、鳥谷部教授は次の四点をあげる。①担保の合意。内容の明確性が必要である。②価値支配の根拠（手段）。抵当権の場合は法律によって定められた物権的支配権であり、債権の譲渡担保の場合は債権自体の移転である。③被担保債権の存在・範囲、④目的債権の存在・特定の四点である（注27）。③④は、ある財産がある債権のための担保となるときには、当該財産権主体の一般財産から排除されるのであるから、どの財産がどれだけの範囲で担保として独占されているのかが明らかである必要があるという原則を示すものであるが、とりわけ、継続的な取引において、担保目的・被担保債権の範囲が時間的にも拡大することから問題となる。

鳥谷部教授は、右の要素を検討した結果、法定相殺には担保的構造、すなわち担保的機能の基礎が存在しないが、相殺予約は担保的構造を備えていると述べる（注28）。清水教授の指摘のとおり、相殺の有する「公平の論理」からは「物的担保の論理」は導きえず、二つの債権を担保関係として結合するためには、合意が必要であろう。担保的機能を認める根拠として両債権の牽連関係があげられることもあるが、その牽連関係が担保的機能を有するとされる場合、そのことも、牽連性あるものとして両債権が成立した際の、明示・黙示の合意を根拠とすると解するべきである。昭和五〇年判決に関連して「期待利益の存在の場合の類型化」を提示した林教授も（二2(二)参照）、後に「期待利益説のねらったことは、予約の合理性においての判定によって補えるのではないか、と考えるに至った。法定相殺での期待利益説が、予約の存在、質権の存在、取引関係などを判断の基準におくことは、むしろ予約の有効性判断の場所へ譲るべきものと考えるに至っている」と述べている（注29）。

3　まとめ

以上、判例の流れを見ると、差押えとの関係でも、債権譲渡との関係でも、判例は、差押えや譲渡があっても相殺は妨げられないことを明らかにしたものの、それ以外の点については相殺制度の枠組みを堅持し、その実行は「相殺適状」が成立したうえで相殺の意思表示によってなされるべきものとし、さらに相殺の相互性・公平性はいわゆる「逆相殺」の事例においても貫かれている。したがって、判例が第三者に対して優先する法理として「相殺権」を確立したものということはできない。

さらに、相殺の法理に従う限り、債権譲渡がなされた後は、「相殺適状」の要素である両債権の対立が失われるため、もはや相殺はできないのではないかという理論上の疑問は残ったままである。にもかかわらず、譲渡後の相殺を認めた昭和三二年判決を正当と見るならば、その根拠は「相殺の法理」ではなく、両債権の結合関係を前提とする「担保の法理」に求める必要がある。2で見たように、対立する債権の結合と、それを前提とする担保関係を認めるためには、担保関係を設定する合意が必要であると考えられるが、これまで両債権の結合を認めてきた裁判例の事案には、あるいは明示・黙示の合意を根拠とする牽連関係が見出しえたのではないか。問題は、いわば相殺という乗り物よりも、それによって保護される債権という乗り手であり、今後の研究においても、焦点は、相殺の法理にではなく、両債権の牽連関係に当てられるべきものと考える。

そして両債権の結合関係を認める場合も、両債権の発生時から牽連関係（及びその根拠たる合意）が存していたことが必要であるか、それとも発生時には関連していない債権であってもそれらを担保として結合する合意があればよいか等が問題となりうる。ただ、担保としての結合関係が設定された場合、抵当目的物などの場合と異なり、担保目的たる債権を譲渡することは、担保関係を設定した趣旨に反するのではなかろうか。相殺の担保的機能を論ずる場合、しばしば継続的な取引の当事者間で複数の債権が並立する場合が問題となるが、「担保」そのものである集合債権譲渡担保の場合、実行段階に至るまでは、取立てに対して担保権者は介入せず、また第三者対抗要件を備えていない限り、譲渡された債権にまで追及することはできない。また一般先取特権の場合、債務者の一般財産から逸出したものには追及できないものと解されている。このように考えると、「相殺の期待・利益」の保護は、譲渡禁止特約や、差押・転付命令前にさかのぼって効力を生ぜしめる相殺予約のように、受働債権の移転自体を制約する特約によるべきではないかと考える。

その場合、その特約の有効性や第三者に対する対抗力が問題となる可能性はあるが、昭和四五年大法廷判決の、相殺は「あたかも担保権を有するにも似た地位」があり、「できるだけ尊重すべきもの」という立言を根拠として、相殺自体に、理論的・技術的に有効な担保的性格を認めることは困難であり、有効性や対抗力をめぐる具体的な検討を経ることによって初めて、相殺を担保手段として用いるシステムも確立するのではないかと考える。

(注25)　前田監修・前掲六九三・七〇六頁の穂積委員の説明参照。
(注26)　清水誠「相殺の担保的機能・再々論」鈴木禄弥＝徳本伸一編『幾代通先生献呈論集　財産法学の新展開』三八〇頁。
(注27)　鳥谷部茂「相殺の第三者効は、現状のままでよいか」『非典型担保の法理』二六七～二六八頁。
(注28)　鳥谷部・前掲二六九～二七四頁。
(注29)　林良平「相殺の機能と効力」加藤一郎＝林良平編集代表『担保法大系第5巻』五五一頁。

譲渡人の地位の変動に伴う将来債権譲渡の効力の限界

深山雅也

一　はじめに

将来発生すべき債権（以下「将来債権」（注1）という。）の譲渡の効力については、古くから譲渡の有効性や対抗力をめぐる議論が積み重ねられ、裁判実務においても、複数年にわたって発生する将来債権の譲渡の有効性を認めた最高裁平成一一年一月二九日判決以降、着実な法理の発展が見られるところであるが、譲渡人の地位の変動に伴う将来債権譲渡の効力の限界については、これまで判例上の言及も見られず、なお議論の分かれる問題であるといえる。すなわち、従来の判例は、譲渡対象とされた債権に係る債権者と債務者とが特定されており、なおかつ、その地位に変動が生じていない事案について判断が示されたものであり、債権者ないし債務者（あるいはその双方）について、債権譲渡後に地位の変動が生じた場合の権利関係について判断したものは見られなかった。

本稿は、将来債権譲渡における譲渡人の地位の変動に伴う将来債権譲渡の効力の限界についての若干の考察を試みるものであるが、その検討に際しては、将来債権譲渡の効力に関する従来の裁判例との解釈上の整合性に十分留意する必要があろう。他方、譲渡される将来債権ないし将来債権の発生原因たる契約関係の種類・性質や、譲渡人の地位の変動原因によって考慮要素が異なる可能性があることに照らすならば、具体的な検討にあたっては、想定すべき場面を適宜整理する必要があろう。

そこで、以下の考察においては、将来債権譲渡の効力に関する従前の裁判例を概観し、解釈上の手がかりを模索したうえで、具体的な想定場面に即して主題についての検討を行うこととする。

（注1）「将来債権」をどのように定義づけるかについては、それ自体議論のあるところであり、一般に、①発生原因となる法律関係は存在するが未発生である債権と、②発生原因となる法律関係もいまだ存在しない債権とがあると理解されているが、本稿においては、両者を含む概念として検討することとする。また、②については、その外延が不明確であり、「債権」の範疇に含まれるのか議論の余地もあるように思われ、そうした議論は、「将来債権」の譲渡の対象が「債権」であるのかという問題に通ずるものと考えられるが、本稿においては、立ち入らないこととする。

二　将来債権譲渡の効力に関する裁判例の検討

1　検討の視点

将来債権が譲渡の対象とされるとき、債権譲渡の時点において当該債権は未発生であるものの、一定の債権として観念しうるに足る特定性を備えていることが、将来債権譲渡の有効性を肯定するうえでの前提をなすものと解される。そして、「債権者」や「債務者」は、当該債権を特定する要素の一つであるといえるが、将来債権の譲渡がなされた場合において、当該将来債権の債権者や債務者が債権譲渡後に変動したとき、そのことが将来債権譲渡の効力にどのような影響を及ぼすのかが、本稿の主題である。

従前、将来債権譲渡の有効性をめぐって、譲渡の対象とされる将来債権の特定性に関する議論がなされてきたが、そもそも、どのような特定要素が、どの程度備わっていれば有効な譲渡と認められるのかについては、必ずしも十分に議論が深められているとはいえず、なお議論の余地があるようにも思われる。

他方、譲渡の有効性を考えるときに、債権譲渡契約の当事者間における効力と契約当事者以外の第三者に対する効力とは区別して検討すべきである。当事者間において有効であっても第三者に対してその有効性を主張しうるか否かは別問題であり、そうした債権譲渡の対外的効力こそが、本稿の主題に直接的にかかわる問題である。

そこで、以下においては、これらの点について従来の裁判例において示された解釈や考え方について概観することとする。

2　債権の特定性に関する従来の裁判例

(一)　最高裁平成一一年一月二九日判決

最高裁平成一一年一月二九日判決（以下「平成一一年最高裁判例」という。）は、医師が社会保険診療報酬支払基金から将来支払を受けるべき診療報酬請求権を債権譲渡の目的とした事案であるが、将来発生すべき債権を目的とする債権譲渡契約の有効性について、「債権譲渡契約にあっては、譲渡の目的とされる債権がその発生原因や譲渡に係る額等をもって特定される必要があることはいうまでもなく、将来の一定期間内に発生し、又は弁済期が到来すべき幾つかの債権を譲渡の目的とする場合には、適宜の方法により右期間の始期と終期を明確にするなどして譲渡の目的とされる債権が特定されるべきである。」との一般論を述べたうえで、「将来発生すべき債権を目的とする債権譲渡契約にあっては、契約当事者は、譲渡の目的とされる債権の発生の基礎を成す事情をしんしゃくし、右事情の下における債権発生の程度を考慮した上、右債権が見込みどおり発生しなかった場合に譲受人に生ずる不利益については譲渡人の契約上の責任の追及により清算することとして、契約を締結するものと見るべきであるから、右契約の締結時において右債権発生の可能性が低かったことは、右契約の効力を当然に左右するものではないと解するのが相当である。」との判断を示し、同じく将来発生すべき診療報酬債権の譲渡に関する判例である最判昭53・12・15裁判集民事一二五号八三九頁を参照して「一定額以上が安定して発生することが確実に期待されるそれほど遠い将来のものでないものを目的とする限りにおいて有効」と解した原判決の判断を否定した。そして、そのうえで、「契約締結時における譲渡人の資産状況、右当時における譲渡人の営業等の推移に関する見込み、契約内容、契約が締結された経緯等を総合的に考慮し、将来の一定期間内に発生すべき債権を目的とする債権譲渡契約について、右期間の長さ等の契約内容が譲渡人の営業活動等に対して社会通念に照らし相当とされる範囲を著しく逸脱する制限を加え、又は他の債権者に不当な不利益を与えるものであると見られるなどの特段の事情の認められる場合には、右契約は公序良俗に反するなどとして、その効力の全部又は一部が否定されることがあるものというべきである」と指摘した。

もっとも、特段の事情が認められる場合に公序良俗違反により債権譲渡契約が無効となる可能性に言及した点は、契約の有効性に関する一般的規律（公序良俗違反に関する規律）が将来債権の譲渡契約にも適用されることを指摘したにすぎず、将来債権の譲渡契約に固有の規律を示したものではない。

したがって、平成一一年最高裁判例の主たる意義は、将来債権の譲渡契約の有効性に関する一般的な基準として、適宜の方法により債権の発生する期間又は弁済期が到来する期間の始期と終期を明確にするなどして譲渡の目的とされる債権が特定されることを要し、かつ、それで足りることを明らかにした点にあるといえる。

(二) 最高裁平成一二年四月二一日判決

最高裁平成一二年四月二一日判決（以下「平成一二年最高裁判例」という。）は、特定の当事者間における特定の商品の売買取引に基づいて発生する売掛代金債権を一括して目的とする譲渡予約について、「債権譲渡の予約にあっては、予約完結時において譲渡の目的となるべき債権を譲渡人が有する他の債権から識別することができる程度に特定されていれば足りる」との一般論を指摘し、「この理は、将来発生すべき債権が譲渡予約の目的とされている場合でも変わるものではない」としたうえで、「譲渡の目的となるべき債権は、債権者及び債務者が特定され、発生原因が特定されていることによって、他の債権から識別ができる程度に特定されているということができる」との判断を示した。

したがって、平成一二年最高裁判例は、譲渡される債権の特定性の判断要素について、①債権者及び債務者と、②債権発生原因を掲げ、これらが特定されていることをもって「特定性」を満たすとの判断を下したものといえる（注2）。

なお、平成一二年最高裁判例は、債権譲渡予約に関する事案であったために、特定性の判断基準時について、「予約完結時」であることを前提としているが、債権譲渡契約が締結された場合であれば、特定性の判断基準時は「契約締結時」と読み替えることになろう。もっとも、譲渡債権の特定性の判断要素については、両者を区別する必要はないと考えられる。

(三) 最高裁平成一三年一一月二二日判決

最高裁平成一三年一一月二二日判決（以下「平成一三年最高裁判例」という。）は、「甲が乙に対する金銭債務の担保として、発生原因となる取引の種類、発生期間等で特定される甲の丙に対する既に生じ、又は将来生ずべき債権を一括して乙に譲渡することとし、乙が丙に対し担保権実行として取立ての通知をするまでは、譲渡債権の取立てを甲に許諾し、甲が取り立てた金銭について乙への引渡しを要しないこととした甲、乙間の債権譲渡契約は、いわゆる集合債権を対象とした譲渡担保契約といわれるものの一つと解される。この場合は、既に生じ、又は将来生ずべき債権は、甲から乙に確定的に譲渡されており、ただ、甲、乙間において、乙に帰属した債権の一部について、甲に取立権限を付与し、取り立てた金銭の乙への引渡しを要しないとの合意が付加されているものと解すべきである。」との一般的解釈を示したうえで、「したがって、上記債権譲渡について第三者対抗要件を具備するためには、指名債権譲渡の対抗要件（民法四六七条二項）の方法によることができるのであり、その際に、丙に対し、甲に付与された取立権限の行使への協力を依頼したとしても、第三者対抗要件の効果を妨げるものではない。」と判示した。

平成一三年最高裁判例は、債権譲渡担保の事例であるが、担保目的の債権譲渡における譲渡債権の特定に関しては、「発生原因となる取引の種類、発生期間等で特定される」ことを前提としており、かかる特定性の認められる将来債権の譲渡がなされたときには、その譲渡契約時に確定的に債権譲渡の効力が生じることを認めたうえで、指名債権譲渡の対抗要件を備えることにより第三者に対する効力も生じると認められることを明らかにしたものである。

四 小 括

譲渡される債権の特定性の判断要素として、平成一一年最高裁判例は、債権の発生期間（ないし弁済期の到来する期間）に言及し、平成一二年最高裁判例は、債権者及び債務者と、債権発生原因を掲げ、平成一三年最高裁判例は、債権の発生原因と発生期間に言及したが、これらは互いに排斥する判断ではなく、むしろ補完し合う関係に立つものと理解すべきであろう。平成一一年最高裁判例の事案においては、債権者及び債務者と債権発生原因が明確かつ固定的に定まっていたことから、債権の発生期間が特定されれば譲渡債権の特定性に問題がなかったものといえるし（注3）、平成一二年最高裁判例は、「他の債権から識別ができる程度に特定されている」との表現で、識別可能性を問題としている（注4）。

したがって、債権の特定性について上記各判例の示すメルクマールは、①債権者及び債務者の特定、②債権発生原因の特定、③債権発生期間の特定であると理解できる。これらの特定要素のうち、債権者及び債務者の特定は、債権譲渡後の当事者（債権者・債務者）の変更時の解釈を取り上げている本稿の主題と直接的にかかわる点である。

もっとも、債権者の特定に関しては、将来債権譲渡における譲渡人は、将来自己が取得すべき債権を譲渡するものであるから、譲渡人自身が債権者であることを想定しており、債権譲渡契約時における債権者の特定性の充足が問題とされることは基本的にないといえる。すなわち、たとえ将来債権の発生原因たる契約関係がいまだ成立していない場合であったとしても、自己を債権者とする債権が将来において発生することを前提として債権譲渡がなされるものであって、自己以外の者が債権者となることを前提とする将来債権について債権譲渡がなされることは通常ないと考えられる。

他方、債務者の特定については、債権譲渡特例法の改正により、債権譲渡登記において債務者を必要的記載事項としないこととなったことから、債権譲渡契約時において債務者を特定する必要はないことが立法的に明らかにされたものと評価することができよう。

したがって、債権譲渡契約時における将来債権の特定性という観点においては、債権者及び債務者の特定を問題とする意義は乏しいといえるが、債権譲渡後に当事者（債権者ないし債務者）が変更された場合の債権譲渡の効力をめぐる解釈問題が、そのこととどのようにかかわるのかについては、さらに検討する必要がある（注5）。

そして、指名債権譲渡の対抗要件を具備することにより債権譲渡の対外的効力を肯定した平成一三年最高裁判例は、債権譲渡後に譲渡人たる債権者が変更された場合の債権譲渡の効力をめぐる解釈について、一定の示唆を与えるものと見ることもできる。

3　将来債権譲渡の対外的効力に関する従来の裁判例

前記のとおり、平成一三年最高裁判例は、「甲の丙に対する既に生じ、又は将来生ずべき債権を一括して乙に譲渡する……債権譲渡契約」について、契約締結により、「既に生じ、又は将来生ずべき債権は、甲から乙に確定的に譲渡されて」いることを前提として、「上記債権譲渡について第三者対抗要件を具備するためには、指名債権譲渡の対抗要件（民法四六七条二項）の方法によることができる」旨を判示した。

また、平成一三年最高裁判例と同じ事案の下において下された最高裁平成一九年二月一五日判決（以下「平成一九年最高裁判例」という。）は、「将来発生すべき債権を目的とする債権譲渡契約は、譲渡の目的とされる債権が特定されている限り、原則として有効なものである」という平成一一年最高裁判例の判示事項を指摘するとともに、「将来発生すべき債権を目的とする譲渡担保契約が締結された場合には、債権譲渡の効果の発生を留保する特段の付款のない限り、譲渡担保の目的とされた債権は譲渡担保契約によって譲渡担保設定者から譲渡担保権者に確定的に譲渡されているのであり、……譲渡担保契約に係る債権の譲渡については、指名債権譲渡の対抗要件（民法四六七条二項）の方法により第三者に対する対抗要件を具備することができる」という平成一三年最高裁判例の判示事項を指摘したうえで、「この場合において、譲渡担保の目的とされた債権が将来発生したときには、譲渡担保権者は、譲渡担保設定者の特段の行為を要することなく当然に、当該債権を担保の目的で取得することができる」旨を付加的に判示した。

平成一三年最高裁判例及び平成一九年最高裁判例は、将来債権が一定の特定性を備えて譲渡の目的とされることにより有効に譲渡された場合には、契約当事者間において債権譲渡の効力が生じるばかりでなく、第三者に対する対抗要件を具備することもできることを明らかにしたが、このことは、将来債権を譲渡の目的とする債権譲渡契約については、契約締結により、債権的な権利移転の効力のみならず、準物権的な権利移転の効力をも認められることを意味しているものといえる（注6）。

そして、このように、対抗要件を具備することにより将来債権譲渡の対外的な効力が肯定されるという理解を前提とするならば、かかる将来債権譲渡がなされた後に譲渡人たる債権者の変動が生じた場合であっても、なお将来債権譲渡の効力が維持されると解することが整合的であるように思われる。処分行為としての将来債権譲渡の効力が肯定される以上、処分行為後の債権者の変動によって処分行為の効力が覆されることは、絶対的な効力が認められるのが原則とされる処分行為としての性質に背理すると見られるからである。

しかしながら、そもそも処分行為が有効とされるのは、処分権限のある者によって処分行為がなされた場合に限られ、処分権限のない者による処分行為の効力が否定されるのは当然である。すなわち、財産権の処分は、自己の支配する財産についてなしうるにすぎず、自己の処分権の及ばない財産について処分行為をなしたとしても、債権的な効力はさておき、準物権的な効力は認められないのが当然の事理であるといえる。

平成一三年最高裁判例や平成一九年最高裁判例は、将来債権譲渡の対外的効力を認めているものの、そこでは、譲渡の対象たる将来債権に対して譲渡人たる債権者の処分権限が及んでいることを当然の前提としており、譲渡人の処分権限がどの範囲において及ぶのかという問題についてはなんらの判断をも示していないと理解することもできる。

4　将来債権譲渡後の譲渡人の地位の変動にかかわる従来の裁判例

(一)　東京地裁平成四年四月二二日執行処分

東京地裁平成四年四月二二日執行処分（以下「平成四年東京地裁執行処分」という。）は、不動産の賃借人に対する将来の賃料債権が譲渡された後、当該不動産が他に譲渡された場合の賃料債権の帰趨について、「賃料債権は賃貸人の地位から発生し、賃貸人の地位は目的物の所有権に伴うものである。ゆえに、賃貸人であった者も所有権を失うと、それに伴って賃貸人の地位を失い、それ以後の賃料債権を取得することができない。そして、将来発生する賃料債権の譲渡は、譲渡の対象となった賃料債権を譲渡人が将来取得することを前提としてなされるものである。したがって、賃料債権の譲渡人がその譲渡後に目的物の所有権を失うと、譲渡人はそれ以後の賃料債権を取得できないため、その譲渡は効力を生じないこととなる。」との判断を示した。

平成四年東京地裁執行処分は、賃料債権は賃貸人の地位から発生するものであるゆえに、賃貸人であった者も賃貸人の地位を失った後に生じる賃料債権を取得することはできないという理解と、将来発生する賃料債権の譲渡は、当該賃料債権を譲渡人が将来取得することを前提としてなされるものであるという理解とを重ね合わせることにより、賃貸人であった者が賃貸人の地位を失った後に生じる賃料債権について将来債権譲渡の効力を否定したものであり、こうした三段論法は、簡潔にして明瞭な解釈であるといえる。ただし、「賃貸人の地位は目的物の所有権に伴うものである」との点については、他人物賃貸借や転貸借についても「賃貸人の地位」を観念しうることに鑑みると疑問であり、「賃貸人たる地位」について、常に目的物の所有権を介在させて理解する必要はないように思われる。

いずれにしろ、賃貸人であった者が賃貸人の地位を失った後に生じる賃料債権について将来債権譲渡の効力を否定した平成四年東京地裁執行処分の解釈は、賃料債権について、債権者（賃貸人）の地位の変動に伴う将来債権譲渡の効力の限界についての一つの考えを端的に示したものと評価することができる。

しかしながら、上記解釈の前提をなしている「将来発生する賃料債権の譲渡は、譲渡の対象となった賃料債権を譲渡人が将来取得することを前提としてなされるものである」との点については、その趣旨を吟味する必要があるように思われる。

本来、譲渡の対象をどの範囲の将来債権とするのかについては、契約当事者の意思に係らしめられる問題である。すなわち、将来において譲渡人自身が取得する債権のみを譲渡の対象とするのか、譲渡人の地位を承継した者その他の第三者が取得する債権をも譲渡の対象とするのかは、契約当事者間の合意内容によって定まるところであり、常に前者であると限定すべきものではない。すなわち、他人に帰属する債権を含む債権譲渡も、少なくとも契約当事者間においては（債権的に）有効と解される以上、当然に前者であると限定すべきものではないといえる。

したがって、平成四年東京地裁執行処分の解釈は、簡明ではあるものの、一般的な解釈として妥当する射程については、慎重に検討すべきであると思われる。そして、平成四年東京地裁執行処分が、将来において譲渡人自身が取得する債権のみを譲渡の対象とすることを前提とする判断を示したものであるとするならば、譲渡人の地位を承継した者その他の第三者が取得する債権をも譲渡の対象とした場合において、かかる将来債権譲渡の対外的効力をいかに考えるべきかについては、平成四年東京地裁執行処分の解釈から直ちに導かれるものではないといえる。

(二) 最高裁平成一〇年三月二四日判決

最高裁平成一〇年三月二四日判決（以下「平成一〇年最高裁判例」という。）は、建物の賃料債権が差し押さえられた後に当該建物の譲渡がなされた場合に、賃料債権の差押の効力が建物譲渡後に発生する賃料債権に及ぶか否かについて、「自己の所有建物を他に賃貸している者が第三者に右建物を譲渡した場合には、特段の事情のない限り、賃貸人の地位もこれに伴って右第三者に移転する」との従前からの確定的な判例上の解釈（最判昭39・8・28民集一八巻七号一三五四頁）を指摘したうえで、「建物所有者の債権者が賃料債権を差し押さえ、その効力が発生した後に、右所有者が建物を他に譲渡し賃貸人の地位が譲受人に移転した場合には、右譲受人は、建物の賃料債権を取得したことを差押債権者に対抗することができないと解すべきである。」と判示し、その理由を、「右譲受人は、建物の賃料債権を債務者とする賃料債権の差押えにより右所有者の建物自体の処分は妨げられないけれども、右差押えの効力は、差押債権者の債権及び執行費用の額を限度として、建物所有者が将来収受すべき賃料に及んでいるから（民事執行法一五一条）、右建物を譲渡する行為は賃料債権の帰属の変更を伴う限りにおいて、将来における賃料債権の処分を禁止する差押えの効力に抵触するというべきだからである」と説明した。

平成一〇年最高裁判例は、建物の賃料債権が差し押さえられた後に当該建物の譲渡がなされた場合について、賃料債権の差押えの効力が建物譲渡後に発生する賃料債権に及ぶことを肯定したが、この解釈は、建物の賃料債権が譲渡された後に当該建物の譲渡がなされた場合にもそのまま妥当するであろうか。平成一〇年最高裁判例は、建物を譲渡する行為には賃料債権の帰属の変更を伴うことに着目しているが、同判例が、先行する将来の賃料債権の差押えと後行する建物の譲渡行為との関係を賃料債権の帰属をめぐる対抗問題ととらえたものと理解するならば（注7）、その論理は、将来の賃料債権の譲渡後に賃貸建物の譲渡がなされた場合の賃料債権の帰属という本稿の主題にも、そのまま当てはまると考えることも可能である（注8）。

しかしながら、平成一〇年最高裁判例は、建物の譲渡行為が「賃料債権の帰属の変更を伴う限りにおいて、将来における賃料債権の処分を禁止する差押えの効力に抵触する」と述べており、差押えの処分禁止効を根拠として建物譲受人の賃料債権の取得を否定している。したがって、債権譲渡と債権差押えとを直ちに同列に扱うことには疑問を差し挟む余地もあり、この判決の射程を検討することには、重要な意義があるものといえよう（注9）。

㈢ 小　括

将来の賃料債権の譲渡後に賃貸人たる地位の変動があった場合において、将来債権譲渡の効力を否定した平成四年東京地裁執行処分の解釈と、将来の賃料債権の差押え後に賃貸人たる地位の変動があった場合において、賃貸人たる地位の変動後に発生する将来債権に対して差押えの効力を肯定した平成一〇年最高裁判例の解釈とは、どのような関係に立つものと理解すべきであろうか。

債権譲渡と債権差押えとの相違もあるが、一見すると、相反する理解を示しているもののように見受けられる。もちろん、相反する理解ととらえることも可能であるが、両者は必ずしも矛盾するものではないとの見方も可能であると思われる。平成四年東京地裁執行処分は、譲渡人が将来取得する賃料債権のみが譲渡の対象であることを前提としてなされた解釈（ただし、当然にかかる前提に立つこと自体の当否はさておく。）であると見る余地があるからである。すなわち、将来債権譲渡にあたり、譲渡の対象債権を、譲渡人が将来自ら取得する賃料債権のみに限定して譲渡契約を締結した場合には、賃貸人たる地位の変動後に新賃貸人の下で発生する将来債権に対して債権譲渡の効力が及ばないのは当然のことであり、平成四年東京地裁執行処分は、譲渡人が将来自ら取得する賃料債権を譲渡した事案において、その当然の事理を示したにすぎず、賃貸人たる地位の変動後に新賃貸人の下で発生する将来債権をも譲渡の対象債権としていた場合についてはなんらの判断をも示していないと解することも可能である。他方、債権差押えにあたり、差押えの対象債権を、差押債務者が将来自ら第三債務者に対して取得する賃料債権のみに限定して差し押さえた場合には、賃貸人たる地位の変動後に新賃貸人の下で発生する将来債権に対して債権差押えの効力が及ばないこともまた当然のことである。

いずれにしろ、賃貸人たる地位の変動があったときには新賃貸人の下で発生する賃料債権をも含む趣旨で将来の賃料債権が譲渡され、その後に賃貸人たる地位の変動があった場合において、将来債権譲渡の効力が新賃貸人の下で発生する賃料債権に及ぶと解することは、平成四年東京地裁執行処分における解釈に直ちに抵触するものとはいえないと解することも可能である。

5　従来の裁判例における解釈に関する総括

以上のとおり、将来債権譲渡の効力に関する従来の裁判例において示された解釈や考え方を概観したが、そこから本稿の主題に対する具体的な解釈の方向性を導くことは困難であるように思われる。

すなわち、債権の特定性や将来債権譲渡の対外的効力に関する従来の裁判例において示された解釈から、将来債権譲渡後の譲渡人の地位の変動が将来債権譲渡の効力に与える影響を推論することは困難であるといえる。他方、将来債権譲渡後の譲渡人の地位の変動にかかわる従来の裁判例において示された解釈には、本稿の主題を考えるうえでの一定の示唆が含まれているものの、なお決め手となるものとは認めがたいように思われる。

（注2）なお、東京地判平13・3・9（判時一七四四号一〇一頁）は、「譲渡の対象となった、「将来の債権」の終期は「定めがない」もしくは、被担保債権の弁済を完了したとき（不確定期限）として定められているものであるところ、このような債権譲渡担保契約も、「将来の債権」として特定しているといえ、有効である」として、平成一二年最高裁判例を引用している。

（注3）池田眞朗『債権譲渡法理の展開——債権譲渡の研究第2巻』二五六頁参照。

（注4）池田眞朗『債権譲渡の発展と特例法——債権譲渡の研究第3巻』八〇頁以下参照。

（注5）池田眞朗・前掲（注4）二九七頁は、将来の賃料債権の譲渡と当事者の変更をめぐる問題を、債権譲渡特例法の改正以前から議論されている論点として指摘している。

（注6）後藤出＝井上聡＝山本克己ほか〈パネルディスカッション〉「証券化取引と倒産手続に関する諸論点」ＮＢＬ八二八号一九頁〔山本発言〕参照。

（注7）後藤出＝井上聡＝山本克己ほか・前掲（注6）一七頁〔井上発言〕、本田晃「建物の賃料債権の差押えの効力が発生した後に建物を譲り受けた者が賃貸人の地位の移転に伴う賃料債権の取得を差押債権者に対抗することの可否」判タ一〇〇五号二四九頁。

（注8）鎌田薫ほか「座談会　動産・債権譲渡担保における公示制度の整備」ジュリ一二八三号三四頁〔佐藤発言〕参照。

（注9）山本和彦「建物の賃料債権の差押えの効力が発生した後に建物を譲り受けた者が賃貸人の地位の移転に伴う賃料債権の取得を差押債権者に対抗することの可否（消極）」判時一六六四号一九六頁は、不動産譲渡のパターンとして、①任意譲渡、②抵当権実行による売却、③抵当権設定物件の任意譲渡を掲げ、賃料処分のパターンとして⑴差押え、⑵債権譲渡を掲げ、各パターンの組合せについて慎重な検討を行っている。

三　将来債権譲渡の効力の限界に関する考察

1　総論的な見地における基本的理解

一定の契約関係から将来発生する債権について、当該将来債権の債権者（甲）が、当該将来債権を第三者（乙）に譲渡した後に、当該契約に係る契約上の地位を他の第三者（丙）に移転させた場合、当該将来債権は乙と丙のいずれに帰属するのかという抽象的な問題設定をするならば、考えられる見解としては、以下のような考え方が想定されよう。

第一の見解は、将来債権の譲受人乙は、将来債権譲渡の効力を契約上の地位の譲受人丙に対抗でき、譲渡の対象となった将来債権はすべて債権の譲受人乙に帰属するという考え方（第一説）である。第二の見解は、将来債権の譲受人乙は、将来債権譲渡の効力を契約上の地位の譲受人丙に対抗できず、譲渡の対象となった将来債権はすべて契約上の地位の譲受人丙に帰属するという考え方（第二説）である。第三の見解は、契約上の地位の移転後に発生する債権について、なんらかの基準に従って債権の譲受人乙に帰属するものと契約上の地位の譲受人丙に帰属するものとに区分する考え方（第三説）である。第三説における基準の立て方については、譲渡の対象とされる将来債権の法的性質や契約上の地位の移転をもたらす法律関係に関連してさまざまな可能性が考えられる。

第一説は、財産権の譲渡の自由を重視し、債権の自由譲渡性を素直に反映させる解釈であると理解することができる。もっとも、およそ財産の管理処分権は、基本的に自己の所有する財産ないし自己に帰属する権利についてしか及ばないという一般原則に照らすならば、自由な譲渡といっても、譲渡の対象とされる債権について譲渡人が処分権を有することが当然の前提となるのであって、その意味における限界があるといえる。すなわち、第一説においても、債権の譲受人乙は、譲渡人において当該将来債権の処分権を有する限りにおいて、債権譲渡の効力を契約上の地位の譲受人丙に対抗できるということになる。

これに対し、第二説は、債権の発生原因が契約であることに着目し、債権発生原因たる契約における債権者たる地位が第三者に移転した場合には、移転後は債権の譲渡人の下で発生する債権は存在しないことから、その部分の債権譲渡は当然に無効となると解するものと理解される。もっとも、自己の下で発生しない債権の譲渡を無効と解する論拠は、やはり、財産の管理処分権は自己の所有する財産ないし自己に帰属する権利についてしか及ばないという一般原則に依拠しているものと考えられる。

したがって、まったく結論を異にするように見える両説は、実はその根底において共通する法理に立脚しており、譲渡対象債権についての処分権の帰属範囲に関する理解の違いにより結論が分かれていると評価することができる。そして、第三説も、債権譲渡時における譲渡対象債権についての処分権の帰属範囲を画する基準を、債権の法的性質や契約上の地位の移転をもたらす法律関係に照らして定立し、それに従って結論を導き出そうとするものと見ることもできるのであり、こうした理解に従えば、債権譲渡時における譲渡対象債権についての処分権の帰属範囲を画する基準こそが、この問題を解く鍵となるといえる。

以上のような整理に基づいた総論的な見地からは、甲乙間の将来債権譲渡が債権の特定性を満たしている有効な譲渡であり、乙が債権譲渡の第三者対抗要件を具備していることを前提としたうえで、なおかつ、甲の処分権が及ぶ範囲内の債権が譲渡対象とされている場合には、当該将来債権は乙に帰属しており、その半面、丙に帰属するものでないとの理解を基本とすべきものと思われる。すなわち、譲渡人の処分権限に基づいた有効な将来債権譲渡により、将来債権の債権者たる地位（注10）は債権譲受人に移転するものと理解され、その移転に対抗力が備わっている限り、その後の契約上の地位の移転は将来債権の帰属に影響を及ぼさないとの帰結は基本的に承認されてしかるべきであるといえる。

もっとも、総論的な解釈論としてこのような理解を前提としたとしても、譲渡人の処分権限の範囲は、債権の法的性質や契約上の地位の移転をもたらす法律関係の如何に従って個別に判断されることとなる。そこで、以下においては、契約類型に応じた具体的な事例を想定し、各論的な検討をさらに行うこととする。

2　役務提供型契約事例における検討

AとBとの間において、Bを注文主、Aを請負人とする建築工事請負契約が締結されている場合において、工事着工前の時点で、AがCに対し、工事完成時に支払われるべき工事請負代金債権を譲渡し、その旨の債権譲渡登記を経由した後、AからDに対し、建築請負業についての事業譲渡がなされ、Dが当該建築工事請負契約における契約上の地位（請負人たる地位）を承継したという事例（以下「事例1」という。）を想定する。

事例1において、譲渡対象とされた工事請負代金債権は、AB間の建築工事請負契約を発生原因とする将来債権であり、この債権の処分権は請負人たるAに帰属することから、CはDに対し、この将来債権の譲渡の効力を主張することができ、AC間のみならずCD間においても、この将来債権はCに帰属すると解される。この場合、Dは契約内容に従った工事を完成すべき義務を負う一方で、その工事請負代金債権はCに帰属することになるが、これは上記の総論的解釈をこの事例に当てはめた帰結である。

役務提供型契約においては、役務に対する対価請求権は、役務の提供に基づいて役務提供後に発生するものと一般に解され、将来債権の発生原因たる法律関係が存在するものの、契約締結時点においては未発生の債権であると観念される。そして、役務提供者が将来提供する役務に対する対価請求権を第三者に譲渡した場合、役務を提供すべき債務は譲渡人に残存するのであるから、その後、事業譲渡などによりその役務提供債務が承継されたときは、その債務を引き受けた者が対価請求権を取得しえないと解することには疑問の余地がないように思われる。

もっとも、Ｄが、事業譲渡を受けた後に、Ｂとの間で追加工事の請負契約を締結した場合には、追加工事に関する工事請負代金債権については将来債権譲渡の効力は及ばず、当該工事請負代金債権はＤに帰属するものと解される余地もある。およそ財産の管理処分権は、基本的に自己の所有する財産ないし自己に帰属する権利についてしか及ばないという一般原則に照らすならば、Ａは、ＡＢ間において締結した請負契約に基づいて自己の取得する工事請負代金債権を譲渡することはできるものの、ＤＢ間において将来締結される工事請負契約に基づいてＤの取得する工事請負代金債権を譲渡することはできないというべきだからである。ただし、追加工事の趣旨・内容如何によっては、独立した工事請負契約と認められず、従来の工事請負契約と一体と見るべき場合も少なからずあると思われる。事実認定の問題ではあるが、一方において、追加工事の趣旨・内容に照らすとともに、他方において、将来債権譲渡契約の趣旨・内容（追加工事に係る請負代金債権をも譲渡対象とする趣旨か否か）に照らし、個別に判断されることになろう。

また、Ｄが事業譲渡を受けた後に、ＡＢ間で締結された工事請負契約に係る工事内容の変更がＤＢ間で合意された場合にも、当該変更部分に関する工事請負代金債権の帰属については、同様に判断が分かれうるところである。すなわち、工事内容の変更があろうともＡＢ間で締結された工事請負契約に係る工事であると見るならば、工事内容の変更に伴う請負代金額の増減があろうとも、当該工事部分に関する工事請負代金債権の帰属に影響を及ぼすものではないといえる。これに対し、工事内容の変更を、従前の工事の一部撤回と新たな追加工事の発注と見るならば、変更部分の工事請負代金債権については将来債権譲渡の効力は及ばず、当該請負代金債権はＤに帰属するものと解される。追加工事の趣旨・内容に照らすとともに、将来債権譲渡契約の趣旨・内容に照らして個別に判断されるべきであることは、追加工事の場合と同様である。

3　継続的売買型契約事例における検討

ＡとＢとの間において特定の商品の売買に関する継続的供給契約が締結されており、当該継続的供給契約に基づいてＡを売主としＢを買主とする売買取引が継続的になされている場合において、Ａが、Ｃに対し、平成二四年一月一日、同日以降同年一二月三一日までの間になされる発注に基づいて発生するＡのＢに対する当該商品の売買代金債権を譲渡し、その旨の債権譲渡登記を経由した後、同年四月一日、Ｄに対し、当該継続的供給契約における契約上の地位を譲渡したという事例（以下「事例２」という。）を想定する。

事例２において、平成二四年一月一日から同年一二月三一日までの間の発注に基づく商品売買代金債権が、継続的供給契約を発生原因とする将来債権であると観念されるのであれば、この債権の処分権は継続的供給契約における供給者（売主）であるＡに帰属すると解されるので、ＣはＤに対し、この将来債権の譲渡の効力を主張することができ、ＡＣ間のみならずＣＤ間においても、この将来債権は（平成二四年四月一日以降の発注に基づくものも含め）すべてCに帰属すると解される。この場合、平成二四年四月一日以降の発注は、BからDに対してなされ、Dは発注に従った商品の供給をなす義務を負う一方で、その商品の売買代金債権はCに帰属することになるが、これは上記総論的解釈をこの事例に当てはめた帰結である。

しかしながら、たとえば、商品の売買単価については合意されておらず、発注時にそのつど売主買主間において協議して定めるものとされていた場合には、商品売買代金債権の発生原因を継続的供給契約であると解することに疑問の余地を生じるといえる。売買契約において売買代金額は最重要の契約事項であり、売買代金の決定要素となる売買単価の合意なくして売買契約の成立は観念しがたいからである。

さらには、この継続的供給契約において売買対象商品が特定されておらず、その後の売主買主間の協議により売買対象商品及びその売買単価が定められることとなっている事例（以下「事例3」という。）を想定すると、商品売買代金債権の発生のために、別途、売買対象商品と売買単価を定める個別合意が不可欠となり、商品売買代金債権はかかる個別合意に基づいて発生すると解される。すなわち、商品売買代金債権が個別の売買合意の成立を待って発生するならば、AC間の将来債権譲渡契約において譲渡対象とされた商品売買代金債権は、平成二四年一月一日以降同年一二月三一日までの間になされる発注に際して成立する個別売買合意（個別に成立する売買契約）を発生原因とすることとなる。

そこで問題となるのは、この個別売買合意が誰と誰との間の合意を意味するのかである。すなわち、AB間における個別売買合意に基づいて発生する商品売買代金債権が譲渡対象債権となるのは当然であるが、平成二四年四月一日以降にDB間においてなされる個別売買合意に基づいて発生する商品売買代金債権が譲渡対象債権となるか否かは別問題である。そして、財産の管理処分権は自己の所有する財産ないし自己に帰属する権利についてしか及ばないという一般原則に照らすならば、Aは、将来においてAB間においてなされる個別売買合意に基づいて自己の取得する商品売買代金債権を譲渡することはできるものの、将来においてDB間においてなされる個別売買合意に基づいてDの取得する商品売買代金債権を譲渡することはできないというべきである。

したがって、事例3においては、平成二四年四月一日以降になされるDB間の個別売買合意に基づいて発生する商品売買代金債権をCは取得することはできず、その結果、将来債権譲渡の効力はこの部分の商品売買代金債権には及ばず、CはDに対し、その限度において債権の帰属を主張しえないと解される。

4　貸借型契約事例における検討

AがB$_1$に対し、自己所有の建物を賃貸借期間三年（平成二四年一月一日から平成二六年一二月三一日）と定めて賃貸している場合において、賃貸借期間が一年経過した時点で、Aがこの建物賃貸借から発生する将来七年間分（平成二五年一月一日から平成三一年一二月三一日まで）の賃料債権をCに譲渡したとする。その後二年が経過してAとB$_1$との間の賃貸借が終了し、Aはこの建物をB$_2$に対して賃貸借期間三年（平成二七年一月一日から平成二九年一二月三一日）と定めて賃貸した。さらにその二年後（平成二九年一月一日）に、AがDに対してこの建物を譲渡し、DはAの賃貸人たる地位を承継した。さらにその一年後に、DとB$_2$との間の賃貸借が終了し、Dはこの建物をB$_3$に対して賃貸借期間三年（平成三〇年一月一日から平成三二年一二月三一日）と定めて賃貸したという事例（以下「事例4」という。）を想定する。

事例4において、将来七年間分の賃料債権を譲り受けたCは、建物譲受人であるDとの関係において、どの範囲の賃料債権を取得しうるかが問題となる。

上記総論的解釈を事例4に当てはめるならば、Aの処分権の及ぶ範囲内において発生する賃料債権については、CはDに対し、その将来債権の譲渡の効力を主張することができ、AC間のみならずCD間においても、その将来債権はCに帰属すると解される。そして、Dは賃借人に対して建物を使用収益させる義務を負う一方で、その間の賃料債権は取得できないことになる。しかるに、事例4において譲渡対象とされた七年間分の賃料債権は、AとB_1間との間の賃貸借契約と、AないしDとB_2との間の賃貸借契約と、DとB_3との間の賃貸借契約の各契約に跨がる期間に発生する将来債権である。それゆえ、この賃料債権の処分権は、どの範囲において債権譲渡人たるAに帰属すると考えられるのかが検討されなければならない。

もっとも、検討の対象となるべき賃料債権は、ある程度限定されているといえる。

まず、Cは、七年間分の賃料債権を譲り受けたのであるから、債権譲渡から七年経過後に発生する賃料債権について取得する余地はなく、DとB_3との間の賃貸借契約における賃貸借期間二年経過後（平成三二年一月一日以降）に発生する賃料債権を取得しえないことは自明である。

次に、債権譲渡から当初二年間は、賃貸人の地位も賃借人の地位も変動がないのであるから、AとB_1との間の賃貸借契約における賃料債権（平成二五年一月一日から平成二六年一二月三一日までの間の賃料債権）を取得しうることも自明である。

また、AとB_2との間の賃貸借契約における賃料債権のうち、建物がDに譲渡されるまでの当初二年間分（平成二七年一月一日から平成二八年一二月三一日までの間の賃料債権）についても、賃借人の地位の変動があるものの、Dが登場する以前に発生する債権である以上、当然にCが取得するものといえる。

そこで、議論の対象となるのは、①AとB_2との間の賃貸借契約に基づく賃料債権のうち、建物がDに譲渡された後の一年間分（平成二九年一月一日から同年一二月三一日までの間の賃料債権。ただし、後記のとおり、Aから賃貸人たる地位を承継したDとB_2との間の賃貸借契約に基づく賃料債権であるともいえる。）についてと、②DとB_3との間の賃貸借契約に基づく賃料債権のうち、当初の二年間に発生する賃料債権（平成三〇年一月一日から平成三一年一二月三一日までの間の賃料債権）について、ということになる。

しかるところ、賃料債権は賃貸目的物の法定果実の収取権たる側面があることから、賃料債権の処分権の基礎については、その債権発生原因たる賃貸借契約に基づく賃貸人たる地位に求める見解のほかに、賃貸目的物の所有権に求める見解があり、いずれの見解に依拠するかによって、以下のとおり、将来債権譲渡の効力の及ぶ範囲が異なることとなる。

第一の見解（甲説）は、賃貸建物の法定果実である賃料の収取権は建物の所有者に帰属すべきであることに着目し、所有者は賃貸建物の収益価値を将来にわたってすべて把握しているとの理解を前提として、所有者には将来にわたる法定果実を処分する権能があると考え、建物所有者である賃貸人は、賃料債権の譲渡時において、将来発生すべき賃料債権のすべてを処分する権能を有していると考える。その結果、甲説においては、賃貸建物の譲渡がなされて従来の賃貸人が建物所有権を失った後に発生する賃料債権についても、賃貸人や賃借人の変更の有無にかかわらず債権譲渡の効力が及ぶとの帰結となり、上記①の債権も上記②の債権もすべてC（賃料債権の譲受人）に帰属すると解する。

第二の見解（乙説）は、賃貸建物の法定果実である賃料の収取権が建物の所有者に帰属すべきであることに着目する点においては甲説と同様であるものの、所有者は賃貸建物を所有している限りにおいてその収益価値を把握しているとの理解を前提として、所有者には賃貸建物を所有している限りにおいて法定果実を処分する権能があると考え、建物所有者である賃貸人は、賃貸建物を所有している期間に発生すべき賃料債権を処分する権能を有していると考える。その結果、乙説によれば、賃貸建物の譲渡がなされて従来の賃貸人が建物所有権を失った後に発生する賃料債権については債権譲渡の効力が及ばないとの帰結となり、上記①の債権も上記②の債権もすべてD（新賃貸人）に帰属すると解する。

第三の見解（丙説）は、賃料債権は賃貸借契約に基づいて発生するものであることに着目し、賃料債権を処分する権能は賃貸人たる地位に由来し、建物の賃貸人は当該賃貸借契約に基づいて発生する賃料債権のすべてを処分する権能を有していると考え、債権譲渡時の賃貸借契約に基づいて発生する賃料債権である限り、賃貸人の地位の変更があっても債権譲渡の効力が及ぶと考える。その結果、丙説によれば、賃貸建物の譲渡がなされても（その場合、特段の事情がない限り建物譲受人が賃貸人の地位を承継すると解されるが（最判昭39・8・28民集一八巻七号一三五四頁）、賃貸人の地位の承継の有無にかかわらず）、当該賃貸借契約に基づいて発生する賃料債権については債権譲渡の効力が及ぶが、建物譲受人が新たに締結した賃貸借契約に基づいて発生する賃料債権については債権譲渡の効力が及ばないとの帰結となり、上記①の債権はCに帰属し、上記②の債権はDに帰属すると解する。

甲説、乙説、丙説のいずれが妥当であろうか。

賃料債権の処分権の基礎を賃貸目的物の所有権に求めるか（甲説・乙説）、それとも賃貸借契約に基づく賃貸人たる地位に求めるか（丙説）という問題は、賃貸目的物の法定果実収取権たる側面を有する賃料債権に固有の問題であるともいえるが、賃料債権のみについて、債権の処分権の基礎を契約外に求めることには疑問を感じるところである。

賃貸目的物と賃料の関係が元物と（法定）果実ととらえられ、果実は元物の処分に従うという物権法上の規律がこの場面でも妥当するとしても、それは、賃貸目的物と賃料の関係を物権的な側面からそのように把握することができるというにすぎない。物の使用収益権は物の所有権に内在していると見ることができるとしても、使用収益の対価たる賃料収取権について当然に所有権に内在していると見ることには疑問があり、賃料債権について賃貸目的物の法定果実収取権として常に賃貸目的物の処分に従うと解する必要はないと思われる（注11）。

他方、賃料債権自体は、あくまで賃貸借契約に基づいて成立するのであり、他人物賃貸借や転貸借における賃料債権を持ち出すまでもなく、賃料債権の成立は必ずしも賃貸目的物の所有関係を前提とするものではない。それゆえ、賃貸借契約に基づいて成立する賃料債権の処分権限の基礎は、当該賃貸借契約に基づく賃貸人たる地位であると解すべきものと考える。

そして、賃料債権の処分権限の基礎を賃貸人たる地位に求める見解（丙説）に従うならば、上記のとおり、将来債権の譲渡人の締結した賃貸借契約に基づいて発生する賃料債権については債権譲渡の効力が及び、建物譲受人が新たに締結した賃貸借契約に基づいて発生する賃料債権については債権譲渡の効力が及ばないとの帰結となる。

5　小　括

以上のとおり、将来債権譲渡の効力の限界について、譲渡対象債権の発生原因となる契約の類型別に検討を行ったが、こうした各論的検討により、将来債権譲渡により譲渡対象債権の債権者たる地位は債権譲受人に移転され、その後の譲渡人の契約上の地位の変動は将来債権の帰属に影響を及ぼさないとの理解が各契約類型を通じて基本的に妥当することが確認されるとともに、将来債権譲渡は、譲渡人の処分権限の及ぶ将来債権が譲渡対象とされる限りにおいて効力を有することが明確にされた。すなわち、自己に帰属する権利にしか財産の管理処分権は及ばないという一般原則に照らし、将来債権譲渡においても、債権譲渡人の処分権限の及ぶ将来債権に限って譲渡の効力が生じるという点において、譲渡の効力に限界があることがより具体的に明らかにされたといえる。

もっとも、債権譲渡人の処分権限が及ばないことを理由とする譲渡の効力の限界は、いかなる範囲の将来債権を譲渡することができるかという債権譲渡自体の有効性に関する問題であり、有効になされた債権譲渡の効力が対抗関係にある第三者との関係において制限されるという問題とは次元を異にする。すなわち、将来債権譲渡がなされた後に、当該債権を発生させる契約関係について債権者たる地位に変動があった場合において、その地位の変動後に発生する債権が債権譲受人と契約上の地位の譲受人のいずれに帰属するかという問題を両者間の対抗問題ととらえるならば、対抗要件の具備の先後によって両者の優劣は決まることとなるが、その議論は、将来債権譲渡の効力が債権者たる地位の変動後に発生する債権にまで及ぶことが前提となっている。しかるに、債権譲渡人の処分権限が及ばない将来債権については譲渡の効力が及ばず、それゆえ、かかる将来債権について債権譲受人が権利を取得しえないと整理するならば、この議論は、将来債権譲渡の効力の及ぶ範囲の限界として完結する問題であって、契約上の地位の譲受人との間の対抗問題となるものではないといえる。

従来、平成一〇年最高裁判例をめぐる議論のなかで、この問題を対抗問題として処理するという発想が散見されたようにも思われるが(注12)、以上のように整理すべきではなかろうか。

(注10)　将来債権譲渡における譲渡の対象(客体)を何ととらえるかについては、将来債権譲渡の本質にかかわる重要な問題であるが、これを「未発生の債権」と観念するのか、「債権を原始取得しうる法的地位」と観念するのかなど、種々の見解がありうる。今尾真「将来債権譲渡と流動債権の譲渡担保に関する考察」小林一俊ほか編『下

森定先生傘寿記念論文集　債権法の未来像』一六〇頁参照。

（注11）賃料収取権を欠く不動産所有権を容認することについては、その公示性を欠くことから不動産取引の安全性を脅かすことが懸念されるところであり、その観点から不動産賃料債権の譲渡の効力を制限すべきとの議論もありうる。しかしながら、債権譲渡の公示性の不十分さについては、不動産賃料債権の譲渡に固有の問題ではないし、不動産取引の安全性を確保する見地から不動産賃料債権の譲渡の公示性を特に高める必要があるとすれば、そのための制度的手当が別途検討されるべき問題であるといえる。なお、森田宏樹「建物の賃料債権の差押えとその後に建物を譲り受けた者との関係」金法一五五六号五九頁以下は、「……善意の譲受人の不利益が生ずるのは、建物登記等による公示を欠いた賃料債権の事前処分の対抗を認める現行制度がもたらす論理的な帰結であって、ある意味では仕方のないところである」と指摘している。

（注12）鎌田薫ほか「不動産法セミナー（第二七回）不動産賃料債権の帰属(2)」ジュリ一三四六号六五頁〔鎌田発言〕は、この点を批判的に指摘しているが、正当な指摘であると考える。

四　結　語

以上のとおり、将来債権譲渡は、譲渡人の処分権限の及ぶ将来債権が譲渡対象とされる限りにおいて効力を有することを前提としたうえで、有効な将来債権譲渡により譲渡対象債権の債権者たる地位は債権譲受人に移転され、その後の譲渡人の契約上の地位の変動は将来債権の帰属に影響を及ぼさないとの基本的理解が、本稿における考察の結論とするところである。

もっとも、将来債権譲渡の譲渡人の地位の変動が生じる場面としては、上記のような契約上の地位の移転の場合のほか、譲渡人に倒産手続が開始された場面が問題となる。すなわち、将来債権譲渡がなされた後に、譲渡人について倒産手続が開始された場合、管財人ないし再生債務者の下で発生する債権が、債権譲受人に帰属するのか、管財人ないし再生債務者に帰属するのかという問題である。

管財人ないし再生債務者の地位を契約上の地位の承継人と同視するならば、上記の議論がそのまま当てはまることになるが、倒産手続の機関たる管財人ないし再生債務者の地位の理解については、いわゆる「管財人等の第三者性」の議論とも関連して従来より見解の分かれるところである。また、管財人ないし再生債務者の地位の理解如何にかかわらず、倒産手続固有の手続法的考慮から、将来債権譲渡の効力を制限する解釈もありうるところである。

しかしながら、かかる手続法的考慮も実体法上の理解が前提となるところであり、それゆえ本稿においては、譲渡人の地位の変動に伴う将来債権譲渡の効力の限界について、もっぱら実体法上の解釈論として契約類型に応じた検討を加えたものである。この問題は、債権法改正の議論のなかでも取り上げられており、規律の明確化を図る観点からは立法的解決が図られることも期待されるが、本稿における検討が立法論上の議論としても参照されれば幸いである。

相殺の担保的機能をめぐる倒産法と民法の法理
——民法の視点からの最高裁平成二四年五月二八日判決の検証

潮見佳男

一　はじめに

倒産法上の相殺制度は、民法上の相殺制度を基礎に据え、倒産法に固有の価値を考慮に入れてその拡張と制限を行っている。他方で、民法上の相殺の法理は、相殺の担保的機能をめぐり、倒産法上の相殺制度の下で展開される法理を考慮に入れつつ成熟し、深化してきた。差押えと相殺の優劣に関する無制限説に立脚した相殺法理は、その典型である。

そうしたなかで、倒産法上の相殺を扱う最近の理論は、一部で、民法の相殺法理に対し、やや異質な動きを示しているようにも見える（倒産法上の相殺に関する「合理的期待説」（注1）など）。相殺を取りまく諸制度に関して、倒産法上の理解と民法の理論との間にずれがあるのではないかと感じられるところもある（求償権に関する理解、弁済者代位の法理など）。

そうであるとすれば、倒産法上の相殺を扱う最近の理論は、民法の相殺その他の法理に対してなんらかの影響を及ぼしうるか。逆に、倒産法上の相殺を扱う最近の理論に対して、民法の相殺その他の法理はなんらかの影響を及ぼしうるか。

以上の問題意識から、本稿では、まず、相殺権をめぐる民法の法理と倒産法の法理の関連を概観し、その整理をふまえ、倒産法上の相殺権との接点にある民法の相殺法理を深めるための一歩として、倒産法の法理と民法の法理との関係を考えさせる点で重要な意味をもつ最判平24・5・28民集六六巻七号三一二三頁を検証する。

（注1）　この理論に関しては、最近のものとして、さしあたり、中西正「いわゆる『合理的相殺期待』概念の検討」債管一三六号四六頁。また、鹿子木康ほか「パネル・ディスカッション『倒産と相殺』」債管一三六号一七頁以下も参照。

二　相殺に関する民法法理と倒産法理の関係

1　倒産法上の「相殺権」と民法上の「相殺権」――制度上での共通点と相違点

(一)　倒産法上の相殺権の定義――民法との違い

倒産法上の相殺権は、倒産手続の進行中に相殺をすることができる倒産債権者の地位と、倒産手続開始前にされた相殺の効力を倒産手続の進行中においても維持することができる倒産債権者の地位に限定して用いられている（注2）。

(二)　相殺の要件と効果に関する原則――民法との共通性

倒産法上の相殺の要件と効果は、「原則として、民法をはじめとする平時実体法の定めるところによる」ものとされる（注3）。「倒産法上の相殺も、本質的には民法上の相殺と異ならないから、倒産法がその要件を修正している場合を除き、民法の相殺の法理に従うべきことは当然である」（注4）との理解に支えられた見方である。

(三)　相殺権の拡張と制限――民法との違い

倒産法上の相殺では、債権者平等の原則を基礎に据えた集合的な債権処理という倒産法独自の立場から、民法にはない相殺権の拡張と制限がされている。これに関して、民法法理との関係で重要なのは、次の点である。

第一に、破産法では、債権の現在化という、民法にはない処理（注5）がされている（破産法六七条、一〇三条三項。民事再生法九二条一項、会社更生法四八条一項では、再建型手続ゆえの異なった処理がされている）。とりわけ、民法では、自働債権について弁済期が到来していることが相殺の要件である（注6）のに対して、破産手続開始後には、それよりも前に弁済期が到来していなかった破産債権を自働債権とする相殺が許されることになる（破産債権が期限付債権の場合には、その期限が未到来であっても、破産法一〇三条三項で弁済期の到来が擬制されるため、この債権を自働債権とする相殺そのものが可能である）。

第二に、倒産債権が停止条件付債権や「将来の請求権」である場合、民法では、この債権を自働債権とする相殺が許されないが、破産法では、この債権の債権者（破産債権者）が後日に相殺できる地位を確保するために、破産債権者による寄託請求の制度を設けている（破産法七〇条）。また、破産債権が解除条件付債権の場合には、この債権を自働債権とする相殺が可能な点は民法におけるのと違いがなく（注7）、また、受働債権が期限付債権や条件付債権の場合には、破産債権者はこの期限や条件に関する利益を放棄することによって相殺をすることができる（注8）点で、民法と破産法において違いがない（再生手続・更生手続においては、条文上の根拠を欠くため、受働債権が条件付債権や将来の請求権に関するものであるときに相殺が禁止されるかどうかについて議論がある（注9））。

(四) 相殺権と別除権との類似性——民法の相殺権が有する担保的地位に対する強化

倒産法は、倒産財団を構成し、個別行使が禁じられ、債権者平等原則の下での集合的な債権処理により全倒産債権者への配当の原資となるであろう受働債権を、倒産手続外での相殺権の行使を許すことによって、自働債権を有する特定の債権者の満足のためにのみ用いることを容認している。これは、相殺の担保的機能を考慮したことによるものである。ここでは、「本法（引用者注。破産法）は、相殺権が担保権同様に優先的回収の手段であり、相手方無資力のもっとも典型的な場面の一つである相手方の破産の場合にこそ機能すべきことを認めて、相殺権を破産手続によらないで行使することを認める」（注10）ものと説明されている。

もっとも、倒産法では、「実体法上の相殺権が倒産法上の相殺権を基礎付け、別除権的地位が与えられる」（注11）とか、倒産法の相殺権は「担保的効力という点で別除権に類似する側面」がある（注12）との指摘にも表れているように、各種の物的担保を有する者に与えられた別除権と相殺権との類似性から、自働債権を有する者（相殺権者）の担保的地位が、民法以上に強化されていると見ることもできる。債権者平等の原則に対して優位に立ち、倒産手続外で行使することのできる相殺権を正当化するには、物的担保に類する地位としての相殺権者の地位を強調し、強化することが不可欠であるという理解に出たものと考えられる。「相殺は、自働債権について担保権の設定を受けたのと同様の役割を果たす」（注13）とか、「相手方の破産債権は、相殺権という一種の担保的利益が付着した債権であ［る］」（注14）ともいわれるゆえんが、ここにある（それでも、相殺権を担保物権・物的担保と同一視しているわけではない）。

また、相殺権に対する倒産法固有の論理による制限を説明するにあたっても、「偏頗的な満足の制限という点で（担保設定に関する）偏頗行為否認と類似する側面がある」（注15）との指摘がされているところ、ここでも、倒産法の領域では民法以上に担保権に近づけて相殺権をとらえようとするとともに、債権者間の平等性・公平性の観点から相殺権を制限することを正当化しようとする視線を感じさせる。

2　異質論の主張内容

わが国では、平時における民法上の相殺の法理と倒産法上の相殺の法理との質的相違を指摘する見解（異質論）が主張されることがある。

とりわけ、差押えと相殺の優劣に関して無制限説をとった最大判昭45・6・24民集二四巻六号五八七頁（以下、「最高裁昭和四五年大法廷判決」という）において、制限説（弁済期先後基準説）を支持した松田二郎裁判官の反対意見は、次のように述べて、民法（平時実体法）における相殺と倒産実体法における相殺との質的相違を強調していた。

それによれば、「破産のときは、期限付債権でも破産宣告の時において弁済期に至りたるものと看做される（破産法一七条）から、その結果として、破産債権による相殺が可能となるのである。これは、破産手続のため、破産者の有し又は負担していた多くの債権債務を処理するための便宜に基づくのであって、何等多数意見の根拠となり得ないと思われる。現に、ドイツ破産法は、わが国の破産法と同様広く相殺を認めつつ（ドイツ破産法54条）、差押の場合には相殺をもって差押債権者に対抗し得る場合を制限しているのである（ドイツ民法392条）」（法令・条文は、当時のもの）。

実際に、かつてのドイツでは、この松田裁判官の反対意見に示されているように、立法時の事情もあって、差押えと相殺の優劣が問題となる局面では制限説（弁済期先後基準説）、破産の場面における相殺権の行使が問題となる局面では無制限説が採用されるというように、相殺権の優劣・対抗に関して平時実体法と倒産実体法において異なった枠組みが採用されていた。異質論には、ドイツ民法392条（制限説〔弁済期先後基準説〕）とドイツ旧破産法54条（無制限説）が、相殺権の優劣に関して異質なパラダイムに立脚していた点を、自説を補強するために積極的に活用するという特徴が見られる（注16）。

そして、相殺権の優劣・対抗に関して民法（平時実体法）と倒産実体法において異なった枠組みが妥当することを認める立場からは、差押えと相殺の優劣に関して制限説をとった最大判昭39・12・23民集一八巻一〇号二二一七頁（以下、「最高裁昭和三九年大法廷判決」という）における奥野健一裁判官の補足意見に示されているように、倒産法上の相殺権につきいかなる態度決定がされようとも、ドイツ民法392条に依拠して、差押えと相殺の優劣・対抗が問題となる場面では制限説（弁済期先後基準説）が採用されるべきだとするような見方――「独逸民法392条は正にこの法理を宣明した規定であって、わが民法511条の解釈に当り参考に値するものというべきである」とする――が成り立ちうることになる（注17）。

3　相殺の担保的機能の面での平準化――倒産法からの影響

最高裁昭和四五年大法廷判決が差押えと相殺に関して無制限説を採用した後、四半世紀を経るなかで無制限説が実務上で定着することにより、無制限説を基礎に据えたとされる倒産法（とりわけ、破産法六七条）と、無制限説を基礎に据えた民法（平時実体法）における相殺権や相殺の担保的機能に関する理解を同質のものととらえる素地が形成された（注18）。この動きは、民法の相殺法理が倒産法の相殺法理へ接近したもの、より正確には、倒産法の相殺法理を取り入れて民法の相殺法理が展開したもの――倒産法から民法へ――と見ることができる。

最高裁昭和三九年大法廷判決において、無制限説を支持する立場からの反対意見を書いた横田正俊裁判官は、このことを次のように表していた。

「債務者の資力が不十分な場合において第三債務者に許される相殺権の行使についてみるならば、破産手続、和議手続又は会社更生手続（以下、破産手続等という。）においても、相殺権は十分に尊重され、破産債権者、和議債権者又は更生債権者（以下、破産債権者らという。）が、破産宣告、和議開始又は更生手続開始（以下、破産宣告等という。）の当時、破産者、和議債務者又は更生会社に対し債務を負担する場合においては、破産債権、和議債権又は更生債権（破産宣告後に他から取得したものなど特殊のものを除く）を自働債権として、破産手続等によらないで相殺することができるものとされており（破産法九八条以下、和議法五条、会社更生法一六二条）、右によれば、他の一般の債権者にとっては、通常の差押の場合に比し利害関係のより甚大な右破産等の場合においてすら、破産者らに対し反対債権を有する破産債権者らに対しては、相殺権の行使が広く認められ、他の一般の債権者に対して優越した地位が与えられていることが知られるのである。」（法令・条文は、当時のもの）

倒産法上の相殺法理を取り入れて民法の相殺法理を展開する方向は、民法における相殺権を倒産法上の相殺権と同様、担保物権に比する地位へと格上げすることを推進する方向へと作用する（注19）。

4　個別執行と倒産処理の共通性に即した平準化

さらに、民法（平時実体法）で問題となる差押えと相殺の優劣と、倒産法で問題となる期限付債権が対象となる相殺の有効性に関して、共通の準則の下で処理するのが適切であることを積極的に説く見解も見られる。そのなかには、上記の横田裁判官のように、差押えと相殺の優劣につき無制限説を主張する立場から、包括執行の性質を有し、多くの倒産債権者に対して影響を及ぼす倒産法（とりわけ、破産法）においてすら相殺の優先が認められるのであるから、まして、個別執行である差押えの局面では、少なくとも倒産法レベルでの相殺権の優先が認められるべきであると考えることにより、民法と倒産法との平準化を図るものがある。

さらに進んで、（旧破産法下での立論であるが）「一般に破産宣告の効力が差押と同様に理解されていることからすれば、実体的な権利関係からみて、民法上も破産法上も一般債権者に対して相殺権者が優先する根拠とその範囲について異同はないとも理解しうる」と説く見解もある（注20）。

これらの見解には、民法の相殺法理が倒産法の相殺法理へと波及しているというよりは、倒産法の相殺法理が民法の相殺法理へと波及しているという特徴を見てとることができる。少なくとも、差押えと相殺に関して無制限説をとる立場においては、倒産法における相殺権の考え方が、民法の相殺法理、ひいては相殺権のあり方にとっての指導形象を成している。

5　次節への架橋

問題は、このような思考方法を、相殺権とその制限が問題となる局面全般にも展開することができるかどうか、とりわけ、倒産法制で承認されている相殺権の拡張と制限に関する個別準則、さらにはこれに関連して展開されている民事実体法理（たとえば、倒産事例で問題となっている債権の属性、求償と代位に関する判例法理など）を、民法法理として一般化すること、言い換えれば、倒産法における相殺権の拡張と制限に関する制度趣旨を、民法上の相殺権の射程と限界を考えるうえで考慮に入れる余地を認めることが適切か否かにある（注21）。本稿の冒頭に示した前掲最判平24・5・28は、倒産法上の相殺法理と民法法理との関係を考えさせる点で重要な意味をもつものであり、そこで判示された内容をどのように評価するかは、上記問題に答えるにあたっての一つの試金石となる。

（注2） 竹下守夫編集代表『大コンメンタール破産法』二九一頁〔山本克己〕を参照。

（注3） 竹下編・大コンメンタール（注2）二九一頁〔山本克己〕。

（注4） 青山善充「倒産法における相殺とその制限(3)」金法九一六号六頁。

（注5） もっとも、債権の現在化の点に相殺への合理的期待を見出す点では、債権の現在化を定める破産法六七条は、民法の相殺法理、とりわけ、相殺の担保的機能に関する無制限説の基礎となっている。

（注6） それゆえに、無制限説を基礎に据えてもなお、反対債権を有する第三債務者としては相殺予約（正確には、期限の利益喪失特約）をしておく意味がある。潮見佳男『債権総論Ⅱ（第三版）』三九一頁以下。

（注7） 破産手続の場合には、その後に解除条件が成就した場合の処理が、民法におけるのとは異なる（破産法六九条）。また、再生手続・更生手続の場合には、相殺をするためには、債権届出期間内に条件が成就していることが必要である。

（注8） 旧破産法下の事件を扱ったものであるが、最判平17・1・17民集五九巻一号一頁は、現破産法六七条二項に対応する旧破産法九九条に関して、「九九条後段は、破産債権者の債務が破産宣告の時において期限付又は停止条件付である場合、破産債権者が相殺をすることは妨げられないと規定している。その趣旨は、破産債権者が上記債務に対応する債権を受働債権とし、破産債権を自働債権とする相殺の担保的機能に対して有する期待を保護しようとする点にあるものと解され、相殺権の行使に何らの限定も加えられていない」という。そして、「破産手続においては、破産債権者による相殺権の行使時期について制限が設けられていない」とし、①破産債権者は、「その債務が破産宣告の時において期限付である場合には、特段の事情のない限り、期限の利益を放棄したときだけでなく、破産宣告後にその期限が到来したときにも、法九九条後段の規定により、その債務に対応する債権を受働債権とし、破産債権を自働債権として相殺をすることができ」、②「その債務が破産宣告の時において停止条件付である場合には、停止条件不成就の利益を放棄したときだけでなく、破産宣告後に停止条件が成就したときにも、同様に相殺をすることができる」としている（破産宣告の後に期限が到来し、また停止条件が成就した保険会社に対する解約返戻金請求権を受働債権とし、不法行為を理由とする保険契約者〔破産者〕に対する損

害賠償債権〔破産債権〕を自動債権とする保険会社の相殺の効力を認めた判決である）。

（注9） 伊藤眞『破産法・民事再生法』六九三頁、松嶋英機ほか編「法的整理の実務」金商七四九号四九頁〔高橋洋行＝鯉渕健〕。

（注10） 伊藤眞ほか『条解破産法』五〇一頁。

（注11） 水元宏典「倒産法における相殺規定の構造と立法論的課題」債管一三六号一五頁。

（注12） 伊藤ほか・条解破産法（注10）五〇二頁。

（注13） 伊藤・前掲書（注9）三四八頁。

（注14） 伊藤・前掲書（注9）三四九頁。

（注15） 伊藤ほか・条解破産法（注10）三〇二頁。

（注16） ドイツ破産法（Konkursordnung）は、その後に改正され、一九九四年一〇月五日の倒産法（Insolvenzordnung）95条1項第3文では、制限説（弁済期先後基準説）が採用されることにより、民法392条との同質性が確保されている。ドイツ法の状況、とりわけ旧破産法・新倒産法における相殺権と民法における相殺権の法理の関係については、中西正「破産法における相殺権」法学六六巻一号一頁、水元・前掲論文（注11）一〇頁、水元宏典『倒産法における一般実体法の規制原理』二〇一頁、特に二一六頁以下。

〔ドイツ民法392条〕……債権（訳者注。受働債権）が差し押さえられた場合において、債務者が債権者に対して有する債権（訳者注。自働債権）を用いてする相殺は、債務者が自己の債権〔訳者注。自働債権〕を差押えの後に取得したとき、又は自己の債権〔訳者注。自働債権〕の弁済期が差押えの後に、かつ、差し押さえられた債権（訳者注。受働債権）の弁済期よりも後に到来するときに限り、許されない。

〔ドイツ（旧）破産法54条1項〕……破産手続が開始した時に、相殺に供されるべき債権〔訳者注、自働債権と受働債権〕の双方又は一方の弁済期が到来していなかった場合、若しくは条件付きであった場合、又は債権者の債権（訳者注。自働債権）が金銭の支払を目的としていなかった場合であっても、相殺は妨げられない。

〔ドイツ倒産法95条1項〕……倒産手続が開始した時に、相殺に供されるべき債権〔訳者注、自働債権と受働債権）の双方又は一方が停止条件付きである場合、若しくは期限付きである場合、又は両債権が同種の給付を目的としていない場合には、これらの要件が満たされた後でなければ、相殺をすることができない。41条（訳者注。倒産債権の現在化）及び45条（訳者注。倒産債権の金銭化）は適用されない。相殺をすることができるようになる前に受働債権が無条件となり、かつ、その弁済期が到来する場合には、相殺をすることができない。

（注17）　最高裁昭和三九年大法廷判決における補足意見で、松田二郎裁判官も、前記のように平時と倒産時における相殺権保護の枠組みの質的相違を認めたうえで、民法上の相殺につき、「ドイツ法上、右条文の下において、第三債務者との間に、差押より以前に締結された相殺契約が存在するとき、それは差押によって影響されずとし、あるいはこれに優先するものと解されることは注目に値し、このことは卑見を確かめるものである。」と述べている。

（注18）　法制審議会民法（債権関係）部会においても、差押えと相殺の優劣に関しては、下記の付議がされ（法制審議会民法〔債権関係〕部会・部会資料39「民法〔債権関係〕の改正に関する論点の検討⑾」八一頁）、これを受けて、部会レベルでは、無制限説を採用するのが適切であるとの方向で決している（法制審議会民法〔債権関係〕部会第四七回会議議事録〔二〇一二年五月二二日〕を参照）。

「⑴　法定相殺と差押え

　民法第五一一条を以下のように改めるものとしてはどうか。

①　債権の差押えがあった場合であっても、第三債務者は、原則として、債務者に対して有する反対債権による相殺をもって差押債権者に対抗することができるものとする。

②　上記①の例外として、第三債務者は、差押え後に取得した反対債権による相殺をもって差押債権者に対抗することができないものとする。」

なお、筆者は、法制審議会民法（債権関係）部会幹事として、再校時点で、中間試案に向けたとりまとめ案を目にしているが、相殺に係る部分はこの時点では未だ公表されていないため、本稿での引用は差し控えている。

（注19）　もっとも、破産法六七条の規律が無制限説を根拠づけるかどうかについては、安易な短絡は不適切であるとも

いえる。というのも、最高裁昭和二九年大法廷判決における奥野健一裁判官の補足意見――「破産の場合は、破産法一七条により期限附破産債権は破産宣告の時に弁済期到来するものと看做され、破産債権者は同法九九条により破産者に対する債務と相殺することが許されている」（法令・条文は、当時のもの）とする――に代表されるように、同条は、「法律の明文により相殺適状の到来が擬制」されているにすぎないものと見ることも可能だからである。詳しくは、潮見・前掲書（注6）三八九頁。

（注20）北居功「相殺の担保的機能」別冊NBL六〇号『倒産手続と実体法』二〇一頁。

（注21）もとより、いくら平準化を目指すとはいえ、もっぱら倒産法固有の制度目的に結びつけられた相殺の法理、とりわけ、倒産法上の相殺における債権の現在化、危機時期に取得した債権を対象とする相殺の禁止とその例外則、自働債権が停止条件の場合における相殺の前提としての寄託請求の制度まで民法上の相殺の法理に組み入れようという見解はないし、後述するように、筆者もそれが適切であると考える。民法（債権法）改正検討委員会編『詳細・債権法改正の基本方針Ⅲ――契約および債権一般(2)』六五頁以下・六九頁も、民法における相殺に対する規制のあり方を示すにあたり、民法で問題とするべきは個別の債権執行・保全の実効性を確保する観点から行われる相殺規制であり、これに対して、「より広い範囲の債権者の間の公平平等を理念に据えつつ行われる集合的な法的処理」が問題となる局面における相殺規制については、倒産法制において対処されるべきものであって、「この種の問題に対する民法上の規律は、基本的に不要である」という（とりわけ、危機時期への対処が問題となる局面での相殺規制のための立法のあり方を問うている）。

とはいえ、このような立場をとる場合でも、倒産法上の相殺制度をめぐって展開されている法理のなかに、民法上の相殺全般に基本的に妥当する一般法理が認められないかどうかを探究する作業は、民法学の領域においても必要である。その意味では、倒産法の制度目的に従い、倒産法固有の論理の下で妥当する法理（危機時期における相殺禁止に関する準則は、この種のものである）との識別が重要である。

三　最判平24・5・28と民法法理

1　緒　論

前掲最判平24・5・28（以下、「本判決」という）が扱った事件は、破産者であるS社の破産管財人が、その取引金融機関であるB銀行に、SとB銀行との間の当座勘定取引契約を解約したことに基づく払戻金及び遅延損害金の支払を求めたのに対し、B銀行が、Sの破産手続開始前に、その委託を受けないでその債権者Gとの間で保証契約を締結し、保証人となっていたことから、破産手続の開始後に保証債務を履行し、これにより取得した事後求償権を自働債権とする相殺を主張したものである。

この事件では、保証人（B銀行）が債務者（S）の破産手続開始前に委託を受けないで締結した保証契約に基づき、同手続開始後に保証債務を履行することにより取得した事後求償権が破産債権に該当するか否か、また、この事後求償権を自働債権とする相殺が許されるか否かが主たる争点となった。

第一審・第二審における判断への言及は判例評釈類に譲るとして、本稿では、民法法理との関係で、本判決の示した判断がもつ意味に限定して考察する。

2　保証人の事後求償権の破産債権該当性

㈠　法廷意見の考え方

法廷意見は、次のように述べて、無委託保証人の事後求償権が「破産手続開始前の原因に基づいて生じた財産上の請求権」に当たるとし、これが破産債権に該当することを肯定した。

「保証人は、弁済をした場合、民法の規定に従って主たる債務者に対する求償権を取得するのであり（民法四五九条、四六二条）、このことは、保証が主たる債務者の委託を受けてされた場合と受けないでされた場合とで異なるところはない（以下、主たる債務者の委託を受けないで保証契約を締結した保証人を「無委託保証人」という。）。このように、無委託保証人が弁済をすれば、法律の規定に従って求償権が発生する以上、保証人の弁済が破産手続開始後にされても、保証契約が主たる債務者の破産手続開始前に締結されていれば、当該求償権の発生の基礎となる保証関係は、その破産手続開始前に発生しているということができるから、当該求償権は、『破産手続開始前の原因に基づいて生じた財産上の請求権』（破産法二条五項）に当たるものというべきである。したがって、無委託保証人が主たる債務者の破産手続開始前に締結した保証契約に基づき同手続開始後に弁済をした場合において、保証人が主たる債務者である破産者に対して取得する求償権は、破産債権であると解するのが相当である。」（傍線は引用者。以下同じ）

㈡　千葉勝美裁判官の補足意見

千葉勝美裁判官の補足意見は、委託を受けない保証人の事後求償権とその発生原因との関係について、委託を受けた保証人の事後求償権とも比較しながら、次のように述べている。

「無委託保証契約が破産者との間で債権的な関係を発生させるのは、本件では、破産手続開始後に保証債務を弁済した時であり、その意味で、弁済という事務管理によりその時点（破産手続開始後）で事後求償権が生じたという見解が主張されることになる。この見解は、本件において、結論として、事後求償権を破産債権と扱わないことになり、その結果当座預金債権との相殺を認めないことになるが、そのための巧みな理論的工夫であろう。

しかしながら、無委託保証契約であっても、更にはその締結を債務者が望んでいるのか不明な場合であっても、結果的には、契約締結により一定程度債務者に対する与信の付与の効果は生ずるのであり、事務管理という観点からみても、保証債務弁済の時ではなく、保証契約締結の時点で主債務者のための事務管理がされたといわざるを得ない。また、委託保証契約においては、一定の場合、委託を受けた保証人に事前求償権が生じ、その発生原因は保証契約であるということになるが、事後求償権の発生原因も、これと別異に解する理由はなく、同様に保証契約であって、弁済前に弁済を条件とする事後求償権（条件付債権）が発生していると解すべきであろう。そうなると、無委託保証契約が債務者の領域外の出来事であったとしても、事後求償権は、委託保証契約の場合と同様の構造で発生するのであるから、その発生原因も同様に、保証契約と捉えるしかなく、無委託保証契約の場合に限って、その発生原因を保証契約でなく、保証債務の弁済であるとするのは、根拠がないといわざるを得ない。そうすると、解釈論として、本件事後求償権の発生原因は、無委託保証契約であり、破産手続開始前に債権発生の原因があるので条件付破産債権であるということになるので、事後の弁済こそが債権発生の原因であるとする解釈は、やはり採り難いところである。」

(三) 従前の民法法理

(1) 事後求償権の発生原因

保証人の事後求償権については、その発生原因として、契約及び事務管理（論者によれば、場合によっては、さらに不当利得）があげられ、それぞれの発生原因が、委託を受けた保証と委託を受けない保証に対応するものと考えられている（求償権の発生原因としての保証委託契約（注22）・事務管理）。

もっとも、本判決が扱った事案のような委託を受けない保証について、求償権の発生原因が事務管理であるといわれるときに、何が事務管理に当たるのかについて、明確に示す民法学説は多くない。

それでも、指導的学説のなかでは、「債務者の委託を受けずに保証人となったのであれば、弁済は事務管理であり、弁済のための出捐は事務管理の費用としてその償還を請求しうることになる」（注23）とか、「債務者の委託を受けずして保証人となったのであれば、弁済は事務管理となり、弁済のための出捐は事務管理の費用としてその償還を請求しうることになる」（注24）との説明に代表されるように、保証人による弁済行為が事務管理であるとの理解（「事務管理＝弁済」構成）を基礎に据えているものが見られる（注25）。

(2) 事後求償権の発生と取得

民法の教科書・体系書類では、保証人の事後求償権がいつ発生するのかについて、明確に触れるものはない。また、事後求償権の発生と事後求償権の取得について明確に区別をして論じるという傾向も見られない（注26）。

さらに、倒産法学では頻繁に見られる停止条件付債権又は「将来の請求権」としての保証人の事後求償権という見方（注27）も、民法学では希薄である（注28）。保証人の事後求償権は委任や事務管理における費用償還請求権と同質のものとして説かれるところ、委任事務処理費用の償還請求権（民法六五〇条一項）や事務管理者の有益費用償還請求権（民法七〇二条一項・三項）の一般に広げてみても、これらの権利が停止条件付債権であるとの見方を強く打ち出す傾向は、民法学にはない。

(四) 本判決が民法法理に及ぼす影響

本判決は、①保証人の事後求償権の「発生」と事後求償権の「取得」を区別したこと、②保証人の事後求償権の「取得」の時期は、保証人による弁済時であるとしたこと（破産手続開始後の事後求償権の「取得」）、③委託を受けない保証の場合に、事後求償権の発生原因を保証契約の締結の点に認めたことの意味において、重要である（注29）。なお、保証人の事後求償権が「停止条件付債権」「将来の請求権」であるという理解は、本判決の法廷意見では明示されていない。また、法廷意見では、「当該求償権の発生の基礎となる保証関係」が破産手続の開始前にされていると述べるにとどまり、無委託保証人が破産手続開始後に取得した事後求償権の「発生原因」が何であるかについての言及を避けている。破産法二条五項にいう「破産手続開始前の原因に基づいて生じた財産上の請求権」という意味が、民法にいうところの債権（請求権。本件では、事後求償権）の「発生原因」と同義であるかどうかについての判断を回避している点に大きな特徴がある。しかし、債権（請求権）の「発生原因」という意味とは異なった意味を「破産手続開始前の原因」の概念に与えることには、無理がある。仮に法廷意見が無委託保証人の事後求償権（債権）の「発生原因」が何かを明らかにすることを意図的に避けたのであれば、無委託保証人の事後求償権の「発生原因」を保証契約の締結に求めたことの当否に対する実質的評価に立ち入る前に、法廷意見の理論不備を指摘せざるをえない（注30）。

他方、千葉裁判官の補足意見は、法廷意見とは異なり、保証人の事後求償権が「条件付債権」であるとの認識を示しつつ、委託を受けた保証の場合の事後求償権の発生原因を保証契約、委託を受けない保証の場合の求償権の発生原因を事務管理に求めるべきことを明確に示している。「破産手続開始前の原因に基づいて生じた財産上の請求権」という字義と「債権（請求権）の発生原因」とが同義であることを示すものであり、問題の本質を理解した的確な説明である。そして、委託を受けない保証における保証人の事後求償権の発生原因を事務管理に求めることは、民法における諸説と合致するものでもある。

そのうえで、千葉裁判官は、委託を受けない保証の場合における事後求償権の発生原因である事務管理を、保証人による弁済行為にではなく、主たる債務者のためにする保証契約の締結の事実に求めた（「事務管理＝保証契約の締結」構成）。この補足意見のように、無委託保証人の事後求償権の発生原因としての事務管理を保証契約の締結であるととらえることは、この事後求償権が破産債権に該当するという点において、破産法で大きな意味をもつとともに、同補足意見に従うならば、従前の民法学において必ずしも明確とはいえなかった事務管理としての保証の引受けの意味を明らかにし、指導的学説が説く「事務管理＝弁済」構成を否定する意味で、本判決は民法にとっても大きな意味をもつ。

もっとも、無委託保証人のした行為を事務管理と評価するためには、少なくとも、①その行為が本人（他人）の事務の管理という要件を充足していることと、②本人の意思・利益への適合性という要件を充足していることが必要である。

このとき、①「債権者に対して保証債務を負担する」ことが直ちに「本人の事務」（主たる債務者の事務）であるということができるのか（委託がないにもかかわらず保証人となった者自身にとっての事務――「自己の事務」――ということはできても、保証債務は保証人自身の義務である以上、保証契約を締結することが「本人（主たる債務者）の事務」とまではいえないのではないか——保証債務の負担は「他人の事務」とはいえないから、そもそも事務管理の成立要件を満たさないのではないか——）（注31）、また、②委託のない保証がされたすべての場合に、保証契約の締結が本人の意思・利益に反するのが明白でないといえるのかについては、慎重な考慮を要する。

前者（①）については、主たる債務者からの委託（委任）がないにもかかわらず、「保証契約の締結」が「主たる債務者の事務」であるといえるためには、主たる債務にとっての引当てとなる財産を追加・充実させることが「主たる債務者の事務」に属していて、保証契約の締結は主たる債務についての人的担保の設定であるがゆえに「主たる債務者の事務」であるといったような説明を挟まなければならない。したがって、千葉裁判官の補足意見の方向で考えるにしても、保証契約の締結を事務内容とする主たる債務者からの委託（委任）がない以上、何の説明も補うことなしに、保証契約の締結が主たる債務者の事務の管理に当たるということを正当化することはできない。

また、後者（②）についても、委託がないにもかかわらず保証契約の締結に至った個別事情（保証契約締結の時点、主たる債務者と保証人との間のそれまでの取引・交渉の経緯、主たる債務者の同意を求めることの期待可能性など）を考慮に入れて、本人の意思・利益に反するのが明白か否かを個別に判断する必要がある。事務管理の制度が本人の自己決定に属する領域への介入を例外的に許容する制度である以上、本人の自己決定権尊重の観点を抜きにして、事務管理の成立を語ることはできない。保証契約の締結が事務管理に当たるという観点からアプローチをするのであれば、裁判所としては、たとえ本判決が達したのと同じ結論になったとしても、なお、当該具体的事案の下での保証契約の締結が主たる債務者（本人）の意思・利益に反するのが明白でないかどうかを精査したうえで、結論を下すべきではなかったのかといわざるをえない。

3　事後求償権による相殺可能性

(一)　法廷意見の考え方

(1)　相殺の合理的期待の保護

法廷意見は、相殺の合理的期待の保護について、最高裁昭和四五年大法廷判決を引きつつ、次のように述べている。

「(引用者注。最高裁昭和四五年大法廷判決が示した)相殺の担保的機能に対する破産債権者の期待を保護することは、通常、破産債権についての債権者間の公平・平等な扱いを基本原則とする破産制度の趣旨に反するものではないことから、破産法六七条は、原則として、破産手続開始時において破産者に対して債務を負担する破産債権者による相殺を認め、同破産債権者が破産手続によることなく一般の破産債権者に優先して債権の回収を図り得ることとし、この点において、相殺権を別除権と同様に取り扱うこととしたものと解される。

他方、破産手続開始時において破産者に対して債務を負担する破産債権者による相殺であっても、破産債権についての債権者の公平・平等な扱いを基本原則とする破産手続の下においては、上記基本原則を没却するものとして、破産手続上許容し難いことがあり得ることから、破産法七一条、七二条がかかる場合の相殺を禁止したものと解され、同法七二条一項一号は、かかる見地から、破産者に対して債務を負担する者が破産手続開始後に他人の破産債権を取得してする相殺を禁止したものである。」

(2)　破産手続開始後に取得した事後求償権による相殺の可能性

法廷意見は、破産手続開始後に取得した事後求償権による相殺の可能性について、次のように述べている。

① 委託を受けた保証人の場合

「破産者に対して債務を負担する者が、破産手続開始前に債務者である破産者の委託を受けて保証契約を締結し、同手続開始後に弁済をして求償権を取得した場合には、この求償権を自働債権とする相殺は、破産債権についての債権者の公平・平等な扱いを基本原則とする破産手続の下においても、他の破産債権者が容認すべきものであり、同相殺に対する期待は、破産法六七条によって保護される合理的なものである。」

② 委託を受けない保証人（無委託保証人）の場合

「無委託保証人が破産者の破産手続開始前に締結した保証契約に基づき同手続開始後に弁済をして求償権を取得した場合についてみると、この求償権を自働債権とする相殺を認めることは、破産者の意思や法定の原因とは無関係に破産手続において優先的に取り扱われる債権が作出されることを認めるに等しいものということができ、この場合における相殺に対する期待を、委託を受けて保証契約を締結した場合と同様に解することは困難というべきである。

そして、無委託保証人が上記の求償権を自働債権としてする相殺は、破産手続開始後に、破産者の意思に基づくことなく破産手続上破産債権を行使する者が入れ替わった結果相殺適状が生ずる点において、破産者に対して債務を負担する者が、破産手続開始後に他人の債権を譲り受けて相殺適状を作出した上同債権を自働債権としてする相殺に類似し、破産債権についての債権者の公平・平等な扱いを基本原則とする破産手続上許容し難い点において、破産法七二条一項一号が禁ずる相殺と異なるところはない。

そうすると、無委託保証人が主たる債務者の破産手続開始前に締結した保証契約に基づき同手続開始後に弁済をした場合において、保証人が取得する求償権を自働債権とし、主たる債務者である破産者が保証人に対して有する債権を受働債権とする相殺は、破産法七二条一項一号の類推適用により許されないと解するのが相当である。」

(二) 千葉裁判官の補足意見

(1) 相殺への期待における委託保証と無委託保証の違い

千葉裁判官は、その補足意見で、「無委託保証契約が破産手続開始前に締結された場合には、その開始後の弁済により生じた事後求償権については、……破産手続における扱い、特に相殺の許否においては、委託保証契約により生じた事後求償権とは異なる評価がされるべきであろう」として、次のように述べている。

「委託保証契約と無委託保証契約との違いは、前者は、債務者の関与・意思によりされるものであり、契約締結によって一定の場合事前求償権が発生している点からみても、債務者が与信の付与のために望んだものであり、将来、必要が生ずれば相殺処理を想定したものでもあって、一種の担保的機能を債務者が容認したものといえる。主債務者に破産手続の開始等の倒産状態が生じたとしても、前者により生じた求償権を相殺処理することは、他の破産債権者も容認せざるを得ないと考えるのは、このような理由からである。破産法六七条は、このような考えの下で、法廷意見が述べるとおり、相殺に対する期待は保護される合理的なものであるとして、相殺処理が可能であるとしたものと解される。

ところが、後者の無委託保証契約では、そもそも事前求償権は生ぜず、一定の条件が整った場合に事後求償権が生ずるだけであり、前記のとおり、主債務者の関与していない領域の出来事であり、債務者が自己の責任の及ぶことを自覚している経済活動とは評価できないものであるから、債務者にとっては、結果的に自己の利益になることはあっても、将来必要が生ずれば相殺処理されることを想定していたり、担保的機能を初めから容認しているとはいえず、その点で他の破産債権者も、これを容認せざるを得ないものとは考えないというべきである。破産手続においては、破産財団からすべての破産債権者に全額の配当がされることは期待できない場合がほとんどであるから、一般の破産債権者同士では、一部の者のみが優先的に債権回収をすることは許されず、お互いに、平等取扱いを要求するものであって、そこでは強い平等原則が支配する場面である。そして、無委託保証契約による事後求償権については、その相殺処理は他の破産債権者にとって容認できないという強い不平等感を抱くはずであり、これは、単なる破産債権者の感情や願望ではなく、破産手続の基本原則に背馳する処理となることから生ずるものであって、その点で、委託保証契約による事後求償権と法的な扱いに差を設ける合理的な理由があるというべきである。すなわち、無委託保証契約による事後求償権に対するこのような評価は、それを破産債権と扱わない理由とまではならないとしても、破産者の意思により設定された別除権や委託保証契約による事後求償権の相殺処理のようないわば破産手続外での処理は認めない、あるいは優先的な債権回収は認めない、という限度での差別の合理的な理由となり得るものである。」

(2) 無委託保証における破産法七二条一項一号の類推適用の正当化

千葉裁判官は、無委託保証において、破産手続開始後の弁済により保証人が取得した事後求償権による相殺を破産法七二条一項一号の類推適用により禁止することの正当性を、次のように説明している。

「これ（引用者注。破産法七二条一項一号）は、破産債権者が破産手続開始後になって破産者の意思に基づくことなく他人の破産債権を取得し、その結果、破産者に対する債務と相殺適状を生じさせて相殺処理をすることは、破産手続における公平・平等取扱い原則に反するものであることから、これを禁ずるものである。そして、本件については、破産者に対して債務を負担する無委託保証人が破産手続開始後になって保証債務の弁済を行い、それによって事後求償権を取得し、その結果、相殺適状を生じさせたものであり、その構造は、破産手続開始時には受働債権とは相殺適状にはないのに、法廷意見が述べるとおり、正に、破産者の意思に基づくことなく破産手続上破産債権を行使する者が入れ替わった結果相殺適状を作出させたものである。この点において、破産者に対し債務を負担する者が、破産手続開始後に他人の債権を譲り受けて相殺適状を作出した上、同債権を自働債権として行う相殺に類似するものであって、破産債権者の公平・平等な扱いを基本原則とする破産手続上許容し難い点において、同法七二条一項一号が禁ずる相殺のケースと異なるところがない。」

「民法上認められる相殺処理を一定の場合に禁止することは、一種の財産権の侵害という側面を有するため、本来、明確な法令上の根拠が求められるところであるが、様々な新規の商取引が次々に展開される取引社会において、相殺処理が問題になる類型的事例を直ちに捕捉して速やかに破産法の改正等の立法的手当をすることは容易ではなく、既存の破産法の解釈で対応が可能な場合には、その類推適用（ないし準用）を認める解釈手法が許容されるものと考える。」

(三) 須藤正彦裁判官の補足意見――相殺への合理的期待の基礎：「取引界の支配的通念に照らした実質的平等」

須藤正彦裁判官の補足意見は、要旨、次のものである。

「債権者平等の原則における比例的平等弁済や担保権付債権の優先的取扱い」も、「取引界の支配的通念に照らして実質的平等に反する」局面では変容を受けうる。破産法六七条等の解釈においても、「実質的平等という観点を根底に置いて解釈がなされるべきである」。そして、「債権者の相殺についての合理的期待は保護されるべきであるといわれるが、取引界の支配的通念に照らして実質的平等に合致するとみられる場合が合理的期待がある場合に当たる」。「実質的平等に合致しない結果を生じさせるとみられるような場合については、形式的には同法六七条に該当するようにみえても、合理的な期待を有しないものとして、六七条は適用をみない」。「相殺は担保権ではないものの担保的機能を営むことに鑑みれば、同条の適用の有無も、取引界の支配的通念からそのような優先的取扱いを生じさせることに合理的理由があるとみられるか否か、つまりは、実質的平等であるとして容認されるためのいわば正当化根拠ともいうべきものが見出されるか否かということに係る」。

このように、須藤裁判官の補足意見は、取引界の支配的通念に照らして実質的平等に合致する場合に相殺への「合理的期待」があるととらえるものであり、この観点から、倒産法上の諸規定による相殺権の成否・相殺制限の範囲につき、当該規定の解釈を通じて、個別・具体的に確定していこうとする姿勢が見られる。

とりわけ、その補足意見では、①本件において破産手続開始時には保証人の弁済による求償権が現実化していないから、同種の債権の対立が欠けていること、②破産者らが保証人に保証を委託していなかったから、事後求償権を自働債権とする将来の相殺のために供したいという前提が欠けていること、③無委託保証人が受働債権を有し、これを引当てとして保証をしているという慣行が定着しているという事情がまったくないことを考慮して、「本件の相殺に限っては」破産法六七条の適用が否定され、同法七二条一項一号を類推することにより処理をするのが相当であるとされている点が重要である（注32）。

(四) 民法法理から見た本判決の特徴

民法の相殺法理から本判決を見たとき、破産手続開始後の保証債務の履行（代位弁済）により取得した事後求償権を自働債権とする保証人からの相殺の可否についての本判決の特徴は、次の点にある。

(1) 相殺への合理的期待の保護

第一に、本判決は、破産法上の相殺権に関する規定が明示的に規律していない場面における相殺権の制限が問題となった事案を扱ったものである。そして、相殺への合理的期待があると評価される場合には、その期待を保護するために相殺を許容し（債権者平等に対する例外的処理が妥当することの承認）、相殺への合理的期待がないと評価される場合には、破産法の大原則である破産財団からの回収における債権者平等の要請を優先させている。ただし、法廷意見（及び千葉裁判官の補足意見）は、相殺制度に関する破産法の秩序を維持したうえで、そこでの相殺権の成否に関する判断を実質化させようとするものであり、倒産法上の相殺権と相殺制限に関する個々の規定の目的論的解釈を維持しており、制度の枠を超えた実質化を目指しているものではない。

また、法廷意見（及び千葉裁判官の補足意見）は、相殺への合理的期待を具体的事案の特性（双方の債権の発生原因・属性、保証契約の成立時期・動機、破産に至るまでの状況、保証人による弁済の時期、関係者の地位・属性など）に即して個別的に判断するという手法——差押えと相殺に関する民法の議論で説かれている意味での合理的期待説（注33）の手法——を採用しているわけでもない。むしろ、法廷意見（及び千葉裁判官の補足意見）が用いる合理的期待という表現は、後の時代に相殺の担保的機能が全面的に展開するための基礎を築いた学説（注34）が説くところに近い。

(2) 委託を受けた保証人の事後求償権と相殺——破産者（主たる債務者）の意思・容認

第二に、本判決では、委託を受けた保証人が破産手続開始後にした弁済により取得した事後求償権による相殺が許されることが、立論の前提となっている。

その際、委託を受けた保証人の事後求償権による相殺が許される根拠は、法廷意見によれば、①事後求償権の発生原因が保証委託契約であり、したがって、事後求償権（自働債権）が「破産者の意思」により作り出されたものであることと、②このような事後求償権を自働債権とする相殺への期待を、他の破産債権者も「容認」すべきであることである。

言い換えれば、法廷意見の立場からは、相殺への期待が「破産者の意思」により作出された点に、委託を受けた保証人が破産手続開始後にした保証債務の履行により取得した事後求償権による相殺が許される根拠、したがって、相殺権者による自働債権の優先的回収が正当化される根拠があるということになる。このことは、相殺への担保的機能に着目したとき、破産法が債務者の意思により設定された物的担保からの回収を別除権の枠組みにより優先的に確保していることとも、平仄が合う（次の千葉裁判官の補足意見の③に通じる）。

なお、千葉裁判官の補足意見は、法廷意見があげる上記①を敷衍し、①保証契約が「債務者の関与・意思」によりされるものであり、「債務者が与信の付与のために望んだもの」「将来、必要が生ずれば相殺処理を想定したもの」、したがって、事後求償権を自働債権とする相殺につき「一種の担保的機能を債務者が容認したもの」であると述べている。「破産者の意思」が、他の破産債権者への「容認」要請に結びつけられているだけでなく、破産者自身による相殺の「担保的機能」の「容認」にも結びつけられている――相殺の担保的機能を債務者が「容認」しているから、これによる委託を受けた保証人の相殺への期待は他の債権者との関係でも「容認」されるべきであるととらえている――ことを強調する点に、この①の特徴がある（注35）。

さらに、千葉裁判官の補足意見は、相殺を肯定する理由として、③別除権では、破産者がその意思に基づいて優先的地位を設定した権利につき破産手続外での優先回収を認めているという制度上の根拠も加えている。

(3) 無委託保証人の事後求償権と相殺

第三に、本判決は、委託を受けない保証人（無委託保証人）が破産手続開始後にした弁済により取得した事後求償権による相殺が許されないものとした。

その際、法廷意見は、その理由として、①「破産者の意思」に基づかずに破産手続において優先的に取り扱われる債権が作り出されたときには、これによる債権者の期待は他の破産債権者も「容認」するべき期待であるとはいえないことと、②破産法七二条一項一号が、破産手続開始後に、「破産者の意思」に基づくことなく破産手続上破産債権を行使する者が入れ替わった結果、相殺適状が生じる場合の相殺禁止を定めていることに着目している。

上記①については、(i)「破産者の意思」により作出された自働債権による相殺は他の債権者も「容認」するべきであるが、(ii)「破産者の意思」によらずに作出された自働債権による相殺は――法律が特に認めたものでなければ――他の債権者も「容認」する必要がないとの理解が、その基礎にある。また、上記②についても、破産法七二条一項一号による相殺禁止が「破産者の意思」に基づかない破産債権の取得を規律対象とするものである――他人の破産債権の取得に、その債権の債務者の意思は関係がない――と見ることで、①との連続性が確保されているものととらえている。

なお、千葉裁判官の補足意見は、上記②をあげるほか、法廷意見のあげる上記①を敷衍し、①´―(i)委託を受けない保証は「主たる債務者の関与していない領域の出来事」であること、①´―(ii)債務者が自己の責任の及ぶことを自覚している経済活動とは評価できないこと、①´―(iii)債務者が将来における相殺処理を想定しておらず、担保的機能を初めから「容認」しているとはいえないことをあげている。

さらに、千葉裁判官の補足意見は、相殺を否定する理由として、③無委託保証契約による事後求償権による相殺処理が他の破産債権者にとって「容認」できない強い不平等(感)をもたらすこともあげている。もっとも、この③と上記①'との関係――「破産者の意思」による自働債権作出の結果としての相殺優先ルール――は分明でない。①'とともに③をも根拠とするときには、(a)破産者の意思や関与のない状況で作り出された自働債権(無委託保証人の事後求償権は、この例である)についても、他の破産債権者にとって不平等と評価されない場合には相殺が許されることになるのかどうか、逆に、(b)破産者の意思や関与のある状況下で作り出された自働債権(委託を受けた保証人の事後求償権は、この例である)についても、他の債権者にとって強い不平等(感)が認められる場合には相殺が許されないことになるのかどうかが、問われるところである(注36)。

(五) 本判決が民法法理に及ぼす影響

(1) 相殺への合理的期待の意味

a 法廷意見における相殺への合理的期待と無制限説との整合性?

本判決の法廷意見は、最高裁昭和四五年大法廷判決を起点とした論旨の展開からも明らかなように、相殺への合理的期待を相殺の担保的機能に結びつけている。そのうえで、相殺権とその制限に関する破産法上の規律に含意されている相殺への合理的期待の類型的特質を示したうえで、その意味を推及することのできる事例にも同様の処理を施す手法を採用している。千葉裁判官の補足意見も、同じ基礎の上に立つものである。

こうした法廷意見(及び千葉裁判官の補足意見)は、相殺への合理的期待というものの、債権者平等原則を基礎に据えた集合的な債権処理を目的とする倒産法秩序における相殺権に対する制度的保障とその限界、倒産法上の相殺制度の枠組みに内在する相殺権の拡張と制限の根拠を考慮に入れて相殺への合理的期待を採り、類推の手法を用いて個々の規律の適用範囲の拡張・実質化を図るものである。

言い換えれば、法廷意見（及び千葉裁判官の補足意見）は、倒産法上の相殺権と相殺制限に関する個々の規定の目的論的解釈を維持しており、現行の倒産法の制度の枠を超えた実質化を目指しているものではない。破産法六七条が無制限説の立場を基礎に据えた原則を定めていることをふまえたうえで、例外的に相殺権を制限している同法七一条、七二条の規定を目的論的に解釈した結果も含め、これら破産法の規律の全体構造（内的体系）の下で、債権者平等原則が支配する破産法に固有のものとして、相殺への合理的期待を説いている。

したがって、この限りでは、法廷意見（及び千葉裁判官の補足意見）の考え方と、差押えと相殺の優劣に関する無制限説を基礎に据えた民法五一一条の下での相殺法理（破産法六七条と連続性を有するもの）との間で、抵触は生じない。

b　須藤補足意見と無制限説との整合性？

他方、須藤裁判官の補足意見が基礎に据える実質的平等確保のための相殺制限という枠組みは、同補足意見で当該事件についての判断のためにあげられている個々の要因をも考慮すれば、そのとらえ方しだいでは、無制限説の基礎が瓦解し、民法の合理的期待説に接近することになる。

実際、本判決を対象としてすでに出されている評釈類のなかには、相殺への合理的期待を考慮するにつき、主たる債務者の意思を中核に据えることに疑問を呈し、

①　たとえ主たる債務者に委託の意思があったとしても、多様な債権が受働債権となりうる状況下においては、相殺が許されるとは限られない可能性があること、

② 逆に、主たる債務者の委託がない場合であっても、取引上の不信感を醸成することなく債務者の信用を補完するために信用供与時に保証がされたのであれば、保証のインセンティブをいたずらに削ぐことのないよう、相殺に対する期待を保護する必要性があること——相殺を禁止すると、債務者の信用供与に寄与した無委託保証人の犠牲のもとに、寄与していない一般債権者が不測の利益を享受でき、かえって債権者間の公平に反する結果になること——、

③ 信用供与が完了した後に債務者の財務状況が悪化したため保証契約を締結し、破産手続開始後に弁済をして事後求償権が確定したことを奇貨として、棚ぼた的な相殺をすることは禁止されるべきこと

などを指摘するものがある（注37）。

このように見たとき、須藤裁判官の補足意見のような考え方には、一見すると破産法の制度に内在する合理的期待を保護するという思考方法をとりながら、法廷意見とは異なった観点からの合理的期待の理解につながる余地がある。

しかも、相殺への合理的期待を探るために「取引界の支配的通念に照らして実質的平等に合致すると見られる」かどうかを判断することを中心に据え、前述した解釈作法を展開するときには、須藤裁判官の補足意見のような考え方は、民法五一一条の適用場面でも同様に、相殺への期待の保護を「取引界の支配的通念に照らして実質的平等に合致すると見られる」かどうかを個別具体的に判断する方向に進む素地を有していて、まさに従前の民法学説で制限説（弁済期先後基準説）や無制限説と対置される合理的期待説に親和的なものということができる。

c　倒産法にいう「相殺への合理的期待」の普遍的妥当性?

差押えに関する民事執行法の規定には、倒産法上の相殺権に関する規律と異なり、関係者間の個別具体的事情を考慮に入れて相殺権の成否及びその射程を確定するための手がかりとなるものは存在していない。むしろ、差押債権者の利益の保護とその限界の問題は、民法五一一条の下での相殺権の成否及びその射程の解釈に委ねられ、相殺の担保的機能とその限界、差押えと相殺の優劣の問題として処理されている。

他方、破産法ほか各種の倒産法では、前記のように、相殺制度（相殺に関する実体法上の規律）を債権者平等原則の支配する集合的な債権処理の場を対象とする倒産制度に内在的なものとして取り込んで、倒産法固有の論理で、相殺権に関する個別の規律を設けている。

ここで、倒産法にいう合理的期待説は債権者平等原則の支配する集合的な債権処理という倒産法の制度目的を考慮した倒産法固有の論理による帰結であると考えれば、倒産法にいう合理的期待説は、民法五一一条の下で相殺の担保的機能とその限界、差押えと相殺の優劣の問題を論じる際に、参照に値しないものとなりそうである。

しかしながら、他方で、二で言及した倒産法と民法の相殺法理の平準化を指向する立場からは、差押えと相殺の問題を論じるにあたり、民法五一一条の適用問題として――そこに差押債権者の利益保護とその限界の問題をはめ込んで――相殺の担保的機能とその限界を画するのと、倒産法に内在的な問題として相殺の担保的機能とその限界を画するのとで、規律形態面での違いが個別執行・包括執行のそれぞれの局面における相殺権とその限界、したがって相殺への合理的期待の保護の内容に違いをもたらしてよいと考えることに対して疑問を呈する見方を示すことも可能である。

このようなとらえ方の対立は、本判決を契機として、民法五一一条の平面でも、差押えと相殺の優劣を論じるにあたり、無制限説を当然の前提としてよいのか、倒産法の相殺法理が差押えと相殺の優劣が問題となる局面での相殺権の限界を画する一般準則を提示しているのではないかといったような観点から、無制限説の検証を行う必要性を想起させる。

(2) 相殺の担保的機能と「破産者の意思」（主たる債務者の意思）

a 「破産者の意思」に含意されたもの

本判決は、委託を受けた保証と委託を受けない保証との違いを示す際に、「破産者の意思」（主たる債務者の意思）を重視している。前述したように、「破産者の意思」により作出された自働債権による相殺は他の債権者も容認するべきであるが、「破産者の意思」によらずに作出された自働債権による相殺は——法律が特に認めたものでなければ——他の債権者も容認する必要がないととらえているのである。千葉裁判官の補足意見では、自働債権が「破産者の意思」により作出されたという部分が、自働債権による相殺についての破産者の容認というかたちでも論じられている。

こうした法廷意見と千葉裁判官の補足意見を民法の法理として受け止めれば、次のような枠組みにまとめることができる。

① 相殺権の付与を、物的設定の設定と同質のものととらえる（担保的地位としての相殺権）。

② 相殺権者（＝代位弁済をした保証人）が受働債権を引当てとする相殺への合理的期待を他の債権者に優先して主張できるためには、法律に定めがある場合を除き、担保設定意思（担保を引き受ける意思）に相当する主たる債務者（＝受働債権の債権者）の意思——みずからの意思で自働債権を作り出すこと——が必要である。

③ 委託を受けた保証の場合には、求償権の発生原因である保証委託のなかに、自働債権による相殺を「容認」

する主たる債務者の意思を認めることができるため、事後求償権を自働債権とする相殺への期待は合理的なものである。

④ 委託を受けない保証の場合は、保証契約が締結されても上記意味での自働債権による相殺を「容認」する意思を主たる債務者に認めることができないため、事後求償権を自働債権とする相殺への期待は合理的なものであるとはいえない。

本判決に先行する文献のなかで、「破産者の意思」に着目して倒産法における相殺への期待を扱う可能性を示すものには、本件における第一審判決（大阪地判平20・10・31金法一八六六号一〇七頁）・第二審判決（大阪高判平21・5・27金法一八七八号四六頁）を受けて、次のような分析をするものがある。「保証人の側から見れば保証債務の負担時に保証債務の履行によって現実化する事後求償権について自らの破産者に対する債務との相殺を期待して保証契約を締結するものと見ることができ相殺の期待があるといえる。しかし、保証契約の締結は、主たる債務者からの委託を受けずに、さらには主たる債務者の意思に反してもすることができる（民四六二条参照）。このため、破産者である主たる債務者が予期しないまま、またはその意思に反して、保証契約が締結され、主債務者が保証人に対して有する債権が実質的に担保に供されることになる。主たる債務者・破産者の関与も予期もないまま一方的に作出される相殺期待を合理的なものと考えるかどうか、相殺を基礎とした担保化によって債務者が信用供与を受ける機会の拡大やより有利な信用供与の促進が図られるなど、相殺者の優遇を正当化するだけの取引合理性が要求されると考えるか、また要求されるとしたときそれをこの場合に見出しうると考えるかどうかが、見解の分かれ目である」（注38）。本判決は、この「見解の分かれ目」に直面し、「破産者の意思」を中核に据えて相殺への期待を保護する立場をとることを表明したものと見ることができる。

b　無制限説との整合性?

ひるがえって、ある特定の債権を自働債権として相殺がされることを容認する意思（自働債権を受働債権との相殺によって回収することを認める意思）ないし自働債権を作出する意思が主たる債務者（＝受働債権の債権者）にあったか否かを相殺への担保的機能の中核に据える発想は、これまでの民法理論においては、合理的期待説を除き、見られなかったものである（注39）。

むしろ、民法における無制限説は、自働債権と受働債権の対立の偶然性を強調することにより、対象とする債権の属性を問わず、自働債権と受働債権との牽連性すら要求せず、まして相殺相手方の意思（自働債権を作り出す意思）すら決定的な要因とせず、相殺を認めてきた（制限説〔弁済期先後基準説〕も、この限りでは同じである）。この意味で、従来の民法理論、とりわけ、無制限説は、相殺の担保的機能に裏付けられた相殺権者の相殺への合理的期待を、本判決以上に広くとらえてきたといえる。当事者間で債権と債務が対立していれば、民法の定める相殺禁止規定に抵触しない限り、自働債権の債権者（相殺権者）は、相殺を容認する意思や自働債権を作出する意思が債務者にあったか否かにおよそ関係なく、要件さえ満たせば相殺をし、自己の債権を回収することができる――そして、この地位を差押債権者に対抗することができる――と考えてきたものと思われる（注40）。

c　本判決の結論の適否

この理解が正しければ、民法で説かれている無制限説の主張内容を基礎に据えると、本件では、（破産法七二条一項一号の規律を度外視すれば）保証人の事後求償権が破産債権とされた以上、破産者（主たる債務者）の意思――したがって、保証委託の有無――に関係なく、事後求償権を自働債権とする相殺を認めるのが適切であったということになる。この点では、委託を受けた保証人による弁済の場合と、委託を受けない保証人による弁済の場合とで違いを設けるべきではない（注41）。そのうえで、濫用的な相殺権の行使のみを、相殺権の濫用法理で例外的に否定すれば足りる（注42）。

他方で、本判決がいうように、主たる債務者（相殺相手方）の意思による自働債権の作出に決定的意味をもたせるのが相殺の担保的機能、相殺権者の優越的地位を考えるうえで適切であるということならば、むしろ、民法学においてもこのことを正面から受け止め、無制限説を修正して、担保的地位としての相殺権のあり方を再検討するべきである。すなわち、本判決の考える相殺への合理的期待のとらえ方を、民法五一一条の平面で差押えと相殺の優劣を論じる際に取り入れた場合には、自己の債権（受働債権）を自働債権でもってする相殺に供する意思（ないし自働債権を作り出す意思）を相殺相手方が有していたかどうかが、相殺の優劣を分けることになる。無制限説の立場からは、はたしてそれでよいか。この問題が単に倒産法上の相殺権に限らず、一般的射程を有する命題にかかわるだけに、民法レベルでのより深い検討が望まれるところである（注43）。

(3) 差押えと相殺に関する民法法理への波及可能性

a 問題の所在

民法には、破産法七二条一項一号のような規定は存在しない。また、自働債権の「取得」が差押え後であっても、破産手続開始前の原因を考慮することによって相殺権の行使を認める規定（破産法七一条二項二号、七二条二項二号参照）もない。「支払の差止めがあった後に取得した債権であっても、その債権が支払の差止めを受ける前の原因に基づき発生したものであるときには、この債権を自働債権とする相殺は妨げられない。」などといったルールは、民法には明示されていない。さらに、民法には、自働債権が停止条件付きである場合における相殺に関係する規律（破産法七二条参照）もない。

倒産法上の相殺権に関して認められる相殺への合理的期待のうち、①倒産手続開始に結びつけられた債権の現在化によらなければ正当化することのできない相殺への合理的期待（とりわけ、自働債権に関する現在化に伴うもの）や、②危機時期において取得した自働債権による相殺禁止を解除するための規定に盛り込まれている相殺への合理的期待は、倒産法固有の制度目的に裏付けられたものである。したがって、そこでの論理を個別執行の場面における相殺権の保護に応用することは適切ではない（注44）。

しかしながら、倒産法上の相殺権に関して取り上げられている相殺の合理的期待のなかには、上記①②と異なり、倒産法の制度目的を超えて、民法一般における相殺への合理的期待にも妥当する論拠に支えられていると考えることが可能なように見えるものもある。そして、そのような相殺への合理的期待については、差押えと相殺という個別執行の場面における相殺権の保護についても妥当するかどうかを見極めていく必要がある。

このような目で見たとき、本判決の説く相殺への合理的期待は倒産法固有の制度目的を抜きにして語ることができないか、そこには民法上の相殺にも妥当しうる一般準則が潜んでいないかの検証が必要となる（注45）。

b　波及否定論の論拠

民法五一一条は、支払の差止め、したがって、差押えを受けた債権に対し、第三債務者が差押え後に「取得」した自働債権をもってする相殺を禁止している。差押え後に自働債権を取得した者が有する相殺への期待は、無制限説をもってしても、差押債権者との関係で保護されない。

このことを貫けば、保証人が差押えの効力が発生した後に債権者に対して保証債務を履行し、事後求償権を「取得」した場合には、この事後求償権を自働債権とする相殺は認められないことになる。すでに説かれているように、①民法五一一条の受働債権の差押え後に取得した自働債権という意味を縮小して解釈することは同条の文理解釈からはかなり無理であるし、②倒産法上の相殺権に関する規律は特定の目的のために設けられているのであり、一般法である民法五一一条に同一の解釈を持ち込んで相殺の許否を決することには疑問があると考えられるからである（注46）。

下級審裁判例にも、次のように述べて、差押え後に取得した事後求償権を自働債権とする相殺を否定したものがある（注47）。

「相殺をなし得るには、差押がなされた時点において自働債権が発生していることを要し、単に自働債権発生の原因たる法律関係が発生しているだけでは足りないと解するのが相当である。このことは、民法五一一条が『支払ノ差止ヲ受ケタル第三債務者ハ其後ニ取得シタル債権ニ依リ相殺ヲ以テ差押債権者ニ対抗スルコトヲ得ス』と規定していることからも裏づけられ、また実質的に考えてみても、相殺権者と差押債務者との間においては、自働債権の発生要件及び発生時期について特約を自由に締結することができ（わけても右相殺権者が委託を受けた保証人であるときは、右特約の締結は容易であろう。）、この特約は差押債権者に対し原則としてそのまま効力を有する（最高裁判所昭和四五年六月二四日大法廷判決・民集二四巻六号五八七頁、同昭和五一年一一月二五日一小廷判決・民集三〇巻一〇号九三九頁参照）のであるから、相殺権者においてこのような事態にも備えた特約によって十分自己の権利を確保することが可能であるからである」。

c　波及肯定論の論拠

これに対して、倒産法と民法の相殺法理の平準化を説く見解が主張するように、債権者平等の要請がより強く妥当する破産制度でも、破産手続開始後に保証債務の履行をした保証人が他の債権者に対して相殺への合理的期待を主張することができ、破産手続開始後に「取得」した事後求償権をもってする相殺をすることができるのだとすれば、これと同程度の相殺への合理的期待は、個別執行の局面でも、差押債権者との関係でも保護されるべきであるということになる（注48）。

この文脈では、(a)破産手続開始前に保証人となった者が、破産手続開始後の保証債務の履行により「取得」した事後求償権を自働債権とする相殺により、他の債権者に対抗することができるのであれば、(b)これと同様に、差押え前に保証人となった者が、差押え後の保証債務の履行により「取得」した事後求償権を自働債権とする相殺により、差押債権者に対抗することができるとの結論が導かれうる。

この観点から本判決を見れば、本判決は、上記(2)で見たように、相殺の担保的機能や相殺への合理的期待を肯定するにあたり、自働債権の作出ないし受働債権を自働債権の担保とすることの容認を内容とする「破産者の意思」（債務者の意思）に、決定的意義を見出した。ここからは、今後の学説により、①個別執行の場面においても、相殺への合理的期待を考えるうえで、この意味での「債務者の意思」（受働債権の債権者）を考慮すべきであること、②したがって、委託を受けた保証の場合には、差押えの前に締結された保証委託契約に基づいて、差押え後に保証債務を履行した保証人は、これにより取得した事後求償権を自働債権とする相殺により、差押債権者に対抗することができること、〔③これに対し、委託を受けない保証の場合には、差押え後に保証債務を履行した保証人は、これにより取得した事後求償権を自働債権とする相殺によっては、差押債権者に対抗することができないこと〕が説かれたとしても、あながち不自然ではない（注49）。本判決では、「委託を受けた保証の場合には、主たる債務者の意思により、自働債権である事後求償権が作り出されており、これによる相殺の合理的期待は他の債権者による債権回収の期待に優先すべきである」との準則が形成されていて、これが破産法の領域を超えて、民法の領域における相殺への合理的期待についても等しく妥当すると見ることも可能だからである（注

50)。ただし、委託を受けた保証人の事後求償権について本判決が言及する部分は、本判決にとっては傍論にすぎない点には、留意する必要がある（注51）。

4　相殺に際しての求償と代位の法理

(一)　弁済者代位に関する民法法理の確認

弁済者代位（弁済による代位）について、民法学におけるわが国の通説は、代位弁済の結果、原債権は、法の規定により債権者から代位弁済者へと移転するとの理解（法定移転構成）を採用している。判例も、こうした民法学における通説に沿って、最判昭59・5・29民集三八巻七号八八五頁をはじめとして、法定移転構成を採用している。

そのうえで、わが国の通説は、求償権と原債権は別債権であるが、原債権は求償権を確保することを目的として存在しているという付従的な性質を有するとしている。この意味での主従的競合は、我妻榮により、二つの命題、すなわち、①代位弁済者が求償権を有しないときには、原債権への代位が生じることはないという命題と、②原債権の行使（及び原債権についての担保の実行）は求償権を上限とするとの命題にまとめられ（注52）、その後の学説における支配的地位を獲得するに至ったものである（注53）。判例も、こうした民法学における通説に沿って、最判昭62・6・2民集四一巻四号七六九頁をはじめとして、主従的競合構成を採用している（注54）。

(二)　求償権と原債権との別債権性を貫いた場合の枠組み

倒産法でも、上記意味での主従的競合構成に依拠した整理がされることがある。破産の場合を例にとると、そこでは、破産者に対して債務を負っている者が、他の破産債権者に対して代位弁済をし、その結果として求償権を取得した場合に、求償権の範囲内で原債権を行使することができるところ、この場合における原債権の行使が破産法七二条一項一号にいう他人の破産債権による相殺とみなされるかどうかが、問題提起されている。そして、これについては、次のように論じられている（注55）。

① 代位に基づく原債権は、実体法上債権の移転とみなされるので、これを自働債権とする相殺は破産法七二条一項一号に抵触する。

② しかし、求償権は代位弁済者自身の権利であるので、これを破産債権とする相殺は破産法七二条一項一号に抵触しない。

③ もっとも、この求償権が破産債権に該当するかどうかが問題となる。

④ 保証人の求償権のように、破産手続開始前の原因に基づく将来の求償権（破産法一〇四条三項本文）の現実化と見られる場合には、自己の破産債権が現実化したものとして相殺を認めるべきである。

⑤ 純然たる第三者が弁済する場合には、求償権（原債権の存在という破産手続開始前の原因に基づく破産債権とされる）を自働債権とする相殺は、文言上では他人から取得した破産債権を自働債権とする相殺に当たらないが、実質的には、保証人の求償権のようにあらかじめ行使できるものでなく、破産手続開始後の弁済によってはじめて行使できるものとなったので、他人の破産債権取得と同視されるから、破産法七二条一項一号を類推適用して、相殺を禁止すべきである。

本件における第一審・第二審判決も、上記①から④までの理解を基礎に、保証人が取得した事後「求償権」による相殺を肯定した。他方、破産管財人側の主張は、上記①から⑤までの理解を基礎に、④で想定されているのは委託を受けた保証人による代位弁済事例であり、これに対して、無委託保証人による代位弁済事例は④ではなく、⑤（純然たる第三者による代位弁済事例）と同質であるとの認識を基礎に据えているようである（注56）。いずれにせよ、代位弁済後の求償権と原債権の関係をどのように理解するかという点（主従的競合論）に関して、両者の間に理解の相違はない。

ここにおいて、本判決における法廷意見、とりわけ、千葉裁判官の補足意見の基礎にある考え方に従い、無委託保証人が保証債務の履行により取得する事後「求償権」が「保証契約締結」という事務管理により発生する債権であるととらえたときには、この理解を上記枠組みに当てはめると、無委託保証人の取得する事後「求償権」も、④にいう破産手続開始前の原因に基づく将来の請求権に当たり、この事後「求償権」（「原債権」ではない！）を自働債権とする相殺は破産法七二条一項一号の類推によっても禁止されないとの結論を導くのが一貫する。

(三) 本判決の特徴——主従的競合論の部分的崩壊

(1) 主従的競合論と破産法七二条一項一号の類推適用との整合性？

ところが、本判決は、委託を受けない保証の場合における保証人の弁済による事後「求償権」の取得を、原債権者から保証人への債権（原債権）の移転と同視することにより、これを、破産者に対して債務を負担する者が、破産手続開始後に他人の債権（原債権に相当する）を譲り受けて相殺適状を作出したうえで、同債権（原債権に相当する）を自働債権として相殺をする場合に類似するものととらえ、破産法七二条一項一号を類推することにより、保証人による事後「求償権」（「原債権」ではない！）を自働債権とする相殺を許されないものとした（注57）。

本判決では、代位弁済後の求償権と原債権の関係について通説が採用している主従的競合の枠組みとは異質なものが基礎に据えられている点に注意が必要である。主従的競合論に依拠したときには、弁済者代位と求償の場面で、債権譲渡契約による他人の債権の譲受けと同視されるべきなのは、上記(二)で示したように、代位弁済による「原債権」の移転であって、「求償権」の取得ではないからである。

ここで、「求償権」と「原債権」とは別債権であるとの論理（主従的競合）を貫けば、保証人が代位弁済により移転を受けた「原債権」を自働債権とする相殺を主張したときには、破産法七二条一項一号を類推することで保証人からの相殺を許されないものとするのは、さしつかえがない。しかし、本判決で問題となったのは、「求償権」を自働債権とする相殺であって、「原債権」を自働債権とする相殺ではない。

それにもかかわらず、本判決は、代位弁済により保証人に移転したのが「原債権」であって「求償権」ではない点に注目をせず、「求償権」を自働債権とする無委託保証人による相殺の主張を否定するにあたって、「求償権の取得」を「他人の債権（原債権に相当する）の取得」と同視することを通じて破産法七二条一項一号を類推し、「求償権」を自働債権とする相殺を許されないものとした。

このような枠組みは、倒産法秩序においても主従的競合構成を厳格に維持する伝統的立場を基礎に据えるときには、破産法七二条一項一号の類推を導いた本判決の論理には、弁済者代位に関する説示部分に限ると、理論的に不完全なものとして映りそうである。

(2)　主従的競合論の部分的崩壊

本判決は、保証債務を履行することにより保証人が取得した「求償権」を自働債権とする相殺の可否を決するにあたり、破産法七二条一項一号の類推を認めた。これは、倒産手続における弁済者代位では、求償権の担保としての意味をもつ原債権が倒産手続においてどのような処遇を受けるかどうかに求償権の行使も左右されるという、民法の弁済者代位における主従的競合論とは異質の特殊な枠組みを採用したというほかない。

むしろ、本判決は、本件において破産管財人側が第一審・第二審以来言及し続けてきた和議開始後の代位弁済と求償に関する最判平7・1・20民集四九巻一号一頁（注58）の基礎にある原債権と求償権の関係についての理解（代位取得された原債権〔和議条件により変更されたもの〕による求償権の行使制限を認めたもの（注59））と、破産管財人が言及するのとは異なった文脈において通じるところがある（注60）。

筆者は、かつて、倒産手続の場面では主従的競合関係が崩壊しているところがあり、そこでは、弁済による代位の制度そのものが求償の制度となっていること（求償制度としての代位制度）、「原債権」の独行性（求償権抜きの構造）が見られることを指摘した（注61）。民法学でも、倒産法が支配する領域では、弁済者代位において、民法の一般法理に対する例外的現象として、原債権の論理が求償権に波及することを指摘する見解（注62）も有力に主張されている。本件において、最高裁がもっぱら「原債権」の移転に着目し、これと破産債権の債権譲渡の場合との間の同質性を見出した点には、この特徴がきわめて明確に表れている。

(3) 倒産法における弁済者代位と求償をめぐる判例法理の不整合

他方で、最高裁は、最近、代位弁済により代位弁済者に移転した原債権が財団債権・共益債権であるときに、代位弁済者が原債権を倒産手続によらないで行使することができるか否かをめぐり、民法の弁済者代位の法理が基礎に据えている主従的競合論に依拠した――より正確には、民法の弁済者代位の法理に関する伝統的理解からさらに一歩を踏み出し、原債権の担保的側面をより前面に出した――二つの判決を出した（注63）。

この二判決が扱った事案については、倒産法固有の論理に基づく原債権保護の観点から、同一の結論を導くことも可能であった（注64）。それにもかかわらず、最高裁は主従的競合論を維持した。これら二判決と本判決と見比べたとき、倒産法における弁済者代位と求償の法理に限っても、最高裁判決内部での揺らぎを感じるところである。

（注22）委託を受けた保証における事後求償権の発生原因が保証委託契約であることは、民法学のみならず、倒産法学においても一致を見ている。

（注23）我妻榮『新訂債権総論』四八八頁。

（注24）奥田昌道『債権総論（増補版）』四〇三頁。

（注25）本件における破産管財人側の上告受理申立理由に示された無委託保証人の求償権が破産債権に該当しないとの主張は、こうした民法学における指導的学説に（も）基礎づけることができる。増市徹「保証人の事後求償権と相殺——破産手続における事後求償権の属性の観点からの考察」銀法六八九号二九頁も、委託のない保証における求償の場合に、委託のある保証における委託契約になぞらえることのできるものは、「事務管理行為（または不当利得発生原因行為）とされる保証人の弁済行為」であり、その弁済行為が破産手続開始後にされた場合には、これにより生じる求償権が「破産手続開始前の原因」に基づくものとはいえないことになるという。栗田隆「主債務者の破産と保証人の求償権——受託保証人の事前求償権と無委託保証人の事後求償権を中心にして」関法六〇巻三号六〇三頁以下・六一三頁も、これを通常の形態と見ている。

（注26）我妻・前掲書（注23）四八八・四九三頁では、「求償権成立の要件」があげられ、そのなかで保証人による弁済等の支出行為が説かれるものの、求償権がいつ成立するのかについての明確な言及はない。債権総論の他の体系書・教科書類でもほぼ同様である。また、奥田・前掲書（注24）四〇四頁では、委託を受けた保証人の事後求償権につき、「免責行為に基づく求償権」という表現が用いられている。

（注27）伊藤ほか・条解破産法（注10）五一五頁、伊藤・前掲書（注9）一七四頁以下・三六七頁。

（注28）最近の民法総則の体系書・教科書でも、内田貴『民法Ⅰ（第四版）』、佐久間毅『民法の基礎1　総則（第三

版）』、四宮和夫＝能見善久『民法総則（第八版）』、山本敬三『民法講義Ⅰ　総則（第三版）』、平野裕之『民法総則（第三版）』には、「条件」の箇所で、保証人の求償権に関する言及は、例示も含め、何もされていない。

（注29）千葉裁判官の補足意見は、委託を受けない保証の場合における事後求償権の発生原因が「保証契約」であるといっているが、これは、保証契約の締結が事務管理であることを述べる趣旨のものである。

（注30）付言すれば、同じ文脈で、法廷意見が「保証人（引用者注。ここでは、委託を受けた保証人と無委託保証人の双方を含んで『保証人』と述べている）は、弁済をした場合、民法の規定に従って主たる債務者に対する求償権を取得する」といっているため、読み方しだいでは、法廷意見が保証人の事後求償権の「発生原因」を「法律の規定」（民法四五九条、四六二条）と理解しているようにとらえられる余地がある。もっとも、法廷意見は、上記文言表現で、保証委託契約その他の原因により発生する事後求償権が、法律の定める要件を備えたときに具体化する（保証人が求償権を「取得」する）ということを伝えようとしたのではないかと思われる。そうでなければ、委託を受けた保証人の事後求償権の発生原因に関する通説と大きな齟齬を来すからである（そして、法廷意見が通説と異なる枠組みを採用する意図を有しているものとは思われない）。

（注31）保証人による保証債務の履行は、主たる債務者が義務づけられていること（主たる債務の弁済）を行い、この者を主たる債務の負担から解放する行為であるという点で、他人の事務の管理である点に疑義がない。「事務管理＝弁済」構成をとっている指導的学説は、この点では誤りとはいえない。むしろ、検討されるべきなのは、他人の事務（主たる債務者の事務）がこれを超えて、保証契約の締結にまで及ぶ場合があるか否かである。このことを意識した検討を行ったものとして、栗田・前掲論文（注25）六〇三頁以下がある。そこでは、委託のない保証の場合において、一般的には、主たる債務者から委託を受けない保証契約の締結は、「主債権者のためになされるのであって、主債務者のための事務管理には当たらないと評価すべき」であり、「その場合には、事務管理行為と評価されるのは、保証債務の履行行為（主債務者のための代位弁済）であり、求償権の原因は、その行為の中にあると考えるべきである」と説かれている（同六一三頁）。そのうえで、例外的に、保証契約の締結自体が主たる債務者のための事務管理に当たると評価することができるためには、「保証契約が締結されないと、主

債務者に不利益が生ずるという関係」(たとえば、主たる債務者が債権者に対して保証人を立てる義務を負っているにもかかわらず、それができないために期限の利益を失うような場合に、主たる債務者の委託を受けずに保証人となることにより、期限の利益の喪失を回避できる場合)が必要であるとし、しかし、この場合でも、事務管理者(無委託保証人)は直ちに本人(主たる債務者)に事務管理の開始(保証契約の締結)を通知しなければならない(民法六九九条)とする(同六〇四・六〇五頁)。

(注32) 須藤裁判官も、「破産法の規定をたやすく類推適用して相殺を否定することは、予測可能性を害し、円滑な経済の進行を妨げるおそれがあるから、それはよくよく慎重でなければならない」と述べることで、制度目的に結びつけた個々の規定の解釈(目的論的解釈)の限界は意識している。しかし、そうはいいながらも、「取引界の支配的通念に照らして実質的平等に合致するとみられない場合」には相殺への「合理的期待」がなく、相殺が許されるべきではないとの一般命題を基礎に据え、これを制度目的として破産法上の諸規定の解釈をしたときには、結果的に個別具体的状況ごとの諸事情を考慮に入れて「取引界の支配的通念に照らして実質的平等に合致するとみられる場合」か否かの実質判断を行うことへと進みやすい。

(注33) 林良平「判例批評」民商五三巻三号一〇八頁(旧説)、四宮和夫「判例批評」法協八九巻一号一二六頁、磯村哲編『注釈民法⑿』四五六頁〔中井美雄〕。弁済期の先後、相殺予約の有無、質権設定の有無、対立し合う債権の関連性など、取引の諸要素を斟酌し、差押えと相殺のどちらが優先するかを決める立場である。この立場からは、個別・具体的事件ごとに、差押命令・転付命令等の実効性と相殺による債権回収の期待とが実質的に衡量され、相殺への合理的期待が認められるかどうかが判断されることになる。

(注34) たとえば、我妻・前掲書(注23)三二〇頁以下は、相殺への合理的期待をもつ者の地位に着目し、相殺を合理的に期待することのできる地位を「相殺権」と称し、次のように述べていた。「特に注意すべきことは、保護されるべき相殺権の内容は、現在相殺することができる者の地位に限らず、将来相殺によって清算すると予期しうる者の地位を広く含むべきだということである。銀行が自行預金を見返りとして預金者に融資する場合を例にとろう。貸付債権の弁済期未到来の間は相殺はできない。然し、預金債権の弁済期が貸付債権の弁済期より後に到

来するものであるときは、銀行としては、将来貸付債権の弁済期が到来しても執行その他の手段に訴えることなく、預金債権の弁済期の到来を待って清算しうるという確実な期待をもつことができる。そして、その期待は相殺制度の目的からみて正に保護されるべき合理的なものである。そうだとすると、相殺権という観念は、かような地位を含み、『対立する同種の債権の当事者として将来相殺によって清算しうる合理的な地位をもつ者の地位』というべきである。」

（注35） ほぼ同様の理由により、相殺を認めるものとして、坂川雄一「保証人の事後求償権と相殺2　相殺権行使の可否の観点からの考察」銀法六八九号三一頁以下。

（注36） これへの回答しだいでは、須藤裁判官が補足意見で示した相殺への「合理的期待」の理解へと接近することになる。

（注37） 遠藤元一「本最高裁判決が相殺の実務にもたらす影響」銀法七四七号一九頁以下。同二二頁は、「法七一条、七二条の文言に適合するか否かよりも、『相殺の担保的機能に対する期待を保護しても、債権者の公平・平等の扱いという破産法上の基本原則に反しない』といえるかという予測可能性が必ずしも十分ではない基準が、相殺の帰趨を決定する基準になる萌芽が本判決に含まれていることを踏まえ、相殺の基本方針の再検討が必要となるかもしれない」と指摘する。また、吉元利行「委託のない保証の実情」銀法七四七号二九頁は、「無委託保証に至った詳細な経緯・事情、動機、期待を取引慣行とともに総合的に考慮して濫用的相殺目的でないことが確認できれば、無委託保証人による相殺の制限は認めるべきではないのではなかろうか」とする。

中西正「委託を受けない保証人の求償権と破産財団に対する債務との相殺の可否」銀法六八九号三七頁は、①「SがGからの信用供与（掛売り）を続けてもらいたいと考え、Sの債務不履行のリスクをGからBに移転させるべく、委託によりBにG・S債権につき保証人になってもらった」（Bは銀行である）場合には、「Sの預金債権を相殺という担保に供するならば、より低いコストでの信用供与などBからSに対する有利な与信が実現される可能性があるので（S・B間の保証委託契約はBからSへの信用供与である）、保証委託契約の時点で合理的相殺期待を認める十分な根拠がある」が、②「Sの債務不履行のリスクをGからBに移転させるため、B・G間の契約でBがG・S債権の保証人となった場合、Sの預金債権を相殺という担保に供することを認めても、BのSに対する有利な信用供与が促進されるわけではない」し、「むしろ、第三者であるG・B間の合意により、Sの預金債権という、本来破産債権者の共同担保を構成すべき財産を逸出させ、B、最終的にはGに優先的に分配されることを促進する機能をもつだけである」から、「このような場面では合理的な相殺期待の前提が欠け、債権者平等原則の例外を正当化する根拠が存在しない」という（当事者表記の記号を本稿で用いられているものに合わせて変更している点を断っておく）。

（注38）　山本和彦ほか『倒産法概説〔第二版〕』二五八頁〔沖野眞已〕。

（注39）　差押えと相殺に関する合理的期待説（前掲（注33））も、「債務者の意思」のみを決定的因子としてとらえているわけではない。そこでの合理的期待説は、差押債権者、債務者、第三債務者（相殺権者）を取りまく諸事情を総合的に考慮して、相殺への合理的期待の有無を判断するという考え方であり、本判決の基礎とする枠組みとは異質の立場に立脚するものである。

（注40）　本判決において、法廷意見は、「無委託保証人が破産者の破産手続開始前に締結した保証契約に基づき同手続開始後に弁済をして求償権を取得した場合についてみると、この求償権を自働債権とする相殺を認めることは、破産者の意思や法定の原因とは無関係に破産手続において優先的に取り扱われる債権が作出されることを認めるに等しいものということができ〔る〕」と述べて、相殺を否定している。この指摘は、本文で述べた相殺の担保的機能に関する従前の民法学説の多数の理解とは、ニュアンスを異にする。

（注41）　破産法においても、竹下編・大コンメンタール破産法（注2）三一三頁〔山本克己〕、伊藤・前掲書（注9）三六七頁なども、保証人が弁済等をすることにより事後求償権が現実化した場合に、当該保証についての委託の有無、したがって主たる債務者（破産者）の意思のいかんにかかわらず、将来の求償権としての相殺が有効にされることを認めているようである。

（注42）　このように見たときには、本判決の事案において、「破産者の意思」が決定的な意味をもつのは、保証人が取得した事後求償権が破産債権に当たるかどうかという第一の論点に限られる。それにもかかわらず、事後求償権

による相殺可能性という第二の論点にまで「破産者の意思」を持ち込んだ点に、筆者は、本判決に対する強い疑義を抱く。

（注43） 本判決が破産者の意思を中核に据えて相殺可能性を論じたことを正当化するため、たとえば、前記二で述べたことと関連づけ、倒産法上の相殺権が倒産手続外で行使できることを正当化するために、相殺権を別除権と同様に位置づけ、担保物権類似の権利であると説明することで、民法以上に相殺権を担保物権に近づけて理解するときには、担保物権設定者の担保設定意思に相当するものとして、自働債権を作り出すことへの破産者の意思ない し相殺を容認するとの破産者の意思が必要であるとし、無委託保証の場合のように、こうした破産者の意思が認められない場面では倒産法上の相殺権は認められないというのは、成り立たないものではない。もっとも、このような理解をした場合には、「破産者の意思」（倒産債権の債務者の意思）を基準とするのは倒産法上の相殺限りにおいてであり、本判決で採用された相殺の可否を分けるメルクマールは、民法上の相殺の場面（したがって、差押えと相殺の優劣が問題となる場面）では妥当しないことになる。これについては、後記（注67）も参照せよ。

（注44） 民法（債権法）改正検討委員会編・前掲書（注21）六九頁の指摘も参照。もっとも、同・六二頁に掲げられた試案【3・1・3・30】〈3〉は、差押え・仮差押えの申立てがあった後に自働債権を取得した者が、その取得の当時にそれらの申立てがあったことを知っていたときには相殺を禁止する旨の立法提案をしており、ここには破産法七二条の規律との発想面での共通性が見られる。沖野眞已「債権法改正と倒産」山本和彦＝事業再生研究機構編『債権法改正と事業再生』七一頁の指摘も参照。また、岡正晶「相殺」同書一七〇頁以下は、より進んで、①破産法七一・七二条になぞらえた相殺制限ルールを設けるべきこと、②その際、「前に生じた原因」に基づく場合等は例外とすべきことを提案している。①については、「破産のような『将来相殺できる利益・期待』を、全面的に保護した手続（自働債権の期限の利益を法律で喪失させ相殺を用意している手続）ですら、禁止している局面での相殺は、民法でも禁止することが相当である」との理解が、その基礎にある。

（注45） 森田修『債権回収法講義（第二版）』一三〇頁が指摘しているように、破産法六七条一項、七二条一項一号と

民法五一一条との間で「実体法的には変容は見られない」――前者にいう破産手続開始を、後者にいう差押えと同視することが可能である――とすれば、本判決で説かれる相殺の担保的機能及び相殺への合理的期待の思考様式は、差押えと相殺に関する従前の判断構造に影響を与えないとは言い切れない。

（注46） 篠田省二「判例批評（東京地判昭和五八年九月二六日）」金法一〇八三号一七頁及び同一九頁に引用の諸文献。

（注47） 東京地判昭58・9・26金法一〇四二号一三八頁（委託を受けた保証人が差押え後に保証債務を履行したことにより取得した事後求償権を自働債権として行った相殺は効力を有しないとしたもの）。好美清光「銀行取引と相殺」加藤一郎ほか編『銀行取引法講座㊥』二五八頁以下・二六〇頁。筆者も、この立場を支持している。潮見・前掲書（注6）四九六頁。

（注48） 岡・前掲論文（注44）一六二頁は、受働債権の差押え後に取得した債権であっても、受働債権（相殺権者にとっての債務）と密接に関連する債権であれば、相殺を認めるのが相当な事案がありえそうであるとの指摘をしている。同書一七〇頁の指摘と併せて読めば、差押え前に保証契約が締結された場合において、差押え後の保証債務の履行により取得した事後求償権を自働債権として保証人が行う相殺は、まさに「差押え前に生じた原因」に基づく自働債権の取得の場合であるとして、差押債権者に対してその効力が認められるべきであるとの結論が導かれるものと思われる。そして、岡正晶・判例批評（金法一九五四号六八頁）は、まさにこの旨を説く。

（注49） なお、①相殺の担保的機能や相殺への合理的期待につき、倒産法と民法の相殺法理の平準化を図る立場を基礎とし、②委託を受けない保証の場合にも「保証契約の締結」という事務管理が原因となって無委託保証人の事後求償権が条件付債権ないし「将来の請求権」として成立していると考え、かつ、③本判決の事案における第一審・第二審判決のように、「破産者の意思」（主たる債務者の意思）のいかんにかかわらず事後求償権を自働債権とする相殺を許容する立場をとるならば、差押え前に委託を受けずに保証人となった者（無委託保証人）も、差押え後に保証債務を履行することにより取得した事後求償権を自働債権とする相殺により、差押債権者に対抗することができるという結論が導かれよう。これに対して、岡・前掲判批（注48）七一頁は、本判決を支持する立場から、倒産手続開始後の保証債務の履行による無委託保証人の事後求償権を自働債権とする相殺を許さない本

判決の法理に照らせば、民法五一一条との関連、すなわち個別執行の場面でも、本判決におけるのと同様に、差押え後の保証債務の履行による無委託保証人の事後求償権を自働債権とする相殺は、差押債権者に対抗することができないとする。

（注50） 前掲東京地判昭58・9・26における保証人（銀行）の主張は、この趣旨によるものであった。

（注51） 傍論であるとはいえ、本判決は、将来に向かっては、委託保証人の事後求償権を自働債権とする相殺を肯定する枠組みを提示した点で、大きな意味がある。他方、無委託保証人の事後求償権に限れば、本判決がその破産債権該当性を肯定したものの、これを自働債権とする相殺を否定したため、とりわけ、顧客の主たる債務について保証を引き受ける金融機関にとっては、本判決は無委託保証を行うことのリスクを明確にした点で意味があるが、むしろ失うもののほうが大きかった判決であったのではないかと思われる。

（注52） 我妻・前掲書（注23）二四九頁ほか。

（注53） 林良平「弁済による代位における求償権と原債権」金法一一〇〇号五二頁。

（注54） 弁済者代位における求償権と原債権の関係の全容に関する筆者の見方については、潮見・前掲書（注6）二七七頁以下。

（注55） 竹下編・大コンメンタール破産法（注2）三一三頁〔山本克己〕、伊藤・前掲書（注9）三六七頁、伊藤ほか・条解破産法（注10）五三二頁、山本ほか・前掲書（注38）二五七頁〔沖野〕、栗田・前掲論文（注25）六〇四頁。民事再生法九三条の二の解釈においても、同様の理解がされている。伊藤眞＝田原睦夫監修『新注釈民事再生法(上)』四六〇・四六二頁以下〔中西正〕ほか。

（注56） 坂川・前掲論文（注35）三二頁以下も参照。

（注57） 岡・前掲判批（注48）六八頁も、このニュアンスの違いを意識している。

（注58） 「和議開始決定の後に弁済したことにより、和議債務者に対して求償権を有するに至った連帯保証人は、債権者が債権全部の弁済を受けたときに限り、右弁済による代位によって取得する債権者の和議債権（和議条件により変更されたもの）の限度で、右求償権を行使し得るにすぎないと解すべきである。けだし、債権者は、債権全

部の弁済を受けない限り、和議債務者に対し、和議開始決定当時における和議債権全額について和議条件に従った権利行使ができる地位にあること（最高裁昭和六〇年(オ)第五八九号同六二年六月二日第三小法廷判決・民集四一巻四号七六九頁参照）からすれば、連帯保証人は、債権者が債権全部の弁済を受けるまでの間は、一部の弁済を理由として和議債務者に求償することはできないというべきであり、また、和議制度の趣旨にかんがみても、和議債務者に対し、和議条件により変更された和議債権以上の権利行使を認めるのは、不合理だからである。」とした。

（注59）前掲最判平7・1・20の担当調査官解説は、「和議制度には、和議開始決定の後の弁済による求償権行使に原債権（和議債権）を基準とする制約を課することを制度上内包している」と述べている。八木良一・判解民平成七年度(上)一二頁以下。

（注60）ただし、事実審において破産管財人側が前掲最判平7・1・20を引合いに出していたのは、本件における事後求償権が破産債権ではないという文脈においてであり、本稿で示した観点とはニュアンスを異にする。なお、増市・前掲論文（注25）二七頁が、同判決を評して、「求償権の行使とはいうものの、その内実は原債権を行使するのと変わらぬ結果となっている」との指摘も参照。

（注61）潮見佳男「求償制度と代位制度――「主従的競合」構成と主従逆転現象の中で」中田裕康＝道垣内弘人編『金融取引と民法法理』二三五頁以下。

（注62）山野目章夫「求償債権と原債権の関係――相互性仮説の検証」ジュリ一一〇五号一三八頁。

（注63）最判平23・11・22民集六五巻八号三一六五頁、最判平23・11・24民集六五巻八号三二一三頁。

（注64）これについては、二〇一三年刊行予定の加賀山茂先生還暦記念『市民法の新たな挑戦』中で、「倒産手続における弁済者代位と民法法理」の論稿を公表することを予定している。

四　おわりに

倒産法では、債権者平等原則を基礎に据えて集合的な債権処理をするという観点の下、倒産手続における相殺権者の利益と倒産債権者の利益の優劣に関する調整を、倒産法に内在する相殺権に関する規律によって完結的に行っている。そして、そこでの相殺権の意義と限界に関する処理は、倒産法上に存在している個々の規定の目的論的解釈によって処理され、その結果が相殺への合理的期待とその限界として語られている。そこでの論理は、倒産法上の制度に特化されたものであり、民法上の相殺法理に波及するものではないようにも見える。

しかしながら、倒産手続における相殺権者と他の倒産債権者との優劣を決する際の基本思想と、個別執行における相殺権者と差押債権者（他の一般債権者）との優劣を決する際の基本思想とは、担保的地位としての相殺権の実体的理解において共通する面がある。実際、差押えと相殺に関する無制限説が現破産法六七条一項に対応する当時の破産法の規定を重要な論拠の一つとして展開されたものであることは、今もなお記憶に新しい（前記二）。

ひるがえって、ドイツにおいては、制限説（弁済期先後基準説）に従った差押えと相殺の優劣に関する民法上の規定と、無制限説に従った倒産法上の相殺権の射程と限界に関する旧破産法上の規定との齟齬が意識されていた。そして、一九九四年の新倒産法により、両法は制限説（弁済期先後基準説）の観点から平仄を合わせるものとなったところ、ここにも、相殺の担保的機能に関する平時の相殺法理と倒産時の相殺法理との同質性が表れている。

そうであれば、わが国においても、民法上の相殺法理と倒産法上の相殺法理において、相殺の担保的機能や相殺権の限界につき、倒産法固有の論理により特別に設けられたものを除けば、異なった理論がそれぞれの基礎に据えられるのは、必ずしも好ましいことではない。

このような目で見たとき、一見すると明快で説得力があるように見える本判決の論理は、相殺への合理的期待や相殺の担保的機能に関する理解において、現在の民法法理（とりわけ、無制限説）が基礎に据えているものとは異質なものを含んでいる。

本文中でも触れたように、①本件における事後求償権を破産債権ととらえ、②弁済者代位につき原債権の法定移転構成を支持し、かつ、③民法で現在説かれている無制限説を基礎に据えるのであれば、筆者には、本件及びこれに類する事案を処理するにあたり、本判決とは異なり、次の(a)か(b)のいずれかで考えるのが一貫する。

(a)　求償権の行使は「原債権」の行使ではないとの理由（主従的「競合」の肯定）で、保証人が破産手続開始後に保証債務を履行したことにより取得した事後「求償権」による相殺につき、破産法七二条一項一号の類推適用を、一律に否定する。そして、破産者の意思がどうであるか――主たる債務者からの委託の有無など――を問わずに、上記状況下における事後「求償権」による相殺を、将来の請求権による相殺として認める（注65）。これを原則としたうえで、事実関係に照らして当該相殺が不相当と考えられるときには、例外的に、相殺権の濫用法理の下で相殺の効力を否定する。

(b)　原債権を取得したのは求償権を確保するためであるとの理由で、原債権に対する制約を求償権の行使面にも及ぼし、破産法七二条一項一号の規律が事後「求償権」にも妥当するものとする（「主従的」競合の否定。主従逆転現象の肯定）。そして、破産者の意思がどうであるか――主たる債務者からの委託の有無など――を問わずに、保証人が保証債務を履行したことにより取得した事後「求償権」による相殺を、破産法七二条一項一号の類推適用により、一律に認めない（注66）。

他方、本判決における法廷意見や千葉裁判官の補足意見が強調したように、相殺の担保的機能を考えるにあたって、受働債権の債権者（破産者である主たる債務者）の意思、すなわち自己の受働債権を自働債権の引当てとして提供する意思ないし受働債権を対象とする反対債権（自働債権）を作り出す意思――「破産者の意思」――を重視するのが適切であると考えるのであれば、差押えと相殺に関する無制限説に対しても、同様に「債務者（＝受働債権の債権者）の意思」を決定的因子とする方向での転換を求めるのが一貫する。しかしながら、このような「債務者（＝受働債権の債権者）の意思」を民法の相殺法理の基礎に据えることに対しては、「債務者（＝受働債権の債権者）の意思」を決定的因子としていない無制限説が民法レベルではほぼ定着している（注67）今日、より慎重な判断が求められる（注68）。

（注65）本件において、原判決の基礎に据えた枠組みがこれである。事後求償権が破産債権であることと、差押えと相殺における無制限説を所与とし、かつ、弁済者代位における主従的競合論を基礎に据えたならば、従前の指導的学説が支持する民法法理との整合性という点では、(a)の選択肢が、最も落ち着きがよい。

（注66）事後求償権が破産債権であることと、無制限説とを所与としたうえで、倒産手続における代位・求償につき筆者のとる枠組み（民法学における通説のそれとは大きく異なる）を基礎に据えたときには、(b)の選択肢に進む。

（注67）ただし、筆者は、法定相殺の局面では無制限説に与するものでない。法定相殺と相殺の優劣については、債務者の責任財産をめぐる差押債権者と第三債務者の間の債権の摑取力レベルでの優劣という観点から、制限説（弁済期先後基準説）を支持するものである（期限の利益喪失条項と差押えの問題〔相殺予約と差押え〕に関しては、合理的期待説の考え方を支持する）。潮見・前掲書（注6）三八九頁以下。ごく最近の債権総論の体系書・教

科書類でも、法定相殺に関しては制限説（弁済期先後基準説）またはその修正理論を支持するものが、有力である。内田貴『民法Ⅲ（第三版）』二六一頁以下、加藤雅信『新民法大系Ⅲ　債権総論』四二八頁以下、中田裕康『債権総論（新版）』四〇一頁など。さらに、潮見佳男「制限説・無制限説をめぐる議論の回顧と展望」銀法四四巻九号三八頁、塩崎勤ほか「座談会・『差押えと相殺』の現在——最大判昭和45・6・24から三〇年を機に『無制限説』を再検討し、抵当権の物上代位との優劣を考える」銀法四四巻九号一一頁、同「相殺権者としての債務者」潮見佳男＝山本敬三＝森田宏樹編『特別法と民法法理』三九頁以下も参照。

他方、わが国の実務が無制限説に傾いている点は、本稿ですでに指摘したように、法制審議会民法（債権関係）部会での審議が示すところである。そのようななかで、差押えと相殺の問題が対象とする典型的事件類型が銀行取引をはじめとする事業者間の取引であり、もっぱらこれらの取引類型に照準を合わせて相殺への合理的期待とその限界に関する解釈論を展開し、典型的事件類型をモデルとして民法に新たな規律を設けるという態度の下で立法構想を立てるのであれば、典型的事件類型では弁済期自体に相殺への期待の要保護性を判断するうえで決定的な意味はないとして制限説（弁済期先後基準説）を否定し、執行妨害型の債権取得事例や偏頗行為的な相殺の事例には相殺権の濫用法理で積極的に対応することを前提として、無制限説を基礎に据えた規律を設けることは、立法にのぞむ態度として、不当とまではいえない。ただし、その分、このような典型的事象から外れる事例においては、相殺権の濫用法理の活用される局面が増大することとなろう。潮見佳男『プラクティス民法　債権総論（第四版）』四三四頁以下。

（注68）　強弁すれば、倒産法においては、相殺権が担保物権・物的担保にきわめて接近し、相殺の担保的機能が強化されているので、民法とは異なり、自働債権を作り出す破産者の意思が決定的意味をもつとし、これは倒産法固有の考慮によるものだから、「破産者の意思」を象徴することは民法上の相殺の法理や相殺の担保的機能には影響を及ぼさない（民法上の相殺においては、「債務者の意思」は決定的意味をもたず、従前理解されているところの無制限説の考え方がなお妥当する）という開き直りの説明ができるかもしれない。しかし、倒産法においても、相殺権が担保物権の一種とされているわけではなく、また、民法における相殺の担保的機能の考え方が倒産

法にも由来するものであることからすれば、「破産者の意思」を強調することを倒産法・民法の領域区分論（異質論）に結びつけて正当化するのは不適切である。

保証人と物上保証人の地位を兼ねる者の責任

松岡久和

一　はじめに

1　本稿が検討する問題

融資の際に債務者以外の複数の者に担保を提供させることは普通に行われている（以下、保証人と物上保証人、さらに担保財産の第三取得者など、担保の負担を受ける債務者以外の者を「担保提供者」と総称する）。担保提供者の一人が債務を弁済したり、抵当権が実行されたときは、その者は主たる債務者（本稿では物上保証の場合も含めて最終的な負担者を便宜的にこう表現する）に求償できるが、このような場合には主たる債務者は無資力であることが多い。そこで、出捐者は、求償権を確保するため、債権者に代位して原債権やその担保権を行使することができるとされている（四九九条と五〇〇条の弁済者代位。以下、条文だけの表示は民法を示す）。

代位できる者が複数いる場合に、相互に代位できる範囲を調整する必要がある。というのは、担保設定者に対する担保権の代位行使が、主たる債務者に対する担保権の代位行使と同じ範囲で可能であるとすれば、主たる債務者が無資力になる危険が、代位行使の相手方に転嫁されるか（再代位ができないとすると、これらの者には、代位すべき権利がないことで求償権の確保が困難となる）、無用な求償の循環を生じてしまう（無制限に再代位ができるとすると、最初の代位者は、代位により得た利益の一部を事後に失う）からである。そこで、五〇一条は、主たる債務者の無資力の危険を代位権者に割り当て（これが負担限度）、求償者の弁済等がその負担限度を超える場合に、他の担保提供者の負担限度の範囲内でのみ代位を認めている。このように、五〇一条は、担保権の実行や弁済の順序に関係なく、代位権者間の無資力危険の負担の配分が公平になるように調整しているのである（注1）。

五〇一条五号（以下、平成一六年改正前の判例・文献も改正後の表現で統一する）は、保証人と物上保証人がいる場合には、まず、その頭数に応じて負担を割り付け、次に、物上保証人が複数いるときは、保証人の負担部分を除いた残額を、担保財産の価格に応じて割り付ける。ある者の所有不動産に（根）抵当権を設定させると同時に同人に（連帯）保証をさせることも少なくないが（このような担保提供者を二重資格者とか資格兼任者と呼ぶ）（注2）、二重資格者の代位や二重資格者に対する代位については明確な規定がない。それゆえ、二重資格者を一人と見るのか（以下ではこれを広い意味で「一人説」と呼ぶ）、それとも二重の資格それぞれを考えて二人と見るのか

（以下ではこれを「二人説」と呼ぶ）、仮に一人説に立つ場合にはどういう資格で一人と考えるのか、代位により保証債権と抵当権の両方が行使できる場合に両方の関係をどう考えるのか、等々の問題について、古くから多様な意見が対立してきた。本稿が扱うのはこの問題である。

2　議論の必要性

昭和六一年の最高裁判決（⑩。このように以下では末尾の判例一覧の番号で示す）がこの問題について態度を鮮明にし（注3）、実務はこれに従って運用されている。しかし、学説には、この判決に対する批判も多く、二人説を支持する有力な見解がなお存在し、近時、この判決との関係が問題になる高裁判決が登場した（⑪）（注4）。このように判例法理自体の射程が必ずしも明確で安定したものになっていない。

しかるに、法制審議会民法（債権関係）部会における民法改正の議論では、定着した判例法理を条文化する趣旨での提案が行われた。すなわち、法制審議会民法（債権関係）部会の資料（以下「部会資料」という）39の四八頁は、「⑶　法定代位者相互間の関係に関する規定の明確化」として「法定代位者相互の間の関係を規定する民法第五〇一条について、以下の①から⑦までのうち全部又は一部の改正を行うという考え方があり得るが、どのように考えるか。」と問い、具体的に二重資格者の問題について、「④保証人と物上保証人との関係（民法第五〇一条第五号参照）については、複数の保証人又は物上保証人の中に両方の地位を兼ねる者がいるときは、この者を一人として扱った上で、全員の頭数に応じた平等の割合で債権者に代位する旨の規定を設けるものとする」との案を示した（その説明は部会資料39の五二頁の五）。しかし、前段落で指摘した状況を見ると、そのように定式化できるほどには議論はまだ落ち着きを見せていないし（注5）、提案の見解には大きな疑問がある。さらに付言すると、この問題は、一見技術的で些細なようにも見えるが、保証債務と物上保証の相違や両者の関係の理解という大きな問題にもつながっている。本稿がこの問題を取り上げるのは以上の理由からである。

3　前提自体に対する疑問

さらに、従来の議論は、保証人を単純に一人と数えている五〇一条五号自体の妥当性を当然の前提としてきたのであるが、そのこと自体に重大な疑問がある。そのため、少なくとも立法論を考える場合には、負担部分を決する同号の基準自体の見直しが要請される。本稿は、この点について、ヨーロッパ私法の平準化という試みのなかで提案されている共通参照枠草案（Draft Common Frame of Reference、以下は略称の「ＤＣＦＲ」で呼ぶ）（注6）のモデル準則案を紹介・検討することで、今後の議論のための手がかりを提供する。

4　設例の設定

この問題では、考え方によって、かなり細かい数字の違いが出てくる。そのため、これまでの議論でも時折見られたところであるが、設例を用いて議論をするほうがわかりやすい。そこで、本稿では図表1のような三つの設例を用意した。

設例1と設例2は、ＧのＳに対する被担保債権六〇〇〇万円につき、保証人Ａ、物上保証人Ｂ及びＣ、保証人兼物上保証人Ｄがいる場合で、いずれも物上保証人Ｂの提供した不動産甲の価格が六〇〇〇万円、Ｃの提供した乙不動産の価格が四〇〇〇万円とする。設例1と設例2は、二重資格者の提供する丙不動産の価格だけが異なり、一〇〇〇万円である場合（設例1）と二〇〇〇万円である場合（設例2）としている。設例1と設例2は、中田⑦

図表1　3つの設例

被担保債権額は600万円（利息・遅延損害金等は省略）、登場人物は、保証人A、物上保証人B（甲不動産を提供）・C（乙不動産を提供）、保証人兼物上保証人D（丙不動産を提供）・E（丁不動産を提供）である。

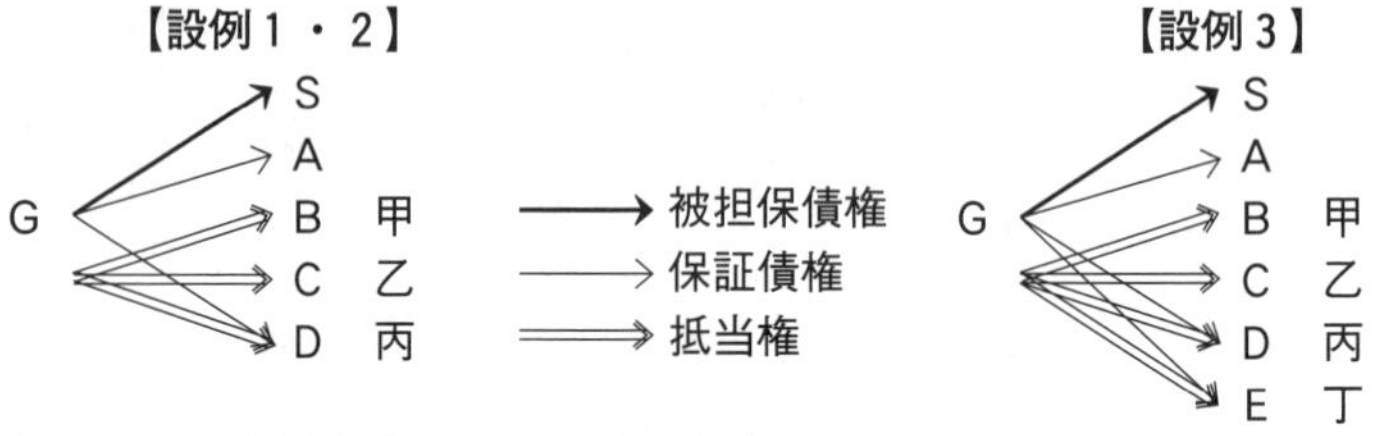

登場する保証人・物上保証人と不動産の価格

【設例1】　A～Dが存在。甲：600万円、乙：400万円、丙：1000万円

【設例2】　A～Dが存在。甲：600万円、乙：400万円、丙：200万円

【設例3】　A～Eが存在。甲：600万円、乙：400万円、丙：1000万円、丁：500万円

三五三頁のものを利用している。これらの設例の設定は、我妻③新二六一頁の設例を発展させ、二重資格者を別途設定することで、各説の違いを浮かび上がらせる工夫が施されている。ただ、二重資格者が一人だけなので一人説の問題性が十分示せない。そこで二重資格者を追加したものが設例3である。設例3では、設例1に保証人兼物上保証人Eを加え、その提供する丁不動産の価格を五〇〇万円とするものである。中田の設例は物上保証人をB_1・B_2と表記しているが、設例3で二重資格者を追加したことから、添え字を使わず記号を振り直す変更を施した。

（注1）　弁済者代位全体のなかでの五〇一条のこのような位置づけについては、簡略であるが松岡⑦争点一八六頁を参照。共同抵当の場合の負担割付原則による後順位抵当権者の代位（三九二条）も、五〇一条三号・四号と同じ考え方に基づくものと位置づけられる。なお、本稿での文献の引用は、右の例のように本稿末尾の参考文献一覧表の番号と太字で示した略称・該当頁で示す。

（注2）　連帯保証人と物上保証人を兼ねさせることの意義に

ついて、高山⑦六頁以下は、種々の効用を指摘する。これに対して、椿⑦一二七頁以下は、保証人や物上保証人の保護の観点から責任の制限を設けるべきだとする。

（注3） この判決の解説や評釈として参考文献一覧の⑤に掲げた多数のものがあり、原審（⑨）の解説や評釈にも④に掲げる多数のものがある。

（注4） この事件は上告がされなかったため、⑪が確定した。この判決の解説や評釈として本稿末尾の参考文献一覧の⑥に掲げるものがある。⑪に賛成し、⑪は⑩とは事案が異なり両立しうるとするもの（池田⑥三六頁、上原⑥一九五～一九六頁）、⑩に反対する趣旨で⑪を支持するもの（椿⑥三一頁）、⑩⑪の双方を批判し二人説によるもの（高橋⑥一一八頁）、⑪は⑩と矛盾抵触するとするもの（潮見⑥一頁）と評釈類も激しく対立している。議論は落ち着きを見せていないのである。

（注5） 五〇一条一号の付記登記についても、「①保証人は、債務者から担保目的物を譲り受けた第三取得者に対して代位することができる旨の規定を設けるとともに、その担保目的物が不動産である場合に関する民法第五〇一条第一号について、保証人が第三取得者に対して債権者に代位するための要件として、当該第三取得者が債務者から不動産を譲り受けて移転登記をする前に、代位の付記登記をしなければならないことが明らかになるように改めるものとする。」という提案がされているが、疑問がある。松岡⑦立法論四〇二～四〇三頁では、付記登記を削除する提案をしたものの、四〇四頁では、二重資格者の問題につき、判例・通説の見解に個人的には疑問を抱きつつも民法改正研究会での多数意見に従っていた。平成二四年五月二二日開催の第四七回法制審議会民法（債権関係）部会で、筆者は、さらに議論を重ねる必要があることを主張した。沖野眞已幹事、道垣内弘人幹事、中井康之委員からも、現行規定や判例に疑問がある旨の発言があり、さらに検討を続けることへの支持が得られた。

（注6） ＤＣＦＲの概略については、川角由和ほか編『ヨーロッパ私法の現在と日本法の課題』三二五頁以下の松岡久和「ヨーロッパ民法典構想の現在」及び三四七頁以下のマリー＝ローズ・マクガイア（大中有信訳）「ヨーロッパ契約法から共通参照枠へ」を参照。

二　従来の判例と学説（注7）

1　問題の扱い方

本稿の前半の主たる目的は、判例を定式化する提案に対する疑問を明確に示すことにある。この目的からすれば、すでに相当に整理されている判例・学説の状況を、展開に即して細かく再述する必要はない。そこで、通常のやり方とはかなり異なるが、まずは2で、これまでの判例と学説の議論の推移を概観する。次いで、3で考え方のパターンを五つに整理し、それぞれにどういう結論になるかを確認する。この問題に関する判例には明確に理由を示すものが少ないので、4の判例分析では、各判決の事案と解決の考え方、及び比較的詳しい⑩の判決理由を、議論の前提として必要な限りで確認する。最後に5で議論を整理し、二人説の妥当性を主張する。

2　判例・学説の展開の概観

この問題が意識されたのは、昭和九年の大審院判決〔1〕が最初であり、この判決は二人説を退けて一人説をとった。この判決に対する評釈（西村②と東②）は、いずれもこの判決に疑問を投げかけ二人説を支持したが、当時の通説はこの判決に賛成した（柚木③が代表）。しかし、その後、我妻榮が一人説から二人説に改説した（我妻③旧から我妻③新へ）ことで二人説も有力化した。さらに、物上保証人一人説をとると読める高裁の裁判例〔3〕が登場したことから、一人説という場合どちらの資格に着目するべきかが問題とされ、また、代位による保証債権の行使と抵当権の行使とがどういう関係に立つのか等、議論が錯綜・複雑化していった。この時点では、頭数で割る五〇一条五号をそのまま適用する保証人一人説が比較的多かったようだが、両方の資格をあわせて頭数一人と数える頭数一人説が明確に主張されるようになった（小川③）。この議論の過程では、誤解や混乱もあった（後述する責任選択説の迷走が典型）。

そうしたやや混沌とした裁判例と学説の状況のなかで、最高裁（⑩）は頭数一人説を採用したと思われるが、実は、その点の理解にも一致が見られない。また、学説では⑩を支持する見解が通説ないし多数説と思われるが、この判決を解説する調査官が⑩に批判的な見解を引き続き主張し（塚原⑤）、依然として二人説を支持する見解（前田⑦や潮見⑦）も有力である。さらに、物上保証人一人説を主張するものも登場し（寺田⑤担保。寺田説の理解については後に詳述する）、⑪の影響もあって一定の支持を集めているほか（池田⑥や上原⑥）、頭数一人説を基本としつつ類型によって例外を認めるように見える見解（中田⑦）などもあり、混沌とした状況は落ち着きを見せていない。

3　五つの考え方と帰結

(一)　五つの考え方

これまで説かれていた学説を分析すると、二重資格者の負担部分についての考え方には基本的には五通りのパターンがあり、これに多様な変形があると整理することができる。引用は網羅的ではなく代表的なものに限っている。

① 保証人一人説

この説は、二重資格者を保証人として五〇一条五号を適用し負担部分を算定する。ただし、物上保証人としての資格自体がなくなるわけではないので、二重資格者の設定した抵当権を債権者に代位して行使することは当然に可能であり（注８）、ただその限度額を定めるに際して物上保証人としての地位を考慮せず、担保物の価格を基準としないのである。保証人一人説の根拠として、まず、負担の重い者の求償権をできるだけ手厚く担保することに合理性があるとするものがある（柚木＝高木③四六二～四六三頁）。また、物上保証人としての有限責任は、（連帯）保証人としての無限責任に吸収されるため、結局、（連帯）保証人の一人として扱われることになるという説明がされている（津守③三〇頁）（注９）。これと同趣旨に帰着する別の表現として、たとえば、両資格を兼ねる者も、同一の債務のため、保証人として担保に供している財産の一部についてただ他の債権者らに対する関係で担保権者に優先権を認めているにすぎず、別個の担保権が存在するというわけではない、というものがある（小川③一八六頁や三和④一四二頁。鈴木⑦三六九頁も同趣旨に帰着する）。

②　物上保証人一人説

この説は、保証人一人説とは逆に、二重資格者を物上保証人として五〇一条五号を適用する。その根拠は、実務的には優先権のある物的担保が重要であり、三九二条でも保護されている後順位担保権者の代位の期待をも配慮するならば、担保物の価格比という基準を重視するべきであるということである（寺田⑤担保二三九頁。北川⑦七八～七九頁も同旨か）（注10）。

③　頭数一人説

二重資格者の扱いについて民法には規定が欠けていると理解し、二重資格者が負担部分の範囲内で保証人としての責任も物上保証人としての責任も負うことから、五〇一条五号を適用していずれかの資格によって負担部分を決めるという発想をとらない（安永⑤一一～一二頁）。保証人一人説と同じ論拠が援用されるほか、「簡明にして実効性のある基準」⑩として、あるいは、「頭数による代位を認める民法の大原則……に則り」（塩崎⑤二三頁（注11））、頭数を基準とする。このように発想は保証人一人説と異なるものの、論拠にも共通性があり、結局頭数を基準として負担割合を決めることになるので、結論は保証人一人説と完全に一致する。それゆえ、判例評釈や教科書類では、頭数一人説を独立して扱わない整理も少なくないが（たとえば石田⑤民法判例評釈や高橋⑥）、両者の理論枠組みの違いは明確にしておくほうがよい（潮見⑦債権総論Ⅱ三一三頁）。

④　責任競合説（注12）

この説では、保証人としての負担部分と物上保証人としての負担部分が異なる（五〇一条五号をそれぞれの資格で二回適用して負担部分を算出する）。代位者は、二重資格者に対して、いずれの権利を行使してもよいが（注13）、両者は共通する限度で重なり、一方の担保で満足を受けると他方の担保もその限度で消滅する連帯債務的な負担関係となる、とする。その根拠として、次の三つの命題を満足させるのはこの考え方のみであるとする。

(i)　重い責任を引き受けた者は代位の場面でも重い負担を忍ぶべきで、物的担保はできるだけ担保物の価格割合を反映するべきである。

(ii)　二重資格者は同一の債務を担保しているから、両方の負担を合算した金額で担保的負担を負うわけではない。

(iii)　代位の前後で負担していた担保の性質は変わらない（以上、塚原⑤四五五～四五八頁。淡路⑦五六四頁が支持）。

図表2　各説による設例1の帰結

（単位：万円）

		A	B	C	D
保証人一人説／頭数一人説		150	180	120	150
物上保証人一人説		150	135	90	225
責任競合説	保証人として	150	—	—	150
	物上保証人として	—	135	90	225
二人説	保証人として	120	—	—	120
	物上保証人として	—	108	72	180

要するに、責任競合説は、二人説の発想を受け入れつつ、もともと保証債務と物的負担とは相容れない独立した担保としての性質・機能を有し、代位後も代位前と同様に二つの担保権が併存すると解するのである。

⑤　二人説

この説は、二重資格者をそれぞれの資格で一人合計二人と数えて五〇一条五号を適用し、両方の資格の負担部分の額を加算する（注14）。その根拠は、債権者に対して重い負担を引き受けた者は、担保提供者間でも重い負担を負うべきである、というものであり（田島③二七六頁、我妻③新二六一頁）、計数的に最もきれいで欠点が少ないことも理由とされている（榎本④二〇頁）。

(二)　設例に即した具体的な帰結

以下では設例1～3の具体的な帰結を表で示し、若干の補足説明をする。

(1)　設例1の場合

保証人一人説と頭数一人説では、ADが六〇〇〇万円の四分の一ずつ一五〇〇万円を負担し、BCは残り三〇〇〇万円を担保目的物の価格比三対二で負担する。Dの担保目的物の価格は負担に影響しない。

図表3　各説による設例2の帰結

（単位：万円）

		A	B	C	D
保証人一人説／頭数一人説		150	180	120	150
物上保証人一人説		150	225	150	75
責任競合説	保証人として	150	—	—	150
	物上保証人として	—	225	150	75
二人説	保証人として	120	—	—	120
	物上保証人として	—	180	120	60

物上保証人一人説では、Aのみが四分の一の一五〇万円を負担し、BCDは残り四五〇万円を担保目的物の価格比三対二対五で負担する。

責任競合説では二重資格者Dの負担部分は、それぞれの資格として五〇一条五号を適用した結果となる。すなわち、Dは保証人として一五〇万円、物上保証人として二二五万円を負担する。両者は加算されず、代位者は重なる一五〇万円の範囲ではどちらを行使してもよい。

二人説では、保証人がADの二人、物上保証人がBCDの三人の合計五人として五〇一条五号を適用する。すなわちADが六〇〇万円の五分の一ずつ一二〇万円を負担し、BCDは残り三六〇万円を担保目的物の価格比二対二対五で負担する。Dは保証人として一二〇万円、物上保証人として一八〇万円を負担し、両者は合算されてDの負担額は三〇〇万円になる。

(2)　設例2の場合

保証人一人説と頭数一人説では、設例1と結論が同じになる。Dの担保目的物の価格は負担に影響しない。

物上保証人一人説では、Aのみが四分の一の一五〇万円を負担し、BCDは残り四五〇万円を担保物の価格比三対二対一で負担する。Dの担保目的物の価格が負担を下げ、保証人としての負担額も小さくなる。

責任競合説では二重資格者Dは保証人として一五〇万円、物上保証人と

図表4　各説による設例3の帰結

（単位：万円）

		A	B	C	D	E
保証人一人説／頭数一人説		120	144	96	120	120
物上保証人一人説		120	115	77	192	96
責任競合説	保証人として	120	—	—	120	120
	物上保証人として	—	115	77	192	96
二人説	保証人として	86	—	—	86	86
	物上保証人として	—	82	55	137	69

して七五万円を負担する。両者は加算されず、代位者は重なる七五万円の範囲ではどちらを行使してもよい。

二人説では、Dは保証人として一二〇万円、物上保証人として六〇万円を負担し、両者は合算されてDの負担額は一八〇万円になる。

(3)　設例3の場合

保証人一人説と頭数一人説では、ADEが六〇〇万円の五分の一ずつ一二〇万円を負担し、BCは残り二四〇万円を担保物の価格比三対二で負担する。DEの担保目的物の価格は負担に影響しない。

物上保証人一人説では、Aのみが五分の一の一二〇万円を負担し、BCDEは残り四八〇万円を担保物の価格比六対四対一〇対五で負担する。Eの担保目的物の価格が負担を下げ、保証人としての負担額も小さくなる。

責任競合説では、二重資格者Dは保証人として一二〇万円、物上保証人として一九二万円を負担する。両者は加算されず、代位者は重なる一二〇万円の範囲ではどちらを行使してもよい。二重資格者Eも保証人として一二〇万円、物上保証人としては九六万円を負担する。両者は加算されず、代位者は重なる九六万円の範囲ではどちらを行使してもよい。

二人説では、保証人がADEの三人、物上保証人がBCDEの四人の合計七人として五〇一条五号を適用する。すなわちADEが六〇〇万円の七分の一ずつ八六万円を負担し、ＢＣＤＥは残り三四三万円を担保物の価格比六対四対一〇対五で負担する。Ｄは保証人として八六万円、物上保証人として一三七万円を負担し、両者は合算されてＤの負担額は二二三万円になる。Ｅも保証人として八六万円、物上保証人としては六九万円を負担し、両者は合算されてＥの負担額は一五四万円になる（千円以下を四捨五入）。

4　判例の事案と分析

(一)　各事件の事案と解決

1は、連帯保証人と二重資格者の二人がいて、二重資格者が債務全額を弁済してその二分の一を連帯保証人に求償したところ、被告であった連帯保証人が二人説により自己の負担の限度は三分の一であると主張した事例。判決は、被担保債権が同一であるから（理由として舌足らず。学説のいうように物的担保の負担は全財産による保証債務に加えて負担を負うものではないという趣旨と理解されうる）、他の連帯保証人との関係では単一資格の下にその間の頭数に応じて債権者に代位する。二重資格者であっても（明言していないが四六五条により）連帯保証人として、半額の求償権があり、その範囲で債権者に当然代位する、という論理をとる。それゆえ、この判決は、保証人一人説と思われるが、一人説であれば結論は変わらない。

2と3は、四人の連帯保証人のうち二人が持分各二分の一の共有不動産に抵当権を設定した二重資格者であった場合において、その二重資格者の一人が債務全額を弁済した後、他方の二重資格者の設定した持分上の抵当権の実行を申し立てた事例。2は二重資格者を単に頭数一人として計算するのが相当として結論だけを示し、弁済額の四分の一についてのみ抵当権の実行を認めた。連帯保証人の求償権を基礎に考えているから保証人一人説と理解できるが、頭数一人説とも読める。3もこの結論を維持するものの、物上保証人一人説または責任競合説によっている。もっとも、この事案では二重資格者の持分が等しいので、2の保証人一人説または頭数一人説でも同じ結論となる。二人説では抵当権の実行は弁済額の六分の一のみ可能で、さらに六分の一について保証債務の履行を請求できるはずである。

4は、連帯保証人三人のうちの一人である二重資格者が、債務を弁済して連帯保証人の一人に求償した事例。主たる債務者である会社は倒産し、もう一人の連帯保証人である訴外代表取締役は行方不明になっている。そのため、原告が、無資力の連帯保証人の分の負担を折半して（四六五条、四四四条）、弁済額の二分の一の求償をしたところ、被告が二人説に基づき、三分の一の負担であると主張したようである。判決は、この場合には、連帯保証人二人のほかに物上保証人一人が存在する場合とは異なり、一人につき単にその担保方法が二つ存在するにすぎないとして一人説を採用し（どの資格で一人とするかは不明）、原告の主張を認容した。責任競合説でも同じ結論となろう。これに対して、二人説では、四六五条、四四四条が適用されても、三分の一ではなく、八分の三（＝四分の一＋八分の一）の求償を認めることになるはずである。

5は、連帯保証人五人のうち三人は無資力、残りの二人が二重資格者の原告と被告で、山林に抵当権（元本極度額五〇〇万円。連帯保証は極度額元本二五〇万円）を設定した原告が、合計約五九六万円を弁済し、請負代金債権（一六八〇万円。連帯保証は極度額元本一二五〇万円）を譲渡担保としていた被告に対して、無資力者三人の分の二分の一を上乗せして（四六五条、四四四条）、弁済額の二分の一を求償した事例。債務の一部は信用保証協会が連帯保証し、連帯保証人五人が保証料債務についても連帯保証していた。掲載誌（判タ三三三号二一九頁）によると、原審はそれぞれの保証の限度額及び物的担保の価格の合計額の割合に応じて代位するものとして請求を一部認容したようである（学説で主張されているどの説でもない）。これに対して、5は、それぞれ単に一人として頭数を計算し、保証人間の負担部分についても特約がないため平等と推認して負担部分を平等とした。そのうえで、被告も五八七万円を弁済していることを認定し、相殺の抗弁を認めて請求を棄却した。この判決は、保証の限度額や物的担保の価格が異なるにもかかわらず負担部分は平等として扱う徹底した頭数一人説である。保証の限度額を代位割合に反映させる規定がないための苦肉の策と思われるが、保証極度額が五倍、物的担保の価格が三倍強の開きのある当事者間で平等の扱いをすることの妥当性は疑わしく、原審の判断を詳しく知りたいものである。

67は、二重資格者である会社経営者に対して、債権者に連帯保証人として弁済した信用保証協会が、特約に基づき全額の求償を主張して抵当権を実行した。そして、複数の後順位担保権者に対する配当分を自分に配当するよう配当表の修正を求めた事例。争点は特約の第三者効の問題であり、67とも、二重資格の問題については、五〇一条五号の適用については一人と見るとするのみである。これが一人説のいずれかは不明であるが、二重資格者が一人だけなので、どの説でも結論に変わりがない。さらに、特約による負担割合の修正が入るので、仮に二人説に立っても、結論は変わらない。なお、この事件は、最判昭59・11・16判時一一四〇号七六頁で特約の効力が判断され、原告の主張が認容されているが、最高裁では二重資格者の性格はまったく問題にならなかった。

8910では、信用保証協会の保証とともに四名の連帯保証人がいて、そのうちの二人が二重資格者であった（極度額が共通の五〇〇〇万円の共同担保）。二重資格者のうちの一人（被告）が、債務を弁済した信用保証協会との求償保証特約に基づき残債務約一〇〇〇万円の弁済を行った後、もう一人の二重資格者の所有する不動産上の抵当権を債権者に（再）代位して行使した（同人所有の土地の根抵当権設定登記は抹消された）。求償債権額の四分の一である約二八四万円を代位者に配当する旨の配当表に対して、その不動産の（最初の代位登記後に抵当権の設定を受け登記した）後順位抵当権者が二人説に基づいて、代位者への配当は約六〇万円であると主張した。なお、原告は極度額ではなく不動産の評価額比の約二一対四で計算することを主張していた。

8 9 10は、いずれも頭数一人説を採用して請求を退けたが、理由とするところは少しずつ異なる。

まず、8は、

① 1は本件にも妥当する、

② 五〇一条五号は保証人と物上保証人の責任を平等と定めている、

③ 保証人が物上保証人を兼ねても担保財産の分量に変化はなく、物上保証人としての有限責任は、連帯保証人としての無限責任に吸収される、

とする。

9は、

① 五〇一条五号が保証人と物上保証人の責任を頭数で決めているのは、それが公平・簡明・合理的だからである、

② 保証人の総財産の価格や物上保証人の担保提供財産の数又は価格を調整の基準とするのはいたずらに煩雑で、必ずしも合理的ではない、

③ 二重資格者は、総財産を一般担保に供するほか、その一部の特定財産を特別担保に供しているにすぎず、資格の兼任だけを理由に単なる保証人よりも二重資格者の負担を重くするべき合理的な理由はない、

④　二人説では二重資格者に単なる保証人の倍の負担を課することとなり、公平の見地から合理的といえない、

という四点を挙げている。

10は最も重要なので判決理由を引用しておく。

「民法五〇一条四号、五号の規定は、保証人又は物上保証人が複数存在する場合における弁済による代位に関し、右代位者相互間の利害を公平かつ合理的に調整するについて、代位者の通常の意思ないし期待によって代位の割合を決定するとの原則に基づき、代位の割合の決定基準として、担保物の価格に応じた割合と頭数による平等の割合を定めているが、右規定は、物上保証人相互間、保証人相互間、そして保証人及び物上保証人が存在する場合における保証人全員と物上保証人全員との間の代位の割合は定めているものの、代位者の中に保証人及び物上保証人の二重の資格をもつ者が含まれる場合における代位の割合の決定基準については直接定めていない。したがつて、右の場合における代位の割合の決定基準については、二重の資格をもつ者を含む代位者の通常の意思ないし期待なるものを捉えることができるのであれば、右規定の原則に基づき、その意思ないし期待に適合する決定基準を求めるべきであるが、それができないときは、右規定の基本的な趣旨・目的である公平の理念にたち返つて、代位者の頭数による平等の割合をもつて決定基準とするほかはないものといわざるをえない。しかして、右の場合に、二重の資格をもつ者は他の代位者との関係では保証人の資格と物上保証人の資格による負担を独立して負う、すなわち、二重の資格をもつ者は代位者の頭数のうえでは二人である、として代位の割合を決定すべきであると考えるのが代位者の通常の意思ないし期待でないことは、取引の通念に照らして明らかであり、また、仮に二重の資格をもつ者を頭数のうえであくまで一人と扱い、かつ、その者の担保物の価格を精確に反映させて代位の割合を決定すべきであると考える

のが代位者の通常の意思ないし期待であるとしても、右の二つの要請を同時に満足させる簡明にしてかつ実効性ある基準を見い出すこともできない。そうすると、複数の保証人及び物上保証人の中に二重の資格をもつ者が含まれる場合における代位の割合は、民法五〇一条四号、五号の基本的な趣旨・目的である公平の理念に基づいて、二重の資格をもつ者も一人と扱い、全員の頭数に応じた平等の割合であると解するのが相当である。」

要約すると、次の二点に尽きる。

① 五〇一条は二重資格者の代位割合の決定基準を定めていないので、代位者の通常の意思ないし期待に適合する決定基準を求めるべきであるが、それができないときは、右規定の基本的な趣旨・目的である公平の理念にたち返って、代位者の頭数による平等の割合をもって決定基準とするほかはない。

② 二人説が代位者の通常の意思ないし期待でないことは、取引の通念に照らして明らかである。二重資格者を頭数一人としたうえで担保物の価格を精確に反映させて代位の割合を決定する、簡明にしてかつ実効性ある基準は見い出せない。

要するに⑩は、ほかに適切な基準がないから、五〇一条四号、五号の基礎にある公平の理念に基づく頭数一人説（注15）が、相対的に簡明にしてかつ実効性ある基準だとしているのである。⑧や⑨の理由づけ（とりわけ⑨の理由づけ）は、基準の合理性の判断のなかで黙示的に承認されているのかもしれないが、判決理由では繰り返されず、むしろ規定の欠缺を五〇一条四号、五号の基礎にある公平の理念で補充するなら頭数一人説以外にない、という結論に近いものだけが提示されている。

⑪は、家族間の争いで複数の土地が問題となり、贈与の虚偽表示性、不法行為責任、詐害行為取消しなども争

点となったきわめて複雑な事例である。しかし、二重資格者の問題に絞ると（注16）、同一の共有土地甲の持分に根抵当権（極度額一億三八〇〇万円）を設定した物上保証人が四人おり（持分は、Yが四〇分の二〇、X_1が四〇分の九、X_2が四〇分の九、Aが四〇分の二）、ほかに連帯保証人が二人いて、そのうちの一人は破産宣告を受けたB、もう一人が二重資格者となるYであった。甲が根抵当権者によって競売されたので、Xらが無資力のBを除き、頭数一人説によって持分相当額の四分の一の約一七〇万円をそれぞれYに求償した。⑪は、無資力者の除外を認めず頭数を五人として、持分相当額からBの五分の一を除いた分につき、Yの持分二分の一の範囲で代位ができるとした（その計算では五四二万円となるところ、Xらの請求をその範囲内であるとして認容）。判示はすこぶる不明瞭で、そもそも物上保証人一人説であることすら明示されておらず、その採用理由は書かれていない。XらがYの虚偽表示による財産隠しの被害者であり（抵当権者が善意なので抵当権の無効を主張できなかった）、自らの意思で物上保証人となったものではないことや、持分割合が不均等で頭数一人説では不当にYの責任が軽くなることを避けようとしたと推測される（後二者は判タ一一八二号二一二～二一三頁のコメントによる）。本件の特殊事情はともかく、担保目的財産価格に差がある場合を考慮することは（注17）、一般化できるものである。

(二) 総合的な分析

判例は、一貫して一人説を採用しているように見えるが、少なくとも⑩以前には、責任競合説と見る余地もあった。また、一人説のなかでも、どういう資格で一人と見るかについては、三つの説のいずれでもありえた。結論は異ならないが、明確に物上保証人一人説を採用する③もあった。そうしたなかで、⑧⑨⑩とりわけ⑩が、担保不動産の価格比を採用すれば異なる結論が導かれる事例において、あえて頭数一人説をとったことは、明確でなかった判例法理を統一する点で大きな意義を有する。

しかしながら、その判決理由は、有力である二人説や責任競合説を十分な根拠を示すことなく批判し、ほかに適切な基準がないことから頭数一人説を採用するというにすぎず、理論的にはすっきりしない（注18）。その具体的な結論にも疑問の余地がある。こうしたことから学説にはなお反対説が少なくなく、⑩に対する判例評釈の多様な反応を見ると、判例の頭数一人説は決して安定したものとなっているとはいえない。

5　二人説の妥当性

(一)　頭数一人説の問題点

以下では、⑩判例及びこれを支持する学説の問題点を、理論面、具体的な結論の妥当性及び「簡明さ」という基準の危うさの三つの面から指摘する。

(1)　理論的な問題点

まず、一人説の「重い負担を負う者を厚く保護する必要性」という議論には根拠がない。五〇一条三号・四号・五号は、物上保証人や第三取得者は、担保目的不動産価格に比例して負担を負うとしており、まったく逆の考え方が代位の基礎とされている（つとに甲斐③二〇頁。塚原⑤四五一〜四五二頁や福田⑤七九〇〜七九一頁（注3）が丁寧に批判している）。保証人一人説や頭数一人説は、担保目的物の価格が責任に反映されない点を説明できず（小川③一八六頁や鈴木④三六頁は説明を放棄している）、立法者意思にも反する（前田⑦四八一頁）。これを当事者意思や期待に合致するという根拠はどこにもない（淡路⑦五六三頁）。

次に、物上保証人の有限責任は保証人の無限責任に吸収されるという論拠は、両責任の関係を誤解している。

物的担保と人的担保は別のものである。保証債務引受前にすでに物的担保に供している特定財産の担保価値は一般財産から「別除」されており（前田⑦四八二頁に同旨）、一般財産に含まれるのは担保余剰価値だけである。他方、債権者には債務者の一般財産に対する支配権はないため、保証人が同時にであれ又は追加的にであれ物的担保を設定すると、物的担保の対象財産は一般財産から逸出する（だからこそ詐害行為取消しや否認の対象となる）。このように両責任が別のものであるからこそ、それぞれの資格で代位し・代位されるというのが民法の基本的な考え方になっているのである。

また、有限責任が無限責任に吸収されるという論拠は、物的担保のほうが重視されている実務の感覚とも相容れない（表現は異なるが塚原⑤四五二〜四五四頁も同旨）。なお、根保証の限度額を併用根抵当権の極度額に合わせる解釈があるところ、それを援用して両責任は加算されないとする議論もある（注19）。しかし、それは債権者に対する根保証人保護の問題であり、それによって保護されても、二重資格者は根抵当権と根保証の同額の責任をそれぞれ負うため、一方による他方の吸収の論拠とはならない。

(2) 具体的な結論の不当性

設例1の二重資格者Dは、BやCより担保価値の大きな不動産を提供しているのに、その責任は保証人Aと同等で軽い。Dが保証債務を負っていなければ、Bが甲に設定した後順位担保権者は、共同抵当関係を見て甲乙丙への割付を考え（五〇一条四号）、甲に四六五万円の余剰担保価値があると期待できたのに、後にDが保証債務を負うことで、余剰担保価値が四二〇万円に下がってその期待を裏切られる（我妻③新二六一頁や前田⑦四六七頁を参照）。この批判に対しては、物的責任が軽くなるのは代位負担額の問題にすぎず、保証人となることで無限定責任を負い、他の保証人が無資力になればその分負担額が増加するから（連帯保証の四四四条の適用か？）、責任軽減だけをもって一概に不当とはいえないとの反論がある（近江⑦三二五頁）。しかし、これは物的な代位負担額が減ることへの批判には何も答えていない。

これとは逆に、設例2では、二〇〇万円の丙に抵当権を設定した二重資格者Dが、四〇〇万円の乙に抵当権を設定したCよりも重い負担を負う。ここでは二重負担ゆえに分担責任も重くなっており、「重い負担を負う者を厚く保護する必要性」という一般論は妥当していない。しかも、保証人としての責任が増えるのは理解できるとしても、丙の物的負担が増えるので、今度は丙の後順位抵当権者が期待を裏切られるおそれがある。

設例3では、二重資格者DE同士の分担関係において担保目的物の価格比二対一がまったく考慮されず、担保目的物の剰余価値が、高額の不動産の所有者に理由もなくシフトする結果となる。さらに全員が二重資格者である場合には、担保目的物の価格比が完全に無視されて、五〇一条四号の考え方と相容れない結果となる（東②五一六〜五一七頁、我妻③新二六一頁）。この批判に対して、この場合には担保目的物の価格比を考慮する例外扱いをすることも考えられるが（中田⑦三五四頁）、物的担保提供者が複数いる場合には同様の処理をしないと不合理なことになる。そしてそこまで例外を広げていくと物上保証人一人説と類型ごとに使い分けるというところまで行き着くだろう。しかし、それは振分け処理を加えることで基準を複雑にするため、簡明さを重視した頭数一人説の出発点と矛盾することになろう。

担保目的不動産の譲渡があった場合にも不合理なことが生じる。たとえば、設例1で保証人Aが物上保証人Bから甲を譲り受けたとすると、頭数が三人になり、ACDは平等に二〇〇万円ずつ負担することになる。物的担保を加えたAの責任が重くなるのはよいとしても、譲渡に関与していないCDの負担が増える結果は是認しがたい（つとに東②五一六頁が指摘）。同じ設例1で今度は二重資格者Dが担保目的物を第三者Eに譲渡したとすると、頭数が五人になり、ADは一二〇万円、BCEはそれぞれ一〇八万円、七二万円、一八〇万円の負担となる。どちらの例においても、譲渡の前後で保証債務と抵当権の数は変わらないのに、負担部分が増減する。譲渡の場合には、負担部分を承継したり（前者のケース）、分有する（後者のケース）という修正を施す見解もある（平野⑦旧六七頁。安永⑤一〇頁も例外処理を許容するがその内容は不明）。しかし、これも例外を基準に組み入れることで頭数一人説の出発点からは離れていくことになる。

(3)「簡明さ」の濫用のおそれ

物上保証人が死亡して共同相続関係となった場合に、弁済時における人数を頭数とすることにより法律関係の簡明を期するのが相当であるとした最高裁判決が登場した（最判平9・12・18判時一六二九号五〇頁）。二重資格者がからむ事例であり、⑩を応用したものと考えられる。評釈類には意外に賛成が多いが、被相続人の地位をそのまま共同で承継するという相続法の基本原理に抵触する（反対意見があるが少し視角が異なる）。すなわち、相続された担保目的不動産の価値が増えたわけではないのに、相続人全員の合計負担額が増える。この判決と同じ論理によれば、保証債務が共同相続された場合にも、相続人は分割された額の債務を負うにすぎないのに、頭数としては各人が一人として負担を受けることになるはずである（求償との関係で複雑な事態となることについて、小野秀誠「判批」金判一〇五一号六三頁）。「簡明さ」を重視して頭数一人という基準で割り切ろうとすると、大きな犠牲を払うことになりかねない。

(二) その他の説の問題点

(1) 保証人一人説及び物上保証人一人説

いずれの説にも頭数一人説に対して指摘した理論的問題点が妥当する。それに加えて、一方の資格を捨象して決められた負担部分が、なぜ捨象されたほうの負担部分にも妥当するのかは理論的に説明できず、五〇一条五号をそのまま適用しようとするところに無理がある（淡路⑦五六三頁、潮見⑦プラクティス三九四頁）。

保証人一人説の具体的な問題点は頭数一人説とまったく同じである。他方、物上保証人一人説では、頭数一人説と（逆方向で働くが）同質の問題が生じる。すなわち設例2のDや設例3のEは、保証に加えて物上保証をしたために、責任がかえって軽くなってしまい、当事者の通常の意思や期待に反する。

(2) 責任競合説

たとえば、設例1のDが抵当権を実行された場合であれば、負担部分二二五万円を超える三七五万円について代位ができるが、保証債務を弁済した場合であれば、四五〇万円まで代位ができることになる。抵当権の実行を避けるために弁済したとするとどちらになるのか。いずれにせよ、弁済者の責任負担額が決まらなければ、総額いくらの額について代位ができるのかが不明である。代位弁済者の請求の仕方によって、被代位者相互間の責任負担が変動し、負担額を確定することが不可能となったり、負担の不公平が生じうる（石田③一七頁など。塚原⑤四六二～四六三頁自身が弱点だと自認する）。

また、二重資格者が複数いて保証人としての責任のほうが大きい者と物上保証人としての責任のほうが大きい者が混在している場合など、連帯保証人間の求償関係も加わって、きわめて複雑な計算となり、「簡明にして実効性のある基準」とならない（⑩、前田⑦四八二頁、中田⑦三四二頁）。なお、担保目的物の譲渡によりこの説のいう競合関係がどう変化するのかは、まったくわからない。

(三) 二人説に対する批判への反論

(1) 理論的な批判

人的担保提供者と物的担保提供者としてそれぞれ別に二人とするところに批判が集中している。しかし、まず、物上保証人の有限責任は保証人の無限責任に吸収されるという理由づけでの批判が成り立たないことは、すでに示したとおりである（前記二5(一)(1)）。

次に、二つの担保方法が競合的に提供されているだけで数量的に倍する責任を負担しているわけではなく、双方の資格に対して数量的に二重に代位されるということはありえないとの批判がある（安永⑤九～一〇頁、淡路⑦五六三頁）。必ずしも数量的に倍にならないことは(2)で具体的に示すことにして、ここでは、「二重に代位される」かどうかを考えたい。二重資格者が保証債権と抵当権の両方を代位行使されるのは、批判している他説でも同じなので、ここでの批判は両責任を加算するかたちで計算することに向けられていると思われる。すなわち、債権者がいずれかの担保を行使して満足を得れば他方も付従性に基づいて消える関係にあるから二重の負担を負ってはいない。債権者に対してそのような責任競合の状態にあるのであれば、代位によって債権者の権利を行使する場合でも同様に二つの担保は競合する関係にあり、両責任を単純加算するのはおかしい、という趣旨の批判が責任競合説から加えられることになる（塚原⑤四五五頁）。これに対しては、二重資格者に対して両方の担保が選択可能であるという意味で代位の場合も責任は依然として競合するが、債権者の権利行使のような全額責任ではなく、代位の場合には求償権を確保する目的で負担のあるべき姿を実現する手段としての性格から負担部分に制限された責任となるので、両責任は重ならず、むしろ資格ごとに最終負担を考えて単純加算するのが自然である、と反論できる。

最後に、⑩は、二重資格の各資格の負担を加算することは、代位者の通常の意思ないし期待とはいえず、取引通念に反すると批判する。しかし、取引観念上いずれが正しいかは必ずしも確定しがたく（前田⑦四八二頁）、立証も反証も許されない水掛け論にすぎないため、批判自体に説得力が欠ける（塩崎⑤二〇三頁）。

(2) 具体的な結論の妥当性

二つの資格の負担を加算すると負担が倍加して重すぎるという上記の批判は妥当しない。設例1ではたしかに頭割りの一五〇万円に比べて二重資格者Dの負担は三〇〇万円と倍加している。しかし、これは提供した担保目的物の価格が高いことをたまたま反映しているにすぎない。設例2のDや設例3のEの合計負担額は頭割りの額をわずかに増加させたにすぎず、物的負担自体は、保証人としての負担が増えるのに反比例して、保証人を兼ねない場合より軽くなる。この点をとらえて、物上保証のみをする場合より二重資格のほうが物的負担が小さくなるとの批判がある（鈴木④三三頁）。しかし、債権者との関係では負担が軽くなるわけではないし、担保が増えれば担保提供者の負担が下がるのは何の不思議もない。

むしろ、二人説は人的担保と物的担保につき、それぞれ頭割りと担保目的物価格比という民法の用意した二つの基準をそのまま用いるため、一方を無視することで一人説が陥った不当な結果は論理的に生じない。さらに、両担保は独立して負担を計算されるため、担保目的物の譲渡がされても、その前後で負担が変動するという不合理は生じない。計算は民法自体が用意したものであり、それ以外に例外処理を用意する必要もなく、原則一本で処理できるため、これ以上に「簡明にしてかつ実効性ある基準」は存在しないというべきである。

（注7）　末尾に掲げるようにこの問題についての文献は非常に多い。そのなかで、⑤の沖野評釈・福田評釈・塚原解説がきわめて詳しいので、本稿は、これらの整理を参照の中心に置き（もちろん本稿とこれらの理解には異なる部分がある）、⑥⑦の文献によって以後の展開を加えるという方法によっている。

（注8）　かつては、保証人一人説では二重資格者の抵当権が行使できなくなると批判する見解も少なくなかったし、現在も時にそのような記述がされる（たとえば椿⑥三〇頁）。しかし、抵当権が行使できなくなる理由を見出すことはできず、その批判の前提となる理解が誤っている。

（注9）　津守説は、実務上は原則化している連帯保証のみを論じており、分別の利益のある普通保証の場合に妥当しないのではないかと批判されている。しかし、普通保証の場合も共同保証人が自己の負担部分を超える額を弁済したときには、範囲こそ異なるものの他の共同保証人に求償ができ、代位も可能である。その論理構造は、普通保証の場合にも妥当し、以後の一人説の理論的支柱を形成したと評しうる。

（注10）　寺田⑤判例講義一一〇頁は、「物上保証人として一人説」と自説である「一人・担保物価格比説」を区別しているが、後者による割付額の計算方法は前者とまったく同一である。むしろ、同一〇九頁の表の数字は何カ所も間違っている。特に「物保人《ママ》として一人説」において、物上保証人Cの負担部分が担保物の価格比と異なっている理由の説明はなく、誤記でないとすると不可解である。それゆえ、本稿は寺田説を物上保証人一人説と位置づける。

（注11）　塩崎⑤二〇四頁は「一人説を採るのがベター」と述べていて、頭数一人説が理論的に正しいという主張はしていない。むしろ同説によることで著しい不公平が生じる場合には、特約認定による事案に即した弾力的な解決を試みる必要があることも指摘している。

（注12）　提唱者の塚原自身が自説をこう呼んでいるのでそれに従うが、資格融合説、資格併存説、責任併存説などの表現もある。いずれにしても、誤解を生みやすい表現であまり適切ではない。というのは、他の説でも、二重資格者に対しては、保証債権も抵当権も行使でき、責任が競合するとか併存するといえるからである。この説の核心は、一人説を基本としながら資格ごとに異なる負担部分を認める点にある。

（注13） この説につながるものとして資格選択説を取り上げる整理も少なくない。しかし、提唱者の石田喜久夫の見解は迷走している。すなわち、当初は弁済をした二重資格者が代位する場面を念頭に置いてどの資格で代位するか選択できるとしていたが（『注釈民法⑿』三五一頁）、後には二重資格者に対する代位の場面における代位者の選択を論じている（石田⑤重判解七七頁）。しかも、この意味での資格の選択を認めるのが判例・通説であると述べながら（林＝高木＝石田③二七一頁）、責任競合説を想起させる趣旨も述べ、内容が詰まっていないことを自認し見解が揺れている（石田⑤民法判例評釈一二二頁（注12）、一二三～一二四頁）。こうしたことから本稿では独立した説としては取り上げない。

（注14） 岡村③六九三～六九四頁は、原則として二人説をとりつつ、保証人が「保証債務の履行を確保する趣旨で」物上保証人となった場合に限り、保証人一人と数えるとする。この説には、主観的な基準により結論が安定しないとの批判があり、支持者はない。また、保証債務への物的担保設定に類比する例外を認めるだけであって、基本的には二人説であり、時期区分説などとして独自に取り上げるほどでない。

（注15） 高橋⑥一一七頁や石田⑤民法判例評釈一二〇頁のように、⑩を保証人一人説と理解するものも少なくないが、すでに述べたように保証人一人説とは論理構造を異にする。

（注16） 原審の青森地判平15・10・30判タ一一八二号二一六頁では二重資格に関係する土地は訴訟物でなく、控訴審で請求が追加されたものである。⑪の持分に関する事実認定はあいまいでわかりにくく、本稿は、高橋⑥の事実関係の整理に依拠する。

（注17） 後述三2㈡⑶を参照。担保目的財産の価格が異なっていても、根抵当権極度額が基準となればXらとYの負担額は均等となる可能性がある。

（注18） 「理由付けも丁寧かつ説得的」（安永⑤一一二頁）という評価もあるが、「無理論」で（ほかに適切な解決がないから）「『仕方がない』というのが一人説の本音」だという批判的な感想（石田⑤重判解七七頁）及び趣旨や理由が明らかでなく論証のない公平判断がされているという指摘（沖野⑤一〇〇七～一〇一一頁）がある。塩崎⑤二〇四頁や奥田⑦五五四頁（注6）も、難点を自覚しつつほかに基準がないとして消極的に判例を支持するにす

ぎない。

（注19） 最判平6・12・6判時一五一九号七八頁を意識した椿⑦一三二頁。

三 基準自体の再検討

1 問題提起

(一) 五〇一条五号の特異性と限界

「はじめに」の3で示した問題意識をより詳しく説明する。

(1) 五〇一条五号に内在する矛盾

保証人と物上保証人の間の負担割合を定めている五〇一条五号は、法典調査会に提案された当初原案では存在しなかったところ、最初の審議の際に井上正一委員から指摘を受けて、修正提案の際に急遽追加されたものであった（注20）。そもそも、代位割合に関する調整自体についても、旧民法財産編四八三条が詳しく定めていた程度で（これが現行民法五〇一条に引き継がれた）、当時の諸外国の立法例には、旧民法以外に参照できる規定は見当たらなかった（注21）。まして、五号に当たる問題については、旧民法にも規律がなかった。この規律は、二回の審議期日の間にあったわずか四日間で新たにつくりだされたものだったのである。この提案は、当時最先端の試みであったと高く評価できるものの（注22）、急ごしらえのものであったことは否定できない。そして、同号が提示する基準自体が矛盾をはらんでいる（注23）。すなわち、五〇〇〇円の債務につき、三人の連帯保証人

（負担割合は特約がなく平等）と二人の物上保証人が存在する場合において、物上保証人の提供した財産の価格がそれぞれ七〇〇円と三〇〇円だったとき、五号の基準によると、負担部分は、保証人各人が五分の一の一〇〇〇円、物上保証人が担保物の価格に応じて二〇〇〇円を七対三に割り振るので一四〇〇円と六〇〇円になる。しかし、連帯保証人の一人が五〇〇〇円全額を弁済したとすると、弁済者は、物上保証人の物的有限責任ゆえに、物上保証人からは担保価値の合計の一〇〇〇円しか回収できない結果となり、同号による負担配分は実現しないのである（注24）。

(2) より根本的な問題点

もう一つの問題はいっそう大きい。現行民法の立法時には、保証も担保物権の設定も確定額の被担保債権全額について行われることを暗黙の前提としていたと思われる。しかし、一部保証や一部担保は可能であり、そのように被担保債権額の一部についてのみ担保を提供している者についても、全額の担保提供者と同じ頭数や担保目的物の価格を基準とすることは大いに疑問である。さらに、その後の取引の発展に応じて、立法時には想定されていなかった根抵当権や根保証（とりわけ極度額があるもの）が多用されている。基準は、こうしたものをもカバーできるものでなければならない。根抵当権や根保証の担保提供者は極度額が責任の上限となるはずであり、無限責任と連動する頭割りという発想や極度額と関係のない担保目的物の価格は、これらの場合の負担配分の基準として不適切である。しかし、これまでこうした点を自覚した議論は、ほとんど見当たらない（注25）。8～10の事件はこれを議論する格好の素材となりえた事例であったが、頭数一人で割り切ることで、むしろ問題を回避して「簡明にして実効性のある基準」を選んだと考えられなくもない。

ところで、二〇〇四年の民法改正で極度額の定めのない根保証を無効とする貸金等根保証の規律が設けられ

（四六五条の二第二項）、これを根保証一般に拡張することが現在の民法改正の議論で検討されており、極度額が根担保一般に責任限度として機能する方向にある（注26）。それだけに、根保証や根抵当を考慮に入れた問題の検討がますます必要となる（注27）。

そこで、本稿は、その手がかりとして、ＤＣＦＲのモデル準則案とその解説（注28）を紹介し、批判的に考察することにした。ヨーロッパでも代位割合の調整について一般的な規定を置く国は少なく、多くは判例法によって連帯債務者間の規定を類推適用するなどによって準則が形成されているにすぎない（注29）。そうしたヨーロッパ私法の現状を改善する提案をしているＤＣＦＲのモデル準則案には、見るべきところが多いと思われるからである。

2　ＤＣＦＲの規律

(一)　ＤＣＦＲのモデル準則案

ＤＣＦＲの第Ⅳ編は、Specific contracts and the rights and obligations arising from themと題して、Ａ部からＨ部まで、売買、賃貸借、役務提供、委任等の八つの契約各則を定めている。そのＧ部は付従性のある保証を中心とする人的担保 personal security を規定している（注30）。Ｇ部には、通則、付従的人的担保、独立的人的担保、消費者による人的担保の特則という四つの章があり、第一章の通則のなかに、定義（一〇一条）、適用範囲（一〇二条）、債権者の承諾（一〇三条）、担保のための共同債務（一〇四条）、債権者に対する複数の担保提供者の連帯責任（一〇五条）、複数の担保提供者（注31）の内部求償（一〇六条）、複数の担保提供者の主たる債務者に対する求償（一〇七条）、連帯債務の規定の補充的適用（一〇八条）という表題の付された八カ条が置かれている

（注32）。

本稿が参照するのは一〇六条である。一〇六条は次のように定めている。

(1) 前条（注33）の場合において、複数の人的担保提供者の間又は人的担保提供者と物的担保 proprietary security 提供者との間における求償については、以下の各項に定めるところによるほか、第Ⅲ編第四章第一〇七条（連帯債務者間の求償）（注34）に定めるところによる。

(2) この条の規定の適用にあたり、各担保提供者の負担部分は、第八項の規定が適用される場合を除き、第三項から第七項までの規定に従って決定される。

(3) 担保提供者の間に別段の合意のない限り、各担保提供者は、担保提供者の間においては、自己が引き受ける最大リスク maximum risk がすべての担保提供者が引き受ける最大リスクの総額に対して占める割合で責任を負う。その基準時は、最後の担保が成立した時点とする。

(4) 人的担保については、最大リスクは、担保の極度額の合意によって決定される。極度額の合意がない場合には、被担保債権額、又は、途中勘定債務が担保されているときの与信限度額による。担保された途中勘定債務に与信限度額がないときは、最終残高による。

(5) 物的担保については、最大リスクは、担保の極度額の合意によって決定される。極度額の合意がないときは、担保として提供された財産の価格による。

(6) 第四項第一文の場合における極度額又は第五項の場合における極度額若しくは価格が、最後の担保が成立した時における被担保債権額よりも高いときは、被担保債権額が最大リスクとなる。

(7) 与信限度額の定めのない信用供与を担保する極度額の定めのない人的担保がある場合において、極度額の定めのある他の人的担保権又は物的担保権の最大リスクは、その極度額が担保される取引の最終残高を超えるときは、当該最終残高を限度とする。

(8) 第三項から前項までの規定は、主たる債務者の提供する物的担保には適用しない。債権者が満足を受けた時点で債権者に対して責任を負っていなかった担保提供者にも適用しない。

(二) コメントからうかがえる内容

以下では、モデル条文案の規律内容を解説するコメント Comments 部分（注35）を用いて、概略を示す。

(1) 各担保提供者の引き受けた最大リスクに応じた負担部分に基づく求償と代位

均等負担が推定される連帯債務者間の求償とは異なり、いま問題にしている場合には、担保提供者ごとに引き受けたリスクの範囲が異なり、それぞれが引き受けた最大リスクに応じた割合で責任を負い、それに応じて求償関係（注36）が定まる。すなわち、担保提供者全員の最大リスクの総額を分母とし、各担保提供者の引き受けた最大リスクを分子とする割合が負担割合であり、具体的な負担額は、最大リスクの合計額（被担保債権額が主たる債務者の一部弁済などによりその合計額を下回っているときは被担保債権額）に、負担割合を乗じて算出されるのが原則である（以上、三項）。もちろん債務者に対する求償は別の問題であり、弁済をした担保提供者は、以上のような制限を受けることなく、全額につき債務者に求償することができる（八項前段）。

負担割合を定める上記の規律は、デフォルト・ルールであり、保証人など人的担保の提供者は、契約により自由に負担部分を定めることができる（三項冒頭の留保）。

最大リスクが算定されるのは、原則として、最後の担保が成立した時点である（以下この時点を「基準時」という）。債権者が満足を受けた時点までに免責されていた担保提供者は、求償を受けない（八項後段）（注37）。

(2) 人的担保の場合の最大リスクの決定基準

人的担保の最大リスクは、まずは極度額による。極度額の定めがない確定額債務の担保では基準時の被担保債権額、被担保債権額が浮動する途中勘定の場合に与信限度額の定めがあればその額、定めがなければ債務の最終残高のいずれかによって決まる（四項）。

以上の(1)(2)が四つの例で説明されているので、簡略化して紹介し、必要な部分は補足を加える（注38）。

【設例1】 三〇〇〇ユーロの債務につき、Aが極度額一〇〇〇ユーロ、Bが極度額二〇〇〇ユーロの連帯保証人となった。最大リスクの合計額は三〇〇〇ユーロであり、AとBの負担割合は一対二である。債務者が一五〇〇ユーロを弁済しても負担割合は変わらず、残債務一五〇〇ユーロにつき、Aの負担部分は五〇〇ユーロ、Bの負担部分は一〇〇〇ユーロとなる。

【設例2】 一月にAが三〇〇〇ユーロの債務につき極度額三〇〇〇ユーロの連帯保証をしたところ、五月に債権者とAは、極度額を二〇〇〇ユーロに減額する旨を合意した。六月に債務残高が三〇〇〇ユーロある状況で、Bが極度額一〇〇〇ユーロの連帯保証人となった。最後の担保が成立した六月が基準となり、AとBの負担割合は二対一であり、A・Bの負担部分は、それぞれ二〇〇〇ユーロと一〇〇〇ユーロとなる。六月以後に債務残高が増えてもAもBも極度額以上の責任は負わない。

【設例3】 与信限度三〇〇〇ユーロの途中勘定につき、Aは極度額二〇〇〇ユーロの、Bは無制限の連帯保証人となった。後に与信限度が五〇〇〇ユーロに拡大され、五〇〇〇ユーロの債務が発生した。AとBは、基準時点の与信限度の三〇〇〇ユーロについてのみ連帯して責任を負う。Aの最大リスクが二〇〇〇ユーロであるのに対して、Bのそれは基準時点で三〇〇〇ユーロであり、その負担割合は二対三である。それゆえ、Aの負担部分は三〇〇〇ユーロに五分の二の割合を乗じて一二〇〇ユーロ、Bの負担部分は一八〇〇ユーロとなる。他方、与信枠拡大後の二〇〇〇ユーロについては、Bのみが責任を負い（注39）、これを弁済しても負担部分のないAに求償することはできない。

【設例4】債務者の現在及び将来の全債務について、Aは極度額一〇〇〇ユーロ、Bは極度額なしの連帯保証人となった。債務残高が九〇〇〇ユーロになったとすると、AとBの負担割合は一対九となり、Aの負担部分は九〇〇〇ユーロに一〇分の一を乗じて九〇〇ユーロ、Bの負担部分は八一〇〇ユーロとなる。

(3) 物的担保の場合の最大リスクの決定基準

物的担保の最大リスクは、原則として、極度額、極度額の定めがなければ基準時の担保設定財産の価格によって決まる（五項）。明確な説明を欠くが、物的有限責任という性質を考慮していると思われる。注意するべきは、担保財産の価格は、日本法のように担保実行時の価格（注40）ではなく、基準時の価格であり、担保財産の価値が後に減じても負担割合には影響がない、とされていることである。次の設例はこれを説明する。

【設例5】三〇〇〇ユーロの債務につき、Aが極度額二〇〇〇ユーロの連帯保証を引き受け、Bが契約時に二〇〇〇ユーロであった自動車甲を担保目的で債権者に譲渡した。二年後に債務者が一〇〇〇ユーロしか弁済できなかったので、債権者はAから残債務二〇〇〇ユーロの支払を受けた。自動車の価格が五〇〇ユーロに減じていても、当初の各担保提供者の負担割合の一対一は不変であり、弁済時を基準とした四対一にはならないから、AはBに対して二〇〇〇ユーロに二分の一を乗じた一〇〇〇ユーロの償還請求権を有する。もっとも、Bは自動車の価格の限度で責任を負うだけなので（物的有限責任）（注41）、AがBから回収できるのは五〇〇ユーロのみである。

(4) 極度額と被担保債権額の関係（上記(2)(3)の基準の例外）

両者の関係はやや複雑である。基準時点での極度額（物的担保で極度額の定めがない場合には担保目的物の価格。以下「極度額等」と総称する）が被担保債権額より低い場合には、責任限度である極度額等が最大リスクとなる（四項一文・五項一文）。しかし、逆に、極度額等が（基準時の）（注42）被担保債権額より高い場合には、実際の責任の上限である被担保債権額が、最大リスクとなる（六項。後述設例6）。しかし、基準時点でいったん極度額等以上の被担保債権が成立し、その後に債務者が弁済して被担保債権額が極度額等以下になっても、原則に戻って、極度額等が基準となる。債務者の弁済が最大リスクに影響するとすれば、多くの場合、より高いリスクを負担している担保のほうに有利な結果をもたらしてしまうからである（後述設例7）。

極度額の合意がない人的担保同士の間では、最大リスクは最終的な被担保債権額となり、担保提供者は平等に負担を分かつ（四項二文・三文。後述設例8）。物的担保では担保目的財産の価格が基準となる（五項二文）。極度額の定めのある担保と定めのない担保の間では、最終的な被担保債権額が極度額以上であれば、極度額と被担保債権額の比を基準とする（四項。上記設例4）。しかし、最終的な被担保債権額が極度額以下のときにこの基準を用いると不合理な結果となるので、最終的な被担保債権額について、担保設定者が平等に負担を分かつという例外処理をする（後述設例9）。

【設例6】 三〇〇〇ユーロの債務について、Aが極度額四〇〇〇ユーロ、Bが極度額一〇〇〇ユーロの連帯保証人となった。債権者に残債務の三〇〇〇ユーロを弁済したAは、Bに七五〇ユーロの償還を求めることができる。Aの責任限度は極度額の四〇〇〇ユーロではなく、三〇〇〇ユーロなので、Bの負担割合は五分の一ではなく四分の一である。

【設例7】 三〇〇〇ユーロの債務について、Aが極度額一〇〇〇ユーロ、Bが極度額二〇〇〇ユーロの連帯保証人となった。最初から貸付額が一五〇〇ユーロであれば、設例6の考え方によってBの最大リスクは一五〇〇ユーロにとどまるから、AとBの負担割合は二対三になる。しかし、設例7では、三〇〇〇ユーロの貸付けがありBの最大リスクは二〇〇〇ユーロとなって、AとBの負担割合は一対二となる。その後の債務の弁済によっても、負担割合は、より高いリスクを負っているBに有利には変化しない。

【設例8】 AとBは、将来の債務をも含む債務について、いずれも包括的で極度額の定めのない連帯保証人となった。主たる債務者の債務の額の多寡にかかわらず、AとBは二分の一の責任を分担する。

【設例9】 AとBは、将来の債務をも含む債務について連帯保証人となったが、Aの連帯保証には極度額一〇〇〇ユーロの定めがあり、Bの連帯保証には限定がなかった。最終的な被担保債権額が五〇〇ユーロである場合、AとBの負担割合を四項の原則によって二対一としたのでは、限定的なリスクを引き受けたAの負担のほうが無限定なリスクを引き受けたBの負担より重くなって妥当ではない。それゆえ、七項によってAの最大リスクを被担保債権額に修正し、AとBは二分の一の責任を分担する結果となる。

(三) 若干の考察

(1) DCFR自体についての留意点

個別の検討の前提として、DCFR自体に内在している限界に留意する必要がある（注43）。すなわち、DCFRはEU圏内での渉外的な契約とそれに深く関係する動産所有権・動産担保等を対象としているが、登記・登録手続を含む不動産担保や執行・倒産は、対象外である。こうした法領域は、各国法の規律が特に多様であり、それぞれの伝統と文化を反映している。こうした法領域では各国の立法権が留保されており、ヨーロッパの多様性の保持という要請と結びついて、その平準化や統一は、契約法の場合とは比べものにならないほど困難の度合いが高い（もっとも、契約法を超える私法全体の平準化を求める考え方は、そもそも私法が統合的な有機体であるという認識を前提としているため、平準化の動きを主導している先進的な学者たちからも、部分的な平準化や統一では足りないとの批判がある）。本稿が取り上げる求償と代位の問題においても、不動産担保やその実行手続がきわめて重要であるところ、DCFRがその点に払うことができる考慮には限界がある。この意味で、DCFRのモデル準則案が不動産担保やその実行手続をも射程に入れた一般的な規律として有用であるかどうかは、慎重に検討する必要がある（注44）。

(2) 二重資格者の責任

本稿が前章で検討対象とした二重資格者の問題についてDCFRがどういう立場をとるのかは、モデル準則案に直接の規律がなく、また、コメントにも言及がないため、残念ながら必ずしも明らかではない。ただ、四項と五項で人的担保と物的担保の最大リスクについて別々に規定していることから、いずれか一方の基準によって負担部分を決め他方を無視することは考えにくい。日本法の議論で典型的に想定されていたようにいずれの担保にも極度額の限定がない場合には、人的担保では被担保債権額、物的担保では担保財産の価格という別の最大リスクが基準となる。そのうえで、三項に基づいて最大リスクの総額に対して、それぞれの最大リスクが占める割合を考えるのであるから、二重資格者については、人的担保提供者としての負担割合と物的担保提供者としての負担割合が単純に加算されるものと考えられる。これは前記二で示した二人説と同じ考え方である。

(3) 頭割り平等という扱いの限定

複数の担保提供者について、極度額等が同一であるとき、全部の担保に極度額の定めがないとき、及び一部の担保に極度額の定めがない場合において被担保債権額が極度額等より低いときには、同一の極度額や被担保債権額が基準となり、全員が平等に負担を分かつことになる。これは頭割りによる平等負担（注45）ということだが、きわめて限定的である。このような条件を満たさない場合には、極度額、与信限度額、担保目的物の価格が基準となるため、むしろ頭割りにはならない場合のほうが多い。提案は、頭割りではなく、最大リスクを基準とする割合的な分担が比較法的にも多数だという認識を基礎に置いているとみられる（注46）。

(4) 基準の公平性・合理性

提案されている基準は、確定債務の全額についての担保設定のみならず、被担保債権額の一部についての担保設定や、実務上非常に多いと思われる極度額を定めた担保設定、さらには、無限定な包括根担保までを、最大リスクで統一的に規律しようとしており、基準としての包括性・整合性が高いと思われる。

また、五〇一条五号に内在する矛盾として紹介した例（前掲１㈠⑴）は、異なる解決となる。すなわち、連帯保証人三人と物上保証人二人の責任割合は、五〇〇〇：五〇〇〇：五〇〇〇：七〇〇〇：三〇〇〇となり、連帯保証人は各自一五六二・五円、物上保証人はそれぞれ二一八・七五円、九三・七五円を負担する。弁済者が物上保証人二人から回収できる額は合計三一二・五円にしかならないが、代位行使できる抵当権の範囲にとどまるため、矛盾は生じない。これは、負担する責任の多寡に比例したより合理的で公平な帰結ではないかと思われる。

(5) 基準の問題点

しかし問題も多い。三点を指摘しておきたい。

第一に、具体的に今回取り上げた負担配分問題に関するモデル準則案は、比較法的な検討をふまえているとはいえ、判例法を含めた各国法の規律が十分固まっておらず、実際の適用によって十分検証されているものではない思考実験という性格が否めない。さらに議論を重ねて修正し、洗練させる必要があるだろう。たとえば、基準としての最大リスクは耳慣れない概念であり、必ずしも理解しやすいものではない。察するところ、それが意味しているのは、債権者との関係で担保提供者が負う責任の限度額であり、端的にそう表現するほうがわかりやすいのではなかろうか。

第二に、公平な結論を維持するためとはいえ、モデル準則案は、例外ルールによって補充されるかなり複雑な構造になっており、平明で使いやすい基準とは言いにくい。とりわけ、基準時を最後の担保が成立した時に固定するように見えながら、担保設定者は、確定額についての担保設定でない限り、基準時後に増えた被担保債権額についても最大リスクの範囲内では債権者に対して責任を負う。それゆえ、最大リスクは、実際には求償と代位が問題になる弁済時や、被担保債権額の中間最高時の被担保債権額から選択される多元的なものとなってしまい、非常にわかりにくい（注47）。規律のわかりにくさゆえに、この規律を具体的設例に適用した結果が正しいのかについても疑いが生じている（設例3）。

第三に、ＤＣＦＲを参照するには、日本民法との違いにも留意する必要がある。ＤＣＦＲが代位割合ではなく求償権の制限として問題をとらえている点や、担保目的物の価格も原則として基準時に固定して考えている点は、日本法での一般的な理解とは異なるため、その適否を考える必要がある。ここでは特に基準時の問題を取り上げよう。

基準時の固定は、自らの関与しない契約後の事情の変化によって不利益な影響を受けないようにする工夫として、一定の説得力を有する。しかし、責任財産に対する排他的支配力を欠く人的担保では、そもそも保護に値する期待は強くない。代位の対象となりうる物的担保の目的物の滅失・損傷や経年変化による価格の減少は予測できるものであり、各担保提供者は、代位ができなくなることによる負担増を一定の範囲では覚悟するべきものと考えられる（注48）。物的担保の場合の後順位担保権者の配当への期待や、担保設定者の担保価値の有効利用という利益は、たしかに尊重に値する。三九二条や五〇一条三号・四号自体が、すでにそのための工夫を行っている。しかし、共同担保の一方が補償を受けることなく失われた最悪の場合には、後順位担保権者は、極度額もしくは被担保債権額の分だけ先順位担保権に優先されて自らの把握する残存担保価値が減り、代位もできないことを覚悟しなければならない。また、担保提供者間の別段の合意によって求償や代位の割合が変えられるとすれば（注49）、後順位担保権者はそれを前提に行動をするべきで、法定の割合に対する期待の保護にはそれほど強い要請が働かないとも考えられる。さらに、モデル準則案によっても、設例5では、最終的な負担配分が実現しない矛盾が生じてしまっているし（注50）、求償と代位の関係もいささか不明確である。

（注20）　錯綜した審議を整理し、参照された外国法の条文の訳も付されているので、『法典調査会民法議事速記録3』ではなく、『史料債権総則』を指示することにする。同書六三一頁（注1）、六三五頁（井上委員と富井委員のやりとり）、六三七頁（富井の修正提案理由）。

（注21）『史料債権総則』六二二～六二六頁、六三一～六三三頁。

（注22）この問題について、ドイツやフランスでは激しい論争があったが、当時の通説的見解は頭数によるとしていた。日本の立法者はこれにならった（『注釈民法⑿』三五一頁〔石田〕）。

（注23）五〇一条五号の沿革についての指摘に続いて、以下の例は、高橋⑥一一八～一一九頁による。

（注24）榎本④二〇頁は、物的有限責任ゆえに物上保証人から回収できなかった残額は、保証人間で均等負担するという考え方がありうると示唆する。椿⑥三一頁も、4 5をも援用して、四六五条、四四四条を類推することで同様の調整を提唱する。これに対して、池田⑥三六頁は、異質の利害関係人の間にまでこれらの規定を一般化する根拠はないと批判する。

（注25）塩崎⑤二〇四頁は保証限度額比によって割合を決定する考え方がありうると指摘する稀な例である。また、5の原審が独自の判断をしているが（前記二4㈠）、公刊されていない。さらに、三九二条の解釈において、先順位の担保権が存在する場合には、担保目的不動産の競売代価からその被担保債権額を控除して同条の「不動産の価額」とするとされているのは、数少ない修正の例である。しかし、このような考え方は自覚的に拡張されてはいない。それどころか、我妻③新五三三頁や『新版注釈民法⑼』七二二頁〔高木〕は、累積共同根抵当権について、総債務額が極度額の総和に満たない場合、三九二条一項を類推適用し、極度額ではなく担保不動産の価額に応じて負担を割り付けるとしており、極度額は基準とされていない。しかし、大いに疑問である。

（注26）「部会資料8―2」の第2の8（六五～六七頁）、「民法（債権関係）の改正に関する中間的な論点整理」第12の7⑴（四四頁）、「部会資料36」の第2の7⑴（六六～六九頁）、「部会資料50」の第2の4（一三～一五頁）。

（注27）筆者は平成二四年一一月六日開催の第六一回部会において、この旨の発言を行っており、本稿はそれを具体化するものである。

（注28）ヨーロッパ民法典スタディ・グループのヨーロッパ法原則シリーズの一つである『ヨーロッパ人的担保法原則』が先に二〇〇七年に刊行され（Study Group on European Civil Code, Principles of European Law : Personal Security, prepared by Ulrich Drobnig, Munich, Sellier, 2007 cited as PEL/Drobnig, Pers. Sec.）、DCF

R第Ⅳ編G部は、微修正を施しているが、基本的にはこれを承継している（Christian von Bar and Eric Clive (eds.), Principles, Definitions and Model Rules of European Private Law - Draft Common Frame of Reference (DCFR) Full Edition, Munich, Sellier., 2009, Volume 3 cited as DCFR vol.3 pp.2485-2798）。両者の関係については、前掲（注6）の『ヨーロッパ私法の現在と日本法の課題』三二七〜三二八頁、三三一頁（ヨーロッパ不当利得法原則とDCFRの関係について述べたものだがほぼ同じことがここにも妥当する）。一部にモデル準則案の異同があるが、紹介するモデル準則案の内容や解説はほぼ同一である。以下では、新しいDCFR vol.3のほうで引用する。

（注29） DCFR vol.3 p. 2562によれば、一般的な規定を置いているのはデンマーク約束手形法とオランダ民法だけであり、pp.2565-2566は、とりわけ保証人などの人的担保の提供者と物的担保の提供者の間の調整については、多くの国が苦労していることを示している。

（注30） 人的担保には、スタンドバイ信用状などを含む付従性のない独立的なものや、担保のための共同債務（連帯債務に相当）も含まれるが、保険契約は含まない。DCFR Ⅳ.G.-1：102。

（注31） 求償の場合の担保提供者には、自己の所有物に物的担保を設定した（主たる）債務者自身は含まれない一方で、人的担保を提供した者（前注参照）と物的担保を提供した物上保証人の双方を含む。

（注32） PEL/Drobnig, Pers. Sec. では、通則部分に一〇カ条を置いていたが、契約の自由と解釈に関する規定が、DCFR第Ⅱ編の契約その他の法律行為という総則的規定に吸収されたため、二カ条少なくなっている。PECLを引用していたものがDCFRに置き換わるという変更がある以外は、条文内容の変更は少ない。1：104 PEL/Drobnig, Pers. Sec.がDCFR Ⅳ.G.-1：103(1)に移行し、二項に一方的引受けによる人的担保の成立が追加されたのが内容的には最も大きな変更である。以下で紹介するDCFR Ⅳ.G.-1：106は、内容的には1：106 PEL/Drobnig, Pers. Sec.と変わらないが、後者の二項a号〜e号がDCFRでは独立して三項〜八項という体裁に変わっている。

（注33） DCFR Ⅳ.G.-1：105は、「債権者に対する複数の担保提供者の連帯責任」という表題の下に次のように定める。

債権者は、引き受けられた範囲で、人的・物的担保のいずれをも全額につき行使できる（人的担保についても分別の利益はない）、という趣旨である。

(1) 複数の人的担保提供者が同一の債務若しくは一つの債務の同一の部分の履行請求権を担保し、又は同一の担保目的のために一方的約束を引き受けた限り、各担保提供者は、担保提供者が債権者に対して引き受けた範囲内で、他の担保提供者と連帯して責任を負う。この規定は、これらの担保提供者がそれぞれ独立して担保を引き受けたときも適用する。

(2) 前項の規定は、人的担保に加えて、物的担保が主たる債務者又は第三者によって提供された場合にも、適切な補正を加えたうえで適用する。

（注34） DCFR Ⅲ.4：107は、「連帯債務者間の求償」という表題の下に次のように定める。

(1) 連帯債務者の一人が自らの負担部分を超えて履行したときは、他の連帯債務者のいずれに対しても、これらの債務者各自の未履行の負担部分を限度として、自らの負担部分を超える部分の填補を求める権利を有する。合理的に支出した費用の分担についても同様とする。

(2) 前項の定めが適用される連帯債務者は、債権者の優先する権利を害さないことを条件として、他の連帯債務者のいずれに対しても、これらの債務者各自の未履行の負担部分を限度として、自らの負担部分を超えて履行した部分を填補するために、従属的な担保権を含む債権者の権利を行使し、又は救済手段を利用することができる。

(3) 自らの負担部分を超えて履行した連帯債務者が、合理的な努力を尽くしたにもかかわらず、他の債務者から自らの負担部分を超えて履行した部分の填補を受けることができないときは、履行した債務者を含む他の債務者の負担部分がその割合に応じて増加する。

なお、ＤＣＦＲ第Ⅲ編は、発生原因から切り離して債権債務関係に共通する規律を置く「債権総則」を内容としている。要は、負担部分を基準として一項で求償権、二項で代位を定めるとともに、三項で無資力の連帯債務者の負担の分担（日本民法四四四条に相当）を定めるものである。PEL/Drobnig, Pers. Sec. 1：106条(1)は、

PECL 10：106を指示していた。DCFR Ⅲ.4：107は、内容的にはこれと同じであるが、表現は微妙に変わっている。本稿の上記の訳も、オーレ・ランドーほか編（潮見佳男ほか監訳）『ヨーロッパ契約法原則Ⅲ』三二頁〔野々村和喜〕から少し変更している。

（注35） DCFR vol.3 pp. 2558-2562. わかりやすくするため、省略したり前後を入れ替えたりしている。解説自体がそう長くないので、対応する個々の頁は、原則として表記しない。

（注36） ＤＣＦＲにも弁済者代位は存在するが、ＤＣＦＲは、日本民法とは異なって、物的担保の提供者に対しても求償権が発生するとしており、代位権ではなく求償権の調整という構成をとっている。

（注37） この点は特に、付従性のある人的担保の提供者が、主たる債務の弁済によって責任を負わなくなった後で、弁済した独立的な人的担保の提供者から求償を受けることを避ける趣旨であるという。DCFR vol.3 p.2562.

（注38） いちいち定義に戻って確認していただくのは煩瑣であり、ここでは具体的イメージが明確になるほうがよいので、原文で付従的人的担保と表現されているところは連帯保証人、物的担保と表現されているところは物上保証人に入れ替える。また、説明にあわせて説明や対比例などを加える。さらに、説明の理解しがたい点は注記する。

（注39） 極度額を定めなかったとはいえ、保証契約後の与信限度の拡大によって、Ｂが契約時の三〇〇〇ユーロを超えて責任を負うという説明は、理解しがたい。

（注40） 三九二条につき、『新版注釈民法⑼』六一九頁〔高木〕。五〇一条についての『注釈民法⑿』の注釈には価格算定の基準時についての記述が見当たらない。なお、三九二条は「価額」、五〇一条は「価格」としており、表記は統一されていない。

（注41） 原文は、「Ｂから一〇〇〇ユーロを請求できる is entitled to demand 1000 from B」が、「Ｂは人的な債務を負わないので since B is not personally obliged」と表現しているが、求償権と求償債務の関係が不明確だと感じる。それゆえ、筆者の解釈として、物的有限責任という説明を加えている。

（注42） 六項が基準時の被担保債権額を考慮しているのは理解しがたい。追加的に与信がされた場合には、極度額の範

囲内であれば、最も高くなった時点での被担保債権額が最大リスクとなってしかるべきだからである。

（注43）松岡・前掲（注6）三三九〜三四一頁で不当利得法に焦点を当てて検討したのと同じことが、この問題にも妥当する。

（注44）もっとも、このことは、たとえば代位の付記登記という制度の存置を当然の前提とするものではない。前掲（注5）を参照。

（注45）比較法ノートの部分で、イタリア法・スペイン法・スコットランド法の見解として、*“per capita”*と表現されている。DCFR vol.3 p.2567 at 22.

（注46）DCFR vol.3 pp.2567-2568 at 23-25. もっとも、法規定には明確なものがなく、判例法や学説によっており、反対説もあるとしている。また、ノートの25では、フランスの学説が被担保債権の最終残高によるとしていることをも割合的責任の文脈であげているが、この場合には頭割りと見るべきであろう。

（注47）担保目的財産の価格以上の極度額が設定された場合についても、日本の⑪のような事例で問題になる。この事例では極度額が一億三八〇〇万円であったのに対して担保目的物（持分）の価格は約七〇〇〇万円であった。物的有限責任の観点から、やはり担保目的物の価格が基準となってしかるべきだとも思えるが、それではさらに基準が追加されていっそう複雑になり、整理・統合の必要性がますます高まる。

（注48）債権者による代位の利益の侵害は、担保権設定者が甘受すべき範囲には入らず、それゆえ担保保存義務違反による減免責（五〇四条）は正当である。もっともこの制度の解釈・運用には、反省するべき点が少なくない。その一例として、松岡久和「担保保存義務の忘れられた要件」現代民事判例研究会編『民事判例Ⅱ　二〇一〇年後期』六頁以下。

（注49）最判昭59・5・29民集三八巻七号八八五頁は、次の理由で、第三者に対しても特約どおりの代位権行使を認めた。①特約による代位でも原債権額や原根抵当権の極度額以上の権利行使はできないから、第三者の利益を不当に害することはない。②五〇一条各号は特約その他の特別な事情がない場合の補充規定にすぎず、特約を妨げない。③五〇一条五号は、三九二条のように第三者の権利を積極的に認めて代位割合を規定したものではなく、第

三者が特約によって受ける不利益は、みずからが処分権限を有しない他人間の法律関係によって事実上反射的にもたらされるものにすぎない。

通説もこの判決に賛成する。代位割合を定める規定が任意規定であるとする点で、日本法もＤＣＦＲも同じである。もっとも、公共性のある信用保証協会の保証という点を度外視してこの判例法理を一般化することは疑問であるし、保証人と物上保証人の関係を規律する限りでの五〇一条五号を超えて、同条三号・四号までが三九二条と趣旨の異なる規定であるとする理解には賛成できない。この問題の検討は本稿の主題からは外れるので、これ以上は立ち入らない。

（注50）日本民法のように弁済時ないし担保権実行時を基準として維持するなら、設例5において四対一という負担割合と考えることにも、一定の合理性があるように思われる。

四　おわりに

本稿の主張を要約する。頭数一人説をとる判例を条文化することには問題があり、むしろ理論的にも実践的にも二人説が妥当である。しかし、頭数や担保目的物の価格を基準に負担配分を考えるという前提自体に問題があり、基準を再検討する必要がある。ＤＣＦＲには、問題点や留意点も少なくないため、そのモデル準則案をそのまま日本法に受け入れるのは困難であり、なお慎重な議論と工夫が必要である。しかしながら、最大リスクないし責任限度額を基準として負担割付を考えようというＤＣＦＲの基本的な考え方は、これまで十分検討されてこなかった問題に対する示唆に富む新たな解決案を提示している。難点や留意点を割り引いても、その規律は、日本民法の改正を検討するうえで、なお非常に参考になる。本稿が民法の改正作業に少しでも役立てば幸いである。

〈判例一覧〉

[1] 大判昭9・11・24民集一三巻二三号二一五三頁
[2] 福岡地決昭46・9・7判タ二七一号一九七頁
[3] 福岡高決昭46・10・25判タ二七一号一九五頁（[2]の即時抗告審）
[4] 東京地判昭47・9・22金商六七三号二八頁
[5] 福岡高判昭50・9・10判タ三三三号二一八頁
[6] 横浜地判昭52・7・12判時八七六号一〇七頁
[7] 東京高判昭53・12・25判タ三七八号九四頁（[6]の控訴審）
[8] 静岡地富士支判昭55・7・15金判七五九号一三頁
[9] 東京高判昭57・3・30判時一〇四四号三七六頁（[8]の控訴審）
[10] 最判昭61・11・27民集四〇巻七号一二〇五頁（[9]の上告審）
[11] 仙台高判平16・7・14判時一八八三号六九頁

〈参考文献一覧（日本法関連のみ）〉

① 関係する立法資料

・『法典調査会民法議事速記録3』三〇八～三一二頁、三二〇～三二二頁、三四九～三五八頁
・前田達明監修、高橋眞ほか編『**史料債権総則**』六三〇～六四四頁〔高橋眞〕

② 昭和九年判決の評釈

・**西村信雄**・民商一巻一〇二二頁
・**東季彦**・判民（昭和九年度）五一三頁

③ 昭和六一年判決以前の教科書・論文等（②④を除く）

・**柚木馨**「判例を中心とする代位弁済論」神戸商大創立三十周年記念論文集六六七頁
・**津守万喜夫**「連帯保証人と物上保証人を兼ねる者の代位弁済に就て」日本公証人協会雑誌一四号二七頁
・田島順ほか『註釈日本民法（債権編総則）下巻』二四三頁〔柚木〕

・田島順『債権法』二七六頁
・我妻榮『債権総論（改版）』一三九頁：我妻③旧で引用
・岡村玄治「代位弁済の場合真に代位はあるか」新報六七巻七号六七五頁
・我妻榮『新訂債権総論』二六〇～二六二頁：我妻③新で引用
・金山正信『債権総論』二〇六頁
・磯村哲編『注釈民法⑿』三五一～三五二頁〔石田喜久夫〕
・柚木馨＝高木多喜男『判例債権法総論（補訂版）』四六二～四六三頁
・川上弘一「②判批」判タ二八三号九四頁
・小川英明「代位弁済」遠藤浩ほか編『演習民法（債権）』一七八頁
・於保不二雄『債権総論（新版）』三九一頁
・山下孝之「保証人の代位請求」法時四五巻九号一八七頁
・玉田弘毅「代位弁済における代位資格の重複」民研二一三号五頁
・水本浩『民法セミナー債権総論』二一四～二一五頁
・星野英一『民法概論Ⅲ　債権総論（補訂版）』二六二頁
・松坂佐一『民法提要債権総論（第四版）』三〇三頁
・林良平＝高木多喜男＝石田喜久夫『債権総論（改訂版）』二七一頁〔石田〕
・甲斐道太郎「保証人と物上保証人」手研三三四号二〇頁
・T（注51）「法務の目」金法一一〇〇号七八頁
・塚原朋一「弁済による代位をめぐる最高裁判例の概観と展望」金法一一四三号五頁
・石田喜久夫「他の利害関係人に対する求償権と代位の関係」金法一一四三号一五頁

④　**東京高判昭和五七年判決の解説・評釈**

・石外克喜・判タ五〇五号（昭和五七年度主判解）七五頁
・榎本恭博・金法一〇二五号一四頁
・鈴木正和・手研三三三号三〇頁

・三和一博・法時五五巻八号一四〇頁
・橋本恭宏・明治大学短期大学紀要三二号九三頁
・橋本恭宏・Law School 四九号一二四頁
・安永正昭・判評二九六号一八頁
・吉原省三・金法一〇〇三号四頁

⑤ 昭和六一年判決の解説・評釈

・東法子・手研四〇三号三四頁
・阿部隆彦・金法一一六四号五二頁
・池田真朗・法セ三八九号一一六頁
・石田喜久夫・ジュリ八八七号（昭和六一年度重判解）七六頁
・石田喜久夫・民商一〇〇巻四号六八五頁以下（同『民法判例評釈』一一四頁以下に所収）
・岩城謙二・法令ニュース四七一号三九頁
・大西武士・銀行実務一七巻五号一一二頁
・小川英明・別冊ジュリ一〇五号九〇頁
・沖野眞已・法協一〇五巻七号九九六頁
・塩崎勤・金法一一六〇号一六頁（同『金融・商事判例の研究』一八九頁以下）
・塩崎勤・判タ六七七号（昭和六二年度主判解）七八頁
・関沢正彦・金法一二〇四号四四頁
・関沢正彦・金法一四二一号九〇頁
・田井義信・経営と法律六一号二七頁
・塚原朋一・ジュリ八七八号六〇頁
・塚原朋一・曹時四一巻一〇号一二六頁（収録された判解民昭和六一年度四三八頁で引用）
・寺田正春・法教八九号別冊（判例セレクト'87）一八頁
・寺田正春・椿寿夫ほか編『担保法の判例Ⅱ』二三六頁

・**寺田正春・奥田昌道ほか編『判例講義**　民法Ⅱ　債権』一〇八頁
・**福田**誠治・北法三九巻三号二八五頁
・**堀内**仁・手研三九三号四〇頁
・無署名・法時五九巻二号一〇四頁
・無署名・金法一一四四号二一頁
・森井英雄・判タ六四三号八二頁
・**安永**正昭・金法一一五二号六頁

⑥　**仙台高判平成一六年判決の解説・評釈**
・**池田**眞朗・金法一七八〇号（金融判例研究一六号）三三頁
・**上原**由起夫・判評五六一号三〇頁
・**潮見**佳男・金商一二一八号一頁
・**高橋**眞・金商一二三六号一一六頁
・谷本誠司・銀法六四七号六四頁（六五八号四三頁に字句を修正して再録）
・**椿**久美子・リマークス三二号二八頁
・無署名・判タ一一八二号二一二頁

⑦　**昭和六一年判決以降の体系書・教科書類・論文**（⑥を除く）
・**高山**満「物上保証人に連帯保証人を兼ねさせることの法律的実益」金法一一四七号六頁
・水本浩『債権総論』一二九～一三〇頁
・**奥田**昌道『債権総論（増補版）』五五一頁、五五三～五五四頁（注6）
・山田誠一「求償と代位」民商一〇七巻二号一六九頁
・新関輝夫『債権総論』一一八頁
・**前田**達明『口述債権総論（第三版）』四八一～四八二頁
・平井宜雄『債権総論（第二版）』二一一頁
・中井美雄『債権総論』三五六頁

・**椿**久美子「物上保証兼連帯保証について」ジュリ一〇九九号一二七頁
・平野裕之『債権総論　債権法講義案Ⅰ（第二版補正版）』六七～七二頁（欄外番号77）：**平野⑦旧**で引用
・林良平ほか（安永正昭補訂）『債権総論（第三版）』二九九頁〔石田〕
・柚木馨＝高木多喜男編『**新版注釈民法⑼**』七二二頁〔高木多喜男〕
・船越隆司『債権総論』四六〇頁
・安達三季生『債権総論講義（第四版）』三〇七頁
・内田勝一『債権総論』三三八～三四〇頁
・**鈴木禄**弥『債権法講義（四訂版）』三六九～三七〇頁
・**淡路**剛久『債権総論』五五九～五六四頁
・**北川**善太郎『債権総論（民法講要Ⅲ）（第三版）』七八～七九頁
・内田貴『民法Ⅲ　債権総論・担保物権（第三版）』八五～八六頁
・平野裕之『債権総論』八六～九一頁：**平野⑦新**で引用
・加藤雅信『新民法大系Ⅲ　債権総論』三九二頁
・**潮見**佳男『**債権総論**Ⅱ（第三版）』三一〇～三一三頁
・大村敦志『基本民法Ⅲ　債権総論・担保物権（第二版）』三五四頁
・水辺芳郎『債権総論（第三版）』三五一頁
・**松岡**久和「弁済による代位」内田貴＝大村敦志編『民法の**争点**』一八四頁
・渡辺達徳＝野澤正充『債権総論』二八五頁〔渡辺〕
・**松岡**久和「弁済の**立法論**的考察」太田知行ほか編『民事法学への挑戦と新たな構築　鈴木禄弥先生追悼論集』三七一頁
・野澤正充『債権総論　セカンドステージ債権法Ⅱ』三〇〇頁
・池田眞朗『新標準講義民法債権総論』一七六頁
・川井健『民法概論３　債権総論（第二版補訂）』三八〇～三八一頁
・**近江**幸治『民法講義Ⅳ　債権総論（第三版補訂）』三二三～三二五頁

・清水元『プログレッシブ民法　債権総論』二九四～二九五頁
・円谷峻『債権総論（第二版）』三九一頁
・**中田**裕康『債権総論（新版）』三五二～三五四頁
・**潮見**佳男『**プラクティス**債権総論（第四版）』三九二～三九六頁
（注51）　塚原⑤四七一頁（注10）によれば、これは塚原が匿名で執筆したものである。

表明保証に関する近時の裁判例と実務上の諸問題

宮下尚幸

一　はじめに

近時、わが国の契約実務においてもM&A契約、ローン契約、資産譲渡契約など種々の契約類型で広く活用されるようになった表明保証条項は、もともとは、英米の契約実務において一般的な“Representations and Warranties”条項を、わが国の契約実務に取り入れたものとされるが、現在は、渉外取引の要素をもたない日本企業間の契約書にも頻繁に用いられるようになり、表明保証責任の成否等が争点となった公刊の裁判例も徐々に増えつつある。これらの裁判例に関する評釈を含めてM&A契約中の表明保証責任に関する論稿はすでに多数存在する状況にあるところ（本稿の内容もこれらの文献に負うところが大きい。）、本稿の目的は、表明保証に関連する近時の公刊裁判例を概観しつつ、これらの裁判例が取り上げた争点及び関連する論点を中心に、表明保証条項の解釈・適用等をめぐる実務上の諸問題について筆者なりの整理・検討を試みようとするものである。なお、本稿で取り扱うのは実務上圧倒的に問題となることが多い売主側の表明保証責任に関する議論である。また、一口にM&Aといっても種々のスキームがありうるが、特に断りのない限り、本稿では、一〇〇%株式譲渡スキームによる企業買収案件を念頭に置いて検討を進めるものとする。

二　M&A契約における表明保証条項の意義及び法的性質

1　表明保証条項の意義・機能

㈠　意　義

一般に、表明保証条項とは、契約の一方当事者が、他方当事者に対して、当該契約当事者の能力や契約目的物の内容など当該契約に関連する事実に関して、これらの事実が一定の時点（一般的なパターンでは、契約締結時点及び取引の実行（実務ではクロージングと称することが多い。）時点）において真実かつ正確であることを表明し、その表明した内容を保証することを規定した契約条項であると理解されている（注1）。

本稿で主に考察の対象としている一〇〇％株式譲渡スキームによる企業買収案件においても、売主による対象会社に関する表明保証の対象・範囲をどのように規定するかは、契約当事者間においてきわめて重要な交渉事項となることが多い。株式譲渡契約中に、対象会社の財務・会計・資産・契約・労務・税務・環境その他対象会社の事業全般に関連した多岐にわたる表明保証事項が盛り込まれることも実務的に珍しくないが、その交渉過程において、表明保証の対象・範囲あるいはその限定・除外等につき、契約当事者間における幾度もの修正・改訂を経て、表明保証条項の内容が確定することも多い。

(二) 機　能

M&A契約上、表明保証条項は一般に複数の機能を担っているとされる。表明保証の主たる機能としては、通常、以下のものがあげられている（注2）。

① 当該取引において売主が負う補償責任の対象・範囲を特定する機能。売主が表明保証条項に違反した場合、別途規定される補償条項（注3）と相まって、買主は売主に対して表明保証違反に起因する損害の補償を請求することができる。売買の目的物に隠れた瑕疵がある場合には買主は売主に対して瑕疵担保責任を追及することも可能であるが、対象会社の事業・資産・財務等における問題事象が直ちに売買の目的物（株式）の瑕疵を構成するとは必ずしもいえないので、対象会社に関する売主の表明保証責任はこの点を補完し、売主が責任を負う範囲を明確化する機能を有するとされる（注4）。

さらにこの点に関連して、表明保証条項は、M&A取引における対象会社の事業・会計・資産等に係る種々のリスクを契約当事者間でどのように負担するかをあらかじめ取り決めておく機能を果たす、すなわちリスク分配機能を担うとされる（注5）。

② クロージングの前提条件としての機能。すなわち、表明保証事項が真実かつ正確であることをクロージングの前提条件として規定することにより、売主の表明保証違反が判明した場合に買主はクロージングを拒絶することができ、あるいは、これを梃子として売買価格の減額交渉を試みることが可能となる（注6）。

さらに、これに加えて、表明保証違反をクロージング前の契約解除事由として定める場合も多い。他方で、クロージング後の巻戻しは実務的に見て困難であることから（買主が対象会社をいったん傘下に収め一定期間買主の下で対象会社の経営が行われた後に契約解除による巻戻しを認めた場合、対象会社の経営が不安定になるなど実務上さまざまな不都合が生じうるため)、クロージング後は契約を解除できない旨の定めが設けられることが多い(注7)。

③　表明保証違反を侵す事態に陥ることを避けるため、表明保証条項をめぐる交渉の過程で、表明保証違反となりうる事実を売主から買主に自己申告させることを促す機能。この結果、買主による対象会社のデューディリジェンス(以下、「DD」と略称する。)で発見することができなかった対象会社に関するリスクが、売主を通じて明らかにされることが期待でき、この意味で買主の実施するDDを補充する機能があるとされる(注8)。

2　表明保証の法的性質

表明保証の各種機能のうち補償責任との関連における表明保証条項の法的性質に関しては諸論がある。紙幅の都合により本稿ではその詳細には触れないが(注9)、現在では、損害担保契約(損害担保約束)の一種であると解する見解が有力である(注10)。表明保証責任を損害担保契約としてとらえた場合、表明保証者は、契約上表明保証した事項を実現する義務を負うのではなく、表明保証違反に起因して損害が生じた場合には当該損害額を補償するとの約束をしたことに基づいて、補償責任を負うことになる(注11)。本稿においても、補償との関係における表明保証責任の法的性質を損害担保契約と解したうえで、以下の議論を進めることとする。

なお、表明保証違反に基づく補償責任に関しては、実務上、表明保証条項とは別個に補償条項が設けられるのが通例である。この場合、両条項が相まって損害担保の約束を構成することとなる。M&A契約中に表明保証条項のみが規定され補償条項が規定されていない場合については、損害担保の約束が契約上は明示されていないこととなるため、少なくとも当然には当該表明保証条項を損害担保契約と見ることができないように思われる(注

12)。

（注1）江平亨「表明・保証の意義と瑕疵担保責任の関係」弥永真生ほか編『現代企業法・金融法の課題』八二頁、金田繁「表明保証条項をめぐる実務上の諸問題㊤――東京地判平18・1・17を題材として」金法一七七一号四三頁、青山大樹「英米型契約の日本法的解釈に関する覚書㊦」NBL八九五号七三頁など。

（注2）表明保証条項の機能に関する論述としては、西村総合法律事務所編『M&A法大全』五二三頁が詳しい。

（注3）一方当事者に表明保証違反等があった場合に、それにより他方当事者が被る損害を補償すること等を約する条項。

（注4）西村総合法律事務所編・前掲（注2）五二三頁。

（注5）江平・前掲（注1）八八頁。

（注6）西村総合法律事務所編・前掲（注2）五二四頁。

（注7）西村総合法律事務所編・前掲（注2）五四〇頁。

（注8）西村総合法律事務所編・前掲（注2）五二四頁。

（注9）金田・前掲（注1）四五頁、青山・前掲（注1）七五頁などに詳しい。

（注10）潮見佳男「消費者金融会社の買収に際しての表明・保証違反を理由とする売主の損害補填義務」金法一八一二号六九頁、青山・前掲（注1）七五頁など。

（注11）青山・前掲（注1）七九頁。

（注12）金田・前掲（注1）五〇頁。なお、具体的事情如何によっては、表明保証条項の解釈を通じて補償責任等を認めてよい事案もありうることや、売買目的物表明保証につき瑕疵担保責任の枠組みを通じた救済の可能性を指摘するものとして、青山・前掲（注1）八二頁。

三　近時の裁判例の概観

表明保証責任の成否等が争点となった近時の主な公刊裁判例として、下記の裁判例をあげることができる。以下、議論の前提として、各裁判例の概要を簡潔に記しておく。

⑴　東京地判平18・1・17（判時一九二〇号一三六頁）

X（原告）がYら（被告）より消費者金融会社であるA社の株式全部を譲り受けた後、過去にA社において行われた和解債権の会計処理（本件和解債権処理）が企業会計原則等に違反していること等の事実が表明保証違反に当たるとして、XがYらに補償責任を追及したのに対し、Yらが、Xは株式譲渡契約締結時に本件和解債権処理の存在について悪意又は重過失であったから、Yらは表明保証責任を負わないと主張した事案において、「原告が、本件株式譲渡契約締結時において、わずかの注意を払いさえすれば、本件和解債権処理を発見し、被告らが本件表明保証を行った事項に関して違反していることを知り得たにもかかわらず、漫然これに気付かないままに本件株式譲渡契約を締結した場合、すなわち、原告が被告らが本件表明保証を行った事項に関して違反していることについて善意であることが原告の重大な過失に基づくと認められる場合には、公平の見地に照らし、悪意の場合と同視し、被告らは本件表明保証責任を免れると解する余地がある」と判示しつつ、本件においてXに悪意又は重過失があったとは認定できないとして、XのYらに対する補償請求を認容した事例。

⑵　東京地判平19・7・26（判タ一二六八号一九二頁）

X（原告）がYら（被告）よりY1社の子会社であるK社（飲食店の経営等を業とする株式会社）の株式全部を

譲り受けた後、譲渡契約締結前にYらが提供したK社の店舗等に関する情報が不正確であること等の事実が表明保証違反に当たるとして、XがYらに補償責任を追及した事案において、「買収対象企業の財産や負債の状況等を把握するための事項を完璧に、かつ全く誤りなく開示することは極めて困難である上、……考え得るすべての事項を情報開示やその正確性保証の対象とするというのは非現実的であ」るから、本件の表明保証条項は、「企業買収に応じるかどうか、あるいはその対価の額をどのように定めるかといった事柄に関する決定に影響を及ぼすような事項について、重大な相違や誤りがないことを保証したもの」と解されるとの判示の下、XのYらに対する補償請求を一部に限って認容した事例。

(3) **東京地判平19・9・27**（判時一九八七号一三四頁）

X社（原告）とY1社（被告）との間で締結された資本・業務提携契約に基づく資本・業務提携後に、Y1社が虚偽の連結損益計算書を掲載した有価証券報告書を提出するなどの粉飾決算を行っていた事実が明らかになったとして、XがYらに情報提供義務違反等に基づく損害賠償を請求した事案において、企業買収において資本・業務提携契約が締結される場合、企業は相互に対等な当事者として契約を締結するのが通常であり、「情報収集や分析が不十分であったなどのために契約当事者の一方が不利益を被ったとしても、当該不利益は当該当事者が自ら負担するのが原則である」から、「特段の事情がない限り、上記の原則を修正して相手方当事者に情報提供義務や説明義務を負わせることはできない」との判断枠組みを示したうえで、結論として、XのYらに対する損害賠償請求を棄却した事例。

(4) **東京地判平22・3・8**（判時二〇八九号一四三頁）

X（原告）がYら（被告）よりT社の株式全部を譲り受けた後、譲渡契約締結前にXがY1社より交付を受けていたT社の修正貸借対照表を含む株価算定書の重要な点に虚偽があったなどとして、Xが表明保証違反に基づく株式譲渡契約の解除等を主張した事案において、X主張の事実は本件表明保証の対象に当たらない、あるいは、重要な点において虚偽があったとは認められないなどとして、Xによる解除の主張を認めなかった事例。

⑸　東京地判平23・4・19（判時二一二九号八二頁）

X（原告）がY（被告）よりYの完全子会社であったA社の株式全部を譲り受けた後、株式譲渡前にA社が販売した製作機械の売買契約の債務不履行について事実と異なる説明を行ったことが表明保証違反に当たるなどとして、XがYに損害賠償を求めた事案において、「被告の本件契約上の表明及び保証が重要な点で正確であったと認められるか否かは、結局のところ、原告が本件契約を実行するか否かを的確に判断するために必要となる本件機械売買契約に係る客観的情報が正確に提供されていたか否かという観点から判断すべき」である等の判示の下、Yが重要な点で不実の情報を開示しあるいは情報を開示しなかった事実は認められないなどとして、XのYに対する損害賠償請求を棄却した事例。

⑹　大阪地判平23・7・25（判時二一三七号七九頁）

X（原告）がYら（被告）よりT社の株式全部を譲り受けた後、過去にT社に発生した経済的利益を益金に算入していなかったことが表明保証違反に当たるとして、XがYらに補償責任を追及した事案において、Yらの表明保証違反を認定しつつも、当該株式譲渡契約に表明保証責任の免責事由として定められていた売主が買主に対して「明示的に表明及び保証の違反を構成する事実を開示した」場合に該当することなどを理由に、XのYらに対する補償請求を棄却した事例。

(7) 東京地判平24・1・27（判時二一五六号七一頁）

X（原告）がY（被告）よりYが代表取締役を務めるH社の株式全部を譲り受けた後、H社に関する在庫の商品価値・設備の状況等につきYに表明保証違反があったとして、XがYに補償責任を追及した事案において、表明保証違反に関するXの主張を一部認め、XのYに対する補償請求を一部認容した事例。

四　表明保証と契約当事者の主観的事情

1　買主の悪意又は重過失と表明保証責任

(一)　買主の悪意・重過失が表明保証責任に及ぼす影響

表明保証違反の事実があっても、契約締結時に買主がそのことを知っていた場合あるいは知らないことにつき重過失があった場合、買主は売主に対して表明保証責任を追及することができるか。かかる論点について初めて言及したのが裁判例(1)である。同判決は、「原告（筆者注：買主）が被告ら（筆者注：売主）が本件表明保証を行った事項に関して違反していることについて善意であることが原告の重大な過失に基づくと認められる場合には、公平の見地に照らし、悪意の場合と同視し、被告らは表明保証責任を免れると解する余地がある」と判示し、一般論として、買主に悪意又は重過失がある場合における売主免責の可能性を示唆し、M&A実務に大きなインパクトを与えた（注13）。

買主の悪意又は重過失が表明保証責任にいかなる影響を及ぼすか（又は及ぼさないか）は、表明保証条項の解釈にかかわる問題でもある。この点、少なくとも契約文言上は、表明保証違反を追及する側の主観的事情（善意・無過失）は特段要件とされないとするのが一般的な理解であることからすると（注14）、表明保証責任追及の可否に関して買主側の主観的事情を考慮に入れるとして、その根拠をどこに求めるのかにつき検討が必要となる。

まず、買主が悪意の場合については、契約時点で違反の事実を知っている買主は、当該違反に起因して生ずるリスクについても認識しこれを受け容れたうえで契約を締結したものと評価することが可能であると考えられ、そうだとすれば、かかる悪意の買主に当該違反に起因して生じた損害の補償請求を許すのは、契約当事者間の信義公平を欠くと解しえよう（注15）。次に、重過失に関しても、重過失を悪意と同様に取り扱うべきものとする考え方が広く受け容れられていること（注16）に照らせば、事実認定のレベルで悪意とまで認定できないが少なくとも重過失ありとされるケースにおいても、悪意の場合と同様に買主の救済を否定すべき場合があると考えてよいであろう。

他方で、一般的に「契約締結時点において表明保証違反の事実について悪意又は悪意と同視すべき重過失のある買主は保護されない」との判断枠組みを定立しうるかどうかは別途検討すべき問題である。裁判例(1)も、あくまで、買主に重過失がある場合につき、売主が「表明保証責任を免れると解する余地がある」と判示するにとどめ、悪意の場合を含めて、買主の悪意・重過失により常に売主が表明保証責任を免れる、とまで言い切っているわけではないことに留意する必要がある。

前記のとおり、契約文言上は、買主の主観的事情は表明保証責任の成否に影響を及ぼさない建付けとなっているのが通常であり、裁判例(1)の事案もそうである。結論として、裁判例(1)は、表明保証条項の文言どおりの適用が信義公平に反する結果を招く場合に、信義則ないし権利濫用等の一般法理に基づいて買主の補償請求が否定される余地があることを示唆したものと理解することが可能である（注17）。

(二) 悪意・重過失とDD

そうすると、実務的な見地から見てより重要な問題は、具体的にいかなる事情の下で、悪意又は重過失といった買主の主観的事情に基づいて売主の表明保証責任が免責されるのか、という点となる。

もとより、一口に表明保証違反といっても、違反の性質・内容や契約の交渉経過等は実際の案件ごとに千差万別であることから、各事案の具体的事情如何によっては、「契約締結時点において表明保証違反の事実について悪意（又はこれと同視すべき重過失）のある買主は保護されるべきでない」との判断枠組みをそのまま適用するのが妥当でないケースも想定しうるのであって、この点は、最終的には個別の事案ごとに判断していかざるをえないと思料される。

たとえば、DDの過程で、買主が売主の表明保証違反に相当する事実を発見したことにより、契約締結時点で表明保証違反の事実について認識していたとしても、これに基づく損害の算定が困難であるような場合に、売買代金の減額を選択するのではなく、将来的に損害が現実化・顕在化したときには補償条項による解決を図るとすることで交渉の折合いをつけようとすることも、実務的には十分にありうることである。このような場合にまで売主の免責を認めるのは相当ではないとの指摘があるとおり（注18）、実際に、かかる事実関係が認定できる事案においては、売主に補償責任を負わせるのが公平に資すると思われる（注19）。買主が悪意である場合に補償請求を認めないという解釈準則は、あくまで信義則ないし公平の理念に基づくものであるから、契約当事者間の信義ないし公平に反しない事情が存する場合には、買主の補償請求を認めて然るべきである。

それでは、重過失についてはどのように考えるべきであろうか。この点、特にM&A実務ではDDの過程を通じて買主が対象会社に関するさまざまな情報を入手することが多いので、DDにおいてなされた情報開示との関係で買主の重過失の有無をどのように判断すべきか、が重要な争点となる。

この問題は、M&A実務においてDDの意義・役割をどのように位置づけるべきであるかということとも密接に関連する。裁判例(1)は、企業会計原則に著しく反した対象会社の和解債権処理に関して、買主はDDの過程でかかる表明保証違反の事実を容易に認識しえたのではないかという点が争われた事案であるが、同判決は、「企業買収におけるデューディリジェンスは、買主の権利であって義務ではなく、主としてその買収交渉における価格決定のために、限られた期間で売主の提供する資料に基づき、資産の実在性とその評価、負債の網羅性（簿外負債の発見）という限られた範囲で行われるものである」と判示したうえで、DDを担当した監査法人が、和解債権について和解内容のとおりに返済がなされているか否かを確認していなかったことや、和解債権の生データについて一般的なフォームを知るために数通の合意書を提出させるにとどめたことは特段問題ではないとして、本件で買主に重過失は認められないと結論づけている。

裁判例(1)に見られる「DDは買主の権利であって義務ではない」との論旨は、M&A実務の一般的な感覚にも合致しており、概ね異論のないところではないかと思われる。かかる観点からは、スケジュールの都合等によりDDが実施されなかった場合や詳細なDDが省略された場合であっても、そのこと自体が直ちに買主側の重過失を構成することにはならないと考えられよう。他方で、DDが買主の義務でないとしても、実際にDDを実施した結果、その過程で売主側の資料開示等により表明保証違反の事実が買主に十分明確に示された状況にあり、買主としてもその事実を認識していて当然であるといえるような場合については（かかる局面では、売主も「買主は当該事実を認識している」との前提の下で行動することが想定される。）、買主の補償請求を否定するのが相当な場合もあると思料される。ちなみに、裁判例(6)は、契約中の免責条項の適用に関してではあるが、DDの過程において、DDに携わる専門家であれば将来的に税務当局から指摘を受ける可能性を十分に予測しうる内容が記載された議事録が開示されていたことをもって、売主が「明示的に表明及び保証の違反を構成する事実を開示した」場合に該当するとして、表明保証責任の免責を認めている。

もとより、表明保証事項の対象・範囲は多岐にわたるものであり、表明保証違反に基づく損害の発生が一義的に明確な場合と、表明保証に違反する事実があってもそれにより将来的にどのような損害が発生するかの予測がきわめて困難な場合とでは、事情は異なると考えられる（違反事項の性質）。また、DDの際に売主側から買主側に開示される資料はしばしば膨大な量にのぼるものであるとともに、開示のされ方としても表明保証違反の事実そのものが明確に開示されている場合と、表明保証違反の事実を認識するための手がかりとなる情報は含まれているものの、表明保証違反の事実が明示的に示されたとは言いがたい場合（裁判例(1)参照）とでは、やはり事情を大きく異にしよう（開示の明確性）。他方、とりわけ売主がオーナー株主や親会社として経営を支配している会社を買収する案件では、表明保証条項と相まって、クロージング前の事業活動に起因する対象会社の潜在リスクにつき適切な注意喚起と情報提供が売主側に求められているといえる（特に売主が現実に認識している重大なリスクに関しては十分に明示的な開示を行うことがより強く期待されよう。）（違反事項の起因性）。少なくとも、表明保証違反が問題となる事実関係に関しては一般的に売主のほうが買主と比べてより近い距離にあることから、表明保証に違反する事実が存する場合においてかかる事実を指摘すべき一次的な責任は一般に売主側にあると見られることは、「開示のあり方」との関連で十分に配慮されるべきである（違反事項との近接性）。

これらの観点から見た場合、表明保証責任に及ぼす影響の検討にあたって、買主の主観的事情のみに焦点を絞るのは必ずしも妥当とはいえないと考えられる（注20）。要は、ＤＤの開示や調査にあたって売主と買主が信義公平の見地からなすべきことを各自において果たしているといえるかどうかが重要であり、問題となる事実関係自体の開示態様（明示性の有無）のほか、違反事項の性質やリスク顕在化の蓋然性の程度に照らした開示状況、具体的案件におけるＤＤの実施方針や事実開示の具体的実施方法、開示資料全体のボリュームとの関係、さらには、当該違反事項に関する売主の認識及びＤＤ時の売主の言動その他諸般の事情を総合的に勘案して、売主に対する表明保証責任の追及が信義則に反するか否かを判断する必要があると思料される。

このうち売主側の主観的事情やＤＤ時における売主の具体的言動等をも考慮要素に含めることに関しては、裁判例(1)が買主の重過失の有無を検討するにあたり、売主が表明保証違反の事実に当たる本件和解債権処理を故意に秘匿したことを重視して、買主の重過失を否定する結論を導き出していることが注目される。また、裁判例(2)は、買主より多岐にわたる表明保証違反の主張がなされたなかでその大半については重要性を欠く等の理由で買主の主張を排斥したが、売主の一人が賃貸人である店舗賃貸借に係る中途解約違約金に関しては、その存在につき売主から買主に対して事前になんら説明がなかったことなどを認定したうえで、当該事項に限って売主の表明保証責任を肯定しており、この点では、裁判例(2)も、表明保証責任の成否の判断にあたって、事実上、売主側の事情を考慮に入れていることがうかがわれる。「買主の重過失」の判断に際して売主側の事情を考慮することに関しては異論もありえようが、買主の補償請求が信義則に反するか否かを判断するとの見地に立てば、売主側の主観的事情やその具体的言動等も重要な考慮要素になるとの理解は十分に成り立ちうると思料される（注21）。

㈢ 買主の悪意・重過失による免責を排除する特約の有効性

なお、実務上、悪意・重過失など買主の主観的事情如何によって売主の表明保証責任が免責されるリスクを回避するため、たとえば、「ＤＤにより買主が得た情報により、売主がなした表明保証の効力は影響されない」旨の条項が契約中に規定される場合もあるが（注22）、かかる特約条項を設けた場合、同条項について常に文言どおりの効力が認められるかが問題となる。

かかる条項が規定された場合、契約文言上は表明保証責任の成否に関して買主の主観的事情を考慮しないことが両当事者の意思として明示的に表示されていると解されることから、原則としてはかかる当事者の意思を尊重すべきことになろう。もっとも、買主の悪意重過失の考慮が、実質的には、信義則ないし公平の理念に基づく表明保証条項の修正を意味するとすれば、かかる特約条項が定められている場合においても、買主の主観的事情をいっさい考慮しないとする解釈態度を貫徹するのは困難であると思われ、結論として、信義則等の一般法理に基づく修正に服する余地を完全には否定しえないと思料される（注23）。

このほか、裁判例⑴の登場を受けて、買主が表明保証事項に反する事実の存在を認識したときでも譲渡契約時点における金銭的評価が困難である（又は当事者間で折合いがつかない）等の理由により当該リスクを譲渡価格に反映することができない場合には、別途、特別の補償条項（注24）を設けて対応するケースが実務上増えているとされるが（注25）（もっとも、ＤＤの過程で明らかとなるあらゆる事項に対して特別補償条項で対処するのは実務上困難であると思われる。）、かかる特別補償条項の定めは、前述の包括的な特約条項と比べて適用場面がより個別・具体的に特定されている点から見て、基本的に有効と解してさしつかえないと考えられる。

2　買主の過失と過失相殺

(一)　買主の過失と表明保証責任

以上、買主に悪意・重過失がある場合における表明保証責任の成否について論じてきたが、買主に重過失までは認められないが、過失はあると評価される場合はどのように考えるべきであろうか。

裁判例(1)は、買主に重過失がある場合における売主免責の可能性について言及するにとどまり、単なる過失（軽過失）の場合についてはなんら論じていない。悪意・重過失の場合とは違って軽過失があるにすぎない場合には買主による補償請求が信義に反するとは言いがたいと思われるので、買主に軽過失があるにすぎないときは、表明保証責任の成否自体には影響を及ぼさないと解するのが相当であろう。裁判例(1)に関する評釈等を概観しても、免責の範囲を軽過失の場合にまで広げる見解までは見当たらない。

(二)　過失相殺適用の可否

買主の軽過失が表明保証責任の成否自体には影響を及ぼさないとしても、過失相殺の法理により補償額が減額される可能性があるか否かについては、別途検討を要する。

前述のとおり表明保証責任の性質を損害担保契約と解した場合、債務不履行に関する過失相殺の規定（民法四一八条）が当然に適用されるわけではないと解されるが、その一方で、表明保証責任の実質が、契約当事者が被る損害の塡補に関する約定であることからすれば、過失相殺に関する民法四一八条の類推適用を肯定する余地は十分にあると考えられる（注26）。

民法の条文上、過失相殺は、「債務の不履行に関して債権者に過失があった」ときに考慮すべきものとされるが（民法四一八条）、学説上、「債務の不履行に関して」とは、一般に、①「債務不履行そのものについて過失がある場合」と②「損害の発生又は拡大について過失がある場合」とに分けられるとされる（注27）。このうち②は、いわゆる損害軽減義務の議論にかかわる問題であるが、表明保証責任に関しても、損害の公平な分担の見地から、損害軽減義務の議論が当てはまる文脈においては過失相殺の類推適用を肯定するのが相当といえよう。これに対し、表明保証が、契約の一方当事者が相手方当事者に対してある特定の時点における一定の事実の存否を保証する性質のものであることからすると、①との関係では、買主が表明保証違反の発生そのものに寄与することは通常考えにくく、この意味において、表明保証違反それ自体の発生につき買主に過失があるという事態はあまり生じないであろう。

過失相殺との関係においては、実務的には、M＆Aの交渉過程やDDを通じて買主が表明保証違反の事実を認識しなかったことを買主側の過失として過失相殺の対象としうるかが重要な問題となる（ここでの過失は、注意義務違反という意味での固有の過失ではなく、取引上損害を被らないために通常の買主であれば当然するような注意を怠ったという意味における買主側の主観的態様を意味すると考えられる。）。この点、表明保証責任への過失相殺が直接問題となった事案ではないものの、業務・資本提携の交渉過程における情報提供義務違反に基づく不法行為責任に関して過失相殺の有無・程度が争われた裁判例に東京地判平15・1・17（判時一八二三号八二頁）がある。同裁判例は、業務・資本提携の合意に基づき原告（生命保険事業を営む株式会社）が被告（損害保険事業を営む相互会社）に対して三〇〇億円の基金を拠出したが、基金拠出当時の被告の現実の財務状態は基金の拠出を受けてもなお実質的破綻状態にあったことから、被告としては、当該基金拠出に際して、原告に対し、従前の公表値及び計画と大幅に乖離した財務状態にあることを告知し、自己の先行行為によって形成された原告の認識を是正すべき注意義務があったところこれを怠ったとして、被告の原告に対する不法行為責任を認めた事案であるが、その一方で、原告の損害額の四割を過失相殺により減額している（注28）。同判決は、資本・業務提携の交渉過程において買主側が不十分な調査しか行わなかったことを過失相殺による減額事由として斟酌するところ、表明保証違反の文脈でも同様の考え方が成り立つ余地がないとまでは言い切れないであろう。しかしながら、表明保証の場面では契約当事者間において表明保証条項を通じたリスク分配につき明確な合意が形成されている事情が存することも十分に考慮に入れられるべきであり（たとえば、DDに費やす時間等が限られている場合にリスク回避の手段として表明保証条項を活用することもある。）、少なくとも、かかる合意が存在することをも十分に斟酌したうえで、具体的事案に即して過失相殺の可否及び過失割合を検討する必要があると思料される。

3　売主の主観的事情

(一)　実務上の理解

以上、買主の主観的事情が表明保証責任の成否に及ぼす影響について検討してきたが、売主の主観的事情については、どのように考えるべきであろうか。この点、実務的には表明保証条項において売主の主観的要件は特に定められないのが通常であり、少なくとも契約文言上は、売主の主観的事情（故意・過失の有無）が表明保証責任の成否に影響を及ぼすことは想定されていないというのが一般的な理解である（注29）。かかる実務上の理解は、表明保証責任の法的性質を損害担保契約と解することとも整合する。

(二) 売主の主観的事情が表明保証責任に及ぼす影響

それでは、売主の主観的事情が表明保証責任の帰趨に一定の影響を及ぼすことは考えられないであろうか。この点に関しては、まず前記四1(二)のとおり、買主の補償請求が信義則に反するか否かの検討にあたって、売主側の主観的事情も考慮要素の一つになりうると解されよう。

このほか、実務上、M&A契約中に、表明保証責任を行使できる期間を限定する特約が設けられることがよくあるが、売主の主観的事情がこのような特約の適用に影響を及ぼす可能性については別途検討の余地があると思われる。たとえば、表明保証違反に基づく買主の補償請求に対して売主が当該責任限定特約に基づく免責を主張した場合においても、表明保証違反の存在につき売主が悪意であるときは、瑕疵担保責任において悪意の売主による免責特約の主張を排除する民法五七二条の法理に準じて、売主は当該責任限定特約を援用できないとの解釈が成り立つ余地もあると解される。民法五七二条の規律の趣旨は売買当事者間において信義に反する結果を生じさせないことを目的としていることから（注30）、表明保証をした売主に免責を得させることが信義則に反するときは、同じく当該売主による責任限定特約の援用を否定する余地もあると思料される。なお、表明保証に係る責任限定特約としては、補償金額を限定する特約（たとえば、補償総額に上限（Cap）を設けるなど）も実務上しばしば利用されるが、かかるタイプの限定特約の援用についても信義則に反するとされる場合があるか、あるとすればいかなる事情が存する場合に信義則違反とされるか等については、別途検討を必要とする。

（注13） なお、裁判例(1)は、買主悪意の場合における表明保証責任の帰趨に関しては直接論じていないが、重過失を「悪意の場合と同視」して売主の免責可能性を説く判示に照らせば、買主悪意の場合には（なおさら）売主が免責されること（少なくともより免責の可能性が高いこと）を想定していると考えられる。

（注14）金田繁「表明保証条項をめぐる実務上の諸問題(下)——東京地判平18・1・17を題材として」金法一七七二号三八頁。

（注15）潮見・前掲（注10）七〇頁、森倫洋「アルコ事件——企業買収（M&A）における売主の表明、保証違反に基づく補償請求」別冊金商『M&A判例の分析と展開』一九九頁、金田・前掲（注14）三九頁など。

（注16）たとえば、債権の譲渡禁止特約における民法四六六条二項の「善意の第三者」の意義に関する最判昭48・7・19（民集二七巻七号八二三頁）参照。

（注17）法的根拠として権利濫用・信義則等を指摘するものとして、潮見・前掲（注10）七〇頁、金丸和弘「M&A実行過程における表明保証違反——東京地判平18・1・17」NBL八三〇号六頁、森・前掲（注15）一九九頁など。

（注18）金田・前掲（注14）三九頁。

（注19）もっとも、実務上このようなケースでは、安全のため当該事項の取扱いに関する特別の約定を契約中に設けることが通常であると思われる。

（注20）表明保証責任を認めることが信義に反する結果となるか否かを判断するにあたっては、買主の主観的要素（悪意・重過失）のみに着目するのではなく、表明保証違反の事実の作出に対する売主の帰責性や主観的要素、表明保証違反の事実と損害との距離、買主と売主のバーゲニングパワーの相違などの諸要素をも併せ総合的に考慮すべきことを指摘する見解として、若松亮「アルコ事件　表明保証違反による損害賠償」判タ一二五九号七〇頁。

（注21）なお、潮見・前掲（注10）七〇頁は、裁判例(1)の評釈において、表明保証違反（本件和解債権処理）の事実を故意に秘匿した当事者が同一の事実にかかる相手方の重過失を主張することは、クリーン・ハンズの原則に反すると指摘する。

（注22）金田・前掲（注14）三八頁。

（注23）江平・前掲（注1）九〇頁。

（注24）たとえば、対象会社に将来的な税務否認のリスクが存在することが判明した（ただし、リスク顕在化の可能性

の程度や顕在化の際に生じる負担額等が不明なため、当該税務リスクを譲渡価格に織り込むことが困難な事情があるとする。）場合において、将来的に当該税務リスクが現実化したときは、売主が買主に対して、修正申告等により対象会社が負担する納税額その他いっさいの納税費用を補償する旨の条項を、一般の補償条項とは分けて別途規定することなどが考えられる。

（注25）金丸和弘ほか「M&A取引における説明義務と表明保証責任(中)」判タ一三五四号一九頁。

（注26）民法四一八条の類推適用の余地を認める見解として、金田・前掲（注14）四〇頁など。

（注27）奥田昌道『債権総論（増補版）』二二二頁、潮見佳男『債権総論Ⅰ（第二版）』三九〇頁など。

（注28）同判決は、「原告は、本件基金拠出前の業務及び資本の提携交渉の際、被告から、被告の平成一〇年三月期の財務内容等を記した資料の交付を受けて検討したものの、被告から平成一一年一月二一日現在の有価証券等の含み損益を電話で聴取したほかは、その資料について、被告に対し、特に追加質問をしたり、裏付け資料の交付を要求するなどの調査はしなかったことが認められ、他に、原告が被告に対し裏付け調査に関する協力を要求した形跡も窺われない」ことを認定したうえで、「原告が、三〇〇億円という多額の基金を拠出するにもかかわらず、上記のような調査をしなかったことは、本件基金拠出に係る損害賠償請求権について過失相殺による減額の事由となる」と判示する。

（注29）金田・前掲（注14）三七頁。

（注30）柚木馨ほか編『新版注釈民法⒁』四一四頁。

五　表明保証条項の解釈をめぐる裁判例

1　問題の所在

実務上、表明保証条項のドラフティングにおいて、表明保証の対象が広汎に及びすぎたり些細な事項までが表明保証違反を構成したりすることのないよう、表明保証の特定条項中に「重要な点において」「知る限り」「知りうる限り」「重大な悪影響」などの限定表現が組み込まれることがしばしばある。この結果、表明保証責任の成否が争われる事案では、かかる限定文言の解釈が重要な争点となるケースも少なくないと考えられる。しかしながら、これらの限定文言については、裁判例の蓄積を通じて解釈基準が確立されているとは必ずしもいえず、契約当事者間において解釈の齟齬が生じ、あるいは、裁判所による合理的な判断がなされないことで、紛争解決機能を十分に果たさないおそれがあるとの指摘もなされているところである（注31）。

2　「重要性」文言の解釈

この点に関しては、前記三に掲げた裁判例中に「重要性」文言の意義を論じたものが複数見られることから、以下では、これらの裁判例をふまえつつ、M＆A契約の文脈における「重要性」文言の解釈について検討する。

「重要性」文言の解釈に関連して、裁判例⑵は、買主に「開示提供された情報、文書、資料等は、すべて真実かつ正確な情報を記載しており、重要な事項について記載が欠けていないこと」等について保証した表明保証条項の解釈において、「考え得るすべての事項を情報開示やその正確性保証の対象とするというのは非現実的であり、その対象は、自ずから限定されて然るべき」であり、具体的には、「企業買収に応じるかどうか、あるいはその対価の額をどのように定めるかといった事柄に関する決定に影響を及ぼすような事項について、重大な相違や誤りがないことを保証したもの」（注32）と解される、と判示している。また、裁判例⑷では、契約交渉過程で売主側から買主に交付した株価算定書中のＤＣＦ方式の算定価格に関連する誤記が「重要な点において」虚偽といえるかが問題となったが、同判決は、「本件株式譲渡契約における譲渡代金の合意に影響を及ぼしたか否か」という観点から、重要な点に虚偽があったかどうかを判断しており（結論として、重要な点において虚偽であることを否定（注33））、裁判例⑸も、「被告（筆者注：売主）の本件契約上の表明及び保証が重要な点で正確であったと認められるか否かは、結局のところ、原告（筆者注：買主）が本件契約を実行するか否かを的確に判断するために必要となる本件機械売買契約に係る客観的情報が正確に提供されていたか否かという観点から判断すべき」である（結論として、原告が本件契約を実行するか否かを判断するに必要な情報は原告に開示されていたとして、原告の請求を棄却）、と判示する。

以上概観したところによれば、これらの裁判例は、概ね、「企業買収を行うかどうかあるいはその対価の額をどのように定めるかの判断に影響を及ぼしうる事象に該当するか否か」を「重要性」の有無の判断基準とするものと解される。これらがＭ＆Ａ契約の条項解釈にかかわる問題である以上、「重要性」文言もＭ＆Ａ契約締結の目的・趣旨に照らして解釈するのが適切であり、その意味では、これらの裁判例が示した「重要性」文言の解釈基準は概ね妥当であると思われる。

なお、裁判所ごとの解釈のばらつきをできる限り抑えるための実務上の工夫として、Ｍ＆Ａ契約中に「重要性」文言に関する一定の定義規定が設けられることもあるが（注34）、この場合には、当該定義規定に従って「重要性」文言の解釈が行われることになろう。

3　その他の限定文言

上述の「重要性」文言以外にも、実務上、「知る限り」「知りうる限り」「重大な悪影響」等の限定文言は表明保証条項中に頻繁に用いられる表現であるので、これらの文言に関しても、契約締結時における予見可能性や法的安定性の見地に照らし、今後の裁判例の集積等を通じて、標準的な解釈指針が実務に定着することが望まれる。

（注31）　金田・前掲（注14）四一頁。
（注32）　ただし、本文に引用した裁判例⑵の該当部分は、対象契約中の表明保証条項全般（個別の表明保証条項に「重要性」文言が付されているか否かにかかわりなく）にわたって、「重要性」の限定を付して解釈すべきことを論じているように読めるが、「重要性」文言が付されていない条項についてまでかかる限定を付した解釈を行うことの当否については疑問がある。裁判例⑵のかかる判示は契約当事者が想定したリスク分配機能に反するものであり、合理的な契約当事者の意思解釈に適うものか否かは疑義が残ると指摘するものとして、金丸ほか・前掲（注25）一九頁。
（注33）　この点に関連して、裁判例⑷は、たとえ正確な数値に基づいてDCF方式により算定された株価が記載されていたとしても、当該算定株価が当事者間の株式譲渡代金の合意に影響を及ぼすことはなかったであろうことを認定している。
（注34）　金田繁「表明保証に関する裁判例を踏まえた実務上の方策――「前提条件」に関する補足を含めて」金法一七七八号三〇頁。

六　損害補償をめぐる諸問題

1　補償条項の解釈

既述のとおり、表明保証条項は、通常の場合別途規定される補償条項と結びついて損害担保契約としての効力を有する。補償条項の文言も個別の契約ごとにさまざまな内容でありうるが、一般的には、「表明保証違反に起因又は関連して相手方に生じた損害ないし損失を補償する」といった趣旨の表現が用いられることが比較的多い。補償条項に基づく損害補償の範囲をどのように画すべきかは損害担保契約に係る当事者の合理的意思解釈の問題であるが、前記の標準的な書振りを前提とした場合には、補償範囲につき相当因果関係の範囲を超えて条件関係があれば損害補償を認める趣旨と解することにはやや無理があろう（注35）。特段の事情のない限り、表明保証違反と相当因果関係にある損害を補償する趣旨と解するのが契約当事者の通常の合理的意思に合致するものと考えられる。他方で、表明保証条項を損害担保契約ととらえた場合には、損害補償の範囲を信頼利益に限定する理由は特にないと解される。

2　補償額の算定

通常の補償条項による補償の範囲を相当因果関係ある損害と解するにしても、表明保証の対象は多岐にわたり違反内容や表明保証違反の及ぼす影響・結果もさまざまでありうるので、売主の表明保証違反に対して現実に訴訟提起を検討する場面では、買主に生じた損害補償の範囲や損害額の算定に困難が伴うことは少なくないと考えられる。

この点、前記三に掲げた裁判例のうち売主の補償責任を認めたものに、裁判例(1)(2)及び(7)がある。このうち、裁判例(1)は、企業会計原則に著しく反してなされた和解債権処理によって対象会社に不当に資産計上された貸金元本額等（その他システム修正費用、訴訟追行のための外部専門家の意見書作成費用、本件弁護士費用が補償請求の対象とされた。）につき補償請求がなされた事案であり、同判決は買主による補償請求を全額認容している。次に、裁判例(2)は、クロージング後に対象会社に発生した賃借店舗の中途解約違約金相当額を損害として認定した事案である。そして、裁判例(7)は、対象会社の在庫の一部に商品価値のないものが存在していたこと及び対象会社の工場設備に消防法等に違反する不備があったことが表明保証違反に当たるとして、不良在庫品の簿価相当額及び消防法等の基準に適合するために対象会社において負担した工事費相当額を買主の損害として認定している。

裁判例(1)(2)及び(7)はいずれも、結論として、企業買収の対象とされた対象会社に発生した損害（表明保証違反がなかったと仮定した状況と比較した場合における表明保証違反の存在に起因する対象会社の資産減少・負債増加等を意味する。）を、親会社である買主の損害として認定したものである。対象会社の発行済全株式の取得を目的としたM&Aの場合、企業買収後、対象会社は買主の完全子会社となり、経済的には買収者たる親会社と事実上一体の関係に立つものと評価しうるが、あくまで法人格としては別個なので、前述の意味における対象会社の損害と同額の損害が直ちに買主に発生したといってよいかどうかについては、なお検討の余地があろう（注36）。

元来、裁判所による損害の認定は個別事案における当事者の主張構成によってさまざまでありうるが、一つのありうる構成としては、かかる表明保証違反の事実が譲渡価格に及ぼす影響を買主に生じた損害として主張することが考えられるであろう。実際に裁判例(1)ではそのような判断が示されており、企業会計原則に著しく反する和解債権処理によって本来減少すべき貸付金元本が貸借対照表上不当に資産計上された結果、株式の譲渡価格もその金額だけ「不正に水増しされた」として、同額の補償責任が認められている。もっとも、同事案に関しては、株式の譲渡価格が簿価純資産額を基準として決定されていたことが認定されており、裁判所としても、表明保証違反に基づく対象会社の資産減少を買主の損害（すなわち、表明保証違反の事実が譲渡価格に直接的な影響を及ぼすこと）として認定しやすい事情があったものと推察される。同様に、裁判例(7)も、損害額の算定にあたって、「不良在庫品の存在を考慮していない譲渡代金を支払い、（同額の）損害を被った」「譲渡契約締結当時は予定していなかった工事費等上記不備の存在を考慮していない譲渡代金を支払い、……同額の損害を被った」との判示からうかがわれるように、株式譲渡代金に及ぼす影響を買主の損害としてとらえているものと考えられる（ただし、裁判例(7)の事案において、株式譲渡代金がいかなる交渉経過を経てどのような算定基準を用いて決定されたかは、判決理由上明らかでない。）。

しかし、このように「買主の損害」を譲渡価格に及ぼす影響という観点から見た場合、ＤＣＦ方式など企業の将来的なキャッシュフローに着目した算定方式をベースに譲渡価格が決定されている事案においては、譲渡価格への直接的影響を主張することが困難になるのではないか（対象会社に生じた損害が丸々買主の損害（譲渡価格に影響）となるか）との懸念が生じる。さらにこの点を突き詰めれば、買主は譲渡価格を超える額の補償を請求することができないのではないかとの疑問も生じうる。裁判例(2)は、その認定事実によると買主の補償請求額が譲渡価格を上回っていた事案であり、実際に訴訟上でも、売主側から、対象会社株式の取得のために拠出した代金額以上の損害は買主に発生していないとの主張がされていた。かかる主張に対して、同判決はそのような限定をすべき根拠はないとのことで売主側の主張を斥けたのであるが（注37）、当該争点に関して特にそれ以上の説明を加えてはおらず、この点に関してはもう少し具体的な理由を付した説示が必要ではなかったかと思われる。

そこで、他のとりうる構成として、譲渡価格への影響という要因を媒介することなく、表明保証違反による損害が対象会社に生じたことによって買主の保有する対象会社の株式価値が当該損害額だけ減少したこと（すなわち対象会社株式の評価損）が損害であるととらえることが考えられる。かかる見解は、最判平5・9・9（三井鉱山事件）（民集四七巻七号四八一四頁）において示された考え方（ちなみに、同最判は、完全親会社の指示により完全子会社が行った違法な親会社株式取得とその後の株式処分に基づき親会社に生じた損害につき、「三池開発の資産は、本件株式の買入価格八二億一五〇〇万円と売渡価格四六億六三四〇万円との差額に相当する三五億五一六〇万円減少しているのであるから、他に特段の主張立証のない本件においては、三池開発の全株式を有する三井鉱山は同額に相当する資産の減少を来しこれと同額の損害を受けたものというべきである」と判示する。）と軌を一にするものということができ（注38）、かかる理解に従えば、損害の認定にあたって譲渡価格の算定方式如何は基本的には問題とならないし、譲渡価格を上回る損害の補償請求も当然には妨げられないと解される。

もっとも、同最判は、親会社がその完全子会社に違法に親会社株式を取得させ、その後、取得価格より低い価格で当該株式を売却させたことにより、対象会社にきわめて多額の売買損を生じさせた事案に関する判例であり、表明保証違反により生じる買主の損害の算定において同様の考え方が常にそのまま妥当するかについては、なお検討の余地があるかもしれない。また、同最判は、子会社の資産が取得価格と売渡価格の差額分だけ減少していることにつき、「他に特段の主張立証のない」本件においては、子会社の全株式を有する親会社は同額に相当する資産の減少を来しこれと同額の損害を受けたものというべきであると判示しており、具体的な事情如何によっては異なる判断が妥当する可能性を示唆するが、いかなる主張立証があればかかる特段の事情ありとされるのかに関しては、判決理由からは明確でなく、さらに、そのような場合にはいかなる範囲の損害が認められるかも困難な問題として残されている。

以上概観したように、表明保証違反に基づく損害補償の範囲及び損害額の算定に関する実務上の課題はなお多く残されている。たとえば、

① 表明保証違反の具体的内容や性質、当該違反が及ぼす影響・結果如何によっては、買主に生じた損害及びその金額の立証が相当に困難な場合が十分にありうるということのほか、

② 前記最判のいう「特段の主張立証」の対象となる事項として、具体的にはいかなる事情が想定されるのか、

③ 表明保証違反により対象会社に生じた損害が対象会社の会社規模に照らして相当に少額な場合でも、同様の考え方に基づいてこれを買主の損害（対象会社株式の評価損等）ととらえることができるか、

④ M&Aによる株式買収が対象会社の株式の一部の取得にとどまる場合はどのように考えるべきか（持株比率に応じた評価減というかたちで全部取得の事案とパラレルに考えてよいか）、

⑤ 対象会社が買収時点で債務超過の状況（又はそれに近い状況）にあるなどで対象会社株式を備忘価格に近い価額で譲り受けたようなケースでも、同様の考え方に依拠して買主の損害を算定してよいか、

などが今後の実務上の争点となりうると考えられる。

3　補償条項に関する実務上の工夫

以上のような損害額算定に伴う主張立証の困難性を避けるため、実務上、たとえば「問題の表明・保証違反の結果減少した対象額の純資産額相当額分対象会社の株式の価値が減少したとみなす」といった約定を置くことも考えられるとの指摘がなされている（注39）。また、裁判例(6)は、結論的には免責特約の適用により原告の補償請求を棄却したものであるが、認定事実を見ると、契約条項中に「売主は、クロージング日後に、ツインツリー社（筆者注：企業買収の対象会社）に偶発的な損害が発生した場合であって、当該発生の事実又はその原因たる事実が、上記表明保証違反に該当するものであるときは、買主に対し、直ちに、当該損害を補償する」との約定が定められていたことがうかがわれる。これらの約定は、一種の損害賠償額の予定に類似する取決めであると理解することが可能であるが、かかる約定の効力を否定する理由は原則としてないと思われるので、このようなケースでは、裁判所は原則として当該約定に従って補償額を算定すべきことになろう（民法四二〇条一項の類推）。

もっとも、あらゆる事案においてこのような合意が当事者間に成立するわけではないので、既述の補償請求をめぐる実務上の諸問題は依然として残ると考えられる。

（注35）　金田・前掲（注1）四九頁。

（注36）　もとより、表明保証違反の事実に起因して当該違反に対処するための費用や支出を直接買主が負担したようなケースでは、対象会社に生ずる損害とはかかわりなく、買主による補償請求が可能であることはいうまでもない。

（注37）　同判決は、売主らの中途解約違約金に関する説明義務違反により買主は予想外の収入損を受けたとして、中途解約違約金相当額の損害が買主に発生したことを認定しているが、「予想外の収入損」という表現自体かなり抽

象的であるとの感は否めない。

（注38） 同最判の最高裁判例解説（判解民平成五年度(下)七九五頁）には、「親会社は経済的実態としては、完全子会社の株式を所有することにより間接的にその財産を把握・支配しているに止まらず、完全子会社の財産を直接的に把握・支配しているとみることができ」「このようにみるときは、完全子会社の収益力によってではなく同社の財産の総和（財産の増減）によって同社の株式の価格を把握する方法を採用し、同社の株式の価格は同社の資産額の総和（資産から負債を差し引いた額）と同額であるとすることには、合理性があるといえよう。」などと説明されている。

（注39） 西村総合法律事務所編・前掲（注2）五四〇頁。

七　表明保証条項の不存在と信義則上の情報提供義務

1　問題の所在

既述のとおり、表明保証条項は、契約交渉を通じて、対象会社の事業・財務・資産等に関して将来生じる可能性のあるリスクを契約当事者の合意に従って分配するリスク分配機能を有するとされている。かかる観点からは、M&A契約において特に表明保証の対象とされなかった事項に関しては、一応、表明保証の対象とするには及ばないとの判断がなされたと見るのが契約当事者の合理的意思に合致すると思われるが、そのような場合であっても、一定の事情の下で、売主が買主に対して信義則上の情報提供義務ないし告知義務を負うべき場合があるか。

2 裁判例

この点、裁判例(3)は、上場企業間においてなされた資本・業務提携に関して、契約交渉過程における情報提供義務の有無、具体的には、資本・業務提携の一方当事者（Y社）の財務状況につき契約上はY社の表明保証が特に規定されていなかった事案において、Y社に存在していた粉飾決算の事実を、当該契約の交渉過程において、Y社が相手方当事者（X社）に告知すべき義務を負っていたと解すべきか否か、が主要な争点となった事案である。

Y社が情報提供義務を負うか否かの検討にあたって、同判決は、まず、「企業間の買収については、私人間の取引であることから私的自治の原則が適用となり、同原則からは、買収に関する契約を締結するに当たっての情報収集や分析は、契約当事者の責任において各自が行うべきもの」であり、「情報収集や分析が不十分であったなどのために契約当事者の一方が不利益を被ったとしても、当該不利益は当該当事者が自ら負担するのが原則である」としたうえで、「企業買収において資本・業務提携契約が締結される場合、企業は相互に対等な当事者として契約を締結するのが通常であるから、上記の原則が適用され、特段の事情がない限り、上記の原則を修正して相手方当事者に情報提供義務や説明義務を負わせることはできない」との基本的な判断枠組みを示した。そのうえで、同判決は、本件の資本・業務提携契約が両者間に構造的な情報格差のない対等な上場企業同士で締結された契約であることを前提として、契約中にY社の財務状況に関してY社に表明保証を負わせる旨の定めが存しないことや、実際の交渉経過に照らして両社間にはY社の財務状況を表明保証させる意思はなかったことを認定し、これらの事実関係の下では、Y社に情報提供義務ないし説明義務を負わせるだけの特段の事情は認められないとの結論を導き出した。

3 検討

対等な当事者間における企業買収交渉においては、買収判断に向けての情報収集・分析は基本的に各自の責任においてなされるべきであるとした上記判決のスタンスは、上場企業間のM&Aにおける実務感覚にも合致し、一般論として是認できる。さらに、具体的事案の検討においても、本件の裁判所は、信義則上の情報提供義務の有無を判断するにあたり、両当事者が締結した資本・業務提携契約における表明保証条項の規定振りに照らすなどして契約当事者の合理的意思を推認しているところ、かかる裁判所の解釈態度は、契約当事者が契約条項に反映させたリスク分配に関する取決めをできる限り尊重しようとする表れと見ることができ、かかる見地からも、本判決のとったアプローチは基本的に妥当と考えられる。

他方で、同判決は、「特段の事情」が存する場合には、当事者の一方が、信義則等の一般法理に基づいて、契約上には明記されていない情報提供義務ないし説明義務を負うべき場合があることをも同時に指摘するものである。上場企業同士という一応対等と評価しうる当事者間で締結された契約といえども、一般法理である信義則等による補充・修正を受ける可能性を完全には排除しえないと解されるところ、「特段の事情」があるときは例外的に信義則上の情報提供義務ないし説明義務を負うべき場合があるとする本判決の示した判断枠組みも、基本的にはかかる考え方に依拠するものと理解できよう（注40）。

そうすると、かかる判断枠組みによるとした場合に問題となるのは、具体的にいかなる事情が認められれば、「特段の事情」ありとして信義則上の情報提供義務を負うことになるかである。

この点まず、対等な立場に立つ事業者間の契約において信義則上の情報提供義務を認めることに関しては、一般論として慎重な考慮が求められよう。裁判例⑶が判示するところの「対等な当事者間の企業買収交渉においては、買収判断に向けての情報収集・分析は基本的に各自の責任においてなされるべきである」との価値判断を正当とする限り、信義則の名の下に、契約条項に明示されていない情報提供義務を安易に肯定するのはできる限り差し控えるべきと考えられるためである（注41）。

他方で、たとえば、一方当事者（売主）が相手方（買主）に対し、重要な事項につきあえて虚偽の情報を提供した場合や、買主が情報提供を求めた重要事項につき売主が殊更真実の情報を秘匿して買主を誤認に陥らせた場合（沈黙による詐欺に類する事案）等に関しては、取引通念上かかる欺罔的な行為が許されるべきでないのはある意味当然のことと思われる（注42）。さらに、売主に欺罔の故意を認定するには至らないまでも、契約の交渉過程においていったん売主から買主に誤った情報が提供された結果、契約締結可否の判断に影響を及ぼすべき重要な事項について買主に誤認を生じさせている場合、かかる売主との関係では先行行為に基づく情報提供義務（注43）を検討する余地があると考えられる（注44）。先行行為に基づく情報提供義務を観念する場合、いかなる行為があれば先行行為として評価しうるかがさらに問題となるが、この点に関しては、売主が買主に対して直接誤った情報を提供した場合だけでなく、売主が有価証券報告書等により虚偽の情報を公開しており、買主が契約の締結にあたり当該虚偽情報に依拠する関係が合理的に認められるような場合には、信義則上、売主に対し、先行行為に基づく情報提供義務を認める余地があるとする見解も見られる（注45）。

繰り返しになるが、対等な当事者間の契約交渉においては私的自治の原則に則り取引に必要な情報は自己の責任において収集し自己の判断で対処すべきことが基本であることからすると、原則として売主側に積極的ないし自発的に情報提供をする義務を負わせる必要はないと考えられ、買主の信頼保護という観点から信義則上の情報提供義務を肯定すべきなのは、前述のようなかなり例外的なケースに限定されると思料される。具体的にいかなる状況の下で信義則上の情報提供義務を肯定すべきかに関しては、取引実行の可否判断との関連におけるリスクの重大性や核心性、現実の交渉過程における契約当事者の具体的言動、両当事者の交渉力較差等の諸事情を勘案して、信義則に基づく補充・修正を行ってでも買主の信頼を保護することが相当であるか否かにつき、具体的事案に即して検討を行うことになろう。

（注40） なお、裁判例(3)の評釈中にも、本判決が信義則に基づく情報提供義務違反を認めなかったことにつき、本件で問題とされたのがY社による粉飾決算の事実であることから、Y社には、自社の企業価値が実態と乖離している旨を表明、情報提供し、X社の誤認を是正すべき義務を信義則上負うとすべきであった、と述べるものがある（藤原俊雄「金融商事判例研究」金商一二八四号七五頁）。また、Y社が上場企業として虚偽の決算内容等を公開していたこと（しかも、単なる財務状況の相違ではなく、Y社が犯罪行為にも該当する粉飾を行っていたこと）に鑑み、Y社について先行行為による情報提供義務を検討する余地もあるのではないかということを指摘するものとして金丸和弘「M&Aに関する契約交渉過程における情報提供義務」NBL八七九号四五頁。

（注41） この点に関連して、明示的に表明保証の対象とされていない事実について信義則上の情報提供義務を認めることは、実質的には、「黙示の表明保証責任」を認めるに等しく、表明保証のリスク分配機能を損なうおそれがある、との指摘も存在する（金丸・前掲（注40）四五頁）。

（注42） 閉鎖会社の共同出資者間における株式譲渡の交渉過程において、当該譲渡後に対象株式が第三者にはるかに高額で再譲渡されることが確実であったのにこれを秘し、譲受人の代表者（被告）が対象会社の株式価値を不当に低いものとして譲渡人（原告）に告げ、これをもとに対象株式の売買代金が決められた事案において、被告の行為は正当な取引行為を逸脱した欺罔行為に当たるとして不法行為の成立を認めた裁判例に、東京地判平4・3・

12（判時一四五二号五四頁）がある。

（注43）前掲東京地判平15・1・17（判時一八二三号八二頁）は、業務・資本提携交渉の際に被告が原告に開示した財務情報と現実の財務状態との間に大幅な乖離が存在していた場合において、被告には自己の先行行為によって形成された原告の認識を是正すべき注意義務があったとして、被告の情報提供義務違反を肯定している。

（注44）金丸・前掲（注40）四四頁。

（注45）金丸・前掲（注40）四五頁。

八　まとめ

以上、近時の裁判例を参照しつつ、M&A契約における表明保証条項の適用・解釈等をめぐる諸問題を概観してきた。事業者間で締結されるM&A契約に関しては、M&A実務の専門家である弁護士やフィナンシャル・アドバイザーを交えた数次にわたる交渉を経て契約条項が確定されることもしばしばである。そのようなケースでは、M&A取引の実行後に顕在化する可能性のあるリスクを当事者間でどのように分配するかにつき十分な協議を経て契約条項の確定に至ったものと評価するのが通常相当であると思料され、具体的な契約解釈の場面においても、当該条項に表現された当事者の意思をできる限り尊重する解釈態度が望まれるところである。

最後に、近時の民法（債権法）改正の議論において、いわゆる不実表示の問題（注46）を新たに意思表示の取消事由として認めるべきかどうかが検討されていることに若干触れておきたい。この点、M&A契約のような典型的な事業者間契約について不実表示による意思表示の取消しの余地を認めることに関しては、取引実行後における契約解消の余地の拡大を招き、取引実行後の救済手段を補償条項に基づく金銭的解決に限定することが一般的である実務との乖離を招くのではないか、との懸念も示されているところである（法務省民事局参事官室『民法（債権関係）の改正に関する中間的な論点整理の補足説明』二三四頁）。紙幅の都合上議論の詳細には立ち入らないが（注47）、この点は、表明保証条項の解釈と意思表示の瑕疵法理の適用にかかわる問題でもあり、今後の議論の進展が大いに注目される。

（注46） たとえば、契約を締結するか否かの判断に影響を及ぼすべき事項に関して誤った事実を告げられたことによって表意者が事実を誤認し、誤認に基づいて意思表示をした場合には、表意者は意思表示を取り消すことができる、という考え方が示されている（「民法（債権関係）の改正に関する中間的な論点整理」九三頁）。

（注47） この点の議論の詳細に関しては、商事法務編『民法（債権関係）部会資料集第一集　第２巻』二四七頁、「座談会　民法（債権法）の改正を考える（下・完）」ＮＢＬ九七二号六四頁など参照。

「過払金充当合意」と「契約のエコノミー」
——日本法における弁済と意思

森田　修

はじめに

ここ一〇年ほどの裁判実務に量質ともに巨大なインパクトを与えてきた過払金訴訟のうねりも、収束局面に入ったように思われる。しかしこの大波の去った後に、民法学の磯辺には理論上何が遺されるだろうか？　この問いに答えるために、本稿は過払金訴訟のなかで鋳造された「過払金充当合意」の判例法理に着目する。この法理は、第一に、弁済をプロセスとして理解する考え方（以下では「プロセス的弁済理解」と呼ぼう）に、新しい視点を与えるという重要な意義をもつばかりでなく、第二に、「契約の解釈」に関する一般理論についても、新しい素材を提供しているように思われるからである。

しかしまずは、その前提作業として、日本における「弁済の法的性質」論の学説史を振り返り、そこで「プロセス的弁済理解」がどう展開したかを跡づけることから考察を始めたい（一）。そのうえで、「過払金充当合意」の判例法理の展開に立ち入り、プロセスとしての弁済のなかに当事者の意思・合意をどのように位置づけるかという観点から、この判例法理を分析してみたい（二）。

一 「弁済の法的性質」論の展開——学説におけるプロセス的弁済理解

周知のとおり「弁済の法的性質」論は学説継受期の日本において盛んに議論され、「法的性質論」というジャンルに属する議論の例に漏れず、近時は等閑視されている。しかし弁済を法学的にどうとらえるかという基礎理論的問題それ自体は、現在もなお検討に価するように思われる。筆者はすでにフランス法における「弁済の法的性質」論の展開を別稿において跡づけたが（森田修「フランスにおける『弁済の法的性質』論」野村豊弘先生古稀記念論文集（二〇一三年刊行予定）所収）、その分析もふまえつつ、日本の学説史を再検討してみよう。

1 前提

(一) 従来の「弁済の法的性質」論史理解

その大筋は次のように示せよう。起草者は弁済を法律行為とし（梅謙次郎『民法要義第3巻』二四三頁、現行民法四七六条に関する）、初期の学説においてはこの立場（以下「法律行為説」と呼ぶ）も唱えられたが（岡松参太郎「弁済ノ法律上ノ性質」京法一巻一号一頁）、その後弁済は法律行為ではないとする立場（以下「非法律行為説」と呼ぶ）が唱えられた（石坂音四郎「弁済ハ法律行為ナリヤ」志林一一巻九号一頁）。さらに弁済は法律行為となる場合もあれば、ならない場合もあるとする立場（以下「折衷説」と呼ぶ）も現れたが（仁井田益太郎「弁済ノ性質」新報二五巻二号六〇頁）、通説化したのは「準法律行為説」と呼ばれる立場（詳しくは後述する。鳩山秀夫『日本債権法総論（増訂版）』三九四頁）であるとされている。これに対して戦後は、この論争の意義そのものを認めない「弁済の法的性質」論不要論が有力化し（平井宜雄『債権総論（第二版）』一六四頁）、現在ではそれに拘泥しない論調が支配的となっている（たとえば内田貴『民法Ⅲ（第三版）』一〇二頁）。

(二) 弁済における意思の諸カテゴリー

「弁済の法的性質」論の理論的な対立点は、〈当事者の意思をそもそもそしてどのように弁済の有効要件とするか〉と定式化できる。ここでいう弁済にかかわる当事者の意思に関する諸カテゴリーを整理しておくことが、議論の腑分けのために有益であろう（滝沢昌彦「弁済における意思の位置づけ」中田裕康＝道垣内弘人編『金融取引と民法法理』所収参照）。そこには次の三つの概念が想定される。

第一は、「弁済の効果意思」である。これは、当該給付によって対象債務を消滅させるという法律効果に向けられた意思である。「法律行為説」と「非法律行為説」との対立において問題となるのはこの意思である。このうち「法律行為」説は、当該給付の実現によって対象債務を消滅させることについて弁済者と弁済受領者との合意を必要とする立場（以下「契約説」と呼ぶ）と、弁済者のみがこの意思をもっていれば足りるとする立場（以下「単独行為説」と呼ぶ）とに、さらに区別される。これに対して、当事者にこの意思がなくても弁済は有効であるとする立場が「非法律行為説」である。

第二は「弁済意思」である。これは当該給付を、「債務の弁済として為す」という弁済者の意思である。通説は「給付がその債権についてなされること」を弁済の有効要件としているが（我妻榮『新訂債権総論』二一四頁）、弁済意思はこの要件にかかわる（注1）。最高裁もこの要件を承認している（最判昭30・7・15民集九巻九号一〇五八頁）。ただ、この意思が「債務の弁済として為すこと一般」に向けられていれば足りるか、対象債務を特定して「当該債務についての弁済として為すこと」も内容とするか、については考え方は分かれうる（注2）。本稿は前者を「弁済意思」と呼び、後者は「狭義の弁済意思」と呼ぶことにする（注3）。この意思についても、弁済受領者の側の〈債務の弁済として受領するという意思〉を観念できる（「弁済受領者の弁済意思」と呼べよう）。

第三は「給付意思」である。これは履行内容を形成する給付の実現において必要とする給付者（＝弁済者）の意思を意味する。さらに、当該給付の実現において給付受領者（＝弁済受領者）が当該給付を受領する意思が必要な場合には、この給付意思のレヴェルの対応物として「受領意思」を観念できる。

(三) 「弁済の法的性質」論の法技術的課題

「弁済の法的性質」論では、具体的な法技術的課題として主として次の三点が取り上げられてきた（注4）。

① 第一は、〈弁済及び弁済の受領に行為能力は必要か〉という問題である（岡松・前掲論文六頁）。具体的には、未成年者が被用者として労務を提供する場合、また委任者として、たとえば教授を受け治療を受けるなどの場合に法定代理人の同意を擬制しなくてはならないのか、ということが問題とされた（石坂・前掲論文九頁）。「契約説」をとれば、いずれの場合においても同意の擬制が必要とされ、「単独行為説」をとれば、前者において

のみ必要となるが、「非法律行為説」をとればいずれにおいても不要となる。また条文上、弁済に能力を要求しているように見える民法四七六条（弁済に関する）及び一三条一項一号（弁済受領に関する）は、「契約説」の立法者への影響を物語り（石坂・前掲論文二五頁）、「非法律行為説」ではこれらをいかなる法律構成の下に説明するかが問題となる。

② 第二は〈不作為債務に弁済を観念できるか〉という問題である（岡松・前掲論文七頁、石坂・前掲論文三一頁）。具体的には、たとえばAは夜一〇時以降ステレオをかけないかわりに、Bはステレオの騒音のない一夜につき一〇〇〇円を支払い、ステレオをかけた一夜につきAが一〇〇〇円を支払う契約を結んだが、Aはステレオをかけるつもりでいたのに睡魔に襲われステレオをかけなかった。このときAはBに一〇〇〇円を請求できるか、ということが問題となる（無意識の不作為。滝沢・前掲論文六九頁所掲の例）。このとき、Aに「弁済の効果意思」「弁済意思」「給付意思」がそれぞれ存在しているか、そもそもAの債務は消滅したといえるのか、債務消滅を認めるとしてもそれは弁済という債務消滅原因によるといえるか（注5）等が問題となる。このとき「契約説」「単独行為説」では、「弁済の効果意思」を擬制すべきことになるが、「非法律行為説」ではその必要はない。

③ 第三は〈贈与等他の契約に基づく給付がなされた場面と弁済とをどう識別するか〉という問題である（岡松・前掲論文一一頁、石坂・前掲論文一五頁）。たとえばAが一〇〇万円の甲債務を負うBに、一〇〇万円の金銭を交付した場合に、これを甲債務の弁済と見るか、AからBへの贈与ないしBへの貸付契約に基づく金銭の交付と見るか、という問題である。「契約説」「単独行為説」では、「弁済の効果意思」の認定によってこの法性識別が可能となるが、「非法律行為説」ではこの手掛かりは使えないことになる。

2　学説史再訪

㈠　石坂説：弁済の構造的理解の端緒

従来石坂説は、「法律行為説」をとった岡松説との対立関係において整理される。たしかに石坂論文は「契約説」「単独行為説」のあれこれの帰結・法律構成を、前項1㈢で整理した論点に即して批判している。

しかし、本稿にとって興味深いのは、まず石坂説が、その際に、弁済と給付行為との峻別という視点を打ち出す点である（注6）。すなわち、上記1㈡①の弁済への行為能力への要否という問題に関して、当該給付が当事者の合意によりはじめて実現する（たとえば所有権移転のような）場合について、次のようにいう。「本来弁済ノ成立ニ債権者（注7）ノ行為能力ヲ必要トスルヤ否ヤハ弁済其モノニ依リテ之ヲ決スルヲ得ス弁済ノ方法タル給付行為ノ性質ニ依リテ之ヲ定ムル」べきであるとする（石坂・前掲論文二四頁。注記は引用者による）。したがって、この場合には債権者は取消権を有するが、それは弁済と区別される「弁済ノ方法タル給付行為」が取消可能のため、となる。より広く民法一二三条一項一号、一〇八条、四七六条の文理からは（注8）、「弁済ト弁済ノ方法タル給付行為ヲ混同シ給付行為ガ契約タルカ為ニ弁済ヲ以テ契約ナリトナスノ誤謬ヲ生セリ」とする。しかし一三条一項一号の「元本ノ領収」は「弁済トシテ為サルル給付行為ノ成立ニ行為能力ヲ要スル」とするものであり、四七六条の「弁済ノ取消」とは、「給付行為ノ取消」をいうものであるとする（同二五〜二六頁）。つまり問題を「給付意思」の問題として処理し、「弁済の効果意思」は不要とするのである。

そのうえで石坂は、弁済そのものが契約であるとするのではなく、弁済を給付行為と結びつけられた有因行為であると論じて、給付行為の効力によって弁済の効力が左右されることを導く。まさにこの点で、「法律行為説」には、「弁済の原因」（causa solvendi）としてとらえられるべきものを、「弁済の意思」（animus solvendi）とする問題設定そのものの混乱がある、とする（同二七〜二八頁）。ここには弁済と給付行為とを峻別したうえで両者をコーズ論によって再結合するという構造化された視点が明瞭に示されていることに注意すべきである。

この点において、石坂によれば当時の通説と目されている折衷説は、弁済の法的性質を給付行為のそれの関数として決する点で、弁済と弁済の方法としての給付行為とを峻別する視点を失っているためにいっそう批判に価することになる（同三三〜三四頁）。

とはいえ石坂のこの構造化された視点は、たとえば後述する平井説におけるような、弁済をプロセスとしてとらえる視点にはいまだ結びつかない。石坂は弁済を、給付行為のレヴェルと切り離して「弁済の法的性質」論の理論分析の対象として取り出したものの、それを時間のなかで当事者が展開していく具体的なプロセスとしてはとらえず、弁済はなお、時間の幅のない法現象にとどめられている。

その結果、今日「弁済の法的性質」論不要論が主張される一因でもある、抽象的な点としての弁済の定義に汲々とするという「弁済の法的性質」論の問題設定の狭隘性という難点は、石坂説にも顕著である。上記峻別の論理により、石坂説において、弁済は「債務ノ内容ヲ実現スル債務者ノ行為」と定義される。そこでは「債権本来ノ目的」である「債務ノ内容ノ実現」が、債務の消滅をもたらす。弁済の要件論の中核に置かれるべきは、債権者・債務者の「弁済の効果意思」の有無ではなくて、債務者の行為が「客観的ニ債務ノ内容ニ適合」するか否かであるとし、その意味で自説を「債務内容実現説」と呼ぶ（同三五〜三六頁）（注９）。「法律行為説」を退けるために当事者の行為それ自体としての給付行為を「弁済の法的性質」論の対象の埒外に置こうとする志向は、しかし半面で、当事者の具体的な行為によって進行するプロセスとして弁済をとらえる視点を捨象することになった。石坂が弁済による債務消滅の中核に置く「債務の内容」は当初合意によって確定されていることが前提であろうから、自称する「債権内容実現説」には「presentiationの呪縛」（注10）もまた顕著といわなくてはならない。

(二) 通説の形成：弁済理解の平板化

現在の通説とされる「準法律行為説」は鳩山・前掲書によって主張される。しかし同書は石坂説を「弁済意思」不要の立場として「非法律行為説」と紹介したうえで、「余モ亦之ニ従フ」としている（鳩山・前掲書三八九頁）。しかも「給付行為ト弁済ソノモノトハ明ニ之ヲ区別スルヲ要ス。折衷説ハ此区別ヲ認メザル点ニ於テ誤レリ」とし、現下の多数説は「折衷説」であろうが、学説の趨勢は「非法律行為説」に向かっているとする。この限りでは、鳩山は石坂説の弁済の構造化の論理を堅持し、それを梃子に折衷説を退けていることが明示されている。

ところが、「弁済の法的性質」論の末尾において、鳩山は次のように述べる。効果意思もその表示も欠く「弁済ハ法律行為ニハ非ズ。然レドモ私法上ノ効果ヲ生ジル適法行為ニシテ之ヲ所謂法律的行為又ハ準法律行為ニ数ヘザルベカラズ。従ッテ法律行為ニ関スル規定ハ当然弁済ニ適用アルニ非ズ、唯其性質ノ許ス範囲ニ於テ法律行為ニ関スル規定ヲ之ニ準用スルノミ」（鳩山・前掲書三九四〜三九五頁。傍線は引用者による）。この一節が後の学説における鳩山説としての参照箇所となった（たとえば滝沢昌彦「弁済の無効・取消」法時七〇巻一〇号八〇頁）。

しかし、この一節は、鳩山が他方で石坂説を踏襲して非法律行為説であるとした部分とは相いれない面をもっていることに注意すべきである。まず、上記一節の傍線部「之」は文理上弁済を指すが、給付行為と弁済との峻別の論理を堅持する石坂説の立場に従うというのであれば、それは給付行為を指したうえで「適用」されなければならなかったはずである。石坂説において弁済が無効となるのは、法律行為の規定の適用の結果給付行為が無効となり、弁済がそれと有因的に結びついているからであって、弁済に当該法律行為の規定が直接適用されるからではない。

また鳩山は上記一節に続けて次のように述べる。「行為能力ニ関スル規定ハ当然弁済ニ適用アルニアラズ、唯給付ヲ実行スルガ為メニ法律行為ヲ必要トスル場合ニ限リ其適用アルノミ。」ここでの能力規定の適用の対象も弁済と読むのが自然であろう。そう解するとこの一節は、石坂説の中核的論理を遠く離れ、すでに折衷説とほとんど異なるところがなくなっている。

入口は石坂説にして出口は折衷説とでも評すべき鳩山のこのような「弁済の法的性質」論が「準法律行為論」と呼ばれるものとして通説化した。そのことによって、鳩山説を介してそれが踏襲していると称する石坂説を見ると、石坂説の中核である給付行為との峻別に基づく弁済の構造化の論理が視野から消えてしまう。この一種の回折現象が〈準法律行為説の通説化〉という学説史上の出来事の真相である。

(三) 奥田説：プロセス的弁済理解の提示

弁済の理論的把握に際して、石坂説の峻別論による構造化の論理を回復し、さらにそこから弁済のプロセス的理解に道を開いたのが奥田昌道『債権総論』である。

奥田説は弁済を「債務者または第三者の為す給付行為により債権が満足させられること（目的を達すること）」と定義する（前掲書四八七頁）。ここには（興味深い拡張は見受けられるものの）基本的には石坂説における定義が再現されている。そして次の一節には奥田説が、弁済と給付行為との区別から出発する石坂説の構造を堅持していることがわかる。「弁済（履行）と給付（給付行為）とは区別しておく必要がある。両者は同義的に用いられることもあるが、厳密にいえば、給付（給付行為）は弁済の構成要素である。給付は法律行為のこともあれば、事実行為（作為・不作為）のこともある。そのような給付行為が当該債務の履行として為されるとき、弁済として評価されるのである。」（同四八七頁）

そして、この一節が学説史上もつ意義は何よりも、そこで債務消滅の法律要件としての「弁済」が、「給付行為」の「評価」とされていることである。

このことは、奥田説が他方で、弁済をプロセスとしてとらえる視点を明瞭に打ち出すことにつながっていく。「債務者（または第三者）の為す給付が債務の本旨にかなったものであり、かつそれが債権者の受領を要する場合には債権者に受領されることにより、債権はその内容が実現された（満足させられた）ことになり、債権消滅という法律効果が生ずるのである。債務内容を実現する債務者（または第三者）の右のような行為と債権者によるその受領の過程全体を『履行』といい、また『弁済』という」。

それまでの「弁済の法的性質」論は、いずれにしても弁済を、債権の消滅という法律効果の法律要件として、いわば点でとらえていた。しかし、弁済とは、事実行為、意思表示、はては合意にまで至る、当事者のさまざまな法的行為が複合的に作用し合うプロセスであって、このプロセスが債権の消滅という法律効果をもたらすか否かの判定は、プロセス全体を対象とした一つの「評価」なのである。この意味で〈弁済のプロセス的理解〉が奥田説には端緒的に表明されているといえよう。

とはいえ奥田説も、「弁済の法的性質」論の従来の問題設定からなお自由ではない。このように一旦プロセスとしてとらえたものを、奥田説は再び、法性決定の対象たるなんらかの行為に投影しようとする。つまり「点」についての法性決定如何という問いに拘束されている。「弁済は、人の行為を必要とする法律事実という意味で、事実行為である」（同四九一頁）。さらに弁済には「弁済意思」が必要である、とされる。すなわち、「給付が弁済としての効力を生ずるためには、給付が債務の弁済のために（弁済の目的で）為されることが必要である」とされる。これは「弁済者に、債務を弁済するとの意思ないし認識を要するもの」である。つまり、ある債務消滅のプロセスが弁済と評価されるためには、なんらかの意思が要件とされている（同四八八頁）。一方で、それは「債務の消滅を欲する意思（効果意思たる意思）ではなく、債務の履行（弁済）として給付を為そうとする意思（事実的意思）のことである」（同四八八頁）とされて、本稿のいう「弁済の効果意思」ではなく「弁済意思」に対応していることがわかる（しかも特定の債務のためにという限定されたものであることを必ずしも要しないとされている）。奥田は本稿にいう「弁済意思」に、「事実的意思」という別名ないし説明を与えている。奥田においては、弁済は事実行為とされるから、事実行為において法律的に問題となる意思という意味でこう呼ばれているのであろう。しかし、この概念の意味内容（いかなる意味において事実的なのか）は判然としない。既述のとおり奥田にとって、あるプロセスの「評価」として弁済があったかなかったかが問題とされるのであるから、それをそもそも一つの行為・一つの意思に投影しようとすること自体に無理があり、奥田説にとっての「弁済意思」は、この「評価」を支える一つのファクターにすぎないもののはずである。

四　平井説：プロセス的弁済理解の展開

「弁済の法的性質」論への奥田の課題意識の拘束を解いて、弁済のプロセス的理解を明示したのが、平井宜雄

『債権総論』である。

「弁済そのものの法律的性質を議論する必要はない」とする平井説は（平井・前掲書（第二版）一六四頁）、「弁済の法的性質」論の学説史自体に別れを告げ、一見それまでの理論的営為を清算するような印象を与える。しかし平井説の主張はしばしば見られる反知性主義に乗ったドイツ法理論への拒絶反応とは異なる。この一節に先行して、次のような弁済への理論的アプローチが宣言されているからである。「通説は弁済を行為と解し、弁済と弁済の原因たる給付とを区別して弁済自体の要件・効果を説く（我妻〔三〇九〕以下（中略）奥田四八七頁以下）。しかしこのように解する必要はない（注11）。弁済は債務の履行の反面なのであるから、強いて要件を挙げれば、弁済者が弁済受領者に債務の本旨に従った履行（それは債務の内容によって異なる）をすることに帰着し、その効果は、履行の効果としての債権の消滅というに尽きる。」（平井・前掲箇所。注記は引用者による）（注12）

ここには、奥田説のような石坂説の再興に基づく方向を明確にとらえたうえで、それに対するアンチテーゼが表明されている。しかし次の一節には、奥田説とも共通するプロセス的な弁済理解が明確に定式化されている。「弁済とは、履行の準備に始まり、履行に着手し、履行を終えるにいたる（その効果として債務は消滅する）までの、弁済者・弁済受領者間の一連の過程を意味することになる」（平井・前掲書一六四〜一六五頁。この過程を「事実的経過」と言い換える箇所もある）。

平井説は、石坂説が構造化した弁済と給付行為との二つの次元を、折衷説のように平板化するかわりに、そのうちの弁済の次元のほうを捨象して、もっぱら給付行為の次元に解消し、債務適合性を問題とする方向をとるということができるであろう。

3　小括――「弁済の法的性質」論を越えて

(一)　債務消滅のプロセスの一つの法性決定としての弁済

基礎理論の対象として、弁済の次元を残すことが、結局、奥田説のようにプロセスを一つの行為に投影し、その「点」としての行為の法性決定如何という課題意識の拘束をもたらすだけなのであれば、平井説の説くとおり、履行行為の債務適合性の判定の次元と区別して、弁済そのものなるものの有無を判定する次元などを用意する必要はない、ともいえる。

そこで問題は、債務消滅のプロセスについて、弁済と法性決定されるものを、他の法性決定と区別して用意することに、いかなる法技術的意義があるか、ということに帰着する。

この点で、近時の判例法の展開から浮かび上がってくるのは、債務消滅のプロセスのなかで、当事者の意思・合意のもつ具体的な意味は何か、その法規律のための適切な枠組みをどう設計するかという検討課題にとって、弁済という法性決定がもつ法技術的な意義如何という問題である。

(二)　当事者の意思・合意の位置づけ

しかし、債務消滅のプロセスのなかで、当事者の意思・合意のもつ法技術的意味を検討するためであっても、再び「弁済の法的性質」論の課題意識に舞い戻り、たとえば「弁済意思」とはなんぞやという問題の立て方をすべきではない。また、そこで生起する法技術的な問題に対処するために、当事者の意思の要素を重視すべきであるという解釈態度が仮に正当化されるとしても、それを実現するために、弁済を合意と法律構成するかつての

「契約説」に回帰すべきことにはならない。そこにはそもそも債務の消滅が一つの具体的プロセスであるという視点が欠けていたからであり、その欠落自体が、契約であると法性決定すれば当然にこのプロセス的観点がもたらされるというものではないことの証左とさえいえる。

プロセスとして弁済をとらえ、そのなかで、消滅対象債権の発生原因たる当初契約のみならず、当事者の新たな意思表示や合意がどのような意味をもって複合しているかを取り出すための手掛かりとして、筆者は別稿において「弁済を支える法律行為」という概念をフランスとの比較法的作業によって取り出した。すなわち、債務消滅プロセスのなかには、「弁済に伴う法律行為」として、「法関係の基本的所与を修正する法律行為」と「債務の履行を用意し確認する法律行為」が現れるが、このうち後者は、消滅対象債権の発生原因である契約が定立した契約規範の修正を含まないものである（詳しくは、森田・前掲野村古稀論文一2(4)(b)(イ)参照）。後者のうち両当事者の意思の合致によって成立するものを、ここでは「弁済を支える合意」と呼ぼう。

筆者の見るところ、日本における「弁済を支える合意」の一つの現れが、近時の判例法理によって鋳造された「過払金充当合意」概念である。そこで次節では、「過払金充当合意」が何故「弁済を支える法律行為」であるといえるのか、この判例法理を、債務消滅のプロセスの或るものについて「弁済」という法性決定をすることにどのような法技術的意義があるかという観点に照らして分析してみよう。

（注1）山木寛「弁済充当の主張立証責任」近藤完爾＝浅沼武編『民事法の諸問題』第2巻。ただし、我妻・前掲書二一四頁は、債権と給付との結合関係に関するこの有効要件が「客観的事情、給付者の意思、法律の規定など、諸般の事情によって決せられる」としており、「弁済意思」のみによって支えられるとはされていない。

（注2）我妻・前掲箇所において弁済意思は債権一般ではなく当該債権に向けられているようである。

(注3)「狭義の弁済意思」は複数債権の存在する場面を念頭に置く場合にのみ問題となる、「弁済意思」の一つの現れ方にすぎないと理解するむきもあろう。しかし、理論的には、複数債権が存在する場面であっても、この場面で初めて問題となる「充当に関する意思」とは区別して、それに先行して弁済一般の有効要件として問題とされるべき、特定の債権との結びつきを問題としない「弁済意思」を想定することはできる。

(注4)なお、これらはフランスにおける「弁済の法的性質」論においても共通の論点となっている。たとえばCatalaの整理につき、森田・前掲野村古稀論文二2参照。

(注5)「給付意思」を要求する立場には、この場面でのAの不作為は給付行為に当たらず、弁済がないことになり、別の債務消滅原因（目的到達）を持ち出すという議論もありうる。

(注6)石坂は非法律行為説に立って、岡松の批判をするにあたり、直接にはKohlerの所説に依存するが、さらにその根底にはローマ法源上のsolutioの概念に関するKretschmarの法史研究を援用している。ドイツ普通法学において、給付請求権と弁済権とによる債権構造論が再構成されたことの法学的な意味は大きく（すでに磯村哲編『注釈民法12巻』前註〔磯村哲執筆〕において精密な紹介がなされている）、石坂説も含め、「非法律行為説」が「契約説」を克服していく学説史の方向も、この理論的なインパクトに規定されていると思われる。しかしこの興味深い課題の立ち入った検討は別稿に委ねたい。

(注7)ここで石坂が債権者のみをあげ債務者をあげていないのは、この一節が「単独行為説」の批判を直接の対象としているからであり、「契約説」に対しても（ここでの当事者を債務者に置き換えて）同様の批判を想定できる。

(注8)ただし、歴史認識としてはこれらの規定が契約説の影響の下で起草されたことは疑いがないとする（石坂前掲論文二五頁）。

(注9)ここには石坂の依拠するKohlerの所説の影響が顕著である。

(注10)この概念についてはさしあたり森田修「合意による契約の修正(1)」法協一二八巻一二号二九七二頁以下参照。

(注11)平井は石坂説の「弁済の原因」と弁済との有因的結合という論理にも批判的のようである。『債権総論（初版）』にはこの部分にカッコ書で「民法上一般に原因causeを観念する必要に乏しい」という注記がなされてい

た。ここには石坂説のこの論理がコーズ論であることの的確な指摘と、コーズ論的発想を日本法に導入することへの否定的な態度が示されていたが、第二版では削除されている。

（注12）しかし、個々の条文の解釈においては、石坂説の峻別の論理のアイデアが生かされることになるのはいうまでもない。たとえば民法四七六条に関する平井・前掲書一八〇頁参照。

二 「過払金充当合意」法理再考──判例法におけるプロセス的弁済理解

「過払金充当合意」の判例法理は以下に縷説するとおり、「契約の解釈」にかかわる、優れて基礎理論的な含意を有している。本稿は節を改めてこの概念のいわば民法学上の資産価値を、契約法の一般理論のより大きな文脈のなかに位置づけてみたい。

この枠組みを構築したものとして以下の裁判例があげられよう。

第一に、「過払金充当合意」の認定についての判例群がある（最判平15・7・18民集五七巻七号八九五頁（以下「Ⅰ判決」と呼ぶ）、最判平19・2・13民集六一巻一号一八二頁（以下「Ⅱ判決」と呼ぶ）、最判平19・6・7民集六一巻四号一五三七頁（以下「Ⅲ判決」と呼ぶ）、最判平19・7・19民集六一巻五号二一七五頁（以下「Ⅳ判決」と呼ぶ）、最判平20・1・18民集六二巻一号二八頁（以下「Ⅴ判決」と呼ぶ）、これらを以下では五判決と総称しよう）。

第二に、過払金返還請求権の消滅時効の起算点に関する判例群がある（最判平21・1・22民集六三巻一号二四七頁（以下「Ⅵ判決」と呼ぶ）、最判平21・3・3金法一八七五号六七頁（以下「Ⅶ判決」と呼ぶ））（注13）。

1　Ⅲ判決における「過払金充当合意」認定と契約解釈

Ⅲ判決は、まずⅠ判決の法理を過払金の既存借入金債務への弁済充当に関するものと限定して確認したうえで、後発借入金債務への「過払金充当」に関して次のように論じる。「この場合においても、少なくとも、当事者間に上記過払金を新たな借入金債務に充当する旨の合意が存在するときは、その合意に従った充当がされる。」Ⅲ判決は、基本契約がこの「充当する旨の合意」を「含んでいる」と認定する。言い換えれば、この事案類型においては、「過払金充当合意」認定の問題は、当該基本契約の解釈の問題と構成される。

Ⅲ判決には一方で、同判決が初めて（注14）、民法四八八条以下の規定を予定する既存借入金債務への弁済充当と、必ずしも法典上の弁済充当の制度が予定するものではない後発借入金への「過払金充当合意」という特殊な合意に基づいて認められる「充当」とを区別したという意義がある。しかし他方、この区別は直ちにあいまい化されていく。その経緯は調査官解説に照らしても検出できる（注15）。学説のなかには、この点を峻別しようとする論調も存在するが、調査官解説にも見られる峻別しない方向性は、単に不明断なわけではなく、そこにはむしろ弁済をプロセス的に理解しようとする方向の現れを見て取ることもできよう。というのはこうである。

Ⅲ判決判旨は事案を次のようにとらえている。「本件各基本契約に基づく債務の弁済は、各貸付けごとに個別的な対応関係をもって行われることが予定されているものではなく、本件各基本契約に基づく借入金の全体に対して行われるものと解されるのであり、充当の対象となるのはこのような全体としての借入金債務であると解することができる。」ここでは弁済は、個々の債権についてではなく、その発生の基盤となっている同一の基本契約について一個のプロセスとしてとらえられている。弁済概念自体をこのように拡張すると、「過払金充当合意」による債務の消滅が、弁済とは別の債務消滅原因によるものとまでしなくても、「過払金充当合意」に基づく後発借入金への「過払金充当」を、あくまで弁済における取引操作として定式化することができる。その限りで「過払金充当合意」を合意充当の基礎となる合意と峻別する必要はなくなるのである。

2　合意認定枠組みの「事実上一個の連続した貸付取引」による拡張

(一)　Ⅳ判決の「過払金充当合意」認定の特殊な構造

Ⅲ判決の枠組みは、続くⅣ判決において重要な補強を加えられる。事案は、貸付取引についての基本契約は存在していなかったが、借主は貸金業者との間で、借換を繰り返し、貸増しもなされていたものである。弁済については各貸付における利息を指定回数に応じて分割して毎月同額を支払うという方式がとられていた。争われたのは、借主が各分割弁済で発生した過払金を、借換によって発生する新たな借入金債務に充当できるかという点であった。最高裁は次のように論じ、結論的にもこの一連計算を肯定した。まず、「従前の貸付けの切替え及び貸増しとして、長年にわたり同様の方法で反復継続して行われていたものであり、同日の貸付けも、前回の返済から期間的に接着し、前後の貸付けと同様の方法と貸付条件で行われたものである」から、本件各貸付は「一個の連続した貸付取引」を形成する、とする。そのうえで、基本契約がなくても、「一個の連続した貸付取引」を形成するような、各貸付は、「過払金充当合意」を「含んでいる」とした。これは「過払金充当合意」を、各貸付の基礎となる契約の解釈として「合理的」に認定したものである。そしてその根拠として、「本件各貸付けのような一個の連続した貸付取引においては、当事者は、一つの貸付けを行う際に、切替え及び貸増しのための次の貸付けを行うことを想定しているのであり、複数の権利関係が発生するような事態が生ずることを望まないのが通常である」ことをあげる。ここで、各貸付は法的には別個であるから、「一個の連続した貸付取引である」とする認定は一つの規範的評価にほかならない。ここで、行われている過払金返還請求権を発生させる弁済の対象となった各貸付（注16）が、「過払金充当合意」を含むとする〈合理的契約解釈〉は、「一個の連続した貸付取引である」という評価概念を基礎として、「過払金充当合意」の存在という事実認定を行うという特異な構造を示していることに注意すべきである。

(二) Ⅴ判決における「事実上一個の連続した貸付取引」概念の承認

Ⅳ判決の契約解釈のこの特殊な構造は、法的評価と事実認定との間の緊張関係を孕むものであり、爾後の判例法の展開を規定する駆動力となる。この緊張関係をどう折り合わせるかによって、続くⅤ判決をⅢ・Ⅳ判決とどう位置づけるかが左右される。

Ⅴ判決の事案は、基本契約1に基づく貸付取引が反復された後、その計算上の完済後三年弱の間隔を挟んで、基本契約2が別途締結されそれに基づく貸付取引が反復されたものである。基本契約1において生じた過払金を基本契約2に基づく貸付債務に充当できるか（以下では基本契約を跨ぐ「過払金充当」と呼ぼう）が問題となり、原則としても結論的にもこれを否定した。しかし、次のような例外の仕組みが付されている。第一に「第1の基本契約に基づく取引により発生した過払金を新たな借入金債務に充当する旨の合意が存在するなど特段の事情」がある場合には基本契約を跨ぐ「過払金充当」を例外的に許容する。第二に、このタイプの「過払金充当合意」は、「第1の基本契約に基づく債務が完済されてもこれが終了せず、第1の基本契約に基づく取引と第2の基本契約に基づく取引とが事実上一個の連続した貸付取引であると評価することができる場合」に認定できるとされた。さらに第三にこの認定のための考慮事情として、①基本契約1に基づく反復的貸付取引の期間の長さ及びその最終弁済から基本契約2に基づく最初の貸付けまでの間隔、②基本契約1の契約書の返還・カードの失効手続の有無、③①後段の「間隔」期間中の貸主・借主の接触状況、④基本契約2締結の経緯、⑤基本契約1・2間の利率等契約条件の異同等が列挙された（以下これらを最判平23・7・14判タ一三六一号九四頁金築補足意見（注17）に倣って、六要素と呼ぶ）。

(1) V判決をⅢ判決との関係で位置づけると、上述した例外の仕組みにいう「特段の事情」は、基本契約1に含まれる「過払金充当合意」が基本契約を跨ぐ効力を認められる例外的な場合を画するものとなる。上記第二の判旨のうち、重点は「事実上一個の連続した貸付取引」の認否ではなく、基本契約1の「終了」の有無に置かれ、それが終了していないとされてはじめて（注18）、Ⅲ判決によればその基本契約に「含まれる」とされる「過払金充当合意」の効力も認められうる、というのが基軸の論理となる。したがって六要素も、〈基本契約の終了〉の有無に引きつけて理解されることになる。

(2) これに対してV判決はⅣ判決との関係で位置づけることもできる。V判決は文理上、Ⅲ・Ⅳ判決のように「過払金充当合意」がどの合意に含まれるかを論じておらず、ただそれが「存在する」か否かを問題にする。さらに、そこでは、Ⅳ判決の「一個の連続した貸付取引」に「事実上」の語の付加もなされ、評価であることがより明確になった「事実上一個の連続した貸付取引」という概念に基づいて「過払金充当合意」の存在という事実認定がなされており、既述したⅣ判決の特殊な構造はいっそう際立っている。前頁に引用した判旨の第二を、「終了せず」の後に打たれた読点の後の部分に重点を置いて読めば、〈基本契約の終了〉に拘泥する必要はなく、それも一つの支えとなるにすぎない「事実上一個の連続した貸付取引」という評価一般について、六要素はそれを導くガイドラインを示すことになる。

(2)の見方は、本稿冒頭に見た「過払金充当合意」認定法理の内包する緊張関係を、取引の客観的事実的一個性という規範的評価に重点を置き、相対的には当事者意思の存在という主観的事実の比重を下げて理解するものであり、たとえば前掲平成二三年七月判決金築補足意見に顕著に検出される方向性である。

しかし、この緊張関係を、主観的事実としての当事者の意思に重点を置いてとらえ、むしろ「(事実上)一個の連続した貸付取引」という評価概念の比重(ないしは評価概念に基づく事実認定という特殊な構造それ自体)をトーンダウンする傾向も、すでにたとえばⅣ判決の調査官解説などに顕著に現れていた。そこでは、「充当に関する合意」を各消費貸借契約が含んでいる場合に「一個の連続した貸付取引」という評価がなされるとして、Ⅳ判決の論理はあえて文理を反転して理解されており、判例法の決め手は「充当に関する合意の存否という観点」に求められている(Ⅳ判決判解民五九五頁)。この論調を進めれば、縷々述べてきた緊張関係を解消するために、Ⅴ判決において拡張補強された「事実上一個の連続した貸付取引」の評価概念を消去する方向も予想される。この方向は、基本契約について通常の意思解釈をすることへの志向という点で、上記(1)の方向と親近性をもつと一応はいえよう(注19)。また、〈基本契約の終了〉の判定から「評価」の色彩を脱色させようとする志向は、たとえば、その判定において、上記六要素のうちの②のごとき「法的形式」を重視する方向につながるともいえる(注20)。この方向は(2)の考え方がもたらす一連計算許容における規範的評価の濫用・拡大傾向に対する危惧や警戒から当然に想定される。とはいえ判例法理に内在する既述した緊張関係は(1)(2)いずれの考え方にも割り切ることをむずかしくしている。ことは契約の解釈の方法論という原理にかかわる対立にほかならない以上当然ともいえるが、「過払金充当合意」についてのその後の判例法理の展開のなかでもこのことは直接に示される。

る。

3 「過払金充当合意」の合意内容と契約の解釈

その点で注目されるのは、Ⅵ判決が提示した過払金返還請求権の消滅時効の起算点についての判例法理である。

(一) Ⅵ判決における契約解釈

Ⅵ判決の事案は基本契約存在の場面で後発借入金に対する「過払金充当」が問題となるⅢ判決の類型に属し、判旨はまず、原審引用のかたちで「基本契約」が「過払金充当合意」を「含むものであった」とする。そのうえでこの事案類型においては、原則として過払金返還請求権の消滅時効の起算点は、当該過払金を発生させる弁済の時点（以下「弁済時」と略す）ではなく、基本契約に基づく継続的貸付「取引が終了した時点」（以下「取引終了時」と略す）であるとした。

本稿において重要なことは、Ⅵ判決がこの結論を導くために、弁済時から取引終了時までの間、「過払金充当合意」が「法律上の障害」に当たると構成する際に用いられた契約解釈の手法である。第一に、「取引終了時」において「過払金が存在していればその返還請求権を行使することとし、それまでは過払金が発生してもその都度その返還を請求することはせず、これをそのままその後に発生する新たな借入金債務への充当の用に供するという趣旨」がこの合意には含まれているから、「新たな借入金債務の発生が見込まれる限り、過払金返還請求権の行使は通常想定されて」おらず、したがってこの合意が「法律上の障害」になるとする。第二に、この合意の下でも、たしかに借主は一方的に基本契約に基づく継続的な金銭消費貸借取引を終了させ、即時の過払金返還請求が可能であるが、弁済時説をとることは借主に、過払金が発生すれば上記取引を終了させることを「求めるに等し」いとし、「過払金充当合意を含む基本契約の趣旨に反する」、とする。

この枠組みは、時効の起算点の柔軟化を、「法律上の障害」概念の外に受け皿を用意するのではなく（注21）、あくまでこの概念を堅持しつつ図ろうとするものである（注22）。そのような方向はすでに最判平19・4・24民集六一巻三号一〇七三頁で打ち出されており、法律上の障害概念それ自体の柔軟化のために規範的契約解釈の手法が用いられていた。Ⅵ判決の構成とそれとは次の点で酷似する。すなわち、第一に「法律上の障害」概念を、「過払金充当合意」や自動継続条項のような「合意」の解釈によって導かれる権利行使の障害も含むものに拡張している。第二に、そのようにして導き出される障害が、事実上の権利行使の制約にすぎないにもかかわらず、そこに権利行使可能性を前提とすることが、貸付の基本契約や預金契約といった、それらの合意が含まれる「契約の趣旨に反する」としている。

(二) Ⅶ判決田原反対意見

Ⅵ判決を同種事案についてほぼ踏襲したⅦ判決には田原反対意見が付されているが、最後にこれを分析することで、法廷意見の用いた契約解釈の特性を批判的に明らかにしてみたい。

田原判事は過払金返還請求権の時効起算点につき弁済時を主張し、Ⅵ判決（及びⅦ判決法廷意見）の契約解釈は、「契約の合理的な意思解釈の限度を超える」ために許されないとするが、その批判の論拠にはいくつかのレヴェルの異なるものが含まれている。

第一は、主観的事実としての当事者の意思解釈のレヴェルにおける批判である。すなわち、法廷意見のように

「過払金充当合意」に過払金返還請求権の行使時期に関する合意までも含ませるのは、①「契約当事者が契約締結時に通常予測していたであろう内容と全く異なる」、②「法律上当然に発生する」という過払金返還請求権の「その債権の性質上」「行使時期に関して予め合意することは」「通常考えられない」とする。ここでの契約解釈の原理は契約意思の主観的な首尾一貫性に求められている。

第二は、規範的契約解釈のレヴェルにおける批判である。すなわち、法廷意見は発生時説をとることが、借主に、過払金発生後・消滅時効期間経過前に当該貸付取引終了を強いることになり、「基本契約の趣旨」に反する、とするが、③取引終了時説が、借主に一方で過払金返還請求権を留保させながら、他方で新規借り入れできる地位をも保持させることは、借主の「法的に保護に値する利益」とはいえない、④取引終了時説は、長期間不行使の権利の行使を封じて法的安定を図る消滅時効その他の期間に関する制度と矛盾する、⑤取引終了時説の下では貸主が借主の過払金返還請求権行使及び「過払金充当」の双方に備えるべきことになるため、貸主は新規の融資に応じず、かえって多くの借主にとって不利を招くというのである。ここでは取引終了時説の帰結の規範的・政策的合理性が問題とされている。

第三は、法廷意見の先例の援用に対する批判である。すなわち⑥法廷意見の援用する最判平19・4・24民集六一巻三号一〇七三頁は、自動継続特約という預金契約上明示の合意に関するものであって、黙示の合意である「過払金充当合意」の意思解釈については先例価値がないとする。

以上の三つのレヴェルのうち第一のレヴェルで問題をとらえる場合には、「過払金充当合意」の契約解釈も当事者の主観的意思の探求とされ、「契約解釈の限界」は、当事者に想定される主観的（注23）シナリオによって画されるべきことになろう。①②の論拠には、田原判事が契約解釈という作業を、まずはこのレヴェルでとらえることが示されている。それは解釈対象となる合意が明示されている場合を除く姿勢にも明らかであり、さらにこの姿勢は第三のレヴェルの批判における⑥の論拠に示される「事案類型による区別」(distinction) にも一貫している。

しかし、そもそもⅢ判決の枠組みによって「過払金充当合意」が認定され、それが基本契約に「含まれる」とされた場面においても、そこでの当事者は、たとえば〈当該弁済により過払金が発生した際には、当該借入れと事実上連続してなされる将来の貸付に充当されるが、併せて借主には過払金返還請求権の行使の選択肢も留保されており、借主がそれを行使しないのは、行使すると今後の融資を受けられなくなるからである〉などと、実際には考えていない。現実には借主は為すべきと考えた弁済を慫慂と行っていたのである。その意味では「過払金充当合意」には、そもそも「精算に関する充当合意」としてもおよそ「通常考えられない」という面があり(注24)、「契約当事者が契約締結時に通常予測していたであろう内容」との異同を問題にするというこのレヴェルの問題設定にそもそも収まらないという面がある。

しかし、田原判事は、黙示の合意の解釈の合理性が明示の合意の解釈のそれとは質的に異なった次元で問題にされることを念頭に置いて、第二のレヴェルの批判を分厚く組み立てる。このレヴェルの批判は、合意解釈の結果設定される契約規範の客観的な妥当性についての、規範的・政策的な評価に基づく。この批判が、法廷意見の「基本契約の趣旨」の理解をめぐってなされていることに着目すると、「過払金充当合意」の合意内約の契約解釈の対象が、必ずしも主観的事実としての当事者の意思にとどまらないことは、田原判事も前提にしていることがわかる。そしてこの「基本契約の趣旨」という概念に、そのような方法的含意があることが浮かび上がる。

このように田原反対意見にも、伝統的な意思解釈にとどまらない、それをはみ出た次元が開かれている。「過払金充当合意」の判例法理は、後者の次元をこのように最高裁の内部に議論の土俵としては開いた点に、契約法の基礎理論の展開の上で重要な意義を見出すことができる。

おわりに

(一)「過払金充当合意」法理における弁済のプロセス的理解

既述したとおり、判例法理において「過払金充当合意」と、民法四八八条の合意充当の基礎となる合意との異同は、判決文はもとより調査官解説に照らしても、程度の差はあれ判然としない。Ⅱ判決におけるように、事案において二つの合意が競合して問題となることはある。また、規範的契約解釈によって二つの合意としていわば推認し分けられるとはいえ、解釈対象となっている当事者の合意が別個のものなのかは不分明であることもその一因であろう。しかし理論枠組みとしても、Ⅲ判決において見たとおり合意充当と「過払金充当合意」の法性識別の文理上のあいまいさは否定しがたい(〈注15・16〉参照)。そこからは、「過払金充当合意」によって媒介された「充当」を、むしろ弁済とは異なる債務の消滅原因として、相殺契約に近づけて理解する批判的方向も想定される(注25)。

しかし、個々の貸付債権とその弁済とが一対一の対応関係には仕分けられず、一連計算が認められる全体としての弁済がプロセスとして進行しているととらえれば、ある過払金発生について、充当対象が既存借入金債務なのか後発借入金債務なのかという区別に基づいて、合意を法性識別することは不可欠ではなくなる。

Ⅲ判決の判旨は、「過払金充当合意」の認定の根拠として、「一対一」の対応関係が「全体」に融解していることを明示しているが、そこには「過払金充当合意」法理が、プロセス的弁済理解を論理的支柱の一つとしていることがうかがえる。

このことは、前節に見たとおり、「過払金充当合意」の判例法理もまた、弁済の次元を維持したうえで、この合意を「弁済を支える合意」ととらえていることを意味する。判例法の展開における争点に照らすと、この方向性には、次のような法技術的な意味が認められる。すなわち、そこからは、「過払金充当合意」の認定は、あくまで、基本契約ないし各貸付の契約解釈の埒内に制限される。これに対して「過払金充当合意」を独自の債務解放契約ととらえる立場によれば、この合意によって媒介される債務の消滅のプロセスは、弁済とは異なるものと法性決定されることになる。その立場は、そこでの当事者の意思や事実として交互作用に照らして、「過払金充当合意」合意を、必ずしも基本契約ないし各貸付の契約解釈の枠にとどまらずに、自由に認定することができることになってしまう。しかし、いかにここでの債務消滅が、プロセス化されて、個別貸付との一対一の対応関係を失っているにせよ、「過払金充当合意」による一連計算のメリットを債務者が享受できるのはあくまで、この合意が「弁済を支える合意」として法性決定される場合に限定される。この限定は、そのような合意によって媒介された充当の対象債務が、当初契約の予定する弁済の対象となる債権との間で「債権の同一性」を維持されなければならないという基準（注26）によって画される。

(二) 「過払金充当合意」法理における「契約のエコノミー」

筆者は別稿においてフランスにおける契約規範論の新しい潮流としての「契約のエコノミー」論を紹介した（注27）。この議論においても「契約の解釈」は、契約規範を定立する法的な操作として重要な検討対象とされている。従来の枠組みが主観的事実としての両当事者の合意を「契約の解釈」の対象としていたのに対し、新しい潮流は、一言でいえば「契約のエコノミー」という概念によって「契約の解釈」の対象を拡張しようとする。

本稿において縷説したとおり日本における「過払金充当合意」の判例法理は、基本契約についての、また「過払金充当合意」自体についての「契約の解釈」に関するものであるが、その展開を「契約のエコノミー」論の日本法における具体例としてとらえることもできるように思われる。

(1) 合意の存否の認定

a 「契約のエコノミー」としての「事実上一個の連続した貸付取引」

「過払金充当合意」認定法理は、少なくともⅣ・Ⅴ判決における拡張されたversionにおいては、「(事実上)一個の連続した貸付取引」という評価概念を基礎として「過払金充当合意」という当事者の合意の事実認定をするという特殊な構造を有している。この構造が孕む法的評価と事実認定との間の緊張関係は、縷説したとおり五判決のなかで、〈一連計算の原則的否定〉―〈特段事情による例外的肯定〉という構造のいわば無限進行として展開している。そこでは「過払金充当合意」を、あくまで当事者の合意の存在という主観的事実を基礎として限定的にしか認定しないか、取引の客観的事実的一個性という規範的評価を用いて広く認定するかという考え方が、各判決の定式の理解をめぐって衝突と妥協とを繰り返してきた。その焦点である「事実上一個の連続した貸付取引」の概念は、「契約のエコノミー」の典型例にほかならず、それが当事者の合意を支えるという上記の特殊構造は、たとえばPimontのいう「当事者によって意図された経済/構造(l'économie voulue par les parties)」(Pimont, Economie du Contrat, n.81)と酷似した、主観的なものと客観的なものとの結合の構造を示している。フランスにおいても「契約のエコノミー」における当事者意思の要素をどのように位置づけるかをめぐっては議論があり(森田・前掲論文法協一二七巻一号一四七頁参照)、当事者の意思に拘束されずにもっぱら客観的な正義公平の道具としてとらえる立場も想定されるが、「契約のエコノミー」論の多数派は折衷的な立場をとる（つまりここでも衝突と妥協とが繰り返されている）ことは既述したとおりである（注28）。

b　法的形式のファクターの六要素のなかでの位置づけ

「過払金充当合意」認定の判例法理の孕む緊張関係が、今後、深刻な対立を引き起こす発火点として予測されるのは、「事実上一個の連続した貸付取引」の評価にあたって、法的形式にかかわるファクターの位置づけである。この問題はＶ判決の六要素の理解ともかかわる（なお（注17・20）も参照のこと）。

(2)　合意内容の確定

以上のようにして「過払金充当合意」を認定したうえで、次いで、この合意内容如何につき「契約の解釈」を問題としたのがⅥ判決である。ここでも、主観的事実としての当事者意思をどこまで重視するのかが対立をもたらすことは、田原反対意見の論旨の第一点が示している。

ただ本稿は、多数意見の設定した「基本契約の趣旨」についての田原反対意見の論旨第二点にむしろ着目したい。ここでの対立は、もはや、当事者の意思のシナリオとして主観的首尾一貫性をめぐる次元で生じているのではない。そこには、最高裁において、合意の解釈をめぐって、主観的事実としての当事者意思とは区別される次元で、客観的になされた契約解釈が規範的政策的に合理的であるかという論争の次元が開かれていることが示されている。田原反対意見もこの新たに設定された闘技場に立っている。多数意見はこの闘技場に「基本契約の趣旨」という名称を付したが、それこそは「契約のエコノミー」にほかならない。

（注13）以上の裁判例の事案・判旨については、本稿では紙幅の関係で著しく引用紹介が制約されている。この点についてはさしあたり森田修「過払金の返還――判例群からのアプローチ」法教三八二号の参照に委ねたい。

（注14） Ⅱ判決は既存借入金債務と後発借入金債務との双方への「過払金充当」が問題となった事案であるが、判旨は二種の「充当」を結論としては一律の文理で（たとえば「指定」の文言が無造作に用いられている）規律していた（ただし一連計算はともに否定されている）。同判決の調査官解説は、判旨の根拠づけのなかに示されている部分を手掛かりに区別しようとするが、指定充当と並列させて「または、上記特約に基づいて弁済金の充当が行われることとなり」とする苦心の一節（判解民一一六頁）は、Ⅱ判決判旨の文理に対応箇所を欠く。むしろ同解説発表時にはすでに示されていた後続のⅢ判決の枠組みが読み込まれてそこに反映していると見るべきであろう。

（注15） すなわちⅡ判決についての判例タイムズ匿名コメントにおいては、この区別を意識せずに「充当」の語を用いることについて「法律的には、正確性に欠ける」という注記がなされていたが（判タ一二三六号一〇〇頁⑵カッコ書内参照）、ほぼ同文の調査官解説においてはこの部分が削除されている（ジュリ一三四五号八四頁）。Ⅲ判決の調査官解説は、この「過払金充当合意」による「充当」を、指定充当とは「別の法律構成」とするものの、「全体としての借入金債務が充当の対象となる」と事案が「評価」できることを引きつつ（つまりプロセス的弁済理解を梃子にして）、特にこの区別にとらわれずに「充当」の語を用いている（判解民四六二頁）。

（注16） 基本契約が存在しない事案においては、合理的契約解釈の対象となる合意をどこに求めるかが問題となるが、いくつかの選択肢のうち、判旨の文理は本文の意味での各貸付を選択したものと解され、Ⅳ判決はこの点でもⅢ判決との間に偏差を生じている。なおこの選択以外にも、①充当対象債権の発生原因としての各貸付契約、②基本契約がなくとも「一個の連続した貸付取引」に対応して想定される黙示合意という選択肢があり、さらに「過払金充当合意」を③貸付合意とは独立に弁済にあたってなされる債務解放契約と見れば、それとは別にそれを含む合意を合理的契約解釈の対象として観念する必要はそもそもないとする立場も理論上ありうる。

（注17） この事件は、Ⅴ判決と同類型の二つの基本契約を跨ぐ過払金充当の事案であるが、基本契約1に自動継続条項があった一事をもって、「事実上一個の連続した貸付取引」とした原審を退けた。六要素の判定にあたって、法的形式が必ずしも決め手とはされないことが示されているが、金築補足意見は、六要素が「取引の事実上の側面

に重点を置いた」ものであり、「法律的・形式的な契約の継続は、考慮に加えるべき重要な要素として位置づけていない」と論じる。なおV判決の枠組みにおいて法的形式がどのような意味をもつかについて近時重要な最高裁判決が現れた（最判平24・9・11最高裁ホームページ）。

（注18）しかし論理的には、基本契約1の存続だけではなく、さらに基本契約2を基本契約1の存続と見うるということも必要となる。この二つの論理を、V判決の上記判旨第二は、その「終了せず」の後の読点を挟む前段・後段においてそれぞれ示している。

（注19）ただし論理的に結合するとまではいえない。⑴の立場に立ちつつ、〈基本契約の終了〉自体を、規範的に行う方向も想定されはする。

（注20）ただし、契約の解釈の方法として、主観的事実としての当事者の意思を重視するという方向と、法的形式を重視するという方向とは、法的形式の選択は当事者の意思の表れであるという媒介を挟まなければ、同視できないことには注意すべきである。

（注21）そのようなものとして、最判昭45・7・15民集二四巻七号七七一頁が、消滅時効起算点につき、「法律上の障害」のないことに付加した新しい基準、すなわち「権利の性質上、その権利行使が現実に期待のできるものであること」という構成がある。

（注22）Ⅵ判決は、前注に見た権利行使の現実的期待可能性という受け皿概念を用いて、同旨を導いた原審について理由の差換えを行っている（判例集二五〇頁）。

（注23）ただし田原反対意見においても、それは「通常」予想され考えられるものとされており、当該当事者に個別具体的なものではない。

（注24）田原反対意見の「精算に関する充当合意については、ともかく」と述べ、そこには「過払金充当合意」認定に関するⅢ判決の本来の枠組みが基本契約の解釈としてそもそも是認されるべきかについてすら、ある種の留保がうかがえる。そこからは、この枠組みを拡張するⅣ・V判決の「特段の事情」にはいっそう批判的・限定的なスタンスが導出されよう。

（注25） 阿部裕介「V判決評釈」（法協一二七巻一〇号一六九五頁。特に一七〇五～一七〇六頁）参照。また、通説も民法四八八条に想定される合意充当を、弁済時に複数債権が既存の場面を前提としているようである。たしかに我妻・前掲書二九二頁は予めの合意充当について語るが、それは合意充当の基礎となる合意が、弁済に先立つことのみを含意しており、充当対象債権の成立に先立ってなされることを含意していない。というのも、その例示する「債権者が債務者の有する債権を取り立てる委任を受け、取り立てた金銭を充当する順序を決めておく」場合（傍点は引用者による）においては、債務者が取立対象債権を有する時点において、取立委任を受けた者が債権者であることは前提とされていると読むべきであろうから、未発生の債権を想定し、それへの充当を予め合意しておくという契約は、我妻説の「合意充当」の基礎となる合意のカテゴリーには含まれていないように思われる。むしろ「過払金充当合意」による後発借入金への「過払金充当」は、我妻説の体系においては、権利消滅の一般的事由の一つが債権においても認められる場面の一つとしてあげられる「債権の消滅を目的とする契約」による消滅、すなわち、弁済よりも広く一般的な債権消滅原因の一つに位置づけられることになろう（我妻・前掲書二一〇頁以下参照）。

（注26） この基準は結局、そのような「過払金充当合意」による充当・債務の消滅を認めることが、次述する「契約のエコノミー」によって基礎づけられるかということに帰着する。

（注27） 森田修「Pimontの『契約のエコノミー』論（1）（2完）」（法協一二七巻一号、九号）、同「フランスにおける『契約のエコノミー』論の展開」（法協一二七巻一〇号）。

（注28） 「契約上の連帯主義」と呼ばれる潮流を推していけば、日本法に引き直すと、たとえば〈一連計算を弱者保護のために承認すべき場合には当事者の意思に拘泥することなく「過払金充当合意」ありとする〉という主張も想定されはする。ただし、たとえば連帯主義者の頭目の一人であるJaminもそのようには整理できず、なお折衷的構造を残すことについては森田前注論文法協一二七巻一〇号一六四三頁以下参照。

上場会社間における事業提携・株式持合いの解消に関する若干の考察
——複合契約の解除論を中心として

奈良輝久

一　はじめに

(1)　資本提携及び業務提携といった企業提携（アライアンス）は、「経営資源を分担することにより、競争力および業績を向上させようとする複数企業間の協力的枠組み」などと定義されるが（注1）、①事業上の効率性の追求・技術交流・人材交流によるシナジーの実現、②対外的な信用の向上、③リスク分散、④資本提携による資金の調達、キャピタル・ゲインの獲得等の目的から、あらゆる業界で広汎に行われており、提携の解消をめぐり、企業間の紛争へと発展することも珍しいことではない。比較的耳目に新しいところでは、平成二三年一一月一八日、スズキ株式会社（以下「スズキ」という。）が議決権総数の一九・八九％の出資を受け、資本提携及び業務提携関係にあったフォルクスワーゲンＡＧ（以下「ＶＷ」という。スズキの筆頭株主の地位を獲得している。）に対し、同提携に係る契約の解除の通知をし、以後、紛争に発展した事例がある。スズキの同日付けプレスリリースによると、両社は、提携契約において、スズキがＶＷの技術へのアクセスを進めることに合意したが、コア技術へのアクセスなど契約内容の実現ができず、また、スズキとＶＷとでは、「独立」の考え方にも大きな開きがあることから、提携契約の解除に至ったとのことである。スズキはＶＷに対し、スズキ株式のスズキ又は同社の指定する第三者への処分を要求したが、ＶＷがこれに応じなかったため、国際仲裁裁判所へ仲裁を申し立てるに至り、現在、仲裁は係属中のようである（注２）。

(2)　各種提携契約における提携解消に関する規定は、それが合理的である限り、単に提携解消時の具体的なリスクをヘッジするという役割のみならず、提携解消時のリスクや当事者の負担を明確化することで、提携期間中の当事者の行動に対する合理的な規律をもたらすとともに、提携の不合理な解消や、問題解決に向けた誠実な交渉が行われないことを回避する役割も果たす。たとえば、合弁会社形態をとる合弁契約（ジョイント・ベンチャー契約）にあっては、合弁事業経営がデッドロック状態に陥った場合に合弁事業が終了する旨の規定を置くことがよくあるが、その際、合弁関係を解消する方法として、合弁当事者の一方が株式譲渡により撤退できるロシアン・ルーレット、叩き売り（Sale shoot-out）、割引・割増譲渡等の条項を併せて設けることが多い。そして、これらの条項の真のねらい——少なくとも、その相当部分——は、合弁当事者がデッドロック状態を誠実かつ真摯に解決しない限り、合弁事業が終了するという厳しい選択を迫られることを合弁当事者に対する交渉上のストレス要因とすることによって、各合弁当事者をしてデッドロック状態を解消し、合弁事業を存続させようとするインセンティブをもたせることにある（注3）。

しかしながら、実務においては、提携契約に問題となる事象（契約の解除等）にかかわる取決めがなされていない、あるいはなされていても不十分であるがために、当該問題事象発生時に当事者双方に問題解決への適切なイニシアティブが働かず、両当事者が感情的なやりとりや企業価値を相互に損ないあうチキン・ゲームに終始したり、当事者が経済的・精神的に疲弊するまで紛争が長引いたり、当事者双方にとって望ましくないかたちでの提携解消を招くといった事態が少なからず発生している。とりわけ、上場企業間の一部資本提携・事業提携にあっては、事業提携解消に伴う資本提携の解消に関する規定があらかじめ設けられることのほうが（むしろ）まれであるため（その理由については三3で述べる。）、紛争が生じる素地は元々高い。

(3) ところで、企業提携は、資本参加を伴う資本的提携と、資本参加を伴わない業務提携（非資本的提携）に大別することができる。安田洋史氏は、ヨシノ教授とランガン准教授の分析をふまえて、非資本的提携と比べた場合の資本的提携の特徴を、要旨、以下のように説明している（注4）。

資本的提携は二つの意味で、企業間の提携に対する強いコミットメントを示す。第一に、資本関係の構築はパートナーの経営そのものへの関与を意味し、パートナーの株主としてその経営の一端を担い、その業績の持分相当が自らの業績となって反映される。提携を行う企業はパートナーの経営にも責任をもつことになり、双方にとってメリットのある提携関係が重要となるが、それは、提携に対する強いコミットメントなしには達成できない。第二に、所定期間に目的を成し遂げればよいというものではなく、長期的な関係を前提としている。

なお、資本的提携は、さらに、①提携会社の一方が他方に対し出資する形態と、②提携会社双方が出資する株式持合形態、③提携会社双方が出資して合弁会社を設立する形態（ジョイント・ベンチャー）等に分けられる。業務提携とは、そのような出資を伴わず契約のみによる提携関係であり、技術提携（ライセンス契約、共同開発契約等）、生産提携（製造委託契約等）、販売提携（販売店契約、代理店契約、ＯＥＭ契約）等があげられる（注５）。

(4) 各種提携契約において規定される事項は、案件に応じて多種多様であるが、一般的に以下のような事項が規定されることが多い（注６）。

①事業提携の目的、②事業提携の範囲・内容、③事業提携における当事者の役割、④事業提携に伴い株式の持合いをする場合にはその数・割合や会計上の取扱い、⑤事業提携に伴い役員の派遣をする場合にはその詳細、⑥事業提携に伴う情報提供義務、⑦事業提携に伴い相互に競業避止義務を負う場合にはその範囲・内容、⑧Stand-still条項、⑨その他一般条項（守秘義務、準拠法、裁判管轄等）。

このうち、④については、持合いをする場合には、数・割合を規定するのは当然として、会計上の取扱い（連結子会社とするのか持分適法用会社とするのか、それともそのいずれともしないのか。）について規定することが多い。⑧は、業務提携に伴い株式の持合い（あるいは一方的な取得）をする場合等に、当該状態の維持を図るべく、予定された株式の取得以外の追加取得や再取得を禁止することを規定する条項である。

さらに、資本的提携にあっては、提携当事者間、又は合弁会社への出資を伴うため、その解消のためには、出資した持分の処理（当事者の一方が買い取る、第三者が買い取る、合弁会社の場合は合弁会社を解散する等）が必要となる。そのため、契約関係のみの業務提携より、提携解消時の問題は複雑である（逆にいえば、その分、提携の結合力は強く、対外的な結合関係のアピールも強いといえる。）。本稿は、冒頭に掲記したスズキとＶＷの紛争事例を足掛かりとして、提携当事者間の資本的提携の提携解消時に生じる問題――その複雑さ――について、特に提携当事者が上場企業である場合に焦点を当てて論じてみようとするものである。なお、適用法は日本国法であることを前提とする。

（注1） Hitt, M. A., Dacin, M. T., Levitas, E., Arregle, J. L. and Borza, A. (2000), "Partner selection in emerging and developed market contexts : Resource-based and organizational perspective", *Academy of Management Journal*, Vol.43, pp.449-467. なお、アライアンスの動機に関する理論的説明は、資源ベース理論、取引コスト理論などからなされている。その概略は、安田洋史『アライアンス戦略論』三二頁以下等を参照されたい。

（注2） スズキホームページ上のプレス・リリース参照。スズキは、平成二四年一二月一一日にＶＷから自己株式を買い戻すための取得枠を再決定している。

（注3） 拙稿「合弁契約の終了」ジョイント・ベンチャー研究会編著『ジョイント・ベンチャー契約の実務と理論――会社法の改正を踏まえて（補訂版）』一八〇頁。

（注4） 安田洋史『競争環境における戦略的提携――その理論と実践』八四頁以下。

（注5） 淵邊善彦編著『シチュエーション別提携契約の実務』五頁の分類。安田洋史・前掲（注1）一九～三二頁も参照されたい。

（注6） 森本大介「資本・業務提携契約の留意点」ビジネス法務二〇一二年一月号五三頁以下。

二　資本提携解消時に生じる問題

資本提携解消時に、出資を受け入れた側、出資をした側に生じる具体的な問題としては、どのようなものがあるであろうか。西岡祐介弁護士、髙谷裕介弁護士が、この点を手際よく、以下のように整理されている（注7）。

1　出資を受け入れた側に生じうる問題点

(1)　資本構成の不安定化による経営不全ないし株主対応コストの増加リスク

友好的関係でなくなった株主に拒否権又はそれに近い議決権を持ち続けられることにより、会社経営が機能不全に陥るリスクがある。上場会社で資本提携先が自社株式の二〇％以上を保有しているようなケースでは、総会での議決権行使比率が六〇％前後であれば、M＆Aや定款変更、減資等の特別決議を通すことが困難になる可能性があり、さらに提携先が三〇％以上を保有していれば、役員選任議案等の普通決議を通すことも困難になる可能性がある。また、これほど議決権がない場合であっても、関係のこじれた資本提携先が大株主として存在することによる株主総会対策の複雑困難化や、役職員への精神的負担の増加、株主としての権利行使によって圧力を受けるリスク等も存在する。さらに、役職員を受け入れていた場合には、かかる役職員を通じて情報流出がなされるリスクがあり、資本提携先が提携解消後に競合化した場合（そのような場合はもとより容易に生じうる。）など、受け入れた役員の残存任期が長期の場合には役員解任手続をとらざるをえなくなることもある（会社法三三九条、三四一条）。また、上場を目指しているベンチャー企業等にとっては、このような資本構成は企業の成長を拒み、上場を困難にする可能性もある。

(2)　株価下落リスク

出資を受け入れた側が上場会社の場合、資本提携先は株式を市場で売却することが可能なため、大量の株式が市場で売却され、株価が下落するリスクがある。

(3) 潜在的な敵対的株主に対して売却されるリスク

資本提携先が、自社株式をアクティビストファンドや競合他社等の将来的に敵対的な株主になりうる先に売却してしまうというリスクがある。これによって、(1)のリスクがより現実化することになる。

(4) 買増しにより経営支配権争いを仕掛けられるリスク

上場会社の場合、関係のこじれた資本提携先が自社株式を市場や他の株主から買い増し、経営支配権の取得を図ってくるリスクもある。これも、(1)のリスクをより現実化させることになるが、相手方が同一業種の競合先である場合、かかるリスクは大きな脅威であるといえる。

2 出資をした側に生じうる問題点

(1) 放置リスク

特別決議を否決できるなど決議に影響を与えることができるだけの株式を保有していない場合は、マイノリティ株主として放置されるリスクがある。また、出資先が、当面、M&Aや定款変更などを検討する必要がない会社の場合、特別決議を否決できるだけの株式を保有していても、マイノリティ株主として放置されるリスクがある。出資先が閉鎖会社でマイノリティとして放置された場合、マジョリティ側役員の報酬を増加させ、配当をゼロにされたりすることで、キャッシュ流出を防止することも、インカムゲインを得ることもできなくなる。また、役員を取締役会に送り込めないマイノリティの場合、取得できる情報もきわめて限定的になる。

(2) 市場での売却困難のリスク

出資先が上場会社の場合、株式を市場で売却しようとしても、出来高や株価によっては大量の株式の売却は株価の暴落を招くため、困難な場合がある。また、Standstill条項の効力が資本提携解消後も維持される場合は、資本提携が維持されている時点と同様、上場株式ではありえないはずの譲渡制限と似たような効果をもつ縛りが存在していることとなるため、市場価格に何らかの影響を与える可能性が否定できない。

(3) 買収防衛策による売却困難のリスク

出資先の上場会社で買収防衛策が導入されている場合、第三者への売却ができなかったり、売却に時間がかかるリスクがある。

(4) 希薄化リスク

出資先が増資を行い、議決権比率が希薄化するリスクがある。

（注7） 西岡祐介＝髙谷裕介「資本提携・事業提携解消時の諸問題から見た提携契約作成の実務(上)」資料版商事三三五号一八頁以下。なお、同論文は、その冒頭部分で、「スズキが、フォルクスワーゲンＡＧに対し、契約上の根拠なしに、同社所有のスズキ株式をスズキや同社の指定する第三者への処分を要求することは難しいと解される」（一八〜一九頁）と結論づけている。もとより筆者はスズキとＶＷの資本提携、業務提携契約の内容は承知しておらず、また、適用法の関係からも、本稿での議論は、両社間の紛争には直ちに当てはまらないであろうが、本文で述べたとおり、わが国の上場企業間の一部資本提携・事業提携にあっては、事業提携解消に伴う資本提携の解消に関する規定が設けられていない（あるいは不完全である）ことのほうが多数であることに鑑みれば、上記結論づけは、やや勇み足であり、より慎重な考察が必要ではないかと思われる。かかる点も、本稿の執筆動機の一つとなっている。

三　上場会社間における事業提携・株式持合いの解消に関する検討

議論を見やすくするために、具体的事例を設定しよう。

【検討事例】

X社、Y社は、共に同種事業に従事する上場会社である。Y社の売上規模はX社の売上規模の一〇倍を超える。

両社は、双方が有する技術・生産ラインを利用しあって新規関連事業を立ち上げ、双方が有する販売ルートを利用しあって市場開拓をかけるべく、事業提携契約（A契約）と株式持合契約（B契約）を同時に締結した。

・両契約には、事業提携継続時のStandstill条項が存在し、相手方株式の買増し、第三者への売却には相手方の事前の承諾が必要とされる。

・A契約には、相互に新規関連事業に関する技術・情報に対するフルアクセス条項、特定の生産ラインのフル使用条項が規定されている。

・B契約では、X社はY社の三%の株式を、Y社はX社の二〇%の株式の保有が規定され、実施されている。なお、事業提携解消時の相互保有株式の処理に関する条項はB契約には存在しない。

（設例）　X・Y間の事業提携の解消（法定解除等による。）に伴い、株式持合関係をも解消すべく、Xは、Y

に対し、Y保有のX株式（以下単に「X株式」という。）の返還を求めたい。その法律構成をどう考えるか。また、その法律構成の説得性如何。

1　請求原因として考えられる法律構成

本設例（以下「本件」という。）では、請求原因として、複数の契約解除にかかわる法律構成①のほか、たとえば、譲渡担保契約の類推適用（法律構成②）なども考えられようが、本稿では法律構成①について検討する。

法律構成①

Yの事業提携契約（A契約）の債務不履行（例：フルアクセス条項に係る債務の不履行）に基づきA契約を法定解除（民法五四一条）する。さらに株式持合契約（B契約）を、A契約と密接関連性を有する複合契約として、民法五四一条により法定解除する。このB契約の法定解除により、Xは、Yに対し、A契約及びB契約の解除に基づく原状回復請求権（民法五四五条一項本文）としての株券引渡しないし株主名簿書換請求権を主張する。

法律構成②

B契約は相互に株式譲渡（所有権の終局的移転）の形式をとっているものの、実質的には、譲渡担保類似の契約であり、当事者の合理的意思解釈上、譲渡担保契約同様、設定者であるXの受戻権が認められる。Xは、このB契約上の受戻権を行使し、本件株式の株券引渡しないし株主名簿書換請求権を主張する。

2 法律構成①の説得性の検討

(一) YにA契約の債務不履行が認められるかどうかは優れて事実認定にかかわる問題であるが、ここでは議論の便宜上、認められるものとし、Xはこれを理由にA契約そのものは法定解除できるものとする（注8）。

複合契約の解除については、最判平8・11・12民集五〇巻一〇号二五〇七頁（以下「平成八年最判」という。）がリーディングケースとなっている。平成八年最判は、同一当事者間の債権債務関係がその形式は甲契約及び乙契約といった二個以上の契約からなる場合であっても、それらの目的とするところが相互に密接に関連づけられていて、社会通念上、甲契約又は乙契約のいずれかが履行されるだけでは契約を締結した目的が全体としては達成されないと認められる場合には、甲契約上の債務の不履行を理由に、その債権者は、法定解除権の行使として甲契約と併せて乙契約をも解除することができると判示し、複数契約の一方の契約の債務不履行を理由に、債権者が当該契約だけでなく複数契約のもう一方の契約をも法定解除することができる場合の要件を明らかにした。以下、その内容を、やや詳しく見ておく。

〈事案の概要〉

不動産会社Y（被上告人）は、リゾートマンションを建設し、その一区画をX（個人。上告人ら）に売却した。リゾートマンションには、スポーツクラブが併設される予定となっていて、マンションの売買契約書の表題は、スポーツクラブ会員権付きとされており、また、特約事項として、買主はマンション購入と同時にスポーツクラブの会員となる旨が定められていた。さらに、本件クラブ会則には、マンションの区分所有権を譲渡した場合には会員たる資格を失う旨の定めがあった。Yは、リゾートマンションの販売に際して、新聞広告等に、マンションを購入すれば、スポーツクラブ施設を利用できることを宣伝しており、その内容として、テニスコート・屋外プール・サウナ・レストランを完備しているほか、一年後には屋内温水プールが完成する予定となっている旨を明記していた。

ところが、二年近くが経過しても、屋内温水プールの建設がされなかった。そこで、Xは、リゾートマンションの売買契約を解除して、Yに対して支払済売買代金の返還を求めた。

〈判旨〉

Yが……の時期までに屋内プールを完成してXらの利用に供することは、本件会員権契約においては、単なる付随義務ではなく、要素たる債務の一部であったといわなければならない。

本件マンションの区分所有権の得喪と本件クラブの会員たる地位の得喪とは密接に関連づけられている。同一当事者間の債権債務関係がその形式は甲契約及び乙契約といった二個以上の契約からなる場合であっても、それらの目的とするところが相互に密接に関連づけられていて、社会通念上、甲契約又は乙契約のいずれかが履行されるだけでは契約を締結した目的が全体としては達成されないと認められる場合には、甲契約上の債務の不履行を理由に、その債権者が法定解除権の行使として甲契約と併せて乙契約をも解除することができるものと解するのが相当である（傍線筆者）。

これを本件について見ると、本件不動産は、屋内プールを含むスポーツ施設を利用することを主要な目的としたいわゆるリゾートマンションであり、前記の事実関係の下においては、Xは、本件不動産をそのような目的をもつ物件として購入したものであることがうかがわれ、Yによる屋内プールの完成の遅延という本件会員権契約の要素たる債務の履行遅滞により、本件売買契約を締結した目的を達成することができなくなったものというべきであるから、本件売買契約においてその目的が表示されていたかどうかにかかわらず、右の履行遅滞を理由として民法五四一条により本件売買契約を解除することができるものと解するのが相当である。

(二) 本件の場合、契約の個数の問題が出てくる。A契約とB契約とは、実質的には、事業提携とそれを担保するための株式持合いという法律効果を発生させるための一つの契約であるという見方も十分ありえよう（注9）。しかし、本稿では両契約は別契約、つまり複数契約と見て分析を進める。

(三) 平成八年最判が指摘した「密接な関連性」「全体としての契約目的不達成」という要件について

(1) 「密接な関連性」について

平成八年最判が指摘した「密接関連性」「契約目的不達成」（以下併せて「平成八年最判基準」という。）は、今般の債権法改正に係る「改正法の基本方針」においてもそのまま採用され、条文化されていた。

【3・1・1・81】（複数の契約の解除）

同一当事者間で結ばれた複数の契約の間に密接な関連性がある場合において、一の契約に解除原因があり、これによって複数の契約を締結した目的が全体として達成できなくなったとき、当事者は、【3・1・1・77】（解除権の発生要件）に従い、当該複数の契約全部を解除することができる。

さらに、近時（平成二五年二月二六日）、公表された「民法（債権関係）の改正に関する中間試案」においても、「第11　2　複数契約の解除」として、「同一の当事者間で締結された複数の契約につき、それらの契約の内容が相互に密接に関連付けられている場合において、そのうちの一の契約に債務不履行による解除の原因があり、これによって複数の契約をした目的が全体として達成できないときは、相手方は、当該複数の契約の全てを解除することができるものとする。」と規定されている（ただし、「このような規定を設けないという考え方がある」と注記されている。）。

まず、「密接な関連性」についてであるが、これが複数の契約を「結び付ける」意義を有していることは明らかであろう。このことは、「密接な関連性」という基準が、複数の契約が問題とされない付随的債務の不履行と契約の解除に関する最高裁判例（最判昭36・11・21民集一五巻一〇号二五〇七頁ほか参照）で言及されていなかったことからも裏付けられる。ただ、平成八年最判基準を素直に読めば明らかなように、「密接な関連性」は、「全体としての契約目的不達成」の前提であり、その内容の最も主要な、いわば核心的部分となっていることも事実である。

以上の理解を前提として、では、判例、裁判例が「密接な関連性」として、どのような点を考慮しているかを見ておく（注10）。

平成八年最判は、本件マンションの区分所有権の得喪の一体性（両者がその帰属を異にすることを許容していないこと）を、「密接な関連性」として考慮している。実際、同判例の調査官解説も、本件マンションの区分所有権の売買と本件クラブの入退会との間には、

①　本件マンションの区分所有権を購入する際には、必ず本件クラブに入会しなければならない、

② 区分所有権を他に譲渡したときは、譲渡人はクラブの会員たる資格を失い、譲受人が承認を受けて会員となることのできる地位を取得するといった密接な関係があるから、本件不動産の売買契約と本件クラブの会員権契約とは、密接に関連づけられている、

と説明しているところである（注11）。

その他の主な裁判例について見ると、不動産小口化商品に関する高裁判決（東京高判平5・7・13金法一三九二号四五頁）は、賃貸借の不履行によって売買契約の効力が左右されることをうかがわせる条項が存在しないことを解除を否定する理由の一つとしてあげている。したがって、この種の複数の契約の効力が連動する条項が存在していれば、（同判決そのものは混合契約と認定しているが）複数の契約の場合における密接関連性が肯定されやすくなると考えることが可能であろう。また、データベース開発契約の解約に関する地裁判決（東京地判平18・6・30判時一九五九号七三頁）は、本件データベースの開発がなければ本件サーバーを購入していない関係にあるといえるとして、当然に解除事由に該当するとしている。したがって、双方の契約の間にA契約の履行なければ、合理的に考えた場合にB契約の締結なし、という関係が認められれば、複数の契約の場合における密接関連性が肯定されうる、と理解することが可能である。リゾートホテル共有持分権売買契約に関する地裁判決（東京地判平21・6・24判時二〇六〇号九六頁）は、本件共有持分権の得喪と本件クラブ会員たる地位の得喪の不可分一体性を認定し、密接に関連づけられるとしている。同裁判例は、基本的に平成八年最判と同一のファクターを採用した事例といえよう。マンション売買契約とライフケアサービス契約の高裁判決（東京高判平10・7・29判タ一〇四二号一六〇頁）は、契約書の条項を重視した判決となっているが、そこで着目されている条項の主たる内容は、本件マンションの区分所有権の得喪とライフケアメンバーたる地位の得喪の一体性である。すなわち、契

約書の冒頭に、ライフケア契約と売買契約を一体化した契約書とする旨の記載がなされ、本件マンションの購入者はライフケアサービス契約を締結してライフケアメンバーとなることが売買契約上必須の内容となっており、本契約を解除するときはライフケアサービス契約も当然消滅するなど、本件マンションの区分所有権の得喪とライフケアサービス契約のメンバーとなることとが密接に結びつけられていること等を契約条項から認定して、両契約の密接関連性を肯定しているものである。本裁判例も、基本的に平成八年最判と同一のファクターを採用した事例といえよう。契約当事者の一方が異なるマネジメント契約、専属実演家契約に関する地裁判決（東京地判平15・3・28判タ一一五九号二一七頁）は、専属実演家契約とマネジメント契約を併せ考えることで、初めて契約の本質である各当事者間の双務性と有償性が確保されており、その意味で、専属実演家契約はその契約の構造ないし性質上、マネジメント契約を前提としている契約であると認定して、両契約の密接関連性を肯定している。ここでは、契約相互間の対価的・経済的な相互依存性、牽連性が重視されているといえよう。

以上のとおり、複数の契約の密接関連性が認められるか否かの判断に際して、判例・裁判例では、契約条項の分析等を通じて両契約の運命——すなわち、成立、存続、消滅——に関する一体性や契約相互間の対価的・経済的な相互依存性、牽連性がどの程度強く認められるかが考慮されていることがわかる。この基準は、その意味でかなり判断しやすいファクターを衡量するものであり、したがって明確であるといえるが、果たして限界事例ないし外延部分において、どの程度の一体性の強さ、相互依存性の強さが認められれば「密接な関連性」が充足されるのかという点は、今後の判例等の集積に待つところが、なお大である。

⑵　「全体としての契約目的不達成」について

ａ　この要件は、従来の付随的義務の債務不履行と解除に関して考察されてきたファクターと基本的に変わらないようである（注12）。

そこで、あらためて付随的債務（義務）の判定基準に関する従来の議論の到達点、すなわち通説的な理解を確認しておく（注13）。

まず、個々の契約における特定の債務が要素たる債務であるかそれとも付随的債務であるかどうかの区別は、相対的なものであり、一般的・抽象的に決められるものではなく、当該契約の具体的な諸事情を総合的に勘案して判定しなければならない。すなわち、その判定にあたっては、契約に明示的に表示されているところだけによらず、社会通念に照らし、ある債務の履行が当該契約においてどのような役割をもっているか、その債務の不履行の程度はどうかなど、契約締結の際に存在しあるいは予測されたすべての事情を考慮して、契約締結の時点における当事者の合理的意思を客観的に決定したうえ、こうして決定された当事者の意思を基準にして、契約締結の目的がどこにあるかを明らかにしなければならない。そして、当該債務が契約目的の実現に必要不可欠であって、それが履行されないならば契約の目的は達成されず、当事者は契約を締結しなかったであろうと判断される場合は、その債務は契約の要素たる債務である（傍線筆者）が、当該債務が契約目的の実現に必須のものでなければ、その債務は付随的債務であるということになる。

したがって、契約上のある債務又は約款が外見上は付随的なものとされていても、以上のようにして客観的に決定された当事者の合理的意思においては、その債務の履行されることが重大視され、契約目的が達成されるか否かが直接その債務の履行の有無に係っているような場合や、その債務が履行されることが契約目的達成のための前提条件となっているような場合には、要素たる債務であって、その不履行は契約解除の原因となる。

b　一方、契約締結の際のすべての事情を考慮しても要素たる債務とは認められなかった付随的債務については、通常予測される程度の不履行があっただけでは債権者の契約目的の達成に影響を与えることはないから、解除原因にはならないが、その不履行の期間、態様、結果の重大性如何によっては、結果的に債権者が契約の目的を達成することができないのと同程度の不利益を被るかまたはその不履行が信義則に反するような特段の事情の存する場合（傍線筆者）が生ずることがある。たとえば、

①　契約のなかで特別の重要性をその債務に付加する合意をした場合（大判昭13・9・30民集一七巻一七七五頁、最判昭43・2・23民集二二巻二号二八一頁、判タ二二九号八五頁）、

②　同じ租税償還義務でも立替えが長期にわたり金額が僅少といえない程度に達し売主の契約目的にかかわるようになった場合（最判昭47・11・28裁判集民事一〇七号二六五頁）

などである。このような特段の事情がある場合には、その不履行があるのになお債権者を契約に拘束しておくことは妥当ではないから、その債権が付随的債務であっても例外的にその不履行を理由として契約の解除を認めるのが相当である（傍線筆者）。

(3)　判例から読み取れる複合契約における契約間相互の密接関連性、甲契約又は乙契約のいずれかが履行されるだけでは契約を締結した目的が全体としては達成されないと評価される基準・要因のまとめ

以上の判例、裁判例の内容を整理すると、概要、以下のとおりになる。

(a)同一当事者間の債権債務関係が、(b)甲契約と乙契約という別個の契約という形式をとっていることを前提として、(c)甲契約の「目的」と乙契約の「目的」とが密接に関連していること、(d)その結果、甲乙いずれかの契約

だけが履行されても、「契約を締結した目的が全体としては達成されないと認められる」ことを要件として、(e)「甲契約の債務不履行を理由に」、(f)「甲契約と併せて乙契約を解除することができる」とされている。

(c)の両契約の目的の密接関連性は、平成八年最判の事例に即していえば、(1)区分所有権を買い受けるときには、クラブに入会しなければならないこと、(2)区分所有権を他に譲渡する場合にはクラブ会員の地位も失うこと、(3)このことを当事者が容認して契約締結をしたこと、の三点によって基礎づけられている。(c)の要件は、契約の義務の構造と当事者の意思とに照らして判定されている。

(四) 本件の検討

それでは、以上の判例分析の結果をふまえて、本件を検討してみる。

(1)「目的の密接関連性」について

a　本件は、A契約及びB契約という二つの契約の関係が問題となる。複数契約の解除を考えるにあたっては、A契約を解除した場合、B契約はA契約に付随する契約として解除されるべきか、それとも独立した契約として存続させる合理性があるかが問題となる（要件(2)の検討と重複する部分はある。）。

A契約は、XとYの株式持合関係をもたらした動機・目的となっている。一般に株式持合いの目的としては、取引先との関係強化という目的で、業務提携と同時に資本提携が行われる場合（事業目的での持合い）と、会社支配の安定化目的の場合（安定株主の確保）の二つが考えられる（注14）。この点、両方の目的が併存する場合もありえようが、たとえば、以下のような事情が認められる場合には、基本的に前者を目的とすると考えるべきであろう（なお、考慮すべき事情として、他に契約締結交渉経緯などがある。）。

① A契約及びB契約の随所に、両契約がXとYとの間の事業提携を目的とするものであることを示す文言が存在する一方、会社支配の安定化目的を目的としてうたう文言は存在しないこと、

② Xが日本国の東京証券取引所に上場している企業であるのに対し、Yは外国の上場企業であり、国籍を異にする企業間で多数派工作等の会社支配の安定化を目的とした株式の持合いを行う理由は乏しいと考えられること、

③ XのY株の持株比率が三%と比較的低いのに対して、YのX株の持株比率は二〇%とかなり高く、両者が非常にアンバランスであるうえ、YのX株持株比率は、安定株主の確保という点からは、一社がもつ株式として極端に持株比率が高く、別なこと（すなわち、事業提携）に目的があると考えることでかかる持株比率の高さ、アンバランスにつき合理的な説明が可能となること、

などの事情である。

④ Standstill条項は、それだけの場合、あるいは当該条項だけを独立して取り出した場合は、会社支配の安定化を目的とした株式の持合いに関する条項としての意味も有する。しかし、事業提携契約のほか株式持合契約が同時的に締結されており、とりわけ、本件のように、事業提携契約（A契約）と株式持合契約（B契約）の双方に、相手方株式の買増し、第三者への売却を制限する同一内容のStandstill条項が存在する場合は、同条項は、出資を受ける側（Y社から見た場合のX社）が敵対的買収の回避も含めて、出資する株主（Y）との安定的な関係を維持し、スムーズに事業提携の果実の獲得を図るうえで用意された条項と見るのが素直な理解である。したがって、かかる場合には、Standstill条項が存在することも、「事業目的での持合い」であることを強く推認させる事情であると考えられる。

ｂ　もっぱら（あるいは基本的に）事業提携を目的とする株式の持合いにおいて、事業提携関係が解消された場合に、株式の持合いを継続させる理由は本来ない。すなわち、両契約の間には、成立、存続、消滅に関する一体性が強く認められる。Ｂ契約に会社支配の安定化目的があるとすれば、Ａ契約終了後のＢ契約の存続を容認する余地はあるものの、本件においては、既述ａのとおり、その目的の存在は基本的には認められず、いずれも同一商品事業のメーカー（製造会社）という、本来的に競合関係にある会社同士が事業提携を行うために株式持合いを行ったものである。なお、仮にＹがＸの株式を市場で購入したとしても、上記のような考え方をとるうえで特段の障害にはならないと思われる。株式持合いには、当事者の一方（ないし双方）が相手方の株式の全部又は一部を市場で購入する場合はよくあることであって、かかる場合を、双方が市場で購入しない場合と別異に解すべき理由はないからである。

したがって、事業提携が解消されれば、元の競合・敵対関係に戻るのであり、Ｘ側が再度の事業提携の可能性を否定しているような場合は、現時点でＸと利害が相反し、異なる経営方針をもつＹがＸの経営に影響力を及ぼし続けることは、明らかに当初の株式持合いの目的に反する。現時点で事業提携（Ａ契約）が明確に解消されている以上、事業提携を担保するために株式持合いを継続する必要性も合理性も共に消滅しているのである。また、将来事業提携をする際には、再度その事業提携を担保するための株式持合いについて新たに協議すれば足り、将来の事業提携の可能性は、事業提携の確定的解消に伴う株式持合いの解消を阻む合理的な理由とはならない。有力な学説（注15）が述べるとおり、Ｂ契約による株式持合いはＡ契約による事業提携という目的のコミットメント手段であると考えるべきである。すなわち、ＪＶ（合弁会社）が、各パートナーの機会主義的な行動をコントロールするメカニズムとして働くのと同様、事業提携関係の存在を前提に事業提携の相手方の機会主義的行動を抑止するところに株式持合いの本質的機能が存在する。そのような機能が必要でなくなれば、当然、相互持合いを維持する必要性、合理性もなくなり、かえって相互持合いの解消が必要となってきて、是認されるべきと考えられる。

c　以上のような事実に加えて、たとえば、a①に関係するが、B契約のリサイタル条項に、「長期的な事業提携関係の構築の一環として本契約を締結する」などの記載がある場合はどうであろうか。リサイタル条項は、法的拘束力はもたないとされるものの、契約書全体の解釈指針となるもので、当事者が契約を締結するに至った理由、経緯、目的を説明するための条項とされる（注16）。したがって、リサイタル条項だけでは不十分かもしれないから、加えて、B契約において、XのYに対する株式の譲渡、その条件についてはA契約によることを記載し、対応してA契約において株式譲渡の条件が定められており、両契約に同一内容のStandstill条項が存在する等の事実が認められる場合は、形式・文言から両契約の目的に関する密接関連性はより容易に認められることになる、といえよう。

結局、かような事情が認められる場合、B契約は、その形式・文言、実質的意義の双方の観点から、A契約から独立したものではなく、両社の提携関係が存続する限り存続するものとして締結された、A契約に付随した「目的が密接に関連する契約」であり、要件(1)を充足する可能性が高いといえる。

(2)　「全体としての契約目的不達成」について

a　事業提携目的の株式持合いは、会社支配の安定化目的（安定株主の確保）のための株式持合いと異なり、事業提携の終了と同時に相互に株式を持ち合う意義を失い、株式持合いについても事業提携終了時に同時に解消されるのが過去の事例（ただし、上場会社間の事例）に照らして大多数である（筆者が直接データ検索した限りでは、事業提携時と同様な株式持合いが維持された事例は認められなかった。)。事業提携目的の株式持合いの場合、株式持合いを実施した両当事者の間では、当然のことではあるが、事業提携が終了した以上、株式持合いを継続しても事業提携の目的は達成されず、そうである以上、株式持合いも解消すべしと一般に考えられているようである。

本件の場合においても、XがYとの間で、A契約及びB契約を締結した最大の目的が、たとえば、A契約に規定されている情報開示及び使用を含むY所有技術への「フルアクセス」や生産ラインの「フル使用」にあることが、契約文言上及び契約交渉の事実経過上、明らかであったとしよう。かかる場合、A契約が解除された以上、B契約だけが維持されても、「フルアクセス」「フル使用」が達成されないことはいうまでもないところである。また、YがXとの間で、A契約及びB契約を締結した最大の目的について、XがA契約を解除し、Yとの再提携の可能性がない旨を明言している限り、その実現達成が不可能であることも明らかであり、そのような場合、本件においても、他の事業提携目的の株式持合いの場合と同様、B契約(株式持合い)を継続しても、A契約(事業提携)、さらには全体としての契約目的が達成されないとの判断が支持されるのではないだろうか。

b　A契約及びB契約終了時の持合株式の処理に関する当事者の合理的意思という観点からはどうか。なぜなら、契約を締結した目的が全体として達成されるか否かは、当事者の合理的意思の探究ときわめて密接に関連すると考えられるからである。

企業が提携を行う場合、既述(一(3)参照)のとおり、資本参加を伴う資本的提携の形態として、(i)提携会社の一方が他方に出資する形態(一方出資形態)、(ii)提携会社双方が出資する株式持合形態、(iii)提携会社双方が出資して合弁会社を設立する形態等がある。本件は、(ii)株式持合型(事業提携契約+相互一部資本出資)であるが、いずれかの契約だけが履行されても、契約を締結した目的が全体としては達成されるものではない。(ii)を(iii)と比較しつつ、A契約及びB契約終了時の持合株式の処理に関する当事者の合理的意思（注17）を検討する。

(iii)の合弁会社設立型（原則として閉鎖会社形態が想定される。）で事業を終了する場合、会社を解散するか、合弁撤退当事者が持ち株を処分することとなる（注18）。本件同様事業の継続を前提とすると、合弁関係の解消のため、存続当事者が撤退当事者保有の合弁会社株式を買い取ることができる規定（コールオプションや先買権など）を置くのが通常である。仮に合弁契約上この規定がなかった場合、撤退当事者が、自社が保有する合弁会社株式の存続会社による買取り等を拒否できるとすればどうか。その場合、撤退当事者は合弁会社株式を保有し続け、撤退当事者が合弁会社の意思決定に依然として介入することが可能となり、そもそも合弁を解消した意味はなくなることとなる。また、存続当事者は、合弁解消後、単独で事業を継続するとは限らず、撤退当事者のライバル会社を新たに参加させて合弁事業を行うことも多い。ところが、撤退当事者が主要株主であり続けることで、合弁事業を通じて撤退当事者へ秘密情報の流出等が生じかねず、新規参入予定のライバル会社は、これをおそれるがゆえに合弁事業に参加できないこととなる。撤退当事者が合弁会社の株式を持ち続ける場合は、存続当事者は新たな合弁事業を行えなくなってしまう可能性すら生じるのである。

以上の諸点をふまえれば、合弁会社設立型での事業提携を終了する場合、合弁契約上の規定の有無にかかわらず、存続当事者は、撤退当事者に代えてライバル会社を参加させるなどフリー・ハンドを得られるようにするというのが、合弁当事者が合弁契約締結当初より有する、合弁解消時の処理に関する合理的意思であるということは、特段の事情のない限り、認められて然るべきではないか（注19）。したがって、撤退当事者は、自社が保有する合弁会社株式の存続会社による買取り等を最終的には拒否できないと解すべきであり、かように合弁解消時には、相互出資による合弁を通じたシナジー利益の分配を享受することをできなくさせることが、合弁契約を締結した当事者の合理的意思解釈がもたらす正当な帰結であろう。

なお、撤退当事者が、保有合弁会社株式を自由に第三者に売却できるとすることも（もっとも、通常は株式譲渡制限が定められていようが。（会社法一〇七条ほか参照））、残存当事者の合弁会社に対する支配権を失わせることにつながるものであるから、認めるべきでない。

c　(ii)の株式持合型（本件）についても、同様の趣旨が当てはまる。事業提携契約解消後も、相手方株式を保有し続けるとすれば、それは、株主総会決議を通じ、相手方の経営方針等に依然として影響力を及ぼすことが可能となる。しかし、2(四)(1)bでも述べたとおり、本件はいずれも同一事業のメーカー会社という本来的に競合関係にある会社同士が事業提携を行うために株式持合いを行ったものである。事業提携が解消されれば、競合・敵対関係に戻るのであり、事業提携を担保するために行った株式の持合いを利用して、競合・敵対関係となったYがXの経営に影響力を及ぼし続けることは背理であり、明らかに株式持合いの当初の目的に反する（なお、二1(4)参照）。持合継続の弊害は、合弁会社設立型と共通しており、A契約・B契約いずれかの契約だけが履行されても、契約を締結した目的が全体としては達成されるものではない。したがって、A契約終了時は、B契約による株式持合関係も終了させ、相手方の独立性を確保することが提携当事者の合理的意思に適合するといえるのではないだろうか。また、B契約のみ存続させても、契約を締結した目的が全体として達成されないことも明白であろう。

別の角度から検討してみよう。B契約による株式持合関係の解消が認められないような解釈が認容されてしまうならば、株式相互持合いによる事業提携を目論む当事会社は、事業提携関係終了時の相手方当事会社の裏切行為（機会主義的行為――協力せず、株式保有だけ続ける。）を常に警戒しなければならなくなる。つまり、このような解釈は事業提携に対する委縮効果を生ぜしめ、株式相互持合いによる事業提携という、わが国内外で頻繁に行われているビジネス・ツールを激減させてしまうという負の効果の発生を招来してしまうこととなる。

本件では、A契約及びB契約は、契約終了時の持合解消について直接規定しておらず、また、契約内容、さらには契約の効果については、各契約の締結交渉経過等もふまえる必要があるが、事業提携目的の株式持合いは、事業提携終了時に同時に解消されるのが過去の事例に照らして多数を占める。かかる点もふまえれば、A契約及びB契約締結時において、事業提携終了時における当事者の合理的意思は、原則的にはB契約による株式持合いの解消を含むものであったと解するのが妥当となるであろう。

したがって、A契約・B契約いずれかの契約だけが履行されても、契約を締結した目的が全体としては達成されず、要件(2)も充足する。

(3) 小括

よって、両契約内容は密接な関連性を有し、A契約の解除により、B契約も解除可能であると考える。

なお、A契約が債務不履行解除以外の事由で終了した場合はどうか。平成八年最判は法定解除のみを射程とするものであるし、債権法改正に係る基本方針や中間試案は、あくまで債務不履行解除を前提とした規定を用意するのみである。しかし、筆者個人としては、密接関連性の議論は、特段の事情がある場合は別にして、原則的に当てはまると解してよいのではないかと考えている。なぜなら、密接関連性の議論は、存続・終了の牽連性の議論に行き着くのであって、一方の契約終了事由によって基本的には影響を受けない議論と考えるべきだからである。また、とりわけアライアンスなどといったビジネスを行う主体の「器」に関する局面においては、通常の取引行為の場合以上に、契約当事者の合理的意思解釈として、「密接関連性」がより容易に認められて然るべき、とも思われる。

3　解除の効果（株式持合契約の解除に伴う原状回復義務の内容）について

(1)　B契約の解除が認められた場合、解除の効果として、B契約は遡及的にその効力を失う（通説・判例である直接効果説。ただし、従前の株主権の行使は勿論有効である。）。既履行給付については、契約の効力が初めから失われる以上、既に給付したもの（本件株式）は不当利得として返還しなければならず、Yは民法五四五条一項により、本件株式についての原状回復義務を負うことになろう。ここでは、Yが本件株式を取得する際にXによる第三者割当てで取得した場合をまず考えてみる。

この場合、Yが本件株式の原状回復を行うに際しては、会社法上の制約がある。すなわち、第三者割当ては、株式会社の組織行為であり、無効訴訟に六カ月の出訴期間制限（会社法八二八条一項二号）があるように、遡及的に新株発行前の状態まで当然に巻き戻すことはできないのである。

しかし、第三者割当てが株式会社の組織行為であり、無効訴訟に六カ月の出訴期間制限（会社法八二八条一項二号）があることと、YがB契約の解除の効果として原状回復義務を負うこととは別次元の問題であり、上記条項がYの契約の解除の効果としての原状回復義務を免除することとはならない。Yによる本件株式の原状回復義務の履行が物理的又は法律的に不能であるかどうかは、社会の取引観念に従って定められる（社会の取引観念を標準として、本来の給付内容を目的とする債権を存続させることが不適当な場合に不能となる。中田裕康『債権総論（新版）』一〇六～一〇七頁参照）が、たとえば、本件のようにA契約及びB契約に規定されているStandstill条項に、

Xの独立性を担保するための、YのX株式買増しの際には、Xによる事前同意を要する条項（以下「本件事前合意条項」という。）のほか、Yが本件株式の処分を希望する場合のX又はXが指定する第三者への売却が定められている（先買権条項）場合はどうか。右の会社法上の問題は、Yが本件株式の処分を希望する場合にも同様に問題となるが、先買権条項は、Xが指定する第三者への売却という選択肢を規定することにより、右会社法上の問題に抵触しない方法を提示しており、Yによる原状回復義務の履行方法として本件先買権条項を用いる（準用する）ことには十分な合理性があると解せないであろうか。要するに、合意（契約締結）当初の当事者の合理的意思解釈（注20）ないし補充的解釈（注21）により、又は信義則上、本件先買権条項は提携終了時点における解消方法としても適用（準用）されると解する余地は十分あるのではないか。

(2) 既述のとおり、A契約終了時は、B契約による株式持合関係も終了させ、相手方の独立性を確保することが当事者の合理的意思であった。この点、Yが、終了時の解消条項を定めていないことは、解消方法についての合意が存在しない根拠となると反論してきたらどうであろうか。

しかし、第三者割当てにより割り当てた株式を、自己株式としてYから取得するための具体的条項をあらかじめ契約条項化することは、日本国法上、相当困難である。その理由は以下のとおりである。なお、同様の指摘は、Yが市場からX株式を取得した場合にも当てはまる。

まず第一に、自己株式の取得については分配可能額を上限とする取得財源規制（会社法四六一条一項）の問題がある。将来自己株式の取得条項の効力が発動されるべき場合に、Xにおいて自己株式を取得するに必要な分配可能額が存在するとの保証はない。取得財源規制に違反して自己株式の取得を行った場合、関与した取締役には刑事罰が科され（会社法九六三条五項一号）、かつ、取得は、私法上無効と解される（最判昭43・9・5民集二二巻九号一八四六号）ことになる。X及びYの取締役として、将来その契約条項による取引行為を履行した場合にその取引行為が無効とされるのみならず、履行を選択した取締役が刑事罰に問われるような契約条項を定めることが現実的でないことはいうまでもない。

第二に、特定の株主から自己株式を取得する場合の他の株主からの売主追加の議案変更請求権の行使の可能性についても考慮する必要がある。会社が自己株式を特定の株主から取得する場合には、会社法上の法定事項（会社法一五六条一項・二項）のほか、その株主の氏名（名称）をも決議することを要する（同法一六〇条一項、三〇九条二項二号）。そして、会社からの通知（会社法一六〇条二項、同法施行規則二八条）により事前に当該決議内容を知った他の株主は、会社に対し、総会日の五日前までに、議案を、特定の株主（売主）として自己をも加えたものに変更するよう請求することができる（同法一六〇条三項、同法施行規則二九条）。将来、XがYが所有する自己株式を取得する場合に、Xの株主のうち、どの程度の株主が売主追加の議案変更請求権を行使するかをあらかじめ予測することは不可能であり、この点からも第三者割当てにより割り当てた株式を、自己株式としてYから取得するための具体的条項をあらかじめ契約条項化することは現実的でないか、少なくとも現実的でない場合が多いと考えられる。なお、売主追加の議案変更請求権は、定款により排除することが可能であるが（会社法一六四条）、定款変更には株主全員の同意が必要である（同条二項）。

(3) そこで、財源規制等の自己株式取得のもつ難点を回避するため、Y保有のX株式をXの指定する第三者に譲渡させる（根拠はStandstill条項）などの方法も考えられ、Yの原状回復義務の履行方法としてはこの方法が最も適切であると思われる。しかし、この方法についても、第三者や譲受金額等を具体的に条項化することは、現実的ではない。まず、第三者による譲受けが必要となる時期が不確定であるため、あらかじめ取得財源を有する第三者を指定することはきわめて困難である。また、第三者による譲受けの財源についても、Xがこれを提供する旨をあらかじめ定めることは不可能であると考えられる。なぜなら、Xから第三者に対する譲受財源の提供は、株主の権利の行使に関する利益供与の禁止（会社法一二〇条一項）に該当するおそれがあるからである。最判平18・4・10民集六〇巻四号一二七三頁は、会社から見て好ましくないと判断される株主が議決権等の株主の権利を行使することを回避する目的で、当該株主から株式を譲り受けるための対価を会社が第三者に供与する行為は、「株主の権利の行使」に関しなされたものとして、同規定の利益供与に該当するとしており、Xが事業提携解消後にYから株式を譲り受けるための対価を第三者に提供した場合も同様の判断が下されるおそれがある。この規定に違反した場合の取締役は、刑罰（会社法九七〇条一項。情を知って利益の供与を受け、または要求した者も同じ、同条二項・三項）や供与した利益の価額に相当する額の会社への支払義務（同法一二〇条四項、同法施行規則二一条）というきわめて重い責任を負うこととなる。

(4) 以上述べたとおり、第三者割当てにより割り当てた株式を、自己株式としてYから取得することや、第三者が取得する場合の第三者の指定等の具体的条項をあらかじめ契約条項化することは、日本国法上、相当困難であり、必ずしも現実的ではない。

さらに、事業提携にあっては、その具体的進捗状況、解消が問題となった時点での成果等をふまえた場合に、杓子定規に株式相互持合いを全面的に解消することが合理的でない場合もあらかじめ想定されるところである。そこで、全面的解消を基本としつつも、事情に応じたさまざまな解消のバリエーションを確保するべく、事態に即した柔軟な運用を困難にする具体的明文化（固定化）を避けることは、事業提携当事者である企業の合理的意思に基づく行動、選択として十分ありうる。かかる点からも、解消条項を直接明文化しなかったことについては一定の合理性が認められる。

以上から、提携解消時の持合株式の解消方法について具体的に定めた明文規定がなくとも、B契約の解除に伴う原状回復義務の履行方法としては、事業提携継続時のStandstill条項（本件先買権条項）を準用しつつ、適宜協議しながら、持合いを解消するというのが、当事者の合理的意思解釈及び補充的意思解釈に叶う解釈であると思料する。

付言すれば、本件においては、もともとA契約及びB契約におけるStandstill条項（特に本件事前同意条項）は、事業提携を実施しながらも、YからのXの独立性を担保するために設けられた条項であり、Xの独立性を担保する必要性はA契約及びB契約が終了しても減少するどころか、むしろ事業提携関係が解消され両社が競合関係に立ち戻ったことによりその必要性は増加していること、B契約の解除の原因となったA契約上のフルアクセス、フル使用の債務不履行は、Yによるものであり、自らA契約及びB契約の解除の原因を作りながら、Y側がStandstill条項の効力の消滅を主張することは背理であること、などの事情が通常認められよう。かかる場合は、Standstill条項は、A契約及びB契約が解除されても、少なくとも本件株式についてのYの原状回復義務の履行が完了するまでは信義則上存続する、又はYがStandstill条項の効果消滅を主張することは信義則に反し、許されないと考えてよいと思われる。

なお、契約存続中の契約条項の効力を契約終了後も認めた事例として、持帰り弁当事業のマスターフランチャイザー（株式会社ほっかほっか亭）が、サブフランチャイザー（メガフランチャイジー。株式会社プレナス）に対し、地区本部契約の終了に基づくサブフランチャイザーの事業の差止めを求めた仮処分命令申立事件において、東京高等裁判所は、地区本部契約自体に契約終了後の競業避止義務が存在しない事案につき、地区本部契約が終了した場合、特段の事情のない限り、地区本部契約に付随する義務として、信義則上、サブフランチャイザーはマスターフランチャイザーに対して一定期間の競業避止義務を負うものと解するのが相当であるとの判断を示しているのが参考となろう（東京高決平20・9・17。判時二〇四九号二一頁。仮処分命令申立てについては、保全の必要性を欠くとして却下。確定）。

したがって、本件においては、YはB契約の解除に伴う原状回復義務の履行として、Standstill条項（本件先買権条項）に従って、X又はXが指定する第三者に対して本件株式を譲渡する義務を負うとともに、Standstill条項（本件事前同意条項）により、本件株式の譲渡が完了するまでは、Xの事前の同意なくX株式を買い増すことは禁止されるものと考える。

(5)　Y社が、事業提携開始時の本件株式を市場（第三者）から買い付けた場合（事業提携契約の内容に市場からの購入が義務づけられ、それが実行されている場合。なお、この当初の本件株式の買付けにはStandstill条項の効力は及ばない。）の解除の効果——原状回復義務の内容——については、どう考えるべきであろうか。

この点、証券取引所における取引には「競争売買の原則」（価格優先の原則及び時間優先の原則）に従い、大量の需給の処理が集中的に行われているという特殊事情が認められるが、その点はひとまず措き、解除に伴う原状回復義務に関する民法理論を厳密に詰めていくと、困難な問題に漂着する。

すなわち、Yの市場からのX株式の買付けは、当然ながらXYの事業提携当事者間の取引ではなく、Yと第三者（以下「Z_n」という。多人数であることが多いので、Z_nとした。）との売買契約である。直接効果説を前提に、原状回復義務の内容を契約締結時の状態に戻すこととする場合、Yは市場でX株を取引した特定の売主Z_n（多人数である可能性が高い。）との間で、株式の返還と引き換えに譲渡代金の返金を受ける必要が出てくるとの考えも十分成り立ちうる（原状回復義務の当事者の問題である。ただし、学説上、議論は分かれている。谷口知平＝五十嵐清編『新版注釈民法（補訂版）13巻』八九四頁〔山下末人執筆〕参照）。しかし、そのような義務をZ_nに課すのは、X―Y間の契約とX―Z_n間の契約との関連性の程度（売買の内心の動機にとどまるため、関連性が希薄であることは否めない。）からして疑問であるし、仮にその点をクリアーできたとしても、解除は第三者の権利を害することができないため（民法五四五条一項ただし書）、売主Z_nが損害を被る場合、Yにそのような義務を課すことはできないと考えるべきであろう。また、そもそもZ_nが買戻しを希望するとは必ずしも考えられないし、さらにはZ_nが存在しなくなっている可能性もある。直接効果説を貫徹した場合、理論的な限界、実務的な限界が存在するのである。

また、仮に解除に基づく原状回復義務の内容として、YにX株の「市場」（従来の売り主である特定のZ_nに限らない。）への即時売却義務が課されるとしたらどうか。本件の場合、YはX社の株式の二〇％という大量の株式の即時売却義務を負うこととなるが、それは、株価の暴落を招く可能性が高い事態を招来するものである（二1⑵参照）。また、そもそも会社（Y）の役員の経営判断――株式の売却時期、売却価格（返金額の算定基準時も問題となる。譲渡時点から解除時点までに株価は通常変動していると考えられるためである。）等を拘束するような作為義務を判決で課すことが果たして可能かというと、やはり疑問が残らざるをえない。

他方、解除に基づく原状回復義務の内容として、YによるX株の「自己（X）又は自己（X）の指定する第三者」への売却を考えてみた場合も、仮に元々の特定の売主Z_nがYに対しX株の買戻しを希望したときに、Xとして、Z_nの意向を無視してまで、Yに対し、Standstill条項（先買権条項）を準用して、「自己又は自己の指定する第三者」への売却を求めることができるのかという点も、問題として残る。

結局、以上のような問題状況をふまえると、契約上明確な義務が定められていない場合、民法の解除の一般規定、原状回復における直接効果説及び当事者の合理的意思解釈により、Yに市場での即時売却義務や、X株の自己（X）又は自己（X）の指定する第三者への売却義務を課すことは、とりわけ判決による場合は困難であるとの考え方は相応の説得力を有すると思われる。

しかし、やはり、大前提となる解除が有効であるという事実の重みは無視したくない。難問であり、なお議論を詰めていく必要はあるが、本件のように、事業提携を目的として株式の持合いがなされている場合（両契約の間に密接関連性等が認められる場合）には、事業提携の解消と株式持合いの解消が同一の処遇（運命）に帰すべきことは、法理上、原則的な要請であると感じられる。そうでないと、たとえば、Yによる本件株式の保持が、①一部第三者割当、②一部市場からの購入による場合を想定してみると、事業提携契約が解消された場合の株式持合い関係の帰趨が、①は持合い解消（原状回復）、②は、株式保持の継続（原状非回復で、株主権の行使が可能——ただし、株主権の行使が可能かどうかは一の問題となる。）という、一八〇度異なる結果となってしまうが、これは、契約締結当初の事業提携契約当事者の意思（合理的意思解釈の結果）に明らかに反する結果ではないだろうか。

加えて、Standstill条項が存在する場合、当事者間における相互保有株式は、二2(2)で述べたとおり、譲渡制限株式に類似した性質を有しており、その処分にあたっても、同様な手法——即ち、閉鎖会社における株式処理の手法（会社法一三六条、一四〇条等）に準じた手法——を用いるのが十分合理的であると思われること、また、Standstill条項（特に本件事前同意条項）は、既述のとおり（三3(4)）、むしろ事業提携関係が解消され提携当事者が競合関係に立ち戻った時こそ、その効力が発揮されるべき条項といえる性質もあること等の点をふまえれば、裁判所、さらにはＡＤＲ機関としては、解除の効果の実現＝株式の持合い関係の全面的解消を認める理論（法解釈論）を構築するか（ただし、解釈論の限界を超える可能性につき、慎重な検討を要する。）、最低限、そのような解決策を提示し、当事者をして説得すべきであって、その一手法（おそらく最善の手法ではないか。）として、市場からの買付けによる株式保有の場合にもStandstill条項の準用を認め、XによるY保有のX株式の買取り等を実現するよう、働きかけるべきではないであろうか。もとより、その場合、買取価格、その決定手法が大いなる課題となる。

4　法律構成②（譲渡担保契約の類推）について

譲渡担保として交付された株式について、被担保債権が消滅した場合、担保権の目的たる株式は当然に担保設定者に復帰するとの裁判例（東京地判昭37・5・22判タ一三三号一一六頁）がある。被担保債権の消滅と、株式交付の前提となる事業提携契約の解除という点で事案は異なるものの、株式交付の原因関係が消滅したことにより、相手方に対しその返還を請求できるという考え方は、本件に十分類推可能であろう。また機会を改めて検討してみたい。

最後に

田原判事は、筆者が修習生（四五期）時代に参加した京都の前堀会という会合以来、親しくお付合いさせていただいてきたが、特に最高裁判事に就任されて以降は、機会がある都度、修習生やロースクール生を同行して判事室にお邪魔させていただく幸福を得た。田原判事は実にぼう大な量の意見を判決に書かれたが、これらの意見に象徴される田原判事のあくなき探求心と事件に打ち込む真摯な姿勢・情熱は、圧倒的な迫力を伴っており、常に後進の目標となるものでした。田原判事が、最高裁判事退官後もますますご活躍されることを祈念いたします。

（注8） 資本提携・業務提携契約の解消については、いわゆる継続的契約の解消制限の理論をふまえた、その有効性が問題となるが、本稿の主題ではないので論じない。この点については、内田義厚「企業間提携契約と継続的契約——その特徴と相互関係に関する試論」現代企業法研究会編著『企業間提携契約の理論と実務』二五頁以下、西岡祐介＝髙谷裕介「資本提携・事業提携解消時の諸問題から見た提携契約作成の実務㊦」資料版商事三三六号一〇頁以下等を参照されたい。

（注9） 契約の個数の問題については、拙稿「企業間取引における複合契約の解除㊦」判タ一三四二号三九〜四一頁及びそこで引用されている各論文を参照されたい。

（注10） 以下の分析の詳細については、拙稿「企業間取引における複合契約の解除㊤㊦」判タ一三三九号三四頁以下、一三四二号三五頁以下及びそこで引用されている各論文を参照されたい。

（注11） 近藤崇晴「平成八年最判解民㊦」九六〇頁。

なお、付随的債務の不履行が信義則に反する場合としては、

(i) 債務者が債権者から催告を受けたにもかかわらず長期間にわたって債務を履行せず、その不履行の程度が甚だしい場合、

(ii) 債務者に債権者を困らせようとする意図があって債務を履行しない場合、

(iii) 債務者が第三者からの責任追及を免れるため財産隠匿などの不法な目的で債務を履行しない場合

などが考えられる。そして、付随的債務の信義則に反する不履行を理由として契約の解除を認める場合においても、その不履行によって債権者がある程度の具体的な不利益や損害を被ることを要する。もっとも、(i)の場合には、実際上債権者が被る不利益は大きなものとなり、同時に債権者が契約目的を達しえなくなることが多いであろう。

近藤崇晴判事は後に最高裁判事に就任されたが、病に倒れ、在職中に亡くなられている。田原判事は事あるごとに近藤判事の優秀さを賞賛されていた。

（注12）ただし、契約内容となっていない目的の不到達を論じた栗田晶「目的不到達に基づく契約の解除」信州大学法学論集一六巻一九頁、また、小野秀誠「目的不到達の復権」一橋法学八巻一号一頁など、近時は、本件設例を検討するうえで参照となる論稿が発表されている。

（注13）小野剛「付随的債務の不履行と契約の解除」判タ四九四号一七～一八頁及びそこで引用の文献参照。

（注14）堀天子「株式の持ち合い」現代企業法研究会編著・前掲（注8）一七〇頁。

（注15）得津晶「持ち合い株式の法的地位(1)」法協一二五巻三号五〇九頁。

「相手方の株式を保有することは、保有割合に応じて相手方の企業価値の影響を受けることになる。よって、当該企業間の継続的取引が一方の企業にとって企業価値最大化に資するものであり、取引が切断されると企業価値が減少するものであれば、企業間の裏切り行為によって生じた相手の企業価値毀損が、相手方株式の保有割合に応じて自社もかぶることを意味する。このように、株式を保有させることで継続的取引関係の相手方の機会主義的な裏切り行為を抑止する効果になる。このことを事前の視点から言えば、株式持ち合いが継続的取引関係の際に裏切り行為をしないことのコミットメントとなり、お互いの信頼を引き出せるのである。この信頼によってお互いに関係特殊的投資がしやすくなり、社会的効用が増大する可能性が生じるのである。ここでは、株式の表象する財産的価値がコミットメントとしての機能を果たすのである。」（傍線は筆者）。なお、株式持合いの法規制をコンパクトに論じた論文として、赤上博人「提携戦略として再増加！　規制強化の流れにある「株式持合い」留意点」ビジネス法務二〇〇九年一二月号二〇頁がある。

（注16）長谷川俊明『条項対訳英文契約リーディング』二七頁。

（注17）合理的意思の内容については（注20）参照。

（注18）富澤敏勝「ジョイント・ベンチャーの終了」澤田壽夫ほか『国際的な企業戦略とジョイント・ベンチャー』二一三頁。

（注19）ただし、そのような判決が可能かというと、別問題ということになる。

（注20）ここでは、合理的意思解釈を規範的解釈及び補充的解釈双方を包含するものとして使用している。規範的解釈

とは、当事者の意思が異なるときは、当事者が当該事情の下において合理的に考えるならば理解したであろう意味に従って解釈するもの（民法（債権法）改正検討委員会編『詳解・債権法改正の基本方針Ⅱ――契約および債権一般(1)』一五一頁）。補充的解釈の意味は、次注のとおりだが、本稿では「当事者がそのことを知っていれば合意していたと考えられる内容」をも当事者の合理的意思とした。

（注21）　補充的解釈とは、本来的解釈及び規範的解釈によっても、契約の内容を確定できない事項が残る場合において、当事者がそのことを知っていれば合意したと考えられる内容が確定できるときには、それに従って解釈するもの（民法（債権法）改正検討委員会編・前掲（注20）一五四頁）。なお、当事者の表示は明らかであるが、その表示のままに法的効果を認めると条理に反すると思われる場合、裁判官が法律行為の内容を修正することを修正的解釈というが（加藤新太郎＝加藤聡「契約の解釈」伊藤眞＝加藤新太郎編『〔判例から学ぶ〕民事事実認定』一五九頁）、本件はB契約（株式持合契約）に解消条項はないことから、基本的には補充的解釈によるべきものと考える。

承諾転貸における賃貸人と転借人との関係

服部　敬

一　はじめに（問題の所在）

今日において不動産を目的物とする転貸借契約は幅広く行われるに至っている。バブル期にはサブリース契約が隆盛を極め、近時は不動産証券化市場の成熟と拡大に伴い、流動化スキームのなかで転貸借が登場する場面も増大している。周辺状況としても、最判が将来債権の譲渡を積極的に擁護する姿勢を見せるなか（注1）、ABL（Asset Based Lending）が新たな資金調達方法として注目を浴び、平成一六年に改正された動産債権譲渡特例法により債務者不特定の将来債権の譲渡に対抗要件を具備する道が開かれ、平成一九年には新信託法が施行されてその法制が整備されるなど、資金調達手段として将来債権の活用可能性が大きく広がっている。実務においては所有と収益の分離がますます進み、物権から分離されたかたちで賃料債権に独自の価値が見出されつつあるといってよい。転貸を巡る法律関係もこれと無縁ではいられないだろう。

他方で現行民法には承知のとおり転貸借に関する規律が二箇条しかない。このうち民法六一二条、すなわち無断転貸等が行われた場合の契約の規律に関しては、戦後を中心におびただしい数の裁判例が蓄積され、また学説においてもこれら判例法理が分析、整理され、今日ではいわゆる背信行為論が実務に定着した。しかしながら、適法な転貸に関する民法六一三条についてはそこから生起するさまざまな問題について意外に裁判例が少なく（注2）、さらに学説においても議論が少ないのが実情のように思われる。証券化に代表されるように債権を用いた新たな金融手法が次々と開発されている現代にあって、民法六一三条はいっそう難解な問題を提供するように思われる。

民法六一三条一項前段は、「賃借人が適法に賃借物を転貸したときは、転借人は、賃貸人に対して直接に義務を負う」と定める。一般に、その立法趣旨は、転借人が転借料を支払っているのに賃借人（転貸人）が賃貸人に対する義務を履行しない場合に、賃貸人が直接転借人に賃料等を請求できるようにするためであり、そのほうが便利であるからと説明される（注3）。つまり、賃貸人の利益を保護するために特に設けられた規定というわけである。しかしながら、直接の契約関係にない賃貸人と転借人との間に債権債務関係を生じさせてまで、賃貸人の利益を重視する実質的根拠はどこにあるのだろうか。それを支える立法事実はいかなるものであり、それは今日でも通用するのか。また、契約意思に基礎を置かない法定の債権債務関係につき、その内容はどのようなものとしてとらえられるべきか、たとえば賃借人に対する権利、賃借人（転貸人）の権利との関係はどうか、転借人に対する権利行使の結果、誰に対するどの債権がいかなるメカニズムで消滅するのか、賃貸人の転借人に対する請求権は賃借人の倒産リスクを乗り越えるほどの力をもつものなのか等、さまざまな疑問が生じてくるのである（注4）。

そこで本稿では今日において民法六一三条の法意をどこに求め、どのように解釈されるべきかを検討するとともに、同条が生起するさまざまな問題、さしあたり以下の問題についていかなる解決が適切といえるかを考えてみたい（なお、記述の便宜上、以下では賃貸人を甲、賃借人兼転貸人を乙、転借人を丙、甲から丙に対する民法六一三条一項に基づく請求を直接請求と表記する）。

すなわち、次のような場合、丙は甲→丙の直接請求を拒みうるだろうか。

① 甲→乙債権について乙が甲に対して抗弁を有するとき
② 乙→丙債権について丙が乙に対して抗弁を有するとき
③ 甲→乙債権が甲の一般債権者から差し押さえられているとき、既発生の債権または将来債権として譲渡、質権が設定されているとき
④ 乙→丙債権が乙の一般債権者から差し押さえられているとき、既発生の債権または将来債権として譲渡、質権が設定されているとき
⑤ 甲の抵当権者が甲→丙債権に物上代位したとき

⑥　乙に倒産手続が開始したとき

（注1）　債権発生の可能性を問わず将来債権譲渡の有効性を認めた最判平11・1・29民集五三巻一号一五一頁、取立権限留保型の集合債権譲渡担保につき設定時の対抗要件具備を承認した最判平13・11・22民集五五巻六号一〇五六頁があったほか、対抗力を備えた将来債権の譲渡担保と法定納期限後に発生した債権による譲渡担保権者の第二次物的納税責任（国税徴収法二四条）との優劣について譲渡担保権者の優先を認めた最判平19・2・15民集六一巻一号二四三頁が現れたことを受けて、その射程距離が大いに議論されている。たとえばＮＢＬ八五四号一〇頁、八五六号一一頁ほか同書に引用されている文献を参照されたい。

（注2）　公刊されている最高裁判例のうち民法六一三条の解釈が直接の問題となったものとしては、昭37・3・29民集一六巻三号六六二頁、昭49・5・30裁判集民事一一二号九頁、昭51・12・14裁判集民事一一九号三一一頁、平6・7・18裁判集民事一七二号一〇〇七頁の四件があるが、いずれも転借人の立場から転借権の保護を企図して行われた主張に対する判決ばかりであって、賃貸人の保護といわれる六一三条の立法趣旨とは直接に関係しない事例（転借人が六一三条を裏面から使おうとした事例）に関するものである。

（注3）　たとえば、篠塚昭次『新版注釈民法⒂』二八七頁、原田純孝「賃借権の譲渡・転貸」星野英一編『民法講座第5巻』三〇三頁。

（注4）　これらの問題の一部については法制審議会民法（債権関係）部会でも議論が行われている。公表された「民法（債権関係）の改正に関する中間的な論点整理」（平成二三年四月一二日決定。以下、「法制審中間整理」と略称して引用する）によると、民法六一三条の定める賃貸人の転借人に対する直接請求権（転借人の義務）については、判例・学説をふまえた規定の明文化に加えて、その意味をより精査し、転借人が転貸借契約に基づいて負担する義務の履行先が賃貸人になる可能性があるにすぎないことを明確にすべきことが指摘されるとともに、特に賃借人倒産時に賃貸人の賃料債権に優先的地位を認める根拠の有無とその方法にさかのぼって検討を加える必要が指摘されている（特に法制審部会第一五回会議における沖野幹事発言）。

二　転貸に関する現行民法の立法趣旨

そもそも転貸という事象を民法の起草者はどのように捉えていたのだろうか。法典論争のすえに施行されずに終わったボアソナード民法（旧民法）は、賃借権を物権とし、反対の慣習または合意のない限り、その譲渡・転貸を自由としていた（注5）。現行民法が六一二条により賃借権の譲渡・転貸を原則的に禁止したのは、賃借権を債権としたこと、譲渡・転貸の自由は「我国現在ノ慣習」に反することの二点にその理由が求められたが、なかでも後者による反対論が強かったからといわれている（注6）。現行民法の立法当時、賃貸借契約は主に小作関係を念頭に規定されていたが、当時における普通小作は、小作人に対する地主の家父長的な支配関係を背景にした個人的な信頼に基礎を置く関係ととらえられており、その譲渡や転貸はただそれだけで地主に対する信頼を裏切るものであり、これに対する「制裁」が必要と考えられたからである。ところで、諸外国では同じく農地の賃借権であっても、譲渡・転貸を原則的に自由としている法制（イギリス、フランスなど）も存しているところであり、譲渡・転貸の禁止は賃借権が物権でないことから必然的に導き出されるものではない。結局のところ、現行民法の規定は当時におけるわが国の地主小作間の経済的力関係が反映したものにすぎず、「半封建的」とさえいわれた当時の地主小作関係に見られた社会関係とそれに基づく慣習を、国家法のレベルで明示的に承認したものとも評されている（注7）。

民法六一三条についてもその延長上にとらえることができる。起草者である梅謙次郎は民法要義巻之三（注8）のなかで、本条について、適法転貸の場合に本条の規定がなければ、甲は乙に対し、乙は丙に対してのみ契約上の権利を有することになるが「これ時として不便」とし、その理由を「賃借人は、賃貸人に対してその義務を尽くさず、しかれども、転借人は、賃借人に対して、その義務を履行すること稀なりとせざるべし。この場合においては、賃借人唯り利益を専にして、賃貸人は大いに損害を被るのおそれあり。しかして、その所有物は、転借人これが使用、収益をなし、もってその物に関する利益を収むるものなり。これ豈に公平と言うべけんや。これにおいてか、本条は、賃貸人に与うるに転借人に対する直接の権利をもってせり」と説明している。つまり賃貸人甲、なかでも所有者たる賃貸人甲の保護を前面に打ち出すのである。また、甲→丙債権の基礎がどこに求められるかについては、先の説明に続いて「すなわち転借人が賃借人に対し賃貸借契約によりて負担せる義務は賃貸人の請求に応じこれに対してその履行を為すの責あり」と説明し、また法典調査会における説明でも「転借人は賃貸人に対して直接に義務を負うというのは……自己に義務があるその義務の範囲の内で負う」、直接請求権を権利の側から表現せず義務の側から表現したのは「義務の方から言えば義務の広さは（転貸借契約により）決まっているから便利である」と述べている（注9）。すなわち丙の甲に対する義務は、あくまでも転貸借契約上の義務（乙に対する義務）を基礎にし、その履行先が甲になるだけという関係にあり、ただ甲に賃貸借契約上の権利を超える保護までを与える必要がないことから両者の権利の範囲内で行使されると説明されるのである。

また、甲の保護につき民法四二三条による債権者代位では足りないことの理由として「第四二三条の間接訴権によれば賃貸人は自己の権利を行うにあらざるが故に（第一）其転借人より得たるものは己独り之を専にすることを得ず。必ず賃借人のほかの債権者と之を分たざることを得ず……（注10）。（第二）転借人は往々にして賃借人に対抗することを得べき事由を有することあり。此場合に於いて若し賃貸人が間接訴権によりて請求を為すときは転借人は之に其事由を対抗することを得べきは固よりなり（注11）。然るに本条の規定によりて請求を為す場合においては、賃貸人は自己の権利をもって転借人に請求を為すが故に是より得たるものは全く己の有に帰すべし。唯之に因りて賃借人はその債務の全部または一部を免るるに過ぎざるべし。転借人はその賃借人に対抗することを得べき事由をもって賃貸人に対抗することを得ず。例へば転借人が賃借人に対し債権を有し是とその借賃の義務と互いに相殺することを得る場合に於いても、若し賃貸人より請求を受くるときは敢て之を対抗することを得ざるが如き是なり」と述べ、甲→丙の直接請求権について乙→丙の権利を基礎に置きつつも、代位と異なり、丙の乙に対する抗弁を封じ（注12）、さらに乙のほかの債権者との関係でも収益を独占することを是認するためとの説明をしている。つまり、梅は本条により、地主に所有権者としての利益（所有物を源泉とする収益価値）を（債務名義を得て差し押さえるよりも）簡易に、かつ（債権者代位権の行使よりも）独占的に実現させ、賃貸さらにはそれに続く転貸によって所有権を源泉とする収益価値が分散することを防止しようとしたのであり、転借人を賃借人の背後にある賃貸人のいわば完全なる従属者としてとらえつつ、賃貸人にその所有権者としての保護を与えるべきとの価値観を強硬に貫こうとしたことがわかる。特に乙に対する抗弁をも封じようとした姿勢は、民法六一二条以上に封建的主従関係を体現したものということができるであろう。

（注5）建物所有のための土地利用権としては地上権が用意されており、賃借権は主に小作を念頭に置いて、その賃借人の地位を強く保護しようとしたものといわれている。

（注6）原田・前掲（注3）三〇〇頁以下。

（注7）原田・前掲（注3）三〇一頁。また近時の代表的な教科書の説明として、内田貴『民法Ⅱ（第三版）』二一七頁以下など。

（注8）梅謙次郎『民法要義巻之三』六五五頁以下。本文では旧字体を当用漢字に改めるとともに、適宜現代仮名遣いに改め、句読点を付するなどした。

（注9） 法務図書館編『法典調査会　民法議事速記録33巻』一一一・一一二・一一六頁。表記については（注8）と同じ。

（注10） ただし、後に判例が金銭債権の代位行使を含めて債権者代位権の行使において代位債権者が自己への給付を求めうるとし（大判昭10・3・12民集一四巻四八二頁）、それに引き続く相殺の容認とともに、これが実務に定着していることは周知のとおりである。

（注11） ただし、債権者代位権においても金銭債権以外（たとえば目的物の明渡し請求）の保全のために用いられるいわゆる転用事例では、代位債権者に第三者性を認め、第三債務者が被代位者に対して有する抗弁の対抗が制限されることのありうることもまた周知のとおりである。

（注12） もっとも前払いを除く債権の満足事由を抗弁とすることは許しているので、丙が乙に対して相殺の意思表示をし、有効に相殺がなされた後にまで甲→丙の直接請求を認める趣旨ではあるまい。

三　転貸の法律関係についての学説と判例

しかしながら、このような立法事実が近代化した社会のなかで、そのまま妥当しなかったことは当然である。民法六一二条に関しては戦前、戦後を通じて学説、判例に著しい展開が見られた。立法者の予想に反して宅地に地上権が設定されることは少なく、その多くが賃借権の設定という形態をとり、土地と建物が別個の独立した不動産とされる法制の下、社会の経済的発展に伴って借地取引だけでなく借地上建物の取引も増大した。建物所有目的の借地関係が安易に覆されることは社会経済的に損失であることは明らかであり、小作関係を念頭に立法された民法六一二条を杓子定規に適用することの不都合が意識され、さまざまな解釈論が展開され、また立法的手当がなされてきた。すなわち最判昭28・9・25民集七巻九号九七九頁をリーディングケースとする背信行為論の発展と借地法に基づく地主の承諾にかわる裁判所の許可制度（現在は借地借家法一九条、二〇条に引き継がれている）がそれである。判例はさらに進んで、甲の黙示の承諾を積極的に認め（たとえば、大阪地判昭31・8・27下民集七巻八号二二九六頁ほか）、承諾は乙に対してなされても丙に対してなされてもよいとし（最判昭31・10・5民集一〇巻一〇号一二三九頁）、いったん承諾をなせばこれを撤回できないものとし（最判昭30・5・13民集九巻六号六九八頁）、土地の賃貸人が調停の合意により将来一定の条件の下に賃借権の譲渡について承諾をする義務を負う場合において、賃借人が該合意に基づき承諾を求める手続を尽くしたときは、賃貸人の現実の承諾がなくても、賃借権譲受人は賃借権の譲受をもって賃貸人に対抗することができるとする（最判昭42・1・17民集二一巻一号一頁）など、大胆に解釈論を展開させている。学説もこれら判例の動きと概ね同調しつつ、今日ではさらに保護されるべき信頼関係の質について議論が移っているといえる（賃貸借につき地主と小作、大家と店子といった封建的な価値観を脱し、近代化、企業化してきていることを背景に、信頼関係についても対人的・属人的信頼関係から物的・経済的信頼関係への変化が論じられている（注13））。

これに対し、適法転貸に関する民法六一三条については、次に見るように「前払」の解釈や甲乙間の合意解約に対する丙の保護という、限られた論点のなかでは丙の独立した経済的地位を尊重する態度を見せるものの、基本的には主従関係に基礎を置く賃貸人、ひいては所有権者の保護という当時の立法趣旨に忠実な解釈論が展開されている（注14）。

民法六一三条の解釈について代表的な概説書（注15）では概ね次のようなことが説かれている。

① 「適法に」転貸するとは、甲の承諾を得てこれが行われる場合を典型とするが、承諾は明示であっても黙示

であってもよく、さらには慣習によって転貸が許される場合、信義則上甲の解除が否定される無断転貸の場合も含まれる（注16）。

② 本条により丙が甲に対して負担する義務としては、賃料支払義務だけでなく、目的物の保管義務、その違反による損害賠償義務、甲乙間の賃貸借が終了したときの目的物返還義務なども含まれる（ただし、その基礎はあくまでも乙丙間の転貸借契約上の義務にある）。

③ 甲が丙に請求しうる賃料額は、甲が乙に対して請求しうる額と、乙が丙に対して請求しうる額のいずれか低いほうの額の範囲内にとどまる。

④ 甲が丙に転貸料を直接請求しうる時期は、賃貸借契約と転貸借契約の双方の賃料の弁済期が到来したとき以降である。

⑤ 丙は乙に対する前払いをもって甲に対抗できないが、その「前払」とは転貸借における弁済期より以前に転借料が支払われた場合を意味し、賃貸借における弁済期より以前に転借料が支払われた場合を意味しない。

⑥ 甲が丙に対して請求するのは権利であって義務ではないから、乙に賃料不払いがあるとき、甲は丙に催告しなくても賃貸借契約を解除できる（注17）。

また、甲、乙、丙間の関係については、

① 適法転貸借の成立によって賃貸借関係はいささかの影響も受けず、甲が丙に対して直接に権利を行使できることは、甲の乙に対する権利行使の妨げにはならない。

② 丙が甲に対して直接に転借料を支払えば、その限度で丙は乙に対する転借料債務を免れ、また乙も同様にその限度で甲に対する賃借料債務を免れる。契約終了時の目的物の返還義務等についても同様である。

③　丙が乙に対して転借料を支払えば、それが前払いに当たらない限り、甲は丙に対する転借料の請求をすることができず、乙に対してのみ賃料の請求ができる。

④　乙が甲に対して賃借料を支払えば、丙は甲に対する転借料債務を免れ、後は乙に対する転借料債務だけが残る。

⑤　丙が転借物の所有権を取得した場合にも、甲乙、乙丙間の賃貸借関係は当然には消滅しない（注18）。

との理解が一般的といえよう。

ここで確認しておくべきは、第一に民法六一三条はあくまでも甲を保護するための規定であり、したがって、もっぱら甲に丙への直接請求の権利を付与するものであって、丙に対して甲へのなんらの権利の付与も認めるものではないとされていることである。このため、先に見たように賃貸人が賃料不払いを理由に賃貸借契約を解除するには、賃借人に催告すれば足り、転借人に延滞賃料支払の機会を与える必要はないとされ、また転借人の故意過失により目的物が毀損・滅失したときは、賃借人自身に過失がなくても賃借人は賃貸人に対して責任を負担しなければならない（大判昭4・6・19民集八巻一〇号六七五頁）とされる。立法趣旨としても後述するように、「転借人を、賃貸人に対して片面的法的責任を負う以外では、彼と全く無関係な……賃借人の従属者だと見る発想」がその基礎にあるとされるのである（注19）。もっとも、そのような発想をさらに徹底すると、前述の「前払」の基準時については転貸借契約に定める弁済期ではなく、賃貸借契約に定める弁済期である（民法六一三条一項前段が乙が丙と通謀して甲を害することを防止し、甲の期待的利益を守る趣旨だとするならば、賃貸借契約に定める弁済期を基準時とし、それよりも早くに転借料の弁済期が到来するように乙丙が定めた場合のすべてを包含しなければならない）、また、原賃貸借が終了した場合には、その原因が乙の債務不履行である場合はもちろん、仮に甲乙間の合意による解約であったとしても、丙は甲に対して目的物の返還義務を負うということになりそうである。しかし、従来、学説は甲の保護に偏した民法六一三条を解釈において修正する方向を示し、「前払」の意義については前述のように転貸借契約における弁済期を基準とし、また、原賃貸借が合意解約された場合にまで丙に目的物の返還義務を認めない。これらの解釈論は判例でも承認され（注20）、通説を形成している（注21）。さらに同様の基軸に立つ学説は、たとえば丙の過失について乙の責任は丙の選任監督につき過失がある場合に限定されるべきである（注22）とか、甲が丙にいきなり直接請求することは許されず、丙は甲に対して催告の抗弁権を有すると解すべきである（注23）とか、あるいは甲が乙の賃料不払いを原因に賃貸借契約を解除する場合には事前に丙に請求する義務があると解すべき（注24）としているが、これらの解釈論はいまだ判例によって採用されるに至っていない。裁判例あるいはこれをふまえた実務は、賃貸人の保護という同条に与えられた立法趣旨に基本的には今なお忠実である。

確認されるべきことの第二は、甲乙丙間の関係につき、甲→丙の法定債権債務関係は実体上の権利として転貸が行われると同時に発生し、これが甲→乙、乙→丙の約定債権債務関係と並立しており、そのような理解を前提に相互の関係が論じられているということである。先に見たような相互の牽連関係をふまえて、甲→乙、甲→丙の両債務の関係は不真正連帯債務の関係にある、あるいは連帯債務類似の関係にあるなどと説明されることが多い（注25）。他方で甲→丙、乙→丙の両債権の関係については、東京地判平14・12・27判時一八二二号六八頁が両者の間に優劣関係はないとする説明のなかで「連帯債権類似の関係」にあると述べるが、学説においてはあまり議論がなく、逆に「連帯関係」を否定する考え方が散見される（注26）。

（注13）　戒能通孝『債権各論』三八・二二三頁を萌芽とする。

（注14）これに対し、加賀山茂「民法六一三条の直接訴権《action directe》について㈠㈡」（阪法一〇二・一〇三号）は、民法六一三条を同法三一四条の先取特権の被担保債権の範囲を限定するために特に設けられた規定と解し、先取特権から転借人を保護することに立法趣旨を見出している。たしかに、同論文㈠七四頁以下が引用するように、法典調査会における議論で、約定どおりに転貸料を支払っている丙が三一四条により丙の動産に成立する甲の先取特権行使を受忍しなければならないとするのは不都合ではないかとの指摘に対し、梅は転借人が直接に賃貸人に対して払うことができるという規定を設けることで回避できるように説明している（第三九回・明治二七年一〇月一二日）。ただこれは六一三条の機能の一側面を述べたものにすぎず、少なくともこれを六一三条成立の「契機および起源」とまで解することには飛躍があるだろう。なお、原田・前掲（注3）三〇五頁。

（注15）たとえば我妻榮『債権各論　中巻二』四六二頁以下、内田・前掲（注7）二二三頁以下。

（注16）篠塚・前掲（注3）二八七頁。

（注17）前掲（注2）の各最判がとるところである。

（注18）大判昭8・9・29大民集一二三八四頁。

（注19）椿寿夫『総合判例研究叢書民法25　不法占拠』二二頁。

（注20）「前払」の意義につき大判昭7・10・8民集一一巻一九〇一頁、合意解約につき大判昭9・3・7民集一三巻二七八頁。

（注21）さらに内田・前掲（注7）二二六頁は、最判昭63・7・1判時一二八七号六三頁が建物賃借人は建物所有者たる借地人の不払地代を代位弁済しうるとしたことを受けて、（丙が甲に対して民法六一三条により負担するのはあくまでも乙に対する転借料債務だが）丙は第三者弁済として乙の意思に反しても乙の甲に対する賃料債務を支払うことができるだけの民法四七四条二項の利害関係を有するとする解釈論を展開しており、これも同様の基軸に立ちつつ、丙の独立した経済的地位を保護しようとする考え方といえよう。

（注22）我妻・前掲（注15）四六二頁、星野英一『借地・借家法』三四九頁ほか。

（注23）篠塚・前掲（注3）二八八頁、内田・前掲（注7）二二五頁も同旨か。

（注24）　篠塚・前掲（注3）二八八頁ほか。

（注25）　たとえば、勝本正晃『契約各論第1巻』二三六頁、椿寿夫「賃借権の譲渡と転貸借」法セ二五六号八二頁、篠塚・前掲（注3）二八八頁ほか。

（注26）　たとえば、末弘厳太郎『債権各論』六一九頁は単に同一目的を有する二個の債権が存在するにすぎず連帯債権関係にはないと述べ、また、内田『民法Ⅲ（第三版）』三七九頁は両債権を対等な連帯債権の関係に立たせることには疑問があると述べる。

四　検　討

1　民法六一三条の直接請求権とフランス法における直接訴権の概念

民法六一三条はフランス法に由来し、甲の丙に対する直接請求権（直接訴権＝action directe）を定めたものとされる。民法制定時においては普通小作関係を念頭に、直接請求権を承認することにより地主たる甲の保護を図ることが意図されており、起草者である梅が甲→丙の直接請求権を、乙→丙の転貸料債権に基礎を置きつつ民法四二三条による債権者代位による間接訴権では賃貸人の保護に足りないとしてこれを補うための直接訴権と位置づけ、乙の責任財産の保全を超えた甲の直接的な満足と丙の乙に対する抗弁を封じることを意図していたことはすでに触れた（もちろん梅にあっても、弁済など債権の満足をもたらす事由による丙の抗弁は前払いの場合を除いて甲に対して対抗できるものとしていた）（注27）。つまり甲は、自己の名で乙→丙債権を行使しうる実体法上の地位（請求権）を獲得し（ただし、甲→乙債権の範囲内で）、それにもかかわらず丙は乙に対する抗弁を主張することができないというのである。そしてその効果は甲→乙債権の直接の満足をもたらす。あらためて丙からの取立金について乙に対する返還債務を負担し、これと甲→乙債権との間で相殺することが求められるわけでもない。その仕組みは差押債権者の第三債務者に対する民事執行法一五五条一項に基づく取立権にも似ている。ただ、民事執行法では同条二項において請求債権について弁済の効果が生じることが明定されているのに対して、民法には同様の規定がない。受任者の委任者に対する代弁済請求（民法六五〇条二項）のように、中間者と第三債務者との間に委任関係があれば、中間者の意思を介して弁済の効果を説明することも可能かもしれないが、甲→丙の直接請求権については乙の意思を媒介して説明できる余地もなさそうである。そうすると、そもそも法定債権である甲→丙の直接請求権について真に約定債権である乙→丙の転貸料債権に基礎を置いているといえるのかについても疑ってみる必要がないか、たとえば直接請求権が乙→丙債権を基礎にしているといいつつ、その行使により甲→乙債権が消滅するということを説明することははたして可能なのかについても疑問が出てくる。

この点、直接訴権概念を積極的に擁護する立場からは、当該直接訴権はいわゆる不完全直接訴権として甲が丙に請求した時点ではじめてその効果が生じ、その効果とは乙→丙債権が法律上当然に甲に移転するというもので、ただそれと同時に乙の甲に対する賃料債務は不真正連帯債務へと転化するのだと説明される（注28）。しかしながら、（少なくとも日本の法体系において）行使により発生する権利なるものを実体法上の権利として観念しうるのか疑問があるし、転貸借契約の成立と同時に行使が可能と解するのであれば、それほどまでに甲を保護するべき根拠を見出せない。さらに何よりもこの見解では明文の規定もないのに甲の意思次第で乙→丙債権が剥奪されてしまい、それ以降に生じた丙の乙に対する抗弁も甲には対抗できないとされるうえ、その行使の結果、担保権の成立要件あるいは行使要件を満たさないまま安易に乙の一般債権者との関係で債権者平等原則の潜脱を認めてしまうことになるなど、解釈論としての帰結にも無視しえない難があるように思われる。

そもそも同条の説明に直接訴権なる概念を持ち込む梅の説明自体が、甲の保護に偏した封建主義的思考の表れというべきではなかろうか。直接訴権は、間接訴権（債権者代位権に代表される）のように債務者財産の保全を目的とするのではなく、債権者の満足を目的として第三債務者に対して認められる権利と説明され、それゆえに中間債務者の無資力要件は必要なく、さらに行使の結果は中間債務者の一般財産に組み込まれることなく、直接訴権者が中間債務者のほかの債権者に優先してその利益を独占できると説明される。また第三債務者は直接訴権の効力が生じた後に中間債務者との間に生じた事由をもって直接訴権者に対抗できないとされ、乙→丙債権は事実上差押えを受けたのと同様になる。つまり、債権者平等の原則に対する例外として直接訴権者に債務者の特定の財産に対する独占を認める（注29）ところにその特徴があるといえる（注30）。ただ、今日においてこれほどまでに強い保護を賃貸人に与えることがどうして正当化されるのかは、あらためて検討されるべきだろう。立法趣旨はともかく、今日において民法六一三条の解釈論としてあえて直接訴権の概念を持ち出す必要はないというべきではなかろうか。

2　民法六一三条の直接請求権の脆弱性

直接請求権を承認する考え方が意図するのは直接請求権者の保護である。法制審中間整理によると、現在、賃貸人の転借人に対する直接請求権だけでなく、下請負人が注文者に対して報酬を直接請求することができるとする考え方が検討されているが、そこでも同様に直接請求権者の保護が意図されている。つまり乙に信用不安が生じた場合、さらに倒産した場合であっても、甲に丙への直接請求権を承認することにより、甲は丙から債権の回収を得ることができ、乙の一般債権者に比べて有利な地位を確保することができるというわけである。直接請求権が認められないとするならば、乙の債務不履行に際して丙は甲に対して民法四七四条二項の要件を満たして第三者弁済することができるかが問題となるが、これを認めるとしても乙に信用不安が生じ、あるいは倒産手続が開始した場合にまで丙に第三者弁済を期待することは無理であろう。丙は第三者弁済を行った後、乙に対して取得した求償権ないしは立替金請求権をもって乙に対する債務と相殺することを望むであろうが、倒産法は乙の信用不安後に取得した債権を自働債権とする相殺を許さないからである。その結果、丙は二重弁済のリスクにさらされることになる。甲に直接請求権を承認することで、丙のこのような二重弁済のリスクを除去することが意図されるのである。ただ、現在の民法の建付けは丙に乙への弁済を禁止するところまでには至っていない（注31）。丙は甲からの直接請求を受けて甲に弁済することもできれば、従前の契約関係に従って乙に弁済することもできる。丙が乙に弁済すれば甲の丙に対する直接請求権は消滅する。結局のところ、甲が乙の一般債権者に対して確保しているように見える優位は、丙が甲の直接請求に応じて弁済をしてくれた場合にのみ実現し、丙の意思に依存するきわめて脆弱なものなのである。

このように脆弱なものであれ甲に直接請求権を承認してその範囲での優位を認めるか否かは政策論といえる。そして現行民法は、小作関係を念頭に賃貸人に脆弱な優位を承認したわけである。ただ、このような甲の脆弱な優位は、法制度としていかにも中途半端であり、特に乙が倒産した場合に奇妙な解決を是認することになることに注意する必要がある。乙が倒産した場合、甲は乙の倒産手続に参加して配当に甘んじるよりは、丙に対して直接請求を行うことを望むだろう。丙はこれに応じて甲に弁済してもかまわないし、これにもかかわらず乙（管財人）に弁済してもかまわない。直接請求により乙への弁済が差し止められることはないからである（なお、債権者不確知ではないから丙において弁済供託を行うことは不可である）。甲と乙との間には内部的な配分に割合的な関係がないから、一方が他方に対して事後的に清算することも要しない。その結果、丙が甲に弁済すれば、甲は乙の一般債権者に優先し乙の倒産事件における配当率はその分だけ減少し、乙（管財人）に弁済すれば甲は乙の一般債権者と同等の配当に甘んじるが、乙の倒産財団は増殖して配当率は増加するといった事態が現出する。丙という第三者の意思次第で、甲の債権回収の成否だけでなく乙の倒産事件における配当率が左右されるという事態が生じるわけである。これを合理的と考える論者はいないであろう。

このような事態を避けることを考えるならば、解釈論としては甲→丙債権の成立要件をできる限り制限的に解すべきだろうし（たとえば、乙の倒産時など甲→乙債権が行使できない場合には甲→丙債権も行使できないと解するなど）、あるいは立法論として①甲の保護を強調するならば、自賠責保険の被害者の直接請求権（注32）のように甲→丙債権と乙→丙債権との並立を認めず、直接請求権による甲の優位を確固たるものにするか、あるいは②逆に甲に契約上の権利を超える保護の必要性を認めないならば甲→丙の直接請求権を否定するか、のいずれかを指向することになるのだろう。現下の法制審議会民法（債権関係）部会の審議が少なくとも②を指向していないことは明らかである（民法六一三条の直接請求権が維持されているほか、さらに下請負人にまで直接請求権を認めることが議論されていることは前述した）。他方で①を指向しているのかはわからない。ただ少なくとも、①の採用はよほど慎重であるべきと思う。乙→丙債権の回収を許さず、甲の直接請求権による優先的地位を確固たるものにするということは、乙の倒産時において甲→乙債権という負債と乙→丙債権という資産とをセットにして倒産手続の枠外で処理し、手続外で甲に満足を与えることになるため、甲にいわば別除権者的な地位を与えることになる（会社更生手続を考えるならば、担保権者を超える地位を与えることになる）が、これを安易に認めることは倒産法の債権者平等原則に反するからである。ちなみに自賠法一六条に基づく被害者の保険会社に対する直接請求（注33）という仕組みが是認できるのは、被害者の被保険者に対する損害賠償請求権、被保険者の保険会社に対する保険金請求権が同一の事故を契機として発生し、保険契約が被保険者を被害者との関係で免責させることを目的に締結されるなど、その間にきわめて強固な牽連関係が存在するからであり、さらに直接請求という解決が被害者救済を中心とする自賠法の趣旨にも合致するからであろう。これに対して転貸事例における甲→乙債権、乙→丙債権は、その発生契機も異なれば、契約目的も異なり、同様の関係にあるとは到底いえない。立法論として①の承認は、直接訴権者の中間債務者に対する債権と中間債務者の第三債務者に対する債権との間にきわめて強固な牽連関係があり、債権者平等原則を排してでも直接の権利行使と満足を認めることが公平かつ正義に適うといいえてはじめて正当化できるのであり、そのような事情がないにもかかわらず安易に倒産手続の枠外で処理される資産や負債を承認することは避けるべきなのである（注34）。

そのように考えると、現状の丙の意思に依存する脆弱な直接請求権の合理性は相当に疑わしいといわねばならず、民法六一三条の解釈論としてはその成立要件や効果を含めやはり制限的に展開されなければならないと思われる。

3　各債権相互の関係

以下では転貸をめぐる各種の債権の相互関係について、いわば裸の利益衡量を検討する。直接請求について直接訴権としての位置づけを離れることが許されるならば、これにかわり法定債権たる直接請求権をどのように位置づけ、解釈すべきかを究明すべきことになるが、その前提として各種の利益衡量が有益と思われるからである。

すでに見たように、通説的な理解は甲→丙債権について転貸と同時に実体的権利として発生し、これを前提に相互の関係を論じる。そして甲→乙債権と甲→丙債権とは、一般に同一の目的を有するが別個に独立した債務が併存している、それゆえに両者は不真正連帯債務の関係にある、と説明されることが多い。甲→丙債権と乙→丙債権との関係についてはあまり議論がないものの、連帯債権類似の関係とする裁判例があり、また法制審中間整理では、転借人に対する賃貸人と転貸人の権利について、連帯債権という概念を認め、連帯債権に関する規定を新設することが検討対象とされている。

㈠ 甲→乙債権と甲→丙債権との関係

不真正連帯債務の場合、債権を満足させる事由（弁済、代物弁済、供託、相殺）については絶対的効力を有するが、それ以外の事由については相対的効力を有するにとどまると解するのが一般である。しかしながら、たとえば、甲が賃貸目的物を修繕するべき義務を履行しないため乙が賃料支払義務について同時履行の抗弁を有するとき、甲が乙を免除したとき、甲→乙債権が混同により消滅したとき、あるいは更改により同一性を失ったとき、さらには甲→乙債権が第三者に譲渡、質入れ等されたとき、甲→乙債権が差し押さえられたとき、これらの事由は相対的効力を有するにすぎないとして、甲→丙債権の行使を認めることが正当だろうか。法が甲→丙の直接請求権を認めたのは、あくまでも甲→乙債権の履行を確保するためであるという当時の立法趣旨からしても、これらを肯定することは結論として行き過ぎであろう。仮にこれらを肯定したとすると、甲は乙が転貸を行ったという偶然の事情から、転貸がなかった場合を超える利益を得ることになる。また乙は実質的に甲に対する抗弁を奪われることになりその地位が害される。その結論は不合理といわざるをえないのである。そうすると丙は原則として乙の甲に対する抗弁を主張できると解するべきだろう。このように考えると、乙の甲に対する債務と丙の甲に対する債務とは単純に不真正連帯の関係にあるというわけにはいかないように思われる。他方で真正連帯の関係を認めることもできないだろう（たとえば請求の絶対効を認め、転借人に請求をして履行がなかったというだけで賃借人に対して解除することを肯定するわけにはいかないだろう）。法律上、連帯関係とは二人以上の者が関連して同じ法律関係に立つことを根拠に認められる関係であり、ただ内部負担の有無や連帯者間の主観的連関の濃淡に応じて真正ないし不真正と分類されるのが一般である。これに対し民法六一三条が認める甲→丙債権は、その他の債権と異なり、当事者の意思に根拠を置かず、ただ政策的に（甲を保護するために）認められた法定債権であり、このような法定債権と当事者間の約定債権との間に連帯関係を認めることが合理的とは思われないからである。

一般に債権の満足事由の絶対効を説明するには連帯関係を援用することが便宜ではあるが、説明に便宜なのはそこにとどまり、かえってその他の事由、たとえば賃料の弁済猶予や減額、同時履行の抗弁などが一方に生じた場合に他方がどのように取り扱われるべきか、乙が倒産した場合に甲→丙債権は無条件に行使可能なのかなどを考える場合、債権者や債務者相互間に連帯の関係がないにもかかわらず（立法事実としてあるのは封建的な主従関係だけであり、現在ではそれすら認めることができない）、連帯関係を援用することは議論に混乱を招くだけのように思われる。結局、両者の関係は、単に二個の独立した債務が存在するにすぎないということを正面から認めつつ、一方に生じた事由が他方にどのように影響を及ぼすかについては、法が甲→丙の直接請求権を認めた趣旨があくまでも甲→乙債権の履行を確保するためであることをふまえて、ただ乙倒産時の債権者平等の原則や当事者間の公平、さらには清算の便宜を考慮しながら個別に検討するほかなく、かつ、それで十分というべきではなかろうか。

(二) 甲→丙債権と乙→丙債権との関係

甲の丙に対する直接請求権と乙の丙に対する転貸料債権との関係については前述のようにこれまであまり積極的な議論がなく、一部に連帯債権類似の関係と解する裁判例とこれを否定する見解が示されている程度である(注35)。連帯債権の関係にあると解する理解が解釈論として何を意図しているのかは必ずしも明らかでないが、連帯債権の関係を「各債権者は全ての債権者のために履行を請求し、債務者は全ての債権者のために各債権者に対して履行をすることができる」関係と解する(注36)のであれば、甲→丙債権と乙→丙債権との関係に当てはまるとは思われない。甲と乙はそれぞれ自己の債権の独占的満足を目指して丙に請求しているにすぎず、競争関係にあるということができても決して連帯しているわけではないからである。結局、ここでも前同様に、政策的に認められた法定債権と当事者間の約定債権との間に連帯関係を認めることが合理的とは思われず、単に二個の独立した債権が存在するにすぎないことを認めたうえで、一方に生じた事由が他方にどのように影響を及ぼすかについては当事者間の公平や清算の便宜を考慮しつつ、個別に検討するほかない。

丙が乙に対する抗弁をもって甲からの直接請求を拒みうるかについて、前述のように立法者は前払い以外の弁済その他債権の満足事由についてのみ抗弁の対抗を認め、それ以外の抗弁を封じていた。それが間接訴権たる債権者代位を用いる場合との違いというのである。さらに進んで丙が甲から直接請求を受けた後に、乙に対してした弁済等を甲に対抗できるかについて立法者がどのように考えていたのかは必ずしも明らかでないが、直接請求権をフランス法の直接訴権に由来する権利とし、賃貸人の保護を強調することからすると、おそらくは否定する趣旨であったものと思われる（注37）。しかしながら現行法の解釈として、賃貸人の所有権に基づく利益をそこまで強調することが正当といえるか疑問である（注38）し、明文の規定もないのに甲の意思次第で甲→丙債権と乙→丙債権とに優劣関係を認め、甲→丙債権の請求後には乙→丙債権が差し押さえられたのと同様の状態に置かれるとすることには疑問が残る。丙としては甲から直接請求を受けた後に乙に対するものとして取得した抗弁であったとしても、それが乙→丙債権の満足事由であるならば甲に対して対抗できると解するべきだろう（注39）。次に丙が乙に対して満足事由以外の抗弁を有するとき、甲との関係で丙の抗弁を封じることは正当だろうか。立法者がこれを封じるのは地主と小作間の封建的主従関係の保護を根拠としていた。しかし現代においてこれをそのまま承認することはできない。たとえば、乙が丙を免除したとき、期限の利益を与えて弁済を猶予したときなど、丙の抗弁を封じてまで甲を保護するべき実質的理由は見出せない。乙が賃貸目的物を修繕するべき義務を履行しないため丙が賃料支払義務について同時履行の抗弁を有するときなどは、乙自身が甲に対して抗弁を有していることが通常であろうから、丙において乙の甲に対する抗弁を主張できると解する限り、いずれにしても丙は甲への履行を拒めることになるが、それならば丙に独自の乙に対する抗弁を直接甲に対して主張できるとしたほうが簡便である。丙が乙に対して必要費、有益費償還請求権を有するときも同様である。現代において丙の地位を害しつつ、甲を保護するべき理由があるとは思えず、丙が乙に対して抗弁を有するときには原則として甲からの直接請求を拒みうると解したい。

もっとも乙→丙債権が第三者に譲渡、質入れ等されたとき、乙→丙債権が差し押さえられたときに、ただそれだけで甲との関係で丙に抗弁を認めることは無理と思われる。甲→丙の直接請求権は脆弱な権利として乙→丙債権と並立することが予定されていて両者間に優劣はないのであるから、乙↓丙債権の帰属が変わったとか第三者がこれに利害を有するに至ったというだけで甲の請求を拒みうるとするわけにいかないからである。

(三) 債権消滅のメカニズム

先に甲↓丙の直接請求権について真に乙↓丙の転貸料債権に基礎を置いているといえるのか、直接請求権が乙↓丙債権を基礎にしているといいつつ、その行使により甲↓乙債権が消滅するということを説明することは可能なのかとの疑問を述べた。フランス法の直接訴権の概念を離れて甲↓丙債権を理解することが許されるならば、甲↓丙債権が乙↓丙債権に基礎を置くとの理解をする必要はなく、ただ特定の場面で甲↓乙債権の履行を確保して甲を保護するため、その内容を甲↓乙債権、乙↓丙債権の範囲内のものとして法が特別に認めた特殊な債権と解すれば足りることになるだろう。甲↓丙債権は、甲↓乙債権の履行確保という同一の目的で法定されたがゆえに、甲↓丙債権の履行により甲↓乙債権が消滅すると理解できるのである。丙が乙に対して抗弁を有する場合に、甲↓丙債権の履行を拒めるというのも、甲↓丙債権の基礎が乙↓丙債権にあるからではなく、甲↓丙債権を付与する制度設計として丙に契約上の義務を超える負担を課してまで甲を保護する必要がないからであり、また、甲↓乙債権と乙↓丙債権との牽連関係の弱さゆえに甲を保護するとしても甲に脆弱な直接請求権を与えれば十分だからである。

他方で丙の甲に対する弁済により乙↓丙債権が消滅すること、あるいは丙の乙に対する弁済により甲↓丙債権が消滅することについてはどのような説明が可能だろうか。前者につき直接訴権の考え方、甲↓丙債権の基礎が乙↓丙債権にあるとする考え方からするならばこれを当然に承認することになると思われ、通説的な理解も結論としてそのように解している。しかしながら、乙→丙債権と甲→丙債権とは成立原因も目的もまったく異なるといわざるをえず、たとえば自賠法一六条三項のような規定があるわけでないにもかかわらず、当然にそのような関係が認められるかは相当に疑わしい。もちろん丙からするならば甲への弁済は自らの転借権を維持することを目的としていることが多く、その範囲で乙への転借料の弁済と同様の目的を有するとはいえるが、このような目的は丙の一方的な主観的目的にすぎず、債権自体の目的とは異なる。また、丙は、甲に対して弁済しても、乙に対しても弁済してもよく、甲→丙債権と乙→丙債権との間に優劣関係があるわけでもない。そうすると、そのような甲→丙債権の弁済の効果として乙→丙債権が消滅すると解する必要もないのではなかろうか。丙が甲にたまたま弁済したとしても、乙→丙債権は当然には消滅しないが、先に見たように目的を同じくする甲→乙債権が消滅する結果、丙は乙に対して不当利得返還請求権を取得するのであり、これとの間で相殺を認めれば足りるであろう。他方で後者につき丙が乙に対して弁済することにより甲→丙債権が消滅するのは、そもそも甲の直接請求権がそのような脆弱な権利として発生しているにすぎないからであり、そのような法定債権なのだと解するほかない。

4　あらためて現代において甲→丙債権の合理性をどこに求めるか

先に見たように民法六一三条の立法趣旨は、小作関係を背景にあくまでも甲、なかでも地主たる甲を保護することにあった。同条が丙の利益を保護する側面をもちうるとしても、それは丙において自ら甲に転借料を支払うことによって、その限度で甲による民法三一四条の先取特権の行使を減殺しうる（注40）、丙が乙に転借料を前払いとしてではなく支払った後は甲からの転借料の直接請求を拒みうる（注41）という二点に限られ（注42）、丙の保護は民法六一三条の限局された機能的一側面にすぎない。梅は、前述のとおり丙が転借料を乙に対して支払っているのに乙が賃料を甲に支払わないという事態をふまえて、「賃借人唯り利益を専にして、賃貸人は大いに損害を被るのおそれあり……これ豈に公平と言うべけんや」というが、賃貸人の損害は賃借人が任意に賃料を支払わないことを原因として発生しているにすぎず、賃借人が転貸をしたこととは関係がない。同じような損害は転貸がなくても、乙が賃料を不払いとすればそれだけで発生するのであり、未収のリスクは所有資産を賃貸に供した時点ですでに発生している。つまり、甲の損害はただ乙との関係で生じ、ただ事実として転貸料を回収してしまった乙との関係でのみ一見すると公平でないように見えるにすぎない。それにもかかわらず乙の資産たる乙→丙債権に対する強制執行（先取特権の実行を含む）という一般原則で解決しようとしなかったのは、結局のところ丙を乙の従属者としたうえで、ことに甲に所有者として目的物の収益価値を「簡易に」「独占させ」ることを意識したものというほかないであろう。

しかしながら、このような民法六一三条の立法趣旨が、地主の封建的支配を脱した近代法、物権に対する債権の優越的地位を積極的に承認し、自由主義経済の下、個々人の人格、自由意思の尊重を標榜する現代法にそのまま妥当しないことはあらためて指摘するまでもなく明らかである。特にバブルの崩壊を経験した近時は、賃料債権を含めあらゆる資産、価値の流動化が法制度としても急速に促進されており、民法六一三条のあからさまなまでの賃貸人（所有権者）保護の姿勢はこれらの動きと深刻な衝突を招きかねないように思われる。それでは現代において民法六一三条の直接請求権の合理性、保護法益をどこに求めるべきだろうか。

民法六一三条の立法当時の意図として甲の所有権者としての保護の必要性（地主に収益価値を実現させるべきとの価値観）が重視されたことは先に見たが、他方で現行の法体系が所有権者にそこまでの保護を認めているのかについては多分に疑問がある。たとえば、判例はこれまで賃料の滞納があった場合でもただそれだけで賃貸人からする契約解除を認めず、解除を有効とするためには当事者間の信頼関係の破壊を要求してきた。その態度は賃借人の破産の場合ですら徹底されており、賃借人破産の場合に賃貸人の解除権を認める民法旧六二一条が廃止される以前においても借地については解除に正当事由を要求するのが判例であった（最判昭48・10・30民集二七巻九号一二八九頁）。そして現行破産法の成立と同時に民法旧六二一条は廃止されるに至っている。つまりこれまでの実務においては所有権者といえども、その所有物を賃貸に供しその価値の主要な部分を債権に化体させた以上は、その信用供与に伴って生ずる一定のリスクを負担することが当然のこととして求められてきたのである。不動産賃貸に関する戦前戦後を通じた裁判例の動きを見ても、また借地借家関係法規や民法を含めた立法の動きを見ても、賃借権なかでも不動産を目的物とする賃借権の価値は民法六一三条制定当時に比べてはるかに増大している（注43）。これに伴って賃借人や転借人の経済的地位の賃貸人からの独立性もまた重視、尊重されるべきことは当然であり、民法六一三条の保護法益を考えるにあたってもこのような流れを無視することはできない。

ところで、この問題を考えるにあたって興味深い裁判例が近時現れている。転リース契約に民法六一三条を類推適用できるか否かが争われた事案につき、これを肯定した東京地判平17・5・27（金商一二五六号四六頁）とこれを否定したその控訴審である東京高判平18・3・8（同三八頁）とがそれである。事案を簡略化して紹介する。自動車のリース業者であるXは、X所有の自動車につき訴外Aをリース先とするファイナンスリース契約を締結し、次いでAはその子会社であるBをエンドユーザーとして転リース契約を締結し、自動車がBに引き渡された。Bはその時点で会社更生手続開始決定を受けた更生会社であり、XがBとの間で直接にリース契約を締結しなかったのはXの内部規程上、更生会社への与信が困難だからであった。ところがその後、Aが民事再生手続開始決定を受け、ＸのＡに対するリース料債権・規定損害金債権が再生債権になった。またＢも営業を停止するに至ったため職権で破産手続が開始されている。ただ、ＡのＢに対する転リース契約に基づく債権は、転リース契約がＢの更生手続開始後に締結されたがゆえに更生手続上の共益債権とされ、Ｂに破産手続が開始した後も破産法上の財団債権となり、破産手続外での行使が可能となっていた。そこでＸがＢの破産管財人であるＹに対して民法六一三条一項前段に基づき、転リース契約に基づくリース料と規定損害金の支払（財団債権の承認）を求めて提訴した。

前述のように第一審東京地裁は民法六一三条一項前段の類推適用を認めてＸの請求を認容したが、第二審東京高裁はこれを否定しＸの請求を棄却した。両判決が結論を分けたのは民法六一三条一項前段について甲のいかなる利益を保護する規定と見たかによる。第一審判決は「民法六一三条一項前段は、賃借人が転借人に対して有する転借料や転借物の滅失毀損による損害賠償債権は賃貸物自体またはその使用の対価ないし変形と考えられることに鑑み、賃借人が無資力の場合に賃貸人を保護する規定の趣旨と解されるところ、本件各原リース契約書及び本件転リース契約書の前記条項は、かかる民法六一三条一項前段と趣旨を同じくするものと評価でき、その意味で本件各転リース契約に民法六一三条一項前段が適用ないし類推適用することには合理性があると評価することが出来る」と述べ、甲の保護されるべき利益について「賃貸物自体またはその使用の対価ないし変形」と見た。すなわち所有権者としての利益（交換価値のなし崩し的実現たる所有物の収益価値）を所有権者に帰属させる必要性を強調したのである。これに対し、控訴審判決は「民法六一三条一項前段の法意は、賃貸借契約においては目的物の使用収益とこれに対する賃料支払義務との間に対価的な牽連関係が存在するところ、賃借人が無資力の場合において、転借人が目的物を使用収益しているにもかかわらず、賃貸人が、契約関係が別個であるとの理由で、転借人に対して何らの請求も出来ないとするのは公平を害することから、賃貸人に対して転借人に対する直接の請求権を認めた制度であるということが出来る。……本件各原リース契約及び本件各転リース契約においては、リース料の支払義務と目的物の使用収益が対価関係に立たない点で賃貸借契約とは異なることから、民法六一三条一項前段を適用することが出来ないのはもとより、上記のような趣旨で設けられた民法六一三条一項前段の類推適用をすべき前提を欠いているものというべきである」とし、その法意を「目的物の使用収益とこれに対する賃料支払義務との間」の「対価的な牽連関係」をふまえた「公平」と見ている。そこでは賃貸借によりもたらされる期間損益のキャッシュフローを通じた適正な実現（比例的・割合的利益の公平な配賦）の必要性が強調されているといえる。なお、Xからは上告・上告受理申立てがなされていたが、最高裁は上告棄却・上告不受理の決定をし（最決平19・9・25判例集未登載）、控訴審判決が確定している。最高裁の決定はいわゆる例文決定であり、控訴審判決を維持した理由の詳細は明らかでないが、原リース契約上の債権者においても原賃貸借契約の賃貸人と同じく目的物の所有権を有していることからすると、結論として甲の保有する所有権的価値の保護をストレートに民法六一三条の法意とはしなかったといえるだろう。

　そうすると、甲→丙の直接請求が妥当する根拠としても、甲の所有権に求められるのではなく、あくまでも賃貸借＋転貸借関係を受けてこれに基づく「期間損益」のキャッシュフローを通じた適正な「実現」に求められるべきことになる。賃貸借関係は、目的物を第三者の使用収益にさらしつつ、そのことと比例的・割合的に発生する対価を得るという関係であり、この比例的・割合的関係の保護にこそ甲→丙の直接請求の現代における存在価値が見出せるのではなかろうか。つまり、そのような関係が崩れたときにこれを回復させるのが民法六一三条の直接請求権ととらえることができるのである。具体的には、弁済期に賃料を支払わない不誠実な賃借人（＝転貸人）が賃貸人の犠牲（賃貸人は賃貸借契約を解除しない限りは目的物を第三者の使用収益にさらしながら、賃借人が賃料を支払ってくれないがゆえに、その対価として使用収益と比例的な関係で発生する賃料債権の回収を得られない犠牲を受ける）の下で転貸料収益を独占することは不公平なので、賃貸人がそのような犠牲を受けているにもかかわらず、なお賃貸借という比例的・割合的関係の維持を望むのであれば、つまりあえて賃借人に対する解除権の行使（それは転貸借関係の覆滅をも意味する）を選択しないのであれば、その見返りとして賃貸人に簡易に比例的対価の回収を図る手段を与える必要がある。賃貸借＋転貸借関係の維持は、当事者間に比例的に発生する収益価値を公平に配分する関係の維持を意味しており、このような比例的利益の公平な配分を害する賃借人に対して契約解除に代替する対抗手段を賃貸人に提供するのが民法六一三条の直接請求権であると理解するのである（注44）。賃貸人があえて契約の解除を選択しないとき、特にこれが不動産を目的とする賃貸借であれば、その結果は社会経済的な観点からは有益であることが多いといえよう。契約解除による社会経済的な損失の回避を現代における民法六一三条の保護法益と考えれば足る（注45）のではなかろうか（注46）。

このように考えると、甲↓丙の直接請求権は転貸契約の成立と同時に発生するという従来の考え方はとりえないことになる。解釈論としてこのような考え方を展開することに対しては、あるいは明文の規定から乖離しているとの批判があるかもしれない。しかしながら、甲の所有権者としての利益を過度に強調することは現代において適切でないこと、甲↓丙の直接請求を実体法上の権利として契約法理から説明することはできず、また法定の直接訴権として乙↓丙債権に基礎を置きつつ説明することも困難であること、甲↓乙債権と乙↓丙債権の牽連性の薄弱さからするならば甲↓丙債権を脆弱な直接請求権としても制限的に解釈することが正当であることをふまえると、このような制限的な理解はやむをえないと思う。ちょうど賃貸借の解除権が信頼関係破壊法理により一定の制限を受けるのと同じようにである。このようにして乙が甲に対する賃料支払債務を滞納して比例的・割合的に帰属するべき収益配分の均衡が崩れたとき、甲の解除による契約の終了を回避しつつ比例的・割合的利益が配分される関係を回復するためのオプション権として、滞納者である乙の丙に対する債権を限度とするまったく別個独立した権利を甲が原始取得するもの（特殊な法定債権）と解したい（注47）。

（注27）　しかしながら、母法とされるフランス民法においても、乙の債務不履行により賃貸家屋に備え付けられた丙の動産が差し押さえられた場面を想定して、「転借人は、差押の時に負っている転借料の限度でのみ、所有者に対して義務を負う」と定めているにすぎず（フランス民法1753条1項本文）、同国の判例もそのような場合に限って直接訴権を認めるのであって（破毀院第三民事部一九八七年一月七日判決）、無条件に甲の直接請求権を承認しているわけではないようである。法制審議会民法（債権関係）部会資料一六－二、内田前掲（注7）二二三頁参照。

（注28）　加賀山・前掲（注14）㈠一〇四頁。

（注29）　しかも、直接訴権は中間債務者の一般債権者だけでなく当該財産に担保権の設定を受けたほかの債権者にも優先し、まさに独占できるとされるようである。

（注30）　民法六一三条は乙→丙債権の行使を阻害しないが、丙が甲に弁済すれば結局のところ甲は乙のほかの債権者に優先してその利益を独占できるのであるから、やはりその限度で債権者平等原則の例外をなしていることに違いはない。

（注31）　さらに丙の甲に対する弁済により乙→丙債権が当然に消滅し、後に相殺を要しないと解することができるか否かも後述のように疑問である。

（注32）　自賠責保険における被保険者の保険金請求権は、自賠法一五条、一六条二項により被保険者が被害者に対して損害賠償金を支払うまで請求できず、これを支払ったことを停止条件とする債権であると解されている。民法の建付けと異なり、被害者の保険会社に対する直接請求権（自賠法一六条一項）と加害者の保険金請求権とは並立

しない建付けが採用されており、直接請求権者（被害者）の加害者の一般債権者に対する優位が確保されている。

（注33） その法的性格については諸説あるが、同条が被保険者の悪意による事故の場合（この場合、被保険者との関係では保険会社は免責される。悪意の事故による損害を填補する保険契約は公序良俗に反するからである）にも被害者の直接請求を認めることからすると、これが契約に基礎を置かない法定責任たる性質を包含することは明らかだろう。

（注34） 鈴木禄弥「いわゆる直接請求権の承認をめぐる利益衡量」（民商法雑誌七八巻臨時増刊号(1)三二二頁以下がこの問題を明快に述べる。

（注35） 法制審中間整理では、転借人に対する賃貸人と転貸人の権利を一例にあげつつ、連帯債権という概念を認め、連帯債権に関する規定を新設することが検討対象とされている。

（注36） 民法（債権法）改正検討委員会が平成二一年三月末に取りまとめた「債権法改正の基本方針」のうち【3.1.6.03】で示された理解である。

（注37） 倉田卓次監修『要件事実の証明責任（契約法下巻）』五一七頁以下はこの見解をとる。

（注38） 不動産賃貸であれば、乙の甲に対する債務は丙の動産及び乙の丙に対する債権上にある先取特権により担保されるし（民法三一四条）、丙が甲から請求を受けた後もあえて乙に対して支払うことにより甲が満足を得られないならば甲は乙との賃貸借契約を解除して転貸借契約を覆滅させることもできるのであるから、少なくとも丙に二重払いの負担を課してまで甲を保護する必要はない。

（注39） 鈴木禄弥『借地法㊦（改訂版）』一一九五頁も同旨と思われる。

（注40） ただし、賃貸料が転借料よりも高額な場合、その差額については民法六一三条ではなく同法四七四条により、さらに第三者弁済しない限り、なお先取特権の行使を免れない。

（注41） 他方で差額について先取特権の行使を免れないうえ、甲が乙の不払いを理由に原賃貸借契約を解除した場合には目的物の明渡し義務も免れない。

（注42）　前掲・原田（注３）三〇五頁（脚注15）。

（注43）　不動産価格鑑定の世界においてもＤＣＦ評価手法をはじめとして収益価値がますます重視される傾向にある。

（注44）　このように考えると、先の事例でもリース取引は金融取引と考えられ、リース料債権は契約当初の時点で確定的にその全部が発生しており、ユーザーの使用収益と比例的な関係で発生するのではないのであるから、民法六一三条を適用ないしは類推適用する基礎を欠くことになる。契約当初の時点で債権が確定的に発生しているということは、逆にいうとそのような債権者はその全額について回収リスクをすでに負担しているということを意味する。それゆえリース業者は通常の賃貸料よりも高額なリース料の設定をし、回収リスクに見合う利益を得るかたちでリスクを回避するのである。

（注45）　民法六一三条の目的となる債権には、先に見たように転貸料債権だけでなく、目的物の保管義務、その違反による損害賠償請求権、賃貸借終了時における目的物返還請求権も含まれると解されているところ、本稿ではこのうち主に転貸料債権に主眼を置いて論ずるが、目的物の保管義務、その違反による損害賠償請求権についても妥当する。すなわち、これらについても乙に債務不履行が生じた場合に限り、解除権に代替するものとして問題とすれば足りるであろう。賃貸借終了時における目的物返還請求権についてはすでに契約が解除されている場合である（先に見たように終了原因として合意解除の効果は丙に主張できないとするのが判例である）から立法事実を再検討するまでもなく承認してよい。

（注46）　民法六一三条の直接請求権を原賃貸借契約解除による社会経済的損失の回避に求める場合、さらに進んで賃貸人による賃貸借契約解除（転借人に対する退去・明渡請求）に対して転借人においては自らに対する直接請求が行われていないこと（損失回避に向けた努力）を理由に権利濫用の抗弁を認めうる余地もあるであろう。なお、民執法五六条は借地上建物の差押債権者に借地料の代払いによる借地権の維持の途を開き、賃貸人による契約解除を事前に封じる手段を利害関係人に与えている。

（注47）　直接請求権の発生要件として、賃料不払いによる解除権の発生原因と同じく甲乙間の信頼関係の破壊を求めることも考えられるが、賃借人に数期にわたる滞納が認められなくても債務不履行が認められれば直ちに比例的・

割合的関係は害されるのであるから、直接請求権を原賃貸借解除に伴う転貸借覆滅の回避に向けて認められる賃貸人のオプションであると捉えるならば、その発生原因として信頼関係の破壊までを求める必要はないであろう。

五　冒頭の設例と私見による解決

本稿の冒頭に次のような事例を掲げた。それぞれについて甲→丙の直接請求に対し丙は履行を拒絶できるかである。

① 甲→乙債権について乙が甲に対して抗弁を有するとき
② 乙→丙債権について丙が乙に対して抗弁を有するとき
③ 甲→乙債権が甲の一般債権者から差し押さえられているとき、既発生の債権または将来債権として譲渡、質権が設定されているとき
④ 乙→丙債権が乙の一般債権者から差し押さえられているとき、既発生の債権または将来債権として譲渡、質権が設定されているとき
⑤ 甲の抵当権者が甲→丙債権に物上代位したとき
⑥ 乙に倒産手続が開始したとき

前項までに述べた私見の立場から、あらためてこれを検討してみよう。

私見によれば、①はそもそも甲において乙の滞納により収益帰属の不均衡が生じているわけではないのだか

ら、丙は当然に履行を拒むことができる。このことは甲→乙債権が弁済その他の債権の満足により消滅した場合に限らない。たとえば乙が甲の乙に対する修繕義務との間で同時履行の抗弁を有する場合や、甲が乙に期限の利益を付与した場合、甲が乙に対して債務免除をするなど債権の満足ではない事情によって乙の債務が消滅した場合などを含み、さらに③のように甲が乙に対する債権を第三者に譲渡した場合やほかの債権者から差し押さえられた場合、担保に供しこれが実行された場合も同様というべきである（注48）。これらはいずれも甲自身に帰因する事情によって、甲→乙債権の満足が実現しない場合ないし甲がその管理処分権を喪失する場合であり、このような場合には甲→丙の直接請求権は発生しないというべきことになる。乙が甲に対して相殺の抗弁を有しているにとどまる場合（現に相殺が行われていない場合）はどうか。この場合、丙に乙の甲に対する債権の処分権限は帰属していないことから、丙において乙の甲に対する債権を相殺に供することはできないというべきだろう。ただ、この場合であっても乙の滞納により収益帰属の不均衡が生じているわけではないのだから、そもそも直接請求権は発生しないと考えることができ、やはり結論として丙は履行を拒みうるというべきだろう。

次に②の場合である。この場合、丙に抗弁を認めると甲にはなんら関係のない事情により甲は直接請求権を行使できなくなる。しかしながら、その結果はやむをえないというべきだろう。先に見たように丙を乙の従属者と見ることには合理性がなく、今日において適法な転借人である丙の法的地位を害してまで甲の保護を図る必要性は認められない。またこの場合、乙の甲に対する債務不履行が発生しているが、それを超えて甲乙丙の三者間において収益配分の均衡が害されているわけでない。甲の保護は契約解除権を認めることをもって足りる。丙において甲から乙に対して行われる契約解除の危険、転借物件の明渡しの危険を回避するためには、あえて抗弁を行使せずに甲に弁済することになるだろう。

③については前述した。

④はどうか。民法六一三条の趣旨について、甲乙丙間の比例的・割合的収益配分の均衡を保護するものと解する立場からは、乙は債権を譲渡し、あるいは転付されることにより譲渡対価を取得し、あるいは債務を減じることができているわけであり、転貸による収益は乙に属している。乙→丙債権が差し押さえられただけでは債権の帰属が変わるわけでもなく、やはり転貸による収益は乙に属しているということができる。それにもかかわらず、乙が甲に対する賃料を滞納した場合、甲には契約解除に代替するものとして丙に対する直接請求権の発生を認めてよい。もっとも甲の直接請求権は脆弱なものであり両者間に優劣関係はなく、丙は乙に対する差押債権者等に弁済しても甲に弁済してもよい。前者に弁済をした後はこれを甲に対する抗弁とすることができる。

⑤については、最判平12・4・14民集五四巻四号一五五二頁が抵当権者の転貸賃料（乙→丙債権）への物上代位を原則として否定したこととの関係が問題となろう。同最判は「転貸賃料債権を物上代位の目的とすることができるとすると、正常な取引により成立した抵当不動産の転貸借関係における賃借人（転貸人）の利益を不当に害することにもなる」と述べ、例外的に物上代位の認められるのは「抵当不動産の賃借人を所有者と同視することを相当とする場合」だけとした。そのような場合でないときにも甲→丙債権に対する物上代位ならば認められるのか、がここでの問題である。最判が転貸賃料への物上代位について賃借人を所有者と同視することができるような濫用的事例に限定した趣旨は、おそらく乙の経済的独立性を尊重し、甲の責に帰すべき事由により乙から転貸による収益を奪うことは相当でないと考えたからであろう。言い換えるならば抵当権者との関係で乙に保護されるべき独立の利益が存していることが前提であり、抵当権に後れるというだけでは乙の利益は否定されないということである。この点、私見によるならば、甲→丙の直接請求権の発生は、乙に賃料滞納による債務不履行が

生じていることが必要であり、そうでないならば直接請求権の発生自体が阻害される。このように解するならば、契約に反して賃料を滞納している乙にはすでに誰との関係においても独立した経済的利益は認められないのであるから、前記最判とも整合的に理解することができる。もとより直接請求権が発生している場合には物上代位も可能である。

最後に⑥についてである。乙に倒産手続が開始した場合、手続開始後の使用収益に係る甲の賃料債権は財団債権ないしは共益債権として手続の拘束を受けることがない。ここでの問題は、倒産手続開始前の既発生の甲の賃料債権が乙によって滞納されていた場合、手続開始後に甲が直接請求権を行使することにより満足を得ることができるかである（注49）。この場合、乙に倒産手続が開始すると、甲は乙に対する賃料債権を倒産手続外で回収することができない。ここで甲→丙債権の直接請求を認めるならば、甲は倒産手続外で倒産債権の事実上の満足を得ることが可能になるが、この結論は前述のように倒産法秩序に整合しない。他方で甲の乙に対する賃料債権は乙に倒産手続が開始した後はその手続的制約により倒産手続外での行使ができなくなるだけであり、乙において甲に対して実体法上の抗弁を有していると評価することもできない（乙→丙債権が差し押さえられたのと同視することはできるかもしれないが、甲→乙債権が差し押さえられたのと同視することはできない）。そうすると甲の直接請求権の発生（より厳密にいうと、乙の倒産手続開始前に直接請求権が発生しており倒産手続開始後も存続していること）自体は肯定せざるをえないと思われる。ただ、前述したように甲→丙債権の弁済により当然に乙→丙債権が消滅すると解することはできず、丙は甲への弁済により乙に対して不当利得返還請求権を取得するが、丙においてこれを自働債権とする相殺は倒産法において禁止されるというべきである（これにより倒産法秩序は債権者を変えて維持される）。結局、丙としては二重弁済を避けたければ、乙（管財人）に弁済することになろうし、原賃貸借の解除、転貸借の覆滅を避けたければ二重弁済を覚悟しつつ甲に弁済することになるだろう。それ自体は、丙を甲の従属者と見ているからではなく、転貸借が賃貸借を基礎に成立していることから来る制約としてやむをえないというべきものである。

（注48） これにより甲は債権の譲渡対価を取得し、あるいは第三者の甲に対する請求債権が取立てや転付によって減ずることにより、比例的・割合的利益ないしはこれにかわる利益を得ていることになる。

（注49） もちろん手続開始後の甲→乙債権、乙→丙債権、甲→丙債権についても同様の問題が生じるが、その処遇については これまで述べてきた議論がそのまま当てはまる。つまり私見によると、乙が倒産したというだけでは甲→丙債権は発生せず、その後、乙が賃料を滞納した場合に初めて甲→丙債権が発生し、甲はこれを行使しうると解する。

六　おわりに

本稿で取り上げた転貸借の法律関係は、いうまでもなく先述の東京地判平17・5・27、その控訴審である東京高判平18・3・8、さらには田原睦夫先生の属されていた最高裁第三小法廷平19・9・25上告不受理決定を契機に、そこに表れた考え方の相違に興味を覚えて取り上げたテーマである。ただ、検討を進めるうち、立法当時の地主と小作との力関係を背景とする民法六一二条及び六一三条の立法事実をそのまま現代の解釈論の基礎に据えるわけにいかないとの思いを強くし、また担保によらず安易に直接請求権を承認することは倒産法秩序を破壊するのではないかとの思いを強くしたものの、それならば現代において直接請求権をどのように位置づけ解釈すべきなのか、特に直接請求権の行使により乙→丙債権が当然に消滅するという一般的な理解がどうして可能なのか、筆者の能力を超えて悩みが膨らみ、解釈論に腐心することになってしまった。

現下の法制審議会民法（債権関係）部会では賃貸人の転借人に対する直接請求権だけでなく、下請人の注文者に対する直接請求権も議論されているが、これがどのように立法として結実していくか、推移を見守りつつ、今後の議論に期待することにしたい。

田原先生からこれまで受けてきた御恩に報い、最高裁判事として素晴らしい業績をあげられたことへの祝意を表すものとしてははなはだ心許ない論考となったが、気持ちのみ汲み取っていただければと思う。そして個人的には何よりもまた田原先生とデスクを並べて弁護士業を行えることを大いに喜びつつ、筆をおくことにしたい。

建物建築における設計者、施工者及び工事監理者の不法行為責任について

近藤昌昭

一　はじめに

建物の建築に携わる設計者、施工者及び工事監理者（以下「設計・施工者等」という。）が、契約関係にない建物所有者、利用者等に対し、不法行為責任を負うのはどのような場合かについて、最判平19・7・6民集六一巻五号一七六九頁（以下「第一次上告審判決」という。）及び最判平23・7・21裁判集民事二三七号二九三頁（以下「第二次上告審判決」という。）が新たな判断を示したと思われる。この事件は、第一次上告審判決が原判決を破

棄・差戻し後、第二次控訴審判決について再度上告され、第二次上告審判決において、再び破棄・差戻しの判断が示されるという特異の経過をたどった。この判例の理解をめぐっては、実務上も混乱しているのではないかと思われるので、私見を示して、議論の素材を提供したいと思う。なお、本稿は、設計・施工者等の不法行為責任を中心に検討するので、判旨のなかで、瑕疵担保請求権の債権譲渡等も問題となっているが、ここでは取り上げない。

二　判例の紹介

本件の事案は、九階建ての共同住宅・店舗として建築された建物（以下「本件建物」という。）を建築主から買い受けた原告らが、本件建物にひび割れや鉄筋露出等の瑕疵があることを理由に設計・施工者等に対し、不法行為に基づく損害賠償を請求したというものである。なお、原告らは、一審係属途中において、競売により本件建物の所有権を喪失した。

㈠　第一審（大分地判平15・2・24）では、契約責任である瑕疵担保責任と不法行為責任とは、目的及び趣旨が異なり、請求権競合の関係にあり、それぞれ独立して要件の充足を考えれば足り、不法行為は、建物の耐久性に支障が生ずるような瑕疵が発見されれば、その時点で損害が発生し、損害賠償請求権が発生することになるところ、本件建物の瑕疵を原因として原告らに損害が発生し、原告らは、同瑕疵発生につき、被告らに故意または過失が存するので、被告らに対し、不法行為に基づく損害賠償請求権を取得するに至ったとして、損害賠償責任を認めた。

これに対する第一次控訴審（福岡高判平16・12・16）は、不法行為責任は、瑕疵担保責任等の契約責任とは制度趣旨を異にするが、本来瑕疵担保責任の範疇で律せられるべき分野において、安易に不法行為責任を認めることは、法が瑕疵担保責任制度を定めた趣旨を没却することになり、請負人の責任が無限定に広がるおそれもあり、請負人が責任を負担する相手方の範囲も無限定に広がって、請負人は著しく不安定な位置に置かれるとし、建築請負の目的物である建物に瑕疵がある場合に、請負人について瑕疵担保責任以外に当然に不法行為の成立が問題となるわけではなく、請負人が注文者等の権利を積極的に侵害する意図で瑕疵ある目的物を制作した場合や、瑕疵の内容が反社会性あるいは反倫理性を帯びる場合、瑕疵の内容・程度が重大で、建物の存在自体が社会的に危険な状態（当該瑕疵が建物の基礎や構造く体にかかわり、それによって建物の存立自体が危ぶまれ、社会公共的に見て許容しがたいような危険な建物が建てられた場合）であるなど違法性が強度な場合に限って認めることができるところ、本件建物について構造耐力上危険な状態にあるとは認められず、その他違法性が強度の場合には該当しないとして、原告の請求を棄却した。

(二)　第一次控訴審判決に対し、上告がされ、第一次上告審判決は、次のように判示し原判決を破棄し、事件を原審に差し戻した。
「建物は、そこに居住する者、そこで働く者、そこを訪問する者等の様々な者によって利用されるとともに、当該建物の周辺には他の建物や道路等が存在しているから、建物は、これらの建物利用者や隣人、通行人等（以下、併せて「居住者等」という。）の生命、身体又は財産を危険にさらすことがないような安全性を備えていなければならず、このような安全性は、建物としての基本的な安全性というべきである。そうすると、建物の建築に携わる設計・施工者等は、建物の建築に当たり、契約関係にない居住者等に対する関係でも、当該建物に建物としての基本的な安全性が欠けることがないように配慮すべき注意義務を負うと解するのが相当である。そして、設計・施工者等がこの義務を怠ったために建築された建物に建物としての基本的な安全性を損なう瑕疵があり、それにより居住者等の生命、身体又は財産が侵害された場合には、設計・施工者等は、不法行為の成立を主張する者が上記瑕疵の存在を知りながらこれを前提として当該建物を買い受けていたなど特段の事情がない限り、これによって生じた損害について不法行為による賠償責任を負うというべきである。居住者等が当該建物の建築主からその譲渡を受けた者であっても異なるところはない。」

「原審は、瑕疵がある建物の建築に携わった設計・施工者等に不法行為責任が成立するのは、その違法性が強度である場合、例えば、建物の基礎や構造く体にかかわる瑕疵があり、社会公共的にみて許容し難いような危険な建物になっている場合等に限られるとして、本件建物の瑕疵について、不法行為責任を問うような強度の違法性があるとはいえないとする。しかし、建物としての基本的な安全性を損なう瑕疵がある場合には、不法行為責任が成立すると解すべきであって、違法性が強度である場合に限って不法行為責任が認められると解すべき理由はない。例えば、バルコニーの手すりの瑕疵であっても、これにより居住者等が通常の使用をしている際に転落するという、生命又は身体を危険にさらすようなものもあり得るのであり、そのような瑕疵があればその建物には建物としての基本的な安全性を損なう瑕疵があるというべきであって、建物の基礎や構造く体に瑕疵がある場合に限って不法行為責任が認められると解すべき理由もない。」

㈢　これを受けた第二次控訴審（福岡高判平21・2・6判タ一三〇三号二〇五頁）は、第一次上告審判決にいう「建物としての基本的な安全性を損なう瑕疵」とは、建物の瑕疵のなかでも、居住者等の生命、身体又は財産に対する現実的な危険性を生じさせる瑕疵をいうものと解され、被上告人らの不法行為責任が発生するためには、本件建物が売却された日までに上記瑕疵が存在していたことを必要とするとしたうえ、上記の日までに、本件建物の瑕疵により、居住者等の生命、身体又は財産に現実的な危険が生じていないことからすると、上記の日までに本件建物に建物としての基本的な安全性を損なう瑕疵が存在していたとは認められないと判断して、上告人の不法行為に基づく損害賠償請求を棄却すべきものとした。

㈣　第二次控訴審判決について再度上告され、第二次上告審判決は、第二次控訴審の判断は是認することができないとして、次の理由をあげる。

「⑴　第一次上告審判決にいう「建物としての基本的な安全性を損なう瑕疵」とは、居住者等の生命、身体又は財産を危険にさらすような瑕疵をいい、建物の瑕疵が、居住者等の生命、身体又は財産に対する現実的な危険をもたらしている場合に限らず、当該瑕疵の性質に鑑み、これを放置するといずれは居住者等の生命、身体又は財産に対する危険が現実化することになる場合には、当該瑕疵は、建物としての基本的な安全性を損なう瑕疵に該当すると解するのが相当である。

⑵　以上の観点からすると、当該瑕疵を放置した場合に、鉄筋の腐食、劣化、コンクリートの耐力低下等を引き起こし、ひいては建物の全部又は一部の倒壊等に至る建物の構造耐力に関わる瑕疵はもとより、建物の構造耐力に関わらない瑕疵であっても、これを放置した場合に、例えば、外壁が剥落して通行人の上に落下したり、開

口部、ベランダ、階段等の瑕疵により建物の利用者が転落したりするなどして人身被害につながる危険があるときや、漏水、有害物質の発生等により建物の利用者の健康や財産が損なわれる危険があるときには、建物としての基本的な安全性を損なう瑕疵に該当するが、建物の美観や居住者の居住環境の快適さを損なうにとどまる瑕疵は、これに該当しないものというべきである。

(3) そして、建物の所有者は、自らが取得した建物に建物としての基本的な安全性を損なう瑕疵がある場合には、第一次上告審判決にいう特段の事情がない限り、設計・施工者等に対し、当該瑕疵の修補費用相当額の損害賠償を請求することができるものと解され、上記所有者が、当該建物を第三者に売却するなどして、その所有権を失った場合であっても、その際、修補費用相当額の補填を受けたなど特段の事情がない限り、一旦取得した損害賠償請求権を当然に失うものではない。」として、原審の判断には、法令の解釈を誤る違法があり、この違法が判決に影響を及ぼすことは明らかであるとして、第二次控訴審判決を破棄し、再度原審に差し戻した。

三　検　討

1　過失について

第一次上告審判決の民集六一巻五号一七六九頁の判決要旨には、「建物の建築に携わる設計・施工者等は、建物の建築に当たり、契約関係にない居住者を含む建物利用者、隣人、通行人等に対する関係でも、当該建物に建物としての基本的な安全性が欠けることがないように配慮すべき注意義務を負い、これを怠ったために建築された建物に建物としての基本的な安全性を損なう瑕疵があり、それにより居住者等の生命、身体又は財産が侵害された場合には、設計・施工者等は、不法行為の成立を主張する者が上記瑕疵の存在を知りながらこれを前提として当該建物を買い受けていたなど特段の事情がない限り、これによって生じた損害について不法行為による賠償責任を負う。」と記載されており、判例としての意義は、建物の建築に携わる設計・施工者等に対し、居住者等に対する関係でも注意義務を認めた点にあると理解されているようにも思われる（注1）。もとよりこれを否定するものではないが、建築士法や建築基準法が施工者等に注意義務を定めているが、これら行政法規に違反すれば直ちに不法行為が成立するものではないことはもちろん、民法七〇九条の「権利または法律上保護される利益」に対する侵害が何よりも必要であり、論理的順序とすれば、法益侵害がある場合に、その法益侵害について注意義務違反があるか否かを検討することになろう。上記判決要旨に相当する判示の直前部分には「建物は、そこに居住する者、そこで働く者、そこを訪問する者等の様々な者によって利用されるとともに、当該建物の周辺には他の建物や道路等が存在しているから、建物は、これらの建物利用者や隣人、通行人等（以下、併せて「居住者等」という。）の生命、身体又は財産を危険にさらすことがないような安全性を備えていなければならず、このような安全性は、建物としての基本的な安全性というべきである。」と判示されており、この「建物としての基本的な安全性」が過失内容に対応する法益と解するべきであると思われる。不法行為の要件論については、さまざまな考え方があるものの、後記のとおり裁判例の多くは、不法行為について、いわゆる二元説（故意過失と権利侵害ないし違法性を別の要件としてとらえるもの。）を採用しているのではないかと思われる。そして、過失の位置づけについては、法益侵害（客観的違法行為）について、当該行為者に帰責するための要件であるということができ、法益侵害に応じた注意義務違反が設定される必要がある。したがって、私自身は、第一及び第二次上告審判決において検討すべきは、注意義務違反よりもこの「法益」の内容が中心となるのではないかと考えており、本稿の検討の中心もこの点となる。

次に、不法行為の判断枠組みについて「法益」を中心に検討したうえで、本件における「法益」について検討を加えることとしたい。

2 不法行為制度の判断枠組みについて

㈠ 不法行為制度は、被害者の権利保護と行為者の行動自由の保障がその基礎にあった（注2）が、雲右衛門事件判決（大判大3・7・4刑録二〇輯一三六〇頁）が民法七〇九条の「権利」を非常に狭く解し、浪曲は著作権法上の保護を受けるものではないとしたため、この「権利」侵害要件を拡大すべきであるとされ、その後、大学湯事件判決（大判大14・11・28民集四巻六七〇頁）において「法律上保護される利益」ととらえられるようになった。学説上は、権利侵害の上位概念として「違法性」要件が設定され、不法行為の成立要件（要件事実）としては、「違法性」が「権利侵害」の要件と置き換えられるようになった（注3）。そして、我妻博士が「個人主義的権利本位から社会本位の法律思想へ」の転換を主張され、自由主義的な個人の権利、過失責任原則に基礎づけられた賠償責任とは異なった損失分配の原理が主張され、違法性の有無については、被侵害利益の種類・性質と侵害行為の態様とを相関関係的に衡量することによって決定されるという見解に結実し、この見解が支配的になった。昭和四〇年代以降、この相関関係説に対して批判的学説が現れるようになり、相関関係説では過失という概念を設定しながらも違法性のなかでも過失の一部を取り込んでいるのではないかという指摘もあった。そして、過失を中心的な要件とすべきであるという過失一元説（注4）と違法性を中心的な要件とすべきであるという違法性一元説（注5）が主張されるに至った。また、他方で、民法七〇九条の文言に忠実であり、かつ、フランス民法型の構成を採用している点を重視し、故意・過失と権利侵害（違法性ではなく）の二元構成を採用し、相関関係説の被侵害利益の種類を権利侵害の要件、侵害行為の態様を故意・過失の要件とし、前者との関連で後者を相関的に考えるべきであるという見解も主張された（注6）。これらの見解は社会全体の損失分配についてどのように考えるべきかという思想を大きく変更するものではなかったと思われる。最近では、不法行為制度の目的について、社会全体の損失分配の観点をより徹底して不法行為が社会保険や社会保障のなかの一つとして機能している実態をふまえ、より機能的に制度設計すべきであるとして綜合救済システムに昇華させる構想などもあり、その立場から、侵害利益を絶対権・絶対的利益と相対権・相対的利益とに区分し、前者を権利侵害類型、後者を違法侵害類型として、権利侵害類型では故意過失を必要とし、違法侵害類型では違法侵害といえるかどうかの違法一元説に立脚する説（注7）など、混迷を深める状況となっていった（注8）。さらに、一九九〇年代後半から、潮見佳男教授、山本敬三教授らは、不法行為の目的は憲法上保障された人権である権利相互の保障にあるのではないかという視点から、被害者にとっても加害者にとっても権利保障の問題として扱い、その権利間の調整の問題として、比較衡量して判断していくべきであるとの見解を主張されている（注9）。この見解は、被害者の権利保障と加害者の権利保障という視点を据える点で、不法行為制度は、被害者の権利保護と行為者の行動自由の保障がその基礎にあるとする制度当初の視点と共通の点があるように思われる。

他方で、裁判例についてどのように理解すべきであろうか。一時期の裁判例では、法益侵害に触れず、権利行使が権利濫用であるから不法行為が成立するという論理構成のものがあった（注10）。これは違法一元説ないし末川博士の見解に近いものと整理できる。しかしながら、最近の裁判例では、不法行為制度が被害者の権利保護と行為者の行動自由の保障がその基礎にあることを前提としつつ、少なくとも被害者の権利ないし法律上の利益の侵害があることを前提として、被害者の権利ないし法律上の利益の種類に応じて、①権利侵害だけで足りるのか（権利侵害型）、②違法な権利侵害と評価されるかについて利益衡量を行う必要があるのか（利益衡量型）、類型的に分けて判断していると理解することが可能と思われる（注11）。たとえば、他人の物を損壊した場合には利益衡量をする必要はなく、権利侵害があれば、それだけで損害賠償の責めを負うものである（権利侵害型）。他方、第一次厚木基地上告審判決（最判平5・2・25民集四七巻二号六四三頁）（注12）は、外延が不明確な人格権（生活・環境に関する人格権）について、国及びアメリカ合衆国軍隊が管理する飛行場の周辺住民が飛行場に離着陸する航空機に起因する騒音等により被害を受けたとして国に対し慰謝料を請求した事案について、受忍限度論を前提として違法性を判断すべきであるとする（利益衡量型）。

また、最高裁が最近、法益として承認したと思われるものとして次のものがある。医療関係訴訟においては、医師が医療水準に応じた診療行為をしなかったことと患者の死亡との間に高度の蓋然性があることの証明がない場合であっても、医師が医療水準に応じた診療行為をしていれば患者がその死亡の時点においてなお生存していた相当程度の可能性があることが証明される場合には、医師は患者がその可能性を侵害されたことによって被った損害を賠償する義務があるとし、いわゆる期待権を法益として認めず、相当程度の可能性を法益とする判例である（最判平12・9・22民集五四巻七号二五七四頁、最判平15・11・11民集五七巻一〇号一四六六頁など（注13））。この判決については期待権という主観的な利益を権利として保護対象とすることを否定して（注14）、客観的な利益を法的保護の対象としたものと理解することができる。その趣旨は、社会全体の適切な損失分配という考え方に立ち相関関係説に立脚して行為の違法性を重視して被害者の法益を厳格に解してこなかった裁判例に対し、社会が複雑化し価値観も多様化していることから相関関係説のような裸の比較衡量だけで結論を出すことが困難になってきたとして、法益侵害があることが最低限必要と判断した点にあるのではなかろうか。そのため、被害者の権利ないし法益の保護の視点の回帰につながったものと理解できるように思われる。そして、この類型の被害者側の権利が侵害されたか否かについて、加害者側である医師の行為選択（被害者の利益の侵害の有無）が医療水準等との関係で判断されるのであり、利益衡量型と分類できるのではないかと考えられる。

さらに、最判平18・3・30民集六〇巻三号九四八頁は、良好な景観に近接する地域内に居住する者が有するその景観の恵沢を享受する利益は、法律上保護に値するものと解するのが相当であるとし、かかる利益に対する違法な侵害に当たるというためには、少なくとも、その侵害行為が、刑罰法規や行政法規の規制に違反するものであったり、公序良俗違反や権利の濫用に該当するものであるなど侵害行為の態様や程度の面において社会的に容認された行為としての相当性を欠くことに求められると判示している。この判例においても、「景観の恵沢を享受する利益」という外延が不明確で、内実も不確実な法益の侵害について、侵害行為の違法性の点で絞りをかけているものと理解することができ（注15）、上記のような被害者の法益を不法行為の成立要件のなかで中核に据える流れ（結果無価値重視といえよう。）に沿ったものといえよう。

このような考え方が新しいものというわけではない。第三者による債権侵害については、古くから議論されてきたところである。伝統的な考え方では、債権侵害が不法行為となるのは、加害行為の違法性が高い場合あるいは加害者に故意がある場合に限られるとして、主観要件及び客観要件を加重して、債権には公示がないことや自由競争の原理との調整を図っていたといえるが、類型的な検討が進むにつれ、侵害対象となる契約関係の場面において、契約ないし取引的接触を通じて獲得されようとしていた経済的利益が何であり、それを侵害されたことによる不利益（経済的損失）がどの程度法的保護に値するものかを前提として、違法性のなかで、関係者の交錯する利益衡量を、経済的・社会政策的要因等も付加して行われるようになったといわれる（注16）。債権侵害ないし契約侵害についても、上記の不法行為の枠組みで考える限り、違法な権利侵害と評価されるかという利益衡量型の範疇に入るといえる。

(二) 以上のように、不法行為が成立するための出発点として、まず法益の侵害が必要であるとすると、本件事案の場合、各裁判例は、何を法益と考えたのであろうか。

第一審判決は、不法行為の成立を肯定したが、法益をどのように解したのであろうか。判決文からは必ずしも明らかでないが、損害発生時に不法行為責任が発生するとし、不法行為責任と瑕疵担保責任との関係についての説示で「設計で決められた安全率の強度に達しない施工をして瑕疵に当たったとしても、建物の耐久性に支障がない程度の強度であったなら、被害者において補強をすることを余儀なくされるとはいえないので、不法行為上の損害は発生」しないとしているので、建物としての耐久性等の機能を有することを法益と考えているようである。ただ、そうだとしても、そもそも瑕疵を伴って完成された建物であり、建物が建物としての耐久性等の機能を有することは契約当事者間以外の者も期待しうる普遍的な価値として承認できるのか（注17）、そうでないとすると、単に瑕疵付きのままの所有権となり、法益侵害はないのではないかと思われる（注18）。

第一次控訴審判決はどうであろうか。推測の域を出ないが、裁判体は、瑕疵のない建物の給付利益（契約上の利益）と考えていたのではなかろうか。違法性が強度である場合に限って不法行為が成立したとする理論には、第三者による債権侵害の考え方と通じるものがあるのではないかと思われる（注19）。すなわち、第三者の債権侵害では、契約上保護される利益について、第三者が侵害した場合に不法行為が成立する要件の問題であるのに対し、本件では、契約上保護されるべき利益が侵害されていた場合に、契約者以外の者が主張するための要件としてとらえることができるように思われる（注20）。相関的関係説に立てば、被侵害利益が非常に弱いものであっても、違法性が強度な場合には不法行為が成立する余地がある。ただ、本件の場合に「瑕疵のない建物の給付利益」という契約上の利益を前提とすると、設計・施行者等と契約関係にない原告らにそもそも契約上の利益が存在するかが問題となるように思われる。前記のように債権侵害ないし契約侵害の類型は、違法性のなかで、関係者の交錯する利益とを、経済的・社会政策的要因等も付加して衡量判断がされるものと把握することができるが、前主との契約関係を前提とすると、特定物の売買であり、かつ、施行者等の主観的要件等で、原告らに向けられている客観的利益も考えられないとすると、原告らには保護すべき契約上保護されるべき利益があるか疑問であり、これがないとすると、契約侵害型の類型にも該当しないと思われる。

第一次上告審判決の判旨においては、「建物は、そこに居住する者、そこで働く者、そこを訪問する者等の様々な者によって利用されるとともに、当該建物の周辺には他の建物や道路等が存在しているから、建物は、これらの建物利用者や隣人、通行人等（以下、併せて「居住者等」という。）の生命、身体又は財産を危険にさらすことがないような安全性を備えていなければならず、このような安全性は、建物としての基本的な安全性というべきである。」としているところからすれば、これは完全性利益の法益を認めたものと考えられる。

㈢　そうすると、第一次上告審判決が考える完全性利益の法益はどのようなものかが次に問題となる。判旨では、「設計・施工者等がこの義務を怠ったために建築された建物に建物としての基本的な安全性を損なう瑕疵があり、それにより居住者等の生命、身体又は財産が侵害された場合には」「これによって生じた損害について不法行為による賠償責任を負う」とする。これによれば、法益として考えられるのは、「本建物としての基本的な安全性」か、あるいは「居住者等の生命、身体又は財産」（拡大損害）である。そして、第二次上告審判決において、「第一次上告審判決にいう『建物としての基本的な安全性を損なう瑕疵』とは、居住者等の生命、身体又は財産を危険にさらすような瑕疵をいい、建物の瑕疵が、居住者等の生命、身体又は財産に対する現実的な危険をもたらしている場合に限らず、当該瑕疵の性質に鑑み、これを放置するといずれは居住者等の生命、身体又は財産に対する危険が現実化することになる場合には、当該瑕疵は、建物としての基本的な安全性を損なう瑕疵に該当すると解するのが相当である」とされた。このことを踏まえると、「居住者等の生命、身体又は財産」を保護法益ととらえているのではなく、「建物としての基本的な安全性」を法益としてとらえていると解され、「居住者等の生命、身体又は財産」に関する説示は、「建物としての基本的な安全性」という新しい法益の内容を説明するためのものと位置づけることができよう（注21）。すなわち、「建物としての基本的な安全性」は、居住者等の生命、身体又は財産を危険にさらさないことを目的とするものであり、「建物としての基本的な安全性」の瑕疵を放置するといずれは居住者等の生命、身体又は財産に対する危険が現実化することになる場合にこの瑕疵があることになるとしている。そして、この「建物としての基本的な安全性」の法益侵害によって、修補費用相当額の損害賠償請求権を取得する旨が明示されている（注22）。早稲田大学法科大学院鎌野邦樹教授は、「建物としての基本的な安全性を損なう瑕疵」を「絶対的瑕疵」と呼び、「建物としての基本的な安全性には影響を与えない瑕疵」を「相対的瑕疵」と呼び、不法行為責任で問題となるのは前者のみであるとしている（「建物の瑕疵についての施工者・設計者の法的責任――最二判平成19・7・6（平一七受第七〇二号、損害賠償請求事件、裁時一四三九号二頁）を契機として」ＮＢＬ八七五号一四頁）。非常に適切な分析であると思う。

このような新しい法益を認めたのは何故であろうか（注23）。建物の安全性という法益を設定せざるをえなくなるその背景としては、阪神淡路大震災や耐震偽装問題を契機として住宅の安全に対する不安が広がっているなかで、建物の安全に対する期待が高くなっていることに求めることができると思われる（注24）。この判決がいわゆる専門家責任として、設計・施工者等の建築の専門家に対し高度の注意義務を負わせたものと理解すべきものかについては、やや疑問もあるところである。なぜなら、この判決は建物の基本的安全性に関する賠償責任を認めたものであるが、かかる安全性について建築に関与した者に対して必ずしも高度の注意義務を認めたものではなく、上記の「絶対的瑕疵」は設計・施工者等には容易に判別がつくものであり、建物の建築について特別の資格を要するものともされていないからである（注25）。ただ、この点に関連して、前掲鎌野論文では、設計・施工者等だけでなく、売主も、「当該建物について、『建物としての基本的安全性を損なう瑕疵』があることを認識し得た場合（たとえば、売主が当該建物には建築法規に違反する点があることを知っていた場合）には、売主は、設計・施工者等と共に不法行為責任を負うことになろう。」という。この法益の保護が特定の専門家に向けられたものとは思われないが、売主には法益（建物は基本的安全性を備えていなければならない）の侵害行為がないので、不法行為責任を負うことはないのではないだろうか。設計・施工者等は、建物の建築にあたり、建築法規に反する（注26）などして「建物としての基本的安全性」を損なう行為をしているので、不法行為責任を負うが、建物を売却しただけでは、当該法益自体に対する侵害行為を観念できないと思われるからである。

3 「瑕疵」の意義

㈠ まず、瑕疵担保請求としての「瑕疵」と「建物としての基本的な安全性を損なう瑕疵」とが同一のものか否かについて検討する。結論的には、両者は同一のものではないと思う。

一般に、瑕疵修補請求権における「瑕疵」とは、完成された仕事が契約で定めた内容どおりでないことであり、明確な合意がない場合には、合意内容を合理的に判断して瑕疵か否かを決定するほかない（後藤勇『請負に関する実務上の諸問題』六二頁以下、最判平15・10・10裁判集民事二一一号一三頁）、建築基準法関係法規適合性違反の主張も、結局は建築基準法及び施行令に適合した建物を建築するという「合意」に違反したものであるという主張と理解でき（注27）、瑕疵修補請求権における「瑕疵」は主観的瑕疵をいうものと整理できる。他方、第一次上告審判決にいう「建物としての基本的な安全性を損なう瑕疵」とは、建物の基本的な安全性を欠くものであり、建物の基礎や構造く体に瑕疵がある場合はもとより、バルコニーの手すりの瑕疵であっても建物の基本的安全性を損なうものに当たりうると判示している。また、第二次上告審判決で明らかになったのは、この瑕疵が、これを放置すれば、いずれ居住者等の生命、身体又は財産を侵害する危険があるようなものであれば足り、不法行為が成立するために、居住者等の生命、身体又は財産が侵害されていなければならないとするものではないし、その具体的な危険が発生していることも不要である。以上からすれば、「建物としての基本的な安全性を損なう瑕疵」は、客観的に判断することができるものであり、意匠や美観等は問題とならないし、当事者間の合意を問題とするものではない（注28）。

(二) 次に、かかる法益が明確であるか否かについて検討する。「建物としての基本的な安全性」という法益の概念が明確かということと「建物としての基本的な安全性を損なう瑕疵」の概念が明確かということとは同義である（前掲鎌野論文参照。）。第二次上告審判決において、「『建物としての基本的な安全性を損なう瑕疵』とは、居住者等の生命、身体又は財産を危険にさらすような瑕疵をいい、建物の瑕疵が、居住者等の生命、身体又は財産に対する現実的な危険をもたらしている場合に限らず、当該瑕疵の性質に鑑み、これを放置するといずれは居住者等の生命、身体又は財産に対する危険が現実化することになる場合には、当該瑕疵は、建物としての基本的な安全性を損なう瑕疵に該当すると解するのが相当である。」（傍線部は筆者）と判示している。この「放置するといずれは」居住者等の生命、身体又は財産に対する危険が現実化することになる場合とは、施工当時又は設計当時等の時点で不完全なものであり、その当時は、構造上の問題等とはいえなくとも、修補せずに放置すれば危険が現実化するという意味である。その意味で、コンクリート内部の鉄筋露出等があり、現状では構造上危険とはいえないとしても、放置すればいずれ鉄筋がさびて膨張し、コンクリート自体を爆裂させるものとして構造耐力的に将来問題となる可能性があるようなものを含む。また、第一審判決では「建物の耐久性に支障が生ずるような瑕疵」を問題としていた。しかし、第一次上告審判決では、「バルコニーの手すりの瑕疵であっても、これにより居住者等が通常の使用をしている際に転落するという、生命又は身体を危険にさらすようなものもあり得る」とし、第二次上告審判決では、「外壁が剥落して通行人の上に落下したり、開口部、ベランダ、階段等の瑕疵により建物の利用者が転落したりするなどして人身被害につながる危険があるときや、漏水、有害物質の発生等により建物の利用者の健康や財産が損なわれる危険があるときには、建物としての基本的な安全性を損なう瑕疵に該当する」としているので、建物自体の耐久性だけを問題とするものではないことは明らかである。他方で、法益としては明確であり、前記の公害に係る裁判例のように、被害者の侵害された利益と行為者の行動の自由に係る利益とを比較衡量しなければならない類型ではないといえよう。

本件事例では、契約当事者間の権利関係が問題となっているわけではないが、第一次上告審判決後、実務的には、契約当事者間においても、請負契約に基づく瑕疵担保請求と並んで不法行為に基づく損害賠償請求が求められる事例が増えている。しかしながら、瑕疵担保責任について特約がある場合は別として、上記の「瑕疵」の概念からすれば、瑕疵担保請求による「瑕疵」のほうが広いということができる（注29）。なぜなら、第一に基本的安全性等について請負契約において明確な合意がない場合には当然「建物としての基本的安全性」を満たす建物を建築する旨の合意がされたものと解釈されるであろうし、第二に、契約当事者間において、仮に「建物としての基本的な安全性を損なう」仕様について、これを認識したうえでそのような仕様でよいとして合意している場合には、当該注文者には「建物としての基本的な安全性」を確保する法益が認められず、当該注文者との関係では、不法行為自体成立しないのではないかと思われる（この場合でも設計・施工者等がその後の建物所有者に対する責任は免れない。）。そうとすると、民事訴訟の処分権主義の観点から、契約当事者である注文者が請負人に対し、瑕疵担保請求に基づく損害賠償請求のほかに不法行為に基づく損害賠償を請求すること自体を否定することはできないものの、そのような場合には瑕疵担保請求に基づく損害賠償請求について判断しさえすれば十分であり、特段の事情がない限り、不法行為に基づく損害賠償請求について重ねて審理することはほとんど実益がない場合が多いと思われる。したがって、契約当事者間で、瑕疵担保請求と不法行為に基づく損害賠償請求がされた場合には、釈明をして不法行為に基づく損害賠償請求について主張の撤回ないし取下げを求めるか、そうでない場合には、後者についても判決において判断を示すことが要請されるものの、定型的な判断をしておけば足りる場合がほとんどと思われる。

4　新しい法益に関する諸問題

(一)　主　体

「建物としての基本的な安全性」の法益の主体は誰か。建物の所有者がこの主体となることに異論はないと思われる。占有者はどうであろうか。所有者のほか、占有者も民法七一七条に基づく責任を負うことからすれば、「建物としての基本的な安全性」の法益の主体であるという考え方もできないわけではない。ただ、第一次上告審判決においては、上記のとおり「建物の基本的安全性」の法益そのものでなく、その目的部分の記載には「建物利用者や隣人、通行人等（以下、併せて「居住者等」という。）が生命、身体又は財産を危険にさらすことがないような安全性を備えていなければならない」とあり、建物の利用者が例示にあげられている。このこと及び瑕疵を修補できるのは建物所有者であることからすれば、建物の基本的安全性の法益の主体は、所有者に限られると考えるべきである。そのように解しないと法律関係も複雑になってしまう。建物は居住者等が生命、身体又は財産を危険にさらすことがないような安全性を備えたものとして建築されなければならないとして、建築する際に建物の所有権に付随する法益（完全性利益）として認めることができるというべきではなかろうか。

(二)　「建物としての基本的な安全性を損なう瑕疵」ある建物が譲渡された場合の法律関係

この法益の主体は建物所有者であるとしたが、その場合、建物が転々譲渡された場合、不法行為に基づく損害賠償請求権（建物修補費用相当額の損害賠償）は、建物の譲受人にも発生する。そして、譲渡人に発生した損害賠償請求権については、当該建物を第三者に売却するなどしても、いったん発生した損害賠償請求権が消滅することはないとする（第二次上告審の判旨）。

そして、第一次上告審判決においては、「設計・施工者等は、不法行為の成立を主張する者が上記瑕疵の存在を知りながらこれを前提として当該建物を買い受けていたなど特段の事情がない限り、これによって生じた損害について不法行為による賠償責任を負う」とされている。この特段の事情については、建物の譲受人が建物としての基本的な安全性を損なう瑕疵があると認識していながら譲り受けた場合には、原則として、自ら「建物としての基本的な安全性を損なう瑕疵」について引き受けたものと評価することができるので、損害賠償請求権は発生しないと思われ、この事情は抗弁事由になると整理される。さらに、瑕疵の存在を認識していた譲渡人から譲り受けた者にも、特段の事情のない限り、損害賠償請求権が発生するであろう。なぜなら、建物としての完全性利益が侵害されているからである。ただ、この場合も、当該譲受人が建物としての基本的な安全性を損なう瑕疵があると認識しているような場合には、特段の事情に該当することはもちろんである。

さらに、当該建物の「建物としての基本的な安全性を損なう瑕疵」を修補して売却した場合や瑕疵あるものとして、その分の代金を減額して売却した場合には、譲渡人のみが損害賠償請求権を有し、譲受人はもちろん損害賠償請求権を取得しない（注30）。また、当該建物を修補をしないまま、「建物としての基本的な安全性を損なう瑕疵」が存在しないものとして売却した場合には、当該法益侵害の損害は補填されたというべきである。このような場合には売却代金によって法益侵害が填補されたことになるからである（注31）。この場合、「特段の事情」に該当するとして抗弁事由となるのかが問題となる。所有者でない者が「建物としての基本的安全性」侵害を理由として損害賠償請求する場合には、「売却代金により『建物としての基本的安全性を損なう瑕疵』の損害が填補されていないこと」が請求原因となると考えるほうが合理的なように思われるので、「特段の事情」として整理すべきものと思われる（注32）。

このように建物が転々譲渡された場合には、損害賠償請求権が併存することは原則としてない。ただ、想定しうるとすると、注文者であるAから譲り受けたBが「建物としての基本的安全性を損なう瑕疵」の存在に気づきながら、早期に転売したい等の動機から、「建物としての基本的安全性を損なう瑕疵」の存在を秘匿して相場よりも安くCに売却したような場合ではなかろうか。BとCとの損害賠償請求権の関係は不真正連帯債権と考えられる。したがって、設計・施工者等が修補相当額の損害賠償をいずれかの者に弁済すれば、損害賠償請求権は消滅するものと考えられる。しかし、当該建物の所有権を喪失したBが所有権喪失後に損害賠償請求をする場合には、Bの損害賠償額とCの損害賠償額とは実際には一致せず、複雑な関係となる。たとえば、前記のようにコンクリート壁の鉄筋の露出について、B所有当時には露出した鉄筋の錆を落として防錆塗装等を施せば瑕疵の補修としては足りたが、C所有当時には解体工事を余儀なくされ、建替えの必要があることも考えられる。したがって、設計・施工者等らのC所有当時の損害賠償金額としては、解体・建替工事相当額となるから、Bに防錆塗装相当額の損害賠償金を支払っても、支払当時Cの損害が発生していれば、設計者、施工者等は免責されず、Cとしても設計者、施工者等に請求できる額は、解体・建替工事相当額からBにすでに支払った金額を控除した金額となりそうである。しかしながら、前記のとおり、所有権を失った者は、建物の基本的安全性を損なう瑕疵についての補填がされていない場合に限って請求することができると解すべきであり、上記のような事情（売り抜けようとして、Cを騙している）にあるBに対し損害賠償請求権の行使を認めることが許容されるのか疑問もある。

信義則ないし権利濫用として制限される可能性もあるように思われる。

(三) 損害との関連について

第二次上告審判決において、「建物の基本的安全性を欠くことによる損害としては、建物の所有者は、自らが取得した建物に建物としての基本的な安全性を損なう瑕疵がある場合には、第一次上告審判決にいう特段の事情がない限り、設計・施工者等に対し、当該瑕疵の修補費用相当額の損害賠償を請求することができるものと解され」るとしており、瑕疵修補相当額の損害賠償請求権が発生することは明らかとなった。そのほかに、慰謝料や営業利益の喪失分（賃貸用の共同住宅を予定していた場合の賃料収入相当額）等や弁護士費用、調査費用が損害として相当因果関係のある損害となりうるのか問題となる。建築請負人に対する瑕疵担保請求の損害賠償請求においても、慰謝料や弁護士費用相当額が損害となるかの議論があるところであり、瑕疵担保について、実務的には認めている例も多い（注33）。

ところで、どの範囲の損害について因果関係があるかについては相当因果関係の判断となるが、裁判実務において、因果関係については、行為と結果とを考えて通常の損害といえるか否かを判断しているものが多い。ただ、裁判官の判断枠組みとしても、有力な学説が指摘するように、行為と法益侵害の事実的因果関係と、法益侵害と個々の損害との間に相当性があるかの価値的判断という二段階の判断を、意識的ではなくともしているように思われる（注34・35）。そのような観点で、慰謝料や営業損害について考えると、いずれの結果も、「建物としての基本的安全性」の法益侵害との関係で相当性があるものとは考えられないのではなかろうか。慰謝料については、建物が修補されれば慰謝されるのが一般であるから、瑕疵修補の損害賠償のほかに損害と認める必要はないと思われるし、営業損害についても営業の損得については営業を行う者が負担すべきもので、設計・施工者等としては、「建物としての基本的安全性」の確保の範囲の損害についてのみ責任を負うべきであるといえるのではなかろうか。このように解するほうが権利者の法益保護とともに行為者の行動自由の保障が全うされるものと考えられる。

5 訴訟法上の問題点

不法行為の要件事実として、違法性が独立の要件となるのか、権利侵害との関係をどのように理解すべきなのかということは、実体法上の問題である。前記のとおり、侵害される法益が必要であるという立場をとれば、法益の主張が必要である（注36）。

原告らは、第一次上告審まで、「建物の基本的安全性」という主張は明確にはしていなかった。したがって、第一次上告審判決は、第一次控訴審の判断の枠組みを否定したほか、積極的な釈明義務違反を指摘したものと理解することができる。

（注1） 松本克美「建物の瑕疵と建築施工者等の不法行為責任――最高裁二〇〇七（平一九）・七・六判決の意義と課題」立命三一三号一一八頁、荻野奈緒「建物の設計者、施工者及び工事監理者が当該建物の瑕疵により生命、身体または財産を侵害された者に対して不法行為責任を負う場合」同法六〇巻五号四四八頁、仮屋篤子「欠陥建物に対する設計者、施工者または工事監理者の不法行為責任」速報判例解説、法セ増刊七六頁、大澤逸平「建物の基本的安全性の瑕疵に関する不法行為責任について」専修ロー七号一〇三頁以下等。

（注2） 潮見佳男「損害賠償法の今日的課題」司研二〇〇九・五一頁以下、潮見佳男『不法行為法I（第二版）』三頁以下、瀬川信久「民法七〇九条（不法行為の一般的成立要件）」広中俊雄＝星野英一編『民法典の百年III』五六〇

頁・五五九頁以下、前田達明「権利侵害と違法性」山田卓生編集代表『新・現代損害賠償法講座2　権利侵害と被侵害利益』二頁以下、大塚直「民法七〇九条の現代語化と権利侵害論に関する覚書」判タ一一八六号一六頁以下。

（注3）　末川博博士は、「権利に関する意識は個人主義的思想の流れのうちに生れ、従って権利といふ概念とこれについての理論とは今日いふところの『全体』の立場からではなくて寧ろ『個人』（個体）の立場から定立されまた構成されて今日に及んでゐるのであるが、今や全体主義的な思想に沿うて考え直さなければならぬようになってゐる」（末川博『権利侵害と権利濫用』一三頁）ことを前提として、「違法と評価されるものは、必ずしも権利侵害という形態にのみ現れるとは限らない」（末川・前掲四七二頁）、「不法行為の成立には、加害行為の違法性が認められれば足るのであって、必ずしも個々の権利の侵害があることを要しない。」（末川・前掲四九九頁）とされる。

（注4）　平井宜雄教授は、不法行為法の沿革からわが国の不法行為法が統一的要件主義に立脚していることから、法益侵害と過失とを区別する必要はないとする（「不法行為における「過失」の意義」『平井宜雄著作集Ⅱ　不法行為法理論の諸相』）。

（注5）　前田達明「違法一元論について」同法六一巻二号一頁以下。

（注6）　星野英一「故意・過失、権利侵害、違法性」『民法論集第6巻』三一八頁以下。

（注7）　加藤雅信『新民法大系Ⅴ　事務管理・不当利得・不法行為』二四七・四三二頁。

（注8）　本稿との関係では故意・過失の概念自体はそれほど問題とならないが、学説上、故意と過失が同じ主観的な帰責の問題ではなく、過失は客観的帰責の問題ととらえられるようになっている。そのため、過失の帰責根拠については、社会人としてなすべき行為をしなかった点に非難の要素があるとする見解（星野・前掲（注6）三二四頁）や人が社会生活における標準人としての行為基準を守るであろうという他人の信頼を裏切る点にあるとする見解（前田達明『不法行為』）などがある。

（注9）　山本敬三「不法行為学の再検討と新たな展望――権利論の視点から」論叢一五四巻四・五・六号二九二頁以

下、潮見・前掲（注2）「損害賠償法の今日的課題」。

（注10） 権利濫用か権利行使かという切分けで判断している一群の裁判例があるが、その後、受忍限度論が違法性ないし権利濫用の判断基準として採用されるようになった。最判昭46・6・27民集二六巻五号一〇六七頁は、「南側家屋の建築が北側家屋の日照、通風を妨げた場合は、もとより、それだけでただちに不法行為が成立するものではない。しかし、すべての権利の行使は、その態様ないし結果において、社会観念上妥当と認められる範囲内でのみこれをなすことを要するのであって、権利者の行為が社会的妥当性を欠き、これによって生じた損害が、社会生活上一般的において忍容するを相当とする程度を越えたと認められるときは、その権利の行使は、社会観念上妥当な範囲を逸脱したものというべく、いわゆる権利の濫用にわたるものであって、違法性を帯び、不法行為の責任を生ぜしめるものといわなければならない。」としている。権利濫用を違法性の根拠としているが、権利濫用か否かについて、受忍限度論を採用している。

（注11） 北海道大学教授（現早稲田大学教授）瀬川信久氏は、前掲（注2）六二五頁以下において、裁判例の分析をして「判例は、……「権利」「法律上保護される利益」はあくまで被害者に帰属する利益と捉え、例えば、「権利」の中で加害者にとっての予見可能性を判断することはない。また、「法律上保護された利益」は、救済される利益を限定する機能を果たしている。……他方、「過失」では、加害者が当該侵害を回避できたか、回避すべきであったかを判断し、被侵害法益の要保護性を判断していない。……以上に対し「違法性」は、行為とその結果に対する否定的な評価を広く意味し、侵害の回避可能性を含めて、加害行為に対する否定的評価全般を包摂できる。さらに、被害者の受けた不利益に対する否定的評価を「違法」と呼ぶことも可能である。」とされ、保護境界が明確な有形的利益が侵害されたときには、要保護性、一般的正当化事由が問題にならず、原則として侵害だけで不法行為が成立するが、保護境界が不明確な無形の利益が侵害されたときには、侵害の有無を外的に判断・決定することはできず、不法行為の成否を判断するときには、被侵害利益の保護される範囲については、被侵害利益の種類に応じて、侵害行為の態様や加害者の主観的事情の考慮、被侵害利益以外の諸利益との衡量とが総合的に行われ、それらを包摂する概念として「違法性」が使用されているとしている。

（注12）　大阪空港公害訴訟判決（最判昭56・12・16民集三五巻一〇号一三六九頁）や国道43号線上告審判決（最判平7・7・7民集四九巻七号一八七〇頁）もこの範疇に入る。前田・前掲（注2）九頁では、大阪空港公害訴訟判決では、違法性の受忍限度の衡量のなかで、被害防止の措置の有無という過失の前提たる行為義務についても判断要素としていることを指摘している。

（注13）　永野圧彦＝伊藤孝至「『相当程度の可能性』に関する一考察――分析と展望」（判タ一二八七号六三頁以下）は、「相当程度の可能性」を新たな保護法益として認めたものであるし、その根拠は、生命を維持することは人にとって最も基本的な利益であるとして、生命を考慮の対象とした点に求められるとしている。私見では、この「相当程度の可能性」については、診療契約が前提となっており、契約上の利益侵害の場合と位置づけることができるのではないかと考えている。そのように解すると、損害が慰謝料に限定されることとも整合的である。

（注14）　期待権の概念がすべて否定されたといえるかについては議論がありうるところであり、最判平23・2・25の判旨においても、含みを残した表現ぶりとなっている。ただ、原則として、期待権という主観的利益を保護法益としないということはできよう。

（注15）　ドイツ民法823条は、「刑法、行政法、私法等の規定のうち、個人や人の集団を保護するために特定の命令ないし禁止を宣言した規定に違反し、そこから損害が発生した場合に、損害賠償を認めるものである。」（加藤雅信『新民法大系Ｖ　事務管理・不当利得・不法行為』一九一頁）、ドイツ民法826条は、「善良の風俗に反する方法により他人に対し故意に損害を加えた者は、その他人に対し損害を賠償する責めに任ずる。」（加藤・前掲一九二頁）と規定しており、絶対権に対する権利侵害がない場合について、一定の要件で不法行為が成立することを認めている。最高裁平成一八年の景観訴訟の判示の仕方は、ドイツ民法を参照しているように感じさせるものである。

（注16）　潮見佳男「債権侵害（契約侵害）」山田卓生編集代表『新・現代損害賠償法講座２　権利侵害と被侵害利益』二七三頁以下。

（注17）　生命・身体・健康、所有権及びそれらに準じる法律上保護に値する利益（いわゆる完全性利益）ではなく、契約に従った目的物の給付を受ける利益（債務者の行為を通じて債権者が獲得しようとしていた利益）が侵害され

たものであると理解する見解もある。横浜国立大学教授高橋寿一「建物の設計者、施工者または工事監理者が、建築された建物の瑕疵により生命、身体、または財産を侵害されるおそれのある者に対して不法行為責任を負う場合」（金商一二九一号六頁）及び北海道大学大学院法学研究科教授新堂明子「建物の瑕疵の補修費用に関する建築請負人の建物買主に対する不法行為責任――最二平成19・7・6を製造物責任法の観点から考察する」（ＮＢＬ八九〇号六〇・六一頁）は、ともに本件で問題となっているのは、契約上の利益であり、債権侵害の場面として把握している。

（注18） この点を指摘するものとして、山口成樹「判批」判時二〇〇二号（判評五九三号一八七頁）では「設計・施工者等は瑕疵ある建物を完成させその所有権を移転して流通に置いたのではあるが、時々の所有者の支配下にある建物に侵襲を加えその完全性（＝不侵性）利益を侵害したわけではないから、他人の所有権を侵害したことにならない」とする。荻野奈緒「『建物としての基本的な安全性を損なう瑕疵』の意義」同法六一巻四号一八六頁も同様の指摘をする。

（注19） 第一次控訴審は、契約上の債権（瑕疵担保請求権）の第三者による侵害の場合としてとらえ、通常の違法性よりも強度の違法性が必要であるとしたものと理解することができる。しかしながら、従来、債権侵害については、過失ではなく故意ある場合に限るとか、違法性が強度のものに限るといった議論がそのまま通用しないのではないかという指摘もあるところである（潮見・前掲（注16）二四九頁以下）。

（注20） 荻野・前掲（注1）四七二頁（注45）では、この問題について、いわゆる債権侵害論の一環をなすものと考えることも不可能ではないとしつつ、施工者の行為時点において、施主・建物取得者間の売買契約が締結されておらず、侵害対象となるべき債権が未発生である場合にも、債権侵害の問題としてとらえてよいのか否かについては、疑問の余地なしとしないという。ただ、本文に記載したように、注文者と施工者間において、たとえば、瑕疵担保責任について免除等の特約があった場合に、施工者の主観的意図等により、不法行為責任を認めることはわかるが、自らは施工者等と契約関係がない場合に債権侵害と構成されるのは限定的に思われる。

（注21） 荻野・前掲（注18）一八七頁では、原告らが民法七一七条に基づく工作物責任を負うに至るので、原告らが社

会に対して、その所有する建物の帯びる危険が現実化することによって生じうる危険が現実化することにより生じうる損害を防止するための措置を講じるべき義務を負うに至ることを考慮し、原告が自らの意思によらずにそのような立場に置かれないという利益として、居住者等の生命、身体又は財産に対する危険を引き受けさせられないという利益を被侵害利益と見ることができるとしている。そのように法益の内容を理解すると、理論的な帰結としては、原告らが所有権を喪失した段階で、損害賠償請求権も消滅することになるのではないかと思われる。私見と同様に法益を考えるものとして、中央大学法科大学院教授笠井修「瑕疵ある建物の建築・流通と施工者等の所有者等に対する不法行為責任——最一判平成23・7・21の意義」（NBL九六三号）四二頁以下。

（注22）　第二次控訴審は、被上告人らの不法行為責任が発生するためには、本件建物が売却された日までに上記瑕疵が存在していたことを必要とするとしたうえ、上記の日までに、本件建物の瑕疵により、居住者等の生命、身体又は財産に現実的な危険が生じていないとして、請求を棄却した。この考え方は、拡大損害があった場合にはじめて損害賠償責任を負うという製造物責任の考え方を採用したものと評価することができる。拡大損害の問題について、新堂・前掲（注17）五三頁以下参照。

（注23）　新堂明子「契約と過失不法行為責任の衝突——建物の瑕疵により経済損失（補修費用額）が生じる例をめぐって」北法六一巻六号三八六頁以下では、純粋経済損失は、契約法領域の問題であって原則として不法行為の対象とならないと解するべきであるとし、最高裁が危険な瑕疵に限り過失不法行為を肯定したのは、物理的侵害の危険性が存しないことが不法行為法が被害者に最低限の権利ないし利益として肯定したこと（不法行為法の予防的機能）、マイホームをめぐり精神的損害を被らないこと（政策的考慮）、さらに専門家に対する社会的信頼の保護も考慮されたからであると分析する。新しい法益を設定する場合に、どのような影響がありうるのか、本来、契約関係で調整されるべき問題かどうか等を考慮することは重要であると思われるが、純粋経済損失について不法行為法の対象外であるとする前提の是非については今後検討するべき問題と思われる。

（注24）　秋山靖浩「欠陥建物・最高裁判決とその意義」法セ六三七号二一頁。

（注25）　最判平15・11・14民集五七巻一〇号一五六一頁の建築士が工事監理につき「名義貸し」をした場合に責任を肯

定した事件の評釈について、小島彩「最高裁判所民事判例研究」法協一二二巻一二号一五三頁以下は「専門家責任」が高度の注意義務を前提とするものであることを前提として、最高裁平成一五年の判旨が「専門家責任」を認めたものであるかにつき留保をしている。私見では、平成一五年の事例では専門家責任を認めるものと思うが、本件事例とは区別できると考える。専門家責任が高度の注意義務を負うと解されていることの内容について分析しているものとして、鎌田薫「専門家責任の基本構造」（山田卓生編集代表『新・現代損害賠償法講座3製造物責任・専門家責任』）二九八頁以下。

（注26）建築法規に違反することが直ちに私法上違法となるものではないが、行政法規の趣旨等によって私法上の効力に影響を与える場合もある。

（注27）松本克美ほか編『建築訴訟』二九〇頁、山地修「請負人の瑕疵担保責任における『瑕疵』概念について」（判タ一一四八号）四頁以下、中山実千代「建築請負における瑕疵概念について」同法六〇巻七号四三一頁以下。「瑕疵」を主観的瑕疵と整理すると、請負人が注文者の意向に従って建築基準法違反の建物を建築した場合には、論理的には、「瑕疵」はなく、専門家の責任の問題として処理されることになるはずである。しかし、従来、そのような場合も「瑕疵」の問題として把握されてきた。

（注28）松本・前掲（注1）「建物の瑕疵と建築施行者等の不法行為責任」は、「建物の基本的安全性」に主観的瑕疵も入るとしているが、実際上の問題は別として、理論的な説明としては疑問である。また、野沢正充「建物の設計者等が当該建物の瑕疵により不法行為責任を負う場合における瑕疵の意義」平成二三年度重要判例解説ジュリ一四四〇号八五頁は、「建物の基本的安全性を損なう瑕疵」については客観的に判断されるものであるとする。

（注29）前掲（本文五四〇頁）鎌野論文一四頁でも、瑕疵担保責任の対象は、絶対的瑕疵及び相対的瑕疵であるが、不法行為責任の対象は、絶対的瑕疵のみであるとしている。瑕疵担保責任の対象という観点からすると、相対的瑕疵であり、このなかには絶対的瑕疵もほとんど含まれているように思われる。なお、本文の「瑕疵担保請求による『瑕疵』」のなかには、厳密には、前注の専門家の責任（契約責任）も含むものである。

（注30）記録等にあたっていないので推測の域を出ないが、本件の事例も、競売で売却されており、売却時には訴訟が

あったことも明らかであること等からすると、現況調査により、瑕疵あるものとして売却代金額が損害賠償請求権分を減額されている可能性が強いのではなかろうか。

（注31） 前掲（注1）の大澤・一一一頁では「前主が瑕疵のない状態を前提に売却したのであれば、実質的に瑕疵修補相当額を填補されたと見るべきだろう。」とされ、「結局、誰が負担するかの問題はあるが、賠償請求権者が併存するという事態は避けれるとみるべきであろう」とする。笠井・前掲（注21）四九頁も、かかる譲渡した建物の元所有者の損害賠償請求について、疑問を提示する。

（注32） 当該建物の「建物としての基本的な安全性を損なう瑕疵」を修補して売却した場合等も、元所有者が損害賠償請求をするのであれば、「建物としての基本的安全性」侵害を理由として損害賠償請求する場合には、「売却代金により建物としての基本的安全性を損なう瑕疵」の損害が填補されていないこと」が請求原因となると考える。

（注33） 建築請負人の瑕疵担保請求の損害賠償請求においても、慰謝料や弁護士費用相当額が損害となるかの議論があるところであり、瑕疵担保について、実務的には認めている例も多い。後藤勇元判事は、慰謝料について、前掲（本文五四二頁）一〇一頁において、財産的な損害が賠償されれば、精神的損害も一応回復されたと見るべきであり、特別の事情のない限り認められないとし、弁護士費用については、前掲一〇五頁以下において、同判事は、債務不履行のほかに不法行為が成立するのは、強度の違法性を有する場合に限られるという前提に立脚して、債務不履行の場合には、原則として、弁護士費用額は賠償対象とならないとする。

（注34） 賀集唱「損害賠償訴訟における因果関係の証明」（竹下守夫＝石川明編『講座民事訴訟法5』一九三・二〇五頁）においても、民法七〇九条の前のほうの「因って」は責任成立の因果関係であり、後のほうの「因って」は責任範囲の因果関係であるとして区別しているものの、前者と後者の因果関係を同一のものであることを前提としている。ただ、同書一九三頁には、「債務不履行の典型たる履行遅滞と履行不能については、遅滞・不能という給付欠如の状態のみで履行利益の侵害つまり法益侵害が生じており、したがって、遅滞・不能と法益侵害との間の責任成立の因果関係を論ずる余地もなく、その挙証責任も問題とならないことである。」と記載があり、責任成立の因果関係は、行為と法益侵害との因果関係であることを明示している。続く文章において「債務不履

行・不法行為を通じ、責任範囲のうち得べかりし利益の喪失についてである。これは、すべてがうまく行けばという仮定の問題が付け加わるため、因果関係の立証が必ずしも容易でない。この種損害の中には、債務不履行・不法行為に起因する確実な結果とはいえないものがあり、これは立証困難というよりも、それ以前における実体的な問題と解される。そうすると、その因果関係のノンリケットは、挙証責任にゆだねることが疑問となり、むしろ裁量的判断になじむもののごとくである。」という。これらの記述からすると、賀集元判事は、因果関係について、二段階で考えていたように思われる。

（注35） 沢井裕「不法行為による因果関係」（星野英一代表編集『民法講座第6巻』二九九頁）は、相当因果関係の「相当性」として、成立的因果関係の帰責範囲と範囲的因果関係の帰責の範囲を考え、後者について、第一次損害と第二次侵害とを分けて分析しているが、本件事例との関係では、営業損害は、第一次損害である瑕疵修補損害と関連するものとして、第一次損害の間接評価として、「相当性」と「取得可能性」を吟味して「相当因果関係」の有無が決定されるべきであるということになると思われる。

（注36） 大塚直＝後藤巻則＝山野目章夫編著『要件事実論と民法学との対話』四〇二頁では、請求原因として、「①Xが一定の権利または法律上保護される利益を有すること、②①の権利（法律上保護される利益）に対するYの加害行為、③②についてYに故意があること、または、②についてYに過失があることを基礎づける事実、④Xに損害が発生したこと及びその数額、⑤②の加害行為と④の損害との間に因果関係があること」とされている。山本和敏「損害賠償請求訴訟における要件事実」（鈴木忠一＝三ヶ月章監修『新・実務民事訴訟講座4　不法行為訴訟1』三二六頁）には、生活侵害型の不法行為についても、権利侵害が請求原因であるとし「心身の生理的機能の保持や睡眠、休養などの生活上の利益の享受という原告の法益を侵害した行為は、原則として、それだけで違法性が肯定できるものといえる。したがって、侵害が受忍限度以下であること、すなわち侵害の許容水準及び侵害行為がこれを超えないこと（受忍限度内であること）は、違法性の不存在あるいは違法阻却の事由に当たり、これを被告の抗弁事項と考える説に賛成する。」とする。

普通預金の将来

三上　徹

一　普通預金とは何か

普通預金契約は、法的にいえば金銭消費寄託契約である。分類的には流動性預金、要求払式預金であり、今では市民の家計簿・財布代わりとして、給与等の振込みや公共料金等の自動引落しの受け皿として、社会的に不可欠なインフラの一つとなりつつある。銀行業務としても、あらゆる取引の出発点・導入部となる基本取引であり、個人であれ、法人であれ普通預金口座を開設していただくことからすべてが始まることになる。しかし、普通預金は当初からこのような位置づけであったわけではない。むしろ、近年、普通預金の普通預金たる部分を否定・改革するような動きが相次ぎ、その商品性は変容してきているように見える。

貸金業の歴史は学校教育のなかでもある程度教わるが、預金についてはあまり明らかになっているとはいえない。平安時代末期から鎌倉時代にかけて興隆した土蔵・土倉・酒屋などの金融業者が、貴族や社寺・富裕層から貴重品を預かり、文字どおり「倉」に保管し、それらを元手に金融業を開始したことがわが国の金融のルーツとされるわけであるが、これらの貸金（合銭）業者が、一五世紀に入る頃から不特定多数の庶民から零細な銭を利息付きで集めたものが預金のルーツと思われる（注1）。これに為替をからめて全国的に、継続・反復して預貸金取引が行われるようになるのは三井家や住友家が両替商に乗り出した寛文年間（一七世紀半ば）からである（注2）。

明治時代に入り、「貯蔵預金」ないし「貯蓄預金」などと呼ばれた預り金は、明治二三年の銀行条例・貯蓄銀行条例に従い、一口五円超の預金のみ受け入れる普通銀行の「小口当座預金」と、五円以下の零細な預金を引き受ける（その代わりに運用先が制限される）貯蓄銀行の「貯蓄預金」（貯金）に分かれた（大正一一年の貯蓄銀行法により受入れ一回一〇円未満・以上での区分に変更された）。前者は大正五年の同法改正により「特別当座預金」に統一され、第二次大戦中の貯蓄増強のための、普通銀行の貯蓄銀行業務兼営解禁後は（注3）、金額制限がない以外は同じ商品である「普通貯金」との区分の意味合いもなくなったことにより、これらを合体して、昭和二〇年より「普通預金」と呼ばれるようになった（注4）。

普通預金には、同じ流動性預金である当座勘定のような手形・小切手といった支払手段を決済する機能は当初は存在せず、預け払いも取引店の店頭でしか行えなかったので、一般庶民にとっては、現金を安全に保管し安全に運用する手段であり、「銀行に行く」ことは貴重品の授受を目的とする、ちょっとした「外出」であった（注5）。振込みや自動引落し（昭和三六年にJCBのクレジット・カードの決済手段として三和銀行が導入したものが最初といわれている）による支払・決済や、現金自動支払機（CD、後に現金自動預け払い設備（ATM））とキャッシュカードが出現したのは昭和三〇年代後半であるが、これらが一般に普及する昭和五〇年代（注6）までは、似たような状況であった。

さらに、この時期は高度経済成長を支えるための民間資金を預貯金というチャンネルを通して吸い上げることが奨励された時代であり、無記名定期預金、割引金融債といった資産隠しや脱税の温床になるおそれのある匿名商品（実際に多数の問題を惹起したことは周知のとおりである）や、少額貯蓄非課税制度（マル優）（昭和六一年まではすべての個人が対象であった）のように架空名義・他人名義預金の制度的量産を許容し、むしろ促進する時代背景があった。銀行は通帳・証書と印影の一致をもって払い戻せば免責されるという普通預金約款の規定そのものを前提に、真の預金者や預金名義にはほとんど拘泥せず、相続や差押えの際に真の預金者認定に関する論点を提起するという思考パターンもこの頃に確立した。また、預金さえ積み上げれば自動的に儲かるという収益構造を背景に、口座維持手数料無料はもちろんとして、世界に類を見ない預金通帳という制度（今やその付込みのみならず、繰越まで自動的に行う「すごい」ATMまで普通に存在する）、極めつけは当座勘定=手形交換制度という膨大で労働集約的な社会インフラを無料で提供するという、現在の目から見ればコスト感覚や採算の異常性が際立つように見える預金の低収益性の原点もこの時代に遡及する。

最後に、預金取引のみならず、貸金取引・内国為替・貸金庫等の付随業務という、銀行業務の骨格をなす部分についての、横断的・学術的な研究や学説（通説）、各銀行の約款・マニュアル類、そして銀行取引に関する認識・メンタリズムというべきものは、すべてほぼこの時期に完成された（注7）。そして、それ以降は、法改正や新立法、新判例の出現、新たな業務分野の付加などにより、漸進的に、部分的にはかなりの修正、見直しを経験しながらも、それらは「継ぎ足し」「建て増し」の域を出ておらず、依然として骨格としては大して変容しないまま現代に至っているように見える。そして、銀行業務の業際的な拡大と、商品的な多様化・高度化と、それに伴う業法的規制の技巧化・複雑化により、その輪郭は拡散して、個々の局面でのノウハウ的分析は詳細・精緻化しつつも、もはや「金融法」「銀行取引法」で何を語るかを決めることすら難問となりつつある。個別の業務・商品・取引類型ごとの詳細でテクニカルなノウハウ本や実務論文などが多数公表される傍らで、銀行業務の基本たる預金、貸金、内国為替については、あちこちで伝統的な考え方、やり方に綻びが生じ、抜本的な見直し、再検討が必要性を痛感する部分が出てきているにもかかわらず、学問的にもこれらが横断的に議論されることは少なくなってしまった。もっとも、このような巨大な相手に一実務家が正面から向き合えるはずもなく、本稿では、その一部、普通預金に焦点を当てて、独善的な観点から見た現状を報告するだけである。

（注1）谷啓輔『金融約定成立史の研究』三頁。
（注2）三上隆三『江戸幕府・破産への道』六九頁。
（注3）昭和一八年法律第四三号「普通銀行等ノ貯蓄銀行業務又ハ信託業務ノ兼営等ニ関スル法律」。なお、貯蓄銀行は昭和二九年に青森貯蓄銀行が普通銀行（現みちのく銀行）に転換することで姿を消したが、貯蓄銀行法が廃止になったのは昭和六〇年である。郵便貯金はその後も、平成一九年の郵政民営化によるゆうちょ銀行発足により消滅するまで、世界最大の貯蓄金融機関として残存した。
（注4）野村重信・谷啓輔「各種の預金」鈴木禄弥＝竹内昭夫編『金融取引法大系第2巻　預金取引』二五一頁。

（注5）　長谷川町子の『いじわるばあさん』では、まとまった額（一〇〇万円だったか、記憶が定かではない）の現金を引き出して警戒しながら銀行から出ようとする人に大声で、「さっき〇〇万円おろした方！（周辺にいた人々の視線が集中する）ペンを忘れてますよ。えっ？　違う？」という意地悪をするというものがあった。当時銀行に行くことはそれだけの重みのある「行事」であった。

（注6）　上位都銀七行による「都銀オンライン・キャッシュサービス（TOCS）」、下位六行による「六都銀キャッシュ・サービス（SICS）」の開始が昭和五五年、これらが統合されてBANCS（BANks Cash Service）となったのが五九年、地方銀行、第二地方銀行（当時）、信託銀行、長期信用銀行（当時）、信用金庫、信用組合等の各種業態をネットワークする「全国キャッシュサービス（MICS）」となるのは平成二年である。

（注7）　田中誠二『銀行取引法（初版）』が昭和三九年、西原寛一『銀行法』（有斐閣法律学全集53）が四三年、前田庸『銀行取引』が五〇年、鈴木竹雄ほか編『新銀行実務講座』全15巻が四三年、加藤一郎＝林良平＝河本一郎『銀行取引法講座　上中下』が五二年、堀内仁ほか『銀行実務総合講座』全7巻が五五年、鈴木禄弥＝竹内昭夫編『金融取引法大系』全6巻が五八年である。ノウハウ本の定番『銀行窓口の法務対策』の初回「一三〇〇講」は四六年。

二　預貯金者保護のための法制度

最初に預金犯罪被害救済の現状、預貯金者保護法以降の流れを概観する。同法については、過去に別稿にて詳述したが（拙稿「偽造・盗難カード等の不正使用からの預貯金者保護法の諸問題」松澤還暦記念論文集『継続的契約と商事法務』二六頁。以下「前稿」という）、本章はその続編的な内容となっているのでその点に留意いただきたい。

1　預貯金者保護法制定から盗難通帳対策申し合わせへの流れ

キャッシュカードの組織的偽造については、平成一〇年前後から急激に増加する傾向にあったが、マスコミ等の劇的な報道などをきっかけとして平成一六年頃から社会問題化の様相を見せ、これを立法的に解決する必要があるという流れとなり、与野党双方にてワーキングチームやスタディ・グループが立ち上げられ、法案の具体的な内容の検討が行われた。その過程で、偽造カードだけではなく、盗難カードによる被害にも注目が集まり、これらをあわせた預貯金者保護を目的として、平成一七年の通常国会において与野党それぞれの議員から法案が提出され、与党案をベースとした「偽造カード等及び盗難カード等を用いて行われる不正な機械式預貯金払戻し等からの預貯金者の保護等に関する法律」（以下「預貯金者保護法」という）が平成一七年八月一〇日に成立・公布され、平成一八年二月一〇日から施行となった。

同法の基本構造は以下のとおりである。

① 偽造カードによる払戻し等は、預金者に故意・重過失があった場合を除き無効（同法四条。なお、偽造カードについては民法四七八条は適用除外となる。同法三条）。

② 盗難カードによる払戻し等の場合は、預金者は不正に払い戻された金額の、原則一〇〇％（同法五条一項）、預金者に軽過失があった場合には七五％（同条二項）の補てんを請求できるが、預金者の故意・重過失による場合は民法四七八条どおり、すなわち、銀行側が善意・無過失であれば免責される（同条三項）。

③ 損失補てんの三条件は、(i)金融機関への速やかな通報、(ii)金融機関への十分な状況説明、(iii)捜査機関への被害届出。

この立法に際し、盗難通帳被害やこの頃から発生しはじめていたインターネット・バンキング詐欺等についてもあわせて立法的解決を望む声が上がっており、民主党議員による立法案（「無権限預貯金等取引からの預金者等の保護に関する法律案」）は、これらにも広く対応するものであったが、与党案では、一言でいえば「間に合わなかった」ことから見送られ、その次善措置として附則三条に「この法律の実施状況等を勘案し、預貯金者の一層の保護を図る観点から、この法律の施行（＝平成一八年二月）後二年（＝平成二〇年二月）を目処として検討が加えられ、必要があると認められるときは、その結果に基づいて所要の措置が講ぜられるものとする」として、追加の改正に含みをもたせたほか、付帯決議にて、

「一　金融機関の窓口における不正な預貯金の払戻しについて、速やかに、その防止策及び預貯金者の保護の在り方を検討し必要な措置を講ずること。

一　インターネットバンキングに係る犯罪等については、速やかに、その実態の把握に努めその防止策及び預貯金者等の保護の在り方を検討し必要な措置を講ずること。」

が掲げられた。

その後の政治状況としては、直後の平成一七年九月の小泉内閣による衆議院解散・いわゆる郵政選挙の結果、上述の民主党案を提出した議員は軒並み落選したが、二年後の見直し期限頃には参院選での民主党の大躍進と次期総選挙での政権交代が確実視される状況となっていた。盗難通帳等も含めた革新的な法律案を提出していた政党が与党になることを予定しなければならなくなったわけである。また、与党では公明党がこの問題に熱心であり、このまま法改正に至ると、民主党案のような厳しい立法になることも十分に予想されたため、当局から、その前に自主的に全国銀行協会（以下「全銀協」）レベルでの申し合わせにより盗難通帳被害の補てんに対処するこ

とが強く促された。

その間、金融機関側も手をこまねいていたわけではない。盗難通帳対策としては、

・払戻請求書への住所等の記載、副印鑑制度の廃止

・窓口での支払にテンキーの導入

・高額出金・連続出金等、異常値認識プログラムによるアラーム

・生体認証

などが、インターネット・バンキング防犯対策としては、

・セキュリティー・カードとワンタイム・パスワードの導入

・画面入力の防犯化（ソフトウェア・キーボード等）（注8）

・取引内容確認メールの送付

などが導入されはじめた。ただし、いずれも約款等に根拠がなく、防止効果に限界があったり、個別行の対応だけでは限界があったりして、決め手になるようなものはなかったのも事実である。

いずれにしても、盗難通帳とインターネット・バンキング被害に関する対応は、上述の政治的・行政的状況を背景に、法改正を回避すべく、全銀協による申し合わせという短期的な決着が図られることになった。その結果として、自主規制内容は当然のごとく盗難カード被害のそれと基本的にパラレルなものとなった。

ただし、両者の問題状況はまったく同じというわけではなく、偽造・盗難カード問題との対比における盗難通帳問題の特徴をあげておくと以下のとおりである。

・印影についての「偽造」はあるが「偽造通帳」はまず考えられない。したがって「偽造カード」に対応する

規定は設けられていない。偽造印鑑（印影）＋盗難通帳による払戻し等については、偽造カードの場合と同様の対応にすることも考えられないではないと思うが、結局は印影の照合における過失問題に行き着くということであろうか。しかし「通帳と印鑑を別々に保管する」という「古くからの鉄則」が守られていれば払戻し等はなされないはずであり、結果は微妙に異なる。「古くからの鉄則」も今回の見直しでは「軽過失」扱いなので（後述）、その裏返しということであろうか。

・窓口支払は同一銀行に限られるので、いわゆる「業界問題」「業態間問題」はない。そういう意味では生体認証等の新種の本人確認手段や住所の記載、暗証番号の入力等の「個別行の工夫」が有効に働くケースといえる。

・逆に、カードのように「一日当りの出金上限」を設けるのは困難である（むしろ、カードによる一日当りの引出し等に上限があるゆえの店頭出金である）。

・犯人グループとの「面接点」があることも違いである。フルフェイスのヘルメットの着用等は、ＣＤコーナーでの映像記録等には抵抗できても、有人窓口では明らかに怪しまれることとなる。ただし、そのことは金融機関側の過失認定にとっては諸刃の剣である。

次に、インターネット・バンキング不正の特徴としては次のものがあげられよう。

・操作端末は相手方の手元にあるので、端末を利用した防衛策は取りえない。金融機関にそっくりなフィッシング画面により情報を抜き取られたり、近時には金融機関のネット画面にフィッシング画面がポップアップする手口も現れてマスコミをにぎわせたが、ハッキング等により金融機関のＨＰ自体が書き換えられたのであればともかく、まったくの外部犯行については、操作画面上等で注意を促す程度しか対策の仕様がない。

・操作端末等を捜査できるのは当局のみであり、預貯金者側の過失の立証等はよりいっそうの困難を伴う。そもそも「盗られる」ものが、ＩＤやパスワード、暗証番号等の情報のみであり（後述のように、被害者は預貯金者ではなく銀行となる）、いつ、どのように「盗られた」のかもわからないこともある。上述のポップアップ方式犯罪も、預金者が別のサイトにアクセスしたことからウイルスに感染したものと考えられているが、預金者が自己の端末等にセキュリティーソフトを導入していないとか、導入していてもその警告を無視して危ないサイトに接続した結果として感染した場合でも、それを立証することも、その過失を問うことも、金融機関にはまず不可能であろう。

・犯人の姿は、移動資金がＡＴＭなどで引き出されでもしない限り「見えない」。

2　全銀協の申し合わせの内容と問題点

全銀協申し合わせ（注9）は、形式的には、普通預金規定「（個人用）」の「〔参考例〕」（以下「規定」という）という位置づけである。普通預金に個人用も法人用もないが、銀行取引約定書ひな型の廃止や債権法改正における約款取引規制を考えると、分散方向にあるべき約款を統一方向に用いるというのは矛盾以外の何物でもないので、「自主規制」としては「参考にして個別行が預金規定を改正する」しか手段がなかったということであろう。

内容（規定九条）は、基本的には預貯金者保護法を踏襲している。すなわち、対象は個人に限り、盗難のケースのみを扱うもので、紛失、詐取、遺失物横領型は対象外である（規定九条一項）。

①　銀行の無過失責任と立証責任の転換（同条二項）。

②　預金者は不正に払い戻された金額の、原則一〇〇％、預金者に軽過失があった場合には七五％の補てんを請

求できる（同条二項）。預金者に故意・重過失がある場合は預金規定の免責条項が適用になる（同条四項）。

③　損失補てんの三条件は、(i)金融機関への速やかな通報、(ii)金融機関への十分な状況説明、(iii)捜査機関への被害届出（同条一項）。

三〇日間の「通知期間」（同条二項）、二年間の「除斥期間」（同条三項）も預貯金者保護法と同じである。

注目すべき点としては、本人確認手続の根拠規定の明文化（規定五条二項）が図られたことである。預金の払戻要件にはこれまで「通帳＋印鑑」しかなく、預金者が本人確認手続を拒んだ場合に払戻しを拒否することが債務不履行にならないかは法務担当者としては悩ましい点であったが、この機会をとらえてようやく「立法解決」に至った（注10）。

揚げ足取りとの誹りをおそれずに、いくつかの問題点を指摘しておくと、「盗難通帳」ならば、定期預金、貯蓄預金等への「準用」は明らかであるが（ただし明文はない）、「盗難証書」に適用があるのか、また外貨預金には適用があるのか。さらに、将来主流になるかもしれない「無通帳型」預金の窓口払いに適用があるのかなどは明らかではない（注11）。また、自主的な預金規定の改定なのだから、補てん請求があった場合、銀行はいつから履行遅滞に陥るかの観点からの、調査期間等の猶予条項が必要ではなかったかと思う。

しかし、より重大な問題は過失・重過失の判断基準である。「申し合わせ」であげられている重過失の典型は、預金者が、(1)他人に通帳を渡した場合（注12）、(2)記入・押印済みの払戻請求書、諸届を渡した場合、であり、（軽）過失の典型は(1)通帳を他人の目につきやすい場所に放置するなど、第三者に容易に奪われる状況に置いた場合、(2)届出印の印影が押印された払戻請求書、諸届を通帳とともに保管していた場合、(3)印章を通帳とともに保管していた場合、となっている。これらは盗難カードの不正利用に関する過失・重過失の判断基準と（単純に）平仄をあわせたものであろうが、盗難カードと違って、多数の事例の集積のある、窓口誤払い事件における裁判で示されてきた預金者側の「過失」基準との整合性はほとんど図られていない（そもそもそういう発想がなかったのかもしれない）。

また、「通帳と印鑑は別に保管する」という公知で単純な自己防衛策をとっていなかったことが「軽過失」になっている。通帳と印鑑と一緒に保管することは、カードに暗証番号を記載しているようなものである（預貯金者保護法では重過失となる）。預貯金者保護法立法の過程で、暗証番号を生年月日等推測されやすい番号にしていることの過失該当性について、「金融機関から生年月日等の類推されやすい暗証番号から別の番号に変更するよう個別的、具体的、複数回にわたる働きかけが行われ」ないと、世間一般の個人預金者にはその危険性が伝わらない、という「政治問答」が展開されたが、原始から預金制度とともにあった通帳・印鑑制度には当てはまらない。個人的な経験のみから演繹してしまうことになるが、子供の頃に、親や教師などの世代の（金融機関とは関係のない）人々から教わった「通帳と印鑑を一緒にしていたら、泥棒に預金をとられる」という「世間常識」は、ある意味われわれの先達が長い期間をかけて「個別的、具体的、複数回にわたる働きかけ」を行ってきた「遺産」だったのかもしれないと思うと誠に残念である（注13）。

なお、印影が盗取される最大の原因は、過去においては副印鑑制度であり、偽造技術が進んだ現在では、ほとんどの民間金融機関では廃止されている。ところが、この分野での最大手のプレーヤーである郵便貯金ではいまだに副印鑑にホログラムシールを貼っただけの制度を残存させている。通常前記（軽）過失⑵のような事態はまずないだろうが、一緒に保管していた通帳に郵便貯金のそれが混じっており、その届出印鑑は他の銀行も共通だったというケースは十分にありうる。そんなときにも⑵の類推で過失は問えるのであろうか。問えないとすれば、本来預金者保護の「充実を図るため、金融機関が適切な措置を講ずるよう必要な措置を講じなければならない」（預貯金者保護法九条三項）はずの国が、自ら運営する金融機関に白袴を履かせているということになるのではなかろうか（注14）。

3　インターネット・バンキングによる不正払戻しへの対応に関する申し合わせ

インターネット・バンキングに関しては、各金融機関における実施状況等にかなりの個体差があり、また普通預金規定のような共通のひな型的なものが存在しないため、申し合わせも概括的なものとなっている。補てん対象が個人に限定されることや補てんの三条件（ただし、被害者は銀行となるので第三条件は「捜査当局への事情説明・真摯な協力」である）、預金者が無過失の場合の銀行の無過失責任などは共通である。しかし、預金者に故意・過失があった場合の補てん割合や、過失の認定基準については各金融機関に委ねられている。過失等の立証責任の転換についても明文はない。実際には、故意・重過失の場合の免責は当然といえるので、（軽）過失の場合のみの問題であり、その補てん割合を七五％とする金融機関がほとんどであろうと思われる。

ここでも、問題は「何を過失と見るか」である。インターネット・バンキングのセキュリティー確保手段は銀行によりバラエティーがあるが、その主流は、口座番号とは別の一〇桁以上であることが多い番号（契約者番号といった名称が多い）と、ATMなどで現金出金する際の四桁のキャッシュカード暗証番号とは別の、四～一二桁程度のパスワードでログインし、送金などの具体的な金銭移動を伴う取引をする際には、あらかじめ交付された乱数表に記載された数字を単数ないし複数、取引内容によっては第二暗証までインプットする、というものである。銀行によっては、乱数表に変えてワンタイム・パスワードを使ったり、第二暗証に、ログイン時に使うものとは別のパスワードを要求するものなどがある。しかし、ここでもセキュリティーを重視するとネットバンキングの手軽さが後退するというトレード・オフを抱えている。たとえば、右の「主流型」で行う際には、乱数表の数字をすべて暗記することは通常人には期待できないので、乱数表を記載したカードの携帯が必要になる。これは、結局、「暗証番号を記載した紙をキャッシュカードと一緒にしておく」ことに等しい（注15）。この問題を解決する工夫がワンタイム・パスワードであるが、これは、届出アドレスへの送信方式であれば、当該メールをつど確認する必要があるし、ワンタイム・パスワードを表示する端末は携帯電話にジャラジャラとストラップをつけて気にならない人以外にとっては邪魔物にしかならない（また、電源の関係で数年で寿命が来て、継続時には有料だったりする）ので、それほど普及してはいないようである。

結局、ここでもセキュリティーを守る最終的な砦は、一つないし二つのパスワードだけということであり、キャッシュカード暗証番号よりは桁数が多く、英文字が使えることがその違いとなっている。

インターネット・バンキングの場合、当該操作画面自体にフィッシング手口等を具体的に示した警告を目立つように掲示できる。よって、フィッシング等によりパスワードを窃取されてしまったケースでは、パスワードを入力してしまうこと自体が原則として過失となる。ただし、新手のネット詐欺が出現すれば、そのイニシャル被害についての預金者の過失は問えないという判断になろう。

4　不正払戻し被害への補てん状況と問題点

(一)　不正払戻し被害の状況

偽造カード等、盗難カード等、盗難通帳、インターネット・バンキングでの不正払戻しの件数・金額の推移は

図表1　預金等の不正払戻し件数

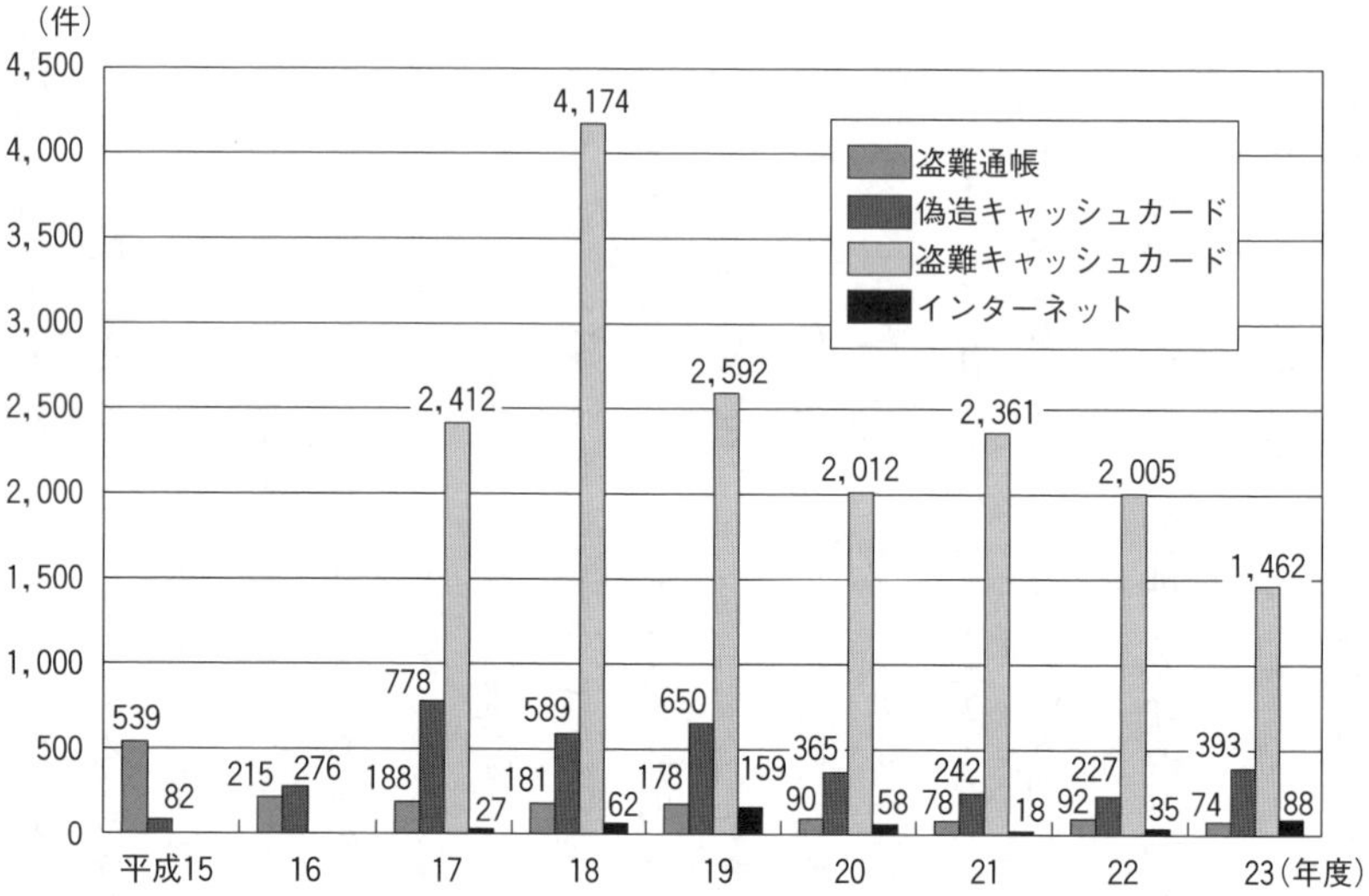

（注）　盗難キャッシュカードの平成17年度は下期のみ。

図表2　預金等の不正払戻し金額

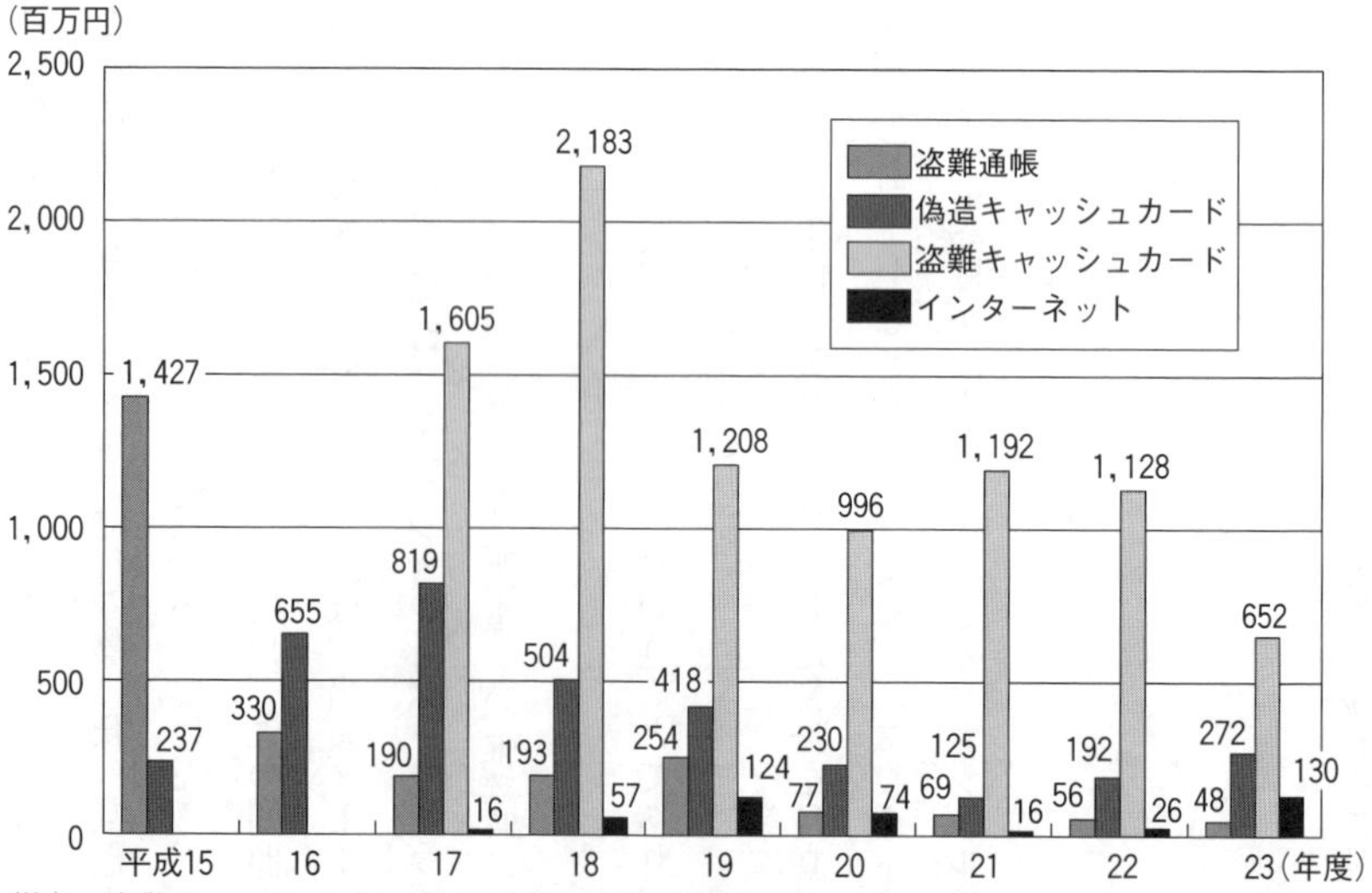

（注）　盗難キャッシュカードの平成17年度は下期のみ。

図表1・2のとおりである（元データは全国銀行協会ホームページより拝借）。

偽造カードによる被害は一時期ほどではないにせよ、高水準である。偽造団出現↓被害届・取締り↓沈静化↓別の偽造団出現、というサイクルを繰り返しているからである。偽造されたカードには、白カードや他社のホームカードの磁気ストライプを読み替えたものなどいろいろあるが、カードの模様等を判断するハードの開発コスト等の問題から、なかなか有効な対策が進まないのが現状である。偽造団のほうは、ゴルフ場や日帰り温泉・海外ＡＴＭ等での小型カメラとカードリーダーによる暗証等のスキミングという手口は同様だが、「潜伏期間」を置いてから不正払戻しを行う等により、犯行現場（ゴルフ場等）の特定を困難にするなどの「対策」だけが進化しているようである。

盗難カード被害は減少傾向にあるが、件数・金額的に突出した存在であることにかわりはない。また、後掲の判例にもなった「某繁華街」の昏睡強盗集中発生や、警察を騙る犯人グループによる高齢者被害の集中発生など、「新手口」開発のたびに増減を繰り返している。生年月日等の推測しやすい暗証番号を、口座作成時や暗証番号変更時にブロックするようになったことや、出金限度額（五〇万円）の設定が一応の効果を示している。

盗難通帳は、一件当りの金額こそカードよりも大きいが、件数的には「思ったほど多くない」というところではなかろうか。出金パターン等によるアラームの進化や、マスクやヘルメットで顔を隠しての出金は窓口ではむずかしいという事情によるものであろう。

インターネット・バンキングでの不正払戻しは、暗証カードの盗難等による盗難カード型不正払戻しから、フィッシング画面による情報窃取型へと被害の趨勢が変動しており、後者では、いまだにマスコミ等で報道されるとおり、次々に新手の詐欺手法が開発され、それが顧客が特定のサイトに接続することによるウイルス感染の結果として現出するので、銀行サイドとしては防止対策に限界があるのが悩みである。また、この世界は、ワクチン（対策）と耐性ウイルス（新手）の相克サイクルが短いという点も特色である。

以上、通していえることは、「発展途上」のインターネット・バンキング被害を除いて、不正払戻し被害は、一定の水準で定型的に発生し、銀行側の（短期的な）対抗策も出尽くして、一種の極相状態になってきているということである。言い換えれば、相当のコストをかけて大規模なサムシングを行うことがない限り、損失補てんは「定例業務化」したということである。

(二) 損失補てん業務の実際

預金者から、盗難等の通知が営業店窓口や専用のアラームラインにあった場合、預金を支払停止とするとともに、警察への被害届出と、一定事項のヒアリングへの協力を要請する。この「最初のヒアリング」が立証手段をもたない銀行にいかに重要かは後述する。

こうやって届出があった案件のうちで、実際に補てんの対象になるものは三～四割程度である。立証のもう一方の柱は警察の盗難被害届受理である。窃盗によるものか、紛失ないし詐取・喝取によるものかの判断は、ほとんどこの盗難被害届の受理の有無で決まるといってよい。警察がどの程度の心証で被害届の受理・不受理（特に「紛失」との境界）を判断しているのかは筆者では判断がつかないので論評は差し控えるが、この段階で二、三割は補てん対象から外れる。本来は、警察への説明や警察の捜査状況と照らし合わせて補てん対象の是非を判断しなければ正確なところはわからないし、銀行の、コストをも意識した調査・立証能力としてはそれ以上のものは望めないのであるが、預金者の同意があったとしても、捜査情報は守秘義務だけの問題では語れないものであるため、個々の当局の協力姿勢に依存するという部分が残る。犯罪被害の損失を、第三者に無過失で責任を負わせる内容であるからには、こういうところまで考慮した立法がなされるべきであったと思う。また、偽造カードやインターネット・バンキングでのフィッシングによる被害については、基本的に被害者は銀行になるので、この「盗難被害届受理」手段は活用できないという問題点もある。

このほかは、種々の状況証拠から判断するしかないのであるが、そのなかで最も強力なものが払戻し時の映像チェックである。映像記録は防犯のためのものであるから、預金者に直接見せられるものではないが、これにより「不正な」払戻しが家族・親族や「泥酔した本人」によるものであることが判明して、実に届出の半分以上はここで消えるというのが実際である。ただし、映像チェックは、よほどの映像検索機能を備えたハードを有する金融機関でないと相当の力仕事になるという点と、他行・他社ＡＴＭでの払戻しに係る被害については使えない点がネックである。

入出金の状況もポイントである。口座開設間もない被害、被害直前の大口入金、口座にあった資金の原資が明確でない等いくつかのパターンが考えられる。これで明らかに怪しいものについては、なりすまし懸念ありとして補てんを謝絶することもあるが、かなりの限界事例に限られる。謝絶して訴訟になったものは、当行では今のところ存在しないが、とことん争われた場合のこれら状況証拠だけでの限界は判例とともに後述する。預金被害における損失補てんは「定例業務化」しており、個別の事案ごとに追加できる事項もそれに掛けられる労力にも限界がある。しかしながら、このような地道な、集約的な作業を「効率化・省力化」すれば、「緩い銀行」としてなりすまし詐欺の標的とされかねない。

最後にもう一度繰り返したい。以上のように補てん請求を受けてから、実際に補てんが実施できるまでには相応の期間が必要である。ところが、預貯金者保護法では補てん請求時から金融機関は履行遅滞に陥るとされている。

三　情報の共有と相互協力

銀行間や銀行と当局の間での、不正払戻被害状況・手口や防止策等に関する情報交換はかなり行われているようであるが、業態（監督官庁）をまたぐそれについては、やはりむずかしいようである。実際に補てんが行われた場合には、全国銀行協会のカード補償情報センターに登録される（補てん実施時に顧客の承諾を得ている）。これは主にはなりすまし防止目的であるが、本来は補てんに至らなかったものこそが共有すべき情報だともいえる。

預貯金者保護法は、ネットワークの提供者として負うべき責任を、口座保有銀行に単独で負わせるという立法スタイルである。ゆえに個々の銀行、あるいは業態をまたいだ情報共有が本来は必要だったのであるが、立法時になんらの手当てもなされていないので、個人情報保護や守秘義務が壁となってしまっている。

（注8）　実は当行の特許である。特許第４２０５７１２号。

（注9）　全国銀行協会平成二〇年二月一九日「預金等の不正な払戻しへの対応について」。また、岩本秀治ほか「盗難通帳およびインターネット・バンキングによる預金の不正払戻しに対する自主的な取り組み」金法一八三一号二五頁も参照。

（注10）　本当は債務不履行責任を負わないことまで明確にしたかったが、消費者契約法抵触を懸念する慎重意見もあり、この表現に落ち着いた。

（注11）　たぶん「申し合わせ」前文の「各行においては、預金者保護法の趣旨を踏まえ、お客さまの立場に立った対応

を行うこととする」に含有されていると読むのであろう。

（注12）ここにも、前稿で批判した「介護ヘルパー文言」（前稿三三七頁（注44））が繰り返されてしまっている。

（注13）ペンネーム世間の雑音「通帳と印鑑は別保管しましょう」金法一八五八号六四頁。

（注14）副印鑑制度を民間金融機関が導入した経緯についてはよくわからないが、「客待ち時間解消と印鑑照合事務の合理化の美名の下に、郵便局がやっているからと、安易に追随したのかもしれないが、……印鑑照合の本質を忘れた愚挙だったように思われる」との見解もある（菅野佳男「民法四七八条と債権者の帰責性」判タ一一三八号三八頁）。筆者が入行した当時は、通帳のオンライン化（なぜか通帳の表紙の裏面の副印鑑欄に届出印を押捺してもらうことを、当時の住友銀行ではこう呼んでいたが、その由来は不明のままである）は業務効率化のQC運動（もう死語である）の評価項目であり、つまり全行をあげて副印鑑制度の推進を図っていたわけで、この問題については後ろめたいところがある。当時当行の顧問弁護士であられた河合伸一元最高裁判事は、「こんなんはカードに暗証番号を書いてるようなもんで、なんぼいわれても私はいっさいやりません」とおっしゃっておられたのを明確に記憶している。

（注15）乱数表は、厚紙の場合もあれば、キャッシュカードと同じ大きさのプラスティックカードのこともある。複数の銀行と取引があれば、放置すれば財布内でますます増長するこれら個性豊かなカード群と上手につきあわないといけない。その不便を考えて、ネット銀行ではキャッシュカードの裏面に印刷されていることもあるが、もう文字どおり「キャッシュカードに番号を記載」していることになる。

三　預貯金者保護法に関する判例の分析

1　「偽造カード等」の定義

まず、入り口の「偽造カード等」該当性につき争われたという珍しい事例がある（大阪地判平20・4・17判時二〇〇六号八七頁）。

事案は、銀行が発行したカード（オリジナルのカードが盗難にあい、再発行したカード）が郵送中に郵便局で詐取され、当該カードを使用して預金が不正に払い戻されたというものである。問題になったカードは、郵便局から詐取されたものであるから、「盗取された真正カード」（預貯金者保護法二条五項）には該当しない（当事者に争いのない事実）。そこで、このカードが「偽造カード等」に該当するかが争われた。判決は、これが「偽造カード等」に該当するとして銀行の主張を退け、預金者の補てん請求を認めたが、その根拠は以下のとおりである（分類は筆者による）。

①「本件払戻しは、原告に交付されることなく、第三者が詐取した再発行カードにより行われたものであ」るので「偽造カード等」に該当する。なぜなら、「法のキャッシュカードの定義の内容に照らせば、」「偽造カード等の内容が積極的に定義されているものではなく、真正カードとの分類の基準が専ら預貯金者への交付の有無に係っている」。

②「銀行の主張を採用すれば」金融機関の内部者や郵送途中におけるカードの抜取りにより、不正にATMか

らの払戻しが行われた場合に、法の適用に間隙を生ずることとなることにつながるのであって」、本法の「目的に照らしても、そのような解釈」は採用できない。

本判決に対する評釈は、判旨に賛同するものばかりであり、疑問を呈するものは見当たらない（注16）。しかし、この判決の結論はともかく理由づけには疑問がある。

「真正カード等」の定義は「預貯金契約に基づき預貯金者に交付された」カード等をいい（預貯金者保護法二条三号）、「偽造カード等」の定義は「真正カード等以外のカード等その他これに類似するものを言う」である（同条四号）。本件で詐取されたカードは、当たり前であるが、偽造カードではなく、「真正カードが不正に利用された」という現実は否定できないはずである。判決の理由①は、「キャッシュカードは交付されなければ真正カードにならない」というロジックで、それ以前の真正カードは「偽造カード等」だというもので、なつかしい手形理論を思い出させるものである。手形理論でも、創造説や発行説ならば格別、通説とされていた契約説にしてみても、交付行為の欠陥を権利外観理論で、最終的にはどの説をとっても結論に大きな違いがない程度に取引の安全に配慮するという帰結は同じである。さらに、銀行の普通預金規定には、「届出のあった氏名、住所にあてて当行が通知または送付書類を発送した場合には、延着しまたは到達しなかったときでも通常到達すべき時に到達したものとみなします」という、いわゆるみなし送達規定が入ってる。これにより、銀行に帰責のない通信途上の事故に係る危険負担は預金者側が負うことになっていて、これは当事者間では有効であるという点については、預貯金者保護法制定後もかわりはない。また、この点で、判例が同視混同する「金融機関の内部者」による抜取りと「郵送途中におけるカードの抜取り」とはまったく事情が異なる。

こういう文言の形式解釈論だけでなく、本法の本質論からも結論の不当性は明らかである。すなわち、偽造カード等に関しては、民法四七八条の適用を排除し、預金者に悪意・重過失がない限り銀行が補てん責任を負うという、盗難カード等に比べてきわめて厳しい態度がとられている。その前提は、盗難にあう場合には、預金者に過失がある場合もあるが、偽造については基本的に預金者に帰責事由は考えられないという点である。また、詐取や喝取の場合が保護対象から外されているのは、盗難の場合よりもより預金者側の帰責性が高いからである（というのが立法者の説明だった）。本件のように、郵送の途中でカードが不正に奪取された場合には、本事案のようにほとんど預金者に帰責のない場合もあれば、長期間郵便受けに入れたまま放置されていて盗まれたとか（注17）、送付先の住所登録が誤っていた（旧いままだった）結果、別人宅に配送され、その者が不正な払戻しを行ったようなケースであっても、あるいは被告銀行が主張したように、預金者が不当な受領拒絶をしている間に、何者かにより不正払戻し等がなされたケースも、すべて銀行側の負担になってしまう。これはかえって預金者を「過保護」するものである。実際、原告は、生年月日が記載されている健康保険証を同時に盗まれているにもかかわらず、再発行カードの暗証番号として生年月日を届け出るという「失態」を演じているが、これが盗難カード等であれば過失責任を問いうるところ、偽造カード等と認定したため、原告側の帰責事由を不問とせざるをえないという結論になってしまう。

　つまるところ、本判決の理由②が正しい「ように見える」のは、預貯金者保護法のような制圧的な法律ができた後で、裁判所のいう「間隙」をぬって免責を主張する銀行の姿勢が「はしたない」と世間の目には映るからであろう。しかし、それはそもそも詐取や喝取や、落し物を誰かが悪用した「占有離脱物横領」型も、一律に本法の適用外とした、一〇〇％と七五％の次は〇％という落差を内包する本法自体の構造的欠陥が原因であり、法律自体が「間隙」を予定していた結果ともいえる（注18）。本事例の銀行の主張が「大人気ない」としても、その批判は道義的・商道徳的なものであって、法的なものであってはならないはずである。

なお、本事例はもう一つ重要な示唆・教訓を含んでいる。本件で再発行カードが詐取された経緯は以下のとおりである。

・原告は車上ねらいにあって、キャッシュカードを、健康保険証やクレジットカードの利用明細とともに盗取された。

・原告は、銀行にキャッシュカードの再発行を求め、銀行は新カードを送付した。

・ところが、同時期に犯人が原告になりすましてクレジットカード会社にカードの再発行を依頼し、郵便局には電話で「転居したので、局留めにしてほしい」と連絡し、上記健康保険証を使って郵便局窓口でこれを受け取った。

・その際、たまたま同時期に郵送されてきた本件キャッシュカードも（他の郵便物も）同時に犯人の手に渡ることになってしまった。

銀行は、安全を期してカード類は簡易書留で送付している。ところが、本件では、電話だけで再発行に応じるクレジット会社と、電話だけで局留め扱いに変更し、フォトＩＤではない健康保険証による本人確認で、頼まれたものではない他の書類まで一緒に渡してしまう郵便局という、銀行のコントロール外のエンティティーの「善意」だが「安易な」取扱いの結果、銀行だけが無過失責任を負わされたという構図である。筆者が前稿で指摘した、個別の銀行ないし銀行業界だけが努力してもそれだけでは解決できない「業態間問題」の一場面である（注19）。もちろん、取引の九九・九％は正常なものであり、これら手続を厳しくすることは各エンティティーの門前にクレームの山を築くことになるから一概に非難はできない。また、銀行がこれらの他業態の過失責任を訴えても得るものは少ないであろう。妙案も特効薬も浮かばない筆者にできることは、業態問題があることの指摘だけである。しかし、その先に「責任だけは善意無過失の銀行が全部負う」という構図があることだけは忘れてはならないと思う。

2　銀行の立証責任

法や新規定では、預金者の過失等についての立証責任は銀行に転嫁されている。裁判所ではどのように盗難被害か否かを判断しているのであろうか。

ケース１：盗難の有無そのものが争われたケース（東京地判平24・1・25金商一三九〇号五六頁）

預金者が同居人と二人で住むマンションから、預金者の出張中に通帳等が盗まれて、二〇三八万円という多額の払戻しが行われた「盗難」が争われた事例である。事案の概要は以下のとおりである。

・平成二〇年二月当時、原告X（預金者）は、本件マンションにて乙と同居しており、本件マンションの鍵は、原告と乙しか所持していなかった。

・Xは本件カード等（下記DCMXカードを含む）を冷凍庫内の製氷トレイに隠していた。本件預金には多額の資金が継続的に残っていたが、Xは本口座を自動引落しにのみ使用し、カード出金は日常的には行っていなかった。

・Xは一月に開設した証券会社の口座へ本件預金を移すため、本口座の出金限度額を五〇万円から、上限額である三〇〇万円に引き上げた。その際に安全のために暗証番号も「１９１９」から「９１９１」へ変更した。ただし、居室には、XのＤＣＭＸ（ドコモのクレジット会社）カードの暗証番号（１９１９）が記載された通知書が置かれていた。
・Xは二月一五日から一六日夜にかけて福岡に出張した。乙は一五日から仕事に出かけ、その日は実家に宿泊し、一六日はXよりも先に帰宅したが、その際に玄関は施錠されていた。
・本件預金は、一六日午前一時五二分から二三日午前〇時五〇分までの間、被告Y銀行自由が丘出張所で、黒色フルフェイスのヘルメットを被った何者かにより連日（ただしなぜか一九日には出金なし）限度額三〇〇万円が引き出された。初回引出しの際、暗証番号を誤入力したが、二五秒後には正確に入力、また初回の引出額は五〇万円で、翌日からは三〇〇万円を一回で出金した。
・Yは、払戻しのつどアラートメールをXの届出アドレスに送ったが、Xはメアドを変更しており、Yにその変更手続をしていなかったことから、アラートメールはXに届かなかった。
・Xは二月二五日午後三時に本件盗難を一一〇番通報し、警察は現場検証を行ったが、ピッキングやサムターン回しなどの侵入跡を採取することはできず、本件窃盗を裏付ける証拠は発見されなかった。ただし、盗難届は二月二六日に受理されている。

Yは次のような点を主張して補てん責任を否定した。

① 乙帰宅時にマンションは施錠されていたし、警察の現場検証で窃盗を裏付ける証拠はなかった。
② Xが直前に暗証番号を変更しているにもかかわらず、出金者は暗証番号を一回間違えただけで、直後に正しい番号を入力し、以降間違えることはなかった。
③ Xは直前に一日当りの出金限度額を引き上げており、出金者は連日その限度額を出金し、出金し終わった二

日後に警察に届け出ている。

これに対するXの反論は、

① Xは以前から多額の預金を所持する一方、負債はなく、動機がない。

② 一度目の出金は五〇万円であり、これは犯人がこのときまで残高を知らなかったことを示すものである。

③ 本件口座の利用は、ほぼ自動引落しに限られていたので、盗難に気づくまで一〇日を要した。

というものである。

判決はXの全面勝訴。その理由は、

① 侵入跡が残っていなかったとしても、犯人が侵入跡を残すことなく侵入した可能性もある。

② 犯人が盗難の発覚を防ぐために、玄関に施錠して引き揚げた可能性も否定できない。

③ 犯人がDCMXの通知書に記載された番号を参考にするなどして、正しい暗証番号にたどりついた可能性も否定できない。

④ 三〇〇万円の引出上限額はYのホームページなどで知りうる事実だし、犯人が偶然に上限額の引出しに成功した可能性もある。

⑤ 犯人が九日間にわたって連続出金しているのは、侵入跡を残さなかったことから、本件盗難がしばらくは発覚しないと想像していたためとも考えられる。

⑥ Xは本件口座を日常的に利用していなかったので、一〇日間気づかなかったとしても、不自然・不合理とまではいえない。

⑦ 本件出金には共犯者が必要であるが、その存在をうかがわせる証拠はまったく存在しない。

本判決は、盗難の有無が争われたレアなケースであり、金額が大きく、怪しむべき事情が多数存在した限界事例として、実務に携わる者としては最も重要な部分についての裁判所の判断が示された興味深い事例であるが、事実認定の争いにすぎないためか、先にあげた「交付」の有無のようなレア事例に比べて判例批評の類はほとんど見られないのが残念である。そのなかで、著者不明であるが、金融・商事判例の判例紹介冒頭の「Comment」欄は、かなり細かい分析をして裁判所の認定を批判している。

実際に、

① 警察という専門家が捜査して侵入跡がなかったと判断している。オートロックでもない扉が施錠されていたと認定されているが、ピッキングやサムターン回しでは、「開ける」ことはできても「閉める」ことはむずかしいし、鍵がXと乙のものしか存在しないのであるから（この点も認定）、「犯人」は、本物の鍵を使って「侵入」したと考えるべきではないか。

② 暗証番号は、ＤＣＭＸカードのそれ（１９１９）をひっくり返したもの（９１９１）に直前に変更されていたが、二回目で正しい番号を入れたということは、１回目は怪しまれないようにわざと間違えた（ないしは、焦って旧番号を入力してしまった＝この点は上記Commentでも指摘があるとおり、最初にどんな番号が入力されたのか明らかにされていないのが残念である）と考えるべきではないか。「犯人」が最初ＤＣＭＸカードの番号と同じにしているのではないかと推測したとしても、それが違えば次に試すのは生年月日とか電話番号であるのが普通である。ましてや、最近変更したばかりの暗証番号がどこかで盗み取られていた可能性は非常に低いから、二五秒後の二回目でスムーズに入力されているということは「最初から知っていた」とみるべきではないか。

③ 限度額三〇〇万円ちょうどを毎回引き出していたことが「偶然」とはとても考えられないのではないか。

「犯人」は、最初だけ五〇万円で出金しているが、もし「犯人」が限度額の設定可能上限が三〇〇万円であることを知っていたならば、まず三〇〇万円で試すか、五〇万円引出し後に五〇万円とか一〇〇万円とか試しながら出金するのが普通である。そうすると、むしろ最初（暗証番号同様）限度額を引き上げたことを失念して五〇万円を引き出しただけで、限度額は三〇〇万円になっていたことを最初から「犯人」は知っていたとみるべきではないか。

④ 窃盗は、Xが福岡に出張し、乙がたまたま実家に戻った、その一晩の間に行われ、「犯人」はその翌日から、Xの居所の「最寄りの」、同じY銀行の出張所のATMで連日出金し続け、途中一九日だけ「休み」まで入っているが、「捕まるかもしれない」懸念のある「犯人」がこのような引出しの仕方をするだろうか。Xはカード等を冷凍庫に入れていて、「連続出金が終了した翌々日」まで気づかなかったと主張するが、同時に通帳や現金の盗難にあった乙は、これらを「居室の部屋の隅に置いてあった青いボックスのなか」に入れていたのであって、犯人がこれも一〇日以上も「気づかれないだろう」と信じて、Xと鉢合わせするかもしれないようなATMで、「途中一日の休養」をはさんで二六二円の残高を残すのみとなるまで、悠然と出金を続けていたなど、通常の神経では考えられないのではないか。そして、「犯行」終了後の二日後に「卒然」とXが盗難に気づくのもできすぎの感がぬぐえないのではないか。

⑤ 判決は、共犯者の存在をうかがわせる証拠が「まったく」存在しないというが、上の事実が共犯者の存在を間接的に証明しているのではないか（注20）。

推理小説的にいえば、「動機がない」Xと乙は「かなり黒い」と感じるのは筆者だけだろうか。判決の理由も、そのほとんどが「可能性もある」「可能性は否定できない」「とまではいえない」である。しかし、捜査権限をもたない銀行には、これが立証の限界であろう。本判例は本審で確定している。勝ち目のない裁判を続けても法定利率五％での遅延損害金がかかるだけである。結局、立証責任を転換するということはこういう結果を導くということを如実に示す事案といえよう。

なお、本件でY銀行がX側の過失を主張していたらどうなっていただろうか。ＤＣＭＸカードの通知書放置やアラートメールの不受理等、X側にもかなりの帰責があるが、申し合わせの内容（近いものでは「キャッシュカードをそれらの暗証を推測させる書類等とともに携行・保管していた場合」）からは、これが軽過失になるかも微妙なところである。ただ、予備的にでも請求しておけば、事案柄過失くらいは認定して、当事者間の「衡平」を図っていた可能性も否定できないので、その判断が示されなかったのは残念である。

ケース2：過失の有無が争われたケース（東京地判平22・12・28金法一九二四号一一三頁）

事実関係は以下のとおりである。

・原告Xは、平成二二年一月二六日午後一一時三〇分頃、某繁華街の「某通り」において、中国人女性客引きに誘われ中国人スナックで飲酒したところ、延長を求められ、現金の持ち合わせが少なかったため、中国人ホステスとともに近くのコンビニ・ａｍｐｍ某店へ行き、二七日午前〇時一九分頃にキャッシュカードを使用して一万円を引き出した。その際、隣に立っていたホステスに暗証番号をのぞき見られた。また、その際Xはホステスに出金した一万円札を見せた。

・その後、Xはスナックに戻って再び酒を飲んだが、数杯飲んだところで記憶を失い、翌朝路地裏で放置されているところで正気に戻った。

・携帯で確認したところ、二七日午前一時四〇分頃にコンビニ・セブンイレブン某店のATMで二七〇万円が出金されていた。

Xは、「昏睡強盗」という悪質な犯罪被害によるもので「過失」はない、暗証番号をホステスに盗み見られたとしても、これを防止する高度な義務はないとして無過失を主張した。

判決の要旨は以下のとおり。

① キャッシュカード規定には（中略）と規定されており、預金者は、暗証番号について、盗み見られる等して他人に知られることのないように、適切に管理する注意義務を負っている。しかも、キャッシュカード送付用台紙では、暗証番号が他の人に知られることのないよう注意するよう念押ししている。さらにY銀行ホームページで、酩酊時にカードを盗まれる事例が発生していることを記載し、店頭ポスターで、「ATM利用時のご注意」として「ご利用の際は不審者による後方の覗き見や暗証番号を知られないようにご注意ください」等と注意喚起を行っている。

② Xは、当初Yに提出した説明書では、女性を伴ってコンビニに行きそこのATMで一万円を引き出したときに暗証番号を盗み見られたと推測すると述べ、その後被告に郵送した説明書においては、コンビニの前まで女性と行ったのは確かだが、ATMで引き出す際にも一緒にいた覚えはまったくないと説明内容を変更しているが、変更後の説明内容は不自然である。

③ Xは、コンビニにおけるATMの設置環境にかかわらず犯罪防止対策をとらなかった等と縷々主張するが、それらは原告の過失を正当化するものではないし、しかも、Yに犯罪防止義務違反があったことをうかがわせ

るに足りる証拠もない。

④　Xは、暗証番号を盗み見られたり知られたりすることがないようにする注意を怠り、暗証番号を適正に管理する注意義務に違反した過失があるものと認められる。よってXの補てん請求は四分の三の限度で理由がある。

この判例についての評釈も見当たらないが、おそらく結論に異論はあまりないのではなかろうか。しかし、①の部分は、銀行の注意喚起・広報活動に非常に好意的な評価であるが、同じ台紙やポスターには「生年月日等の推測されやすい番号」の回避も謳われているが、これについての政治的評価は既述のとおりである。②については、当初の説明で預金者が「正直に言い過ぎた」結果であり、本判例のような事例が公表されれば、おそらく弁護士等のアドバイスを受けた預金者からはこのような脇の甘い供述は早晩得られなくなるであろう。そういう意味では、Y銀行は運がよかったともいえるし、「正直者が過失になる」制度がよいかという見方をすれば評価が分かれるであろう。

全銀協の「申し合わせ」では「酩酊等により通常の注意義務を果たせなくなるなどキャッシュカードを容易に他人に奪われる状況においた場合」のようなキャッシュカードの管理疎漏と暗証番号の管理疎漏がある場合に過失ありとしているが、昏睡強盗のような事例も「原因において自由」であれば前者に該当し、かつ、セキュリティーが比較的低いコンビニＡＴＭで暗証番号を覗き見られたことが後者に該当するという判断であると考えれば、これを厳しい判断と見る者もいるかもしれない。それでも、結論に異論はあまりないのではないかと感じた原因が、某繁華街の「某通り」の、いかがわしい中国人のキャッチバーで身ぐるみ剥がされたという事実が、自業自得で当然ではないかという価値判断に基づくものであったとすれば、預貯金者保護法の過失基準が、通常の過失認定のそれよりも厳しいということの表れではないかと思う（注21）。実際、中国人ホステスに見られながら暗証番号を入力し、出金した万札を見せびらかしているのであるから、「暗証番号を教えたも同然」すなわち「重過失があった」という主張も考えられたと思われる。

最後に、判決の③は、「業態間問題」の判断のうえで重要である。なぜなら、銀行側の過失の判断に、出金に使われたATM保管者（本件でいえばコンビニ）の防犯体制の不備は原則として影響しないと述べているように読めるからである。この点についても両論あろうかと思われるが、銀行の管理領域の限界と、顧客利便性の両立点としては妥当な判断である。

ケース3：「盗取」の事実が否定されたケース（京都簡判平24・6・21判例集未登載）

預金者Xが、平成二三年二月八日午後五時三〇分から翌朝七時までの間に、会社から自宅までの間のどこかで盗難にあい、八日七時二〇分頃に、その近くの他行のATMにおいて四七万円が不正に払い戻されたと主張したものである。判決は、

・真正なキャッシカードを使用して、いとも容易に暗証番号が最初から正確に入力されたうえで預金の払戻しがなされていることは、盗難にあったというには不自然である。

・XはY銀行に「喪失届」を提出し、しかもその届において、「この喪失に関し、不正出金の被害がないことを確認しました」旨の記載のすぐ右に押印している。

・Xは九日に、警察署に対し、Xがキャッシュカード在中のバッグを喪失したとして遺失届を提出している。として、「原告がキャッシュカードを盗取された事実は認められない」と判断した。

これは、初動での預金者の供述と警察への届出のいずれもが盗難を否定しているケースであり、上述の銀行側の立証手段がすべてそろっていた、本来は訴訟に至ることがまれな事例であるといえる。

3　銀行間問題と振込みの無因性ドグマ

たとえば、預金者がA銀行にもB銀行にも普通預金口座をもち、いずれのカードもが偽造ないし盗難にあい、偽造・盗難カードを使ってA銀行の口座からB銀行の口座に不正に振込みがなされ、B銀行の口座から、やはり偽造・盗難カード使って出金された場合、預金者はどちらの銀行に請求できるか、また最終損失はどちらの銀行が負担するべきかというのが、「銀行間問題」である。さまざまなヴァリエーションが考えられるが、基本的にはB銀行の口座名義の如何もB銀行プロパーの偽造・盗難カード問題の如何も問わず、A銀行と預金者間の問題として解決すべきというのが私の考えであるが（注22）、その背景にあるのは、少なくとも預金者がA銀行とB銀行から、不正に出金された金額を超えて補てんを受けることはできないはずであるという考え方である。

預貯金者保護法施行直後（盗難通帳対策の申し合わせが行われる直前）にこの問題に関係する興味深い裁判が争われていた（東京地判平17・12・16、東京高判平18・10・18、最判平20・10・10民集六二巻九号二三六一頁）。以下、本稿ではこの判例を「平成二〇年判決」という（注23）。

㈠　事案の概要

平成一二年六月六日午前四時頃、犯人グループがX宅に侵入し、X及び甲（夫）・X長男名義通帳・印鑑・健康保険証等を窃取した（注24）。犯人グループは七日午後一時三〇分頃に、乙銀行新宿支店で甲名義の二本の定期

図表3

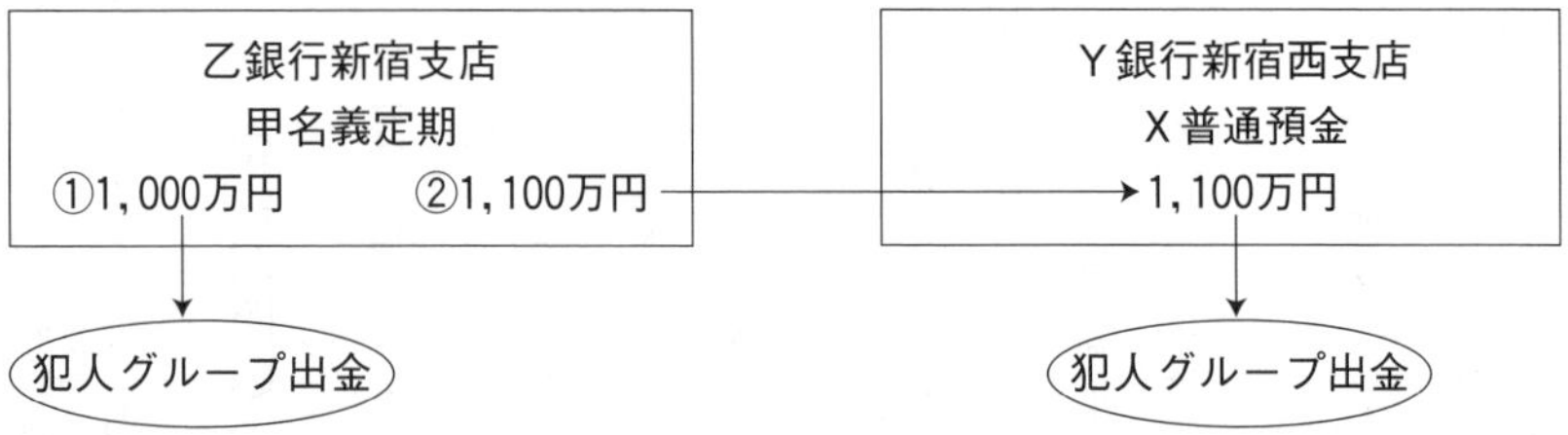

預金のうち、①を現金出金し、②をY銀行新宿西支店のX名義の普通預金口座（「X名義口座」）に振り込んだ。

同日午後二時三〇分頃（乙銀行からの振込みの約四〇分後）、犯人グループ（Xと類似年齢の女性とその娘を装った女性二人組）がY銀行新宿西支店に現れ、X名義口座から一一〇〇万円を出金した。この際二人は、

・通帳・印鑑を呈示
・住所記入の要請に直ちに記載
・キャッシュカードの暗証番号の入力を求められたが失敗（使っていないので失念したと説明）
・本人確認の要請に対し、健康保険証を呈示。家族構成や夫の生年月日を間違いなく回答
・写真IDは所持していないと回答
・資金使途は娘のマンションの頭金であり、出金拒否により取引が流れた場合は損害賠償請求すると主張
・念のためにX宅に電話するも応答なし（＝間接的に支店に出頭していることを裏付け）。

甲が乙銀行を、XがY銀行をそれぞれ提訴。なお、甲＝乙銀行裁判は、途中でY銀行裁判の帰趨を見るべく「停止」したが、この問題については後述する。

(1) 第一審判決（X勝訴）

以下の点でY銀行には過失があり、民法四七八条の免責の適用はない。

・金額が多額かつ普通預金のほぼ全額であり、「その払戻しに際しては、慎重な手続を行うことが要請される場合であった」。

・暗証番号を入力できなかった事実は、払戻請求者が預金者本人であることにつき客観的に疑いを抱くべき重大な事情であり、「社会通念上」写真ＩＤの提示などにより本人確認を「さらに慎重な確認を経た上で払戻しに応じるべきである」。

・写真付きでない健康保険証の提示、家族構成や生年月日の口頭での確認だけでは「社会通念上期待されるべき確認措置をとることを怠った」。

・「損害賠償請求する旨告げられたとしても、本人確認ができない以上、その払戻請求には応じるべきではなかった」。

Y銀行控訴。

(2) 控訴審判決（Y銀行勝訴）

Xが払戻しを受けるべき正当な利益を欠くときは、その払戻請求は権利濫用として許されない。

・Xは自己のために本件預金の払戻しを請求する固有の利益を有せず、甲への不当利得返還義務の行使のために必要な範囲にとどまり、当該不当利得は、その後の犯人グループの払戻しにより消滅したのだから、Xには利得が存在しない。

・よって「Xによる本件払戻請求は、X固有の利益に基づくものではなく、また、不当利得返還義務の履行手段としてのものでもないから、Xは払戻しを受けるべき正当な利益を欠くことになり、権利の濫用に相当する」。

・甲の乙銀行に対する預金払戻請求権が容認される場合には、甲の乙銀行に対する請求と、XのY銀行に対する請求という両立できない債権を肯定することになるが、このような債権者と債務者を異にする複数債権の不真正連帯関係は予定されていない。仮に甲の乙銀行に対する請求が容認される場合には、XのY銀行に対する本件請求を行使しえないとすることがX夫婦の意思であるとすれば、本件請求は別件訴訟の敗訴を条件とする不確実な請求ということになる。

・乙銀行の払戻しに過失がなかったとすると、犯人グループからの回収リスクは本来甲が負担すべきものと判断されたことになる。本件ではX名義口座から回収可能な事態が生じたが、この場合の甲の被害回復への期待は、犯人グループがX名義口座という、Xの権利行使が容易な方法で保管したことから生じた事実上の期待というべきである。このことは、まったくの第三者の普通預金口座に振り込まれ、払出しされた場合を想定すれば、甲は第三者に不当利得返還を求められないし、銀行への払戻請求を期待しうるものではないことから明らかである。

・Y銀行に過失があったとしても、固有の利益のないXの払戻請求という手段によって、犯人グループからの回収リスクをすべてY銀行に転化（ママ）すべきものとは解されない。

・X夫婦の利害が共通するからといって、Xの請求が理由あるものとなるわけではない。

X上告。

(3) 上告審判決（破棄・差戻し）

・普通預金口座に振込みがあったときは、原因関係がなくても普通預金契約が成立し、受取人は預金債権を取得する（最判平8・4・26民集五〇巻五号一二六七頁）。

・その払戻しが「詐欺罪等の犯行の一環を成す場合であるなど、これを認めることが著しく正義に反するような特段の事情があるときは権利の濫用にあたる」。

・本件には預金の払戻請求が権利の濫用となるような特段の事情はうかがわれない。

・本件払戻しの民法四七八条該当性について審理を尽くさせるため原審に差し戻す。

(二) 銀行間問題の視点から見た判決の分析

本判決は、第一審では債権の準占有者に対する弁済の有効性が争われ、控訴審では権限によらない振込資金につき、「自己のために払戻しを請求する固有の権限を有」しない者の払戻請求の権利濫用該当性が争われ、上告審では権利濫用該当性が否定されて、弁済の有効性判断のために差し戻されたものである。重要と思われる事実をいくつか追加する（注25）。

・甲の乙銀行に対する請求と、XのY銀行に対する請求は同時に同一の弁護士により東京地裁に提訴され、乙銀行とY銀行の代理人弁護士は同一の法律事務所に所属していたが、裁判所は甲・X側代理人からの裁量による総合審理ないし同一の裁判体による審理の上申を受け入れず、別の法廷に係属した。その結果、進行が早く、判決が先に出た本件の結果待ちのような状況で、甲＝乙銀行訴訟は控訴審判決でXが逆転敗訴するまで約二年にわたり事実上ストップしていた。そして、本件の高裁判決後に再開し、平成一九年一一月二六日に被害額の六割である一二六〇万円を乙銀行が甲に支払うことで和解が成立した。

・本件の差戻審でも、結局Y銀行がXに八五〇万円を支払うかたちで和解が成立した。つまりXと甲は合計で二一〇〇万円の被害を上回る二一一〇万円の回復を得たことになる（なお、乙銀行は、金額的には一二六〇万円であるが、負担の割合的には六〇％、Y銀行は、金額的には八五〇万円であるが、割合的には七七％である）。

・差戻審では、第一審の事実認定（特に、約款上は要求されない、普段ほとんど使っていなかったカードの暗証番号を入力できないという事実だけで、債務不履行責任を追及する姿勢を見せられても銀行は払戻しを拒絶するべし、という強硬な判断）を争う余地が十分あったと個人的には思っていたが、この手の差戻審で事実認定を争っても、まずもって逆転することはむずかしいという顧問弁護士の見解と、累積する「法外な」法定利率の問題から和解することとなった。実際にY銀行（当行）が全面敗訴した場合に、合計額が当初の預金額を超える部分は、誰が誰に対してどのような根拠で請求できるのかを見てみたかったと思うのが半分、そもそものような問題を惹起しないような「銀行間問題の解決手段」を話し合うべきと思うのが半分である。なお、細かくいえば、甲＋Xで、一〇万円だけ「二重に」利得している計算になる。この部分は和解でもこだわったが、相手方は弁護士費用や他支店での敗訴部分もあって妥協には応じなかった。世間感覚としては「そんなもの」かもしれないが、法的に分析すれば、今の民事訴訟制度（訴訟物理論というべきか）の欠陥がまた一つ見えてきそうである。

以上を前提に、銀行間問題における本判決の問題点を検討する。まず、預貯金者保護制度を考慮しない民法レベルで検討する。

① 仮に、本来、先になるべき甲＝乙銀行間の訴訟の結果として、甲が全面勝訴していたとした場合、Xの請求

は権利濫用になるのであろうか。そもそも本件預金がY銀行に振込みのかたちで流失したというのは偶然の結果であって、第一義的には甲の預金を誤払いした乙銀行の責任の所在の有無が第一のはずである。甲はYへの振込みを追認すれば乙に対する誤払いの主張はできないので、そもそも「組戻し」の可否を前提にはできないはずである（もし、甲＝乙銀行訴訟と本訴が併合されていたとしたら、甲・X側はこの「二枚舌」の使い分けに苦労したと思われる）。したがって、甲が乙銀行から損害を回復できれば、X固有の利益はなくなるはずであり、Xの請求は、Y銀行の過失の有無を問わず権利濫用で許されないと考えるべきである。

② もし①で、Y銀行に過失ありとの判断の下でXが預金全額の弁済を受けた場合（それを知りながら支払を受けるとXが詐欺罪に問われるかは別として）、それは誰に対する不当利得になるのであろうか。保険代理のような考え方をすれば、甲への払戻しにより、請求権は乙銀行に移りそうである。乙銀行がXに請求した場合、Xは悪意の不当利得者となると考えられるが、その結果として、Xに本件預金の払戻しを受ける固有の利益がないにもかかわらず、「Xが請求してくれる」という偶然（Xの「善意」というと法律用語と紛らわしいので、以下「好意」と呼んでおく）により過失のある乙銀行は自己の損害をY銀行に全面的に転嫁できることになってしまうが、乙銀行がY銀行の過失責任を訴求した場合と比較すれば、これは正義とはいえない。

③ 乙銀行に過失なしとして甲が敗訴した場合で、Xが「好意」を見せてくれない（無資力ではなく、我関せず）場合、甲はY銀行に不法行為責任を追及できるのであろうか。通説的にいえば、甲の損害とY銀行の預金誤払いの間に相当因果関係があるかどうかによりけりであるが、Xの預金として成立してしまったものの払戻しの是非につき、X不在のままでそれが違法かどうかなど、甲に当事者適格があるのか疑問である。少なくともそこで問われる過失は、預金契約に基づき、過剰なまでに加重された預金者Xに対する注意義務を基準とするも

のではないし、過失相殺もあるので、甲の請求が全額認められるわけでもない。なお、これが認められる場合の、Xの預金債権払戻請求権との関係も難問である。

④　甲＝乙銀行間の訴訟もX＝Y銀行間の訴訟も和解で終了しており、前者の詳細は不明であるが、通常の和解条項（甲＝乙間の和解金授受以降の関係については、それ以外に債権債務関係がないことを確認する、といった条項しかない）を前提にすると、乙銀行は補てんにより代位した求償権でもってXが受領する和解金に対し不当利得返還請求ができることになる。一方、甲は乙銀行の払戻し（Y銀行への振込み）の一部を有効と認めたことになるので、当該部分についてはやはり不当利得返還請求ができるから、甲と乙の請求は早い者勝ち、同時ならば按分ということになろう。この場合、Xから回収した残存額はY銀行に請求できるのであろうか。X＝Y間の和解条項に従えば、残存額について、Y銀行に預金は存在しない。逆にいえばXが払戻しを正当と認めることと同じであるから、できるとすれば、そのような和解をしたXに請求するべきであり（Xは善意の不当利得として、利益は現存しないと争うのであろう）、Y銀行には請求できないのではないかと思われる。そうすると、Xは甲や乙銀行の意向を無視してY銀行と和解することは困難になるはずである。甲や乙銀行は、Xの「好意」に依存しているにもかかわらず、いったんY銀行への請求を引き受けると、あたかも甲や乙銀行のために事務管理を開始したような立場になってしまうのであろうか。本事案では、甲＝乙銀行間の和解が成立したのは、控訴審でXが逆転敗訴した段階である。甲は和解に応じた四割分については諦めていたはずである。そう考えると、なおXに固有の利益があるという前提自体にも疑問がわく。

(三) 振込みの無因性ドグマが増幅する預貯金者保護制度の矛盾

以上の分析でも、Xに請求権を認めることの不都合さは明らかであると思われるが、これを預貯金者保護制度下で考えると、さらに不当・不合理なことが起こる。

① 甲＝乙銀行間については、甲に過失等がなければ乙銀行に全額の補てん請求ができるので、Xの請求は権利濫用になると思われる。

② もし①で、Xが預金全額の補てんを受けた場合（それを知りながら補てんを受けるとXが詐欺罪に問われるかは別として）、それはやはり乙銀行に対する不当利得になるのであろうか。そうであるとすると、Xに本件預金の払戻しを受ける固有の利益がないにもかかわらず、Xの「好意」により、やはり乙銀行は自己の損害をY銀行に全面的に転嫁できることになってしまう。しかし、乙・Y両銀行に過失がない場合は格別、乙銀行に過失があった場合には、甲に重過失があっても乙銀行は全額の補てん責任を負うことになったはずであるので、この結果は明らかに正義に反する。

特に、本件訴訟の進行過程のように、裁判所の訴訟指揮とか代理人の都合等でたまたまXの（無過失の）Y銀行への補てん請求訴訟が先に進行してしまうことで、乙＝Y間の責任分担が一〇〇％左右されるという現象も是認しがたい。

③ さらに甲に故意・重過失が認定されて乙銀行に対する補てん請求が認められない場合、甲はXの「好意」により、無過失のY銀行に自己の重過失の責任を転嫁できるという実に不当な結論となる（故意の場合などは「犯罪」の匂いすらする）。これは、甲が乙銀行にもY銀行にも口座を保有していた場合で、犯人が乙銀行口座の資金をY銀行口座へ振り込んでY銀行から不正払戻しを受けた場合にも同じ問題が起こる。甲が乙銀行の

カードには暗証番号を記載していたが（甲の重過失になる）、一緒に保管し、同じ暗証番号を使っていたY銀行のカード上へは記載していなかった（「暗証番号を書いた紙等をカードと一緒に保管していただけ」では過失にしかならない）ケースなどである。本事案では甲とXが夫婦なのでこの問題は捨象されてしまう傾向にあるが、Xがまったくの第三者であった場合、その「好意」とか「無資力か否か」により結果が左右され、場合によっては「補てんを得られた額の半分を提供するからY銀行に請求してほしい」「半分くれるなら請求してもよい」といった、X＝Y間の無過失責任や立証責任転換などの要件と、一般の不法行為関係にしか立たない甲＝Y間のそれとの間に経済的価値に見合う裁定取引を生むほどの落差があることから生ずる「立法間アービトレーション」まで発生しうる、道理に反する不都合な結果を招来しうる（注26）。あるいは、XのY銀行に対する補てん請求権が譲渡や差押えの対象になるとすれば、有償で譲渡したXや、差し押さえたXの債権者は、Y銀行の負担の下で棚ぼた的利益を得ることになる。Y銀行が善意無過失の場合には、このような結論は不当以外の何物でもないし、立法目的からも大いに外れるであろう。Y銀行に過失がある場合であっても上記結論の不当性は揺るがないと考える。

④　甲に過失があり、乙銀行から七五％の補てんしか受けられなった場合で、甲がXに依頼して無過失のY銀行に二五％の請求をしてもらって（これ自体が許されるのかは③の問題である）、X＝Y間で和解が成立したとする。乙銀行は補てんにより代位した求償権でもってXが受領する和解金に対し不当利得返還請求ができるとすると、結局は甲は全額の満足は得られない。よって、甲が被害全額の回復を得たいとすれば、結局、（無過失の）Y銀行が全額負担するという②と同じ不当な結果に流れていくことになる。しかし、仮にこのシチュエーションで、Xの請求が許されるとしても、甲が七五％の補てんを得ている限り、少なくともXの二五％を超え

る請求は信義に反するのではないか。乙銀行に代位されるからとか、Xへのお礼の分を上乗せするからなどという上乗せ理由が許されるとは考えられない（注27）。

上記の結論が不当なものであるとすると、なぜこのような結果を生む制度になってしまったのであろうか。原因の第一は、私法取引の重要な一部を占める預金取引に、木に竹を接ぐように安易に無過失責任を嵌め込んだ「よくできたものと言えるほどのものでもない」（注28）立法にあることは間違いないが（また、その立法と同じ内容を自主的に拡大したのは銀行界自身なので天に唾するようなものなのだが）、もう一端は最高裁が、控訴審判決が指摘したX固有の利益——筆者の言葉でいえば「Xの好意」——を広く解することの問題点に正面から向き合わず、振込取引の無因性を明確にした平成八年の最高裁判決（最判平8・4・26民集五〇巻五号一二六七頁。以下「平成八年判決」という）のドグマの問題にすり替えてしまったことにあるといわざるをえない。上の議論からもわかるように、最高裁が「特段の事情があるとき」にのみ「権利の濫用となる」としたX固有の利益は、実際には原則・例外が逆で、本事案の甲・Xが夫婦関係であったような「特段の事情」がない限り権利濫用となると考えるべきであった（注29）。そしてこのような事情なかりせば、訴訟は、甲とY銀行の間で不法行為責任を問うというかたちで争われるべきであった。

本事案の最高裁判決は預貯金者保護法制を前提とするものではないから、上述のような不都合な結果をもって批判することはできない部分は残る。しかし、預貯金者保護法制が整った今後、裁判所は、「Xに固有の利益なし」というYの抗弁を、少なくともこの判決当時よりは真剣に検討する必要があるという指摘はできる。さらに、振込取引の無因性を決定づけた平成八年判決以降、権利濫用や信義則（注30）、あるいは刑事責任（注31）等のチャンネルを通して、また、振り込め詐欺・投資詐欺等の跋扈という状況を受けて、不正利用口座の払戻しの拒絶と滞留振込金の被害者への返還という社会的要請への対応のために、平成八年判決ドグマの射程を、少しずつ妥当な結論へと修正してきた流れを、預貯金者保護法制定直前のタイミングで、いとも簡単に覆滅してしまったのではないかという点への批判もできる。ちょうど、バブル経済崩壊後の、執行妨害が猖獗を極める時代の到来直前に、抵当権ドグマを再確認して抵当権者による明渡し請求を否定した平成三年判決（注32）に重なるものがある。控訴審の判断を好意的に評価する見解も少なくなく（注33）、本判決を「特殊な事例であり、今後の判例法の行方はなお流動的と考えられる」（注34）と指摘する見解もあるのは、このような危惧を本判決に感じ取っているからではなかろうか。

ここまでの議論は平成八年判決ドグマ（振込みの無因性ドグマ）に基づき、Xが振込資金についての預金者となるという前提での判例批判であった。本稿は、その無因性ドグマに関する批判を目的とするものではないので、これ以上の点は諸論稿に委ねることとして、次に本事例では見過ごされている真の預金者の認定の観点から問題を再検討したい。

（注16） 片岡義広「預貯金者保護法の「偽造カード等」の意義」金商一二三六号二〇二頁、池田秀雄「判批」銀法七〇四号一六頁、新井剛「判批」ジュリ一四一〇号一二四頁、水野信次「判批」銀法六九九号二六頁。

（注17） こういうときには「郵便受けに入った段階で「交付」があったので、「盗難カード等」だ」、という主張になるのであろうか。株式配当領収証詐取事案のように、門前（あるいは門のなか）で郵便局員の配達を待ち受けて受領していく場合は、預金者の支配領域内行為だが、「交付」はあったことになるのだろうか。最近の老人をねらった犯罪で多発する、配達直後に警察等を名乗る犯人が預金者を訪問して「さっき受け取った郵便物を押収」するケースと結果において天地の差が生まれる「境界」はどこにあるのだろうか。そもそも、そんな「境界」は置

くべきなのであろうか。

（注18） 自主的にこういう場面でも補てんに応じている銀行もあるし、本事案で、再発行・悪用の道をたどったクレジットカードでは、当該損失は補填されることになっている点も、被告銀行を「見苦しい」と映るものにしているのであろう。しかし、クレジットカードとキャッシュカードは同列に扱えないことにつき、前稿三〇四頁（注4）。

（注19） 前稿三三二頁以下。

（注20） このほか、本Comment（六〇頁）には、法五条一項柱書の「真正カード等が盗取されたと認める場合において」と二項で定められる立証責任の転換の「不正なものではないこと」が、請求原因と抗弁という関係に立つのか否かの検討も必要との指摘もある。

（注21） その延長でいえば、こんな事案でも、無過失の銀行が四分の三の補てん義務を負わされることの是非もあらためて考えてみる必要もあるはずである。立法はこのような事案への適用を想定していたのであろうか。個人的には、これは損害保険の範疇の問題であると思う。

（注22） 前稿三二七頁以下。

（注23） なお、筆者自身が当事者の利害関係人（Y銀行＝三井住友銀行）であるので、記述が客観性に欠ける懸念がある点に留意願いたい。本判例の評釈は多数出ているが、最も詳細なものは石丸将利「判批」判解民（平成20年度）四八九頁。

（注24） なお、六日午後二時三〇分頃に犯人グループがY銀行多摩支店に来店し、X及びX長男名義の普通預金・貯蓄預金等（口座保有店立川支店）から一三〇万円を出金しており、こちらはY銀行に過失なしとして四七八条免責を認める控訴審判決が確定しているが、この部分は省略する。立川支店と多摩支店は異なるが（犯人が勘違いした可能性がある）、取引店近くにわざわざ出向き、年恰好の似た「出し子」を使うなど、本文の事実関係にも照らして、銀行の事情に精通した「劇場型プロ」の犯行である。

（注25） 松本恒雄「判批」金商一三四四号一〇頁。こういった事実につき筆者も当事者であったわけであるが、守秘義

務と利益相反の関係で、乙銀行との間では互いに訴訟の進行等については適時に有効な情報交換は行えず、第三者経由の不確実な情報をもとに遂行するという隔靴掻痒感を記憶している。

（注26） 同じ「アービトレーション」は、Xへの振込み（払戻し）に関して過失のあった乙銀行とY銀行の間にも発生しうる。乙銀行が甲の請求に応じて全額の補てんに応じた場合で、Xの預金から振込金が流出ずみであったとすると、乙銀行がXにY銀行に請求するよう要求することはできないし、Xがたまたま無資力になっている等の事情がない限り、Y銀行に対する請求権を代位行使することもできない。結局乙銀行はY銀行に不法行為責任を追及するしかない。その場合、Y銀行が無過失とすれば不法行為責任は問えないし、過失があったとしても乙銀行の過失との相殺になるが、Xの「好意」が得られれば、振込みという偶然により乙銀行はその責任をすべてY銀行に転嫁できることになる。なお、このような問題を「代理戦争の強制」の不当性という面からとらえるものに、稲葉威雄「判批」金商一三一九号七頁。

（注27） 本事案の解決として、たとえ一〇万円であったとしても、不正払戻額を超えた請求は違法だったと考えるべきであろう。

（注28） 潮見佳男『債権総論（第三版）』三四二頁。「預金者保護が急務であったというやむをえない事情はあったにせよ、理論的にみたときには、この法律は」に続く評価。残念ながら、この的確な指摘は第四版（平成二四年）では削除されている。

（注29） 「原因関係を欠く振込の受取人がそれを秘することなく払戻しを請求する場合において、権利濫用とならないことは、実際にはそれほど多くないように思われる」（中田裕康「判批」金法一八七六号一七頁）、「原則として権利濫用になる」（中舎寛樹「判批」リマークス四〇号九頁）、「原因関係を欠く振込みによるものであることを黙って払戻しをうけると詐欺罪となるが、そのことを告知・自認すれば払い戻して自己の資金繰りに充当してもかまわないというものになろう。」（本多正樹「判批」金商一三三六号一七九頁）という批判は、この矛盾を突くものである。なお、多数公表されている判批のなかで、淺生重機先生のそれ（金法一八六七号二一頁）が、かなり異彩を放っているのは、当該論稿の前提となった金融判例研究会にて筆者が提示した本稿で述べた各論点にも

ご考慮いただいたためでもあると拝察する。

（注30）名古屋高判平17・3・17金法一七四五号三四頁。

（注31）最判平15・3・12刑集五七巻三号三二二頁。

（注32）最判平3・3・22民集四五巻三号二六八頁。八年後の最大判平11・11・24民集五三巻八号一八九九頁によりようやく見直されたが、執行法・保全執行法の改正等の工夫により進化した債権者側の執行妨害対策の後追い感は否めなかった。

（注33）田中良武「判批」判タ一二三九号六〇頁、菅原胞治「判批」銀法六九七号三二頁、松本・前掲（注25）七頁、森田宏樹「判批」金法一八四四号七頁、淺生・前掲（注29）二六頁など。

（注34）岩原伸作「誤振込金の返還請求と預金債権」中田裕康ほか編『民法判例百選Ⅱ　債権（第六版）』一四三頁。松本・前掲（注25）も、「本判決には、原審の硬直した権利濫用論を排斥したという以上の積極的な意味は見出せない」とする。

四　普通預金取引の原風景

1　真の預金者の認定問題の原風景

平成二〇年判決の結論は、あくまで犯人グループのX名義預金への振込みから払戻しに至る間のX名義預金の預金者はXであることが前提になっている。別の言い方をすれば、Xが預金者であることを前提とする限り、振込みの無因性ドグマにより増幅される銀行間問題は将来に残るということになる。しかし、本当にその前提は正しいのであろうか。

真の預金者の認定問題は、銀行法務の典型的論点である。もとは無記名定期預金という例外的な商品をめぐって主観説・客観説・折衷説などが争われたのであるが、冒頭で触れたとおり、そもそも預金という取引自体に本人確認という観念が希薄であったという経緯から、銀行預金全体に関する共通の論点とされたものである。出捐者を預金者とする客観説が判例・通説となり、記名式定期預金にも拡張されて（最判昭50・1・30民集二九巻一号一頁）、真の預金者＝出捐者という考え方がいまだに実務では通説である。

しかし、普通預金を典型とする流動性預金については、古くから客観説とは違った取扱いがされており、特に平成八年判決の帰結は、振込人を出捐者＝預金者として客観説を適用しては成り立たないので（注35）、普通預金については、最高裁は客観説をとらず、口座の開設者、名義人、現実に通帳・カード等を保持して口座を支配する者（以下「管理者」という）等を複数の事情を考慮して預金者を認定していると考えるのが現在の多数説的な理解と思われるが、依然流動的である（注36）。

(一) 口座開設者と管理者は同一であるが、名義人が異なる場合

① 口座開設者（管理者）が名義人の委任を受けて開設（管理）していた場合は、顕名か非顕名かに関係なく預金者は名義人である。この場合に、管理者への銀行の払戻し等は、効果が本人に帰属する範囲で本人への弁済として有効であり、代理権の範囲を超えていた場合には表見代理法理により保護される。

② 口座開設者（管理者）が、名義人の委任は受けていないものの、名義の使用することの許諾（貸与）を得ていた場合は、口座開設者（管理者）の預金になる。名板貸（商法一四条）も、発想はどのような場合に名義貸与者が連帯責任を負うかであり、行為そのものが行為者の責に帰する点には争いはない。

図表4

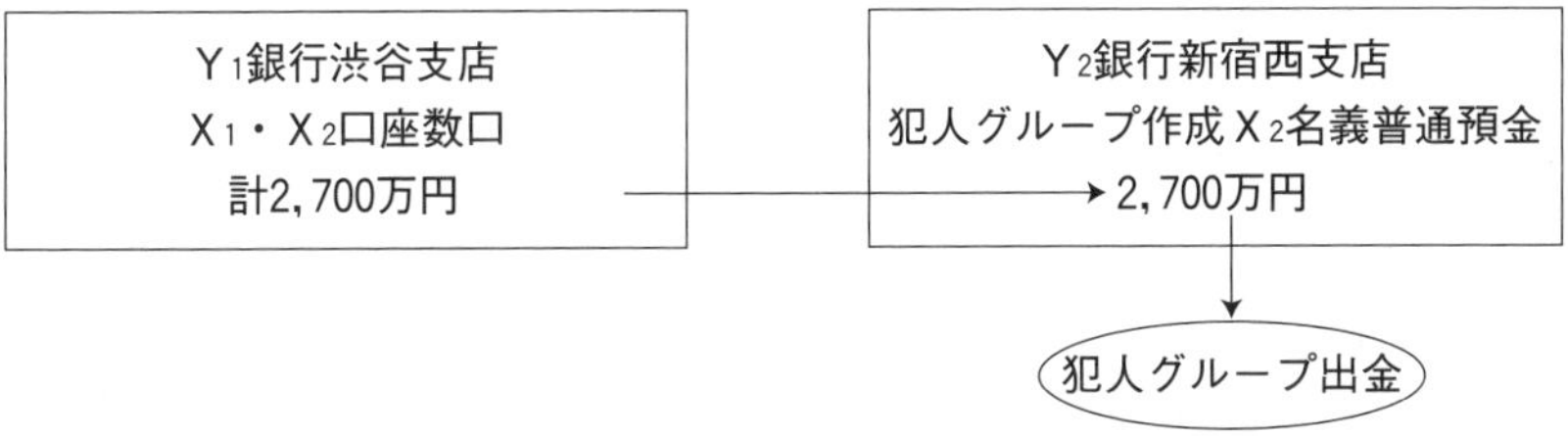

③　口座開設者（管理者）が名義人に無断で開設していた場合は、口座開設者（管理者）の預金になると考えられる。架空名義預金の場合と同じに考えればよい。下級審ながら判例（東京地判平20・3・25判例集等未登載・金法一八三九号七頁に概要）があり、事案を紹介すると図表4のとおりである。

(1)　事実関係

a　犯人グループは平成一四年一一月頃にX_1（＝有限会社）代表取締役X_2宅からY_1銀行預金に係る通帳・印鑑、健康保険証等を窃盗。

b　犯人グループは平成一四年一一月六日にY_2銀行との間で、X_2名義普通預金（「犯人口座」）を開設。

c　犯人グループは、Y_1銀行渋谷支店にて、翌七日午前一一時頃にX_1口座から一七〇〇万円、午後一時時頃にX_2口座から七〇〇万円（いずれも定期預金の解約）を出金してY_2銀行の犯人口座へ振り込んだ。さらに翌八日午前一二時頃にY_1銀行渋谷支店にて、X_1の定期預金一〇〇万円を解約してX_1の普通預金に入金し、普通預金残高二〇〇万円を犯人口座へ振り込んだ。犯人グループは、Y_2銀行の犯人口座から、それぞれの振込金額を同日に全額出金。

d　X_1X_2は、犯人口座の「預金者」はこれを出捐した自己である（主位的請求）、ないし、犯人口座の名義人であるX_2が預金者である（予備的請求）と主張。

(2) 判決（原告全面敗訴）

（Y_1に対する請求は民法四七八条による免責が認められているが、省略）

・犯人口座は、犯人グループが自ら一万円を預け入れて開設したものであるから、預金者は犯人グループである。

・振込みに原因関係がなくても、振込み後は受取人が普通預金債権を取得するから、本件振込金相当額の普通預金債権は犯人グループが取得した。

・X_2名が名義に冒用されたからといって、X_2名義の預金にはならない。

この事例では、犯人グループがX_2名義口座を開設したのは、Y_1銀行窓口での多額の現金出金が怪しまれることをおそれたからであり、X_2の代理権等を得ているわけではないので、本件口座が犯人グループに帰属することに異論はないであろう。すなわち、口座開設時や出金時の本人確認を徹底していれば、犯人グループが名義人でないことは判明したかもしれないが、その場合であっても、犯人グループへの払戻しは準占有者への弁済としてではなく、預金者本人への弁済として有効となる（事務取扱的にいえば、解約させるか、犯人（本人）名義への変更を要求することとなる）。また、振込みに原因はあるわけであるから、判決の理由の二点目は不要であったと思われる。

親が、たとえば子供名義の口座を開設して、将来の財産分与、教育費・養育費等の別管理、あるいは脱税目的などで利用していたとしても、贈与契約があるとか遺贈された等の事情がなければ、あくまで親の預金であるというのと同じであると考えると、きわめて自然な帰結である。

(二) 口座開設者と名義人は同一であるが、管理者が異なる場合

これは、近年の振り込め詐欺事件などで、売買された口座が悪用されたことから、当該口座に残留する資金が誰の預金になるかで問題となった論点である。斯種犯罪で使われるのは、売買目的で違法に開設された口座や、多重債務者等から取り上げたり（喝取ないし強迫による交付）、盗難・詐取された口座（通常預金者がこれに気づかないことはあまり考えられないが、犯罪捜査の過程で名義人が口にする最もポピュラーな言い訳は「盗られたことに気づかなかった」である）であり、以前は架空名義口座が悪用されていたところ、本人確認手続が求められるようになって架空名義での口座開設が困難になったことからその代用として出てきたものであるから、名義人・口座開設者が、開設にのみ関与していた場合はもちろんとして、自分のものとして利用していた期間があったとしても、その利用を犯人に許容する認識があったのであれば、これらの口座は犯人の口座、犯人の預金と考えるのが自然である。

この点を正面から争った判例は今のところないと思われるが、仮に、名義人が出頭し、銀行に、管理者が支配していた時期の入出金につき、出金部分を他人に対する払戻しであると主張した場合、やはり銀行の保護は、準占有者への弁済に該当するか否かとか、名義人の払戻請求が許されない「特段の事由」の有無ではなく、真の預金者本人への弁済として有効になるはずである。

一方で、たとえば、口座開設者であり、管理者でもあった多重債務者が、一〇万円の残高があった普通預金口座をヤミ金融業者に取り上げられ、その後ヤミ金融業者が当該口座を利用して入出金が積み重なった場合、当初の一〇万円部分の出金については、それが強迫・強取等多重債務者の意思に基づかないものであれば、銀行の払戻しは準占有者への弁済（ないしは免責約款の効果）としてのみ有効となるが、その後のヤミ金融業者の利用部

分については、預金者本人への弁済として有効なものとなると考えられる。過去、銀行がこういった「有効となる根拠が異なる払戻し」に無意識・無関心なまま業務を継続してきたのは、これらが包括して民法四七八条ないし免責約款の守備範囲と考えられてきたためであるが、その前提が崩れつつある点については次項で述べる（注37）。

(三) 預金者認定アプローチからの平成二〇年判決事案の見直し

上で述べた分析が正しいと仮定すると、当初の預金者からその口座を盗取・強取あるいは詐取してその管理者の地位を襲った者（管理者）が、その口座を利用したとすると、その管理下においてなされた期間内の取引については、管理者が預金者として取り扱われるべきという結論に達する。その限界事例として、平成二〇年判決事案における犯人グループの行動のように、犯人グループが、盗取してから発覚するまでの一時的な管理期間内に、犯人グループが入金し、また出金した資金については、当該犯人グループの預金の出入りと考えることもできるはずである。もし当初の預金者が気づかない（実際、こういう「言い訳」が多いことは上述した）等の理由で、管理期間が長期に及んだ場合と短期で終わった場合とで結論が異なるとすると、管理者が預金者と認定されるための、たとえば管理期間の長さ、管理権限が移転した経緯、当初の預金者の帰責の度合いなどの基準が別途必要になるが、客観的な基準を鼎立することはむずかしいし、またこのような例外的分野で判例の集積等は期待できない。たとえ短期間であろうとも、当該資金を入出金した者が当該口座をそのように利用できる地位にあった以上は、その者を真の預金者として扱うべきである。

そうすると、平成二〇年判決の事案では、X名義預金は、犯行当時は犯人グループが真の預金者として管理しており、真の預金者からの振込みを真の預金者が払い戻したのであって、銀行の過失云々以前の話だったといえる。判例評釈のなかでも、このような考え方に言及するものがある（注38）。こう考えれば、振込金が名義人（元の真の預金者で、犯行後に真の預金者の地位を回復した者）の預金債権になるという無因性ドグマとも矛盾しないし（というよりもドグマとは無関係の問題となるし）、前項で述べた、本来無関係の（たまたま平成二〇年案件では身内であった）Xの「好意」などという不明朗なファクターも登場の余地がなくなるのである。

では、なぜこのような考え方があまり支持されないのであろうか。おそらく、これまで払戻しにおいて銀行が免責される根拠について、「真の預金者に払った」場合と、「準占有者に善意無過失で払った」場合との区別をほとんど意識していなかったからであると考える。この種の問題には本来は無関係なはずの預金の譲渡禁止特約の存在が、「（真の）預金者は固定されている」という先入観を招き、真の預金者が誰かという問題を通り越して、すべて免責約款・準占有者に対する払戻し（民法四七八条）の判断に飛んでしまったのである（注39）。

ところが、預金の誤払いの場面で民法四七八条が実質無過失責任化するに及んで、あらためて「真の預金者に払ったから免責は問題にならない」はずの場面がクローズアップされる必要が出てきたといえる（注40）。ここで、「免責約款＝四七八条」というドグマと、預金の譲渡禁止特約が本来もっていた意味をあらためて考えてみる必要が出てくる。

2　免責約款の原風景

「（普通預金の）本人以外の者への払戻し

（問）　男性名義の預金を女性が払戻請求に来た場合はどう対応するか

（答）その預金に関して、通帳紛失届などの事故届がなされていることがなく、さらに来店した女性に特段あやしむべき事情のない限り、その来店者に預金を払い戻してさしつかえない。」

これは、実務で典型的に利用されていると思われる手引書からの引用である（注41）。ここに書いてあることはいまだに一応は正解ではある。もしこれを否定すれば、夫名義の給与振込口座から生活費を出金に来た妻女や、子供名義預金から授業料を振り込もうとした親など、困る人が多数出てきて、店頭はクレームでパニックとなるであろう。

しかし、もしその「本人以外の者」が盗難通帳での払戻しをしようとする者であったならば、既述のごとく銀行はほぼ二重払いを免れない。詐取などによる場合や、親族間での相盗・無権代理など預貯金者保護法制の適用がない場面でも、銀行の過失が認定されればやはり銀行は救われない。そしてその過失認定は既往の、「通帳・証書と届出印鑑所持、事故届の有無の確認、中途解約理由の聴取、住所・氏名および印影の同一性の調査・確認」（注42）どころではない、行内のマニュアル違反までが過失認定される、非常に厳しいものなのである。

この落差はどこから発生したのであろうか。

普通預金規定の免責約款は、当たり前のことであるが、そもそもは民法四七八条を言い換えたものではない。むしろ、通帳と印鑑（印影）を免責証券の一種とするがごとく四七八条よりも免責の範囲を拡張することを意図したものである。過去、真の預金者の認定問題と、預金の支払免責の問題が別問題と語られてきたのは、冒頭の例で、夫名義預金を引き出しに来た妻女という他人への支払が、善意無過失の場合に限り四七八条の適用で銀行が免責されると考えたからではなく、通帳と印鑑（印影）が正しければ、その者への支払が原則として正当と考えてきたからにほかならない。つまり、そこには「真の預金者に払う」という発想はなく、「通帳と届出印鑑を提示した者に払う」ことで、大量・反復的で、口座名義人の本人確認も、そもそも当該名義人の実在自体も問わない「匿名取引」であった普通預金取引が成り立つという前提があったはずである（注43）。しかし、銀行が公益的機関たる性格をもつことから、過失ある場合の免責を認めるべきではないという考え方が通説・判例となり（注44）、実際に銀行側も支払にあたって相当の注意義務を尽くすことを当然と考えていたことから、この「免責約款＝四七八条」という発想は違和感なく受け入れられ、最終「預金約款における免責条項はあってもなくてもよいものであり、単に預金者に対し、払戻し取扱いに伴う当然の一般法理を説明し、注意を促しているにすぎないことになる」と評されるに至る（注45）。留意すべきは、このような免責条項と民法四七八条の「融合」は、この時期における過失ないし銀行の注意義務の認定が、通常の銀行員に「人間として」要求できるレベルに収まっていたがゆえに定着したことである。また、印鑑照合などの手続における注意義務と、その他の状況（たとえば高額（預金全額）の払戻し、挙動不審、届出情報と性別や年齢が合致しない等）に関する注意義務の程度が違うという指摘もあったほど、「通帳・印鑑」の合致が「原則免責」に結びついていた。

その後、冒頭にも触れた時代の変遷、主には、印影偽造やカードリーダー技術に象徴される、「盗みやすく」するハード部門の革新と、普通預金の財布化、つまり箪笥の奥に隠匿されるものから、引出しに入れている・持ち歩かれるものへという、「盗まれやすく」なるソフト部門の変化に歩調をあわせるように、判例の過失認定も、（筆者の感覚では）平成一〇年前後から非人間的なものへと転換・厳格化をたどる。訴訟形態も印影相違を争う単発の訴訟から、払戻し時の銀行の対応を争う集団訴訟へと変化する。これらは昭和の時代の判例と平成の時代の判例を比較すれば一目瞭然である（注46）。ただしかし、後者の最終形はほとんどが裁判所の強い訴訟指揮による和解で終了しているので、実情は外からは見えにくいのではないかと思われる。筆者も自行の事例から演繹するしかないのであるが、たとえば印鑑が偽造であれば、どれだけ精巧で人間の照合では見破れないものであっても有過失（注47）、銀行内部ルール上の事務ミスがあるものは過失割合八～九割といった心証であった。

いずれにしても、盗難通帳問題の最終段階では、このように実質的な無過失責任に接近する裁判実務が行われていた。しかし、民法四七八条は何も預金取引だけを前提にするものではないから、預金取引に限って無過失責任化することには限界があったはずである。また、そもそも銀行の免責要件を民法の一般法理よりも緩和する目的だったはずの免責条項が、「気づかないうちに」ある意味無効化されてしまっていることになるが、この点についても「免責条項＝四七八条」ドグマに引きずられてほとんど省みられることはなかった。むしろ、今般の債権法改正の議論等にて、四七八条自体について、ルーツであるフランス法が予定しない範囲にまで、日本では適用範囲が拡大しているという批判が違和感なく受け入れられる状況である（注48）。総合口座貸越やカードローンの借入れなどに四七八条が拡張適用されることへの批判も、「四七八条の準用」と表現するからそういう批判になるのであって、銀行側としては、四七八条の準用を期待したのではなく、契約当事者間で免責特約を締結しただけである。過去この点を明確に認識・指摘する見解も存在していた（注49）。このような「相手を黒く塗ってその黒さを批判する」様相となってしまったのは、銀行側でも四七八条と免責約款を峻別する発想と広報活動が欠けていたからであろう。

通帳・印鑑払いについてはこのような状況であったが、カード払いについても、その発想は同じところから出発しており、その後の時代の変化も同じような経過をたどった。唯一違ったところは、カード払いについては、文字どおり機械的に暗証の照合が行われるので、銀行の過失はまず考えられないという点である（注50）。裁判所が過失認定基準を厳格化して預金者を救済しようにも、カードを使った取引については物理的な限界があったということである。そういう文脈で考えれば、カード被害について、銀行の無過失責任を問う立法が先行したことには理由があったといえる。

消費者契約法ができて、消費者契約においては任意規定を消費者に不利に改める契約の効力が大きく制限され、かつ立法及び約款の自主改正を通して対個人取引における免責約款の効力を語る意味はかなり失われてしまったが、その存在意義をまとめるとすれば以下のものである。

① 法人取引においては、依然として免責約款が有効である。「免責約款＝四七八条」ドグマにより、特約としての効力が独立して語られることはないが、皮膚感覚では、個人預金と比して、過失認定はいまだ常識的な範囲内である。あくまで机上の議論であるが、銀行側の主観要件を「故意又は重大な過失がある場合を除き」と明示することで、免責の範囲を拡大する余地も残されている。

② 親族相盗例（預貯金者保護法五条三項一号ロ）など、預貯金者保護法の適用除外のケースや、キャッシュカードと一体型ではない個人ローンカード取引など、その妥当性はともかく、預貯金者保護法の適用のない一部の個人取引では、依然有効である。ただし、過失認定が限界的に厳しい点は上述のとおりである。

③ 民法四七八条が外観法理の一種であるとして、債権者側の帰責事由を必要とすべきとの指摘がなされることがある。債権法改正の議論では、現状、この見解はとらない方向で取りまとめが進んでいるが（同部会資料39・第1・4⑵ウ（一三頁））、中間試案段階では、善意無過失に代えて「正当の理由」という、表見法理のそれと同じ文言が使われていて（「民法（債権関係）の改正に関する中間試案」（以下「中間試案」）第一二・四（四一頁））、将来の解釈に含みを残すものとなっている。仮に、そのような解釈が出てきた場合には、（四七八条は、改正後も強行法規ではないので）免責約款は、債権者に帰責事由のない場合の特約として独自の存在意義をもつ

と思われる（注51）。

本項で指摘した、預金誤払いに関する銀行の実質無過失責任化の流路の果てとして忘れてはならないのは、「通帳＋印鑑＝免責」という近代的な取引モデルが、現代においては崩壊しかかっているという現実である。ATM取引における、「カード＋四桁の暗証番号」にも同じことがいえる。今は＋αとして、種々の補強策で凌いでいる状況であり、銀行界はいまだこれにとってかわりうる支払免責モデルを提示できていない。それが提示できなければ、免責約款の本来の役割（現代的意義というべきかもしれない）を取り戻すことはできないであろう。

3　預金の譲渡禁止特約の原風景

預金債権には譲渡・質入禁止特約が付されており、いまや譲渡禁止債権の典型として、特約の存在は周知の事実とされ、これについての善意・無過失の主張はまず容れられないといえるレベルである（注52）。この特約は、そもそもは、不特定多数との大量取引を前提とする金融機関にとって、事務処理が煩雑になり、かつ預金の安全性・確実性を損ねかねないという懸念と、相殺の受働債権の確保という事情から設けられたものであるとされる（注53）。

後者については、債権譲渡場面における相殺の無制限説につき昭和五〇年判決の解釈をめぐって争いがあったが、債権法改正の議論では、無制限説を明文化する方向で議論が進んでいる（中間試案・第一八・三(2)（三七頁））。既存債権についてはこれで解決するのであるが、将来債権譲渡との対抗については譲渡債権と「同一の契約に基づいて取得した債権」との相殺しか認められないため、依然特約は不可欠となる。前者については、事務といっても、改印届と同じような方法で認めれば銀行に不都合はなく、むしろ期限前の定期預金のように、解約すれば金利が下がるものは譲渡を認めるべきとの指摘がある（注54）。しかし、普通預金や当座預金のような要求払預金は、払戻しを受けるか、口座残高を送金する等すればよいだけであるので、このような移転ニーズを認める意味も必要もなく、支払場面での混乱をも考えれば譲渡は認めるべきでもない。普通預金として移転したいのであれば、それは預金契約上の地位の移転であって、銀行の承諾なしにはなしえない。また、改印届等の提出に応じない場合に、支払を拒めるかは疑問である。預金契約上の地位ではなく「預金債権」を譲り受ける者に、自動的に預金約款等が適用になるのかは別のむずかしい論点である。プリペイドカードの転々譲渡の場合に、当該カード約款の適用があることをどう法律構成するか、などにも同じ論点があり、法制審議会では、約款の組入れ問題として議論されている（同部会資料五六・第九・二三頁以下。中間試案・第三〇・二（五一頁））。加えて、定期預金の譲渡を自由に認めると、公社債のように市場金利とクーポンの乖離を利用した裁定取引のための「有価証券」になってしまう懸念もある。よって、伝統的な譲渡禁止特約の存在理由は依然として妥当するといえる。

これを機能面から評価すると、譲渡通知等をもって銀行窓口に現れ、自己が預金者であると主張する者の発生を防止し、常に通帳・印鑑の提示を要求できる状況をつくりだすことで（結果的には上記の約款の適用問題をクリアして）、前述の免責約款の効能、すなわち真の預金者は誰かという問題と誰に払えばよいかという問題を切断し、通帳と印鑑の所持者は、真の預金者ないしは、真の預金者から通帳・印鑑を託された非顕名の代理人ないし使者であるとみなすことで、原則として銀行は免責されるという仕組みを構造的に支え、通帳・印鑑の提示ができない場合には正式な本人確認手続を要求することで、「真の預金者」への支払を確保するもの、といえる。これが、預金の譲渡禁止特約の原風景である。逆からいえば、そもそも「真の預金者を固定する」ことを目的としたものではないことはもちろんとして、口座開設者ないし口座名義人を、預金の払戻し相手として固定することをも目的とはしていなかったということである。

ところが、近年のマネー・ローンダリング規制や、振り込め詐欺等の金融犯罪防止の観点から、金融機関の本人確認が法律上の義務として導入され、以降一貫して強化される流れにある（注55）。これは行政目的に出たものであって、預金の誤払防止目的に出たものではないので、後者の観点から見れば抜け穴の多い不十分なものであるが（注56）、違法に譲渡された決済性預金口座が匿名犯罪に悪用されている事実、売買目的での口座開設が詐欺罪等刑事犯に該当する状況に鑑みれば、むしろ預金債権の譲渡禁止は政策的に徹底されるべきではないかとも考えられる。ここでいう譲渡禁止は、「真の預金者を固定する」目的に出るものであって、譲渡禁止特約の現代的意義ということもできよう。

なお、債権法改正の議論においては、上の議論とは一八〇度逆に、中小企業等の資金調達の円滑化という観点から、譲渡禁止特約の効果を相対的に、制限的にする方向で議論がなされている（中間試案・第一八・一（三四頁）・「譲渡禁止特約」ではなく、「譲渡制限特約」の語が提案されている）。銀行業界内でも、事務管理・法務セクションは伝統的な見解であるが、投資銀行部門や法人融資部門には中間試案に親和的な見解もあって、分かれるところである。あえて表現すれば、「預金債権」という特殊な債権の束がかなりのプレゼンスをもって存在していることが、債権譲渡法制の議論の足枷になっているともいえる。

もし、ここに述べたことが正しいのであれば、まれな確率であったとしても、現行法下で預金債権が有効に譲渡される可能性が残ることには問題があるし、預金債権の譲渡禁止を別途確定できれば、債権譲渡一般の議論はもっと建設的なものとなろう。よって、政策的には預金債権を特別法などで譲渡禁止債権とすることがいちばん座りがよく、債権法改正の場でも何度か議論になったが（第七回会議、第三分科会第三回会議、第四五回会議など）、具体的な結論には至っていない。ここから先はまったくの仮定論となるが、おそらく銀行法などの業法で、預金債権の譲渡禁止を謳うことはむずかしいのではなかろうか。一方で、寄託契約においては、寄託物に関して所有権等の権利を主張する第三者がいたとしても、受寄者は寄託者に返還するべしという考え方が示され（中間試案・第四三・三(3)（七四頁））、寄託物の譲渡については、実務の状況や判例（最判昭48・3・29判時七〇五号一〇三頁）の解釈から、寄託契約上の地位移転とシンクロナイズさせる考え方も示されていた（部会資料四七・五八頁（第三8(1)））。後者については、物権法である指図による占有移転の考え方と抵触しかねないという懸念から改正は見送られる方向ではあるが、これは通常の寄託契約では、寄託物の所有権（占有権）が寄託者に残るからである。しかし、消費寄託においては、寄託物の所有権は受寄者に移転する、ないしは価値としてのみとらえると考えられているので上の問題は起こらない。したがって、消費寄託については、寄託物（と同種・同量の物）の返還請求権は、消費寄託契約上の地位とともに行うことを要することとして、受寄者の同意が必要となる法制にすることも考えられるのではなかろうか。

（注35） 稲葉・前掲（注26）三頁。

（注36） 最判平15・2・21民集五七巻二号九五頁（損害保険代理店名義口座の事例）、最判平15・6・12民集五七巻六号五六三頁（弁護士名義口座の事例）。いずれも、口座開設、管理状況に重点を置いている。また、前者についての尾島明「判批」ジュリ一二五六号一七八頁。最近の学説等の分類の参考となるものとして、岩原伸作・森下哲朗「預金の帰属をめぐる諸問題」金法一七四六号三四頁。ここでの「契約法的アプローチ」が通説的な考え方ではないかと思われる。なお、この論稿をもとに行われた平成一七年の金融法学会第二二回大会での議論、特に森田宏樹教授との質疑も参照。金融法二二号九九頁以下。

（注37） 犯罪が明らかになると、匿名の犯人は行方不明になることがほとんどであるから、口座に残存する預金が犯人

のものとすると、それを差し押さえたりする場合に、差押債務者が不明という問題に直面する。たいていは、口座名義人を差押債務者として回収を図っているが、厳密にいえばこの方法が正しいとはいえない。口座名義が架空人だったり、明らかになりすましだったりすると、今の民事訴訟法では訴えを提起することができない。住宅ローンでも融資金詐取のために、ホームレスの方などの名を騙って契約する事例は多いが、この場合も、実際に融資したなりすまし者は不明であるので、住宅に設定された抵当権の実行にも困ることになる。これは民事訴訟法の欠陥の一つであると思う。

（注38） 田中良武（山形地裁民事判例研究会）「判批」判タ一二三九号六三頁、飯塚素直（千葉地裁民事法研究会）「判批」金商一二八五号一九頁以下も原告の預金成立を問題視する。

（注39） 菅原胞治「振込理論はなぜ混迷に陥ったか②」銀法六七一号一七頁で、「客観説＋免責理論」とされているくだりが従来の考え方をいちばん明快に説明している。

（注40） これは決して新しい考え方ではない。準占有者に対する弁済では銀行の保護は十分に図れない場合もあるとして客観説を批判するものに、河合伸一「記名式定期預金の預金者――出捐者説、それでよいのか」金法一〇四七号一四頁。いうまでもなく平成八年判決の裁判長である。

（注41） 五味廣文ほか監修『銀行窓口の法務対策三八〇〇講Ⅰ』六二五頁。旧来の判例でもあり、通説でもある。田中誠二『新版銀行取引法（四全訂版）』一二四頁（なお、同頁末以降に記述されるように、田中教授自身は留保付賛成のようで、筆者のような問題意識は決して新しいものではないということである）。

（注42） 筆者と同世代以上にはなつかしい、「定期預金中途解約の加重注意義務四原則」（最判昭54・9・25民集一二巻七号四七五頁）。

（注43） 実際、判例でも銀行は預金取引に来た者と取引名義人が同一人であるか否かを調査し、他人名義による預金預入が行われるのを防止する義務を負わないとされていた。最判平元・3・2金法一二二〇号二七頁。西尾信一「銀行取引法の変容」河合伸一判事退官・古希記念『会社法・金融取引法の理論と実務』三三〇頁。

（注44） 磯村哲編『注釈民法⑿』一〇一頁〔沢井裕〕。さしずめ、消費者契約法八条一項の発想の濫觴である。

（注45） 畔上英治「普通預金払戻請求人の権限の確認と銀行の注意義務」金法四七八号一一頁。「この免責約款は、実際上民法の規定とその効果において人差はないが、預金払戻に関する問題として具体的に定型化したこと、民法にいわゆる無過失の意義を限定し、銀行が職業人として相当の注意をした場合をこれに包含せしめた点に、存在意義が認められる。」（西原寛一『法律学全集53 金融法』一一七頁）後半の文言には時代を感じさせられる。

（注46） たとえば、昭和の最後に出版された藤林益三・石井眞司編『判例・先例金融取引法（新訂版）』の中馬義直「銀行の印鑑照合義務」（三二〇頁）にあげられた判例や末尾の「実務上の留意点」の記述（「人」が行うことの限界についての過渡期の時代感覚がいちばん現れていると思う）と本文で取り上げた平成二〇年判決の第一審判決や、銀行の内部事務手続違反を過失とした大阪高判平14・3・26（佐久間弘道「判批」金法一六四五号二三頁）。最近驚いたものでは、預金者の妻女が、同一銀行の二支店から連続して本人確認不要金額の上限（一九九万円）を引き出した事例につき、一回目は免責を認めたが、二回目は「本人確認を回避しようとするもので、銀行は疑いを抱くことができた」過失ありとして免責を認めなかった、釧路地判平24・10・4金商一四〇七号二八頁。

（注47） 筆者は、経験一〇年以上のベテラン窓口職員一〇名を集めて、慎重な印鑑照合をさせ、その結果を準備書面に添付して「人間の注意義務の限界」を主張してみたりした。その結果や裁判所の反応をここに記せないのが残念である。また、集団訴訟といっても、事実関係はまちまちの個別案件の寄せ集めであり、本来は一件ごとに勝ち負けが出るものであるが、実際には「合計の何割を銀行が負担するか」の争いであった。当然のことであるが、裁判所の心証は個別案件ごとに示されるのであり（われわれが個別開示を要請したからかもしれないが）、本当は各原告により一〇〇％損害を回復する者から〇の者までいたはずであるが、最終的に原告団のなかで、どういう論理でどのように配分されたのかは興味あるところである。

（注48） 法制審議会民法（債権関係）部会八回会議議事録一七頁以下の、筆者の意見に対する松本恒雄委員や野村豊弘委員の意見。原司「偽造カード等及び盗難カード等を用いて行われる不正な機械式預貯金払戻しからの預貯金者の保護に関する法律第四条の要件の検討」判タ一三二〇号八頁。また、最近のものでは、池田真朗『民法はおもしろい』七八頁以下で、この現象が「日本の外国法取り込みのひとつの象徴的なかたちととらえている」と評価

されている。

（注49） 鈴木禄弥＝竹内昭夫編『金融取引法大系第2巻 預金取引』一〇九頁〔平出慶道〕。安永正昭「民法四七八条の適用・類推適用とその限界」（林良平先生献呈論文集「現代法における物権法と債権法の交錯」有斐閣）四四八頁も同旨か。

（注50） 安永・前掲（注49）四三八頁（注18）でいう「確認システムの合意」の存在という位置づけになろう。

（注51） 例外事例としては、キャッシュカードのゼロ暗証に係る最判平5・7・19（判時一四八九号一一一頁）は、もしこの事件が今争われていれば、システムの安全性に関する銀行側の過失が認定されていたと思う（拙稿「キャッシュカードの不正使用と銀行の免責事件」（岡村久道編『サイバー法判例解説』別冊NBL№79一三四頁））。また、実際にあった事例であるが、ATMの正面にパンフレットを入れるボックスを設置していたところ、そのボックスの底に隠し撮りカメラが設置されていたようなケースでは、ATMコーナーの管理責任ということで、銀行の過失が認定されることは考えられる。

（注52） 最判昭48・7・19民集二七巻七号八二三頁。

（注53） 堀内仁ほか『新銀行実務総合講座1 預金・付随業務』四六五頁〔川田悦男〕。

（注54） 鈴木＝竹内編・前掲（注48）一二四頁〔前田庸〕。

（注55） 金融機関による本人確認義務は、「国際的な協力の下に規制薬物に係る不正行為を助長する行為等の防止を図るための麻薬及び向精神薬取締法等の特例等に関する法律（麻薬特例法）」（平成三年一〇月五日法律第九四号）を濫觴として、「組織的な犯罪の処罰及び犯罪収益の規制等に関する法律（組織犯罪処罰法）（平成一一年八月一八日法律第一三六号）」にて、取引記録保存及び疑わしい取引の届出等の義務とともに本格的に導入された、マネー・ローンダリング対策を主眼とする本人確認義務と、振り込め詐欺や架空請求詐欺といった金融機関の決済システムを悪用する匿名犯罪への対処を主眼とする本人確認法（平成一四年四月二六日法律第三二号。当初は「金融機関等による顧客等の本人確認等に関する法律」であったが、平成一六年一二月に預金口座等の不正利用防止のための改正に際して「金融機関等による顧客等の本人確認等及び預金口座等の不正な利用の防止に関する

法律」と改められている）に基づく本人確認義務の二系統に分かれていたが、ＦＡＴＦ「40の勧告」（平成一五年）などに対処するため、本人確認法と組織犯罪処罰法第五章を一本化し、「犯罪による収益の移転防止に関する法律（犯罪収益移転防止法・ゲートキーパー法）」（平成一九年三月三一日法律第二二号）として、平成二〇年三月から施行された。その後、テロ行為への資金供与対策の強化などの必要から、平成二三年六月に、本人確認を必要とする「特定取引」の下限を二〇〇万円から一〇万円に引き下げる等の強化・改正が行われ、平成二五年四月から施行されている。

（注56）これは本人確認法制への批判ではなく、この四半世紀、営業店の機械化・人員削減を進めてきた金融機関の経営合理化に逆行する要素を含むものとして、金融機関の負担との調和点として、きわめて妥当な内容である。

五　普通預金の将来

1　債権法改正論議にみる消費寄託契約

現行民法においては、消費寄託は、民法五九一条一項を除き、消費貸借の規定を準用するかたちをとっている（同法六六六条）。単純に考えれば、貸主を寄託者、借主を受寄者と読み替えて、利息の授受があるものが有償の消費寄託、期限の定めがある場合の期限利益は受寄者がもつ、という関係になる。しかし、債権法改正の中間試案においては、消費寄託については、寄託契約を原型に、消費貸借の同法五八八条（準消費貸借）、五九〇条（貸主の担保責任）、五九二条（価額の償還）のみを引用する提案がなされている（中間試案・第四三・一一（七六頁））。寄託契約では有償と無償で規制内容を異にすることが予定されているので、消費寄託契約自体が、通常の寄託契約同様、寄託者（預かってもらう）が受寄者（預かってあげる）に報酬を払うことが前提になっている（ただし、同法六四八条の引用は明記されていない）。期限の利益も、原則として寄託者にあると考えるようである。これを単純に預金取引に当てはめると、預金に、口座維持手数料があることが原則、なければ預金利息の授受があっても、法令上は「無償の消費寄託契約」ということになる。また、定期預金の期限利益は銀行側にあるというのが判例（注57）・通説であるが、中間試案では、預金約款による任意規定の修正という位置づけになる（消費者契約法一〇条との関連が気になる）。また、これまで定期預金を受働債権とする相殺の場合に、定期預金の期限利益はいつでも放棄できる（民法五九一条二項ないし一三六条）と考えられてきたが、今後はそれが「やむを得ない事由（同法六六三条二項）」かどうかの判断が必要になるのかもしれない。これは「預けてあげる」「（利息を付して）預からせていただく」日本の預金制度からすれば、（多少大袈裟に表現すれば）発想のコペルニクス的転換を図るものともいえる（銀行界の反対意見をふまえて、現行法維持案の（注）記がある）。

その是非は今後の議論に委ねるとして、筆者が新人配属店で外国課を任ぜられた昭和五〇年代半ばの頃、新任外国課員研修にて現職外国課長講話という項目があった。ブラジルの現地法人が前任であった方が来られたのであるが、その講話のなかで、「現地で預金口座を開設しようとしたら身分証明を見せろといわれ、さらに預金をするのに手数料を取るという。預金をしてやろうというのに何だと思ったが、現地では銀行取引すること自体が信用の一つとなるのであり、本人確認は当然のことといわれると、たしかにそうだと思い直した」というくだりがあった。その時にはそんなものかとしか感じなかったのであるが、今振り返ると、戦後の市中資金の吸い上げ、産業界への資金供給政策という、いわば日本が発展途上国だった時代に政策的に組み上げられた業務構造を所与の前提に、「お金」という非常に「だいじな」資産を預け、預かる契約に、契約相手方の本人確認もしないという取引自体が異常だったと考えるべきかもしれない。また、いまや国際的にも際立つ預金の低収益性（注58）もこの時代の負の遺産ともいえる。債権法改正中間試案は、むしろあの当時のブラジルのほうが普通だったのだといっているかのようである。

2　普通預金の将来

普通預金取引を「真の預金者から金銭を預かり、真の預金者に返済する」極当たり前の取引に「戻す」ためには何が必要なのであろうか。自白するまでもなく、筆者に普通預金の将来を語る資格も能力もない。上記の浅薄・貧弱な考察から、独善的な観測を述べるのみである。以下に述べることには、（今の時点では）絵空事としか考えられない部分も含む。しかし、これらへの異論・反論が合理的な検討に出たものなのか、永年染み付いた因習・発想・既得権益からの脱却をおそれているだけなのかを自省してみる必要がいずれやってくるのではないかと思っている。一挙にすべてを変える必要はないし、変わるとも思わない。変えることがすべて正しいのかもわからない。ただ、このままではだめかもと個々の担当者が感じながらも、外圧が来るまで変われないということではコンプライアンスの真価が問われるであろう。

(一)　預金者の固定

これまでの普通預金取引に係る問題の多くが、口座名義人・口座開設者・口座管理者の分離から発生してきたことは上で検討したとおりであるから、これを口座名義人に統一して、かつ固定することが志向されるべきである（注59）。これは、誤払対策の観点からは、「通帳＋印鑑＝免責」という公式からの脱却を意味する（引き続き

「方法」として利用することは別)。

まず第一には、口座開設時や窓口での受払い時の本人確認を徹底することで、口座名義者、口座開設者、口座管理者の統一を図ることである。その手法としては、窓口取引においては生体認証の導入が考えられる。生体認証が普及しない理由はすでに述べたが(注60)、その一つがICチップの導入コスト(と手間)である。生体認証情報をICチップに記録するのは、そのようなセンシティブな情報を銀行がホストで管理することのリスクを回避するためであると思うが、この問題がなんらかの工夫によりクリアでき、窓口で一回の手続で簡単に登録できるようになれば、少なくとも窓口での本人誤認=誤払いの懸念は劇的に改善する。さらには、通帳+生体認証、ATMではカードなしの生体認証+暗証番号での取引も可能になり、「カード不要」は利用者にアピールするメリットかもしれない。想像力の不足する筆者が現時点で思いつく、唯一の「通帳+印鑑」に代替しうるモデルである。サイン照合にも、革新的な照合技術が開発されれば可能性はあると思うが、日本人に署名の慣習(毎回同じ文字形を書く習慣)がないこと、サイン照合の長い歴史をもつ欧米諸国でそのような技術が開発されていないことを見ると、期待薄である。生体認証が普及するまでは、一定額(たとえば犯罪収益移転防止法と同じ一〇万円)以上の取引には、本人確認書類の提示を原則とすることなどが考えられる。これが面倒と考える者が増えれば、生体認証登録が促進される。なお、本人確認書類をもたない人などのために、クレジットカードのように、キャッシュカード裏面に本人のカラー写真を印刷するサービスも考えられる。

次に、あらゆるチャンネルを使って真の預金者の届出情報の更新を促進することである。たとえば、窓口では払戻請求書には住所と電話番号の記載を要求して、つど照合する。住所の記載はこれまでも一定金額以上の払戻しにおいて事実上導入されていた。あわせて簡易な筆跡照合を行えば、かなりの確率で本人か否かの見分けはつくし、住所移転等で連絡がつかなくなるといった事態も解消されることが期待できる。ＡＴＭ取引でも、一定の金額以上の取引では届出の電話番号を入力させる、インターネットの普及を活用して、出金通知をメール案内するサービスを活用する（後述する）等により、常になんらかの手段で顧客に連絡がとれる状態とするのである。

筆者が提案し、過激すぎるとして実現していないものに、約款で顧客に登録事項の変更があった場合の変更手続を契約義務化し、変更手続がなされない場合には取引を一部停止できる（提案当時はキャッシュカードの支払停止を考えていたが、今は一〇万円／日などの上限設定でもよいと思っている）という案がある。このような、間接強制的な「あぶりだし」手法はやはり評判が悪い。しかし、誤振込みがあった口座に日常的に利用されている形跡があるにもかかわらず、住所も電話も変更後不明という預金者は結構存在する。このような場合に、預金者から連絡をもらう手段は、これ以外の良案を思いつかない。

(二) 預金者の口座名寄せ（統一番号性）の導入

金融機関が顧客との取引の一体把握、総合採算、統合リスク管理、マーケティング、あるいはペイオフ準備として、顧客の保有する口座を相互に関連づける作業を名寄せと呼ぶ。これを徹底していけば、基本的に「一顧客一口座番号」制度に行き着く。本人確認手続導入後に登場し、詳細な個人情報を冒頭で登録させるネット専用銀行では、一人一口座が原則であり、金融機関でも振り込め詐欺等の対策のために、複数口座の開設や、自宅・勤務地から離れた店舗での口座開設を謝絶するなどの対策をとっており、今やいつでもどこでも（どんな名義でも）普通預金口座の開設ができるわけではない。もちろん、法人はいうまでもなく、個人でも複数の口座を目的別に使い分けるニーズを否定することはできない。よって、取引先単位で統一口座番号（背番号のようなもの）を設定し、複数の普通預金も含めて、すべての口座をその内訳口座にするような設計が考えられる。

これにより、登録情報の変更も、どこかの取引で関知できれば、手続も一度ですみ、預金者の固定にも資することが期待できる。また、いろいろと議論・批判を引き起こした全店照会や全店差押えにも対応できるようになるし（差押えについては、民事執行制度を見直さなければ、それでも対応できないかもしれない。（注61））、相続の際の被相続人との取引調査、破産管財人による破産者との取引調査など、顧客サービスの向上にもつながる。もちろん、こういう「光を当てる」作業は、一部の顧客のニーズには逆行すると思われるが、もはや「そういうことをしてでも顧客取引の拡大を図る」時代ではなくなっていると割り切るべきであると考える。

㈢ 連名口座、共有口座の商品化

㈠㈡を徹底していくと、口座は預金者本人以外は原則利用できなくなる。今は当たり前の、「男性名義預金口座を女性が引き出しに来る」ことなどは当然にはできなくなる。しかし、給与振込口座を夫婦で使う、法人預金口座の入出金を複数の担当者が行う等の「一つの口座を複数の者が共同で利用する」ニーズは存在する。

現状、こういうニーズに対応する方法としては、代理人選任届の提出を受けるという方法があり、法人取引はこれでほぼ対応できるが、個人取引においては本人の相続発生や破産開始により委任が終了する懸念がある（民法六五三条）。また、キャッシュカードなどの複数発行はできない。連名預金や共有預金は、過去に存在し、一部現存するが、事務手続が面倒なこと、差押えや相続発生時に真の預金者認定等の紛争に巻き込まれる懸念があることなどを理由に、現在ではほとんど取り扱われていないと思われる。

しかし、夫婦で共有できる口座ニーズは昭和の時代から語られてきたし（注62）、持分割合等のデファクト・スタンダードで商品化してしまえば事務的な煩雑さはある程度まではカバーできる。リーガルリスクに関しても、民法上の組合や自己信託などを利用すれば、差押えや相続等に関する法理は比較的明確である（注63）。あわせて、取引者ごと、キャッシュカードごとに一日当りの引出し額の上限などをきめ細かく設定できる機能の開発など、どこまでカスタマイズできるかは、その次の課題となろう。

高齢化社会を迎えて、成年後見制度の大幅な利用拡大が見込めないのであれば、このような共有口座ニーズは高まっていくと思われる。預金者の死亡により、相続が確定するまですべての預金に支払停止がかかると困る遺族への対応も、いつまでも「例外的措置」ではすませられないのではないだろうか。

(四) 非対面取引セキュリティーの向上

残念ながら、ＡＴＭ取引については前稿以降筆者の知識にも実務にもさして進歩は見られない状況である。新たな本人確認の科学的手段の開発などの情報はあるが、なんといっても、業界横断・業態跨越の問題であり、オンライン・サービスの存在を前提とする限り、個別行で対応できる範囲には限界がある。業態間問題ともなると、監督官庁をまたぐので、行政的な解決もあまり期待できない。ただ、繰り返しになるが、①四桁の暗証番号を六桁に増やす、②暗証番号のどこかに「＊」か「#」のいずれかを入れる、③数字を五〇音に読み替えて「ひらがな暗証」も可能にする、などの対応はできないものであろうか。

また、結局評判が悪くてなしくずしになる懸念はあるものの、他行ＡＴＭや時間帯如何で出金上限が変わるとか、上限引上げはできるにしても、一定期間利用がなければリセットされて一日当りの出金上限が基準額（一〇万～五〇万円）に戻る、などの工夫も考えられる。

なお、口座開設場面での、生年月日、電話番号等の「類推されやすい」暗証番号の排除はかなり進んでおり、ここでこれら番号を使用することを重過失化するための、「個別的、具体的、複数回にわたる働きかけ」（前稿三一五頁参照）を地道に行っていくことが今後も重要である点には変わりはない。

次に、インターネット取引については、出金等のつど、取引内容をメールで確認するサービスが現在もかなりの金融機関で導入されているが、これはインターネット・バンキングを利用する顧客に限る必要はなく、むしろいまやほとんどの顧客はメール・アドレスを有しているので、これを口座開設時の届出事項として、窓口であれＡＴＭであれ出金等があれば確認メールをするサービス（一部導入されている）を促進する。さらにメールに開封確認を付して、一定期間開封が確認できない場合には、上と同様利用範囲が制限される、という仕組みも考えられる。

㈤　口座維持手数料の導入

以上の作業は当然事務コストの増大をもたらす（イニシャルな部分が多いとは思うが）。よって、寄託契約の本旨にもどって、口座維持手数料の導入などで単体商品としての採算を検討する必要がある。営業担当にとっては、口座維持手数料は名前を出すだけでタブーのような存在であろう。いまだ銀行間の顧客獲得競争は激しく、口座維持手数料をとっていては商品性が見劣りしてしまうからである（注64）。

しかし、口座維持手数料は採算の改善だけがメリットではない。これを導入することで、転勤その他の事由で使われなくなった口座（不活口座）は、いずれ残高がマイナスとなり、これを自動解約の対象とすることでこれらが犯罪に悪用されることを防ぎ、また不活口座の管理コストも削減できる。本人確認未済や普通預金約款が改正される前から存在する古い口座の漸減にも役立つ（注65）。また、こうすることで睡眠預金の増加とそれに対する場違いな批判への対応にもなる（注66）。よって、たとえば残高一〇〇〇円以下で、二年以上動きがないものには口座維持手数料がかかり、料率としては、たとえば月三〇円／年間三六〇円で、三年で残高がマイナスになるようにすれば五年で時効消滅するのと大して差異はない。

（注57）最判平19・4・24民集六一巻三号一〇七三頁。自動継続定期預金は時効にかからないとした判決である。
（注58）小野有人ほか「預金の低収益性は邦銀固有の現象か」金融財政事情二九八八号五二頁。
（注59）このような考え方は決して新しいものではない。森田宏樹「振込取引の法的構造」中田裕康ほか編『金融取引と民法法理』一三七頁以下は、普通預金の預金者は（通常は）預金名義人となるべきとしている。また、本人確認義務導入にこのような効果を期待するものに、潮見佳男「損害保険代理店の保険料保管専用口座と預金債権の帰属㊦」金法一六八五号四四頁、升田純「預金帰属の主観説、客観説、折衷説」金法一六八六号三四頁。
（注60）前稿三一九頁。
（注61）最決平23・9・20民集六五巻六号二七一〇頁、最決平25・1・17（金商一四一二号八頁）、全店差押問題に関する筆者の判批（金法一九三一号四〇頁、一九三三号一二頁）参照。本文でも述べたとおり、ネット専用銀行などは対応しているし、韓国（ただし、「総合信用情報集中機関」という、およそ日本では考えられない信用情報共有制度が前提になっていることを紹介せずに、韓国を引き合いに邦銀を批判するのはアンフェアであるし、同制度の存在を知らずに批判するのは無責任である）や米国ではごく当たり前に行われているので、筆者は立場上矢面に立って反論してきたが、いつまでも銀行の内部事情が言い訳として通用するとは思っていない。
（注62）旧三和銀行にはダブルポケットという商品があったが、今はどうなったのであろうか。また金融法研究会（全銀協）「預金の帰属」（金融法務研究会報告書⑻）二〇頁以下（第三章当事者複数の預金の帰属）。
（注63）なお、組合の「業務」や、共用資金管理における信託法的な解釈に関して判断した興味深い判例として、東京地判平24・6・15金商一四〇六号四七頁。

(注64) 筆者はマネロン対応の普通預金規定改正時も(平成一一年)、預貯金者保護法対応のときも(平成一七年)、実際にとるかとらないかは別として、徴求根拠規定だけでも新設しようと提案したが、抵抗多く果たせなかった。ネット専用銀行も、導入当初は、採算のためにこれをとる銀行が多かったが、あっというまに姿を消してしまい、今確認できるのは、老舗であるジャパンネット銀行のみである。

(注65) 債権法改正では、約款の不利益変更を、個別の同意なしに一定手続の下で有効とする提案がなされている。中間試案・第三〇・四(1)I(五二頁)。口座維持手数料の導入とともに、筆者が駆け出しの頃からの持論であったもので(拙稿「普通預金の強制解約」金法一五七三号三三頁。その後のマネロン対策に結実した、なつかしいものである)、改正債権法に成文化されるかは第三読会の審議次第であるが、中間試案段階まで残っただけでも感無量である。

(注66) 睡眠預金資金の有効活用自体は検討に値する案だと思うが、振り込め詐欺被害者救済法における犯罪利用預金口座の預金の処理に関する、金融機関が「手間隙とリスク」「の両方を一身に背負うようなコンセプト」(渡辺隆生「振り込め詐欺被害者救済法の成立について」金法一八二七号四頁。特に、金融機関の無過失の立証責任を、協力する金融機関の立場を考えて預金保険機構に転換するべきという民主党の主張に対する反論など、立法に関与した自民党代議士の持論展開については柴山昌彦「犯罪利用預金口座等に係る資金による被害回復分配金の支払等に関する法律(振り込め詐欺被害者救済法)および関連規定の概要」金法一八三七号一〇頁)の二の舞にならないかが懸念材料である。その対象口座数は犯罪利用預金口座の比ではない。

追　記

田原先生は関西における倒産法の泰斗である。銀行からすれば「敵方の大将」である。実際、大阪が本店であった住友銀行にとって、田原先生は顧問でないのはもちろん、案件を依頼したこともなく、もっぱら「アンチ債権者」の旗頭であった(失礼)。そんな大先生との縁が生じたのは、一連の倒産法改正、特に民事再生法を日本再生の切り札とすべく、文字どおり産学協同でその普及・改善に腐心した時期に、筆者が債権者側のビッグマウスとして生意気な注文をつけていたことを「おもろい」と注目していただいてからであると思う。その後、先生の誘いで倒産村の世界へ迷い込んだのであるが、その引率は強引で、シンポジウム開催の雑誌広告を見て自分が「出演」することになっていることを知るとか、「今度出す本の締切やけどなあ」「はあ?」とか、本稿も応諾する前に「お引受けありがとうございます」という年賀状が来状したり(爆笑)。座談会でもシナリオにない質問やら、事前に準備した回答では通用しないムチャブリ、ブルドーザーのような寄せに、常に土俵際で本音を語らされ、お蔭様で非常に鍛えられ、いつしか先生とタッグを組んで、弊行メインの大型倒産案件を、施行直後の新破産法をさっそく「悪用」して他の債権者に有無をいわさず一気呵成に片付けてしまうまで、すっかり「染まって」しまった。そんな大先生が多数の補足意見とともにご退官を迎えられる。就任される際に、「『私の少数意見』を期待します」と申し上げたところ、「少数意見にとどまるつもりはありません」と反論され、本当にそのとおりになった。

もっと真っ当なことが書ける「普通のネタ」もあったのであるが、大先生の手前、判例評釈だの実務解説では「おもろない」だろうと捻ってみたものの、勉強不足、準備不足、能力不足、時間不足、根性不足が祟って不本意なものしかできあがらなかった。このような拙いものを恐縮ながら献呈させていただき、大先生のご退官をお祝い申し上げるとともに、引き続きのご指導・ご鞭撻をもお願い申し上げる次第である。

特定の銀行預金を特定の相続人に相続させる旨の遺言

山田誠一

一　はじめに

人が死亡し、その法定相続人が複数いる場合において、その者が生前、銀行預金を有していて、遺言をしていないとき、その預金債権は、法定相続人に法定相続分に従って当然に分割されて帰属する（注1）とともに、その預金契約上の地位は、法定相続人全員の共同に帰属する（注2）。これに対して、人が死亡し、その法定相続人が複数いる場合において、その者が生前、銀行預金を有していて、その銀行預金を特定の相続人に相続させる旨の遺言をしていたときの法律関係はどのようなものになるかを、本稿では検討することとする。

そのために、まず、人が死亡し、その法定相続人が複数いる場合において、その者が生前、不動産を所有していて、その不動産を特定の相続人に相続させる旨の遺言をしていたときの法律関係について、最高裁判決に基づいて、検討することとする（二）。そのうえで、特定の銀行預金を特定の相続人に相続させる旨の遺言がされた場合の法律関係を検討することとする（三）。

（注1） 最判昭29・4・8民集八巻四号八一九頁は、「相続人数人ある場合において、その相続財産中に金銭その他の可分債権あるときは、その債権は法律上当然分割され各共同相続人がその相続分に応じて権利を承継するものと解する」とする（相続財産中に、不法行為に基づく損害賠償債権があった事案）（判例解説として、たとえば、大場茂行・判解民昭和二九年度六一頁、山田誠一・法協一〇四巻六号九六六頁）。また、最判平16・4・20判時一八五九号六一頁は、相続財産中に、貯金があった事案について、「相続財産中に可分債権があるときは、その債権は、相続開始と同時に当然に相続分に応じて分割されて各共同相続人の分割単独債権と」なるとする（判例解説として、たとえば、川井健・NBL八〇八号五三頁、山田誠一・ジュリ一二九一号八六頁）。さらに、最判平16・10・26判時一八八一号六四頁は、相続人が二人いる事案について、二人の相続人はそれぞれ、法定相続分どおりで預金債権を相続し、相続した預金債権については、単独で債権者であることを前提とし（判例解説として、たとえば、小野秀誠・金法一七四八号七頁）、同様に、最判平17・7・11判時一九一一号九七頁は、相続人が三人いる事案について、三人の相続人はそれぞれ、法定相続分どおりで預金債権を相続し、相続した預金債権については、単独で債権者であることを前提としている（判例解説として、たとえば、中舎寛樹・金法一七八〇号七頁）。これらとは別に、定額郵便貯金について、最判平22・10・8民集六四巻七号一七一九頁は、「郵便貯金法が、定額郵便貯金につき、一定の据置期間を定め、分割払戻しをしないとの条件で一定の金額を一時に預入するものと定め（……）、預入金額も一定の金額に限定している」ことを指摘したうえで、定額郵便貯金債権は、「その預金者が死亡したからといって、相続開始と同時に相続分に応じて分割されることはない」とする。

（注2）　最判平21・1・22民集六三巻一号二二八頁は、「預金者が死亡した場合、その共同相続人の一人は、預金債権の一部を相続により取得するにとどまるが、これとは別に」、預金契約上の地位は、共同相続人全員に帰属するとする（判例解説として、たとえば、田中秀幸・判解民平成二一年度(上)五四頁、関沢正彦・金法一八六五号六頁）。

二　特定の不動産を特定の相続人に相続させる旨の遺言について

1　問題の所在

特定の遺産を特定の相続人に相続させる旨の遺言が行われることがある（注3）。そのような遺言をした人が死亡し、法定相続人が複数いる場合、その共同相続人の間の法律関係はどのようなものか、また、共同相続人以外の第三者との法律関係はどのようなものかが問題となる。以下では、遺言により特定の相続人に相続させるとされた特定の遺産が不動産である場合について、最高裁判決を手がかりにしながら、それらの法律関係を検討することとする。

なお、以下では、Aが不動産（甲不動産とする）を有していて、その法定相続人として、BおよびCの二人がいる場合において、Aが、甲不動産をBに相続させる旨の遺言をした後に死亡したという設例（設例1）を用いて、検討を行うこととする。この設例1においては、Aが死亡したときの積極財産の合計が一億円であり、そのなかに甲不動産が含まれていて、甲不動産についての所有者としての登記名義人はAであり、その価額は四〇〇〇万円であって、死亡したAに債務はなく、また、BおよびCの法定相続分は各2分の1であり、BおよびCはいずれにも特別受益はなく（民法九〇三条参照）、寄与分もないものとする（同法九〇四条の二参照）。また、Aの遺言には、相続分の指定はないものとする（同法九〇二条参照）。

2　特定の遺産（不動産）を特定の相続人に相続させる旨の遺言の解釈

まず、特定の遺産を特定の相続人に相続させる旨の遺言が行われた場合、その遺言をどのように解釈すべきかという問題がある。

最判平3・4・19民集四五巻四号四七七頁（注4）は、遺言の趣旨が遺贈であることが明らかであるか、または、遺贈と解すべき特段の事情がない限り、遺贈と解すべきではなく、遺産分割方法の指定であるとした。すなわち、本判決は、「被相続人の遺産の承継関係に関する遺言については、遺言書において表明されている遺言者の意思を尊重して合理的にその趣旨を解釈すべきものであるところ、遺言者は、各相続人との関係にあっては、その者と各相続人との身分関係及び生活関係、各相続人の現在及び将来の生活状況及び資力その他の経済関係、特定の不動産その他の遺産についての特定の相続人のかかわりあいの関係等各般の事情を配慮して遺言をするのであるから、遺言書において特定の遺産を特定の相続人に「相続させる」趣旨の遺言者の意思が表明されている場合、当該相続人も当該遺産を他の共同相続人と共にではあるが当然相続する地位にあることにかんがみれば、遺言者の意思は、右各般の事情を配慮して、当該遺産を当該相続人をして、他の相続人と共にではなくして、単独で相続させようとする趣旨のものと解するのが当然の合理的な意思解釈というべきであり、遺言書の記載から、その趣旨が遺贈であることが明らかであるか又は遺贈と解すべき特段の事情がない限り、遺贈と解すべきではない。そして、右の「相続させる」趣旨の遺言、すなわち、特定の遺産を特定の相続人に単独で相続により承継させようとする遺言は、前記各般の事情を配慮しての被相続人の意思として当然あり得る合理的な遺産の分割の方法を定めるものであって、民法九〇八条において被相続人が遺言で遺産の分割の方法を定めることができるとしているのも、遺産の分割の方法として、このような特定の遺産を特定の相続人に単独で相続により承継させることをも遺言で定めることを可能にするために外ならない」というのである。

本判決は、遺言は、遺言書に表明されている遺言者の意思を尊重して合理的に解釈されるべきであるという考え方に立ち、特定の遺産を特定の相続人に相続させる旨が遺言書に記載されている場合、それは、特定の遺産を特定の相続人に対して特定遺贈するものではなく、特定の遺産を特定の相続人に承継させる内容の遺産の分割の方法を指定するものであるとしたのである。ここでは、遺言者は、遺言者と各相続人との身分関係および生活関係、各相続人の現在および将来の生活状況および資力その他の経済関係、特定の不動産その他の遺産についての特定の相続人のかかわりあいの関係等各般の事情（「基礎事情」）を配慮して遺言を行うこと、したがって、特定の遺産を特定の相続人に相続させる趣旨の意思を表明した遺言者の意思は、「基礎事情」を配慮して、当該遺産を当該相続人に単独で相続させようとするものであること、および、その結果、特定の遺産を特定の相続人に単独で相続により承継させようとする遺言は、「基礎事情」を配慮しての被相続人の意思として当然ありうる合理的な遺産の分割方法を定めるものであることが理由とされている。

3　遺言により特定の遺産（不動産）を特定の相続人に承継させる旨の遺産分割方法の指定が行われた場合のその効力

次に、遺言により特定の遺産を特定の相続人に承継させる旨の遺産分割方法の指定が行われた場合、その効力はどのようなものかが問題となる。

前掲・最判平3・4・19は、遺産分割の協議または審判が行われることなく、被相続人の死亡の時に直ちに、当該遺産は当該相続人に相続により承継されるとした（注5）。すなわち、本判決は、「「相続させる」趣旨の遺言は、正に同条［民法九〇八条］にいう遺産の分割の方法を定めた遺言であり、他の共同相続人も右の遺言に拘束され、これと異なる遺産分割の協議、さらには審判もなし得ないのであるから、このような遺言にあっては、遺言者の意思に合致するものとして、遺産の一部である当該遺産を当該相続人に帰属させる遺産の一部の分割がなされたのと同様の遺産の承継関係を生ぜしめるものであり、当該遺言において相続による承継を当該相続人の受諾の意思表示にかからせたなどの特段の事情のない限り、何らの行為を要せずして、被相続人の死亡の時（遺言の効力の生じた時）に直ちに当該遺産が当該相続人に相続により承継されるものと解すべきである。そしてその場合、遺産分割の協議又は審判においては、当該遺産の承継を参酌して残余の遺産の分割がされることはいうまでもないとしても、当該遺産については、右の協議又は審判を経る余地はないものというべきである」というのである。

本判決は、上記の設例1を用いるならば、Aの死亡によって、甲不動産は直ちにBに承継され、甲不動産を除いた残りの遺産について、BとCは遺産分割の協議または審判を行うことになるとしたものである。

これと関連するものとして、最判平10・2・27民集五二巻一号二九九頁（注6）は、特定の不動産を特定の相続人に相続させる旨の遺言があり、遺言執行者がある場合において、当該不動産についての賃借権確認請求訴訟の被告適格は、原則として、遺言執行者ではなく、当該相続人であるとした。すなわち、本判決は、「特定の不動産を特定の相続人に相続させる趣旨の遺言をした遺言者の意思は、右の相続人に相続開始と同時に遺産分割手続を経ることなく当該不動産の所有権を取得することにある」として、前掲・最判平3・4・19を踏襲したうえで、そのことを理由として、「その占有、管理についても、右の相続人が相続開始時から所有権に基づき自らこれを行うことを期待しているのが通常であると考えられ、右趣旨の遺言がされた場合においては、遺言執行者があるときでも、遺言書に当該不動産の管理及び相続人への引渡しを遺言執行者の職務とする旨の記載があるなどの特段の事情のない限り、遺言執行者は、当該不動産を管理する義務や、これを相続人に引き渡す義務を負わないと解される。そうすると、遺言執行者があるときであっても、遺言によって特定の相続人に相続させるものとされた特定の不動産についての賃借権確認請求訴訟の被告適格を有する者は、右特段の事情のない限り、遺言執行者ではなく、右の相続人であるというべきである」とした。

4 遺言により特定の不動産を特定の相続人に承継させる旨の遺産分割方法の指定が行われた場合の不動産登記

さらに、遺言により特定の不動産を特定の相続人に承継させる旨の遺産分割方法の指定が行われた場合、当該不動産について、どのように不動産登記を行うべきかが問題となる。

最判平7・1・24判時一五二三号八一頁(注7)は、特定の不動産をその者に承継させる旨の遺産分割方法の指定があった相続人が、単独で、その旨の所有権移転登記手続をすることができるとした。すなわち、本判決は、「特定の不動産を特定の相続人甲に相続させる旨の遺言により、甲が被相続人の死亡とともに相続により当該不動産の所有権を取得した場合には、甲が単独でその旨の所有権移転登記手続をすることが」できるとした。

この点については、本判決より前に、「一般承継たる相続を原因とする場合は、当該相続人単独で登記申請することができる」との考え方が示されていた（注8）が、本判決は、この考え方に立つ旨を明らかにしたものである。

本判決は、上記の設例1を用いるならば、Aの死亡により、甲不動産について、Bは、単独で、相続を原因とする所有権移転登記の手続を行うことができるとしたものである。そのうえで、本判決は、遺言の執行として、甲不動産について、Bを登記権利者とし相続を原因とする所有権移転登記の手続をする義務を負わないとした。

これに対して、最判平11・12・16民集五三巻九号一九八九頁（注9）は、特定の不動産を特定の相続人に相続させる旨の遺言がされた場合において、遺言執行者が登記手続をすることができることがあるとした。すなわち、本判決は、「不動産取引における登記の重要性にかんがみると、相続させる遺言による権利移転について対抗要件を必要とすると解すると否とを問わず、甲［遺言により特定の不動産を相続させるとされた相続人］に当該不動産の所有権移転登記を取得させることは、民法一〇一二条一項にいう「遺言の執行に必要な行為」に当たり、遺言執行者の職務権限に属するものと解するのが相当である。もっとも、登記実務上、相続させる遺言については不動産登記法二七条により甲が単独で登記申請をすることができると解されているから、当該不動産が被相続人名義である限りは、遺言執行者の職務は顕在化せず、遺言執行者は登記手続をすべき権利も義務も有しない」として、前掲・最判平7・1・24を踏襲したうえで、「甲への所有権移転登記がされる前に、他の相続人が当該不動産につき自己名義の所有権移転登記を経由したため、遺言の実現が妨害される状態が出現したような場合には、遺言執行者は、遺言執行の一環として、右の妨害を排除するため、右所有権移転登記の抹消登記手続を求めることができ、さらには、甲への真正な登記名義の回復を原因とする所有権移転登記手続を求めることもできると解するのが相当である。この場合には、甲において自ら当該不動産の所有権に基づき同様の登記手続請求をすることができるが、このことは遺言執行者の右職務権限に影響を及ぼすものではない」としたのである。

この点については、特定の不動産を特定の相続人に相続させる旨の遺言がされた場合における遺言執行者の職務権限について、当該不動産の登記名義の移転は、遺言執行者の職務権限に属し、ただし、当該不動産が被相続人名義であるとき、この職務権限は顕在化せず、当該不動産の占有の移転は、遺言書にその旨が明記されている場合などを除き、遺言執行者の職務権限に属しないとする考え方を示すものがある（注10）。この考え方によれば、不動産の登記名義の移転については、前掲・最判平11・12・16が、原則として遺言執行者に職務権限があることを示すとともに、前掲・最判平7・1・24が、登記名義人が被相続人である場合に限って、遺言執行者に職務権限がないことを明らかにした（注11）こととなり、不動産の占有の移転については、前掲・最判平10・2・7が、原則として遺言執行者に職務権限がないことを示した（注12）こととなる。

5 遺言により特定の不動産を特定の相続人に承継させる旨の遺産分割方法の指定が行われた場合における当該相続人と第三者との関係

遺言により特定の不動産を特定の相続人に承継させる旨の遺産分割方法の指定が行われた場合において、当該相続人を単独の所有者とする登記が行われず、共同相続の登記が行われ、その登記に基づいて、他の相続人の債権者が他の相続人の共有持分の差押えをしたとき、当該相続人と、他の相続人の債権者で他の相続人の共有持分の差押えをした者との法律関係が問題となる。上記の設例1を用いるならば、Aが死亡し、甲不動産について、BとCを共有者とする所有権移転登記が行われ、そのうえで、Cの債権者Dが、Cが甲不動産について有する共有持分を差し押さえたというものである。

最判平14・6・10家月五五巻一号七七頁（注13）は、Bは、登記がなくても、相続によって承継した権利を、Dに対抗することができるとした。すなわち、本判決は、「特定の遺産を特定の相続人に「相続させる」趣旨の遺言は、特段の事情のない限り、何らの行為を要せずに、被相続人の死亡の時に直ちに当該遺産が当該相続人に相続により承継される」として、前掲・最判平3・4・19を踏襲するとともに、「このように、「相続させる」趣旨の遺言による権利の移転は、法定相続分又は指定相続分の相続の場合と本質において異なるところはない。そして、法定相続分又は指定相続分の相続による不動産の権利の取得については、登記なくしてその権利を第三者に対抗することができる」とした（注14）うえで、遺言により特定の不動産を相続させるとされた特定の相続人は、その遺言によって取得した不動産を、登記なくして、他の相続人の債権者であって、その者の共有持分を差し押さえた者に対して、対抗することができるとしたのである。

（注3） 相続させる旨の遺言については、たとえば、水野謙「「相続させる」旨の遺言に関する一考察」法時六二巻七号七八～八四頁、同「「相続させる」遺言と遺贈——改正登録免許税法と対抗力をめぐる判例に着目して」民研五五六号三～一五頁、吉田克己「「相続させる」旨の遺言・再考」野村豊弘＝床谷文雄編『遺言自由の原則と遺言の解釈』三二～五八頁、山田誠一「いわゆる「相続させる」旨の遺言について」民研六三二号二～一六頁、潮見佳男『相続法（第四版）』一八〇～一八七頁参照。

（注4） 判例解説として、たとえば、塩月秀平・判解民平成三年度二一一頁、水野謙『家族法判例百選（第七版）』一八〇頁。

（注5） 塩月・前掲（注4）二二四頁は、本判決について、「相続人に特定の遺産を「相続させる」趣旨の遺言者の意図は、特段の事情のない限り、相続という一般承継の効果を実現させるものであるとし、原則的な法的性質を遺

産分割方法の指定とした上、その遺言による当該遺産の承継は、遺産分割協議又は審判を経るまでもなく生ずるものと解した」とする。

（注6）判例解説として、たとえば、野山宏・判解民平成一〇年度㊤二一二頁、八田卓也・法政六六巻三号四一五頁。

（注7）判例解説として、たとえば、田尾桃次・NBL五九四号六四頁。

（注8）塩月・前掲（注4）二二二頁（二一八頁にも同様の指摘がある）。また、登記実務について、田尾・前掲（注7）が、「相続人に「相続させる」旨の遺言による右相続人のための所有権移転登記は、登記実務上それが相続によるものであることから不動産登記法二七条［不動産登記法（平成一六年法律一二三号）六三条二項］により右相続人が単独でなしうるし、なすべきであるとされている」と指摘する。登記先例として、昭47・4・17民甲一四四二号民事局長通達を参照。

（注9）判例解説として、たとえば、河邉義典・判解民平成一一年度㊦九八八頁、磯村保『家族法判例百選（第七版）』一八二頁。

（注10）河邉・前掲（注9）一〇一三頁。

（注11）河邉・前掲（注9）一〇一二頁は、前掲・最判平7・1・24について、「当該不動産が被相続人名義である事案において、遺言執行者に登記手続をする義務がないと判示したものであり、その射程は、不動産登記法二七条により受益の相続人が単独で相続登記を申請することのできる場合に限られるであろう」とする。

（注12）河邉・前掲（注9）一〇一三頁は、前掲・最判平10・2・27について、「相続させる遺言がされた場合に一般的に遺言執行を否定するものでは」ないとする。

（注13）判例解説として、たとえば、加毛明『家族法判例百選（第七版）』一五六頁。

（注14）本判決は、相続人は、自己の法定相続分に応じた不動産の共有持分について、登記なくして、第三者に対抗することができるとした最判昭38・2・22民集一七巻一号二三五頁（判例解説として、たとえば、瀬戸正二・判解民昭和三八年度五三頁）、および、相続人は、自己の指定相続分に応じた不動産の共有持分について、登記なくして、第三者に対抗することができるとした最判平5・7・19家月四六巻五号二三頁を引用し、これらを踏襲す

ることを明らかにしている。

三　特定の銀行預金を特定の相続人に相続させる旨の遺言について

1　問題の所在

不動産と同様に、特定の銀行預金を特定の相続人に相続させる旨の遺言が行われることがある。そのような遺言をした者が死亡し、法定相続人が複数いる場合、その共同相続人の間の法律関係はどのようなものか、銀行預金の預け入れられている金融機関との法律関係はどのようなものか、また、共同相続人以外の第三者（銀行預金の預け入れられている金融機関以外の者）との法律関係はどのようなものかが問題となる。以下では、二で検討をした遺言により特定の不動産を特定の相続人に相続させるとされた場合の法律関係を参考にしながら、検討を行うこととする。

まず、特定の銀行預金を特定の相続人に相続させる旨の遺言が行われた場合、その遺言の趣旨は、遺贈と解すべき特段の事情がない限り、遺贈と解すべきではなく、遺産分割方法の指定であるとすべきである。したがって、その場合、遺言により特定の銀行預金を特定の相続人に承継させる旨の遺産分割方法の指定が行われたことになる。遺産が不動産である場合と銀行預金である場合とで、異なる解釈を行う理由はないと考えられるからである。

なお、以下では、AがZ銀行に銀行預金（乙預金）を有していて、その法定相続人として、BおよびCの二人がいる場合において、Aが、乙預金をBに相続させる旨の遺言をした後に死亡したという設例（設例2）を用いて検討を行うこととする。この設例2においては、Aが死亡した時の積極財産の合計が一億円であり、そのなかに乙預金が含まれていて、乙預金の名義人はAであり、その預金債権の額は四〇〇〇万円であって、死亡したAに債務はなく、また、BおよびCの法定相続分は各二分の一であり、BおよびCにはいずれにも特別受益はなく、寄与分もないものとする。また、Aの遺言には、相続分の指定はないものとする。

2　遺言により特定の銀行預金を特定の相続人に承継させる旨の遺産分割方法の指定が行われた場合のその効力

最初に、遺言により特定の銀行預金を特定の相続人に承継させる旨の遺産分割方法の指定が行われた場合、その効力はどのようなものかが問題となる。

前掲・最判平3・4・19に基づき、遺産分割の協議または審判が行われることなく、被相続人の死亡の時に直ちに、当該銀行預金は当該相続人に相続により承継されると解すべきである。したがって、法定相続人が複数いる場合であっても銀行預金は分割されず、全額が相続開始と同時に当該相続人に帰属することになる。

上記の設例2を用いるならば、Aの死亡によって、乙預金は直ちにBに承継され、乙預金を除いた残りの遺産について、BとCは遺産分割の協議または審判を行うことになると考えられる。

なお、遺言により特定の銀行預金を特定の相続人に承継させる旨の遺産分割方法の指定が行われた場合、当該相続人は、原則として、当該銀行預金に係る預金債権を承継するとともに、当該銀行預金の基礎にある預金契約上の預金者の地位を承継すると解するべきである。仮に、当該相続人が単独で預金債権全額を承継するが、預金契約上の預金者の地位を単独では承継しないとすると、当該相続人は、定期預金について、満期が到来した場合には預金債権者として単独で全額の払戻しを請求することができるが、満期到来前に定期預金を中途解約するには法定相続人全員が手続を行わなければならないという事態が生ずることになる。これは、特定の銀行預金を特定の相続人に承継させる旨の遺産分割の方法の指定を遺言で行う遺言者の意思からは乖離するものとなると考えられるからである。

3　遺言により特定の銀行預金を特定の相続人に承継させる旨の遺産分割方法の指定が行われた場合における当該相続人と当該銀行預金の預け入れられている金融機関との法律関係

次に、遺言により特定の銀行預金を特定の相続人に承継させる旨の遺産分割方法の指定が行われた場合、当該相続人と、当該銀行預金の預け入れられている金融機関との法律関係はどのようなものとなるかが問題となる。

遺言により特定の銀行預金をその者に承継させる旨の遺産分割方法の指定が行われた相続人は、単独で、預金債権者および預金契約上の預金者としての権利行使を、当該銀行預金の預け入れられている金融機関に対して、することができると考えるべきである。その結果、当該相続人は、単独で、当該銀行預金について、普通預金であれば直ちに払戻しを請求することができ、また、定期預金であれば、満期が到来した場合には払戻しを請求することができ、満期到来前には中途解約手続をすることができるというべきである。

なお、特定の銀行預金について特定遺贈が行われた場合、銀行預金債権について譲渡禁止特約（民法四六六条二項）が行われているとき、特定遺贈による銀行預金債権の移転は、その制約を受けるものと思われ、また、特定遺贈による銀行預金債権の移転には、債権譲渡の債務者対抗要件の具備が問題となる（同法四六七条一項）（注

15）。それに対して、相続は一般承継であることから、遺言により特定の銀行預金を特定の相続人に承継させる旨の遺産分割方法の指定が行われた場合、譲渡禁止特約の制約を受けることはなく、また、債権譲渡の債務者対抗要件の具備は必要がないこととなる。

遺言執行者がある場合、遺言執行者は、遺言により特定の相続人に承継させるとされた特定の銀行預金について、当該銀行預金が預け入れられた金融機関に対して払戻請求をすることができるか、また、その場合、当該相続人は、当該銀行預金が預け入れられた金融機関に対して払戻請求をすることができるかが問題となる。下級審裁判例には、全財産を全相続人のうち特定の相続人二人に相続させる旨の遺言があった事案について、遺言執行者の払戻請求権限を否定したものがある（注16）。これに対しては、「相続財産が預金の場合、「相続させる遺言」であっても、遺言で遺言執行者が指定されている場合には、原則として当該遺言執行者が預金の払戻請求権を有すると解される。特に、遺言に「遺言執行者に対して、預貯金等の名義変更、解約、受領に関する一切の権限を付する」という趣旨の文言がある場合には、遺言内容の実現のため遺言執行者がそれらの行為を行うことが想定されているため、遺言執行者が執行権限（払戻請求権）を有すると解するべきである。また、上記預貯金等に関する遺言執行者に権限を明示する文言が無い場合でも、前記のとおり原則として遺言執行者に執行権限があると考えるべきであるが、全受益相続人（※）の委任を確認できる資料の提示を求めた上で払戻しを行うことが確実であると考えられる。（※）遺言で財産を取得する「受益相続人」だけでよく、全法定相続人の委任は不要。」として、遺言執行者は、遺言により特定の相続人に承継させるとされた特定の銀行預金について、当該銀行預金が預け入れられた金融機関に対して払戻請求をすることができると主張するものがある（注17）。

特定の相続人に承継させるとされた特定の銀行預金について、その名義人が被相続人であれば、当該相続人は、当該銀行預金について、預金債権者および預金契約者としての権利行使をすることができる（注18）ため、当該銀行預金については、遺言執行をする余地はないと考えるべきである。あたかも、法定相続人が一人であって、被相続人が預金者である銀行預金を単独で相続した場合（注19）と同じである。したがって、その場合、当該相続人が当該銀行預金について、当該銀行預金が預け入れられた金融機関に払戻請求をすることができ、遺言執行者があっても、遺言執行者は、当該銀行預金について金融機関に払戻請求することができないと考えるべきである。しかし、遺言に「遺言執行者に対して、預貯金等の名義変更、解約、受領に関する一切の権限を付する」という趣旨の文言がある場合には、遺言により遺言執行者に権限が与えられたと考えられ、遺言執行者は金融機関に払戻請求をすることができ、その結果、民法一〇一三条の適用により、特定の相続人は、直ちには、金融機関に払戻請求をすることができない（注20）ことになるように思われる。具体的には、たとえば、特定の銀行預金が定期預金の場合、遺言執行者が金融機関に対して、当該銀行預金について当該相続人を単独の預金者とする名義変更の手続を行い、その名義変更を経て、当該相続人が金融機関に払戻請求をすることはありうるものと考えられる。

4　遺言により特定の銀行預金を特定の相続人に承継させる旨の遺産分割方法の指定が行われた場合における当該相続人と共同相続人以外の第三者（銀行預金の預け入れられている金融機関以外の者）との関係

遺言により特定の銀行預金を特定の相続人に承継させる旨の遺産分割方法の指定が行われた場合において、当該相続人を単独の預金者とする名義変更が行われないまま、他の相続人の債権者が他の相続人が債権者となった銀行預金債権（被相続人が有していた銀行預金の額に、他の相続人の法定相続分を乗じた額）の差押えをしたとき、当該相続人と、他の相続人の債権者で他の相続人の銀行預金債権の差押えをした者との法律関係が問題となる。上記の設例2を用いるならば、Aが死亡し、乙預金について、Cの債権者Dが、Cが有する乙預金に係る預金債権にCの法定相続分を乗じた額の銀行預金債権（債権額二〇〇〇万円）を差し押さえたというものである。

この場合、Bは、乙預金の名義変更をしていなくても、相続によって承継した乙預金に係る預金債権（債権額四〇〇〇万円）の全部について、Dに対抗することができると解するべきである。したがって、Bは、Dに対して、第三者異議の訴えを提起し、Dの強制執行の不許を求めることができることになる。

（注15） 最判昭49・4・26金法七二五号四二頁は、「特定債権が遺贈された場合、債務者に対する通知又は債務者の承諾がなければ、受遺者は、遺贈による債権の取得を債務者に対抗することができない。そして、右債務者に対する通知は、遺贈義務者からすべきであって、受遺者が遺贈により債権を取得したことを債務者に通知したのみでは、受遺者はこれを債務者に対抗することができない」とする（特定遺贈された債権が貸金債権である事案）。関沢正彦「遺言執行者による預金の払戻請求」金法一六六八号五頁は、この判決を参照しつつ、特定遺贈された債権を銀行預金とし、遺言執行者がある場合を想定して、「遺贈は遺言者による財産処分の意思表示であるから、特段の債権譲渡行為を必要とせず、預金が受遺者に移転するが、この権利移転については債権譲渡の場合と同様対抗要件を必要とし、債務者に対抗するためには遺言執行者からの通知または承諾を必要とする」とする。

（注16） 東京高判平15・4・23金法一六八一号三五頁（預金の払戻しについて遺言執行の余地が生ずることはなく、遺言執行者は、預金の預け入れられた銀行に対し払戻しを求める権限を有し、または義務を負うことにはならないとした）。

（注17） 事業承継協議会事業承継関連相続法制検討委員会「公正証書遺言に基づく預金債権の払戻請求に対する金融機関の対応について」（平成一八年六月）[http://www.jcbshp.com/inheritance.php] 二六頁（二〇一三年二月現

在）。本文書について解説するものとして、水野紀子ほか「遺言に基づく預金債権の払戻請求に対する金融機関の対応について」金法一七八三号三〇～三六頁がある。

（注18）この場合、遺言書、預金者である被相続人（遺言者）の死亡を確認するための資料、払戻請求をする者が相続人であることを確認するための資料、および、払戻請求をする者の本人確認のための資料を提出することが必要になると考えられる。

（注19）この場合は、預金者である被相続人の死亡を確認するための資料、払戻請求をする者が単独の相続人であることを確認するための資料、および、払戻請求をする者の本人確認のための資料提出をすることが一般的であろう（前田庸「相続」鈴木禄也＝竹内昭夫編『金融取引法大系第2巻　預金取引』一一六～一一七頁）。

（注20）最判昭62・4・23民集四一巻三号四七四頁参照（判例解説として、たとえば、魚住庸夫・判解民昭和六二年度二六七頁、沖野眞已・法協一〇五巻一二号一八二一頁、田中宏治『家族法判例百選（第七版）』一八四頁）。

四　むすび

本稿では、人が死亡し、その法定相続人が複数いる場合において、その者が生前、銀行預金を有していて、遺言をしていないとき、一冊の通帳や、一枚の証書によって管理されている銀行預金債権が、法定相続人に法定相続分に従って当然に分割されることを回避するために、遺言によって、特定の銀行預金を特定の相続人に承継させる旨の遺産分割方法の指定を行ったときの法律関係を明らかにすることができた。また、定額郵便貯金について、法定相続人が全員で、払戻請求をしなければならないことも、遺言によって、特定の定額郵便貯金を特定の相続人に承継させる旨の遺産分割方法の指定を行うことによって回避することができるように思われる。なお、遺言執行者の職務権限との関係については、遺言執行者の職務権限についての遺言書の記載をも視野に入れて行うべき検討が、課題として残されている。

二

商法

経営判断と「経営判断原則」

森本　滋

一　序　説

1　債務不履行責任と任務懈怠責任

会社と取締役との関係は、委任に関する規定に従う（会社法三三〇条）。取締役は、受任者として、委任の本旨に従い善良な管理者の注意をもって委任事務を処理する義務を負う（民法六四四条――善管注意義務）。善管注意義務に違反した取締役は会社に対して債務不履行責任を負う（民法四一五条）。

他方、会社法四二三条一項は、取締役は、その任務を怠ったときは、株式会社（以下、「会社」という。）に対し、これによって生じた損害を賠償する責任を負う旨規定する。取締役の任務は、善良な管理者の注意をもってその職務を執行すること、すなわち、会社の業務執行（経営）を担当することである。この職務執行に際して善管注意義務に違反することが任務懈怠となり、損害賠償責任が生ずる。ところで、取締役は、法令及び定款並びに株主総会決議を遵守し、会社のため忠実にその職務を行わなければならない（会社法三五五条）。民法上、委任事務の具体的内容は個々の契約により定まり、善管注意義務についても特約により軽減することが可能である。会社法三五五条は、会社の健全な運営のために取締役が果たすべき役割の重要性にかんがみ、善管注意義務の内容を具体化し、法定責任化するのである（最大判昭45・6・24民集二四巻六号六二五頁）（注1）。この規定を受けて、会社法四二三条一項は、取締役の委任事務処理に係る善管注意義務違反による責任を厳格な法定責任である任務懈怠責任として、他の役員等の責任と併せて統一的に規制している（最判平20・1・28民集六二巻一号一二八頁――責任の連帯性、免除・軽減の制約等）（注2）。

会社法四二三条一項の任務懈怠責任は、民法四一五条所定の債務不履行責任の特則としての法定責任である。したがって、民法一六七条一項所定の民事債権の消滅時効期間である一〇年の期間の経過により消滅する（最判平20・1・28民集六二巻一号一二八頁）。商事時効に係る商法五二二条の適用はなく、遅延損害金も、商法五一四条ではなく民法四〇四条所定の年五分となる（高松高判平2・4・11金商八五九号三頁、札幌地判平14・9・3判タ一一三三号一九四頁）（注3）。

2　任務懈怠と過失（帰責事由）

委任に係る債務不履行に基づく損害賠償請求訴訟においては、原告が、①基礎となる債権の発生原因事実、②債務の履行が委任の本旨に従ったものでないこと（不完全履行）、③損害の発生及びその数額、④不完全履行と損害の間の相当因果関係の存在を主張立証しなければならない。これがなされたとき、被告は、抗弁として、帰責事由（故意過失又は信義則上これと同視することのできる事情）のないことを主張立証しなければ責任を免れない（注4）。取締役の任務懈怠責任追及訴訟において、原告は、①取締役任用契約の存在等、②善管注意義務に違反する行為の存在（注意義務違反を特定しそれを基礎づける事実）及びそれと相当因果関係にある損害額を主張立証し、被告取締役は、②について否認し、故意過失のないこと（無過失を根拠づける事実）又は違法性阻却や責任阻却を根拠づける事実を抗弁として主張立証することとなる。

利益相反取引により会社に損害が生じたとき、関係取締役はその任務を懈怠したものと推定されることから（会社法四二三条三項）、会社法は任務懈怠と過失を別の要件としていると主張されている（注5）。取締役の行為が客観的に法律上の要件を満たさない場合にそれを違法（任務懈怠）と評価せざるをえないため、具体的状況に応じた取締役の免責は過失の有無において判断することが合理的であるというのである。

個別具体的な法令違反行為となる経営判断事項については、一般に、会社法三五五条により取締役の職務執行に際して法令を遵守することが取締役の会社に対する職務上の義務となり、取締役がこれに違反するときは、善管注意義務に反するかどうかを問うまでもなく、平成一七年改正前商法二六六条一項五号の法令に違反したこと（任務懈怠）になるが、右違反行為につき取締役に故意又は過失がなければ責任を負うことはないと解されている（最判平12・7・7民集五四巻六号一七六七頁）（注6）。これに対して、個別具体的な法令違反の認められない経営判断事項については、具体的状況に応じて善管注意義務違反の有無が判断され、それは原則として過失の判断と重なり合うと解されている（注7）。取締役の債務の本旨に従った履行がないことの証明は善管注意義務違反の証明であるが、帰責事由として個々の取締役の主観的過失は問題とならない。善管注意義務違反が認められるときは（客観的）過失が認められることを意味し、任務懈怠の事実が立証されるとき、被告取締役は事実上無過失の立証はできないこととなるのである。

東京高判平15・3・27判タ一一三三号二七一頁は、忠実義務違反、善管注意義務違反においても故意又は過失があることを要し、巨額の資金提供及びその後の債務肩代わり・担保提供について、外形的には忠実義務違反・善管注意義務違反があったが、狡猾かつ暴力的な脅迫行為を前提とした場合、当時の一般経営者として資金提供をしたとしても誠にやむをえないもので、取締役として職務上の過失があったとは認められないと判示した（注8）。その上告審である最判平18・4・10民集六〇巻四号一二七三頁は、警察に届け出る等の適切な対応をとることが期待できないような状況にはなく、やむをえなかったものとして過失を否定することができないとした。これらの判決例は、いずれも、表現はあいまいであるが、善管注意義務違反（任務懈怠）を確定的に認定した後に、被告の抗弁としての無過失を問題としているわけでなく（注9）、善管注意義務違反となるかどうかとの関連において過失を問題としていると解することが合理的である（注10）。任務懈怠、すなわち、善管注意義務違反であることの立証責任は原告にあるが、経験則上なすべきでない（回避すべきである）業務執行事項と認められる場合、善管注意義務違反が推認され、被告取締役においてそれにもかかわらずあえてそれを行う合理的理由ないしやむをえない特段の事情を明らかにすることが求められるのである。回収可能性がない融資は原則として任務懈怠となる。それにもかかわらず融資することが合理的である理由ないし融資せざるをえない特段の事情がある場合は責任を免れるが、それは善管注意義務違反（任務懈怠）の立証を妨げたにすぎない。任務懈怠の立証後、無過失の抗弁が認められたわけではない。

（注1） 役員等の任務は法定されており、善管注意義務の内容を特約で軽減することはできない（農業協同組合の監事について最判平21・11・27判時二〇六七号一三六頁参照）。なお、役員等の主観的事情により当該役員等が処理すべき委任事務の内容ないし善管注意義務の程度は軽減されないが、取締役の属性ないし経歴により注意義務の程度に相違が認められる。未成年者であるという属性を考慮することが否定されるわけではない。専門家である監査役の取締役の職務執行の適法性監査に係る注意義務は高度化する（東京地判平4・11・27判時一四六六号一四六頁——対第三者責任）。

（注2） 立案担当者も、役員等の任務が単に委任契約の内容によってのみ定まるものではなく、当事者の意思にかかわらず法律上当然に生ずる場合もあることを考慮して、その法律上の任務に違反する場合にも会社に対する損害賠償責任を生じさせるため、民法四一五条とは別個に会社法四二三条一項が規定されていると説明する（相澤哲編著「立案担当者による新・会社法の解説」（別冊商事二九五号）一一七頁）。

（注3） 特別の理由を付すことなく、遅延損害金について商事法定利率を適用する裁判例もある（大阪高判平2・7・18判時一三七八号一一三頁）。なお、遅延損害金は年六分、消滅時効期間は一〇年とする裁判例もある（福岡高判平24・4・13金商一三九九号二四頁）。

（注4） 東京地方裁判所商事研究会編『類型別会社訴訟Ⅰ（第三版）』二二〇頁以下。

（注5） 相澤編著・前掲（注2）一一七頁。

（注6） 法令違反行為を理由に取締役の責任を追及しようとする者は、取締役が法令違反行為をしたこと（違法性の要件——任務懈怠）及びそれと相当因果関係にある損害が会社に生じたことを立証することで足り、取締役は、自らの責任を免れるため帰責事由のないこと、すなわち、当該行為が法令に違反する（当該行為が違法性を構成す

る事実となる）との認識を有するに至らなかったことにはやむをえない事情があったとして、無過失の抗弁を主張・立証しなければならない。具体的には、当該経営判断をするに際して、同様の状況にある通常の取締役に要求される程度の注意を欠いたために法令に違反するとの認識を有するに至らなかったかどうかが問われるのである（前掲平成一二年最判の河合補足意見。このほか、最判昭51・3・23金商五〇三号一四頁参照）。

（注7） 大塚龍児「株主権の強化・株主代表訴訟」鴻古稀記念『現代企業立法の軌跡と展望』六三頁、東京地裁商事研究会編・前掲（注4）二二一〜二二二頁、江頭憲治郎『株式会社法（第四版）』四四〇頁（注4）。詳しくは、菅原貴与志「任務懈怠責任の法的性質と構造」山本為三郎編『新会社法の基本問題』一八二〜一八五頁参照。

（注8） 同判決は、特に、法令違反行為に平成一七年改正前商法二六六条一項五号の責任を認めるためには当該違反行為につき取締役に故意又は過失があることを要するのと同様、善管注意義務・忠実義務違反についても故意又は過失があることを要する旨明言する。

（注9） かつて、監査役について、粉飾決算を見逃したこと等が任務懈怠となり、監査役は、自らの責任を免れるためには自分に故意過失がなかったこと、監査役としての任務を尽くしたにもかかわらず会社が損害を被ることを防止できなかった事情を明らかにしなければならないといった説明もなされていた（大森忠夫＝矢沢惇編『注釈会社法4』五九五頁〔山村〕）。

（注10） 平成一五年東京高判のいう「外形的忠実義務違反・善管注意義務違反」とは善管注意義務違反（任務懈怠）の認定ではなく、経験則上忠実義務違反・善管注意義務違反と推認することができることを意味するにすぎないように思われる。

二　裁判例における「経営判断原則」

1　初期の裁判例

福岡高判昭55・10・8判時一〇二二号一一七頁は、親会社の取締役が倒産必至の子会社に危険ではあるが事業の好転を期待できるとして新たな融資を継続した場合において、会社再建が失敗に終わり大部分の債権を回収できなかったとしても、右取締役の行為が親会社の利益を図るために出たものであり、かつ、融資の継続か打切りかを決断するにあたり企業人としての合理的な選択の範囲を外れたものでない限り、直ちに忠実義務に違反するものとはいえないと判示した。同判決は、破綻に瀕した取引先に救済融資をする場合には、その回収可能性を含めて慎重な経営判断が求められるが、本件において、倒産を招くことを承知のうえで直ちに融資を打ち切るか、あるいは多少の危険は覚悟してもつなぎ資金を融資することによって経営の好転を期す機会をもつかどうかの選択に迫られ、部内の意見も徴したうえ積極策を採択して子会社に対する管理を強化するとともに担保権を確保するための努力を講じたことを認定したうえ、経営の好転を期す機会到来前に子会社が事実上倒産したのであって、その経営判断の甘さを指摘される余地があるにしても、親会社のためよかれとしてつなぎ融資を継続しようとしたとして取締役の責任を否定した（注11）。この判決は、経営判断の過程を詳しく認定し、慎重な手続が踏まれたことに配慮していると評価されている（注12）。

他方、大阪地判昭42・4・20判時四九八号六四頁は、企業経営者の企業遂行の決定については長期的判断に基づいて一時の損失をあえて甘受することも多く、そこには常に多少の冒険は許されなければならず、取締役が値引販売をしたからといってそれだけで取締役として守るべき善良な管理者の注意義務に違背したと断定することはできないとした。また、神戸地判昭51・6・18判時八四三号一〇七頁は、多角経営による会社の経営基盤の安定強化と不況対策として取締役がボウリング場の建築賃貸を始めたが、これは当時の業界等の動向に照らすと無理からぬ経営上の判断であり、善意に基づく会社財産の管理運営と見るのが相当であって、会社の不利益において自己又は第三者の利益を図ったものとは認めがたいとして、任務懈怠の責任を否定している（注13）。

当時の裁判例は、その多くが取締役の第三者に対する責任事例であることもあってか（注14）、それほど手続を重視していない。経営判断の内容が無謀であるかどうか、不正・不当な目的がなかったかどうかについて実質的に判断し、取締役が経営判断をするときには合理的な範囲の裁量が認められる（結果責任を負うわけでない）ことを示すにすぎなかったように思われる。取締役が経済界の状況、経営上の施策方針等に対する判断を誤ったり、会社のために努力しつつ力足らずして会社に損害を生じさせた場合、直ちに忠実義務に違反したものとはいえないというのである（注15）。

2　事実認識と意思決定過程・内容の区別

最近、経営判断原則の適用に際して、事実の認識と意思決定の過程の判断基準を明確に区別することが下級審裁判例の傾向であると指摘されている（注16）。東京地判平5・9・16判時一四六九号二五頁は（注17）、企業経営に関する判断は不確実かつ流動的で複雑多様な諸要素を対象にした専門的・予測的・政策的な判断能力を必要とする総合的判断であるから、その裁量の幅は自ずと広いものとなるとする。そして、取締役がその権限の範囲内で会社のために最良であると判断した場合は、基本的にその判断を尊重して結果を受容すべきであり、取締役の経営判断の当否が問題となった場合、取締役であればそのときどのような経営判断をすべきであったかをまず考え、これとの対比によって実際に行われた取締役の判断の当否を決定するのではなく、実際に行われた取締役の経営判断そのものを対象として、その前提となった事実の認識について誤りがなかったかどうか、また、その事実に基づく意思決定の過程が通常の企業人として著しく不合理なものでなかったかどうかという観点から審査を行うべきであるとした（注18）。東京地判平8・2・8資料版商事一四四号一一五頁は、不振合弁会社の株式買取事案について、企業行動の決定は流動的かつ不確実な市場の動向の予測、複雑な要素が絡む事業の将来性の判定の上に立って行われるものであるから、経営者の総合的・専門的な判断力が最大限に発揮されるべき場面で広範な裁量を認めざるをえず、本件におけるような最も困難な種類の経営判断が要請される場面においては特にそのことが妥当するとして、その前提となった事実の認識に重要かつ不注意な誤りがなく（注19）、意思決定の過程・内容が企業経営者として特に不合理・不適切なものといえない限り、当該取締役の行為は善管注意義務ないしは忠実義務に違反するものではないとした（注20）。東京地判平14・4・25判時一七九三号一四〇頁は、これをより具体化して、当該判断をするために当時の状況に照らして合理的と考えられる情報収集・分析・検討がなされたか否か、これらを前提とする判断の推論過程及び内容が明らかに不合理なものであったか否かが問われなければならないとする（情報収集・分析・検討過程と判断の推論過程及び内容の区別）（注21）。なお、善管注意義務違反かどうかは、当該行為がなされた当時の会社の状況や会社を取り巻く社会・経済等の諸情勢の下において会社の属する業界における通常の経営者が有すべき知見と経験を基準として判断されることが前提とされている（東京地判平10・5・14判時一六五〇号一四五頁）。

その後も、（清算段階にある）関連会社支援について、東京地判平17・3・3判時一九三四号一二一頁は、取締役としては、関連会社との関係、関連会社が支援を必要とするに至った原因、関連会社が置かれている状況、当該会社の経営状況等を総合的に判断して、支援の得失等を慎重に比較検討し、企業経営者として専門的、予測的、政策的な判断を行うことが要求されるが、意思決定当時の状況下において、当該判断をする前提となった事実の認識過程（情報収集とその分析・検討）に不注意な誤りがあり合理性を欠いているか否か、その事実認識に基づく判断の推論過程及び内容が明らかに不合理なものであったか否かという観点から検討されるべきである旨、判示した（善管注意義務違反なし）。最近の東京地判平23・9・29判時二一三八号一三四頁も、独立当事者間の共同株式移転における株式移転比率の合意の任務にあたる取締役の判断が善管注意義務に違反するというためには、その判断の前提となった事実を認識する過程における情報収集やその分析に誤りがあるか、その意思決定の過程や内容に企業経営者として明らかに不合理な点があることを要するとしている（善管注意義務違反なし）（注22）。

これらの多くは、「その前提となった事実の認識に重要かつ不注意な誤りがないこと」（注23）と「その事実に基づく意思決定の過程や内容が通常の企業人として著しく不合理なものでなかったかどうか」を問題とするが、後者について平成八年東京地判は、「意思決定の過程・内容が企業経営者として特に不合理・不適切なものといえない限り」とする。「特に」を「著しく」と区別しているのではないかとも推測されるが（注24）、実質的な相違はないと解することが合理的であろう（注25）。

3　事実認識と意思決定過程・内容の総合的判断

東京地判平12・7・27判タ一〇五六号二四六頁は、密接な関係にある取引先に対する金融支援について、事実の認識と意思決定過程・内容を区別することなく、債権回収が不能となる危険が具体的に予見できる状況にあったなどの特段の事情が認められない限り、取締役の裁量権の範囲内の行為であるとして、取締役の善管注意義務違反を認めなかった（注26）。東京地判平16・9・28判時一八八六号一一一頁は、外国における出店事業のために行った貸付けとその回収業務に係る善管注意義務違反が問題となった事件について、取締役によって当該行為がなされた当時における会社の状況及び会社を取り巻く社会、経済、文化等の情勢の下において、当該会社の属する業界における通常の経営者の有すべき知見及び経験を基準として、事実の認識に不注意な誤りがなかったか否か及びその事実に基づく行為の選択決定に不合理がなかったか否かという観点から当該行為をすることが著しく不合理と評価されるか否かによるべきである旨判示した（注27）。

最判平22・7・15判時二〇九一号九〇頁は、グループの事業再編計画の一環としてなされた完全子会社化目的の株式取得について、これは将来予測にわたる経営上の専門的判断であり、決定の過程及び内容に著しく不合理な点がない限り善管注意義務には違反しないと判示した。もっとも、①専門家に依頼して算定された株式評価額を大きく上回る価格で自己株式を購入した点については、取締役において、株式の評価額のほか、取得の必要性、財務上の負担、株式取得を円滑に進める必要性の程度等をも総合的に考慮して決定することができ、買取価格を五万円と決定したことは著しく不合理であるとはいえないこと、②本件株式取得について経営会議において検討され、弁護士の意見も聴取されていることから、その決定の過程に不合理な点は見当たらないことから、

「本件決定についての取締役の判断は著しく不合理なものということはできず善管注意義務に違反しないとしている（注28）。同最判は、多数の下級審裁判例とは異なり、「決定の過程」を情報収集・分析・検討過程として理解しているようであるが、これについても「著しい不合理性」の基準を採用しているかどうかは、検討の余地がある。

4　銀行取締役の貸付けに係る任務懈怠

銀行取締役の融資に関して、事業会社の場合と特に区別しない裁判例もあるが（注29）、銀行法等の関連規定を引用したうえ、銀行業務の特殊性に言及する例が多い。銀行業務が公共性を有し、その経営に健全性と安全性が求められていることからすると、支援により銀行が負担する損失があまりにも大きく、支援すること自体が銀行の経営を揺るがす場合には支援を行うことが許されず、また、支援の方法も銀行業務の公共性と照らし社会的相当性を備えたものでなければならないという一般論を提示した後（注30）、意思決定が行われた当時の状況下において同程度の規模を有する銀行の取締役に一般的に期待される水準に照らして、当該判断をするためになされた情報収集・分析・検討が合理性を欠くものであったかどうか、これらを前提とする判断の推論過程及び内容が明らかに不合理なものであったかどうかにより善管注意義務違反の有無が判断されているのである（東京地判平16・3・25判時一八五一号二一頁）（注31）。銀行の取締役が融資業務を行うに際して、融資から得られる利益とそれに伴う危険とを的確に把握したうえで、融資が適法・適切であるか、融資に伴う危険に応じた適切な債権保全措置がとられているか等の観点から融資の可否の判断を行わなければならないとして、判断の前提となった情報の収集・分析が当時の状況・事柄の重要性等に照らして明らかに合理性を欠き、又は判断の基礎となった情報をもとにした判断の過程・内容に著しく不合理な点があった場合には、当該取締役の判断は裁量の範囲を逸脱し、善管注意義務に違反するとする裁判例もある（東京地判平16・3・26判時一八六三号一二八頁――責任肯定）（注32）。

最近、破綻銀行取締役の追加融資について善管注意義務違反を認めた地裁判決の全部又は一部を控訴審判決が否定し、その控訴審判決を否定して取締役の責任を認める最高裁判決がいくつか出されている。最判平20・1・28判時一九九七号一四三頁は、過振りによって得た五〇億円近い資金を株の仕手戦に費消して資金繰りが悪化し近日中に不渡りを出すことが危ぶまれ、健全な貸付先とは到底認められない債務者に対する追加融資は、確実な担保余力が見込まれない限り受け入れてはならない提案であり、この点を客観的資料に基づき慎重に検討することをいっさいせず、安易に本件不動産が本件追加融資の担保として確実な担保余力を有すると判断して追加融資に応じたことは、著しく不合理な決定であると認定した。最判平20・1・28判時一九九七号一四八頁も、本件融資は銀行の取締役に一般的に期待される水準に照らし、著しく不合理なものであると認定している。さらに、破綻銀行例でない最判平21・11・27判時二〇六三号一三八頁も、実質的に無担保で健全な融資先とはいえない相手（要注意先から破綻懸念先に変更）にしたつなぎ融資が県との信頼関係を維持する必要があることを考慮してなされたという事情があるとしても、ほとんど回収見込みのない追加融資を実行することは著しく不合理なものであるとして、原審を破棄して取締役の責任を認めた。なお、これらはいずれも、事実の認識と意思決定の過程の判断基準を特に区別することなく、経営判断が著しく不合理であると認定している。

これに対して、判断の推論過程及び内容が「著しく不合理である」とするのではなく、単に不合理性を問題としている裁判例もある。特別背任罪に関する刑事事件である最決平21・11・9刑集六三巻九号一一一七頁は、融資業務に際して要求される銀行取締役の注意義務の程度は一般の取締役の場合に比べ高い水準のものであり、経営判断原則の適用される余地はそれだけ限定的なものにとどまり、融資業務の実施にあたっては元利金の回収不能という事態が生じないよう債権保全のため融資先の経営状況・資産状態等を調査し、その安全性を確認して貸付けを決定し、原則として確実な担保を徴求する等相当の措置をとるべき義務を有し、例外的に実質倒産状態にある企業に対する支援策として無担保等で追加融資をして再建又は整理を目指すこと等がありうるとしても、これが適法とされるためには客観性をもった債権・整理計画とこれを実行する銀行本体の強い経営体質を必要とするなど、その融資判断が合理性のあるものでなければならず、手続的には銀行内部での明確な計画の策定とその正式の承認を欠かせないと判示した。これは実質倒産状態にある企業に対する支援策に限定した判示であるが、一般的に、銀行の取締役一般に期待される知識・経験等を基礎に当該判断をするためになされた情報収集・分析・検討が当時の状況に照らして合理性を欠くものであったかどうか、これらを前提とする判断の推論過程及び内容が不合理なものであったかどうかにより判断するとする裁判例もある（札幌地判平16・3・26判タ一一五八号一九六頁）。札幌高判平18・3・2判時一九四六号一二八頁も、銀行取締役が融資の可否を決定するにあたっては、確実性（安全性）の原則及び収益性の原則を遵守することが要請され、これらの原則及び銀行業務の公共性から銀行の取締役の裁量の幅は制限されるとして、情報収集・分析・検討が当時の状況に照らして合理性を欠くものであったかどうか、これらを前提とする判断の推論過程及び内容が確実性の原則、銀行業務の公共生に照らして不合理なものであったかどうかにより判断するものとする（原審は前掲（注32）の札幌地判平15・9・16）（注33）。

このような裁判例と関連して、銀行の取締役の善管注意義務は事業会社の取締役の善管注意義務より高度なものかどうか議論されている（注34）。銀行の公益性ないし公共性のゆえに銀行法は融資について厳格な規制をしている。銀行取締役は、専門家としての高度な判断能力を前提に、融資業務について銀行関連法規や銀行内部のルールを遵守して合理的妥当な判断をすることが要請される（注35）。この意味において注意義務が高度化するということができるが、一般事業会社の取締役にも、融資を行うに際して合理的なリスク管理が求められる（注36）。融資に関する取締役の裁量の範囲を確定するのは第一に回収可能性であり、それを基礎にさまざまな経営判断要素が問題となる。銀行取締役の融資に係る経営判断要素に限定はあろうが（注37）、銀行融資の特殊性を過度に強調することには疑問がある。

（注11）　協同組合の事例である仙台地判昭52・9・7判時八九三号八八頁も、不成功に終わった新規事業について、当該事業計画が実行されるに至った経緯と中止されるに至った経緯と理由を詳細に認定して、当該事業計画が終局的に成功しなかったとしても、その必要性ないし実現の可能性に関する判断を明らかに誤り何人が見ても無謀と認められる計画や不正、不当な目的、方法等でなされたものでない限り、その経営手腕等について批判を受けるのは格別、理事者は損害賠償責任を負うものでないと判示している。

（注12）　神崎克郎「取締役の経営判断の原則――その具体的発現」『取締役制度論』八九頁、同「取締役の注意義務と経営判断の原則」金法一三八五号二〇頁。

（注13）　これはもっぱら経営判断の内容の相当性から取締役の責任を否定した事例として紹介されている（神崎・前掲（注12）金法一三八五号二二頁）。取締役が決断する前にどのような情報収集に努めたか、どのような手続において検討したか等の経営判断の過程に係る状況は問題とされていないというのである。

（注14）　最判昭51・6・3金法八〇一号二九頁、最判昭53・12・12金法八八四号二七頁等参照。

（注15）　裁判所の伝統的な審査手法は、意思決定過程に注意を払わず、取締役による経営判断の内容それ自体を審査対象とし、裁判所が事後的に認定した当時の状況に照らして妥当でない経営判断がなされた場合、責任を肯定して

いるとされている（宮本航平「取締役の経営判断に関する注意義務違反の責任㈠」新報一一五巻六号四〇頁以下）。

（注16）齋藤毅「関連会社の救済・整理と取締役の善管注意義務・忠実義務」判タ一一七六号七七頁。

（注17）これは証券会社の損失補てん事件である。上告審である最判平12・7・7民集五四巻六号一七六七頁は損失補てんを法令違反行為としたが、東京地判は経営判断原則の適用のある事例としている。

（注18）宮本・前掲（注15）四四頁以下は、これを取締役が判断の根拠とした事実を基礎として合理的根拠に基づく判断であったかどうかを審査するものと指摘する。なお、同論文は、大阪高判平18・6・9判タ一二一四号一五頁は意思決定過程における各取締役の行為態様を審査対象とすると指摘しているが（同・四五頁）、それは割合的因果関係を確認するためであろう。

（注19）この事件はアメリカの合弁会社に係るもので、メイン・バンクや関係商社、さらに、大株主の意見を参酌し、在日米国人弁護士や海外事業コンサルタントの助言を得て決定したことが認定されている。

（注20）東京地判平12・9・28判タ一〇六二号一七三頁は、電鉄会社のバブル期における土地購入について、一般的基準を示していないが、合理的な社内調査及び決定手続を経て採算が見込めるものと判断したことに善管注意義務違反はないとしている。このほか、検査役選任事案である東京地決平8・6・4資料版商事一四七号三五頁参照。

（注21）情報収集・分析・検討が事実認識過程となるが（情報の質と量の問題）、どのような組織により、また、どのような専門家の助力を得て、分析・検討がなされたかが重要となる。これに対して、判断の推論過程とは会社内の合理的な意思決定手続等にも配慮しつつ、判断内容の合理性を基礎づけるものとして理解することが合理的であろう（齋藤・前掲（注16）七七頁参照）。なお、意思決定の推論過程は「判断の筋道」を意味し、内容と区別しがたいとする見解もある（田中亘「経営判断原則と取締役の責任」ジュリ一四四二号一〇三頁）。

（注22）さいたま地判平22・3・26金商一三四四号四七頁も、同趣旨の一般論を提示した後、無償の全株取得により完全子会社化し当該子会社に対する増資を引き受けた後当該子会社が倒産した事案について、買収に係るデューデ

リジェンスをいっさい行わず、また、融資に際して当該子会社の財務・経営状況に関する調査・分析不足の結果、その判断を誤ったとして、善管注意義務違反を認めた。

（注23）「重要かつ不注意な誤り」を「事実の認識について誤りがなかったかどうか」とするものもあるが、特に区別する必要はなかろう。

（注24）大阪地判平11・5・26判時一七一〇号一五三頁、大阪地判平14・1・30判タ一一〇八号二四八頁、大阪地判平14・2・20判タ一一〇九号二二六頁、大阪地判平15・9・24判時一八四八号一三四頁は、一貫して、「著しく」でなく「特に」という表現を用いている。さらに、名古屋地判平10・3・19判時一六五二号一三八頁、福岡地判平23・1・26金商一三六七号四一頁参照。

（注25）「明らかに不合理」という表現が用いられる場合もある。「著しい」あるいは「明らかな」不合理性とは、当該状況の下において一般の経営者であれば採用しない判断内容であることを意味する（募集株式の発行等の有利発行規制における会社法一九九条三項と二〇一条一項一号参照）。

（注26）東京高判平8・12・11金商一〇五号二三頁は、会社の取締役が経営上特段の負担にならない限度においてグループ会社に対して無担保の金融支援をすることは原則として取締役の裁量権の範囲内にあるが、支援先の倒産が具体的に予見可能な状況にあり、当該金融支援により経営立直しが見込める状況になく、貸付金が回収不能となる等の危険が具体的に予見できる状況にあるにもかかわらず、なお無担保で金融支援をすることは、取締役としての裁量権を逸脱し善管注意義務に反する旨判示した（最判平12・9・28金商一一〇五号一六頁はこれを支持）。大阪地判平13・12・5金商一一三九号一五頁も両者を特に区別することなく、代表取締役が適切な事前調査等により融資先の信用状態を的確に把握し十分な担保を徴求する等の措置を講ずることなく行った融資について善管注意義務違反を認定した。

（注27）東京地判平17・3・10判タ一二二八号二八〇頁は、債権管理・回収の具体的方法については、債権行使による回収の確実性、回収可能利益とそのためのコストとのバランス、敗訴した場合の会社の信用毀損のリスク等を考慮した専門的かつ総合的判断が必要となることから、その分析と判断には取締役に一定の裁量が認められるとし

て、取締役の裁量の逸脱があるというためにはその時点において収集された又は収集可能であった資料に基づき、勝訴について高度の蓋然性があったこと、債務者の財産状態に照らして勝訴した場合の債権回収が確実であったこと、回収利益がそのための諸費用を上回ることが認められることが必要であるとして、当該事案において善管注意義務違反を認めなかった。同旨のものとして東京地判平16・7・28金法一七五九号六二頁参照。このほか、コンサルティング契約に係る東京地判平18・11・9判タ一二三九号三〇九頁等参照。

（注28）持株会社構想から離脱する経営判断について東京地判平15・5・12金商一一七二号三九頁、非公開会社の株式買取価格について大阪高判平19・3・15判タ一二三九号二九四頁参照。

（注29）名古屋地判平9・1・20判時一六〇〇号一四四頁は、経営判断について、その基礎となる事実の認定又は意思決定の過程に通常の企業人として看過しがたい過誤、欠落があるため、それが取締役に付与された裁量範囲を逸脱したものとされるかどうかにより決定されるとする。このほか、松山地判平11・4・28判タ一〇四六号二三二頁、水戸地裁下妻支判平15・2・5判時一八一六号一四一頁、住宅金融専門会社について東京地判平13・11・5判時一七七九号一〇八頁参照。

（注30）投機資金の貸付け等については厳格に判断される傾向にある（破綻銀行事例であるが、札幌地判平14・9・3判時一八〇一号一一九頁）。

（注31）東京地判平14・4・25判時一七九三号一〇頁、大阪地判平14・10・16判タ一一三四号二四八頁、東京地判平14・10・31判時一八一〇号一一〇頁、大阪地判平16・7・28判タ一一六七号二〇八頁等、信用組合の事案に係る大阪地判平13・5・28判時一七六八号一二一頁。責任否定例として東京地判平14・7・18判時一七九四号一三一頁。破綻銀行事例でない責任否定例として大阪地判平14・3・13判タ一一二〇号二五四頁参照。

（注32）同旨のものとして、札幌地判平15・9・16判時一八四二号一三〇頁（責任否定）参照。

（注33）破綻銀行例ではないが、継続的な貸借取引において回収不能という事態の生ずるおそれがある場合には、当該融資による回収額の増加の見込みの有無・程度、その変動要因の有無・程度等を勘案して、いつの時点で融資を打ち切るかなどを検討し、当該融資を実行した方がそれ自体回収不能となる危険性を考慮しても、既存の融資を

含む融資全体の回収不能額を小さくすることができるとして、そのように判断したことについて合理性が認められる場合に限って融資を決定することが許されるとされている（前橋地判平23・7・20判時二一二七号一〇五頁）。

（注34） 吉井敦子『破綻金融機関を巡る責任法制』、岩原紳作「金融機関取締役の注意義務」落合還暦記念『商事法への提言』一七三頁、神吉正三『金融機関役員の融資決裁責任』、同『融資判断における銀行取締役の責任』参照。

（注35） 神崎克郎「銀行の取締役が融資の決定をする際の善管注意義務」金法一四九二号七八頁。

（注36） 取引先に対する金融支援について、債権回収が不能となる危険が具体的に予見できる状況にあったなどの特段の事情が認められない限り、取締役の裁量の範囲内の行為である（東京地判平17・3・3判時一九三四号一二一頁）。しかし、取締役が適切な事前調査等により融資先の信用状態を的確に把握し十分な担保を徴求する等の措置を講ずることなく行った融資は善管注意義務違反となる（大阪地判平13・12・5金商一一三九号一五頁）。無担保融資それ自体は取締役の裁量の範囲内にあるが、支援先の倒産することが具体的に予見可能な状況にあり、当該金融支援により経営立直しが見込める状況になく、貸付金が回収不能となる等の危険が具体的に予見できる状況にあるにもかかわらずなお無担保で金融支援をすることは取締役としての裁量範囲を逸脱する（東京高判平8・12・11金商一一〇五号二三頁――グループ会社の救済融資事案）。このほか、連結子会社の清算時の支援金に係る大阪地判平14・2・20判タ一一〇九号二二六頁、清算段階にある関連会社支援に係る東京地判平17・3・3判時一九三四号一二一頁参照。

（注37） 刑事事件に係る前掲平成二一年最判の補足意見において、田原裁判官は、一般企業の場合、企業収益の向上を図るべき義務を有している取締役は職務執行の過程において一定のリスク取引は不可欠であるが、銀行の場合、その業務の性質上、一般企業と同様のリスク取引を行うことは許容されないとし、正常企業と実質破綻企業に対する無担保融資の際の経営判断について詳論する。特に、メーカーの特殊な部品仕入れ先で、その供給が途絶えるとメーカーの製造に支障を来すような主要仕入れ先が実質破綻状態に陥った場合、回収最大化の観点とは別個の観点から融資について検討する必要があるとする。

三　経営判断原則の再構成

1　経営判断原則とは

取締役が企業経営（業務執行）に係る決定をするにあたり、会社を取り巻く社会・経済環境に関する将来の変化を正確に予測することができないため、その判断が結果として誤っていたことになる場合がある。しかし、取締役の注意義務は全知全能の経済人の能力を有することを前提としない。取締役は結果責任を問われるわけではなく（請負でなく委任関係）、経営上の判断に誤りがあったとしても、そのことにより直ちに任務懈怠とはならない。利益追求を目的としてなされる企業経営には冒険とそれに伴う危険がつきまとう。取締役が萎縮することなく業務を執行するためには取締役の職務執行に際して広範な裁量の余地が認められなければならない。さらに、取締役の注意義務違反の判断にあたり事後的・後知恵的評価をしてはならない。行為の決定時に入手可能な情報と当時の法的評価基準を基礎に、任務懈怠の有無が判断されなければならない。以上のような考え方を基本として、取締役の善管注意義務違反（任務懈怠）の判断をすべきであると主張されている。これを「経営判断の原則」という（注38）。

重要な業務執行事項の決定に際して、弁護士や証券アナリストその他の専門家のアドバイスを受けそれを合理的に信頼して業務執行の決定をしたときは、その内容が著しく不合理なものでない限り、善管注意義務違反にはならない（注39）。他の取締役や使用人からの情報等についても、特に信頼性に問題があるときを除いて同様である。これを「信頼の権利」又は「信頼の抗弁」という。しかし、その前提として、リスク管理体制や情報伝達、稟議システム等の会社の意思決定に係る適切な内部統制システムが構築されている必要がある（東京高判平20・5・21判タ一二八一号二七四頁）。東京地判平14・4・25判時一七九三号一四〇頁は、銀行のプロジェクトに対する追加融資に関して、下部組織が求める決裁について意思決定権者が自ら新たに情報を収集・分析し、その内容を初めから検討し直すことは現実的でなく、特段の事情がない限り、各部署において期待された水準の情報収集・分析・検討が誠実になされたとの前提に立って下部組織の行った情報収集・分析・検討を基礎として自らの意思決定をすることが許される旨判示した（注40）。業務執行取締役が取締役会より委任を受けた業務執行事項に係る意思決定をする際も基本的に同様である。

2　事実認識過程と意思決定過程・内容の峻別の合理性

現在の学説は、一般に、経営判断原則は、取締役が、当該職務執行時点において合理的に知り得た情報を基礎に実際になされた経営判断そのものを対象として、合理的な手続に従い十分な情報を得て誠実に経営判断をしたときは、その判断内容（業務執行の決定）が著しく不当であるときを除いて任務懈怠責任は問われないことを意味するものと解する。行為当時の状況に照らして合理的な情報収集・調査・分析検討が行われたか、その状況と取締役に要求される能力水準に照らし著しく不合理な判断がなされなかったか否かが基準とされるのである（注41）。

しかし、事実認識過程（情報収集・調査とその分析検討）は不合理性の基準により、意思決定の過程・内容は著しく不合理性の基準によるというように両者を画一的に峻別することには疑問がある。事実認識過程と意思決定過程・内容は相互に関連するものであり、両者を明確に区別することができるのかが問題となる（注42）。ハイリスク・ハイリターンの業務執行事項との関連においては、特定の時点における判断内容の是非だけでなく、慎重にリスクについて情報収集と調査・検討分析を行い、適時に判断の見直しをする等の適切なリスク管理がなされていたかどうかという経過も問題となる。東京高判平20・5・21判タ一二八一号二七四頁は、デリバティブ取引について、定められたリスク管理の制約の範囲内においては相応の裁量が認められ、善管注意義務違反に当たるかどうかは、当時の状況に照らして情報の収集・分析・検討が合理的なものであったかどうか、その事実認識に基づく判断過程及び判断内容に明らかに不合理な点がなかったかどうかという観点から検討されるべきであるとする。このような継続的な投資判断については、情報の収集・分析・検討と意思決定過程・判断内容を峻別して議論することが妥当なのであろうか（注43）。

そもそも経営判断事項である業務執行の意思決定に係る善管注意義務違反の有無は、取締役に認められた「裁量範囲」を逸脱するかどうかにかかっている。判断内容が著しく不当であると認定できる業務執行事項について、事実の認識過程を云々する必要はない。東京地判平5・9・21判時一四八〇号一五四頁は、取締役は、会社に対し、会社の資力・規模に応じて会社を存亡の危機に陥れないように経営を行うべき善管注意義務を負っており、新規事業については、会社の規模、事業の性質、営業利益の額等に照らし、その事業によって回復が困難ないし不可能なほどの損失を出す危険があり、かつ、その危険を予見することが可能である場合には、その新規事業をあえて行うことを避止すべき善管注意義務を負うとして、建物賃貸業を営んでいた会社において、定款を変更して有価証券売買を行うことを追加し、投資一任契約を締結して株式投資事業を行った取締役の責任を認めた（注44）。事後的に明らかとなった事情に基づいて取締役の経営判断を不当であるとすることは問題であるが、事実の認識ないし手続問題を介することなく、取締役による経営判断の内容それ自体を審査対象とすることが問題となるわけではない。情報収集や分析・検討過程が不合理であるときは判断内容について厳格に審査することが合理的であるが（注45）、事実認識過程に不十分性ないし不合理性が認められる場合であっても、判断内容が合理的であると認められるときは、善管注意義務違反の問題は生じない（注46）。

判断内容が「著しく不合理かどうか」は、判断過程、さらには、事実認識過程もあわせて総合的観点から判断されるべきである。また、個々の業務執行事項の性質により、取締役に認められる裁量範囲の幅には相違があり、判断内容が「著しく不合理かどうか」について画一的基準があるわけではない（注47）。事実認識過程についても、問題の経営判断の重大性、時間的な余裕、社内スタッフの能力への信頼等を総合的に判定して決められるべき事柄である（注48）。取締役が単独で意思決定をすることができる事項であっても、会社の状況や当該事項の特殊性等から、取締役会の開催を求め、取締役会の承認（とりわけ、合理的な審議の後の全会一致の承認）を得て当該業務執行を行ったときは、単独で行った場合よりも広範な裁量の余地（善管注意義務違反となる範囲の限定）が認められよう（慎重な手続の効用）。手続と裁量範囲は連動しているのである。

グループ再編や子会社の救済等に際しては、高度かつ総合的な経営判断が求められ、取締役の裁量範囲もきわめて広範なものとなる。したがって、前掲最判平22・7・15判時二〇九一号九〇頁は、（事実の認識を含む）決定の過程及び内容に著しく不合理な点がないかどうかを総合的に検討して、善管注意義務に違反するかどうか判断したのであろう。これに対して、債権管理・回収についても裁量が認められるが、会社が第三者に対して損害賠償請求権があると考えられる場合に当該請求権を行使するかどうかは、当該請求が訴訟において認められる蓋然性や勝訴後における損害の回復可能性等が主要な判断基準となる（注49）。融資については回収可能性という明確な基準があり、まずはこの基準に従って義務違反の有無が判断される（注50）。これらは、多様な選択肢のなかから結果が不確実なリスク・テイクを積極的に必要とする高度な経営判断事項というわけではなく、合理的な判断基準が認められ、その関連において裁量の幅が相対的に狭くなる。裁量の余地は認められるが、予見・結果回避義務違反という判断枠組みが基本的に妥当する取引類型なのである。これらについて、組織再編行為等の場合と同様の判断基準が採用されるわけでない（注51）。政治献金をするかどうかについてもグループ再編の場合のような広範な裁量範囲が認められるわけでない（注52）。

3　経営判断原則の意義――注意義務の緩和？

重要な経営判断事項の多くは将来予測を含む不確実な事項に係る決定であり、通常、利害が対立する取引相手方との交渉も必要となる。会社においては、十分な情報の収集と分析・検討を行い、適切な専門家の助言を得たうえ、会社内部における意思決定システム（権限ある部署における計画策定・常務会ないし経営会議における審議を経たうえでの取締役会への上程等）を遵守して当該意思決定がなされる。したがって、「事実の認識に重要かつ不注意な誤りがなかったかどうか」という手続面と「意思決定の過程と内容が不合理でなかったかどうか」という判断内容について相対的に区別することにはそれなりの合理性がある。特に、情報収集と調査・検討分析についてはそれなりの合理的基準を設定して、その基準に従って注意義務違反の有無を判断することができるが、判断内容については合理性の判断枠組みを定立することは困難である。とりわけ、組織再編行為等の重大な経営判断事項は、時間的制約とともに、情報の限界、将来の見込みの不確実性のなかで、多様な選択肢のなかから決断しなければならない。このような判断内容については、情報収集・分析・検討といった手続的観点から特に問題がないときは、判断内容の合理性を推認し、明らかにあるいは著しく不合理な場合にのみ善管注意義務違反を認め、情報収集等が不合理な場合には判断内容について慎重に審査することが裁判実務上合理的である。

裁判所は取締役の経営判断の当否を事後的に判定する能力を有するものでなく、そうすることは妥当でないが、経営判断の過程の当否を事後的に判定する能力はもっており、そのように判定しても取締役に酷な結果をもたらすものでないと主張される（注53）。しかし、裁判例において「著しく不合理かどうか」が基準とされているのは、裁判所が取締役の経営判断の当否を事後的に判定する能力を有していないからではなく（注54）、経営判断の内容について広範な裁量の余地を認めることが合理的であるためである。企業経営には冒険とそれに伴う危険がつきまとう。取締役が萎縮することなく業務を執行するためには取締役の職務執行に際して広範な裁量の余地が認められなければならない。しかし、そのことのゆえに、任務懈怠の判断基準が過失から重過失に変更されるわけではない（注55）。注意義務違反があったかどうかは取締役に認められている裁量範囲の逸脱があったかどうかにより決せられるべきである。この判断は「通常の取締役であればそのような決定はしなかったかどうか」が基準となる（注56）。これは「過失」の認定を意味するが、裁量範囲の広範さにも配慮して、裁判実務上、「著しく」「明らかに」又は「特に」不合理であると判断される場合に取締役の責任を認めることとされているにすぎない。その場合に裁量範囲の逸脱が認められるのであるが、著しく不合理であるかどうかは、業務執行事項の具体的内容に応じて相対的に判断せざるをえないこともまた強調されるべきである（注57）。

4　経営判断原則の妥当範囲

法令違反行為や監視・監督義務違反に係る任務懈怠の判断に際して、経営判断原則による保護が与えられないことについてほぼ異論がないとされている（注58）。前者について、取締役には法令や内規に違反する業務執行をするかどうかの裁量はなく、法令ないし内規違反がない場合に初めて経営判断原則が適用されるというのである（注59）。

職務執行に係る監視・監督義務違反について、これは不作為の問題であり、多様な選択肢のなかからリスク・テイクを必要とする経営上の不確実な事項に係る判断をしているわけではないから、「経営判断原則」を適用する必要はないとされる。しかし、この場合の注意義務違反の判断も、「通常の取締役であればそうはしなかったかどうか」が基準となる。また、監視・監督義務違反の問題は内部統制システムの整備・運用と密接な関係を有する。したがって、「経営判断原則」の適用事例かどうかはともかく、監視・監督義務の履行に際しても取締役に裁量が認められることに留意する必要がある。

経営判断原則は、業務執行の意思決定をした取締役に、忠実義務違反の問題がない場合、つまり、利益相反関係がない場合に妥当するとされている（注60）。同趣旨の裁判例もあるが（東京地判平12・9・28判タ一〇六三号一七三頁参照）、利益相反関係はその有無より濃淡が問題となる（注61）。利益相反関係が認められる場合にも経営判断はなされる。取締役の競業取引及び利益相反取引に係る取締役会の承認に際して（会社法三五六条一項、三六五条一項）、慎重な判断が求められるが、承認するかどうかは裁量に幅がある経営判断である。とりわけ、子会社の代表取締役に派遣された親会社の取締役が子会社を代表して親会社と取引をするとき、会社を代表する取締役だけでなく利益相反取締役についても経営判断原則が妥当しないという必要はなかろう。子会社救済は経営判断事項としてグループ利益の観点から広範な裁量の余地が認められるが、それは役員兼任関係のある場合も同様であろう（注62）。競業取引についても基本的に同様である（注63）。

なお、会社法三五六条一項各号所定の取引に該当しない場合であっても、取締役と会社の利益が対立する危険があるときは、関係取締役の職務執行の適正さないし公正さについて厳格に審査することが求められる（注64）。利害関係の程度如何によっては、代表取締役が自ら意思決定することを避け、取締役会や常務会等において、重要事実を開示して利害関係のない取締役の判断に委ねることが妥当な場合もある（注65）。

（注38） 神崎克郎「経営判断の原則」森本滋ほか編『企業の健全性確保と取締役の責任』一九四頁、同「経営判断の原則は取締役になにを期待するか」判タ四三八号四頁。

（注39） 畠田公明『コーポレート・ガバナンスにおける取締役の責任制度』六五～七八頁。

（注40） 東京地判平14・7・18判時一七九四号一三一頁、同平14・10・31判時一八一〇号一一〇頁、水戸地裁下妻支判平15・2・5判時一八一六号一四一頁等参照。

（注41） 吉原和志「取締役の経営判断と株主代表訴訟」小林秀之＝近藤光男編『新版株主代表訴訟体系』九六～九八頁、片木晴彦「経営判断と取締役の責任」法教三七九号九四頁。なお、戸塚登「「経営判断の原則（2・完）」阪法一二七号六五頁以下参照。

（注42） 田中・前掲（注21）一〇三頁参照。

（注43） 東京地判平18・4・13判タ一二二六号一九二頁は、一般論として、前提とした事実の認識に不注意な誤りがなく、その事実に基づく行為の選択に著しく不合理な点がないときは経営判断を尊重すべきであるとする。しかし、具体的には、公開買付け中に市場価格が買付価格を上回ることがあった場合に公開買付けに応ずるかどうかが問題となっている事案であり、どのように事実の認識と行為の選択を区分するのであろうか。

（注44） 取締役会に取引実態を開示して承認を得ることなくなされた危険性の高い仕手戦と評価されるような証券投資の失敗については、一応の合理性が認められない限り経営判断原則は適用されないとされた（福岡地判平8・1・30判タ九四四号二四七頁）。

（注45） 前掲さいたま地判平22・3・26金商一三四四号四七頁は、財務・経営状況に関する調査・分析不足であること

から、取締役の善管注意義務違反を認定している。

(注46) 齋藤・前掲（注16）七七頁の（注21）は、経営判断の過程と内容は相互に密接な関連性を有し、経営判断の過程が特に不合理であったが経営判断の内容が特に不合理であったとまでいえない、あるいは、逆に、経営判断の過程が特に不合理であったとまでいえないが経営判断の内容が特に不合理であったといえる事案はきわめてまれであろうと指摘する。

(注47) 三浦治「取締役の経営判断に対する不履行評価」高窪還暦記念『現代企業法の理論と実務』一〇八頁以下参照。

(注48) 神崎・前掲（注38）の「経営判断の原則」二一七頁以下参照。

(注49) 東京地判平17・3・10判タ一二二八号二六九頁。完全子会社の取締役の責任追及について大阪地判平15・9・24判時一八四八号一三四頁参照。

(注50) 付加的事情については取締役が主張立証することが求められるのであろう。しかし、これは無過失の抗弁ではない（（注10）参照）。

(注51) 東京地判平16・7・28金法一七五九号六二頁参照。

(注52) 福井地判平15・2・12判時一八一四号一五一頁、名古屋高裁金沢支判平18・1・11判時一九三七号一四三頁参照。

(注53) 神崎・前掲（注38）の判タ四三八号五頁等参照。

(注54) 齋藤・前掲（注16）七八頁参照。また、森田果「わが国に経営判断原則は存在していたのか」（商事一八五八号四頁）は、経営の専門家でない裁判所が事後的に役員等の責任を問うことは経営を萎縮させ、かえって会社や株主の利益にならないといった理論的根拠に基づいた法ルールを「思想としての経営判断原則」とし、このような法ルールはわが国の裁判例には存在していなかったと指摘する。

(注55) 経営判断原則の下における過失の認定基準は取締役の対第三者責任において問題となる「重過失」概念と明確に異なる。経営判断原則の下にある善管注意義務違反の場合、取締役の責任軽減制度はほとんど機能しないとす

る見解もあるが（吉原・前掲（注41）一二〇頁）、疑問である。
（注56）大塚・前掲（注7）六四頁。
（注57）大塚・前掲（注7）七一頁以下は、従来の経営判断原則に係る学説の立場を批判的に検討した後、経営判断原則は解釈論としても必要ないが、経営判断原則を定式化するときは、経営判断が、その当時の状況にかんがみ、取締役として会社の業務執行を行う能力及び識見を有する者の立場から見て、明らかに不合理でなければ善管義務違反の責任を問わないとなるとする。
（注58）吉原・前掲（注41）八〇頁。
（注59）本稿において、この検討は割愛する。なお、善管注意義務違反と個別的法令違反は、スタンダードとルールの議論と関連するとの指摘もある（森田・前掲（注54）八頁参照）。
（注60）近藤光男『経営判断と取締役の責任』一二四頁参照。
（注61）取締役は会社のため忠実にその職務を執行しなければならない（会社法三五五条）。この規定はアメリカ法上の忠実義務を導入するものであるとして、注意義務は緩和されるべきであり経営判断原則が妥当するが、忠実義務は厳格に適用されなければならないという主張がある。注意義務違反については損害賠償責任が問題となるが、忠実義務違反の場合は無過失の利益吐出し責任（利得返還義務）が問題となり、経営判断原則は適用されないことが強調されるのである。会社と取締役の間に利害対立関係ないし利益相反関係が認められる場合、一般的な注意義務違反とは異なる角度から善管注意義務違反の有無を検討する必要があり、理論上、注意義務と忠実義務を区別することには合理性がある。しかし、注意義務と忠実義務の異質性を強調することには疑問がある。委任法理は柔軟であり、善管注意義務は注意義務と忠実義務を包含すると解することができる。最判昭45・6・24民集二四巻六号六二五頁も、この規定は民法六四四条に定める善管注意義務を敷衍し、かついっそう明確化したにとどまるとしている。利害対立関係ないし利益相反関係は有無というより濃淡が問題となり（特に、会社の親子関係ないし役員兼任関係）、注意義務と忠実義務の明確な二分法は弾力的柔軟な対応を困難にする。
（注62）近藤光男「金融支援と取締役の責任」金法一四二四号九頁。利益相反が認められる場合は、それに留意して慎

重に経営判断をすることが求められるが、そのことを指して、経営判断原則の適用はいっさい問題とならないという必要はない。

（注63） 上柳克郎＝鴻常夫ほか編『新版注釈会社法6』二七八頁以下〔近藤〕。

（注64） 取締役個人の関係会社に対する融資について東京地判平15・5・22判時一八三五号一二六頁参照。社長が自己の愛人の利益を図る目的で会社に取引させるときは忠実義務にかかわる取引となろう（東京地判平2・4・20判時一三五〇号一三八頁参照）。

（注65） 代表取締役が専決執行したときは責任が問題となるが、取締役会において利害関係のない取締役の承認を得たことにより責任が回避される場合もあろう（慎重かつ公正な手続による内容の合理性の推認）。

四 結語

取締役の業務執行に関する注意義務として重要な要素は、業務執行における経営判断そのものよりも経営判断の過程であり、裁判所は、経営判断の過程については、取締役が問題の経営判断に係る状況を的確に理解するのに必要な情報を入手するのに必要な手続を十分に踏んだかどうか、問題の経営判断について慎重に検討したかどうかを厳格に審査すべきであるが、経営判断の内容に関しては、裁判所は抑制的でなければならず、企業経営について広範な裁量が認められること、経営判断には企業経営者としての総合的・専門的な判断能力を必要とすることにかんがみ、事後的な裁判所の判断尺度で取締役のとった決断の当否を厳格に判定することはせず、それが特に不合理・不適切であるか否かを審査すべきである。経営判断原則に係る判例を理論的に基礎づけたのは以上の神崎教授の見解であろう（注66）。

取締役の業務執行に係る行為準則は、会社にとって最善の利益を誠実に追求し、会社の最善の利益に合致する経営判断をすることであるが、それは経営責任の問題として理解されるべきである。これに違反すると「経営責任」が問題となるが、常に任務懈怠（善管注意義務違反）として会社に対する損害賠償責任（法的責任）が生ずるわけではない。取締役の法的責任追及に際しては、取締役の裁量範囲を逸脱しているかどうかが問題となる。「経営判断原則」とは過失（客観的注意義務違反）認定という規範的要件の判断基準であり、具体的には、取締役の裁量範囲の逸脱の認定を明確化するためのルールにすぎない。それは取締役の注意義務を緩和することを目的とするものではない。業務執行行為の具体的内容により判断過程・内容の「著しい」不合理性の程度も異なり、それに関連して情報収集・分析・検討の程度も異なる。「経営判断原則」は画一的なルールではなく柔軟な解釈指針である（注67）。それは画一的に適用ないし運用されるべきものではない。とりわけ、事実認識については合理性の基準、意思決定過程・内容については著しい不合理性の基準が妥当し、利益相反関係が認められる場合は経営判断原則は妥当しないと断定することは問題である。取引類型ごとにその具体的発現を検証しなければならない（注68）。経営判断に際しての手続問題と判断内容の相違に留意しつつ、取引類型ごとに取締役の注意義務の類型化を推し進めるべきである。この意味において、一般的に「経営判断原則」とは何かについて議論することは生産的ではなかろう（注69）。

（注66） 神崎・前掲（注12）の判タ四三八号五頁。さらに、神崎・前掲（注38）二一七頁以下参照。

（注67） 大阪地判平14・10・16判タ一一三四号二四八頁、東京地判平15・5・22判時一八三五号一二六頁、前掲さいたま地判平22・3・26金商一三四四号四七頁等参照。なお、吉原・前掲（注41）九九頁の（注51）参照。

（注68） 神崎・前掲（注12）の「具体的発現」八五～九九頁。このほか、新井修司「取締役の経営上の判断と対会社責

任」家近正直編『現代裁判法大系17　会社法』一八九～一九四頁、山田剛志「整理回収機構による責任追及訴訟と銀行取締役の注意義務」弥永真生ほか編『現代企業法・金融法の課題』三〇二頁参照。

(注69)　森本滋『会社法〔第二版〕』二五四頁〔注7〕、吉原・前掲〔注41〕一〇八頁。このほか、三浦治「わが国における『経営判断』の原則〔2・完〕」アルテス・リベラレス五四号一八三～一八五頁参照。

子会社の管理における取締役・監査役の職務と実務課題

村中　徹

一　はじめに

上場企業のコーポレート・ガバナンスについては、近時さまざまな議論がなされ、会社法制の見直しや上場規則の改正の動きがある。企業結合法制の一環としてのグループ・ガバナンスについては、多重代表訴訟制度の導入をめぐる議論にも見られるように、子会社における不祥事等の発生時の子会社役員の責任の追及やかかる場面を含めた子会社管理における親会社役員の職務のあり方がクローズアップされている。子会社が不祥事の発生の舞台となる事例も増加しており、親会社役員にとって子会社の管理にいかに取り組むかは重要な経営課題となっている（注1）。他方、子会社における不祥事等による損害発生については、直接に親会社取締役等が子会社に対して具体的な指揮命令等を行い、損害発生等に因果関係を与えたような場合を除いて、子会社取締役の責任として検討することが多く、親会社役員が子会社管理に取り組むことがいかなる範囲で責務となるのかについては判然としない。

本稿では、近時の会社法制の見直しをめぐる議論をふまえて、グループ・ガバナンスとしての子会社管理（注2）について、親会社取締役の責務、子会社取締役の責務をふまえた実務上の対応課題を中心に検討を行う。また、グループ・ガバナンスをめぐる議論は、取締役の業務執行としての課題の指摘が多いが、親子会社間での法人格をまたぐ監査・モニタリング機能のあり方についての課題も軽視できない。そこで、監査役のグループ監査のための取組課題についてもあわせて検討したい（注3）。

（注1）近時の開示事例のなかでも、子会社を舞台とする不祥事が連結の損益に影響する開示事例として、以下のようなものがある。

キリンHD（http://www.kirinholdings.co.jp/news/2010/1105_01.html）。

近畿日本鉄道（http://www.kintetsu.jp/kouhou/pdf/tekijikaiji/2010/tyosakekkatou.pdf）。

オリンパス（http://www.olympus.co.jp/jp/info/2011b/if111206corpj.cfm）。

沖電気（http://www.oki.com/jp/ir/filing/2012/f12009.html）。

（注2）グループ経営においては、子会社のみならず持分法適用会社を含めた関連会社についての統制も、経営上の管

理課題となりうるが、本稿では子会社に対して支配権を有する地位にある親会社としての義務・責任について検討することを中心とするため、関連会社に対する経営管理については別途の検討に譲る。

（注3）法制審議会会社法部会での審議においては、グループ全体としての監査機能についての会社法上の位置づけは明確ではなく、親会社と子会社の法人格をまたいで、監査役や会計監査人がいかなる職責を果たすべきかについては議事録を見る限り議論の形跡が見当たらない。また、中間試案に至るまでの議論を含めて、監査・監督委員会制度の創設をめぐる検討においては、あくまで単体としての株式会社のガバナンスのあり方として社外取締役や監査役制度についての検討がなされているものの企業集団のなかでの位置づけへの言及は見当たらない。

二　法制度の整備とグループ・ガバナンスへの取組みにおける取組課題

1　グループ・ガバナンスの充実の要請と法制度等の整備の進展

(1)　平成九年の独占禁止法の改正により、純粋持株会社が解禁されたことを契機に、商法においても組織再編に係る規定の整備が進められた（注4）。また、平成一四年の商法改正では、有価証券報告書提出会社について単体の計算書類の作成・備置に加えて連結計算書類の作成が義務づけられるなど（注5）、商法上もグループ・ガバナンスの取組みのための制度の手当てが進められた。

(2)　平成一七年の会社法改正では、企業結合法制についての抜本的な改正は見送られたものの、引き続きの検討を要請する旨の附帯決議がなされており（注6）、その後の金融庁金融審議会のスタディ・グループ報告（注7）において、「企業結合法制の整備」が取組課題として指摘されるとともに、証券取引所によるグループ・ガバナンスの充実に向けた取組みが実施された（注8）。

会社法上も事業報告について、連結ベースでの記載を中心に記述した場合に単体についての記載を省略することを許容するなどの手当てがなされ（注9）、金商法上も有価証券報告書の記載事項として、連結ベースでの記載が中心になっている（注10）。株主や投資家の関心は単体にとどまらず、連結ベースでの企業価値を評価することが通例となっている。子会社・関連会社を舞台とする不祥事の発生も目立っており（注11）、親会社単体のガバナンスはもとより、子会社・関連会社のガバナンスが有効に機能するよう、親会社として子会社に対する管理監督に取り組むことがグループ経営における課題としてクローズアップされている。

2　グループ経営における親会社等の影響力の行使態様と管理の職責

(1)　親会社による子会社等に対する影響力の具体的な行使方法は、法人格が別個であることを前提とすると、直接の指揮命令の行使は本来事実上のものにすぎない。法律関係に即して見れば、①株主権（議決権）の行使、②人員の派遣（出向・転籍）、③取引契約上の優越的な地位（大口取引先・原材料の供給関係）、④グループファイナンスの実施等の態様により、親会社の意向を子会社の経営に反映させることが通例である（注12）。また、子会社が親会社に対して経営上の重要な事項の決定を委任する経営委任契約や経営指導を内容とする経営指導契約を締結することも見受けられる。

(2)　親会社が子会社に対してグループ経営上の影響力を及ぼす場合には、かかる影響力の行使について親会社役員又は子会社役員の責任が問題となる余地もある。親会社や子会社にはそれぞれに利害関係人が存在しており、多様な利害を考慮して適切に職務執行を行うことが求められる。この場合、グループ経営における取締役・監査役の職責として、何について（対象課題）、どう取り組むべきか（方法）、その場合の権限がいかなる枠組みで認められるのかは、会社法の明文からは明らかではない。独占禁止法が持株会社制度を禁止していた平成九年以前に議論が乏しかったことはもとより（注13）、その後も裁判例が限られていることもあり、必ずしも議論が深まっている状況にはないように思われる。

3 「会社法制の見直し」における審議とグループ・ガバナンスの強化の視点

⑴　法制審議会会社法部会での審議においては、グループ・ガバナンスの強化について、①親会社の株主の保護、②子会社の少数株主の保護のそれぞれの観点から取締役・業務執行者の責任を強化することが検討され、前者について多重代表訴訟制度の導入が提言され（注14）、後者について個別注記表に表示された親会社との利益相反取引に関し、株式会社の利益を害さないように留意した事項等を事業報告の内容とし、これらについての監査役（会）の意見を監査役（会）の監査報告の内容とすることが提案された（注15）。

また、子会社の管理についての規律として、親会社取締役の責任の明確化を図るべく、グループ内部統制システムの構築義務づけと開示を会社法において規定することも提案された（注16）。

⑵　ところで、会社法制の見直しに関する中間試案においては、多重代表訴訟の制度の創設の提案に関連して、多重代表訴訟を創設しない場合の手当てとして、「取締役会は、その職務として、株式会社の子会社の取締役の職務の執行の監督を行う旨の明文の規定を設けるものとする」という提案がなされていた（注17）。また、その後の会社法部会の審議においても、取締役の子会社についての監督義務の明文化として、「取締役会は、その職務として、株式会社の子会社の業務を監督するものとする」との提案がなされていた（注18）。かかる提案は最

終的に要綱案では採用が見送られたものの（注19）、親会社が子会社に対していかなる範囲で監督責任を負担するのかについてはあらためて実務上の関心が高まっている。

（注4） 合併手続の簡素化（平成九年改正）、株式交換・移転制度の整備（平成一一年改正）、会社分割制度の整備（平成一二年改正）があげられるが、一〇〇％親会社・子会社の創設を含めて、連結ベースでのグループ経営が進展することは、親会社の株主にとって「株主権の縮減」がもたらされると指摘されている（早川勝「持株会社による事業統合の問題点」（判タ一一五八号一四一頁）、前田重行「持株会社における経営参加権の確保――比較法的観点からの分析」（田村古稀記念論集一八八頁）、法務省民事局参事官室「親子会社法制に関する問題点［平成一〇年七月八日］」）。

（注5） 旧商法特例法一九条の二第一項、平成一四年改正商法附則九条。

（注6） 会社法改正（平成一七年）に際しての衆議院及び参議院での附帯決議においては、「企業再編の自由化及び規制緩和に伴い、企業グループや親子会社など企業結合を利用した事業展開が広く利用される中で、それぞれの会社の株主その他の利害関係者の利益が損なわれることのないよう、情報開示制度の一層の充実を図るほか、親子会社関係に係る取締役の責任の在り方等、いわゆる企業結合法制について、検討を行うこと（衆議院法務委員会附帯決議の八・参議院法務委員会附帯決議の七）」とされている。

（注7） 金融審議会金融分科会「我が国金融・資本市場の国際化に関するスタディグループ」報告（http://www.fsa.go.jp/singi/singi_kinyu/tosin/20090617-1.html）。

（注8） 東証の「上場制度整備計画二〇〇九」においては、コーポレート・ガバナンス原則の見直し（企業グループ全体としてのコーポレート・ガバナンスの実現）及び中核子会社の重要事項について、子会社経営陣の見解を開示することが取組課題として提示されている。

（注9） 会社法施行規則一二〇条二項。

（注10） 企業内容等の開示に関する内閣府令一五条に基づく有価証券報告書の第三号様式を参照。

（注11）子会社・関連会社における不祥事が顕在化するのは、単体としてのガバナンスが向上したことや、グループ内部統制システムの整備の進展に伴い、子会社・関連会社における問題点を自律的に発見できるだけのモニタリング等の機能が従来に比べて向上した効果であると評価することも可能である。それゆえ、子会社・関連会社におけるガバナンスが、従来に比べて機能していないと評価することは必ずしも適切でないように思われる。

（注12）子会社は、親会社の指揮命令に従うことが通例であるが、かかる親会社の指揮命令に従う根拠は、本文中で述べた①ないし④のような法律関係、契約関係に基づくものと整理される。

（注13）江頭憲治郎「企業組織の一形態としての持株会社」資本市場法制研究会報告『持株会社の法的諸問題』一三頁は、「これまでのわが国の『事業持株会社』制度の下では、独占禁止法違反に問われないためにも、親会社の取締役が子会社の『事業活動を支配しない（経営に介入しない）』ことは、法的観点から見る限り〝善〟であった。従って法的観点から見る限り、子会社に対し事実上の支配的影響力を行使しなかったことが取締役の責任原因になることは考えられてこなかったであろう。」と指摘する。

（注14）会社法制の見直しに関する要綱第二部第一。

（注15）会社法制の見直しに関する要綱第二部第一の後注。なお、会社法部会の審議の過程では、子会社の少数株主の保護のため、「株式会社とその親会社との利益が相反する取引によって当該株式会社が不利益を受けた場合における当該親会社の責任に関し、明文の規定を設けるかどうか」（中間試案第二部第二の二）が提案され、学界・弁護士会等はこれに賛同していたが、主に経済界・経済産業省・裁判所等は、責任の要件が不明確であること等から親子会社間取引に萎縮効果を及ぼし企業集団による経営を不当に妨げる、グループ経営により子会社が得る利益は算定が困難なことが多く利益・不利益という観点から法定責任を創設すると合理的なグループ経営まで規制されてしまう等の理由から反対の立場をとり、意見の一致を見なかった（岩原紳作「「会社法制の見直しに関する要綱案」の解説」商事一九七七号一一頁）。

（注16）会社法制の見直しに関する要綱第二部第一の一の後注。

（注17）会社法制の見直しに関する中間試案第二部第一の一のB案。

（注18） 法制審議会会社法制部会資料二三の第一。

（注19） これらの提案は、経済界等からの反対が強く、いずれも最終的に明文化は見送られた。明文化が見送られた経緯としては、「経済界の委員等が『監督』といった言葉によって、現行法上の取締役会の義務を超えたものが要求されるおそれがあり、重要でない子会社についても、親会社取締役会による積極的なモニタリング等の行為が要求されたり、過剰に子会社経営に介入して、子会社の自主性が損なわれ、グループ経営そのものに対する委縮効果が懸念される等理由に挙げて強く反対した」ことが指摘されている（岩原紳作「「会社法制の見直しに関する要綱案」の解説Ⅲ」商事一九七七号八頁、法制審議会会社法制部会第一七回会議議事録一三頁以下、同第二二回会議議事録二頁以下参照）。

三 子会社に対する親会社の管理監督と親会社取締役の責務

1 親会社にとっての子会社管理の責務

(1) 親会社が子会社に対して管理を及ぼすことが、親会社の義務として位置づけられる場合があるのか、あるとすればどのような場合か。

親子会社は法的には別個独立の法人であると考えられることを理由として、子会社取締役に対する監督責任を株主である親会社に問うことは原則として困難であるとする立場がある（注20）。しかしながら、子会社が独立の存在であることを前提とするとしても、子会社の経営の如何は親会社の経営状況に影響を与える事象であり、経営戦略として親会社が子会社を活用して事業展開を行う以上、かかる子会社の活用に関する親会社の経営判断について、任務懈怠の有無が問題となることは否定できない。また、先にあげた論者も親会社が子会社の経営に関与した場合にかかる関与に基づく責任が生じることは否定していない（注21）。グループ経営が進展する今日の経営環境の下で、親会社役員にとって子会社の運営にまったく関与しないということは考えられず、親会社として子会社の経営に関与する場面は多々ある。子会社としての独立性を前提としつつも、親会社役員としての責任をどう全うするかこそが検討課題とされるべきである（注22）。

(2) ところで、親会社が子会社に対してどのような監督責任を負担するのかについては、「親会社の取締役は、子会社に指図をするなどの特段の事情がない限り、子会社の取締役の業務執行の結果生じた損害について親会社に対して責任を負わない」旨の下級審の裁判例がある（注23）。同裁判例については、実務の一部において、親会社取締役に子会社を監督する責任は原則として存在しないものと理解する向きのあることが会社法部会の審議において指摘されている（注24）。

取締役は株式会社の財産を管理してその価値を維持向上させる義務を負っており、当該株式会社が子会社の株式を保有している場合に、子会社の業務を監督することを通じて子会社の損害発生の防止を実現すべき義務を負っている（注25）。前記裁判例も、「子会社に指図をするなどの特段の事情」（注26）があれば親会社取締役に関して、子会社における損害発生についての任務懈怠あることが認められる余地を認めており、むしろ、「特段の事情」の内容として、親会社が子会社に対してどのような管理監督を及ぼすこと（あるいは、どのような管理監督の懈怠）が損害発生と因果関係のある任務懈怠と評価されるべきであるのかを明らかにする必要がある（注27）。

(3) 保有資産としての子会社株式の価値を維持・向上させることが、一般論として親会社取締役の責務であるとして、具体的に誰が（いかなる機関が）どのように行動することが、親会社の子会社に対する管理・監督として適切である（任務懈怠には当たらない）と評価すべきか。

この点は、諸要素を総合的に勘案して判断すべきものであり、一概に判断基準が導かれるものではないが、親会社取締役が積極的に子会社の管理・監督に関与することを要請するような事情としては、①親子会社関係の組成の経緯（もともと親会社の事業部門の一部を子会社として運営しているのか、買収等を契機に他社の事業を自社グループに取り込んだものであるかによって、前者であるほうが本来的な親会社の事業の一部としての管理監督の要請が強く妥当する）、②純粋持株会社であるか事業持株会社であるか（前者は、子会社その他のグループ会社の経営管理自体が親会社の主たる事業目的である場合であり、親会社による子会社に対する管理監督の要請が強く妥当する）、③親会社が子会社取締役に対してどの程度の経営裁量を与えて運営しているのか（子会社の経営裁量が狭ければ親会社の管理監督の責任が広く妥当する一方で、経営裁量を無限定に広げることは、親会社の管理監督の懈怠を推認させる余地がある）、④親会社の経営判断に基づく指示に子会社取締役がどの程度拘束されるか（子会社の取締役の経営判断の独立性があれば、親会社の管理監督の責任は限定される余地がある）等の諸要素を総合勘案することが必要である（注28）。

(4)　また、近時の連結の企業業績を重視する投資家の市場における姿勢に照らせば、上場会社の企業集団を統率すべき親会社にとっては、単体のみならず連結の企業業績を重視した経営を心掛けることが、重要な経営課題であることは明白である。それゆえ、上場会社である親会社にとっては、自社の企業集団におけるグループ内部統制の整備に際して、単体のみならず連結ベースでの業務の適正を確保し、損害発生を防止するための体制の整備に取り組むことが要請されよう。

実務上、上場している親会社は種々の態様で連結対象の子会社の経営管理に関与しており、その関与の度合いに応じて、子会社取締役の業務執行に対する監視監督が親会社取締役の善管注意義務の内容をなすと評価すべき範囲が左右されうる。従来、親会社取締役の子会社管理についての責任を問題とする場面としては、親会社取締役について、子会社における損害発生と因果関係のある子会社取締役に対して、不合理な指図・要請をした場合が典型場面としてあげられているが（注29）、グループ経営において、親会社は子会社の運営における基本的なルールの制定や運用を通じて種々の関与をすることが通例である（注30）。その意味で、親会社取締役は、個別具体的な指図や要請をしたことに基づく責任を負うにとどまらず、親会社取締役が子会社の経営管理に際してなすべき監視監督を懈怠したという不作為についての責任こそが問題とされるべきことに留意すべきである。

2　親会社取締役会の職務としての子会社の管理・監督

(1)　親会社が子会社に対して、具体的に管理・監督を及ぼす態様としては、まず親会社の取締役会として子会社の管理・監督についての意思決定に関与する場面があげられる（注31）。グループ経営を推進するなかで、子会社の業務執行のうち、子会社のみならず親会社にとっても重要な事項については、親会社の取締役会の職務として業務執行の決定を行う必要があり（注32）、また親会社取締役の担当業務としての子会社管理に係る職務の執行について監督することが必要となる（注33）。この場合、子会社の取締役会に加えて親会社の取締役会として、いかなる範囲で業務執行の決定を行う必要があるかについては、会社法上一義的な基準は規定されておらず、親会社の取締役会としてグループ内部統制を整備する観点から付議基準を設定し、運用することが必要となる。

(2)　会社法は、大会社・委員会設置会社について、内部統制システムに関する基本方針の取締役会における決議義務を定めるが（注34）、かかる基本方針の内容には、「当該株式会社並びにその親会社及び子会社から成る企業集団における業務の適正を確保するための体制」（注35）が含まれている。一定の事業規模を有する会社においては、取締役会が代表取締役をはじめとする取締役の多様な職務執行について個別に逐一の監視監督を及ぼすことは現実的ではない。親会社の取締役会として企業集団全体についての業務の適正を確保するためには、自ずと当該企業集団の特性に応じたグループ内部統制の仕組みを整備することが要請される。

かかる会社法及び同施行規則に規定が存在することを根拠に、会社法がグループ会社全体について内部統制システムが構築されることを要請するものと解する立場もあるが（注36）、同条項は取締役会における決議義務を規定するにとどまり、それを超えて内部統制システムの構築自体を直接に義務づけるものではない（注37）。

ただし、グループ内部統制についての構築の義務づけは、会社法施行規則の規定にかかわらず、別の点から導かれる余地がある。たとえば、持株会社については、持株会社の取締役は、自ら事業活動を行うことなく、子会社株式を保有するという方式で企業経営を行うものであり、自らかかる企業経営の方式を選択する以上、企業グループ全体の成果が生まれて適切な運営がなされるような体制を築くことによって持株会社の長期的利益を実現する義務もある（注38）。かかる理解を敷衍すれば、事業持株会社においても、親会社と別個の子会社という法人格を利用してグループ経営を推進する以上、少なくとも企業グループ全体の収益や企業の評価等を左右するような不祥事の発生防止のための基本的な法令遵守体制や損害発生防止体制の整備等は、親会社取締役の善管注意義務の内容を構成するものと考えるべきである（注39）。また、重要な子会社については、その事業規模等から企業グループ全体の損益を左右する存在であり、親会社の長期的利益を実現するための体制の整備がなされるよう取り組むことは、親会社取締役の職務の内容となるべきであり、取締役はかかる職務に取り組まなければならない（注40）。

(3) 会社法制の見直しにおける要綱案では、株式会社の業務の適正を確保するために必要な体制について、その運用状況の概要を事業報告の内容に追加することが提案されている（注41）。同提案は、事業報告への記載の前提として、企業集団についての業務の適正を確保するために必要な体制についての運用状況の概要を定期的に取締役会に対して報告する取組みを実務に定着させる効果をもたらすことが期待される（注42）。かかる取締役会における報告の実施は、親会社取締役に対して、企業グループ全体についての内部統制の整備・運用を事実上義務づける結果をもたらす余地があろう。

なお、企業集団のなかで、子会社が親会社に対して経営指導を仰ぐ等の目的で、経営委任契約の締結をする場合には、企業グループ全体についての内部統制の整備の一環として位置づけられるべきものであり、かかる契約締結の目的・内容とグループ内部統制の基本方針の内容を整合的に定めるべく、親会社の取締役会としても留意が必要となる。

3 親会社取締役の職務としての子会社の管理・監督

(1) 親会社取締役は、その担当職務に応じて、前記の親会社取締役会において決議されたグループ内部統制についての基本方針に基づき、子会社取締役の職務執行が適正であるか、子会社の取締役会とともに監視監督する職責を負う。この場合、親会社の代表取締役や親会社の管理担当取締役は、グループ全体の内部統制の整備のあり方についての監視監督を担い、その余の親会社取締役は、自らの担当職務の範囲で、対象のグループ会社におけるグループ内部統制の整備が親会社の取締役会において決議された基本方針に照らして、適切に整備・構築され、運用されているかを監視監督することになる（注43）。

(2) 親会社取締役はグループ内部統制についての基本方針に照らして、子会社においてどの程度の内部統制の構築・整備を図る義務を負うのかが問題であるが、純粋持株会社については、前記のとおり、持株会社の取締役は、自ら事業活動を行うことなく、子会社株式を保有するという方式で企業経営を行うものであり、自らかかる企業経営の方式を選択する以上、企業グループ全体の成果が生まれて適切な運営がなされるような体制を築くことによって持株会社の長期的利益を実現する義務があると解される。かかる見地からは純粋持株会社のグループ子会社については、親会社と同程度の水準の管理態勢の構築・整備が必要と解すべきことになろう（注44）。また、事業持株会社であっても、子会社におけるリスクや法令違反は子会社の損益等の親会社の決算及び連結決算への反映という形で影響を及ぼすことを考慮すると、少なくともリスク管理態勢の整備や法令遵守体制の整備等の損害発生防止のための基本的なグループ内部統制の整備課題については、原則として親会社と同程度の水準の内部統制の整備が必要と解すべきであろう（注45）。

(3) 具体的には、子会社において違法行為や損害発生がある場合に親会社に与える影響は軽視できず、とりわけ、グループ内部統制の整備の一環として、子会社の業務執行の過程において想定される損害発生の防止のための措置や違法行為の発生防止のための法令遵守体制の整備について適切な措置を講じることは、子会社取締役のみならず親会社取締役としても一定の責務を負う事項であると考えるべきである。かかる責務の懈怠により子会社において違法行為や損害が発生した場合には、親会社取締役についてグループ内部統制の構築・整備の懈怠が認められる余地がある（注46・47）。

(4) 親会社取締役の子会社管理についての責任の判断に際しては、多くの裁判例が子会社における損害発生の認識可能性及び防止の可能性に着目している。

前掲（注23）の東京地裁の裁判例以外に、子会社における不祥事に関連して、親会社取締役の責任が問題とされた裁判例としては、①東京都観光汽船事件（東京地裁平7・10・26資料版商事一四〇号一九〇頁、東京高裁平8・12・11資料版商事一六一号一六一頁）、②りそなＨＤ事件（大阪地裁平15・9・24資料版商事二三七号九三頁）、③福岡県魚市場事件（福岡地裁平23・1・26金商一三六七号四一頁、福岡高裁平24・4・13金商一三九九号二四頁）、④パロマ工業事件（東京地裁平22・5・11判タ一三二八号二四一頁）などがある（注48）。

親会社と子会社間で取締役等を兼務している場合には、子会社取締役としての地位に基づき子会社における損害発生の危険ある事象についての認識可能性が高まり、損害発生との間で一定の因果性が認められる可能性は広くなりやすい。親会社取締役が子会社取締役を兼務することは実務上多々見受けられるが、兼務役員ゆえに子会社の個別の業務執行におけるリスクについての具体的な認識可能性が増すことは留意されるべきであろう（注49）。

（注20）　志谷匡史「親子会社と取締役の責任」小林秀之・近藤光男編『新版　株主代表訴訟大系』一二六頁、柴田和史「子会社管理における親会社の責任(下)」商事一四六五号七〇頁など。このような立場に対しては、子会社に対する株主権の行使あるいは不行使が親会社に対して有する法的意義を問題とすべきであり、「親会社の財産管理を任務とする取締役が子会社に対して株主権を行使しないことにより親会社に対して任務懈怠の責任を負う可能性を排除されないというべき」であるとの批判がある（山下友信「持株会社システムにおける取締役の民事責任」金融法務研究会『金融持株会社グループにおけるコーポレート・ガバナンス』三一頁）。

（注21）　子会社が親会社と独立の存在であり、親会社取締役は子会社の経営に対してなんら義務を負っていないとする考え方を一般論として指摘する論者も、その前提として、子会社取締役の任務懈怠の背後に親会社取締役の指図・要請等の実質的関与があった場合は別論であることや（志谷・前掲（注20）一二六頁）、「親会社ないしはそ

の取締役が子会社の取締役にまったく影響力を行使しなければ子会社は独立した会社と考えられる」ことを指摘しており（柴田・前掲（注20）七〇～七一頁）、親会社から子会社に対して影響力の行使がある場合に、親会社の取締役としての任務懈怠が生じる余地があることを否定していない。

（注22） ただし、抽象論はともかく具体的な義務や責任をどう考えるかは大変悩ましい。志谷・前掲（注20）の一四一頁（注44）も、「純粋持株会社を除き、一般的に親会社取締役に子会社の業績を監視する義務を負わせることは、親会社取締役がどの程度の行為をすれば免責されるかという困難な解釈問題を提起する」と指摘する。

（注23） 東京地判平13・1・25判時一七六〇号一四四頁。

（注24） 法制審議会会社法制部会第一七回会議議事録一九頁以下。

（注25） 田中亘教授は、「株式会社の取締役というのは、会社の財産を管理してその価値を維持・向上させるという義務を負っているところを、子会社の株式というのも会社の財産の一部でありますから、その財産を維持・向上する義務がある。その場合、どのようにそれを維持・向上するかということは、株式所有の形態によって様々ではありますけれども、子会社に相当する株式を持っていれば、それは、相当の範囲で子会社の業務を監督し、子会社の業務を通じて財産価値を維持・向上させていくということになる」と発言している（法制審議会会社法制部会第一七回会議議事録一九頁）。なお、船津浩司『「グループ経営」の義務と責任』一五六頁は、「会社は営利を目的とするものであり、取締役・執行役等の業務執行者は、会社の利益の最大化を図ることを義務付けられているところ、企業結合状況においては、上位会社の業務執行者は、このような会社の利益増大義務を遂行するうえで、上位会社が保有している資産としての下位会社株式、そしてそれに付随する株主権を活用する義務を負うというべきである。」と指摘する。

（注26） 同裁判例は、親会社取締役による「指図」を例示するが、当該事件においては、取締役の善管注意義務の内容としての内部統制システムの構築等については議論が深まっておらず、主張としても親会社取締役の職務として位置づけられてはいなかった。それゆえ、近時のグループ内部統制についての親会社取締役の職務をめぐる議論を前提とする場合には、「指図」の有無にかかわらず、親会社取締役の子会社に対する管理・監督の具体的な態

様が問題とされるべきであると思われる。

（注27） 志谷・前掲（注20）一三二頁は、親会社取締役の子会社に対する関与を任務懈怠の評価の根拠と解することができるかの検討が必要であることを主張するに際して、「学説の関心は、従来、親会社取締役が支配的地位を利用して子会社に対して不利益な指図等を行った場合に当該子会社の債権者による親会社または親会社取締役の責任追及をいかなる理論構成で認めるかに向けられていた。（中略）従来の学説には親会社取締役の親会社に対する任務懈怠についての関心が低かったとも言える」と指摘する。

（注28） 山下・前掲（注20）三四〜三八頁は、①親子会社の関係が、純粋持株会社であるのか事業持株会社であるか、②親会社による管理権限の行使が、事実上の管理であるのか法的管理であるのか、③管理の強弱（強力に支配するのか独立性を尊重するのか）の相違等の諸要素に着眼して、親会社取締役の法的責任を検討すべきことを指摘する。

（注29） 志谷・前掲（注20）一二八頁は、「親会社取締役が子会社に対して指図等を行う過程において相当の注意を尽くし、決定内容自体にも不合理さがない限り、たとえ親会社にまで損害が及んだとしても、親会社取締役が善管注意義務違反を問われるべきではない」として、かかる場面においても経営判断原則が妥当することを指摘する。

（注30） コンプライアンス体制やグループ内での稟議決裁制度の整備・運用は、多くの企業集団において行われているが、これらの内容が形式的なものであり、その運用・整備が杜撰で不適切な態様のものであれば、かかる整備・運用について、親会社の取締役についての任務懈怠が問題となる余地がありえよう。

（注31） どのような方法で子会社に管理・監督を及ぼすかという観点では、①議決権行使、②直接の業務・職務行為の指示、③内部統制システムの整備、④事実上の影響力の行使（人事・取引契約・資金面等）、⑤監査・モニタリング、に分類することも可能であるが、いずれも取締役会における監視監督や意思決定の一環として整理することが可能である。

（注32） 会社法三六二条二項一号・四項。

（注33） 会社法三六二条二項二号。

（注34） 会社法三六二条四項六号・五項、四一六条二項・一項一号ホ。

（注35） 会社法施行規則一〇〇条一項五号、一一二条二項五号。

（注36） 永沢徹・千須和厚至「子会社に対する監督支援を巡る法的注意点について」（会社法務A2Z平成二四年九月号一〇頁）。なお、同論稿は、金融商品取引法上、上場会社に対して当該会社及び当該会社の属する企業集団に関する財務報告に係る内部統制報告書の提出義務を設けていることも論拠にあげるが、金融商品取引法は、企業内容の開示についての規律を定めたものであり、親会社取締役について、グループ会社全体に対する内部統制システムの構築を義務づける根拠となると解することは疑問である。

（注37） これらの規定は、親会社のみならず子会社の取締役会に対しても、親会社を含めた内部統制システムの構築に関する基本方針についての決議を求めており、仮に同規定が親会社においてグループ会社全体に対する内部統制システムの構築を義務づけたものであると解した場合には、子会社の取締役会における決議義務があることにも照らして、両者において決議内容が一致しない場合に、当該基本方針の意義・効果がどのようなものと理解すべきか明らかにはならない。なお、法務省令の規定を根拠に会社法上の責任の有無が規律されるということも解釈上問題であるが、この点は、会社法制の見直しについての要綱案において、会社法において規定されることが明記されており（会社法制の見直しに関する要綱案第二部第一の一の後注）、抽象的には親会社及びその子会社からなる企業集団における業務の適正を確保するための体制についての整備が会社法上も義務づけられたと解する後押しとなろう。

（注38） 岩原紳作「金融持株会社による子会社管理に関する銀行法と会社法の交錯」金融法務研究会『金融持株会社グループにおけるコーポレート・ガバナンス（金融法務研究会報告書）』七九頁。

（注39） このように考える場合、親会社の取締役会は、企業グループ全体の収益や企業の評価等を左右するような不祥事の発生防止のための基本的な法令遵守体制や損害発生防止体制の整備等は、基本方針を決議し、かかる基本方針に即した体制の整備の進捗について、子会社に対する監視監督を及ぼすことが必要と解されることになる。こ

のように解したとしても、子会社における損害発生等についての結果責任を押し付けるような解釈を企図するものでないことは当然であり、あくまで親会社としての監視監督について、任務懈怠がないといえるかが問題とされるべきである。

（注40） もとより、事業持株会社の傘下の子会社については、当該子会社が事業持株会社自ら設立したものか他のグループから傘下に入ったものであるか等のグループ入りの経緯や目的、時期等に照らした考慮は必要であり、グループ内部統制に照らした体制整備を行っていないことが直ちに義務違反であるとまで根拠づけられるものではない。また、体制の整備義務が認められるとしても具体的にいかなるグループ内部統制を整備するかについては、広汎な経営裁量が及ぶべきものである。リスクについての具体的認識の有無や認識可能性を離れて、グループ内部統制の構築の懈怠を形式的に義務違反と観念しようとするものでないことは当然である。

（注41） 会社法制の見直しに関する要綱案第一部第一の後注。

（注42） 実務においては、内部統制決議の見直しは必ずしもすべての会社において定着した運用とまではなっておらず、会社法制定時になされた決議がその後見直されていない例も少なからずあるものと思われる。

（注43） 親会社取締役には、親会社監査役と異なり、親会社取締役としての地位に基づく子会社調査の権限は明文上存しない。それゆえ、業務執行・担当職務としての子会社に対する調査権限は、議決権の行使を背景とする事実上の権限の行使と解するか、親会社と子会社間での経営委任契約や経営指導契約等の契約上の地位に基づくものと解するほかない。実務上、親会社の内部監査部門が子会社に対して監査を実施する場合にも同様の問題があるため、親会社と子会社間でグループ・ガバナンスの充実のために内部監査への協力義務を合意する等の手当てをする事例も見受けられる。

（注44） 岩原・前掲（注38）の七九頁は、「一般論として言えば、持株会社グループ全体が一つの企業であり、その子会社が当該企業の一部門であるとすれば、持株会社取締役に要求される当該内部部門に対する管理態勢を、子会社に対し構築していれば、少なくとも持株会社取締役としての義務は果たされていることになろう。」とする。

（注45） 一〇〇％子会社の場合であっても、少数株主による監視監督が及ばないという点に加えて、実質的な支配が親

会社によってなされるという事実上の問題がある以上、少数株主が存するか否かにかかわらず、留意が必要であるものと考える。

（注46） 親会社取締役が子会社に対して個別に監督を及ぼさないことが任務懈怠と評価される場合とは、子会社における損害発生と因果関係を有する任務懈怠にほかならない。当該子会社における業務執行が損害発生の危険ある行為であることを認識し、又は容易に認識できる状況でありながら容認又は放置した場合はその典型である。グループ経営の名の下で親会社として子会社の業務執行等の体制整備について一定の関与がある状況において、親会社取締役が子会社における個別具体的な業務執行についての認識を欠く場合にも、子会社における違法行為又は損害発生について、助長又は容認等の形で一定の因果性を与えたと評価できる場合がありうるかという点が問題となるが、グループ内部統制の整備に取り組むことが親会社取締役に要請される以上（会社法施行規則九八条一項五号）、当該企業集団にとってのリスクアプローチに照らしてグループ内部統制の整備が著しく不適切であり、それらの事情を認識しながら特段の措置を講じない等の事情がある場合には、かかる評価を受ける場合もありうるものと考えられる。

（注47） もとよりかかるグループ内部統制の構築・整備の懈怠は、本来的には子会社取締役の子会社における内部統制システムの構築義務の懈怠として評価されるべきであり、両者は不真正連帯債務の関係に立つものである。

（注48） ①②は親会社取締役について子会社の管理・監督についての任務懈怠は認めていない。③は親会社取締役について子会社における取引についての監視監督の懈怠を認めているが、同事案は親会社と子会社間を含めて「グルグル回し取引」と呼ばれる循環取引を帳簿上繰り返し、在庫商品の含み損が膨らみ破たんした子会社の取締役を兼務する親会社取締役の責任を追及した事案であり、親会社自身が当該循環取引の当事者となり、被告となった親会社取締役について子会社における損害の拡大をもたらす当該循環取引の存在の認識可能性を認めることのできる事案であった。④は、製造メーカーである親会社及び販売子会社の代表取締役を兼務した者と製造メーカーの品質管理部長の両名について、製造物である湯沸器の販売後の点検回収を行わなかった過失についての刑事責任（業務上過失致死）が問題となった事案である（このほか、損害賠償請求事件として親会社である製造メー

カーの請求を認容した札幌地裁平23・3・24公刊集未登載などがある）。③④の裁判例は、親会社取締役について、子会社における違法行為や損害発生の認識又は認識可能性ある場合に、親会社取締役として子会社における損害発生の防止、抑制のための行動の懈怠あることを問題視していると評価することもできる。

（注49）親会社取締役が子会社取締役を兼務する場合には、子会社の業務執行に関する報告及び決済に際して具体的な損害発生の可能性ある情報に接する機会が増し、適切な監視監督が行われない場合には任務懈怠が認められる余地も増す。前掲の福岡県魚市場事件は、子会社取締役を兼務する親会社取締役について、子会社の業務執行に係る監視監督責任を認めた事案である。

四　子会社に対する親会社の管理監督と親会社監査役の責務

1　グループ・ガバナンスにおける監査役の立ち位置

親会社監査役の職責は、親会社取締役の職務執行の適法性を監査することであり（注50）、親会社と法人格を別にする子会社の取締役の職務執行は、子会社の監査役において監査することが原則である。もとより、親会社監査役には、子会社に対する調査権が与えられているが（注51）、親会社監査役の監査対象となるべきは親会社取締役の子会社に対する職務執行にほかならず（注52）、親会社取締役のグループ経営上の職務（責務）の範囲・程度を明確にしない限り、親会社監査役が子会社管理に関して監査すべき範囲は曖昧なものとならざるをえない。親会社監査役の監査の実効性を高めるためにも、グループ内部統制の基本方針に基づき、親会社取締役の子会社管理に関する職務の範囲等を具体的に規定し、分掌することが必要である（注53）。

2　親会社監査役によるグループ監査の遂行とその手掛かり

(1)　親会社監査役が子会社に対して監査を行うに際しては、監査役の員数が限られ、監査役スタッフを含めたとしても、調査に際してのマンパワーに限界があることから、親会社の他の監査機関・部門（会計監査人、内部監査部門等）や子会社等の監査役・監査役スタッフ等との連携を充実させることが必要である（注54）。

(2)　監査役・会計監査人については子会社に対する調査権が認められている（注55）。親会社の会計監査人にとっては、連結計算書類の監査権限があること（注56）から子会社に対する調査権の行使に際して、「その職務を行うため必要がある」ことを認めることは比較的容易である（注57）。他方、親会社監査役については、子会社に対する調査が認められるとしても親会社取締役の職務執行に関連する事項に限られ（注58）、必ずしも親会社監査役に対して子会社の業務全般についてグループ監査の権限が付与されているわけではない（注59）。

(3)　ところで、監査役の監査対象である子会社に関する親会社取締役の職務の範囲は、親会社の取締役の子会社の業務に関する具体的な関与の程度に大きく左右される。親会社取締役が子会社に具体的な指図をする等の関与をしている場合には、監査役の監査に際しては、指示の具体的内容を踏まえて担当取締役としての関与の態様の適法性・妥当性が吟味される。もとより、親会社取締役の子会社の業務執行についての関与が具体的には認められない場合には、別法人である以上、子会社単体のガバナンスの問題として位置づけられることが原則であるが、グループ全体としての内部統制の不備が原因で子会社の不正行為等が発生した場合には、違法行為の発生防止の体制の構築義務の懈怠が問題となりうる。

(4)　親会社監査役の調査の結果、子会社における違法行為・不正行為が判明した場合には、親会社監査役は、親会社取締役会への報告（会社法三八二条）とともに親会社の監査報告において指摘するかを検討すべきであるが、子会社における違法行為の是正・損害の回復は、第一義的には子会社取締役の職務として取り組むべきものであることから、子会社の取締役会にも同時に報告することが望ましい。取締役の法令定款違反の行為を発見した場合の報告義務を規定する会社法三八二条は親会社監査役に対して親会社の取締役会に報告することを義務づけるにとどまる。現実には、親会社監査役は、子会社の取締役会や監査役にも事実上問題点を指摘して是正を促すことになろう。実務上は、親会社監査役は法令定款違反の可能性があるにとどまる事象やリスク事象等を予防的に子会社に対しても情報提供を行うことが通例である（注60）。

(5) 親会社監査役の監査は、親会社取締役の職務執行の適法性についての評価が主眼であり、子会社における法令定款違反等が発生した場合にも、当該法令定款違反の事実を発見できなかったことが当然に親会社監査役の任務懈怠と評価されるべきではない。ただし、親会社監査役が子会社監査役を兼務する場合には、子会社の個別の内部統制上の瑕疵や課題を把握することによって、事実上親会社監査役としての監視監督責任の範囲も広がることに留意が必要である（注61）。

（注50） 会社法三八一条一項。
（注51） 会社法三八一条三項。
（注52） 現実の子会社監査においては、子会社の監査部門の機能や体制が不十分な場合には、親会社監査役が子会社取締役の職務執行の当否を直接に監査するような形で監査における指摘を行うことも多いように思われるが、本来的には、親会社監査役の監査のあり方としては、本文で述べたような観点が原則となる。
（注53） 具体的には、親会社監査役は、親会社取締役の子会社管理についての、具体的な職務権限や内容が不明確な場合には、グループ内部統制に係る基本方針に基づく体制整備が不十分であることを指摘して、その是正を求める

ことが必要である。かかる取組みは「監査役の監査が実効的に行われることを確保するための体制」（会社法施行規則九八条四項四号）の整備にほかならない。なお、親会社監査役の企業集団の監査についての監査基準については、監査役監査基準二二条参照。

（注54）　監査役と会計監査人との連携については、監査役監査基準四四条に規定されているほか、「会計監査人との連携に関する実務指針」（最終改正平23・8・25日本監査役協会会計委員会）が実務上の指針を提示している。また、グループ会社の監査役間の連携については、「ダイキン工業におけるグループ監査役会制度」（月刊監査役五〇〇号二八頁）、親子会社間の内部統制と監査役監査については、「企業集団における内部統制と監査役監査」第七一回監査役全国会議第二分科会報告（月刊監査役五七九号七七頁）参照。

（注55）　会社法三八一条三項、三八九条五項、三九六条三項。なお、グループ経営において、子会社以外の関連会社に対する親会社監査役による監査が必要な場合もありうるが、会社法は子会社以外の関連会社に対する親会社監査役の監査権限を規定していない。実務上は、監査役監査基準等において重要な関連会社に対する監査を親会社監査役の職務として規定することが多いが、会社法上の調査権限を付与する方向での立法の手当てがなされることが望ましい。

（注56）　会社法四四四条四項。

（注57）　ただし、会計監査人の子会社に対する調査権は、連結子会社固有の監査システムとの連携について規定されておらず、親子上場の場合にも、親子会社の両者の会計監査人の連携は事実上のものにとどまる。親子会社間で共通の監査法人等を選任している場合には問題はさほど顕在化しないものの、異なる監査法人等を選任している場合に、会計監査人の監査に際して監査の重複を回避しつつ、連携を実現することは実務上一定のハードルがある。子会社を合弁契約等に基づき設置している場合に、合弁契約等において、親会社の会計監査人がどの程度子会社の監査に協力する義務があるのかを規定する等の手当てをする事例もある。

（注58）　落合誠一編『会社法コンメンタール⑻』三九九頁〔吉本健一〕。なお、旧商法二七四条の三についての解説として上柳克郎ほか編『新版注釈会社法⑹』四五八頁〔谷川久〕。

（注59） 外国に所在の子会社については、子会社自体の準拠法は子会社の所在地を管轄する外国の法律であり、当該外国法又は当該外国との間の通商条約等によって特に許容する根拠がない限り、会社法に基づく監査役の子会社調査権を行使することはできない。したがって、外国の子会社との間では、事実上の支配力に基づき監査の受入れを求めるほか、親会社と子会社間で親会社監査役の監査の実施への協力義務を契約等に根拠づけることが管理上便宜である場合もある。

（注60） 親会社監査役において子会社の取締役会に監査の結果等の情報提供等を行う運用は、会社法上義務づけられるものではないが、グループ内部統制の基本方針のなかでの親会社監査役と子会社監査役との連携のための体制整備を規定することや、グループ会社間での監査役監査の連携について監査役（会）において監査基準等を制定することにより、運用の制度上の根拠を整備することが可能である。

（注61） 親会社監査役が子会社監査役を兼任する場合には、親会社監査役は本来親会社取締役の職務として位置づけられるべき、子会社の会計・業務の適正の確保を自ら担う結果となる。このことは、職務執行を担うことが許容されない監査役が親会社取締役の職務を代わって担う結果と評価されるおそれもある。

五　子会社に対する親会社の管理監督と子会社取締役の責務（注62）

1　子会社少数株主等の保護に関する規律

(1)　グループ経営の下で親子会社間での取引が行われ、その際の取引条件が子会社に不利な条件である等、子会社の犠牲の下に親会社が利益を得る場合、子会社の少数株主の利益を保護する必要性がある。親子会社間での通例的でない取引（注63）においては、子会社利益の侵害のおそれがあることから、適切な取引条件を設定する等の留意が必要となる。

(2) 現行法下での子会社少数株主の保護に関する会社法上の規律としては、親子会社間で兼務取締役が存する場合に、それぞれの取締役会において利益相反取引に関する規制（注64）が及ぶことをあげることができるが、その余の親子会社間での少数株主保護のための会社法上の規律は乏しい。

会社法制の見直しについての法制審議会会社法部会での審議に際しては、現行法の解釈による保護に限界があること（注65）を理由に「子会社の少数株主の保護のための親会社等の責任」についての規律（注66）の導入の是非が議論されたが、最終的に導入は見送られ（注67）、個別注記表等に表示された親子会社間の利益相反取引に関し、「株式会社の利益を害さないように留意した事項、当該取引が株式会社の利益を害さないかどうかについての取締役（会）の判断及びその理由等」を事業報告の内容とすることや、これらについての意見を監査役（会）の報告の内容とすることが提案されている（注68）。

2 子会社取締役におけるコンフリクト

子会社少数株主の保護のために親会社取締役が責務を担うための規律の強化の必要性が検討される前提として、親会社の支配下に置かれる子会社の取締役において、子会社少数株主の保護のために善管注意義務を尽くさなければならないことは一般論として当然に是認されよう。しかしながら、親会社の支配の下でいかなる行動をとることが子会社取締役の善管注意義務を尽くしたといえるのかの判断は容易ではない。

たとえば、親会社が子会社に対して、指示や影響力を行使する場合に、親子会社間で締結された経営委任契約や経営指導契約等に基づく場合には、子会社取締役は親会社とのかかる契約上の合意に拘束される。このように、契約上の義務に基づき親会社の利益追求のために行動することを余儀なくされる場合に、子会社取締役の責務はどう考えるべきか。この点については、親会社と子会社の間で経営委任契約を締結する場合、事業の全部についての経営委任のみならず、一部についての経営委任の場合にも、株主総会の特別決議を要求すべきであり、かかる総会決議があれば、親会社が子会社の取締役に影響力を行使したとしても、違法性はないとする見解もある（注69）。たしかに、親会社に対する経営委任契約が子会社の株主総会の特別決議が得られた場合には、子会社取締役も親会社もいずれも原則として免責されることになろうが、仮にかかる経営委任契約の内容が直ちに子会社に損害を与える内容であれば、一〇〇%子会社の場合でない限り、著しく不公正な決議であることを理由に総会決議取消訴訟の対象となることや（注70）、親会社が子会社に対する不法行為責任を負う余地は否定できない。子会社取締役は、親会社と子会社間でいかなる契約を締結したとしても、子会社の少数株主や債権者との関係では、なんら免責の余地はなく、子会社取締役としての善管注意義務を尽くすことが求められる。

（注62） 子会社の取締役会、監査役の職責も当然に問題とはなるが、これらは通常の株式会社における取締役会、監査役の職責と基本的に大きな相違はないため、本稿では独立しては取り上げない。

（注63） 通例的でない取引の典型として取締役の利益相反取引があげられるが、そのほかにもグループ内での親子会社間での取引として、商標使用についての対価の受領や経営指導料の名目での子会社から親会社に対する金員の交付が行われることが実務上よく見受けられる。かかる取引条件については、税務上の独立当事者間取引に照らして条件を設定することが税務上必要となるが、税務上の概念である独立当事者間取引についての該非の判断が子会社の少数株主保護と必ずしも一致するわけではなく、子会社の少数株主保護として、いかなる取引条件を設定すべきかの判断はむずかしい。

（注64） 会社法三五六条。

（注65） 現行法下では、子会社による子会社取締役の善管注意義務違反の追及の方法は、親子会社間での現実に厳格に行使されることは望み薄である。また、親会社が得た利益は、株主の権利行使に関して供与を受けた財産上の利益であり、その返還義務がある（法一二〇条三項）と解することも主張されるが、現実に「権利行使に関して受けた財産上の利益」と評価できるかは微妙であり、適用には限界がある。子会社取締役の義務違反に加功したことによる債権侵害の不法行為（民法七〇九条）と構成することにより親会社の責任を認める立場についても、債権侵害構成についての解釈上の難は否めず、親会社自身を子会社の事実上の取締役とみなす立場についても事実上の取締役概念の不明確性の点で批判を免れない。

（注66） 法制審議会会社法制部会資料二三の第二。

（注67） 中間試案の段階では、親子会社間での利益が相反する取引によって子会社が不利益を受けた場合における親会社の責任に関して明文規定を設けることについての提案がなされていた（中間試案第二部第二の一）。最終的に見送られた背景としては、岩原紳作「「会社法制の見直しに関する要綱案」の解説Ⅲ」商事一九七七号一一頁、法制審議会会社法制部会第一七回会議議事録一三頁以下、同第二三回会議議事録二頁以下参照。

（注68） 会社法制の見直しに関する要綱第二部第一の後注。監査役及び会計監査人の監査対象であることを明確にして、監査の実効性を高めることをねらいとする改正提案であり、事業報告の記載について規定することを通じて子会社取締役の職務を明確化することが予定されている。

（注69） 柴田・前掲（注20）に引用の文献六九～七〇頁参照。この場合には反対株主の買取請求権があることによって、反対する少数株主の保護が図られることを指摘する。

（注70） 会社法八三一条一項三号。

六　おわりに

1　子会社における不祥事等の発生防止のための実務の工夫と課題

(1)　取締役・執行部門は、子会社に対する監視監督の強化として、①事業部制・カンパニー制等の本社直轄のグループ会社に対するコントロール、②親会社の取締役会付議基準の改定、③グループ内部統制の充実などの施策をそれぞれの企業集団ごとの特性に即して整備することが取組課題となる。

(2)　監査部門としては、①グループ会社監査役の連携の場として、「グループ会社監査役連絡会」「グループ会社監査役会」等の法人格をまたいだ組織を構築し、監査役の監査環境の整備に努めるとともに、②親会社監査役から内部監査部門や子会社監査役に対して監査対象事象の調査の委託を行うことや、③会計監査人との連携の充実、④グループ内部通報の運用による企業集団についての業務の適正の確保の前提としての情報の把握に努めることが取組課題となろう。

(3)　ただし、このような取組みを充実させて親会社としてのコントロールを子会社に対して及ぼそうとすると、親会社による子会社に対する管理が手厚くなる半面、別法人による経営という機動性のメリットが失われやすい。また、役員の兼務による子会社等に対する監督の強化は、当事者としての関与の側面もある以上、監督との矛盾をはらむ（注71）。また、親会社と子会社間での取締役の兼務は、子会社の業務執行に関する報告及び決済に際して具体的な損害発生の可能性ある情報に接する機会が増す結果、適切な監視監督が行われない場合に任務懈怠が認められる余地も広がることに留意が必要である（注72）。

2　親会社の子会社に対する監視監督機能と監査機能の関係の整理の必要性

(1)　会社法制の見直しは、監査・監督委員会制度（仮称）の導入を予定している。同制度は、従来の監査役会設置会社における社外監査役が社外取締役にスライドする機関設計であり、監査役制度を廃止し、社外取締役を中心にした監査体制の遂行を予定した制度である。同制度について実務上どの程度導入が進むかは現時点では未知数であるが、独任機関としての監査役個人による監査から、内部監査部門と連携して監査を遂行する監査委員会による組織監査への転換を企図する点は、監査機関の性格を大きく変更するものであることは無視できない。上場会社においては、単体のみならず連結ベースでの業績や業務の適正の確保が求められているのであり、独任機関である監査役のなしうる監査の限界を補完する制度的な取組みと評価することも可能である。その意味で、仮に監査役制度を維持する場合にも、監査・監督委員会の狙いとする組織監査の機能は、予て唱えられる内部監査部門や会計監査人との連携の充実を具体化するものとして、監査役設置会社のガバナンスの改善の検討に際して留意が必要であろう（注73）。

(2)　また、近時、上場会社のガバナンスにおいては、社外取締役を中心とする社外役員の設置の意義が取りざたされているが、グループ・ガバナンスの充実という見地から、社外役員の果たす役割もあらためて注目されてよいと思われる。もとより、社外取締役・社外監査役に対して、子会社等への積極的な訪問・往査を求める趣旨ではないが、グループ内部統制の整備に際して、親会社として子会社に対して及ぼすべき最低限の業務の適正確保のための取組課題の抽出に際しては、その基本方針の策定や見直し、整備の進捗について、親会社の取締役会での審議に際して担当取締役の職責に委ねるばかりでなく、社外取締役としての見識に照らして、グループ内部統制の整備のための取組課題を積極的に吟味することが望まれる（注74）。

（注71） 前掲（注60）参照。

（注72） 前掲（注48）参照。

（注73） 監査役が内部監査部門及び会計監査人と連動して監査にあたることは、監査役監査基準においても提唱されており（同基準三四条、四四条）、「子会社管理について第一次的責任を負うべき取締役会・内部監査部門や職業的会計実務家である会計監査人との連携が図られることによって子会社に対する親会社取締役の業務遂行監査の実効性を高めることはもとより望ましいことである。」との指摘は（尾崎安央「親会社監査役による子会社調査権」商事一五六七号一〇頁）、今般の会社法制の見直しの議論に先立ち、予てより指摘されている観点にほかならない。

（注74） 子会社管理における個別の課題については、その問題の把握を含めて対処を期待することはむずかしいが、グループ内部統制のあり方について、グループ全体のなかで親会社の担当取締役・内部監査部門・監査役・監査役スタッフ、子会社の取締役会・取締役・内部監査部門・監査役等が、それぞれどのような役割・連携を果たすべきかという点について、大所高所に照らしたいわゆる社外取締役のアドバイザリー機能としての提言が期待される。

会社・取締役間の訴訟における会社代表者をめぐる問題点

中島弘雅

一　はじめに

一般に会社が原告となって訴えを提起したり、被告として応訴する場合に、訴訟上、会社を代表するのは、対外的な会社代表権を有する代表取締役等である（会社法三四九条四項）。しかし、株主代表訴訟において会社が被告取締役側に補助参加する場合に（会社法八四九条一項参照）、会社を代表するのは代表取締役か、それとも監査役かという問題（注1）と同じように、会社と取締役間で行われる訴訟において、いったい誰が会社を代表するかは、きわめてむずかしい問題である。そのため、平成一七（二〇〇五）年改正前商法旧規定の下でも、この点につき議論がなされてきたが、実は、現行会社法の制定・施行によって、この点に関し、立法的手当ての必要性を感じさせる新たな問題が生ずるに至っている。そこで、本稿では、会社と取締役間の民事訴訟（注2）における会社代表者の規律に関する商法旧規定の成立経緯をも振り返りつつ、現行会社法上、訴訟上の会社代表者をめぐり、どのような問題が生じているのかを明らかにすることにしたい（注3）。

（注1）　この問題については、岩原紳作「株主代表訴訟の構造と会社の被告側への補助参加」竹内昭夫編『特別講義商法Ⅰ』二三五頁、小林秀之＝近藤光男編『株主代表訴訟大系（新版）』二七一頁〔中島弘雅〕、笠井正俊「株主代表訴訟における訴訟要件・不提訴通知・訴訟参加をめぐる問題」民訴五五号一四八頁、中島弘雅「株主代表訴訟の解釈論上の問題点——訴訟参加と訴訟上の和解を中心に」永井和之＝中島弘雅＝南保勝美編『会社法学の省察』三六二頁参照。

（注2）　会社の組織法上の訴えに限っても、(a)会社が取締役に対して提起する民事訴訟としては、①取締役に対する責任追及の訴え（会社法八四七条一項一号）、②特別清算における役員等の責任の免除の取消しの訴え（会社法八五七条）などがあり、(b)取締役が会社に対して提起する民事訴訟としては、①会社の組織に関する行為の無効の訴え（会社法八二八条一項一号ないし一二号）、②新株発行等の不存在確認の訴え（会社法八二九条）、③株主総会等の決議の不存在・無効確認の訴え（会社法八三〇条）、④株主総会等の決議取消しの訴え（会社法八三一条）、⑤会社の解散の訴え（会社法八三三条）などがある。

（注3）　本稿で取り上げたテーマについては、二〇〇八（平成二〇）年五月一八日に大阪市立大学で開催された日本民事訴訟法学会第七八回大会におけるミニ・シンポジウム「会社法の制定と民事手続法上の問題点」のなかでごく簡単に触れる機会を得たが（筆者の報告内容については、中島弘雅「いわゆる『組織法』上の訴えの当事者適

格、訴訟上の会社代表者をめぐる問題」民訴五五号一三六頁以下参照）、報告時間の制約上、ほんの一部の問題しか取り上げることができなかった。そこで、本書に執筆の機会が与えられたのを機に、前記学会報告で触れることのできなかった論点も含め、あらためて、会社・取締役間の訴訟における会社代表者をめぐる問題点についてその所在を明らかにすることにしたい。なお、体系的叙述の必要上、本稿には、前記学会報告と一部重複する部分があることを、あらかじめお断りしておく。

二　商法旧規定及び会社法における会社代表者の規律

1　平成一七年改正前商法旧規定の規律

(一)　株式会社の場合

平成一七年改正前商法二七五条ノ四前段は、会社と取締役間の訴訟における会社代表者について、「会社ガ取締役ニ対シ又ハ取締役ガ会社ニ対シ訴ヲ提起スル場合ニ於テハ其ノ訴ニ付テハ監査役会社ヲ代表ス」と規定し、会社と取締役間の訴訟では監査役が会社を代表するものとされていた。この商法旧二七五条ノ四の規定は、昭和四九（一九七四）年の商法改正において導入された規定であり、それ以前は、原則として、「取締役会の定める者」が会社を代表し、株主総会が会社を代表する者を定めた場合には、その者が会社を代表することになっていた（昭和四九年改正前商法二六一条ノ二）。それが、昭和四九年改正で上記のように改められたのは、①同年の商法改正で監査役に業務監査権限が与えられたことや、②監査役に取締役からの独立性が認められるに至ったことなどから、取締役と会社との間の訴訟では、監査役に会社を代表させたほうが適切な訴訟追行を期待できると考えられたためである（注4）。要するに、この種の訴訟において、代表取締役が会社を代表すると、訴訟の相手方が代表取締役である場合はもちろんのこと、そうでない場合であっても、適切な訴訟追行（すなわち株主全体の利益や意思の適切な代表）がなされない危険があるからである。しかも、商法旧二七五条ノ四の規定は、取締役と会社間の訴訟「すべて」について適用があると解されていた（注5）。

(二) 小会社・有限会社の場合

もっとも、取締役と会社間の訴訟における監査役の会社代表権限は、監査役に業務監査権限が与えられていることを前提としている。そのため、監査役が会計監査権限しか有しない会社、すなわち、旧商法特例法上の小会社では、監査役には取締役と会社間の訴訟において会社を代表する権限は与えられておらず（旧商法特例法二五条は、商法旧二七五条ノ四の適用を排除していた）、小会社の場合に会社と取締役間の訴訟において会社代表権を有するのは、原則として「取締役会が定める者」であった（旧商法特例法二四条一項）。ただし、株主総会で代表すべき者を定めたときは、そちらが優先し、株主総会が定めた者が訴訟上会社を代表するものとされていた（同条二項）。つまり、小会社と取締役間の訴訟については、昭和四九年商法改正前の株式会社の場合と同様の取扱いのままであった。他方、有限会社の場合には、昭和二六（一九五一）年の法改正以来、一貫して、社員総会が定める者が、取締役と会社間の訴訟において会社を代表するものとされていた（旧有限会社法二七条ノ二）。

2　現行会社法の規律

これに対し、現行会社法下では、取締役と会社間の訴訟における会社代表者は、①監査役設置会社（会社法二条九号）と、②監査役設置会社以外の会社、③特例有限会社とで、大きく異なる。

(一)　監査役設置会社の場合

監査役設置会社とは、監査役を置く株式会社のことをいうが、監査役が設置されていても、監査役の権限が（会社の業務監査全般ではなく）会計監査に限定されている場合には、会社法の定義上、監査役設置会社から除かれている（会社法二条九号）。

監査役設置会社の場合には、取締役と会社間の訴訟において監査役設置会社を代表するのは、「監査役」である（会社法三八六条一項）（注6）。監査役に会社を代表させたほうが、適切な訴訟追行が期待できるからである。ただし、監査役の会社代表権は、監査役に業務監査権限が与えられていることを前提としているので、非公開会社（全株式譲渡制限会社）が、定款で監査役の権限を会計監査に限定している場合（会社法三八九条一項）、換言すると、監査役の監査権限が業務監査に及ばない場合には、監査役設置会社には該当しない。したがって、この場合には、次述の(二)に該当することになる（会社法三八九条七項は同法三八六条の不適用を定めている）。

(二)　監査役設置会社以外の会社の場合

これに対し、業務監査権限を有する監査役の存在しない、監査役設置会社以外の会社（ただし委員会設置会社は除く）では、監査役が有すべき監督是正権限は、「株主」に与えられる（会社法三五七条一項・二項、三六〇条一項・二項、三六七条等）（注7）。そこで、①取締役と会社間の訴訟において会社を代表するのは、通常の訴訟の場合と同様に、原則として、「代表取締役」（＝全株主の利益代表）である（会社法三四九条四項）（注8）。ただし、馴れ合い防止の観点から、②株主総会が、会社の代表者を定めることもできるとされている（会社法三五三条）。さらに、取締役会設置会社（会社法二条七項）の場合には、③株主総会の定めがないときは、取締役会が会社代表者を定めることもできる（会社法三六四条）。

(三) 特例有限会社の場合

他方、特例有限会社（注9）の場合には、監査役は任意設置機関である。仮に監査役が設置されていても、会社法の施行に伴う関係法律の整備等に関する法律（整備法）に基づき、その権限は会計監査に限定しているものとみなされている（整備法二四条。会社法三八九条一項参照）ことと、特例有限会社の場合には取締役会の設置が認められていない（整備法一七条一項）ことから、前述(二)②の場合と同様に、会社法三五三条による取扱いとなる。

（注4） 以上につき、今井宏ほか『注釈株式会社法(上)』三四四頁〔前田庸〕、上柳克郎＝鴻常夫＝竹内昭夫編集代表『新版注釈会社法(6)』四七二頁〔鴻常夫〕参照。なお、上述の平成一七年改正前商法二七五条ノ四前段の規定の文言は、昭和二五年改正前商法二七七条一項本文の文言と同じである。

（注5） 上柳ほか編集代表・前掲（注4）四七三頁〔鴻〕。

（注6） 監査役設置会社（会社法二条九号）の場合には、監査役は、取締役の責任を追及する訴訟を提起する場合（会社法三八六条一項一号）、及び株主代表訴訟の訴訟告知及び和解に関する通知・催告を受ける場合（同項二号）においても、会社を代表する権限を有する。

（注7） 委員会設置会社（会社法二条一二項）の場合には、監査委員会が選定する監査委員（監査委員が当該訴訟の当事者でない場合）又は取締役会が定める者（監査委員が当該訴訟の当事者である場合）がそれぞれ委員会設置会社を代表する（会社法四〇八条一項）。

（注8） もっとも、代表取締役が原告となって会社を相手に訴えを提起する場合には、代表取締役が会社を代表するのは不適切であるため、裁判所に被告たる会社の「特別代理人」の選任を求めることになる（民事訴訟法三五条、三七条）。

（注9） 会社法施行時（平成一八年五月一日）にすでに（旧有限会社法に基づき）設立されている有限会社は、定款変更や登記申請等の特段の手続をせずに、会社法施行後は会社法上の株式会社として存続する（整備法二条一項）。かかる会社は、有限会社の文字を商号中に用い、「特例有限会社」と呼ばれるが（整備法三条）、会社法施行後も、特に期限なく、有限会社法の規律の実質が維持されるよう手当てされている。もちろん、特例有限会社は、いつでも定款を変更して株式会社に商号変更をすれば（商業登記も必要）、特例から脱却することができる。このことにつき、神田秀樹『会社法（第一四版）』九頁。

三　監査役の権限の限定と会社代表者をめぐる問題

1　問題の所在――監査役の権限の限定と表示にかかわる問題

前述のように、非公開会社（全株式譲渡制限会社）では、会社の定款で、監査役の権限を会計監査に限定することができる（会社法三八九条一項）。しかし、実は、監査役の権限の限定は、会社法上定款記載事項とされている（会社法三八九条一項）ものの、商業登記簿上の登記事項とはされていない（会社法九一一条三項一七号参照）。

しかも、整備法に基づき、会社法施行以前に設立された会社の大部分（特に資本金が一億円以下の旧商法特例法一条の二第二項所定の「小会社」）は、監査役の権限を会計監査に限定する上記定款の定めがあるものとみなされている（整備法七六条二項、五三条）。その結果、現在のわが国には、監査役の権限が会社の定款で会計監査に限定されていても、登記事項ではないために、商業登記簿に監査役権限の限定が現れてこない会社や、旧小会社のように、監査役権限を限定する旨を定める定款すら備えられていない会社が数多く存在している。これがわが国の会社登記の実態である。

しかし、その結果、たとえば、会社の元取締役が会社を相手に訴えを提起してきた場合に、裁判実務上、以下のような問題が生じている（注10）。

2 代表権欠缺の訴訟への影響

(一) 代表権の欠缺と訴状送達の効力

訴訟当事者が会社である場合には、会社代表者の記載は、訴状の必要的記載事項である（民事訴訟法三七条、一三三条二項一号）。会社は会社代表権を有する者によってのみ訴訟追行できるから、その具体的な訴訟追行者の氏名を明らかにする趣旨である。会社代表権のない者は、訴訟上会社を代表して訴訟追行できない。送達も法人代表権のある者に対してなされなければ無効である（注11）。そうすると、監査役の権限が会計監査に限定されている会社が訴訟の被告となる場合には、一—2で述べた規律に照らすと、原告たる元取締役としては、訴状の当事者（被告）欄に、本来、「〇〇株式会社代表者代表取締役××」と記載しなければならないはずである。しかし、実際上、監査役の権限に対して制限がなされていることは外部者からはわからないため、原告が、誤って

「○○株式会社代表者監査役△△」と記載した訴状を裁判所に提出し、訴状が本来会社代表権を有しない監査役に送達される事態が起こりうる。訴状の送達が有効であることは、訴訟要件であるため、この場合に、その訴えが適法かどうかが問題となる。

この点につき、［1］最判昭45・12・15（民集二四巻一三号二〇七二頁）（注12）は、訴状は会社の真正な代表者に宛てて送達されなければならず、会社代表権のない者に宛てた送達をもってしては適式な訴状送達の効果を生じないと判示している。したがって、この［1］判決を前提にすると、訴状が会社代表権のない監査役に送達されても、その訴状の送達は効力を生じないことになる。もっとも、かかる記載のある訴状が会社の本店又は主たる事務所で送達された場合には、会社の事務員等が受領すれば、会社代表者の表示は誤っているとしても、会社代表者に対して「補充送達」がなされたと解されるから（民事訴訟法一〇六条一項・二項）、送達後に、上申書等において、訴状の当事者欄の記載の訂正（具体的には「代表者監査役××」から「代表者代表取締役△△」への代表者欄の訂正）がなされれば、訴状の送達を有効と解する余地がないではない。

(二) 代表権欠缺を見過ごして行われた訴訟手続の効力

しかし、問題は、訴状送達後も、当事者双方が（さらには裁判所も）、監査役に会社代表権がないことに気づかず、訴状の当事者欄の代表者の誤記載を訂正しないまま、監査役が会社代表者として訴訟を追行し、判決が確定した場合である。もちろん、事実審の口頭弁論終結時までに、真正の代表者による追認があれば、代表権限のない者がした訴訟行為も行為の時にさかのぼって有効となる（民事訴訟法三四条二項、三七条）（注13）。しかし、真正の代表者による追認がないまま訴訟が追行され、判決が確定した場合に、その訴えを適法と解しうるかは疑問である。［2］最判昭46・6・22（判時六三九号七七頁）も、訴訟を追行している者が事実審の口頭弁論終結時に会社を代表する権限を有していなかった以上、仮にその後にその者が会社代表権を取得したとしても、それにより訴えが適法になるわけではないと判示している。したがって、［2］判決を前提にすると、真正の代表者による訴訟追行がなかったのであるから、その訴訟には、民事訴訟法三三八条一項三号の再審事由に当たる重大な手続的瑕疵が存在することになる。

もっとも、商法ないし会社法が、会社と取締役間の訴訟について代表取締役の代表権を否定したのは、代表取締役は、本来、会社の利益を図るために会社を代表して訴訟を追行すべきであるにもかかわらず、訴訟の相手方が同僚の取締役である場合には、会社の利益よりも取締役の利益を優先させ、いわゆる馴れ合い訴訟により会社の利益を害するおそれがあるためである。したがって、かかる立法趣旨を考慮すると、仮に会社の代表権を有していない者が訴訟を追行したとしても、原告・被告間で馴れ合いのおそれがないことが明白であるときは、前記再審事由には当たらないと解する余地もないではない。現に、［3］最判平5・3・30（民集四七巻四号三四三九頁）（注14）は、いわゆる一人会社（旧商法特例法上の小会社）たるY会社の全株式二万株を保有するA（代表取締役）が、その保有株式のうち一万二〇〇〇株をX_1に、三〇〇〇株をX_2に譲渡し、しかる後に、Y会社において、A、X_1及びX_2（すなわち全株主）出席の下で、(ア)A、X_1、X_2及びX_3を取締役に、X_4を監査役に選任する旨の株主総会決議がなされたにもかかわらず、Aが、後日、自らはY会社の全株式を有する株主であるとして、別に株主総会を開催し、(イ)A、B、C、Dを取締役に、Eを監査役に選任する旨の株主総会決議を行ったのを受けて、Y会社の取締役であるX_1、X_2及びX_3が、Aが代表するY社を相手に、前記(イ)の株主総会決議について決議不存在確認の訴えを提起した事案につき、本件株主総会決議不存在確認訴訟においては、本来、旧商法特例法二四条一項に基づき、「取締役会が定める者」がY会社を代表すべきところであるが、本件のように、会社を代表する代表取締役が、当該訴訟の相手方（X_1、X_2、X_3）を取締役と認めていないときは、馴れ合いのおそれがないことが明らかであるから、同条項は適用されず、会社の代表取締役は、会社が退任取締役に対して提起した訴えについて会社を代表する権限を有すると判示している。

しかし、会社代表権の瑕疵ないし欠缺が後に問題となった場合に、必ずしも常に馴れ合いの可能性があったか否かという実質論に基づき再審事由（民事訴訟法三三八条一項三号）の有無が判断される保障があるわけではない。

㈢ 訴訟係属中に監査役の権限の制限を撤廃する定款変更がなされた場合

さらに、訴訟係属中に、当事者たる会社において監査役の権限を制限する定款変更がなされたものの、そのことが相手方（元取締役）に告知されないまま、判決が出され確定した場合に、その判決の効力がどうなるかも問題である。仮に訴訟上の会社代表者が代表取締役から監査役に変更されても、そのことが訴訟の相手方に通知されない限り、代表者変更の効力は生じないから（民事訴訟法三六条、三七条）、通知がないままに判決が出され確定した場合には、やはり前記㈡の場合と同様に、再審事由が存在することになるのではないかと思われる。

3 代表権の証明方法

以上の点に加えて、会社代表者の代表権の証明方法も問題となる。すなわち、民事訴訟法三七条、民事訴訟規則一八条、一五条によると、会社代表者の代表権又は訴訟行為をするのに必要な授権は、書面で証明しなければならないとされている。そして、わが国の従来の議論は、商業登記簿や登記事項証明書により、会社の代表者を原告が容易に知りうるということを前提に、法人の登記簿に記載されている者が、会社の真の代表者でなかったときに、表見法理に基づき登記簿上の代表者を会社代表者として提起した訴えが適法か否かという点を議論してきた（注15）。

ところが、前述のように、監査役権限が会社の定款で限定されていても、その点は登記事項ではないため、商業登記簿、登記事項証明書には、監査役の権限の制限についての記載はいっさいなされていない。したがって、会社の元取締役が会社を相手に訴えを提起する場合には、会社登記簿を見ても、会社代表者が、「代表取締役」なのか、「監査役」なのかは判然としないのである。しかも、会社法制定以前に設立されたわが国の多くの株式会社（旧小会社）では、監査役権限を会計監査に限定する旨の書面定款すら備えられていないのが実情である。

そのため、会社の元取締役が会社を相手に訴えを提起する際に、登記事項証明書や定款等の書面で、会社代表者の代表権を証明できないときにどうするか、また、その場合、誰を会社の代表者として訴えを提起したらよいか、が実務上問題となる。

この点についての対応の仕方としては、①会社法の規定上は、監査役は業務監査権限まで有するのが原則であり、定款で監査役の権限を会計監査に限定する場合は例外にすぎないから、その「例外」を証明できない以上、原則に従い、監査役に会社代表権を認めるという対応と、②わが国の多くの会社（旧小会社）では、整備法に基づき、監査役の権限を会計監査に限定する旨のみなし定款変更がなされているのが一般的であるとみて、代表取締役に会社代表権を認めるという対応とが考えられる。

しかし、いずれにせよ、訴訟上、会社代表権のない者が会社代表者として訴訟を遂行すると、前述のように、確定判決に再審事由（民事訴訟法三三八条一項三号）となりうる重大な瑕疵が付着することになるので、①又は②のいずれとみなすのか、なんらかの立法的手当てが必要であると思われる。また、今後も、民事訴訟法が書面による会社代表権の証明を求めるのであれば、少なくとも会社の定款で監査役権限を会計監査に限定する場合には、商業登記事項とするなどの法改正がなされてしかるべきあろう。

（注10）実務上、以下のような問題が生じていることについては、阿多博文弁護士（大阪弁護士会）からご教示いただいた。

（注11）大判昭3・6・30新聞二八八七号一五頁、兼子一『判例民事訴訟法』三五頁、新堂幸司＝小島武司編『注釈民事訴訟法⑴』五〇三頁〔高見進〕、秋山幹男ほか『コンメンタール民事訴訟法Ⅰ（第二版）』三六九頁、松浦馨ほか『条解民事訴訟法（第二版）』一九四頁〔新堂幸司＝高橋宏志＝高田裕成〕。

（注12）［1］判決の解説ないし評釈として、宇野栄一郎・判解民（昭和四五年度）七〇三頁、小山昇・民商六五巻五号七九八頁、松本博之・法雑一八巻三号一三七頁、石川明＝片山克行・法研四五巻七号一〇五頁、納谷廣美『続民事訴訟法判例百選』別冊ジュリ三六号二八頁、本間義信『民事訴訟法判例百選（第二版）』別冊ジュリ七六号五二頁、松本博之『民事訴訟法判例百選（第三版）』別冊ジュリ一六九号四八頁、酒井博行『民事訴訟法判例百選（第四版）』別冊ジュリ二〇一号四二頁などがある。

（注13）秋山ほか・前掲（注11）三六九頁。最判昭34・8・27民集一三巻一〇号一二九三頁は、真正な代表者でない者による第一審の訴訟追行について、控訴審で真正な代表者による追認があったと認めている。

（注14）［3］判決の解説ないし評釈として、倉吉敬・判解民（平成五年度）六二八頁、片木晴彦・法教一五五号一一六頁、藤原雄三・判評四三〇号四四頁（判時一五〇六号二〇六頁）、今井潔『平成五年度重要判例解説』ジュリ一〇四六号一〇九頁、井上和彦・金商九五六号三八頁、森まどか・名法一六九号三三七頁、伊藤勇剛・判タ九七五号二五頁、新山雄三『会社判例百選（第六版）』別冊ジュリ一四九号二八頁、同『会社法判例百選』別冊ジュリ一八〇号三八頁、小野寺千世『会社法判例百選（第二版）』別冊ジュリ二〇五号四〇頁などがある。な

お、［3］判決の存在については、大杉謙一教授（中央大学大学院法務研究科）にご教示いただいた。

（注15）議論の状況については、新堂＝小島編・前掲（注11）五一〇頁〔高見〕、秋山ほか・前掲（注11）三六九～三七一頁、松浦ほか・前掲（注11）一九五～一九六頁〔新堂＝高橋＝高田〕が詳しい。

四　会社法三八六条一項括弧書きにより新たに生じた問題

1　問題の所在

現行会社法制定前には、会社と取締役間の訴訟で会社を代表するのは、代表取締役ではなく、監査役である旨を定めていた商法旧二七五条ノ四前段の解釈として、同条所定の「取締役」に、会社の旧取締役が含まれるか否かについて、争いがあった。この点が問題になった裁判例として、［4］最判平15・12・16（民集五七巻一一号二二六五頁）（注16）がある。

［4］判決は、農業協同組合法三九条二項が、平成一七年改正前商法二六一条三項、二七五条ノ四を準用していたことから、農業協同組合が退任した理事を被告として損害賠償請求訴訟を提起した場合に、訴訟上当該組合の代表権を有するのは、代表理事なのか、それとも監事なのか、が争われた事案である。同判決は、概略、次のような理由から、代表理事が農協の代表権を有すると判示している。

①　商法旧二七五条ノ四前段の規定の趣旨・目的は、訴訟の相手方が同僚の取締役である場合には、会社の利益よりもその取締役の利益を優先させ、いわゆる馴れ合い訴訟により会社の利益を害するおそれがあることか

ら、これを防止することにある。

② 過去において取締役であったが、訴え提起時にはその地位にない者（退任取締役）が前段の規定中の「取締役」に含まれると解するのは文理上困難であること、また、これを実質的に見ても、訴訟の相手方が退任取締役である場合には、その相手方が同僚の取締役である場合と同様の馴れ合い訴訟により会社の利益を害するおそれがあるとは一概にはいえないことに鑑みると、前段の規定にいう取締役とは、訴え提起時において取締役の地位にある者をいうのであって、退任取締役は、これに含まれないと解するのが相当である。

③ そうすると、前段の規定は、会社と退任取締役との間の訴訟についての会社の代表取締役の代表権を否定する特則規定ではないから、会社の代表取締役は、会社が退任取締役に対して提起する訴えについて会社を代表する権限を有するものと解すべきである、と。

2　立法による解決と新たに生じた実務上の問題点

この問題についての学説は、①訴訟の目的たる権利関係が取締役としての在職当時の事由に基づくものであっても、現に取締役でない以上、商法旧二七五条ノ四前段の適用を受けないとする見解（注17）と、［4］判決と同様に、②商法旧二七五条ノ四前段にいう「取締役」には、現在の取締役だけでなく、取締役在任中の責任が追及される訴えの場合には、退任取締役も含まれるとする見解（注18）とに分かれていた。会社法は、この点につき、商法旧二七五条ノ四前段に当たる会社法三八六条一項及び四〇八条一項括弧書きにおいて、同項にいう「取締役」には、「取締役であった者を含む」旨を明記し、会社と取締役間の訴訟において会社を代表するのは監査役であるとする見解（前記②説）を採用することを明らかにした。そして、その理由について、会社法の立案担当者は、「馴れ合いの可能性については、訴訟の相手方が現任取締役である場合と退任取締役である場合との間で大きな差異があるとはいえず、現に株主代表訴訟については、役員間の馴れ合い訴訟防止を理由として、株主による退任取締役に対する提起も認められていることとの整合性を考えた場合、法制的な整理としては、現行[旧商法のこと]規定における『取締役』の文言を修正することが適当であるものと考えられる」と、馴れ合いの可能性を指摘している（注19）。しかし、その結果、実務上、次のような問題が新たに生ずるに至った。

(一) 訴訟の相手方が元取締役か否かについての調査義務

商法旧規定の時代から、役員責任追及の訴え（株主代表訴訟）によって追及しうる取締役の責任の範囲については争いがあったが、多数説（注20）は、会社法（商法）に規定された取締役の責任（会社法五二条一項、五三条一項、一二〇条四項、四二三条一項、四六二条一項、四六四条一項、四六五条一項）についてのみならず、取締役・会社間の取引により生じた債務等も含む取締役の会社に対する債務いっさいに関しても提起できると解してきた。その主たる理由は、取締役・監査役間又は取締役相互間の特殊関係による会社の提訴懈怠可能性は、いっさいの債務について存在するという点にある。もっとも、これに対しては、会社法（商法）に規定された取締役の責任に限られるべきであるとする有力学説（注21）もある。他方、最高裁は、会社が取締役の責任追及を懈怠するおそれがあるのは取締役の地位に基づく責任が追及される場合に限られないこと、及び、取締役の地位に基づく責任に限定されるとすると、他の取締役に対する金銭貸付けの責任（商法旧二六六条一項三号）について、会社を代表した取締役の責任は代表訴訟の対象となるが、代表した取締役の責任よりも重いというべき貸付けを受けた取締役の取引上の債務についての責任が代表訴訟の対象とならないことになり均衡を欠くことなどを理由に、取締役の地位に基づく責任のほか、取締役の会社に対する取引債務についての責任も含まれると解している（注22）。最高裁の立場は、取締役が会社に対して負担するいっさいの債務ではなく、取引債務まで含まれるとしたものである（注23）。

ただ、多数説及び最高裁の立場を前提にすると、会社が原告となって第三者に対してその者との取引上の債権債務につき訴えを提起する場合には、当該被告とすべき者が会社の元取締役であったか否かについての調査をすべての事件において実施し、その者が元取締役であった場合には、会社代表者に代わり、監査役が会社を代表して訴訟を提起しなければならないことになる。

(二) 特殊事情がある場合

しかるに、会社の本店を他の登記所の管轄区域内に移転したり、会社の組織変更・会社分割を行った場合には、元の登記記録は閉鎖されることになっている（商業登記規則八〇条一項一号・三号・四号、同条二項）。もっとも、登記が閉鎖されても、閉鎖日から二〇年間は、登記所において登記記録が保存されるため（商業登記規則三四条二号）、会社が訴え提起を予定している相手方が、会社の元取締役であったか否かを調査することは可能である。しかし、二〇年が経過すると、会社が被告にしようとしている者が、会社の元取締役であったかどうかを調査する重要な手段はなくなってしまう。おそらく、その者が会社の元役員かどうかが会社側から容易に判断しえないということは、会社とその者との間に「馴れ合い」関係が存在しないことの証左であろうから、多くの場合、かかる取扱いで、実際上、不都合が生じることはないと思われる。しかし、前述のように、民事訴訟における会社代表者の代表権の欠缺は、判決が確定した後も民事訴訟法三三八条一項三号所定の再審事由となりうるという点を考慮すると、はたしてこのままの取扱いでよいか、いま一度、検討がなされてしかるべきであろう。なんらかの立法措置が必要とされるゆえんである。

(注16)　［4］判決の解説ないし評釈として、太田晃詳・判解民（平成一五年度）七九七頁、野村秀敏『平成一五年度重要判例解説』ジュリ一二六九号一三二頁、伊藤靖史・法教二八六号一〇六頁、畠田公明・判評五四九号二九頁（判時一八六七号一九一頁）、鳥山恭一・法セ五九七号一一四頁、川嶋四郎・法セ五九八号一一九頁、小柿徳武・民商一三一巻一号五二頁、藤井正夫・判タ一一八四号一五〇頁、後藤元伸・リマークス三〇号六頁、田村詩子・同誌八六頁、福島洋尚・金商一二三一号六三頁などがある。

(注17)　たとえば、上柳ほか編集代表・前掲（注4）六六〇頁〔山口幸五郎〕ほか。

(注18)　たとえば、上柳ほか編集代表・前掲（注4）四七三頁〔鴻〕、大隅健一郎＝今井宏『会社法論　中巻（第三版）』三一八頁、北沢正啓『会社法（第六版）』四八一頁、弥永真生「判批」判評四七五号五〇頁（判時一六四三号二四四頁）、近藤光男「判批」判タ九七五号一六二頁、今井宏「判批」リマークス一八号一一九頁など。

(注19)　相澤哲＝石井祐介「新会社法の解説(6)」商事一七四四号一〇一頁。

(注20)　石井照久『会社法　上巻』三五九頁、鈴木竹雄＝竹内昭夫『会社法（第三版）』三〇〇頁、田中誠二『会社法詳論（三全訂）上巻』七〇二頁、大隅＝今井・前掲（注18）二七二頁、大隅健一郎＝今井宏＝小林量『新会社法概説』二四〇頁、小橋一郎『会社法（改訂版）』二四二頁、前田庸『会社法入門（第一一版）』四三九頁、関俊彦『会社法概論（全訂第二版）』三三五～三三六頁、柴田和史『会社法詳解』一三五頁など。大阪高判昭54・10・30高民集三二巻二号二一四頁も、取締役の会社に対する不動産所有権の真正な登記名義の回復義務につき株主代表訴訟を認めている。

(注21)　北沢正啓「株主の代表訴訟と差止権」同『株式会社法研究』二九三頁以下、北沢・前掲（注18）四四八頁、服部栄三『会社法通論（第四版）』一三一頁、青竹正一『新会社法（第三版）』三四九～三五〇頁、江頭憲治郎『株式会社法（第四版）』四五八頁など。

（注22） 最判平21・3・10民集六三巻三号三六一頁。同旨の学説として、龍田節『会社法大要』一六四頁、高橋英治『会社法概説』一六九頁。
（注23） このことにつき、青竹・前掲（注21）三五〇頁。

五　おわりに

以上、本稿では、繰り返しをも顧みず、現行会社法下で、会社と取締役間の訴訟における会社代表者をめぐり、訴訟上、どのような問題が生じているのかを明らかにしてきた。いまだ問題点の指摘にとどまった点も多く、不十分な論稿であることは重々承知しているが、本稿が、現行会社法の訴訟手続に関する規定の解釈論や立法論に資するところがあれば、幸いである。
田原睦夫先生には、筆者が若い頃より直接あるいは間接に、ご指導・ご鞭撻を賜ってきた。そのような先生の古稀を言祝ぐ論文としては、誠にもって未熟なものではあるが、田原先生の今後のご健勝を祈念して、謹んで本稿を田原先生に捧げる次第である。

〔付記〕
本稿の執筆に際しては、会社法の理解につき南保勝美教授（明治大学法学部）よりご教示をいただいた。紙面を借りて厚くお礼を申し上げる。

株主代表訴訟の審理

池田光宏

一　はじめに

現行の民事訴訟法（平成一〇年一月一日施行）が施行されて一五年、裁判の迅速化に関する法律（平成一五年七月一六日施行）が施行されて九年余になる。この間、利用しやすくわかりやすい民事裁判を実現すべく、裁判所（裁判官その他の裁判所職員）、弁護士会（弁護士）等の訴訟に携わる専門家は、日々、運用改善の試みを続けてきた。そのなかでは、医事関係訴訟、建築関係訴訟等のいわゆる専門的知見を要する事件が注目を集めてきたが、会社関係訴訟についても運用改善の試みがされてきた（注1）。

しかしながら、会社関係訴訟のうち株主代表訴訟については、いまなお、濫訴の懸念が指摘されており、これを払拭あるいは少なくとも軽減するため、さらなる運用改善に努める必要があるように思われる。そこで、本稿では、株主代表訴訟について、民事訴訟全般における運用改善の試みや株主代表訴訟を除く会社関係訴訟における運用改善の試みで足りないところがあるとすれば、それはなぜなのか。そして、どのような工夫を付け加えればよいのかを考えることとしたい（注2）。

（注1）　たとえば、大阪地方裁判所商事法研究会「訴訟類型に着目した訴訟運営――会社関係訴訟」判タ一一〇七号一三頁は、大阪地方裁判所（商事部）における、そのような運用改善の試みの報告である。

（注2）　小規模・閉鎖型の会社をめぐる会社関係訴訟は、株主代表訴訟を含め、役員を務める多数派株主と少数派株主との間で、経営権をめぐる紛争が生じたことを背景とするものが大半である。その適正・迅速な解決のためには、大規模・公開型の会社をめぐる会社関係訴訟とは異なる工夫が必要となる。本稿では、大規模・公開型の会社（議論の混乱を避けるため、監査役設置会社〔会社法二条九号〕とする。）をめぐる株主代表訴訟を取り上げ

る。

また、最判平21・3・10民集六三巻三号三六一頁は、平成一七年改正前の商法二六七条一項にいう「取締役ノ責任」には、取締役の地位に基づく責任のほか、取締役の会社に対する取引債務も含まれるものと解するのが相当である旨を判示している。本稿では、役員等（会社法四二三条一項）のうち取締役の損害賠償責任を追及する訴えを取り上げる。

二　株主代表訴訟の特色

株主代表訴訟の審理について民事訴訟全般の審理とは異なる配慮が必要であるとすれば、それは株主代表訴訟の特色によるものと考えられる。株主代表訴訟の主な特色は、以下のとおりである。

(一)　医事関係訴訟、建築関係訴訟等の専門家を相手方とする訴訟と同様に、原告と被告の立場が固定的であって、相互の互換性がない（医事関係訴訟では患者（遺族）が原告の立場に、医師（医療機関）が被告の立場に立ち、建築関係訴訟では施主が原告の立場に、業者が被告の立場に立つように、株主代表訴訟では株主が原告の立場に、取締役が被告の立場に立つ。）。そのため、株式持合いの関係にある法人株主を除き、株主（個人株主・機関投資家）と取締役との間で相互理解が困難である。

(二)　株主代表訴訟では、いわゆる脱争訟化（特に損害賠償の事件で訴訟によらないで訴訟的解決を図るためのメカニズム（注3））を行うことが困難である。

脱争訟化の好例は、交通事故による損害賠償請求訴訟である。すなわち、警察の協力の下、事故態様を認定するための重要な証拠である実況見分調書の提供を得ることができるようになったことに加え、裁判所と弁護士会との協力の下、事故態様ごとの過失割合の目安と、損害算定の目安が作成され、これが一般に公表されたことにより、損害賠償請求訴訟を提起した場合における認容額をある程度予測することができるようになり、被害者は、訴訟を提起しなくても、保険会社の示談代行、あるいはＡＤＲ（裁判外紛争処理）で、訴訟を提起した場合における予測認容額に準じた賠償金の支払を受けることができるようになった（注4）。

脱争訟化は、わが国の司法システムの大きな特徴であるとされているが、株主代表訴訟では、この脱争訟化は困難である。

㈢　株主代表訴訟（による損害賠償請求（以下同様））では、請求金額・認容金額が多額にのぼることがある。その理由は、以下のとおりである。

第一に、会社が被った損害が多額にのぼることがあることである。株主代表訴訟における認容金額は、会社が被った損害を上回ることはないが、会社が多額の損害を被った場合には、請求金額・認容金額も多額にのぼることがありうることになる。

第二に、株主代表訴訟は、会社が被った損害それ自体を会社に対し賠償することを求める訴訟であることである。これに対し、会社が多額の損害を被り、企業価値が毀損されて株価が下落した場合であっても、個々の株主が株価の下落によって被る損害は、個々の株主が保有する株式数に見合う、限られた金額になるから、個々の株主が、その保有する株式を市場で売却し、株価の下落によって被った損害の賠償を役員に求めることができるとすれば、集団訴訟の仕組みを設けない限り、個々の株主の請求金額・認容金額は限られた金額になる。また、株主全員が損害賠償を請求することは考えにくいから、結果として、個々の株主の請求金額・認容金額を合計してみても、事実上限られた金額となる（注5）。

第三に、株主代表訴訟では、一六〇万円の請求金額に見合う手数料を納めればよいとされていることである（会社法八四七条六項、民事訴訟費用等に関する法律三条一項、別表第一、四条二項前段）。これに対し、会社が役員に対し損害賠償を請求する場合には、請求金額に応じて定まる手数料を納めなければならない（民事訴訟費用等に関する法律三条一項、別表第一、四条一項において準用する民訴法八条一項、九条）。したがって、会社が役員に対して損害賠償を請求する場合には、たとえ会社が被った損害が多額にのぼるとしても、役員の資力を大幅に上回る金額を請求して、無意味に多額の手数料を納付することは、適切ではない（場合によっては任務懈怠となる。）から、事案に応じて適切な請求金額となり、その結果認容金額も適切な請求金額の範囲内となる。株主代表訴訟では、上記のような立法政策が採用されている結果、株主は、事案に応じた適切な請求金額を吟味することなく、会社が被った損害全部を請求することが事実上可能となる。株主代表訴訟では、会社が被った損害を回復することだけではなく、会社が被った損害金額が明らかになることにも意味があるものと考えられているものと思われる（注6）。

㈣　株主代表訴訟では、たとえ株主が勝訴しても、会社の損害が回復されるだけで、勝訴した株主が取得する利益は、間接的であり、金額も保有する株式数に見合う限られたものとなる。株主代表訴訟を提起しない大多数の株主は、原告となって訴訟を遂行した株主の労力にいわゆるただ乗り（フリーライド）をすることになる（注7）。

そのような労力をあえて引き受ける株主は、民事訴訟全般で想定される一般的な原告とは性格が異なり、訴え提起の動機が会社の損害を回復することだけではないことが考えられる（注8）。

㈤　なお、会社法八四七条一項は、提訴請求及び訴えの提起をすることができる株主について、「六箇月（これを下回る期間を定款で定めた場合にあっては、その期間）前から引き続き株式を有する株主（一八九条二項の定款の定めによりその権利を行使することができない単元未満株主を除く。）」と規定する（単独株主権）。単独株主権とされているのは、株主代表訴訟における取締役の責任の抑止機能が重視されているからである（注9）。

（注3）　棚瀬孝雄「弁護士需要の規定要因──『適正な法曹人口』を考える」ジュリ一三五八号七八頁参照。

（注4）　その結果、大多数の事件が訴訟に至らずに解決されることとなり、紛争解決コスト（取引費用）の最小化が実現していると評価されている（マーク・ラムザイヤー『法と経済学──日本法の経済分析』一五頁参照）。

（注5）　三輪芳朗ほか編『会社法の経済学』四七二頁〔神田秀樹＝藤田友敬〕参照。

（注6）　株主代表訴訟において請求金額に応じた手数料の納付を不要とする法改正は、平成五年改正で行われた（上柳克郎ほか『新版注釈会社法第2補巻』三三二頁〔竹内昭夫〕）。会社法制定時にも、この立法政策が維持されている。

請求認容判決が最高裁判所で確定した著名な事例を見ると、最判平5・9・9（民集四七巻七号四八一四頁〔野山宏・判解民㊦七九五頁〕）は、会社が少なくとも三五億五一六〇万円の損害を受けたとする控訴審判決の事実認定を前提に、一億円の一部請求を認容した第一審判決に対する役員からの控訴を棄却した控訴審判決を維持している。この事案でも株主が一部請求を選択しなければ、少なくとも三五億五一六〇万円の損害賠償請求が認容されたものと思われる（吉岡和志「完全子会社による親会社株式の高値買取り」法教一五九号三一頁参照）。

これに対し、最判平18・4・10（民集六〇巻四号一二七三頁〔太田晃詳・判解民㊤四七三頁〕）の事案では、同判決による差戻し後の東京高判平20・4・23（金商一二九二号一四頁）での認容金額は、遅延損害金を含めると一〇〇〇億円を超える。

（注7）前掲『会社法の経済学』一六頁〔柳川範之＝藤田友敬〕参照。

（注8）江頭憲治郎『株式会社法（第四版）』四五七頁（注1）は、「わが国では勝訴原告弁護士の得る報酬は多くないので、市民運動的訴訟が多い。」と、また、同書四六一頁（注5）は、「株主代表訴訟が、内紛・売名等の動機で提起されても、直ちに権利濫用とはいえない。」「純粋に会社の利益のためにこの種の訴訟が提起されることを期待するのは非現実的だからである。」とする。

（注9）前掲『株式会社法（第四版）』四五七頁（注1）。

昭和二五年改正前は、資本の一〇分の一以上に当たる株式を保有する株主に限られていた（少数株主権）（昭和二五年改正前商法二六八条一項）。

なお、平成一三年改正（法律第七九号）は、単元株制度を設け（同改正後の商法二二一条）、同改正法施行時に単位株制度を採用していた会社は、同改正法施行時に、一単位の株式数を一単元の株式数と定める定款変更決議をしたものとみなされた（同改正附則九条二項）。その結果、株主代表訴訟の提訴権を有していなかった単位未満株主（昭和五六年改正附則一八条）は、単元未満株主として株主代表訴訟の提訴権を有することとなった（単元未満株主の共益権が広く認められた理由の一つとして「単位株制度が採用された昭和五六年当時に多かった総会屋による共益権を濫用するいやがらせが減少したこと」があげられていた〔江頭憲治郎『株式会社・有限会社法』二一四頁（注1）〕）。これに対し、会社法一八九条二項、八四七条一項は、単元未満株主の株主代表訴訟提起権を定款で制限することを認めた。

このほか、会社法八五一条は、株主代表訴訟の係属中に株主が株式交換・株式移転によって完全親会社の株主となった場合や、合併により新設会社・存続会社又はその完全親会社の株主となった場合には、原告適格を失わない旨を定めている。これは、従前の下級審裁判例が原告適格を失い株主代表訴訟は却下されると解していたことに対し、学説の多くが批判的であったことをふまえた改正である（東京地方裁判所商事研究会『類型別会社訴訟Ⅰ（第三版）』二七五頁参照）。

三　濫訴の懸念

民事訴訟全般にわたって濫訴が提起される可能性がある。そして、訴権の濫用に当たる場合は、訴えの利益を欠き、不適法であると解されている（注10）。株主代表訴訟においても、訴権の濫用に当たる場合は、同様である。しかるに、株主代表訴訟においては、特に濫訴の懸念があるとの指摘が見受けられる。株主代表訴訟において、民事訴訟全般と比べ、より濫訴のおそれが強く、現に濫訴が多いとすれば、民事訴訟全般における配慮に加え特段の配慮をする必要が生じることになる。

1　「なれ合い訴訟」と「会社荒らし訴訟」

不適当な訴訟追行をして敗訴判決を受けたり、会社が被った損害を大幅に下回る金額で和解するなどして、会社の取締役に対する損害賠償請求権を毀損し、会社に損害を与えようとする訴訟が「なれ合い訴訟」である。これに対し、会社の被った損害を回復すること（損害填補）・会社経営の健全性を確保すること（抑止）という株主代表訴訟の目的を離れ、会社の信用を毀損すること等により会社に損害を与えようとする訴訟が「会社荒らし訴訟」である（注11）。

2 「提訴懈怠可能性」のある場合を超えた訴訟

株主代表訴訟は、会社が取締役の責任を追及することを怠る事態がありうる（提訴懈怠の可能性がある。）との事実認識に基づき、株主が会社のために取締役に対し訴えを提起することを認める制度である。そこで、株主代表訴訟の制度を設けると、本来は提訴すべきでない場合にも訴訟が提起される可能性が生じるけれども、「提訴懈怠可能性」のある場合を超えてまで株主による提訴（本来は提訴すべきではない場合における提訴）を認めることは妥当でない。具体的には、①株主ないし会社の利益からみて客観的に提訴すべきでないと考えられる場合、②監査役が善管注意義務を尽くした結果、提訴すべきでないと判断した場合であるとされる（注12）。

3 その他

このほか、最終的に（担保提供命令が出され、担保を提供しないことを理由に訴えが却下されたり、請求棄却判決がされたりして）勝訴した場合であっても、その間、取締役個人が株主代表訴訟の被告とされることによって精神的・時間的な負担を受けることをもって「濫訴」であるとされたり、新聞報道等や請求認容判決によって取締役の家族が影響を受けることをもって「濫訴」であるとされることもあるようである（注13）。

（注10） 梅本吉彦『民事訴訟法（第四版）』三三〇頁。

（注11） たとえば、三輪芳朗教授は、濫訴（strike suit）とは「真実に無関係に訴訟を起こして価値の無い要求にカタをつけて退けることを会社経営者に強要して手っ取り早くカネをせしめることに関心のある人たちによって提起される訴訟」であるとのBlack判事の説明を引用したり（前掲『会社法の経済学』一五二頁（注4））、「大別して

二つの相反する類型がある。第一の型は、取締役と通じて提訴し、あえて敗訴あるいは低額で和解する訴訟（なれ合い訴訟）であり、第二の型は、『会社荒らし』（総会屋）訴訟（strike suit）である。近時、とりわけ実務界で『濫訴』と表現されるものは、ほとんど第二の型である。」（同一五七頁（注12））とか、「アメリカの経験では、はじめから和解することを目的とした濫訴（strike suit）が少なくない。」などとする。もっとも、同教授は、「他の経営上の意思決定と同様のルールに従い、訴訟の提起・維持の当否についても会社が判断すればよいのであり、『株主代表訴訟』という特別な制度は必要ない。」とし、その例として、「建設会社の贈賄事件が立件された場合であっても、刑法の処罰が軽すぎるのであれば刑法を変えればよいし、贈賄した役員に対し、社内での処遇を含めどのようなペナルティを科すかは（多数派）株主が決定すればよく、裁判所が贈賄した役員に対し会社に対する損害賠償を命じることによって、（多数派）株主の判断・選択を制限すること適切ではない」旨述べるから（前掲『会社法の経済学』一七三頁本文・（注44））、結局、同教授は、株主代表訴訟制度を設けること自体が問題であるとしているように見受けられる。

（注12） 神田秀樹『会社法入門』九一頁。

（注13） 太田誠一ほか『コーポレート・ガバナンスの商法改正』一一頁は、濫訴として、①平成五年改正により巨大な損害賠償額になる訴訟のほか、②担保提供命令が出されるまで、あるいは請求棄却判決が出されるまで時間を要するため、その間、非常に大きな精神的負担を受け、時間的にも相当な拘束を受けること自体が問題であり、③提訴を受けメディアに追及されると家族が困惑し、また、請求認容判決が出されると家族が損害賠償債務を相続し非常に大きな苦痛を受けることが問題であると指摘する。

四　株主代表訴訟の目的

濫訴の懸念が指摘されているにもかかわらず、株主代表訴訟は設けられている。

衆議院法務委員会平成一七年五月一七日付附帯決議第九項には「株主代表訴訟の制度が、株主全体の利益の確保及び会社のコンプライアンスの維持に資するものであることにかんがみ、今回の見直しにより、この趣旨がより一層実効的に実現されるよう、制度の運用状況を注視し、必要があれば、当事者適格の見直しなど、更なる制度の改善について、検討を行うこと」とある（参議院法務委員会平成一七年六月二八日付附帯決議第八項参照）（注14）。

株主代表訴訟は、株主全体の利益の確保及び会社のコンプライアンスの維持に資するものとされているのである。そこには、所有と経営が分離している株式会社において、プリンシパル（principal）としての株主の利益とエージェント（agent）としての経営者の利益が必ずしも一致しないこと（エージェンシー問題）を前提に、残余請求権者（residual claimant）であるプリンシパルとしての株主のみがエージェントとしての経営者をモニタリングするインセンティブを有している、したがって、企業価値を最大化するような資源配分のためには、株主利益最大化原則に基づく企業統治（コーポレートガバナンス）が必要となるとの考えがあるように見受けられる（注15）。そして、取締役会の構造を形式的に改革するのではなく、補完的な制度である「情報開示制度と私人による法の実現制度」を強化することが、企業統治の実態の改善により大きな影響を及ぼすのではないかとの指摘も見受けられる（注16）。

これに対し、株主が経営者をモニタリングする具体的な方法として、いわゆる敵対的企業買収（経営者あるいは取締役会の同意を得ないで対象会社の支配権を取得すること）を許容することの大切さを指摘する考え（注17）や、取締役会構成員の過半数を経営者から独立した社外取締役（独立取締役）にする必要を指摘し、このような取締役会改革が実現しない以上、本来例外的な仕組みである株主代表訴訟により多くの役割を期待せざるをえないとする考え（注18）も見受けられる。

なお、かつては、メインバンクによるモニタリングという従来わが国で機能していた仕組みを重視する考えも見受けられたが（注19）、メインバンクシステムが成立するような経済的・社会的条件が失われてきているといわれている（注20）。

「企業統治は、最終的には経営に携わる人の品位（integrity）次第である」という指摘も見受けられるが（注21）、株主全体の利益の確保の観点から、株主代表訴訟は、濫訴の懸念が指摘されながら、また、その位置づけをめぐって意見が錯綜するなかで、なお、企業統治の仕組みの一部としてその重要性が認められているものといえよう（注22）。

（注14）相澤哲「会社法制定の経緯と概要」ジュリ一二九五号八頁参照。
（注15）岩村正彦ほか編『岩波講座現代の法7　企業と法』三頁〔落合誠一〕、宍戸善一＝常木淳『法と経済学』六四頁参照。
（注16）ブルース・アロンソン〔萬澤陽子訳〕「アメリカのコーポレート・ガバナンスから何を学べるか――批判的検討」ジュリ一二九六号一一四頁。
（注17）草野耕一『会社法の正義』一六九頁。
（注18）落合誠一「企業コンプライアンス確立の意義」ジュリ一四三八号一二頁。
（注19）岸田雅雄『法と経済学』一一三頁参照。
（注20）前掲『会社法の経済学』二五三頁〔池尾和人＝瀬下博之〕参照。
（注21）「コーポレート・ガバナンス見直し論のゆくえ」商事一九五一号五八頁。
（注22）これに加えて、上場企業の業績低迷が企業統治の水準の低さによるのではないかとの懸念が国外から表明されている（アジア・コーポレート・ガバナンス協議会〔ＡＣＧＡ〕の「法制審議会会社法制部会に対する意見（平

成二二年九月二八日)」商事一九一九号四九頁参照)。

五　法改正による濫訴の懸念の軽減

濫訴の懸念を軽減に資する法改正がされてきた。

1　訴権の濫訴の一類型の明文化

株主代表訴訟が訴権の濫用に当たる場合には、民事訴訟全般におけるのと同様、訴えの利益を欠き、不適法であり、訴えは却下される。

会社法八四七条一項ただし書は、訴権の濫用の一類型を明確化するため、「当該株主若しくは第三者の不正な利益を図り又は当該株式会社に損害を加えることを目的とする場合」は、不適法であり、訴えが却下される旨を定めている(注23)。

2　提訴請求制度の改正

平成一三年改正(法律第一四九号)は、提訴請求を受けた監査役の考慮期間を三〇日から六〇日に延長した(注24)。会社法は、この改正法を引き継ぐとともに、提訴請求を受けた監査役が六〇日以内に責任追及等の訴えを提起しない場合において、提訴請求をした株主又は相手方とされた取締役から請求を受けたときは、遅滞なく、責任追及等の訴えを提起しない理由を書面その他の法務省令で定める方法により通知しなければならない旨を規定し（同法八四七条四項）、不提訴理由通知の仕組みを創設した。

3　原告株主以外の株主及び会社の被告取締役を補助するための補助参加

会社法は、原告株主以外の株主及び会社が、「利害関係」（民訴法四二条）を有するか否かの審理を俟つまでもなく、被告取締役を補助するための補助参加をすることを認めた（同法八四九条一項本文）（注25）。

4　その他

従前無過失責任とされていたものが過失責任へと転換されていることのほか（注26）、平成一三年改正（法律第一四九号）で、責任の一部免除の制度が設けられ、公告又は株主に対する通知の制度を設けたうえで、新たに訴訟上の和解に関する規定を設けたこと（注27）などをあげることができる。

（注23）　相澤哲ほか編著『論点解説新・会社法千問の道標』三五〇頁。
（注24）　前掲『コーポレート・ガバナンスの商法改正』四二・一五三頁参照。
（注25）　相澤哲編著『一問一答新・会社法』二六一頁。この結果、法律上の利害関係の有無をめぐる審理のため株主代表訴訟の審理期間が全体として長期化する懸念が解消された。もっとも、反対説も有力である（江頭憲治郎ほか編『会社法判例百選（第二版）』別冊ジュリ二〇五号一四四頁〔笠井正俊〕）。
（注26）　前掲『株式会社法（第四版）』四四二頁（注1）参照。
（注27）　前掲『コーポレート・ガバナンスの商法改正』五六・一五六頁参照。

六　判例の蓄積による濫訴の懸念の軽減

最高裁判所の判例が積み重ねられてきたことによって、取締役に損害賠償責任を生じる具体的な要件が明らかとなってきている。その結果、取締役のみならず株主にとっても、株主代表訴訟が係属した場合にどのような結論となるかについての予測可能性が高まっている。のみならず、事件を担当する下級裁判所にとっては、判例が審理を進めるうえでの指針となるから、株主代表訴訟の審理期間の合理化にも資するものと考えられる。ここでは特に重要と考えられる最高裁の判例四件を取り上げる。

1　法令違反（その1）

最判平12・7・7民集五四巻六号一七六七頁（豊澤佳弘・判解民㊦五八二頁）は、①「商法二六六条一項五号にいう『法令』には、取締役を名あて人とし、取締役の受任者としての義務を一般的に定める商法二五四条三項（民法六四四条）、商法二五四条ノ三の規定及び取締役がその職務遂行に際して遵守すべき義務を個別的に定める規定のほか、会社を名あて人とし、会社がその業務を行うに際して遵守すべきすべての規定が含まれる。」、②「取締役が会社をして会社がその業務を行うに際して遵守すべき規定に違反させることとなる行為をしたときは、右行為が取締役の受任者としての業務を一般的に定める規定に違反することになるか否かを問うまでもなく、商法二六六条一項五号にいう法令に違反する行為をしたときに該当する」などと判示した。担当調査官は、「法令」について非限定説に立つとともに（①）、取締役が一般規定（商法二五四条三項〔民法六四四条〕、商法二五四条ノ三）以外の個別的規定に違反する行為をしたときには、そのこと自体により、直ちに不履行要件を充たすとの立場（二元説）を採用すること（②）を明らかにしたものとする（前掲・判解民(下)六〇五頁）。

取締役が個別的行為に違反する行為をしたとして株主が提訴請求を行うのは、通常、取締役による贈賄（刑法一九八条）、株主の権利の行使に関する利益供与（会社法九七〇条）などが新聞等で報道され、刑事手続が先行する事案であろうから、そのような事案では、株主が主張責任を負う事実は簡明で争点整理にさほどの困難はないであろうし、刑事手続での証拠を活用できるとすれば、証拠調べに要する期日を含め、全体としての審理期間が長期化する懸念はあまりないものと思われる。

これに対し、「①個別具体的な法令違反の場合と②一般的な任務懈怠の場合とで取締役の責任の判断基準や賠償すべき損害の範囲を変えることは妥当と思われないし、①による責任が否定された場合に②による責任が成立するとすれば、一つの行為を二度審査する不経済が生ずることになろう。取締役の責任の多くが任務懈怠責任に集約されたこの機会に、個別具体的な法令の違反は任務懈怠を推測させる一事実にすぎないと考え、任務懈怠の有無を直接把握することによって責任の有無を判断するような判例法が形成されるよう期待したい。」との立場もある（注28）。この立場によると、取締役が個別的規定に違反する行為をしたことを理由とする株主代表訴訟においても、取締役に任務懈怠がないとされて損害賠償責任が否定される場合が生じることになるから、取締役が一般的規定に違反する行為をしたことを理由とする株主代表訴訟と同様の審理を行うこととなる（注29）。

以上に加えて、最判平12・7・7が注目されるのは、判決要旨にはあげられていないものの、「株式会社の取締役が、法令又は定款に違反する行為をしたとして、本規定に該当することを理由に損害賠償責任を負うには、右違反行為につき取締役に故意又は過失があることを要するものと解される」と判示して最判昭51・3・23裁判集民事一一七号二三一頁を先例として引用し、「原審の適法に確定した」「事実関係の下においては、」「その行為が独占禁止法に違反するとの認識を有するに至らなかったことにはやむを得ない事情があったというべきであって、右認識を欠いたことにつき過失があったとすることもできないから、本件損失補てんが独占禁止法一九条に違反する行為であることをもって、被上告人らにつき本規定に基づく損害賠償責任を肯認することはできない」と判示したことである。担当調査官は、個別的規定に違反した場合であっても、法令違反の認識がなく、かつ、法令違反の認識可能性がないとき（一般的抽象的な違法性の認識可能性があっても、当該の具体的法令に違反するとの認識可能性がなければこれに当たる。）には、取締役は損害賠償責任を負わないことを明らかにしたものであるとする（前掲・判解民(下)六一四頁）。

したがって、個別的規定に違反する行為をしたことを理由とする株主代表訴訟において、株主が「取締役が個別的規定に違反する行為をしたこと」の主張・立証をしたときには、取締役は、個別的規定に違反したとの認識がなかったことと、認識可能性がなかったことを主張・立証して争うことが考えられる。認識可能性の有無は、事案ごとの事実認定の問題であるから、ある程度の審理期間を要することが考えられる。

2　法令違反（その2）

前掲・最判平18・4・10は、①「いわゆる仕手筋として知られるAが、大量に取得したB社の株式を暴力団の関連会社に売却するなどとB社の取締役であるYらを脅迫した場合において、売却を取りやめてもらうためAの要求に応じて約三〇〇億円という巨額の金員を融資金の名目で交付することを提案し又はこれに同意したYらの忠実義務、善管注意義務違反が問われた行為について、Aの言動に対して警察に届け出るなどの適切な対応をすることが期待できないような状況にあったということはできないという事情の下では、やむを得なかったものとしてその過失を否定することはできない。」、②「会社から見て好ましくないと判断される株主が議決権等の株主の権利を行使することを回避する目的で、当該株主から株式を譲り受けるための対価を何人かに供与する行為は、（平成一二年改正前の）商法二九四条ノ二第一項にいう『株主ノ権利ノ行使ニ関シ』利益を供与する行為に当たる。」と判示した。

このうち前者（①）は、緊急避難を理由とする違法性阻却、期待可能性がなかったことを理由とする責任阻却を認めることができないとされた事例判断である。第一審、原審ともに株主の請求を棄却していたところ、これを批判する判例評釈が見受けられたことから（注30）、注目を集めていた事案であった。前記のとおり、差戻審（前掲・東京高判平20・4・23）は、株主の請求を認容した。株式会社は、営利を目的とし、社会に新たな富をもたらすことから社会的な存在価値があるとしても、社会の一員である以上法令を遵守しなければならないことは当然のことであるし、法令を遵守しなければ短期的には利益を上げることができるとしても、中長期的には社会から制裁を受け、営利の目的にも沿わない事態を招く。この意味において、企業統治（コーポレートガバナンス）とは、「公正性を確保しつつ、効率性を実現すること」であるとされている（注31）。この点があらためて確認された判例であるといえよう。

3 リスク管理体制構築義務

最判平21・7・9裁判集民事二三一号二四一頁は、「株式会社の代表者に、従業員らによる架空売上げの計上を防止するためのリスク管理体制構築義務」があることを前提に、本件では同義務違反は認められないとした事例判例である。

従前から「ある程度規模の大きな会社の取締役が監視義務を果たすためには、『監督のための手続又は方法』を確立し、その適切さを審査しておくことが要請される。『監督のための手続又は方法』としては、例えば、代表取締役等による取締役会への報告制度、内部統制組織、内部監査部門の利用等が考えられる。」という指摘がされていた（注32）。最高裁は、リスク管理体制構築義務の根拠規定について言及していない。会社法三四八条四項、三六二条五項、四一六条二項は、いわゆる内部統制システムの整備について決定することを義務づけているだけであり、いわゆる内部統制システムを設けることを義務づける規定ではない（注33）。会社法三三〇条、民法六四四条、会社法三五五条が規定する善管注意義務に基づくものと考えられる（注34）。そうであるとすれば、構築すべきリスク管理体制の内容は、会社が営む事業の内容、組織の規模等によって異なることになるものと思われる。

従来、株主代表制度は、長期間にわたる怠慢というような善管注意義務違反の事例には有効に対処することができないとされていた（注35）。しかるに、リスク管理体制構築義務を怠ったというかたちで不作為の違法行為が明確に特定される場合には、「長期間にわたる怠慢」の事案であっても、株主代表訴訟は、その機能を発揮することとなろう。

なお、本件においてリスク管理体制構築義務違反の過失がないとされたのは、通常想定される架空売上げの計上等の不正行為を防止しうる程度の管理体制は整えていたことに加え、架空売上げの計上に係る不正行為をしていたのが事業部の部長であり、同部長が部下である営業担当者数名と共謀して行っていたこと、財務部において、架空売上げに係る売上金が回収されていないこと自体は的確に把握し、上記事業部から、回収予定日を過ぎた債権について売掛金滞留残高報告書を提出させ、かつ、報告内容（回収が遅れている理由）が合理的であったこと、不正行為が発覚した経緯は、監査法人から売掛金残高の早期回収に向けた経営努力が必要である旨の指摘を受け、代表取締役が販売会社と売掛金残高について話をして、双方の認識に相違があることが明らかになったことによるもので、漫然と放置していたわけではないこと、しかも、不正行為の期間も約四年三カ月間にとどまることなどが考慮されたものと思われる。このようにリスク管理体制構築義務（同体制を構築し現実に機能させる義務）を怠ったことを理由とする株主代表訴訟においては、事案ごとに重要な事実を認定しこれを的確に評価する必要がある。

4　経営判断の原則

最判平22・7・15判時二〇九一号九〇頁は、「不動産賃貸あっせんのフランチャイズ事業等を展開するA社が、事業再編計画の一環としてB社を完全子会社とする目的で同社の株式を任意の合意に基づき買い取る場合において、①B社の株主にはA社が事業の遂行上重要であると考えていた上記フランチャイズ事業の加盟店等が含まれていること、②非上場株式である上記株式の評価額には相当の幅があり、事業再編の効果によるB社の企業価値の増加も期待できたこと、③上記の決定に至る過程で、A社の役付取締役全員により構成される経営会議において検討がされ、弁護士の意見も聴取されるなどの手続が履践されたことなど判示の事情のもとでは、株式交換に備えて算定された上記株式の評価額が一株当り六五六一円ないし一万九〇九〇円であったとしても、上記株式の買取価格をB社の設立時の株式の払込金額を基準として一株当り五万円とする決定をしたことについて、A社の取締役が取締役としての善管注意義務に違反したということはできない。」と判示した。同判例は、「このような事業再編計画の策定は、完全子会社とすることのメリットの評価を含め、将来予測にわたる経営上の専門的判断にゆだねられていると解される。そして、この場合における株式取得の方法や価格についても、取締役において、株式の評価額のほか、取得の必要性、参加人の財務上の負担、株式の取得を円滑に進める必要性の程度等をも総合考慮して決定することができ、その決定の過程、内容に著しく不合理な点がない限り、取締役としての善管注意義務に違反するものではないと解すべきである。」と、いわゆる経営判断の原則について判示している（注36）。

従前の下級審裁判例は、「問題とされた経営判断が、株主共同の長期的な利益に適うものとしてした積極的な経営判断であって、かつ、違法でないものについては、経営判断の原則を適用して、善管注意義務違反を認めないことが相当である」との考えに沿う判断を積み重ねてきていた（注37）。上記最判平22・7・15は、このような下級審裁判例の判断を是認したものと考えられる。

この判例によれば、役員が先延ばしすることなく適時に積極的な経営判断をした事案では、株主において、「決定の過程、内容に著しく不合理な点があること」あるいは「決定が違法であること」を主張・立証しない限り、結果的に会社が損失を被っていたとしても役員に任務懈怠の責を負わないこととなろう。

（注28）　黒沼悦郎「株式会社の業務執行機関」ジュリ一二九五号六四頁。
（注29）　森本滋「法令違反行為と利益相反取引に係る取締役の責任」金法一八四九号二四頁は、取締役が個別的規定に違反する行為をした場合であっても、①当該個別規定の解釈が一義的に明確でないとき、又は②適法であると確信することはできないが費用便益分析の結果、法令違反のリスクをとることが会社の最善の利益になると判断したとき（法令違反の可能性を認識しつつ、法令違反とされる確率が低いか、又は法令違反とされたときに会社に生ずる損害の絶対額が小さく、他方、法令違反でないとされた場合の会社の利益の期待値が大きいとき）であっ

て、積極的経営のため行為することが合理的であると考えられるときには、一元説に立つことにより、二元説に立った場合と比べ、より広い事情を考慮して取締役の損害賠償責任の有無を判断することができる（創意工夫をこらして積極的な経営を行うため、法的リスクをも考慮した総合的判断に基づいて経営判断がなされた場合には、違法の認識可能性の程度も含めて総合的に善管注意義務違反の有無を判断することができる。）とする。会社法三五五条にいう「法令」の範囲について、前掲・最判平12・7・7が採用した非限定説を前提に、取締役が個別的規定に違反する行為をした場合であっても、任務懈怠と評価すべきでない場合があるとの認識に基づく解釈論であり、取締役が個別的規定に違反する行為をしたことを理由とする責任追及等の訴えを提起された場合に、事実上、経営判断の原則を適用する余地を残すものである。

（注30）宮廻美明「商事判例研究平成一五年度13」ジュリ一三〇九号一三二頁参照。

（注31）前掲「企業コンプライアンス確立の意義」ジュリ一四三八号一二頁。

（注32）森本滋ほか編『企業の健全性確保と取締役の責任』二二一頁〔山田純子〕。

（注33）前掲『論点解説新・会社法千問の道標』三三二頁。

（注34）「金融商品取引法セミナー」ジュリ一四〇一号六二頁〔藤田友敬〕。

（注35）前掲『岩波講座現代の法7　企業と法』七一頁〔前田雅弘〕参照。

（注36）最高裁は、すでに、最判平21・11・9刑集六三巻九号一一一八頁において、「経営判断の原則」について明示的に言及していたが、同判決は、銀行の代表取締役頭取がした追加融資が特別背任罪における取締役としての任務違背に当たるとされた事案に関するものであった。

（注37）落合誠一「アパマンショップ株主代表訴訟最高裁判所判決の意義」商事一九一三号四頁、松尾健一「平成二二年度会社法関係重要判例の分析(下)」商事一九四三号一三頁参照。

七　株主代表訴訟の審理

以上の検討をふまえ、株主代表訴訟の審理の進め方について考えてみたい。

1　提訴請求制度の活用

株主代表訴訟は、原告と被告の立場が固定的であって、相互の互換性がなく、株主と取締役との間で相互理解が困難であることはすでに述べた。そして、監査役設置会社の監査役は、会社を代表して、株主の提訴請求を受け、十分な事実調査と法的検討をしたうえ、提訴請求の日から六〇日以内に責任追及等の訴えを提起するか（その場合には、株主は、会社のために責任追及等の訴えを提起することができない。）、あるいは、責任追及等の訴えを提起しないこととして、株主に対し、遅滞なく、責任追及等の訴えを提起しない理由を書面その他の法務省令で定める方法により通知することになる（不提訴理由通知）（会社法三八六条二項一号、八四七条一項・三項・四項）。提訴請求制度は、株主が監査役の事実認識を理解し、監査役が株主の問題認識を理解する機会となるから、株主と取締役は、監査役を介して、相互理解を深めることが可能となる。

不提訴理由通知は、「①調査の内容（判断の資料を含む）、②責任又は義務の有無についての判断及びその理由、③責任又は義務があると判断した場合において責任追及等の訴えを提起しないときは、その理由」を「書面の提出又は電磁的方法により提供する」ことにより行う（会社法施行規則二一八条）。

この提訴請求制度を適切に活用するとすれば、株主代表訴訟の濫訴の懸念を軽減することができるものと思われる。具体的には、以下のとおりである。

まず、提訴請求を受けた監査役は、提訴請求の対象取締役に任務懈怠による責任があるか否かについて、十分な事実調査及び法的検討をして、適切な責任追及等の訴えを提起することができる。一般に、株主は、取締役に任務懈怠の責任があるか否かに関する資料を保有していないから、新聞報道等で会社が損害を被ることとなった事件が発生したとされた期間に取締役であった者を幅広く提訴請求の対象取締役とし、また、会社が被ったとされた損害全額の連帯支払を求めがちである。これに対し、監査役は、責任追及等を行うべき対象取締役を絞り込み、かつ、請求金額を取締役の責任の程度及び支払能力をふまえた適切な金額とすること（会社が被った損害全額を明らかにしたうえで一部請求をすること）が可能である。そして、責任追及等の訴えを提起しない対象取締役については、提訴請求をした株主に対し、遅滞なく、不提訴理由通知をするとともに、これと併せて、責任追及等の訴えを提起した対象取締役についても、「調査の内容」と請求金額を適切な金額とした理由を通知すれば、株主は、会社が「説明責任」を果たしたことに満足し、株主代表訴訟の提起を控えることが考えられる。十分な事実調査と法的検討の結果、責任がないと判断された対象取締役に対して責任追及等の訴えを提起しないことは、当然のことであるし、また、会社が責任追及等の訴えを提起する場合には、請求金額に応じた手数料の納付を要するから、会社が被った損害を明らかにしたうえで対象取締役の資力に見合った一部請求とすることは合理的であり、さらに、対象取締役の責任の程度に応じた適切な金額とすることについても、株主全体の利益の観点から、許容されるものと考えられる。

提訴請求制度をこのように活用すれば、株主は、会社のために責任追及等の訴えを提起して労力を費やすことなく、会社の損害回復等を図ることができるし、責任追及等の訴えの提起を受けなかった取締役は、株主代表訴訟の係属による精神的・時間的負担を受けることなく、本来の職務に精励することができるし、責任追及等の訴えの提起を受けた取締役は、請求金額・認容金額が責任・資力に見合わないほど多額になるとの懸念を払拭することができることとなる（注38）。

次に、提訴請求を受けた監査役は、十分な事実調査及び法的検討の結果、対象取締役に責任がないと判断した場合や、対象取締役に責任はあるものの株主全体の利益の観点から責任追及等の訴えを提起すべきでないと判断した場合には、責任追及等の訴えを提起しないこととし、提訴請求をした株主に対し、遅滞なく、不提訴理由通知をすることになる。監査役の事実調査及び法的検討が十分であり、責任がない、あるいは株主全体の利益の観点から提訴すべきでないとの判断が合理的であり、かつ、不提訴理由通知がわかりやすいものであった場合には、株主は、会社が「説明責任」を果たしたことに満足し、株主代表訴訟の提起を控えることが考えられる。また、株主が株主代表訴訟を提起した場合には、請求対象取締役は、監査役に対し請求して不提訴理由通知を受け（会社法八四七条四項）、これを疎明資料として、担保提供命令の申立て（同条七項・八項）をすることが考えられる。仮に、対象取締役に責任がないとの監査役の判断が合理的であり、かつ、株主から十分な反論がなければ、裁判所は、速やかに、担保提供命令を行うものと考えられる。株主が担保提供命令に従わなければ、株主代表訴訟は、口頭弁論を経ないで判決で却下されることになる（民訴法八一条において準用する同法七八条）（注39）。これに対し、対象取締役に責任がないとの監査役の判断が合理的でないか、あるいは、監査役の提訴すべきでないとの判断が株主全体の利益の観点からのものであり、その判断は、監査役の裁量権の範囲を逸脱していないものの、訴えを不適法としたり請求を棄却したりする理由とはならない場合には、裁判所は、担保提供命令の申立ての取下げを勧告したり、担保提供命令の審理を保留して、実体審理を進め、株主代表訴訟の全体としての審理期間の合理化を図ることになろう（注40）。

提訴請求制度をこのように活用すれば、対象取締役に責任がないとの監査役の判断が合理的である場合、あるいは、監査役が株主全体の利益の観点から提訴すべきでないと判断した場合において、監査役の判断を株主が尊重した場合には、株主代表訴訟が提起されないことになるし、対象取締役に責任がないとの監査役の判断が合理的である場合において、株主が株主代表訴訟を提起した場合には、担保提供命令・担保不提供・訴え却下という手順で事件は速やかに終局を迎えることが通常であろうし（担保を提供することはまれであろう。）、監査役が株主全体の利益の観点から提訴すべきでないと判断した場合において、株主が株主代表訴訟を提起したときには、不提訴理由通知を参考に主張整理を行い、立証計画を立てることが可能になるから、合理的な審理期間で、充実した審理を行うことができるものと思われる。

すでに見たように、株主代表訴訟の制度を設けると、本来は提訴すべきでない場合にも訴訟が提起される可能性が生じるとの指摘がある（注41）。そこでいう「本来は提訴すべきでない場合」とは、監査役が株主全体の利益の観点から提訴すべきでないと判断した場合において、その判断が監査役の裁量権の範囲を逸脱していないものの、訴えを不適法としたり請求を棄却したりする理由とはならないときであるものと思われる（注42）。「本来は提訴すべきではない場合」が具体的にどのような場合であるかは、論者によって意見が異なりうる困難な問題である（注43）。提訴請求制度を活用することによって、株主と取締役とが、監査役を介して、相互理解を深めることが可能となり、株主が監査役の判断を尊重するとすれば、裁判所の判断を俟たず対話によって、しかも、事前に、「本来は提訴すべきでない場合」に株主代表訴訟が提起されないこととなるものの、そうでない場合には、株主代表訴訟の実体審理がされることになる。そのような場合における株主代表訴訟を「濫訴」と評価するか否かは、論者の立場によるものというほかはない。

2　担保提供命令の適切な活用

平成五年改正後、株主代表訴訟の増加が指摘され始めた頃、濫訴の懸念を払拭し、バランスのとれた審理を実現するために、担保提供命令を活用する試みが行われた。いわゆる蛇の目基準を樹立した東京地決平6・7・22判時一五〇四号一二一頁が著名である。同決定は、担保提供命令の要件である「悪意」について、「①代表訴訟の提起が不当訴訟として不法行為を構成する可能性が高い場合、すなわち、請求原因の重要な部分が主張自体失当であり、主張を大幅に補充し若しくは変更しない限り、認容される可能性がないとき、請求原因事実の立証の見込みが低いと予測すべき顕著な事由があるとき、又は取締役の抗弁が成立して請求が棄却される蓋然性が高いとき等に、そのような事情を認識しながらあえて代表訴訟を提起したと認められる場合、②右の意味での不当訴訟であるとの疎明がなくても、株主が代表訴訟を手段として不法不当な利益を得る目的を有する場合には、悪意がある」と説示している。そこでは、株主代表訴訟の提起が不法行為となる場合（「提訴者が当該訴訟において主張した権利又は法律関係が事実的、法律的根拠を欠くものである上、同人がそのことを知りながら又は通常人であれば容易にそのことを知り得たのにあえて提訴したなど、裁判制度の趣旨目的に照らして著しく相当性を欠く場合」（最判昭63・1・26民集四二巻一号一頁）（瀬戸正義・判解民一頁））だけではなく、過失による不当訴訟の場合にも「悪意」を認め、担保提供命令の要件を満たすものとした（注44）。

ところが、その後、このような運用（担保提供命令手続先行型の訴訟運営）では、かえって審理期間が長期化するおそれがあるのではないかとの懸念が生じたことや、株主代表訴訟における「悪意」（会社法八四七条八項）と会社の組織に関する訴えにおける「悪意」（同法八三六条三項）とを別異に解釈することが適切かという問題もあることから、担保提供命令は適切な事案で活用されるべきであり、そうでない場合には、申立ての取下げを勧告するか、その審理を留保して本案の審理を進めるという取扱いが一般的となったように見受けられる（注45）。

しかしながら、不提訴理由通知が疎明資料として提出されれば、監査役の事実調査及び法的検討の内容がわかるから、株主の反論と併せ検討することによって、「悪意」の有無について判断するのにさほどの審理期間を要するとは考えにくい。不提訴理由通知を活用することによって、担保提供命令を適切に活用できる事例が増えたものと思われる。

3　計画的審理の実施

株主代表訴訟においても、納期（判決言渡日）を意識した計画的審理を実施し、審理期間を事案に応じた合理的なものにする必要がある。計画的審理を実施するにあたっては、株主代表訴訟における役員の責任原因事実の類型に応じた審理を実施することが有益である（注46）。類型ごとに審理方法を工夫するにあたっては、最高裁判例の判示内容が指針となるものと考えられる（注47）。また、すでに述べたとおり、提訴前のほか、提訴後担保提供命令の申立てにおいて活用される不提訴理由通知を、本案審理においても活用することが考えられる。

具体的には、株主の主張する請求原因事実について、書証として不提訴理由通知を調べ、監査役又は監査役室のスタッフを証人として採用し、株主の提訴請求を受けて行った事実調査及び法的判断の内容について証言を得た段階で、株主に主張の補充と立証計画の提示を求め、請求原因事実が立証されても損害賠償責任が生じない場合や請求原因事実の立証の見込みが立たない場合には、弁論を終結して請求棄却判決を行い、請求原因事実が立証されれば損害賠償責任が生じる場合であって、請求原因事実の立証の見込みがあるときには、証拠調べの内容及び手順を協議してこれを計画的に実施し、請求棄却判決又は請求認容判決（場合によっては和解協議）を行うことが考えられる。

このように、不提訴理由通知を活用し、簡易に処理すべき事案と慎重に審理すべき事案とを振り分ける審理方法を採用した場合には、裁判所が請求認容の仮定的心証を抱いている間は審理が続くことになるけれども、裁判所の仮定的心証が誤っていると考える取締役には、十分に反論・反証する機会があるから、わかりやすい審理が実現するし、簡易に処理すべき事案では、株主において無用な労力を費やすことがなくなるとともに、取締役において早期に訴訟対応から解放されることになることから、原被告双方の理解が得られるものと考える。

このような審理モデルを採用すれば、簡易に処理すべき事案では、株主が訴えを提起してから一年以内での請求認容又は棄却判決を、慎重に審理すべき事案でも二年以内での請求認容又は棄却判決を（場合によっては和解成立を）それぞれ実現できるのではないかと考える（注48）。

（注38）　淺木愼一ほか編『浜田道代先生還暦記念・検証会社法』二二三頁〔山田泰弘〕、日本弁護士連合会編『日弁連研修叢書・現代法律実務の諸問題（平成二二年度研修版）』二二七頁〔土岐敦司〕参照。

（注39）　前掲『株式会社法（第四版）』四六一頁（注6）は「通知内容に記載された不提訴理由に現れた会社の対処ぶりが裁判所の心証形成に影響する可能性がある」とする。

不提訴通知が立法化される前から、会社には、株主に対し会社の業務執行が適正であることを説明する義務があり、会社が説明義務を果たさないと事実上の推定が働くのではないかとの意見があった（阿部一正ほか著『条解・会社法の研究⑾　取締役⑹』別冊商事法務二四八号一六九ないし一七六頁〔稲葉威雄〕）。また、永井和之「代表訴訟における担保提供命令と原告株主の『悪意』」判タ九七五号一七六頁は、「監査役としては無用の代表訴訟を防止するためにも、もし取締役に会社に対する損害賠償責任がないと判断したのならば、株主にその理由を開示すべきであろう。そして、そのような場合に、株主が代表訴訟を提起するときには、第一次的には監査役の損害賠償責任がないという判断が合理的なものではないという、監査役の判断の不当性を主張し、その判断の根拠の不十分性を指摘するものでなければならない。その上で、自ら取締役の損害賠償責任を主張・立証していかなければならない。そうでない限り、濫訴と判断される可能性がある。」としていた。

（注40） 前掲「訴訟類型に着目した訴訟運営――会社関係訴訟」判タ一一〇七号一三頁参照。

（注41） 前掲『会社法入門』九一頁参照。

（注42） 前掲『株式会社法〔第四版〕』四九二頁（注6）は「責任追及により取締役を破産させ終任させる（民六五三条二号）よりその地位を継続させた方が会社の将来の利益が大きいとか、取締役の責任追及は会社の信用を害する等の政策的理由に基づく不提訴」は許されるとする。

（注43） 前掲『一問一答新・会社法』二五四頁（衆議院における修正前の会社法案八四七条一項二号）、小塚荘一郎＝高橋美加編『落合誠一先生還暦記念・商事法への提言』三三五頁〔弥永真生〕参照。

（注44） 前掲『条解・会社法の研究⑾』七七頁ないし一〇〇頁〔金築誠志〕参照。現に、前掲・東京地決平6・7・22の事案では、担保提供命令が定める期間内に担保を提供しなかったことを理由に株主代表訴訟が却下された後、取締役が株主に対して不当訴訟を理由に損害賠償請求をしたところ、東京地判平10・5・25判時一六六〇号八〇頁は、前掲・最判昭63・1・26が判示する不当訴訟の要件には該当しないとして、請求を棄却している。

（注45） 前掲「訴訟類型に着目した訴訟運営――会社関係訴訟」判タ一一〇七号一三頁参照。

（注46） 類型別審理の提案の嚆矢は、門口正人編『会社訴訟・商事仮処分・商事非訟』一〇八頁〔菅原雄二＝松山昇平〕である。

（注47） たとえば、融資に関する金融機関の取締役の任務懈怠が問われた事案であれば、前掲・最判平21・11・9（田原睦夫判事の詳細な補足意見がある。）や最判平21・11・27判時二〇八一号一九一頁が指針となろう。

（注48） 裁判の迅速化に関する法律二条一項参照。

八　おわりに

企業統治の仕組みのなかで、株主代表訴訟が果たす役割は例外的であり限定的である（注49）。しかしながら、日常の企業統治の仕組みが機能しなかった場合のいわば安全弁としての株主代表訴訟の重要性は否定しにくいように思われる。

本稿では、裁判所（裁判官その他の裁判所職員）、弁護士会（弁護士）等の訴訟に携わる専門家が協力して行ってきた民事訴訟の運用改善の試み、具体的には、争点整理をふまえた集中証拠調べ、類型別審理及び計画審理は、株主代表訴訟においても実施することができること、最高裁判例によって予測可能性が高まっていること、最高裁判例を指針とし、提訴請求制度及び担保提供命令を活用することによって、濫訴の懸念を軽減しつつ、審理の内容をわかりやすく、期間を合理的なものとすることができることを述べた。

（注49）　上村達男『会社法改革』二二一頁は「事後の個人責任に頼る株式会社法理はガバナンスの欠落と表裏一体であり、公開株式会社法理としては失敗の姿に他ならないのである。」とする。

振替証券と銀行の債権保全・回収
――商事留置権の成立の有無・相殺の可否を中心として

天野佳洋

はじめに

株式、手形等がペーパーレス化される前は、銀行は、融資先との間で、保護預りの形態で占有する株式等の有価証券、取立委任あるいは割引依頼を受け占有する手形については、商事留置権が成立し、これらを回収財源として考えることができた（注1）。

その後、手形については、企業の印紙税負担軽減ニーズを受けた、大手銀行による一括支払システム（注2）

の開発、さらには、民法の債権譲渡の対抗要件に関する特例として、債務者対抗要件と第三者対抗要件を切り離すことで（注3）、企業の債権譲渡による資金調達を容易にする動産債権譲渡特例法、企業の保有する売掛債権等を主務大臣の指定する電子債権記録機関が記録原簿に記録することで発生・譲渡が可能となる電子記録債権（電子手形）を創設し、企業の資金調達の円滑化を図る（注4）ことを目的とした電子記録債権法といった立法手当てがなされたことにより（注5）、売掛金債権等の譲渡（譲渡担保）・流動化が容易になったこともあり、商業手形の発行自体激減している（注6）。

激減しているといっても、相当のボリュームで商業手形の利用がなされている事実に変わりはなく、金融機関との間では、手形割引あるいは取立委任による、資金調達・資金化がなされており、最近の金融法務において関心を集めた、取立委任手形に関する商事留置権の成立と銀行取引約定書の弁済充当特約の民事再生法上の位置づけに関する最判平23・12・15金法一九四〇号四〇頁は、金融機関の債権保全回収に商事留置権がなお機能を発揮していることを再認識させた、といえよう（注7）。

商事留置権の機能が脚光を浴びたこともあり、次なる金融法務の関心事として、銀行が登録金融機関（金商法三三条二項）として証券業務を行う場合、社債、株式等の振替に関する法律（以下、社債株式等振替法という）二条一項記載の株式・新株予約権・社債・公共債・投資信託受益証券等の証券のうちその権利の帰属が振替口座簿の記載又は記録により定まるものとされるもの（以下、振替社債等という）、とりわけ、ペーパーレス化された振替公共債・振替投資信託受益権・特別口座記載の振替株式（以下本稿では、特に、これらを振替証券という）については（注8）、銀行が振替決済口座管理機関の立場に立つことから、銀行が口座開設者に対し貸付債権を有する場合、これらを回収財源として考えうるのか、とりわけ、これらに対し商事留置権が成立するかが議論を呼んでいる。

一方で、振替証券のうち振替投資信託受益証券に関しては、受益者（口座開設者）破産の事態で、振替投資信託受益証券にかかわる停止条件付解約金支払債務を受働債権とする銀行（振替決済口座管理機関）の相殺を認めた大阪高判平22・4・9金法一九三四号九八頁につき、上告受理申し立て後、最決平23・9・2金法一九三四号一〇五頁で不受理とされたこともあり、振替投資信託受益権が回収財源となりうることが明らかになったが、振替公共債・特別口座記載の振替株式についても同様に相殺による回収が可能かは、検討に値しよう。

本稿では、まず、社債株式等振替法の適用となる振替社債等について、①有価証券のペーパーレス化のニーズとその立法、②振替社債等に対する強制執行等・担保取得、③振替社債等に対する商事留置権成立の有無（注9）、を論じたうえで、振替社債等のうち、銀行が債権回収の財源として期待を有するであろう、振替公共債、特別口座記載の振替株式、振替投資信託受益権（振替証券）に対象を限定したうえで、④現行約定の下での相殺による回収の可否、について論ずることとする。

（注1） 非商人である、信用金庫・信用組合については商事留置権の成立は認められず、旧銀行取引約定書雛型四条四項所定の任意処分条項のみが債権回収の拠り所となる。

（注2） 従前、ゼネコン等の支払企業は、下請企業等に対し、下請代金債務・売掛金債務等の支払のため約束手形を振り出し、下請企業等は自らの取引金融機関に対し手形割引を依頼することで資金調達を図っていた（手形割引による資金調達）。手形に添付を要する印紙代の節約もあり、支払企業は、下請企業等に対し、下請代金債権・売掛金債権等を支払企業の取引金融機関（メイン銀行）との間でファクタリングにより資金調達をさせ、支払期日に支払企業がメイン銀行に対し一括支払するシステムを創出した（債権譲渡による資金調達）。

（注3） 債務者の信用状態に危惧を抱かせる債務者対抗要件を留保し、第三者対抗要件のみを具備することで、債権譲

渡による円滑な資金調達を図りたいという実務のニーズがあった。

（注4） 電子手形の利用推計は、平成二二年三月末現在発行残高一兆円。トヨタグループ（トヨタ自動車二七九九億円）、シャープ等五二社が導入（平成二四年六月一二日日経新聞）。

（注5） 電子記録債権は本稿の直接のテーマではないが、近時、議論が盛んなテーマである。文献として、田路至弘「でんさい――電子記録債権時代の幕開け」金法一九四四号四頁、東京地方裁判所民事執行センター「電子記録債権に関する執行手続」金法一九四六号七四頁、樋口孝夫＝澤山敬伍＝工藤靖「電子記録債権と手形債権の相違から来る実務上の問題点(上)(下)」金法一九四六号六二頁・一九四七号六三頁、佐藤正謙＝栗生香里「シンジケートローンにおける電子記録債権の利用――法律上の論点に関する若干の考察」金法一九四八号一五頁、樋口孝夫＝井本吉俊＝藤本祐太郎「電子記録債権型シンジケートローン契約書の条項例および留意点」金法一九四八号二五頁、古田辰美「「根抵当権の被担保債権の範囲」に係る通知の解説」金法一九五一号八二頁、鈴木龍介「電子記録債権と根抵当権の実務」金法一九五一号八五頁、浅田隆ほか「《座談会》ペーパーレス証券からの回収の可能性と課題――投信受益権からでんさいまで」金法一九六三号六頁など。

（注6） 商業手形の現実の利用は平成二年の交換枚数三億八三〇〇万枚、交換金額四八〇〇兆円をピークに、毎年残高を減らし、平成23年には、交換枚数八〇四七万枚、交換金額三八七兆円と、縮減傾向にある（ちなみに、これは、小切手を含む数字であり、平成二〇年度の推計では、交換枚数一億一二〇〇万枚、交換金額四三〇兆円のうち、手形のみでは、二五〇〇万～三〇〇〇万枚、六〇兆～七〇兆円との推測もある）。

（注7） 弁済充当ではなく、取立委任手形もしくは割引予定預り手形の落ち込み代わり金返還債務との相殺による回収も手法としては考えられるところではある。この点、東京地判平23・8・8金法一九三〇号一一七頁は、取立委任手形につき民事再生手続開始決定後に手形を取り立て、後に民事再生手続が破産手続に移行した場合に、弁済充当あるいは相殺の抗弁がなされた事案で、相殺の例外規定である「原因が前にある」（破産法七一条二項二号）旨の規定の適用につき、手続開始後の相殺が禁止されている再生手続において、手続開始後に取り立てた手形金について取立受任者が有する返還債務との相殺は、相殺に対する合理的期待が認められないとした。控訴審（東

京高判平24・3・14金法一九四三号一一九頁）では、平成二三年最高裁判決と同様の判断（商事留置権の成立、銀行取引約定書による弁済充当権の行使）で解決しているため、相殺禁止の例外である「前に生じた原因」に該当し有効かどうかの争点について判断を示していない。また、割引予定預り手形に関する福井地判平22・1・15金法一九一四号四四頁は、民事再生手続開始決定後に手形を取り立て、これを弁済充当で回収した事案で、訴訟の過程で相殺禁止の例外規定の適用が問題となったが、取立委任ではなく割引依頼であり「前に生じた原因」に当たらないと判示した。割引予定預り手形と取立委任手形で相殺の例外規定の適用に差はないと考えられるが、控訴審（名古屋高裁金沢支部判平22・12・15金法一九一四号三四頁）では、取立金の貸金債権への弁済充当の効力を肯定することで決着しており、相殺の例外規定の適用の有無については言及されていない。

（注8）社債、株式及び株式関連のデリバティブ等の有価証券については、現状、銀行による窓販は認められておらず、金融商品取引法上の登録金融機関として、証券会社の委託を受けて、顧客に対して証券総合口座の開設や株式・外国証券等の有価証券の売買注文などの勧誘を行うとともに、申込みがあった場合に、それを提携証券会社へ取り次ぐ業務（金融商品仲介業）が認められているにすぎず（銀行の証券業務は、銀行法一〇条二項、一一条に規定するものに制限されている）、この場合の振替社債、振替株式等に係る振替口座も、委託証券会社に開設される。

したがって、本稿本文四で検討する相殺の可否の議論は、振替社債、振替株式等に関しては、口座管理機関たる委託証券会社の債権保全・回収問題に置き換わる。なお、金融債は、かつては地銀等で窓販がなされていたが、現在では発行停止になっているものが多く、調達手段としては、銀行が発行する社債（銀行社債）に代置されているが、銀行社債は、一般に、引受証券会社を通じて募集する形態をとっており、振替口座開設も、委託証券会社となっている。

この点、将来、振替社債、振替株式等について銀行の窓販が解禁された場合には、銀行が口座管理機関の立場に立つことより、本稿本文四の振替証券に関する記述が妥当しよう。

ただし、現状、振替株式関連で信託銀行等に口座が開設されるものとして、株券電子化後（平成二一年一月五日）の特別口座（株券の強制的ペーパーレス化の際に、証券保管振替機構に預託していない株券の株主の権利を保全するために、発行会社の申出により株主名簿記載の株主名義で信託銀行等の金融機関に開設される口座）があり、特別口座記載の振替株式が信託銀行等の債権保全・回収の対象となるかは、本稿の議論の射程内といえよう。

（注9） 振替口座管理機関が商事留置権を有するか否かは、銀行が債権保全上関心を寄せる振替証券に限定した問題ではなく、社債株式等振替法の適用を受ける振替社債等のすべてに共通する問題である。

一 有価証券のペーパーレス化のニーズとその立法

1 有価証券のペーパーレス化のニーズ

有価証券とは、通説的見解によれば、私法上の権利（財産権）を表章する証券であって、それによって表章される権利の発生、移転又は行使の全部又は一部に証券を要するものをいい、その制度的趣旨は、私法上の権利を表章する証券を譲渡することで、私法上の権利自体の流通を円滑化することにあったが（注10）、券面という物理的な存在は、盗難や偽造、紛失などの危険も同時に増大させるものであり、特に株券については、発行会社にとって、印刷費用等発行・保管に係るコストの増大もあり（代表者の交代があると予備株券（注11）の刷新が必要となる）、ペーパーレス化のニーズは大きいものがあった。

この点、ＩＴ技術の発達は、権利の流通面における券面の存在の必要性を大きく縮小させ、機動的で安全な新たな権利の流通制度が模索されるようになり、振替口座簿上の口座振替により、有価証券上の権利を移転、消滅させるといった制度への移行が、世界の潮流となっており、そのためには、権利が券面から切り離される必要が生じていた（有価証券のペーパーレス化）。

2　ペーパーレス化の立法

ペーパーレス化の立法は、まず、平成一四年四月一日施行の「短期社債等の振替に関する法律」（以下、短期社債振替法という）でCP（コマーシャル・ペーパー）のペーパーレス化が実現した。次いで、平成一五年一月六日施行の「社債等の振替に関する法律」（以下、社債等振替法という。短期社債振替法を改正、名称変更）で、対象が社債、国債等に拡大されるとともに、世界的潮流と同じ構造、すなわち、頂点に振替機関があり、その下に多数の口座管理機関が階層的に連なるという多層構造を採用した（口座管理機関の導入、振替制度の多層構造化）。

社債等振替法制定時、振替制度の多層構造化を前提とした振替制度を創設するにあたって、振替口座簿に記載された有価証券上の権利を、加入者と口座管理機関との関係において、どのように位置づけるかの議論があったが、社債等振替法の対象に将来的に株券を取り込むことを念頭に置いていたことから（注12）、振替口座簿に記録されている振替株式等の権利は、口座開設者に直接帰属し、口座振替によってそれが同一性を保ったまま移転するという、フランス法の考えを採用した。法案の策定過程では、アメリカ法の、間接保有方式、すなわち、有価証券上の権利は口座管理機関に帰属し、口座開設者が有するのは、口座管理機関に対する、別個の権利であるという信託法理に依拠したSecurity Entitlement方式（米国統一商法典第8編）は、株主代表訴訟等、株主が会社に対し直接権利行使を行う制度との調整が困難と考えられたこともあり採用されなかった（注13）。

平成一六年六月には、「株式等の取引に係る決済の合理化を図るための社債等の振替に関する法律等の一部を改正する法律」によって、社債等振替法が改正され、名称を「社債、株式等の振替に関する法律」（社債株式等振替法）と改め、株式等、〝有価証券に表示すべき権利〟全般が振替決済制度の対象とされ、ここに、有価証券のペーパーレス化に関する法制に関する基本的枠組みの完成を見たことになる（注14）。

なお、本稿の対象の一つである、投資信託受益証券のペーパーレス化は、システム整備ののち、平成一九年一月四日から、実施されている。

（注10）　動産取引の円滑化には、取引の安全性の確保を要し、このため、善意・無過失で動産を取得した者に、占有を基礎とした善意取得が制度として認められている。この点、本来、有体動産ではない有価証券上の権利等の債権については物理的な支配を要素とする占有を観念できないことから、有価証券上の権利が紙媒体の証券に化体するという理論構成により（化体理論）、有体動産としての証券を善意取得することで、結果として、有価証券上の権利が善意取得されることを正当化し、以て、権利自体の流通の円滑化を図ることが考えられた。

（注11）　株主から汚損等を理由に株券の交換を請求されたときなどに、会社は予備株券に番号と名義などを記載して交換する必要があった。

（注12）　株券のペーパーレス化については、株券等の発行量及び流通量の増大に伴い、受渡し及び保管に関する事務負担が膨大となってきたこともあり、証券の流通市場の円滑化のため、昭和五九年に制定された「株券等の保管及び振替に関する法律」（以下、保振法という）に基づく株券保管振替制度（保振制度）が実施されていた。保振法では、株券が発行されることが前提となっており、株券の所有者が、その保有株券を証券保管振替機構に預託することにより、当該銘柄に関し各寄託者はその寄託した株券の数量に応じた持分を有するとの法律構成をとっていた（混蔵寄託証券に対する共有持分）。

保振制度の利用により、株券の現物の受渡しではなく、帳簿上の振替記帳により権利が移転するということで、ペーパーレス化が行われていたが、株券の所有者が保振制度を利用するかどうかは自由であり、また、いったん保振制度にのせた株券の交付を請求することもできるとされており、完全なペーパーレス化とはなっていなかった。

社債等振替法制定時に、保振制度が採用する混蔵寄託方式も検討されたが、採用されず、保振法は、社債株式等振替法の成立、全面施行に伴い、廃止された。

（注13） 高橋聡文編『逐条解説　社債等振替法』二一頁。なお、当時懸念された株主代表訴訟等株主が会社に対し直接権利行使を行う制度との調整は、社債株式等振替法において、総株主通知、個別株主通知として制度的に手当てすることで解決されている。

（注14） 上場会社株式は、平成二一年一月五日に強制的にペーパーレス化された。

二　振替社債等の強制執行等・担保取得

1　振替社債等の強制執行等

社債株式等振替法二八〇条では、振替社債等に関する強制執行、仮差押え及び仮処分の執行、競売並びに没収保全に関し必要な事項は、最高裁判所規則で定める、としており、強制執行については民事執行規則一五〇条の二以下が、仮差押えの執行については民事保全規則四二条一項が、仮処分の執行については同規則四五条一項が、これを定めている（注15）。以下では、強制執行に限定して論ずることとする。

民事執行規則一五〇条の二以下による振替社債等の強制執行手続の概要は以下のとおりである（注16）。

① 差押命令は債務者及び振替機関等に送達される。

② 差押命令では、債務者に対し、振替若しくは抹消の申請又は取立てその他の処分を禁止し、振替機関等（振

替決済口座管理機関を含む）に対し、振替及び抹消を禁止する。

③　振替社債等のうち、振替債（社債株式等振替法二七八条一項）、振替新株予約権付社債（同法一九二条一項）、振替転換特定社債（同法二五〇条）及び振替新優先出資引受権付特定社債（同法二五三条）で社債の償還済みのものでないものが差押えの対象となっているときは、差押命令の送達を受けた振替機関等は、発行者に対して、差押債権者・債務者の氏名・名称、差し押さえられた振替社債等の銘柄・額・数等所定の事項を通知しなければならない（民執規一五〇条の三第五項）。

④　換価手続としては以下が定められている。

ア　取立て

金銭債権の性質を有している振替債等（民執規一五〇条の五第一項）・振替新株予約権付社債（同条一項規定のもの）については、債務者に対し差押命令が送達された日から一週間を経過した時は取り立てることができる。

純粋な金銭債権ではない投資信託受益権についても同様の取扱いがされることとされているが（社債株式等振替法一二一条等参照）、投資信託受益権の取立てについては、実務上の難点があるとの指摘がなされている（後述2参照）。

イ　譲渡命令（民執規一五〇条の七第一項一号）

執行裁判所が定めた価額で支払に代えて差押債権者に譲渡する命令である（注17）。差押命令及び譲渡命令が確定した場合、差押債権者の債権及び執行費用は、譲渡命令に係る振替社債等が存する限り、執行裁判所が定めた譲渡価額で、譲渡命令が振替機関等に送達された時に弁済されたものとみなされる（同条六項、民執法一六〇条）。譲渡命令が確定した時は、裁判所書記官は、振替機関等に対し、口座管理機関に開設された差押債権者名義の口座へ振替申請をする（民執規一五〇条の七第四項）。なお、譲渡価額が差押債権者の債権及び執行費用の額を超えるときは差額相当額の納付を要する。

ウ　売却命令（民執規一五〇条の七第一項二号）

執行裁判所は、「執行官その他の執行裁判所が相当と認める者」に対し、振替社債等の売却方法を定めて売却命令を発することができる。

振替機関等が証券会社である場合には、振替社債等の換価手段としては、証券会社に対する売却命令による換価が最も合理的であり、換価手法として一般的であるとされる。

一方、特別口座記載の振替株式については、名義書換等株式事務を代行する信託銀行等が振替機関等となっているところ、銀証分離行政からして、現状、社債・株式関連については、銀行に対する証券業務の完全開放はなされておらず（注18）、換価手法は、譲渡命令の方法によるほか、執行官に対する売却命令によることが相当とされている（注19）。この場合、振替株式を売却した執行官が振替機関等である信託銀行等に対し、買受人名義の口座へ振替申請をする。

2　振替投資信託受益権の強制執行にかかわる問題点

前述のとおり、民事執行規則では、純粋な金銭債権ではない振替投資信託受益権についてもその換価手法については、金銭債権の性質を有している振替債等同様の換価手法を認めている。すなわち、差押債権者による取立てに関しては、「発行者」は投資信託委託会社（以下、投信委託会社という）であり、差押債権者は、投信委託会社に対し取立権を行使することが予定されているほか、譲渡命令・売却命令も同様に適用される。

問題は、一番簡便な換価手法である取立ての場面で、実務上以下の問題点が指摘されていた。すなわち、投信委託会社は、振替機関等から、差押債権者、債務者たる受益者の氏名等の通知は受けるものの、そもそも、投資信託設定時には、投資信託販売会社（以下、投信販売会社という）から、個々の受益者の氏名等の伝達は受けていないことから、取立ての対象となっている受益権者を特定し、取立てに応ずることは困難であるとの指摘である（注20）。

これは、受益権が多数の受益者に均等分割されるという証券投資信託特有の仕組みから、委託者（投信委託会社）あるいは受託者（信託銀行）が末端の受益者を把握するという構成はとられず、投資家たる受益者との直接接点を有する投信販売会社が、受益者の変動や各受益者の保有する投資信託の口数を把握するという構成となっており、投信販売会社が、解約事務を行うこととされている、という投資信託の仕組みに起因する問題である。

この投資信託の仕組みを検証することで、受益者が、受託者に対する信託受益権（民事執行規則が予定する差押えの対象）のほかになんらかの権利を有し、それが財産的価値を有するならば、これを差押えの対象とすることも、考えられる手法であったといえよう。

この点、振替制度移行前の証券投資信託についての事案ではあるが（注21）、最判平18・12・14金法一八〇〇号八八頁は、①投信販売会社は、受益者が投信販売会社に対し解約実行請求することで、〝委託者から投信販売会社が一部解約金の交付を受けることを条件とした一部解約金支払債務〟を受益者に対し負担する、②受益者の債権者は、受益者が投信販売会社に対して有する一部解約金支払請求権を差し押さえたうえで、差押債権者の取立権の行使として解約実行請求をし（注22）、同請求権を取り立てることができる、と判示した（図表1）。

図表1　投資信託の仕組みと販売に関する契約関係
――投資信託販売会社に対する投資家の条件付解約金支払請求権

【最判平18・12・14金法1800号88頁】

事案は、平成19年1月投信振替制度導入以前の事件であり、受益証券が発行され、投信販売会社による保護預り、かつ、これを受託者に再寄託している（大券保管）。

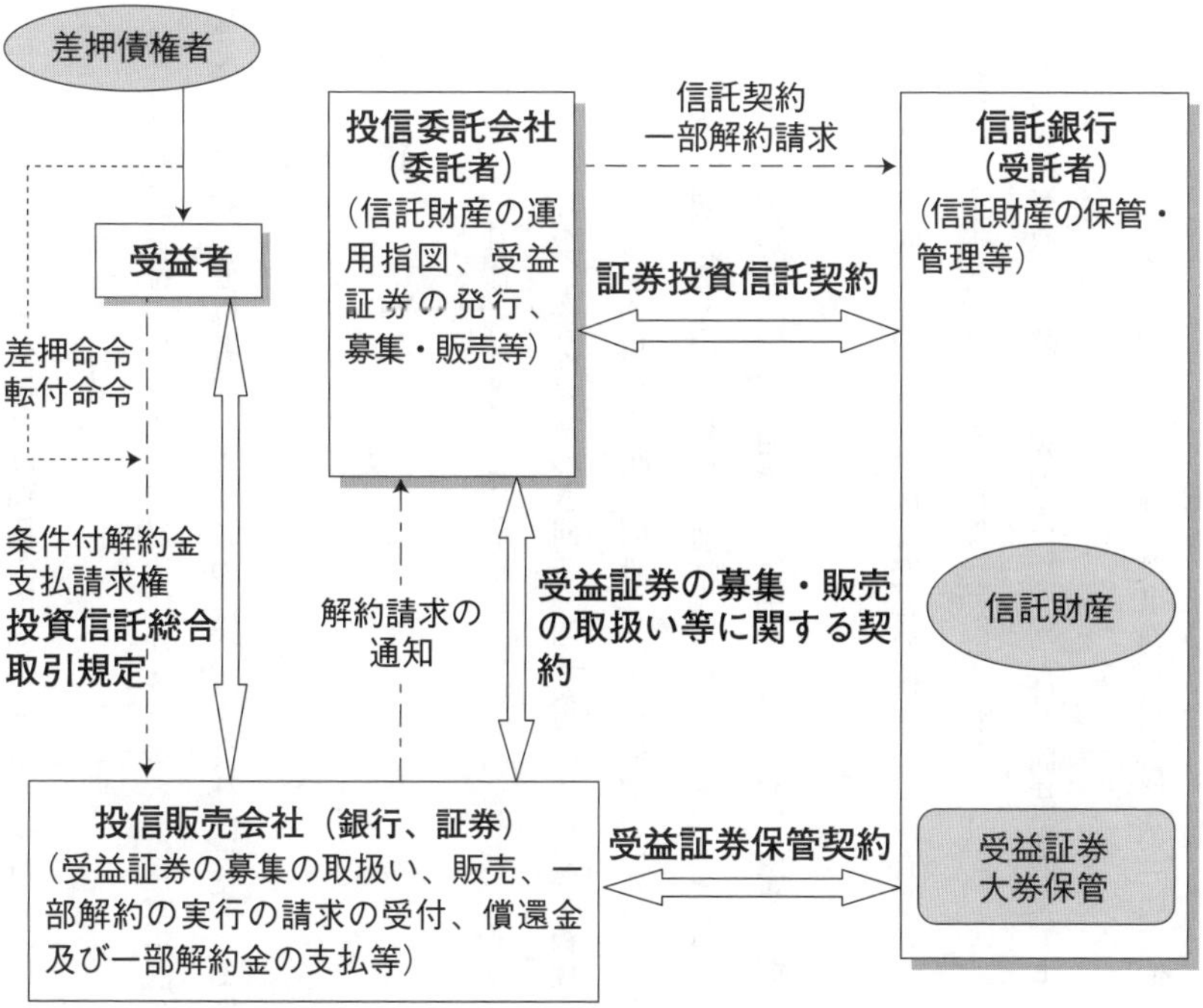

ここでの差押対象は、信託法上の信託受益権とは別個の権利である、受益者の投信販売会社に対する条件付請求権であり、約定に基づく民法上の請求権である。

平成一九年一月以降、投資信託受益権が振替制度の対象になった後も、投資信託の仕組み、販売に関する基本的契約関係に変わりはなく、受益者の債権者は、受益者の投信販売会社に対する条件付請求権を差し押さえることで、債権回収を図ることができる。

3　振替社債等の担保化

振替社債等の担保化については、社債株式等振替法で規定されている（たとえば、振替社債につき同法七四条、振替投資信託受益権につき同法一二一条、振替株式につき同法一四一条、振替新株予約権につき同法一七五条）。

質権であれば、質権設定者Xが、自己の振替口座を開設した振替機関甲に対し、振替口座記載の質入れ対象の振替社債等を、振替機関乙にある質権者Yの振替口座質権欄に振替申請する（質権設定者Xの振替口座保有欄でマイナス記帳）。一方で、質権者Yが振替機関乙に開設した振替口座における質権欄に当該質入れに係る数の増加の記帳がなされる。

譲渡担保であれば、通常の譲渡に同じく、譲渡担保設定者の振替口座保有欄のマイナス記帳、譲渡担保権者の振替口座保有欄のプラス記帳という振替申請により担保化が図られる（注23）。

（注15）　振替社債等に対する国税徴収法に基づく差押えについては、同法五四条、七三条の二、国税徴収法基本通達七三条の二関係に定めがある。

（注16）　東京地方裁判所民事執行センター実務研究会編『民事執行の実務（第三版）債権執行編㊦』二六〇頁参照。

（注17） 振替社債等が、振替債等（民執規一五〇条の五第一項）又は新株予約権が消滅した振替新株予約権付社債である場合には、譲渡命令・売却命令の発令には、「振替社債等が元本の償還期限前であるとき、又は当該振替社債等の取立てが困難であるときに」、という要件が課されている（民執規一五〇条の七第一項）。

（注18） 銀行は、内閣総理大臣の登録を受けることにより、一定の証券業務（公共債、投資信託、CPの売買等）を営むことができるほか、社債・株式関連については、平成一六年一二月より、証券会社の委託を受けて、顧客に対して証券総合口座の開設や株式・外国証券等の有価証券の売買注文などの勧誘を行うとともに、申込みがあった場合にそれを提携証券会社に取り次ぐという証券仲介業を行うことができることとなった。すなわち、社債・株式関連については、現状、委託を受けた証券仲介業としてのみ取り扱うことができる。

（注19） 特別口座に記録された株式は、株式保有者が口座管理機関等に開設した一般口座以外の口座を振替先とする振替申請は認められていないが（社債株式等振替法一三三条一項）、強制執行により買い受けた者の口座への振替は可能とされている（石川梨枝「株券電子化が株主の債権者等に与える影響――振替社債等に対する仮差押えを認めた神戸地決平21・1・27を契機として」金法一八九三号四〇頁）。

（注20） 稲田優「投資信託の差押えと実務」弁護士法人神戸シティ法律事務所記念論文集http://www.kobecity-lawoffice.com/upfile/pdf/1304331633_1.pdf

同様に、振替投信受益権が誰に対するどのような権利であるのか十分に整理がなされていないことを理由に、実務上の難点を指摘するものとして、新家寛ほか「投資信託にかかる差押え」金法一八〇七号八頁があったが、この問題点は現在では解明できていると考える。

（注21） 本事案は、東京地裁民事執行センターの運用（西岡清一郎ほか編『民事執行の実務　債権執行編(下)（初版）』一六七頁〔水谷里江子〕）が確立する前の事件である。同センターの運用では、差押えの第三債務者は販売会社、差押えの方法は、受益者の販売会社に対する受益証券返還請求権、解約を申し出る地位、解約代金請求権等を包括して〝その他財産権〟として差し押さえる、としていた。現在では、振替制度移行後の、振替証券等の差押えについては、前述のとおり振替社債等執行の方法（民執規一五〇条の二以下）による。

（注22）本最高裁判決では、生命保険契約の解約返戻金請求権の差押債権者が、取立権の行使としての解約請求権を有することを認めた最判平11・9・9金法一五六三号四九頁を引用する。
（注23）振替株式の担保化について、天野佳洋「株券不発行制度下の株式担保」金法一七一五号三二頁。

三　振替社債等にかかわる口座管理機関の商事留置権成立の有無

従前、紙媒体に権利が化体していた社債券、株券、投資信託受益証券といった有価証券を保護預り等により占有していた銀行には商事留置権の成立が認められたのであるが、これらは社債株式等振替法の適用対象となる振替社債等となり、ペーパーレス化の対象とされた。ペーパーレス化されたこれら振替社債等は、銀行の保護預りの対象ではなくなったわけであるが、振替社債等のうち、銀行自らが窓販し、振替口座管理機関となりうる振替公共債・振替投資信託受益権・特別口座記載の振替株式（振替証券）について、振替口座管理機関である銀行が振替口座開設者に対し貸付金債権を有する場合、商事留置権を主張しうるかが議論を呼んでおり、学説は賛否両説がある（注24）。

商事留置権については、商法五二一条本文に規定されており、「商人間においてその双方のために商行為となる行為によって生じた債権が弁済期にあるときは、債権者は、その債権の弁済を受けるまで、その債務者との間における商行為によって自己の占有に属した債務者の所有する物または有価証券を留置することができる」と定めている。

論点は二つであり、一つは、振替社債等は商法五二一条にいう〝有価証券〟に当たるかであり、もう一点は、振替口座管理機関は〝占有〟しているといえるのか、である。

1　振替社債等は商法五二一条にいう〝有価証券〟に当たるか

民事留置権がローマ法の悪意の抗弁に起源を有するのに対し、商事留置権は、中世イタリアの商業都市の商慣習を起源とするといわれている。その趣旨は、商人間では取引の信用を重視し取引の安全を図るべきことが重視される一方で、頻繁な取引につきいちいち担保の設定を求めることは煩雑であることから、取引中に債権者が占有するに至った債務者所有の財産が取引から生ずるいっさいの債権の担保となるという制度が必要とされたことにある（注25）。商事留置権の眼目は、商取引円滑化にあったといえる。

ドイツ旧商法及び新商法369条がこの趣旨を明文化し（注26）、ドイツ新商法369条1項では商人間の留置権の対象を「動産および有価証券」と規定した。ロエステルによって起草されたわが国の旧商法（明治二三年制定）はドイツ旧商法を模範として立案され、現行商法は旧商法に修正を加え明治三二年に制定されたが、商人間の留置権に関しては二八四条に規定を置いており、その目的物は「商行為ニ因リテ自己ノ占有ニ帰シタル債務者所有物」と規定されていた。その後、明治四四年商法改正で、商事留置権の目的物に「又ハ有価証券」を追加し（注27）、昭和一三年改正により現行の五二一条に引き継がれた。

商法は「有価証券」を定義しておらず、通説は、「有価証券とは、財産的価値のある私権を表章する証券であって、その権利を移転しまたは行使するのに、証券を交付し又は占有することを必要とするものをいう」とすることから（注28）、券面の存在が前提となる。この点からすれば、振替社債等は有価証券に当たらないと考えるのが素直な解釈であろう。

この点、弥永真生教授は、有価証券概念に関する通説的見解は、当時において有価証券であると広く認められるものを念頭に置いて、その共通する特徴を取り出したものであり、時代の変遷で、当時想定もしていなかった有価証券のペーパーレス化が実現している現況下、商法五二一条が商人間の留置権について規定を設けている趣旨に照らして、同法五二一条にいう有価証券の意義を検討することが適切であるとして、振替社債等についても同法五二一条にいう有価証券に該当する可能性があると論究している（注29）。

説得力がある見解ではあるが、商法商行為編では、五一八条・五一九条にも有価証券に関する規定があり、同法五二一条に関し券面なしでも有価証券という新解釈をとった場合、これらの規定との整合はとれるのか、また、差押えに関し民事執行規則等が予定する手法との関係で齟齬は生じないのか、といった点で、なお検証を要しよう。

2　振替口座管理機関は〝占有〟しているといえるのか

筆者は、振替社債等に振替口座管理機関の商事留置権が成立するかは、前記七八二頁記載の1の論点ではなく、2の論点が結論を左右する、と考える。

前述一2のとおり、日本における振替決済制度は、振替口座簿に記録されている振替社債等の権利は、口座開設者に直接帰属し、口座振替によってそれが同一性を保ったまま移転するという、フランス法の考えを採用し、アメリカ法の間接保有方式、すなわち、有価証券上の権利は口座管理機関に帰属し、口座開設者が有するのは、口座管理機関に対する、別個の権利であるという信託法理に依拠したSecurity Entitlement方式（米国統一商法典第8編）を採用しなかったわけであるが、その選択が、結果として、振替社債等に対する商事留置権の成否を決めてしまったように思う（注30）。

フランス法でも、口座開設者が有する権利との関係では、「占有」が認められるかは議論されている（注31）。一方で、振替業務を行う口座管理機関が「占有」を有するかは、明確に否定されており、森田宏樹教授は、フランス法における、口座名義人と認可仲介機関（振替口座管理機関に同じ―筆者注）との間の契約について、「ペーパーレス化された有価証券については、もはや寄託契約と性質決定することは困難である。なぜならば、有価証券を受寄者に引き渡すことも、また、契約終了後にその返還を受けることも想定しえないからである。ペーパーレス化された有価証券に関しては、認可仲介機関は、口座を管理し、記録された有価証券の口座振替を行う等の役務の提供義務を負っているのみであって、保管義務は負わない。したがって、認可仲介機関との間の契約は、場合に応じて、委任契約又は請負契約と性質決定されるべきことになる」とする（注32）。

この点は、日本法におけるペーパーレス化においても同様であるとし、森田教授は、「口座管理機関は、顧客口座に記録された有価証券については、何らの処分権限を有していないから、有価証券上の権利に対する「占有」を見いだすこともできない」とし（注33）、「加入者とその口座管理機関との契約は、要物契約である寄託契約と性質決定することはできず、加入者の振替申請に基づいて、振替口座簿の記録を行うことにより加入者の権利を管理することを内容とした委任契約」である、とする（注34）。

たしかに、社債株式等振替法においても、また振替社債等に関する各種口座管理約款においても、口座設定者が振替口座管理機関に対し振替社債等の返却を請求する規定は置かれていないし、また、口座解約時に振替口座管理機関が振替社債等を返却する旨の規定は存しない、いや置くこと自体想定もされていないといっていいであろう。振替制度とは、従前の紙媒体の存在を前提とし、紙媒体の交付で権利が移転するという法制度から決別し、口座開設者の申請により、口座管理機関に設定された振替口座簿の記載の増減で権利が移転するとする社債株式等振替法という特別法を根拠に、口座設定者と口座管理機関との間の、振替業務（振替申請に基づき、証券保管振替機構等の振替口座管理機関が行う、振替口座簿という帳簿上の記載の増減を行う業務）にかかわる委任事務処理に関する定めをいうと解さざるをえない。

この点は、たとえば、現行実務で利用されている投資信託受益権振替決済口座管理約款の以下の条項からも明らかである（注35）。

《約款の趣旨》で、「本約款は、社債株式等振替法に基づく振替制度において取り扱う投資信託受益権に係る投資家の振替決済口座を当行に開設するに際し、当行と投資家との間の権利義務関係を明確にするために定めるものです」として、本約款が社債株式等振替法に基づく振替制度に係るものであることを明定し、《振替の申請》では「投資家は振替口座に記載又は記録されている投資信託受益権について、次の各号に定める場合を除き、当行に対し、振替の申請をすることができます」として、投資家（委任者）の振替申請権限を定め、《他の口座機関への振替》では「当行は、投資家から申し出があった場合には他の口座管理機関へ振替が行うことができます」として、振替申請後の口座管理機関（受任者）のアクション（振替業務）を規定し、さらに《解約時》として「次の各号のいずれかに該当する場合には、契約は解約されます。この場合、当行から解約の通知があったときは、直ちに当行所定の手続きをとり、投資信託受益権を他の口座管理機関へ振替ください」として、契約解約時の処理手続が他の口座管理機関への振替となることを定めている（注36）。

口座開設者の口座管理機関に対する振替社債等の返還請求権、口座管理機関の振替社債等の返還義務を想定できない法律構成となっている以上、口座管理機関に振替社債等の占有は存しない。

また留置権の法的効果が、債権者の占有下にある「物又は有価証券」を留置することで、債権の弁済を強制するものであるが、債務が弁済されたからといって振替社債等が返却されることは予定されていない。仮に、債務の弁済がされるまでは振替業務を拒否するという権利がある、ということで債務の履行を強制するのが、留置権の内容であるとでもいうのであろうか。百歩譲って、振替業務の拒否が留置権の内容だという新たな留置権概念を創設する説（留置権概念の変容。もとより、換価権も優先弁済権もない単なる拒否権にすぎない）を立てても、この種の約定もない状態では、振替業務遂行を拒否することから生ずる委任事務処理の不履行に伴う損害賠償を免れるとは到底思えない。

以上からして、口座管理機関の振替社債等に対する商事留置権は成立しない、といわざるをえない。

なお、裁判例として、口座管理機関に振替投資信託受益権について準占有を認めた大阪地判平23・1・28金法一九二三号一〇八頁（図表2に記載の判例③）があるが、本事案は、投資信託受益証券が社債株式等振替法の適用対象となる前に販売され、その後に振替制度が適用となった事案であることに留意が必要である。同裁判例は、受益者である口座開設者に民事再生開始決定があった事態で、民事再生手続開始申立て前に販売した振替投資信託受益権について、投信販売会社かつ振替口座管理機関である銀行が、銀行取引約定書四条三項（注37）（債務者より銀行に授与された任意処分権・弁済充当権、すなわち、銀行に対する債務を履行しなかった場合には、銀行は「その占有している債務者所有の動産、手形その他の有価証券」について、法定の手続によらず一般に適当と認められる方法、時期、価格等により、銀行において取立て又は処分のうえ、これを貸付債務の弁済に充当できる、との約定）を適用し、弁済充当により貸付金の回収を図った事案である（注38）。

図表２　振替投資信託受益権にかかわる条件付解約請求権と相殺・弁済充当にかかわる判例

［破産］
①　大阪高判平22.４.９金法1934号98頁　控訴棄却
（最決平23.９.２金法1934号105頁　上告不受理決定)
（原審　大阪地判平21.10.22金判1382号54頁）

投信販売	投信振替制度	貸付	破産申立て	破産開始決定	解約実行請求
18.３.31	19.１.４	19.８.31	20.６.２	20.６.13	20.７.11

販売会社解約請求通知	解約金受領	相殺
21.４.27	21.５.１	21.５.13

［民事再生］
②　名古屋高判平24.１.31金法1941号133頁（上告受理申立て）
（逆転判決　原審　名古屋地判平22.10.29金法1915号114頁）

投信販売	投信振替制度	保証債権	Ａ民事再生	Ｘ支払不能	Ｘ支払停止
12.１.６～19.３.28	19.１.４	19.１.30	20.12.10	？	20.12.29

債権者代位権(解約実行請求)	解約金受領	相殺	Ｘ民事再生申立て	Ｘ民事再生開始決定
21.３.23	21.３.26	21.３.31	21.４.28	21.５.12

［民事再生］
③　大阪地判平23.１.28金法1923号108頁（控訴後和解）

銀取締結	投信販売	投信振替制度	貸付	民事再生手続開始申立て	開始決定
16.６.25	17.３.４	19.１.４	19.11.30	20.６.５	20.６.18

投信解約通知	弁済充当
20.６.30	20.７.４

判決	法的手続	対象	回収方法	解約請求権行使方法	論点・留意事項
① 大阪高判平22．4．9 金法1934号98頁（最決平23．9．2上告不受理決定）	破産	振替投資信託受益権	相殺	破産管財人による解約実行請求	条件付債権との相殺：破産法67条2項後段に規定あり ⇒停止条件付債権が破産手続開始決定後に条件成就した場合
② 名古屋高判平24．1．31 金法1941号133頁（控訴）	民事再生	投資信託受益証券（後に振替投資信託受益権）と振替投資信託受益権とが混在	相殺	銀行による債権者代位権行使	条件付債権との相殺：民事再生法には破産法67条2項後段におけるような相殺の許容規定がない！ ⇒条件付債務の負担時期 ⇒相殺禁止の例外規定である「前に生じた原因」の適用の可否（肯定）
③ 大阪地判平23．1．28 金法1923号108頁（控訴後和解）	民事再生	投資信託受益証券 ⇒振替制度適用 ⇒振替投資信託受益権	銀取4条弁済充当権	銀取4条任意処分権行使	振替投資信託受益権の銀取4条「有価証券」該当性 保管振替機関による銀取4条「占有」該当性 民事再生手続における任意処分権・弁済充当権の消長

判旨の概要は以下のとおりである。

① 銀行取引約定書四条三項が対象としているのは「動産、手形その他の有価証券」である。

② 本件投資信託販売時点では、本件投信受益証券は発行されており投信販売会社が保護預りしていた（受託者である信託銀行において大券保管された）。投信販売会社は本件投信受益証券を間接占有していたが、投信振替制度への移行により、ペーパーレス化となった。

③ 投信振替制度開始以前は、銀行も債務者も、保護預りしていた投信受益証券に本件条項の適用があると認識しており、ペーパーレス化後において、実際の取扱いに伴って本件条項の適用範囲に変動が生じることを想定したとは考えがたい（「動産、手形その他の有価証券」に本件投資信託受益権も含まれる）。

④ 銀行は、投信販売会社として、募集の取扱い、販売、一部解約に関する事務等を行っていたことから、本振替投資信託受益権を自己の事実的支配内においており、また、上記事務・業務を自己の名において独立して行っていたことから、民法二〇五条の「自己のためにする意思をもって財産権を行使する場合」に当たり、本受益権に対する準占有が肯定される（「占有」しているといえる）。

⑤ 銀行取引約定書で、銀行に授与された任意処分権は準委任契約（民法六五六条）に当たるが、破産とは異なり、民事再生の開始は委任の終了事由に該当しない（同法六五三条二号）ので、任意処分権は民事再生開始決定後も存続する。

口座管理機関に準占有が認められるとの本裁判例の結論の妥当性・商事留置権との関係への援用の是非はさておき（注39）、本裁判例は、振替制度移行前に販売された投資信託が振替制度適用によりペーパーレス化された事案であり、紙媒体である投資信託受益証券が当初は存在していたという点に留意が必要である（注40）。振替制度移行後に販売された投資信託については、本裁判例の射程は及ばず、前述のとおり、振替決済口座管理約款は委任契約と解さざるをえないことより、口座管理機関に振替社債等に対する商事留置権成立のための占有を認めることはできない。

(注24) 否定説として、藤原彰吾「債権者代位権」金法一八七四号一二〇頁、片岡宏一郎「銀行取引約定書の今日的課題(上)」金法一八四五号五〇頁、小林英治「口座管理機関の法律関係および債権回収手段」資本市場三一一号一八頁など。肯定説として、森下哲朗「〈シンポジウム〉決済法制の再検討　証券決済」金融法研究二五号八八頁、中野修「振替投資信託受益権の解約・処分による貸付金債権の回収」金法一八三七号五〇頁、福谷賢典「判批」債管一三四号一五頁、弥永真生「商法五二一条にいう「自己の占有に属した債務者の所有する物または有価証券」とペーパーレス化」銀法七四四号三二頁など。

(注25) 淺生重機判事は、立法の沿革につき「毛戸勝元「商法上ノ留置権ノ効力ヲ論ス」京都法学会雑誌九巻一〇号七頁は、商事留置権が中世ヨーロッパの外国取引において、債権者が外国の債務者に対し訴追するのは困難であるため、債権者は担保を必要としたが、民事留置権が留置物との間の牽連性を要求するために狭きにすぎ、また、質権の設定および実行には手続を要し、敏速な取引にマッチしなかったこと、また、これに加えて、外国取引において債権者が債務者に対し質権の設定を要求するのは、相手に不信用を表白するもので、債務者が容易に質権の設定を容認しなかったことなどから、商慣習によりこの点を解決するものとして、商人間の留置権が発生したものと説明している」とされる(淺生重機「建物建築請負人の建物敷地に対する商事留置権の成否」金法一四五二号一六頁)。

(注26) 淺生(注25)二一頁では、商人間の留置権の慣習に関する確実な証跡は、一六世紀のイタリアのフロレンス、ゼノアの条例に見られるということであるが、近代の法律で最初に明文化したのはドイツ旧商法が初めてである(松波仁一郎『改正日本商行為法』二六九頁)、とする。

(注27) 道垣内弘人教授は、明治四四年の商法改正の趣旨に関し、民法八六条三項により「無記名債権は動産とみな

す」とされているが、「みなす」というのは「本当はそうではないが、そうする」という意味で、民法における「物」には、本来的には無記名債権は含まれないことを意味する。一方、商法における「物」は有価証券も含む概念であるところ、そのままであれば「物」の概念が民法上と商法上で異なることになってしまうので、「物」の概念を民法に合致させるとともに、有価証券を留置権の目的物として含むことをより明確にするために「又ハ有価証券」という文言を付け加えた（法律新聞社編『改正商法理由』一〇三～一〇四頁参照）、と説明される（浅田ほか（注5）三〇頁〔道垣内発言〕）。

（注28） 上柳克郎ほか『新版手形法・小切手法』二九頁。

（注29） 弥永（注24）三二頁。

（注30） 筆者は、この問題点について、すでに別稿で指摘していた（天野佳洋「振替証券による債権回収」債管一三七号一頁）。

（注31） フランス法においても、「口座の記録」の法的性質に関しては説が分かれており、口座の記録は単なる証明手段であるとする形式説と、口座の記録は権利を実在化させるものであるとする実体説がある。実体説にも各説あるが、そのなかでも有力な無体財産説（ペリシエほか）では、有価証券は発行者に対する権利という無体財産であり、口座の記録は有価証券に対する「占有」という事実上の権限を表すものであるとする。注意すべきは、「占有」が議論されるのは民法典２２７９条が「占有」を基礎に善意取得を認めているからであり、その帰結は、口座名義人に「占有」を認め、２２７９条の適用を正当化することにある、と考えられる。

詳細につき、森田宏樹「有価証券のペーパーレス化の基礎理論」一五頁以下 Discussion Paoer No.2006 -J -23 (http://www.imes.boj.or.jp/research/papers/japanese/06-J-23.pdf)

（注32） 森田（注31）三三頁。

（注33） 森田（注31）四六頁。

（注34） 森田（注31）五三頁。

（注35） 三井住友銀行の投資信託 総合取引約款・規定集につき、以下を参照。http://www.smbc.co.jp/kojin/toushin/

yakkan.pdf

振替株式についても同趣旨の約款が結ばれている。たとえば、松井証券の約款として、www.matsui.co.jp/service/kitei/pdf/stock/furi_yaku.pdf

（注36）投資信託では受益者への解約金交付という途があることより、同条では続けて「なお前記《他の口座管理機関への振替》において定める振替を行えない場合は、当該投資信託受益権を解約し、現金により返還することがあります」との規定が置かれているが、解約時の口座管理機関の権限（キャッシュ化）の約定であり、これをもって、振替社債等の返還権限・義務の存在を肯定することはできない。ちなみに、振替株式にかかわる株式等振替口座管理約款では、《解約等》として、契約解約時の処理手続が、振替株式等を他の口座管理機関に開設した顧客の振替決済口座へ振り替える手続となる旨を定めたうえで、さらに次条の《解約時の取り扱い》として「前条に基づく解約に際しては、お客様の振替決済口座に記載または記録されている振替株式等および金銭については、当社の定める方法により、お客様の指示によって換金、反対売買等を行ったうえで、金銭により返還を行います」としているが、意図するところが判然としない（この点は、本稿本文四２の（注50）で論ずる）。

（注37）本件事案における銀行取引約定書では四条二項・三項で規定されているが、規定の内容は旧銀行取引約定書雛型四条三項・四項に同じである。

（注38）本裁判例は、本稿本文四で論ずる相殺ではなく、弁済充当による回収を図った事案である。相殺による回収という選択肢をとらなかった理由は不詳であるが、民事再生開始決定以降は債権者代位権による解約権行使ができないことと関係しているのではないかと思慮する。本事案における投信販売会社に対する解約権の行使も、旧銀行取引約定書雛型四条四項の「動産、手形、その他の有価証券」を対象とする任意処分権に基づき行われている。

（注39）ここでの「占有」の議論は、留置権の要件である占有概念とは離れて、銀行取引約定書四条に定める任意処分権・弁済充当権の行使対象にかかわる「有価証券」との関連で「占有」概念について議論がなされているものであることに留意が必要であろう。本裁判例は商事留置権について論じた判例ではないにもかかわらず、振替社債

等に口座管理機関の商事留置権が成立することを認めるための立論として本裁判例（準占有を肯定）を援用できるかには疑義を覚える。

（注40） 松本久美子「振替制度開始後の投資信託受益権の銀行取引約定書四条三項の適用（準用）の可否及び同条項に基づく任意処分と民事再生法八五条一項との関係」http://www.clo.jp/img/pdf/65/09-10.pdf

四　現行約定の下での相殺による回収の可否

前記三で述べたように、口座管理機関の振替社債等に対する商事留置権の成立については否定的に解さざるをえないため、口座管理機関である銀行の債権保全回収は、勢い、相殺に頼ることになる。前述のとおり、振替投資信託受益権については、口座管理機関が口座開設者に対し貸付債権を有する場合、受益者（口座開設者）破産の事態で、振替投資信託受益証券にかかわる停止条件付解約金支払債務を受働債権とする銀行（振替決済口座管理機関）の相殺を認めた大阪高判平22・4・9金法一九三四号九八頁につき、上告受理申立て後、最決平23・9・2金法一九三四号一〇五頁で不受理とされたこともあり、振替投資信託受益権が回収財源となりうることが明らかになった。

さらに、銀行が口座管理機関となっている振替公共債、特別口座記載の振替株式についても振替投資信託受益権同様、相殺による債権回収が可能かは、銀行の関心のあるところであろう。この点については、まず、投資信託という特殊な商品の法律構成、契約内容を検証しておく必要がある。

1　投資信託受益権

(一)　相殺についての合理的期待

金融ビッグバンの目玉の一つとして昭和六三年一月に解禁された銀行の投資信託の窓口販売は、瞬く間にその残高を伸ばしており、平成二四年一二月末現在の投信銀行窓販は残高四七兆九七六億円、銀行窓販シェアーは四九・一二%であり、販売チャネルとしては証券会社を上回る（注41）。

投資信託の販売でフィー・ビジネスに傾斜したいという銀行の営業施策もあり、投資販売は営業店に対し数値目標化されているが、窓口の営業セールスとして一番簡便な手法は、既存の預金取引がある顧客に対し、預金から投資信託への運用のシフトを勧誘することであろう。顧客も高齢化社会を迎え一定のリスク資産の保有は必要との認識を有しており、銀行・顧客の意向は合致する方向にあり、顧客は付合いがあり信頼を寄せる銀行から投資信託を購入する傾向にある。一方、銀行の審査的側面からすれば、当該顧客に対し、銀行が貸付金債権を有している場合、銀行が融資判断の際に考慮に入れる債権債務の保全バランスには、前述の最判平18・12・14金法一八〇〇号八八頁により、自らが販売し口座管理機関となっている振替投資信託受益権に関連し条件付債務を負担していることが明らかになったこともあり、預金同様に、本条件付債務を相殺対象財源として期待している（注42）。銀行のこの相殺期待は、原資が預金からの振替が多いという実態からしても、銀行に預金同様の合理的相殺期待が存することを肯定してもよいと考える。

(二) 投資信託の法律関係の概要

銀行が窓販する投資信託は、投資信託及び投資法人に関する法律（以下、投信法という）二条四項にいう証券投資信託であり、その仕組みは、図表1に記載のとおりであるが、①投信委託会社を委託者、信託銀行を受託者として証券投資信託契約（投資信託約款）が締結され、②投信委託会社が信託財産の運用について信託銀行に対し指図し、③当該信託契約に係る受益権は均等分割され、受益証券（注43）として投資家（受益者）に販売されるが、④投資家（受益者）に対する受益証券の販売は、投資信託委託業者又はその指定する証券会社及び登録金融機関（投信販売会社）が行うというものである。

この結果、約定としては、証券投資信託契約（投資信託約款）のほかに、受益証券の募集・販売の取扱い等に関する契約、投資信託総合取引規定（投資信託総合取引約款）が締結されており（契約締結関係及び各当事者の役割につき図表1参照）、問題となる、信託契約の一部解約及び一部解約金の返還に関しては、概要以下のとおりとなっている。

① 証券投資信託契約（委託者・受託者間で締結）では、(i)受益者は、委託者に、信託契約の解約実行請求をすることができ、この解約実行請求は、委託者又は販売会社に対して行うこと、(ii)委託者は受益者から解約実行請求があったときは、受託者に対し信託契約の一部解約請求権を行使すること（すなわち、受託者に対する信託契約の解約請求は委託者がすることとされている）、(iii)委託者が受託者から受領した一部解約金は、投信販売会社の営業所等において受益者に支払うこと等、が定められている。

② 受益証券の募集・販売の取扱い等に関する契約（委託者・投信販売会社間で締結）では、(i)委託者は、投信販売会社に対し、受益証券の募集の取扱い及び販売、受益者との間の一部解約請求事務並びに受益者に対する一

部解約金の支払等の業務を委託し、(ii)投信販売会社は、投資家（受益者）から受領した申込金を委託者に払い込むこと、受益者からの解約実行請求を受け付け、委託者に通知すること、(iii)投信販売会社は、一部解約金を委託者より受け入れ、これを受益者に支払うこと等、が定められている。

③　投資信託総合取引規定（受益者・投信販売会社間で締結）では、(i)受益証券の購入及び解約の申込みは投信販売会社の店舗等において受け付けること、(ii)解約金は取扱商品ごとに定められた日に受益者の預金口座に入金すること等、が定められている。

投資信託受益証券という券面が存在していた際の実務では、投信販売会社が委託者から受領した受益証券は、投信販売会社に設定した受益者の保護預り口座に預け入れることとされているが、投信販売会社は受託者に受益証券の保管の委託をしており（受託者において大券保管）、現実には、受益者に交付される扱いとはなっていなかった。その後の振替制度の適用により、ペーパーレス化された振替投資信託受益権については、投資信託受益権振替決済口座管理約款（通常、投信販売会社が口座管理機関を兼ねる）に基づき、口座管理機関の振替口座簿へ記載又は記録することとされている。

(三)　相殺の受働債権

前述のとおり、投資信託では、受益権が多数の受益者に均等分割されるという証券投資信託特有の仕組みから、委託者（投信委託会社）あるいは受託者（信託銀行）が末端の受益者を把握するという構成はとられておらず、投資家たる受益者との直接接点を有する投信販売会社が、受益者の変動や各受益者の保有する投資信託の口数を把握し、解約事務を行う、という独自の構成をとっていることもあり、民事執行法で予定している投資信託受益権の差押えでは、債権者による取立てに実務上の障害があった。そのため、投資家の債権者は、投資家が投信販売会社に対して有する〝委託者から投信販売会社が一部解約金の交付を受けることを条件とした一部解約金支払請求権〟を差押えの対象としたところ、投信販売会社である銀行が当該債務の存在について争い、前述の最判平18・12・14金法一八〇〇号八八頁で、当該条件付債務の存在が認定されたという経緯がある。

投資信託に関し販売会社として負担する債務の存在が認定されたことは、局面を変えると、銀行が投信販売会社で振替口座管理機関を兼ねている場合において、銀行が口座開設者に対し貸付金債権を有するとき、銀行は投信販売会社として自己が負担するこの条件付債務との相殺による回収を期待できることになる。

(四) 相殺による回収と破産・民事再生

振替投資信託受益権は、投信販売会社で口座管理機関となっている銀行が、投資家（受益者）に対し貸付金債権を有する場合、投資家が販売会社に対し有する〝委託者から投信販売会社が一部解約金の交付を受けることを条件とした一部解約金支払請求権〟を受働債権として相殺することができる。

(1) 相殺に関する判例

問題は、条件付債権であることからくる法的整理の場面での扱いと解約実行請求権の行使手法であり、相殺による回収（注44）として破産と民事再生の事態で以下の判例がある（注45）。

〔破産〕

大阪高判平22・4・9金法一九三四号九八頁　控訴棄却〜図表2記載の判例①

（最決平23・9・2金法一九三四号一〇五頁　上告不受理決定）

〔原審　大阪地判平21・10・22金商一三八二号五四頁〕

本件事案の時系列については、図表2記載のとおりである。銀行が販売した投資信託についてこれを購入した受益者の破産管財人が、投資信託解約権を行使したところ、投信販売会社である銀行が、受益者に対し破産手続開始当時に有していた貸付金債権を自働債権、当該解約金の支払請求権を受働債権として相殺したことから紛争となった。

銀行が相殺の受働債権としたのは受益者である投資家が投信販売会社に対して有する条件付債権であるところ、条件成就は破産開始決定後に破産管財人によって解約権行使されたことで成就している。また、破産法六七条二項には条件付債務との相殺を許容する規定が置かれている。

控訴審、原審判決ともに、要旨、受益者が破産した場合において、破産債権者（投信販売会社＝銀行）は、破産者の破産開始決定時において破産者に対して停止条件付債務（投資信託解約金支払債務）を負担している場合においては、特段の事情がない限り、破産債権者は、期限の利益又は停止条件不成就の利益を放棄したときだけでなく、破産開始決定後に期限が到来し又は停止条件が成就したときにも、破産法六七条二項後段の規定により、前記停止条件付債務、すなわち、破産財団所属の停止条件付債権を受働債権とし、破産債権（貸付金債権）を自働債権として、相殺をすることができる、とする最判平17・1・17金法一七四二号三五頁（注46）を引用したうえで、同判決にいう「特段の事情」の有無について検証し、特段の事情を認めることができないとして相殺を有効とした。

〔民事再生〕

名古屋高判平24・1・31金法一九四一号一三三頁　原判決取消し～図表2記載の判例②

（上告受理申立て）

（原審　名古屋地判平22・10・29金法一九一五号一一四頁）

本件事案の時系列については、図表2記載のとおりである。投資信託受益証券の購入者Xが銀行Yに対し保証債務を負担していたが、その後、支払停止となった。投信販売会社でもあるYは債権者代位権を行使しXに代わって受益権の解約実行請求をして、解約金の入金を得た。Yは同解約金の返還債務を受働債権とし、Xに対し有する保証債権を自働債権として相殺した。その後、Xに民事再生開始決定がなされたことから、Yがなした相殺の民事再生法上の効力が問題となった。

本裁判例の判旨は概略、以下の内容となっている。

① 原審も控訴審も、投信販売会社は、受益者が支払を停止したことを知った後に受益者に対し解約金返還債務を負担したことになるから、投信販売会社が本件相殺の受働債権とした解約金返還債務に対する債権については、民事再生法九三条一項三号で相殺が禁止されている場合に当たる、とした。

② 相殺禁止の例外規定である民事再生法九三条二項二号の適用の有無については結論を異にし、原審がその適用を否定したのに対し、控訴審は、以下のとおり判示し、その適用を肯定した。

すなわち、X（受益者）に再生手続が開始された場合において、Xの支払停止後にY（販売会社＝銀行）が債権者代位権の行使としてXに代わって受益権の解約実行請求をして入金を受け入れた同解約金返還債務を受働債権とし、Xに対する債権を自働債権としてした相殺は、YのXに対する解約金返還債務がXの支払停止後に負担した債務であっても、YがXの支払停止を知った時よりも前に生じた原因に基づいて発生した債務であると認められる判示の事実関係の下においては、民事再生法九三条一項三号に該当する場合であっても、同条二項二号に該当する場合であるから、相殺は有効である、とする。

控訴審の判断のポイントを敷衍すれば、

(i) 投資信託総合取引規定は支払停止前に締結されている。

(ii) 投資信託総合取引規定を内容とする受益権の管理委託契約により、受益権は管理されている。

(iii) 解約金返還債務は、停止条件付債務として、支払停止前に負担した。

(iv) 支払停止後、解約金が交付され、停止条件が成就したことで、解約金返還債務として負担するに至った。

(v) 管理委託契約を包含する上記仕組みに従って解約金返還債務を負担したものであり、その負担は、支払の停止を知った時より前に生じた管理委託契約等といった原因に基づく場合に当たる。

(2) 民事再生法における条件付債務の相殺

名古屋高判平24・1・31の事案は、民事再生手続開始前に、銀行が債権者代位権に基づき解約権を行使することで解約金が交付され、銀行が解約金返還債務を負担した場合であり、本裁判例も、銀行が支払停止・支払不能の事実につき悪意であったことから、民事再生法九三条一項三号で原則相殺禁止に当たるが、同条二項二号の相殺禁止の例外規定(〝原因が前にある〟)の適用が認められる事態である、とした。

それでは、仮に、債権者代位権の行使が遅れ、解約金の入金・解約金返還債務の負担時期が、民事再生手続開始後であった場合はどうなるか(注47)。

この点、民事再生法には条件付債権との相殺を許容する破産法六七条二項後段のような明文規定は存しないことから、民事再生法上の条件付債権との相殺の可否については議論がある。

通説的見解(注48)は、債務負担時期が民事再生開始後であることから民事再生法九三条一項一号に該当し、これには、同条二項二号の相殺禁止の例外規定（〝原因が前にある〟）の適用が認められておらず、相殺は不可とする。この説では、破産法六七条二項後段は創設的規定とされる。

一方、破産法六七条二項後段は確認的規定と解する最近の有力説（注49）からは、民事再生事件でも、停止条件不成就の利益を放棄することで相殺が認められるとする。

このほか、民事再生の事態では、相殺については、債権届出の期間内という時期の制限があり（民事再生法九二条）、相殺の意思表示の到達もこの期間内に行われる必要があること、民事再生開始決定後は債権者代位権の行使は認められないことに留意を要する。

2　振替公共債、特別口座記載の振替株式

振替公共債、特別口座記載の振替株式については、投資信託におけるような、投信販売会社を介在させる販売システムはとられておらず、したがって振替口座管理機関が投資家に負担する債務も認定できず、相殺の受働債権は存しない。

また、振替公共債については、銀行においても、投資信託のような営業施策はとられていないと思われ、特別口座記載の振替株式についても、もっぱら、名義書換代理人となっている信託銀行等で振替口座が開設されることより、銀行の債権保全については、振替投資信託受益権ほどの関心を引いていないのではないかと思慮される。もっとも、将来的に銀証分離行政が見直され、振替社債、振替株式等について銀行の窓販が解禁され、銀行にこれらに関する振替口座の開設が可能となれば、様相は一転しよう。

その場合、振替制度の法的性質から、これらについても商事留置権の成立を認めることはできず、相殺による

債権保全回収の可能性を探ることになろうが、現行の約定からは相殺の受働債権は見出すことができない。考えられる手法は、振替決済口座管理約款を変更し、口座解約時の処理として、口座管理機関が振替社債等をキャッシュ化し金銭返還できる旨の定め、を置くことで相殺の受働債権を創設する、ことが考えられよう。この場合、①委任契約の解除（当座預金を相殺財源とする場合の現行銀行実務に同じ）、②相殺実行、③各種法的整理における、相殺制限の例外規定である「原因が前にある」との条項（破産法七一条二項二号、民事再生法九三条二項二号、会社更生法四九条二項二号、会社法五一八条二項二号）の適用を主張する、とともに、④相殺の合理的期待について説得力ある主張を展開する、ことになろうが、さらなる検証を要しよう。

また、口座開設者の債務不履行時における、銀行の任意処分権・弁済充当権の行使として、振替社債等をキャッシュ化し弁済に充当できれば、回収手法の選択肢も広がることになろう（注50）。

（注41）投資信託協会ホームページ参照。http://www.toushin.or.jp/statistics/statistics/data/

（注42）浅田ほか（注5）一八頁（浅田発言）。なお、平成一八年最高裁判決の事案は、振替制度が適用される前の紙媒体としての投資信託受益証券にかかわるものであるが、投資信託の仕組み、投資信託販売に関する当事者間の契約関係が振替制度適用前後で差異がない以上、投資信託が振替制度の適用対象となった後も、受益者が投信販売会社に対し本条件付請求権を有することを否定する理由は存しない、と考えられている。

（注43）受益証券の発行に関して、投資信託では特異な構成をとっている。すなわち、信託法では、受益権は受託者に対する権利の総称であり、受益者の地位と位置づけられており（受益債権は、信託利益の給付を請求する権利で、その中核をなす）、受益証券が発行される場合、その発行者は受託者であるが、特別法である「投資信託及び投資法人に関する法律」を根拠法規とする証券投資信託では、受益証券の発行者は委託者とされており（投信法二条七項）、受託者はこれを認証するという構成となっている。

（注44）相殺ではなく弁済充当による回収が民事再生の事態で問題となったものとして、前記三2で検討した大阪地判

平23・1・28金法一九二三号一〇八頁（図表2記載の判例③）がある。

（注45）投資信託からの債権回収に関する文献として、高山崇彦＝辻岡将基「名古屋高判平24・1・31と金融実務への影響」金法一九四四号六頁、安東克正「八つの裁判例からみた投資信託からの回収」金法一九四四号一三頁、中西正「証券投資信託における受益者の破産・民事再生と相殺」銀法七四三号二二頁、三井住友信託銀行法務部「投資信託に基づく債権回収」銀法七四三号四頁ほか。

（注46）停止条件付債務が破産手続開始後に成就した場合とその後の相殺の可否が問題となったものであり、事案は、満期未到来の積立普通傷害保険契約について、破産管財人が保険会社に対し解約実行請求し、保険会社が条件付債権を受働債権とする相殺をしたもの。

（注47）図表2記載の判例③の事案が該当する（同図の時系列の記載を参照）。もっとも、同事案は、相殺ではなく、任意処分権・弁済充当権による回収である。

（注48）園尾隆司＝小林秀之編『条解民事再生法（第二版）』四〇四頁〔山本克己〕、伊藤眞「再生手続廃止後の牽連破産における合理的相殺期待の範囲」門口正人判事退官記念『新しい時代の民事司法』二一一頁など。

（注49）山本和彦ほか編『倒産法概説（第二版）』二六四頁〔沖野眞巳〕、才口千晴＝伊藤眞監修『新注釈民事再生法(上)（第二版）』五〇四頁〔中西正〕、松下淳一『民事再生法入門』一一三頁、伊藤眞ほか『条解破産法』五〇九頁、浅田ほか（注5）二〇頁〔山本和彦発言〕など。

（注50）前掲（注36）で、証券会社における、振替株式にかかわる株式等振替決済口座管理約款の《解約時の取り扱い》として「前条に基づく解約に際しては、お客様の振替決済口座に記載または記録されている振替株式等および金銭については、当社の定める方法により、お客様の指示によって換金、反対売買等を行ったうえで、金銭により返還を行います」が存することについて触れているが、銀行取引約定書が締結されていない証券会社で任意処分権・弁済充当権の行使が意識されているのかは判然としない。もっとも、銀証分離行政の見直し等で、銀行が将来的に振替証券等を回収財源の対象と考える場合には、検討に値する約定といえよう。

おわりに

銀行の債権回収は、民法の規定を頼りにすることなく、相殺に代表されるように銀行取引約定書をはじめとする当事者間の約定の適用で考えていることは、世に知られているところである。

担保においても、質権・抵当権・譲渡担保という約定担保での保全で考えており、本来的に、留置権・先取特権という法定担保物権に頼ることは銀行の債権保全においては、重きを置いていない。

この点、振替投資信託受益権については、銀行も、預金同様、相殺での回収に期待を寄せており、相殺の合理的期待も肯定できよう。相殺以外でも、任意弁済権・充当指定権の行使による回収も考えられるが、これらの回収手法は、約定を拠り所としている。

振替投資信託受益権以外の他の振替証券等からの回収についても、約定による回収で考えるべきで、その際、有価証券のペーパーレス化といっても、振替社債等と電子手形では、ペーパーレス化の根拠法規・法律構成に差があり、回収財源として考える場合も別個の検討が必要である。

いずれにせよ、約定による債権保全回収の検証を第一義的に考えるべきと思慮する。

三

信託法

商事信託法の諸問題

小野　傑

はじめに

平成一八年、約八〇年ぶりに大改正された信託法（なお、旧法との関係で、以下文脈により新法、新信託法と呼ぶことがある）であるが、その後六年あまりを経た今日において、改正以前と比べ信託制度が社会に浸透し、また新法に基づいた新たな信託が社会経済に有用な制度として活用されているという認識はおそらく一般にないであろう。本論稿では、いわゆる商事信託の分野の諸問題のうち重要と思われるいくつかの問題を取り上げ、信託制度普及のための解決の糸口を探ることとしたい（注1）。以下、本稿で取り上げる諸論点を概観する。

まず、商事信託と民事信託をめぐる議論につき再考する。というのも、商事信託の本質に関する議論は、単に概念的な議論にとどまらず、信託をめぐる現行の法制度と実態との間のゆがみやずれなど、法制度のあり方、また解釈論のあり方などさまざまな面に関係するからである。

次に、信託に関する法制度や法理の進展が足踏みしている状況において、商事信託の実際の場で受託者責任はいかにとらえられているかについて、信託銀行における信託業務の状況、また法制度や法理等との乖離の実態につき検討する。

以上をふまえ、業規制のあり方について検討する。（議論の適否は別として）複数回受託者となることが予想される場合には受託業務が信託業法下の規制に置かれるとの考え方に立つと、現実問題として信託は信託法単独では存在できず、常に信託業法とセットで検討する必要が生じる。しかし、両法は整合性がとれたものではなく、また個人間の信託も信託業法の規制の下に置かれるという問題が存する。新信託法制定時の国会の附帯決議においてわざわざ民事信託の発展のための検討が課題とされたにもかかわらず（注2）、金融審議会では解を見出せず（注3）、また現状、制度構築に向けての努力も十分なされないままという閉塞感がある。また、信託業法の業概念と並んで信託の発展の阻害要因となっているのが、金商法上、受益権がみなし有価証券とされ、その取扱いは信託の内容如何を問わず第二種金融商品取引業とされていることである。そこで、現行法とは異なる目的や機能に沿った規制のあり方について検討することとする。

信託の実態と信託法・信託業法の不整合という点に加え、信託の法理面でも、元来、信託制度とは、既存の各法律分野の法理では解決できない問題に対して柔軟な対応が可能な法的ツールとして利用されるべきであるにもかかわらず、実際には他の法域との間で軋れきが生じる状況にある。すなわち、会社法との関係では、信託をビークルととらえる考え方に押され、その反映として信託法には会社法の規律が入り、それが信託の税法上の扱いにも影響を及ぼす。また民法との関係でも、信託（あるいは信託財産）に法人格がないにもかかわらず、あたかも法主体性があるかのように扱われる信託制度について、適切な解釈論の深化を見出せない状況にある。こうした点は、手続法にも影響し、信託関係についての訴訟法上の扱いについても解明は進んでいない。以下ではかかる問題の状況を分析し、あるべき方向性について検討することとする。

（注1）　筆者は東京大学法学部において本稿と同タイトルの演習を平成二〇年より担当しており、本稿は演習における学生とのこれまでの議論から得た示唆によるところも多い。なお、筆者が委員として参加した法制審信託法部会での議論を支えるため設置された日弁連信託法改正バックアップチームにおいて、同チームのメンバーとしてご参加いただいた田原睦夫先生より多大なる薫陶を得たことを謝して記したい。

（注2）　衆参ともほぼ同内容の附帯決議であるが、以下では参議院法務委員会における民事信託関連の部分を引用する。「二　高齢者や障害者の生活を支援する福祉型の信託については、特にきめ細やかな支援の必要性が指摘されていることにも留意しつつ、その担い手として弁護士、社会福祉法人等の参入の取扱いなどを含め、幅広い観点から検討を行うこと。」

（注3）　平成二〇年二月八日金融審議会金融分科会第二部会「中間論点整理――平成一六年改正後の信託業法の施行状況及び福祉型の信託について」参照。

一 商事信託の実際

1 新信託法と民事信託

信託法にも信託業法にも、民事信託と商事信託の両者を区分して規定が置かれているということはない。信託業法は営利目的の信託の受託をその規制の対象とし、そのため同法下の信託は一般に営業信託といわれるが、民事信託、商事信託という信託の機能に応じた規制の体系ではない。他方、新法は民事信託に対する配慮に欠ける、あるいはそれゆえに新法とは別に民事信託法を制定すべきであると議論がなされ、また信託業法から民事信託を切り離すべきであるとの議論もされ、民事信託と商事信託はあたかも相対立する、また相いれないものとして議論されている感がある（注4）。

ところで、新信託法は、信託銀行を受託者とする商事信託の下で発展した信託法理を取り込み、民事信託・商事信託いずれにも共通する実体法の枠組みを構築しようとしたものであるといわれる（注5）。実際のところ、民事・商事両信託間の境界は明確ではなく、また受託者の責務、受益者の保護において、両者間に本質的な差異はないはずである。では民事信託の規律が現行法では不十分とする見解がまったく正鵠を得ていないかといえば、必ずしもそうではない。受託者義務の多くは新法で任意法規化されたが、民事信託に関する個人間の信託契約で受託者義務の軽減がなされた場合、なかには不適切な状況もあろう。

では、いかに考えるべきかであるが、新信託法は民事・商事、両信託の包括的な私法体系の構築である以上、受託者の諸義務を強行法規とせず任意法規としたことは当然の帰結といえる。しかしながら、民事信託においてはとりわけ、信託の目的、信託の本旨に照らして受託者責任の任意法規化には自ずと限界があるべきであり、また一方で民事・商事いずれの信託においても信託の目的、信託の本旨をふまえ信託法が定める受託者責任と異なる特約がなされることを一概に排除すべきではない。

すなわち、受託者責任の任意法規化の議論は、一般には軽減の可否や限界の議論に軸足が置かれるが、それだけでは不十分であって、信託法が定める受託者責任がデフォルトルールとして適用される場合、信託の目的や受託者・受益者の関係に応じた多様な意味合いが受託者責任という用語には含まれていることを認識し、当事者間の信頼関係の程度やその質に応じてデフォルトルールとしての受託者責任についても柔軟な解釈を施したうえ、適用する必要があろう（注6）。

2　信託銀行における信託業務と商事信託法理

民事信託の観点から批判の多い新信託法であるが、では商事信託にとっては万全かといえば必ずしもそうではない。それは商事信託といっても多種多様であり、現行法の規律とは必ずしもそぐわない実態もありうるからである。そこで商事信託について検討するにあたり、まず商事信託の実際を概観し、その本質を把握することから始めることとする。

商事信託の担い手である信託銀行の業務は、①銀行業務、②信託業務（狭義）、③併営業務であり、金融機関の信託業務の兼営等に関する法律（以下「兼営法」という）上、兼営の認可を受けて行っている業務は②と③である（注7）。なお、信託業務について機能面から信託を分類すると、①銀行業務との親和性が強く、預金との類似性のある信託（例：元本補填契約が付された貸付信託等の合同運用指定金銭信託）、②倒産隔離を目的とする信託（例：流動化信託、社内預金引当信託）、③有価証券等の管理を目的とする信託（例：投資信託、特定運用金銭信託）、④信託財産の委託者からの切離しの機能を利用する信託（例：金庫株専用信託、信託型ライツプラン、ＥＳＯＰ信託）、さらに⑤（元本補填を伴わない運用型信託のなかでは受託金額も最大である）運用や制度管理を目的とする年金信託に分けることができよう（注8）。

こうした実際の商事信託の状況からわかることは、①モノ（注9）の後退、②運用責任、③事務処理の専門性、④コンプライアンスの重視、⑤システム等ＩＴ環境への配慮、⑥新商品開発のための創意工夫、等が商事信託の特徴であるということができ、個人間でモノを受託者名義で信託財産として管理保全することを目的とする民事信託とは様相は大きく異なる。神田秀樹教授は、民事信託において受託者が果たす役割がモノの管理・保全・処分が中心であるのに対し、商事信託では財産の存在は不可欠ではなく商事性を有するアレンジメントが重要であると述べるが（注10）、商事信託の実際に符合する適切な観察といえる（注11）。

なお、投資信託等有価証券の管理を目的とした信託は、商事信託のなかにあってモノの管理に比重が置かれた信託であり、わが国においては、カストディアン信託銀行がその役割を担っている。しかしながらここでも、社債・株式等すべて振替制度となったこともあってその業務の中心は専門性ある事務サービスの提供であり、カストディアン＝モノの管理という図式は必ずしも当てはまらない（注12）。

ところで、流動化信託について、通常わかりやすくビークルとしての信託と述べられることから、あたかも会社のようなかたちで信託という器が提供され、そこに流動化対象資産というモノが保管され管理されるようなイメージが与えられている。しかし、実質は信託の倒産隔離機能を利用するものであり、かかる意味で信託をアレンジメントとして利用を図るものであって、ビークル性を強調することは実際は適切ではない。恰好な例として、自己信託を流動化のために用いる場合、ビークルを観念することはむずかしい（注13）。

（注4） たとえば、新井誠「平成一八年信託法と民事信託」信研三五号三〇頁。

（注5） 両者を包括する信託法制定が望ましい理由として、①別個の基本法による場合の異質な信託が創り出される危険性、②私法ルールとしての信託法構築により両者のニーズを取り込むことが可能であること、③民事信託の基礎法理充実のためにもこれまでの商事信託法理の発展が役立つことがあげられる。能見善久「シンポジウム『信託法改正の論点』総論」信研三〇号四頁参照。

（注6） 拙稿「信託法改正と商事信託」NBL八三二号、二二頁参照。なお、ここで論じている任意法規と強行法規の関係、目的に応じた解釈論の複層化の必要は、民法においても意識されるべきものであるといえる。現在法制審において債権法改正の審議がなされているが、対立面の強い論点、たとえば、保証契約には、事業者、消費者等の二分類ではまかなえないものが包含されているようにも思われる。この場合においても、デフォルトルールとしての任意法規をそのまま直接適用することが適切ではない状況があれば複層的な解釈により、それを回避すべきである。従来黙示の合意等によりかかる機能はある程度代替されてはきたが、事実認定を前提とすることは限界があり、少しでも解決の糸口を見出すためにも、複層的な解釈のあり方について検討がなされるべきである。

（注7） 銀行業務は固有業務、付随業務及び周辺業務からなる。また併営業務とは兼営法一条一項一号から七号に掲げられている業務で、このうち財産の管理にはカストディ業務が入る。信託業務としてのカストディとの違いは「財産の所有権が移転しないことが違うのみ」（高橋康文『詳解新しい信託業法』一〇六頁）であると指摘されている。

（注8） なお、受託金額という尺度から考えた場合、①商事信託の担い手としては信託銀行ということになり、②なかでも運用型の種々の信託のなかで最も重要なのが年金信託であり、③年金信託において受託者の重要な役割は運用であり、制度設計や管理事務であること、また、④管理型の種々の信託のなかで比重が大きいのが投資信託の

受託であるが、信託財産の管理はカストディアン信託銀行に再信託されていること、⑤その結果、信託銀行においてモノというかたちで信託財産が分別管理される状況は限定されること、⑥他方、カストディアン信託銀行においても振替制度が導入されたこともあって、物理的な分別管理が必要とされるモノは実際にはなく、管理はシステムにより支えられていることが商事信託の特徴である。信託協会『日本の信託2012』参照。

（注9） 信託財産の趣旨で用いるが、観念的には常に信託財産は存在すべきところ、商事信託において果たしてどれほど実態を伴うかという趣旨で、以下ではモノと表すことにする。

（注10） 神田秀樹教授は「商事信託の本質はこの民事信託の本質とはまったく異なるものと言うべきである。すなわち、まず第一に、財産の存在は商事信託にとって不可欠でないのみならず、財産の存在を無批判に前提すると商事信託の本質を見誤るおそれがある。商事信託にとって本質的なのは何らかの商事性を有するアレンジメントであり、そのアレンジメントを管理・実行する任務を引き受けるのが受託者であり、そのアレンジメントに実質的な出捐をし、そのアレンジメントの利益を享受するのが受益者である。なお、そのようなアレンジメントの設定（オーガナイズ）も受託者が行う場合が少なくない。従来のわが国における信託法制および法理論は財産にこだわりすぎていたため、商事信託の発展を阻害してきた面があるように思われる。」と述べる。「商事信託の法理について」信研二二号四九頁以下。

（注11） 年金信託を例にとれば、信託銀行の役割は運用であり、制度設計や管理事務であり、また、金庫株専用信託、ＥＳＯＰ信託等多様な信託が今日提供されているが、それらは信託の機能や特性を利用したものであって、アレンジメントということができよう。

（注12） カストディアン信託銀行におけるモノの管理は実際には多額のシステム投資によって達成されるものであり、民事信託の典型事例である個人間におけるモノの信託がもつ意味とはほど遠い。信託を用いるのはカストディアン名義でモノの管理を行う必要からであるが（注7）参照）、カストディアン名義とするためのツールとして信託法理を用いているのであって、主たる業務は、信託の引受けというよりむしろカストディ業務であるということができる。カストディアン信託銀行の業務について、日本トラスティ・サービス信託銀行編著『ＴＨＥ資産管

理専門銀行――その実務のすべて（第三版）』参照。

（注13）アメリカにおいてはビジネストラストはビークルとして認識されているが、会社法上の会社と同様に自ら事業を営むことができる法主体として特別法により導入されたものである。それが事業信託と訳され、わが国では異なる意味合いで用いられている。ビジネストラストが会社等の組織形態より優れているとアメリカで考えられたのは、信託財産が委託者、受益者、受託者の固有財産から離脱し、一方、会社法と異なり、関係者の利害調整機能を最小限とし財産分離機能に特化した組織法であるからである。工藤聡一『ビジネス・トラスト法の研究』参照。実際の条文の和訳及び信託法と比較して論じたものとして、有吉尚哉「証券化のビークルとしてのデラウェア州のスタチュトリー・トラストの特性――新信託法における柔軟性と比較して」クレジット三九号八四頁及び九七頁参照。なお、新たに導入された限定責任信託はアメリカにおけるビジネストラストとは異なり、実質信託財産のみが責任財産であるのに、信託法はビークルとしてのその法主体性は認めない。しかし一方で、配当規制など会社法の議論に引きずられ、税法上も法人税課税信託に分類されるなどビークル性が強調されている。アメリカではＬＬＣまたＬＬＰとの競合のなかビジネストラストの法理が発展したが、わが国ではすでに投資事業有限責任組合法が導入され、登記制度も完備され、かつ民法の任意組合の一類型であるから税務上同じ扱いとされ、限定責任信託はアメリカのビジネストラストとは異なる展開となっている。

二　商事信託における受託者責任

以上指摘した商事信託の特徴は、信託法四〇条が受託者にたとえば善管注意義務違反があり信託財産に損失が生じる場合、受託者は損失塡補責任を負うと規定する等、信託法がモノを中心に受託者責任の規律を図る点と不整合性を来す一方（注14）、信託が利用される場合と同様な信認関係を基礎とした状況において、同様の受託者責任が課されるべきではないかとの考えとは親和性を有することになる。

1　受託者責任をめぐる議論

商事信託における受託者責任をめぐる議論は、実際にはモノに必ずしもかかわるものではないことから、信託以外の同様な状況、また信認関係が認められる関係に対して親和性を有する。しかしながら、法理としての受託者責任を検討するにあたって、受託者責任の中核は忠実義務であると論じられるあたりから（注15）、忠実義務が現行の民法には規定がないこともあって議論は混迷する。

また金融取引、金融業務における利益相反行為の禁止を考えた場合、その実体法上の根拠を受託者責任に置くと、受託者責任の中心となる忠実義務の規定がない状況にあっては実体法上の根拠を欠くことになりかねないこともあって、根拠が善管注意義務に置かれることになるが、そうすると今度は、利益相反行為の禁止を善管注意義務ではなく、忠実義務の具体的態様と考える信託法と不整合を来すことになる。結局行き着くところ、受託者責任は善管注意義務を根拠とするという考えになり、忠実義務は必要なくなり、善管注意義務に忠実義務が含まれるという議論につながることになる。

議論の深化を図るための適正なアプローチは、忠実義務が善管注意義務に入るか否かの入口での議論からいったん距離を置き、また信託法の規定にもこだわらず、まず受託者責任の具体的な内容やその中核の忠実義務を独立して考察することであり、受託者責任や忠実義務を観念した方がふさわしい状況にあって、実体法上の明確な根拠規定を欠く場合においては、解釈論によって溝を埋めることである。

なお、受託者責任の法的根拠が、契約や実体法にあればもちろん問題はないが（注16）、では業法や規制法など行政法規中の規定はどうであろうか。すなわち、業法等のなかで規定された義務が実体法上の義務と同様な効果をもつか否かという論点であるが、業法等のなかの受託者責任にかかわる諸義務を規定した条項は、実体法上の義務を課することが法の趣旨にも合致するものと考えて規定されたものが多いと思われ、一般には積極的に解することが妥当といえよう（注17）。また、信託業法の積極的な意義は商事信託実体法の側面ももつことであり、その意味でも信託業法中の受託者の義務は実体法上の効果を有すると解すべきであろう。

ところで、かかる立場に立った場合、類似業法間の規定の差異について、また、法律の改正による規定の変更・消滅について、実体法としての影響をいかに考えるべきか。考え方として、フィデューシャリーとしての地位等の議論を持ち出すまでもなく、実体法上の義務と同視している以上、かつ規制の議論ではない以上、類似業法間の規定の異同については準用や類推適用もあってしかるべきと考えることができ、また法律の改正についても実体法上の義務と観念する以上、あたかも契約が変更されて義務内容に変動を来したり、また新たな義務が課せられた場合と同様に考えることができよう（注18）。

2　善管注意義務と忠実義務の関係

前述したように、善管注意義務と忠実義務をめぐっては議論が混迷を呈しているように思われるが、次のように論点を整理することができよう。

①信託法以外の場面において、忠実義務を善管注意義務とは別個独立した義務として観念すべきか（注19）。この論点には、法理上の問題とは別に関係当事者の利害にいかなる影響を及ぼすか、という現実的な側面がある。また、②信託法上、忠実義務は受託者と受益者の利益相反行為の禁止がその中核であることが明らかにされ

たが、他の法令中の忠実義務についても同様に考えるべきか（注20）。③信託業法上の規定のみならず、その他の規制法上に規定された善管注意義務を根拠とする受託者責任が観念できる場合、民法の善管注意義務とは異なる善管注意義務としてとらえるべきか。さらに④信託ではない状況において受託者責任を論じる場合、その違反の効果について信託法における受託者責任とは異なるものと考えるべきか（注21）、等である。

まず考え方の整理として、①善管注意義務と忠実義務の関係について、善管注意義務が委任契約における受任者による委任事務遂行の際の注意義務の規範である以上、委任事務遂行上必要とされるあらゆる義務を包含するものととらえることは可能であり（注22）、その意味で忠実義務（その意味内容は別途議論することとして、また、デフォルトルールとして必ず包含されているという前提ではないものとして）も善管注意義務に包含されているとする考えを排斥するのは適切ではない。しかしながら、そのなかで重要な義務を具体的に取り上げ特別なネーミングを施すことは、義務内容の明確化に貢献するものであって、わざわざ忠実義務と法令、契約に明記されている状況下、具体的にその意味合いを掘り下げることは十分意義のあることといえよう。その意味でも忠実義務なるものは観念できないと考えることは妥当ではない。そもそも委任の場合でも、受任者は委任の本旨に従って善管注意義務を果す必要があり、委任契約における善管注意義務を分解すれば委任本旨遂行義務と（狭義の）善管注意義務からなることになる。一方、信託法は当初より、信託事務遂行義務は善管注意義務とは別途規定する建付けとなっている。

次に、②なぜ忠実義務に限って善管注意義務に含まれていると議論されるのかといえば、おそらく義務の内容が抽象的であって、誠実な行動を求めるという趣旨では、本旨に従った善管注意義務と区別して認識することが困難と思われるからではなかろうか。しかしながら、信託法理の発展により、忠実義務は委任者（信託では受益者）の最大利益を図ることと認識され、また具体的な例として、信託法では利益相反行為の禁止を規定しており、その結果、忠実義務が明記されている当事者の関係では、信託法の規定を手がかりに義務の内容を具体的に検討することが可能となったといえよう。また、忠実義務が受託者責任と同義で用いられる状況があることからすると、さらに一歩踏み込んで、忠実義務の具体的内容として当事者が置かれている状況にふさわしい義務、責任を検討することも可能であろう。

③の場合、善管注意義務に忠実義務と観念される義務も含むのか、さらに（狭義の）善管注意義務以外の受託者責任として議論されるその他の義務も含むのかという論点について、考え方の整理としては、信認関係の認定ができる状況においては、実体法上の根拠として善管注意義務を軸とし、受託者責任として一般に議論されている諸義務の存在を認定すべきであり、その意味において善管注意義務の意味が変容しているということもできよう。その場合、善管注意義務は忠実義務を含む趣旨ということもできよう（注23）。なお、④の受託者責任違反の効果については、信託法四〇条は信託財産に対する損失填補責任や原状回復責任を課すが、信託以外の場面では信託法上の忠実義務違反の効果を準用することが妥当な状況か否かという観点から検討することになろう（注24）。

3　年金信託における受託者責任

現在、日本の年金制度は確定給付年金制度（以下「ＤＢ年金」という）及び確定拠出年金制度（以下「ＤＣ年金」という）からなるが、以下ではこれらについて受託者責任を検討することとする（注25）。

ＤＢ年金においては、①受給者管理、②年金制度管理、③年金資産運用、④年金資産管理等の業務について信託銀行等の受託機関が一元的に管理することが一般的である。具体的には、たとえば数理担当部署、信託財産管理部署、信託財産運用部署等においてそれぞれの部署における専門性に基づき、管理されることになる。なお、これに対し、DC年金においては、それぞれの機能が複数の機関に分担されることが一般的である。

DB年金における受託者責任の法的根拠であるが、アメリカと異なり、企業年金制度を包括的に規制する法が存在しないわが国では、厚生年金保険法等の個別の法律が独自に受託者責任を定めている。具体的には、厚生年金保険法一二〇条の二により、厚生年金基金の理事は忠実事務を負うものとされ、また同一二〇条の三は、同理事は第三者の利益を図る目的で一定の行為をすることを禁じる。運用受託機関の忠実義務については、平成一三年の確定給付企業年金法制定及び厚生年金保険法改正において、運用受託機関の業態にかかわらず、忠実義務が明文化された。一方、生命保険会社については保険業法を含め、受託者責任を直接規定した法令はない状況にある。このように、DB年金との関連において、受託者責任に関する法律上の規定は統一されていない。

DC年金についても類似の状況であり、事業主は確定拠出年金法四三条一項により、また確定拠出年金運営管理機関は同法九九条一項により、資産管理機関は同法四四条により、忠実義務を負うが、一方、商品提供機関に関しては確定拠出年金法上受託者責任に関する規定はない（金融商品販売業者として金商法の適用はあろう）。なお、信託銀行がDC年金において資産管理業務を行う場合には、このほかまた信託法上の忠実義務を負うことになる。

なお、DB年金のように、企業年金における受託者が担う諸機能について信託銀行がすべてを担う場合においては、信託法等により受託者責任を負うことが明確であるが、DC年金のように同様の機能を他のさまざまな機関が担う場合には、DB年金で信託銀行が負う場合と同様の義務を負うようには、法律上は規定されていない状況にある。したがって前述したように、関連する諸法中の受託者責任に関する義務規定を実体法上の義務と観念し、それを準用あるいは類推適用することにより、あるべき受託者責任を構築することが必要である。

（注14）商事信託における受託者の善管注意義務は、信託の機能や目的に応じて、①運用機関としての責任（年金信託の主眼は運用と制度管理であるが、運用責任について考察すると、投資そのものによる運用リスクは信託財産がとることから、受託者責任という観点からは善管注意義務の履行としての運用の適切なる執行ということができよう）、②設計変更、年金数理、加入者受給者管理も含む年金制度管理、投信事務管理等オペレーションに対する責任、③カストディアンとしてのリスク管理、情報システム整備、セキュリティーシステム構築等の責任、④エクィティを信託財産とする場合の適切な行動をなす責任（例：パッシブ運用で受託者自らの又は受益者の株式を売買する場合、株主としての議決権行使をする場合、TOB対応等）、各場面、状況ごとの専門家としての責任ということができよう。いずれの場合もモノに対する受託者という観点が大きく後退し、信託財産に対する損失補填責任というよりむしろ直接に受益者に対する善管注意義務に基づく責任ということになろう。

（注15）たとえば、小出篤「シンジケートローン・社債管理業務に関する利益相反問題」金融法二八号一三六頁では「いわゆる『信認義務』、英米法におけるフィデューシャリーデューティーのようなものを、アレンジャーやエージェントは負うと考えることで、一般的な忠実義務を考える」として、信認義務と忠実義務を同義に近いものという前提で述べる。

（注16）契約や法令に根拠がなくても英米法のように信託受託者のほかに、弁護士、医師、公認会計士など「他人のために裁量性をもって専門的能力を提供する者」に対して、フィデューシャリーリレーションシップ＝信認関係が存するとして、契約責任とは異なる受託者責任を課するという見解もあるが、ここでは現実的に考え、かかる立場に依拠して論じることはしないこととする。

（注17）投資信託を例に考えると、投資信託の構造は複層的で、まず信託の構造としては他益信託であり、委託者は投資信託委託会社（委託会社は運用についての指図権を有する）、受託者たる信託銀行（一般には信託銀行が受託

した後、カストディアン信託銀行に再信託される）、受益者たる投資家からなるが、これに加え受益権の販売会社（委託会社の直接販売も可能であるが、一般には証券会社、金融機関等が担う）が存在し、四者間の構造となる。ここでは受託者が実質的な意味における受託者責任を受益者に直接に負う構造ではなく、「受託者である信託銀行は受益者のために信託事務を処理するが、直接に受益者と接することは……［なく］、約款上、受益者に対する……収益分配金・償還金等の支払……等は投資信託委託会社が行う……収益金や信託元本の支払は……総額を委託者に交付し、各受益者への支払は販売会社経由で投資信託委託会社が行う……」（三菱ＵＦＪ信託銀行編著『信託の法務と実務（五訂版）』四七〇頁）仕組みとなっている。業法、規制法上の規律については、受託者たる信託銀行が兼営法（信託業法）及び銀行法上の義務を負うことのほか、委託会社は金商法上の投資運用業とされ、従前投信法上規定されていた忠実義務及び善管注意義務については、金商法四二条により義務を負うこととなる。また投信受益権の証券会社による販売は金商法上の第一種金融商品取引業に該当し（委託会社の直販は自己募集として第二種）、金商法四二条により善管注意義務、忠実義務を負い、また金融機関による投信受益権の販売は、金商法三三条の二により登録を受けた登録金融機関として行うこととされており、金商法四二条により有価証券販売業者と同様の義務を負うこととされている。すなわち、実態としてもまた規制法の観点からも、信託法上の規律とは異なり、それぞれの当事者がそれぞれの機能に応じて受託者責任を負うかたちとされており、またそれで違和感はない。なお、近時販売会社である金融機関が債権回収の手段として投資信託の解約金との相殺を利用することが裁判例として報じられ、また論じられているが（たとえば、「特集　投資信託に基づく債権回収」銀法七四三号四頁）、その場合、受託者責任という視点からの考察も必要とされよう。

（注18）　生命保険会社の場合、業法中に忠実義務、善管注意義務の規定はなく、契約中に誠実運用義務規定があるにすぎず、それは「生命保険契約は『保険会社が一定額の保険金を支払うことを約し、保険料はその対価として保険会社の固有の資産に組入れられる』ものであり受託者責任にはなじまない」（厚生年金基金連合会受託者責任研究会『厚生年金基金受託者責任ハンドブック（運用機関編）』一四頁）からであるとされている。これに対して、基金側から「基金は、信託、生命保険、投資顧問という法的スキーム（仕組み）を資産運用や資産管理の

『ツール（道具）』として用いているので……法的スキームの相異によって受託者責任の有無やその内容が異なるということは不都合であり、その実質や機能に着目した検討を行うことが望まれる……違反行為があった場合における適切な契約者保護という観点からも決して好ましいことではない。」（同五頁）との指摘がある。運用機関としての生命保険会社の受託者責任について、運用リスクを基金が負っている特別勘定については少なくとも受託者責任を観念する余地はあり（同一三頁参照）、その場合、準用・類推適用を通じて受託者責任の実体法上の根拠を求めることになろう。なお、受託者責任と呼んでも信託関係を認めるものではない。また、生命保険会社においても株式会社形態はもちろん相互会社形態でも取締役は忠実義務を負っている点は留意すべきである。

（注19）　会社法に取締役の忠実義務が規定されているが、沿革について参考となる記述として、「会社法三五五条が規定する取締役の忠実義務は、利益相反に関する代表的な私法規定である。その沿革は、以下のようなものである。取締役の忠実義務の規定は昭和二五年商法改正によって導入された……アメリカ法の取締役の忠実義務（duty of loyalty）に倣って設けられたものとされる。アメリカにおける取締役の忠実義務の法理は、取締役は会社という信託財産の受託者であるという考えに由来している。信託法における受託者（trustee）は受益者に対しfiduciaryの立場にあり、受益者と利益相反関係に立ったような場合は、受益者の最善の利益を図ることなく私的利益を図ったりすることを避けなければならない。……アメリカ法においてはこのような取締役の忠実義務（duty of loyalty）を注意義務（duty of care）と峻別して考え、取締役が職務執行に際して相当の注意を尽くす義務である注意義務については、経営判断原則（business judgment rule）を適用して責任を軽減する一方、取締役の忠実義務については、責任を厳格に認め、忠実義務違反の場合の利得返還ルール等、厳しい効果を認めてきた。」岩原紳作「金融機関と利益相反：総括と我が国における方向性」（金融法務研究会報告書⒄。以下「岩原」という。八六頁）。

（注20）　民法六四四条の善管注意義務は、信頼関係に基づく義務として善管注意義務には忠実義務が含まれているという考えが根強く、「取締役の場合に限らない広く委任関係一般において、受任者は善管注意義務の一内容として、委任者に対し利益相反関係に立った場合に私利を図らないという忠実義務を負っていると考えることになろ

う。」（岩原八八頁）といわれる一方、債権法改正の議論において、委任契約の受任者の義務として忠実義務を新設することの是非が問われていることは注目される。平成二三年四月一二日「民法（債権関係）の改正に関する中間的な論点整理」第四九（委任）1⑵「受任者の忠実義務」において、「受任者は、委任者との利害が対立する状況で受任者自身の利益を図ってはならない義務、すなわち忠実義務を負うとされている。民法には忠実義務に関する規定はなく、善管注意義務の内容から導かれるとも言われるが、忠実義務は、適用される場面や救済方法などが善管注意義務と異なっており、固有の意味があるとして、善管注意義務とは別に、受任者が忠実義務を負うことを条文上明記すべきであるとの考え方がある。これに対しては、忠実義務の内容は委任の趣旨や内容によって異なり得ることから、忠実義務に関する規定を設けず、委任の趣旨や善管注意義務の解釈に委ねる方が柔軟でよいとの指摘、忠実義務を規定すると強い立場にある委任者が弱い立場にある受任者に対してこの規定を濫用するおそれがあるとの指摘、適切な要件効果を規定することは困難ではないかとの指摘もある。このような指摘も踏まえ、忠実義務に関する明文の規定を設けるという考え方の当否について、善管注意義務との関係、他の法令において規定されている忠実義務との関係、忠実義務を減免する特約の効力などに留意しながら、更に検討してはどうか。」と述べる。なお、債権法改正により忠実義務が民法に加えられた場合、あるいは善管注意義務に忠実義務の趣旨があることが明確にされ忠実義務自体は明文で規定されなかった場合でも、委任契約の状況が常に受任者に受託者責任を負わすことをデフォルトルールと考えることは、委任契約が多様なサービス関係を包含することから無理があろう。したがって、いかなる状況において受託者責任を負うかという本質的な議論は残ることになる。

（注21）　善管注意義務や忠実義務といった英米法における信認義務に相当する日本法上の概念の内容を精緻化することを目的として、これらの「既存の義務」を信認義務という概念でとらえ直そうとする議論もあるが（神田秀樹「いわゆる受託者責任について：金融サービス法への構想」フィナンシャル・レビュー五六号参照）、かかる議論は、受託者責任は民法上一般に論じられる善管注意義務と異なるものという考え方に基づくものと考えられる。

（注22）　受任者の情報提供義務も、善管注意義務に含まれていると考えることは可能であるが、しかし情報提供と明文

化されていることでわかりやすく、議論の深化にもつながることになる。

（注23）善管注意義務に含まれていると解された忠実義務について、信託法上の義務違反の効果まで取り込む趣旨か否かという論点も存在する。信託法上、受託者責任のなかでも民法法理には存在せず、かつその違反の効果で異なる面があるのが忠実義務（信託法三〇条以下）であるからである。すなわち、受託者は受益者の利益を優先させる義務を負い、なかでも忠実義務の具体的内容たる利益相反行為の禁止（同法三一条）、競合行為の禁止と介入権（同法三二条）、利益吐き出し責任への解釈論の展開が期待される受託者が得た利益と同額の損失を信託財産に生じたものとする推定規定（同法四〇条三項）の適用など民法の善管注意義務とは異なる扱いがされている。

（注24）岩原八九頁は、「信託法を私法体系に取り入れた現在では、信託、委任、会社等の各制度は、信認関係に基づいて他人のために財産を管理・運用する類似の制度として統一的に把握されるべき」との道垣内弘人教授の見解、「私法一般のレベルにおいて英米法におけるfiduciaryの義務を認める」神田秀樹教授の見解を紹介する。

（注25）りそな信託銀行（現りそな銀行）におけるフィデュシャリー研究会（座長：樋口範雄教授）での二神憲一郎氏による「確定拠出年金資産管理業務における受託者責任」に関する報告及び同研究会における議論を参考とした（非公表）。

三　信託業法における受託の「業」規制、金商法による受益権譲渡等の「業」規制

信託の新たな展開・活用の可能性を考えたとき、現行の信託業法、金商法における受益権をみなし有価証券とした業規制は過剰で現実にそぐわないところがあり、また二重規制の面もあって、これまでも頻繁に批判されている（注26）。それではいかなる規律がふさわしいか、以下で検討することとする。

1　信託業法における「業」規制――機能に応じた規律の必要性

高齢者や障害者が財産をめぐる紛争に巻き込まれないため、信託を利用し、財産の管理・保全を図ることが考えられる。このような社会的弱者を対象とした福祉目的の信託に限らず、個人の財産管理機能の面からも信託の利用価値は高く、その担い手として親族その他弁護士や社会福祉法人等の団体が受託者となることがふさわしい状況もある。しかし、そこに立ち塞がるのが受託行為すべてを業としてとらえて業規制を敷く信託業法である（注27）。

すなわち、信託業法は「『信託業』とは、信託の引受け（他の取引に係る費用に充てるべき金銭の預託を受けるものその他の取引に付随して行われるものであって、その内容等を勘案し、委託者及び受益者の保護のため支障を生ずることがないと認められるものとして政令で定めるものを除く（注28）。以下同じ）を行う営業をいう。」（信託業法二条一項）と定義したうえで、「信託業は、内閣総理大臣の免許を受けた者でなければ、営むことができない。」（同法三条）とし、また免許を取得できる者を株式会社に限定する（同法五条）。「信託業」について、「営利の目的をもって、反復継続的に、他人から財産権の移転その他の処分を受けて、一定の目的に従いその財産の管理または処分を行うことを引き受けること」（注29）とされ、たとえば、弁護士が福祉目的の信託の受託者となる行為を反復継続して行う場合、信託目的、信託財産の種類、価値を問わず、こうした弁護士業務が「信託業」に該当し、同法違反とされるおそれがあることになる。なお、信託の業規制の問題は、上述したように民事信託発展の阻害要因として指摘されるが、商事信託という観点からも、信託の引受けを業とするか否かで規制を図る現在の建付けは、信託の目的や本旨を考慮することなく一律の規制下に置くものであって適切ではない。

では、いかなる規律がふさわしいか。会社法が会社「業」法を採用せず、機能や目的、営業の形態に対応して規制の必要な特定の業種につき業法を採用するのと同様、信託にあっても一律の規制ではなく、信託目的や信託の本旨に沿って必要性に応じた規律がなされるべきものと考えられる（注30）。この点、会社法との規制のあり方の違いはガバナンス強弱の観点であるとの指摘もあるが（注31）、①制度上も信託だからといってガバナンスが不十分とは考えられず、②まして株式会社が受託者ならそもそも問題ないということにもなり、また③監査役非設置会社や合同会社など会社法上の会社でも柔軟なガバナンス制度の会社形態もあり、さらに④ガバナンスの強弱は株主のもつ権利と受益者のもつ権利の対比という見方も可能であるが、その場合受益者のほうがより強い権利を有していると評価することもでき、ガバナンスの強弱を根拠とすることはむずかしい。

ところで、信託の機能に応じた規律という萌芽は、実際にすでに信託業法中にも存在する。すなわち、①（政令による適用除外の場合のように）特定の取引に付随して金銭やモノを信託財産として預かる場合を業法の枠外としており、また②自己信託の規律では、受益者数を基準として五〇人か否かで投資性を判断し、投資性あるものだけを規制下に置く。したがって、こうした特定の場合だけでなく、一般論としても取引の目的に付随してなされる受託行為は規制の対象外とし、一方不特定多数の受益者の出現を前提とする投資性あるスキームの受託の場合は規律するという方向性が考えられる。

なお、信託の機能や目的に応じた規律という考えを推し進めると、①投資性ある信託の規律は金商法に一元化することが考えられ、また②カストディアンにあってはモノのカストディのための法的ツールとして信託が用いられるのであって、中心はカストディそのものであり信託規制になじまず、③（銀行業務も営む）信託銀行にあっては金融機関としての独自の規律を検討すべきことになり、さらに④信託銀行等によらない民事信託にあっては、受託者の権限濫用防止に重点を置いた新たな規律を考えることが考えられよう。また⑤倒産隔離を目的とする信託にあっては、信託財産の独立性が信託法上保障されているとはいえ、より安全性を確保するために必要な措置（たとえば、信託財産ごとにＳＰＣを設立し、ＳＰＣを受託者とすること（注32））を検討することが考えられる。

2　金商法における受益権のみなし有価証券指定

証券取引法が金商法に衣替えした際、従前から有価証券とされていた受益権だけでなくすべての受益権も取り込みそれを有価証券とみなし、金商法規制の対象とし、その取扱いについて第二種金融商品取引業とし、業規制の網がかけられた（注33）。

この点について、信託をビークルとしてとらえ、一般社団法人の社員権とのアナロジーで受益権を考え、こうした金商法上の扱いに合理性を見出す考え方もあるが（注34）、信託には、年金信託や大規模なカストディアントラストから家族間の財産管理的なものまでさまざまなものがあり、一概にそのように決めつけることは妥当ではない。なぜならば、①海外におけるビジネストラストのように信託そのものに会社に準じる法主体性を認める法制度の場合には信託と会社のアナロジーの議論は当てはまるが、わが国の信託とは状況は異なる。②①の議論をさて置いても、多種多様な信託すべてを一律に性格づけることはできず、また、商事信託の本質がアレンジメントであるという観点からも相容れない。受益権移転を財産権移転とパラレルにとらえて金商法の受益権規制を支持する議論もあるが（注35）、③信託に限らずいずれの権利の譲渡にも当てはまり、なぜ受益権の譲渡だけが指すべて金商法で規制されるのか説明は困難である。また、財産の管理を第三者に委ねていることを根拠とする指摘についても、④金銭の運用の場合ならともかく、実物に関しては普通のことであって、みなし有価証券化を正当化する根拠とはなりえない。

ところで、受益権一般をみなし有価証券と指定した理由としてほかにも、⑤信託会社の登場、⑥金融商品の範囲拡大、⑦民事信託・商事信託の区別の困難さや⑧受益権の譲渡可能性等があげられるが、いずれも説得力はない。組合の出資持分と同様、実質的な投資対象性が認められる受益権に限定し、その扱いを業として規制するという方法がとられるべきである（注36）。

（注26） 神作裕之教授は「金融商品取引法と信託業法・個別法の適用関係・役割分担の調整」について、「金融商品取引法により受益権が一般的に同法の規律の対象とされた今日、信託業法および個別法・特別法の意義と、それぞれの守備範囲については、総点検する必要がある」と述べる。「信託法・信託関連法の近時の展開と課題」信託二四二号一五頁。

（注27） 拙稿「福祉信託と信託業法」金商一二三四号一頁参照。

（注28） 「弁護士又は弁護士法人がその行う弁護士業務に必要な費用に充てる目的で依頼者から金銭の預託を受ける行為その他の委任契約における受任者がその行う委任事務に必要な費用に充てる目的で委任者から金銭の預託を受ける行為」（信託業令一条の二第一号）、及び、「請負契約における請負人がその行う仕事に必要な費用に充てる目的で注文者から金銭の預託を受ける行為」（同条二号）であって、「信託の引受けに該当するもの」を信託業法の適用除外とする。現行法は、さまざまな可能性のある信託について、委任、請負、預り金など、とりあえず問題となった事例をとらえて政令で規制解除する建付けである。なお、後掲（注39）参照。

（注29） 小林卓泰他『Q&A新しい信託業法解説』一六頁参照。

（注30） 天谷知子「『業務』vs.『取引・商品』vs.『?･』」金法一九三三号一頁では、“regulatory arbitrage” 対応の処方箋という異なる視点からではあるが、従来の業規制の問題を指摘する。なお、金融法委員会「金融商品取引業における『業』の概念についての中間論点整理㊦」NBL九八六号三三頁では、「金融商品取引業における『業』の要件として、『反復継続性』のみならず、規制の趣旨や社会通念に照らしてさらに適用範囲を限定するための要件

を観念することは、『業』の要件の一般的な理解に合致しているものと思われ、『対公衆性』の要件も、『当該行為が不特定多数の求めに応じる者によって行われること』を基本的な意味合いとし、かかる要件（の一つ）として理解すべきであると思われる。」と金商法上すでに従前の「業」概念に対して限定的解釈がなされていることと、またその必要性について述べる。

（注31）　神田秀樹＝永田俊一「信託対談シリーズ㉒信託を動かそう（後編）」信託二四九号一三頁参照。

（注32）　この場合、規制の対象は信託の引受けをするＳＰＣではなく、ＳＰＣを管理することとなる機関ということになる。

（注33）　参考文献として、神田秀樹「金融商品取引法と商事信託の関連ポイント」信託二四四号四七頁。なお、金商法では発行者・発行時等の技巧的な手法を用いて適用関係の不都合を回避する建付けを採用するが、一般市民が信託制度の利用を考える際、信託法だけでは足りず、信託業法に加え金商法も（しかもパブコメに対する回答まで）検討対象としなければならない現状は、過剰規制そのものであり、経済的な効率性もなければそれを正当化する合理性もない。また規制が信託業法と金商法にまたがっているため、曖昧であったり不整合であったりする面もある（井上聡編著『新しい信託30講』三四二頁参照）。

（注34）　なお、金商法上の信託受益権のみなし有価証券化の理由について神田秀樹教授は「形式的には信託は仕組みであり、かつ所有と経営が制度的に分離し……会社で言えば……株式会社に当たります」と述べる。後掲（注36）ジュリ一一一六頁。

（注35）　「有価証券の範囲」金融商品取引法研究会研究記録二五号における神作裕之教授の発言（三五頁）。

（注36）　高橋正彦「有価証券概念の変遷と問題点」横浜経営研究三〇巻一号七七頁参照。なお、信託協会は、有価証券の定義の見直しの方向性について、平成一七年一二月二二日付金融審議会金融分科会第一部会報告において示された有価証券の基準、すなわち、「①金銭の出資、金銭等の償還の可能性を持ち、②資産や指標などに関連して、③より高いリターン（経済的効用）を期待してリスクをとるものといった基準」がふさわしいと規制・制度の改善を提案している。平成二二年一〇月一三日信託協会ニュースリリース（信託協会ホームページ参照）。ま

た、藤田友敬教授は、金商法の規制手法として法形式による個別列挙と包括条項の組合せの手法をとるが、「信託受益権といった多様な実質を持つものを、形式だけに着目して定義したとすると、本来なら不要なものも拾ってしまうのではないかという疑問が生じる」と述べ、具体例として、当事者が信託と意識せず後に信託と性質決定された信託、外国で設定された信託、セキュリティトラスト、知財管理信託、高齢者の扶養目的信託等をあげる。前掲（注35）金融商品取引法研究会研究記録二五号。また、セキュリティトラストに関して金融庁は「信託の受益権がローンと不可分一体であることが信託行為などにより確保されていれば、その受益権の取扱いは第二種金融商品取引業に該当しないものと解される」と実質に則した制限的な解釈に踏み込んだが、セキュリティトラストのみならず参考となる。「金融商品取引法セミナー第七回有価証券概念」ジュリ一三八六号一一六頁参照。

四　法律関係における当事者としての信託

①ある信託銀行を受託者として設定された異なる信託間の「取引」、②信託勘定のキャッシュフローを補うための信託銀行の固有勘定から信託勘定への貸付、あるいは預金設定のため信託勘定から固有勘定への資金の預入れ等の信託銀行の固有・信託勘定間の「取引」、さらには③二重信託といわれる同一受託者内における「再信託」の設定、たとえば、子ファンドの信託財産を親ファンドに「信託」する行為（以上につき、ここでは便宜上これらをまとめて「受託者内取引」と呼ぶこととする）につき、いかに法的性格づけをするかについて、信託に法主体性がないことから従前の法律行為論では解釈の糸口が見つからず、議論は膠着状態で進展が見られない状況にある（注37）。また受託者内取引の結果、受託者が信託財産に「債権」をもつ場合や、逆に信託財産から受託者の固有勘定に向けて「債権」をもつ場合も考えられるが、受託者という同一法人格内の出来事という既存の法理ではそ

れを「債権」と扱うことができないことになる（注38）。

さらに手続法の面においても、紛争状態となれば同一受託者内のある信託勘定と別の信託勘定が原被告間の関係となる状況も生じるが、それを説明する法理も未解明という状況にある。まさに実務から研究サイドに早急に解を出すことが求められている論点である。

1　信託法における信託財産の独立性、「金銭債権とみなす」規定の意味

信託制度においては、受託者が信託財産を所有するにもかかわらず、実質的な利益は受益者に帰属し、受益者は受益権という債権のかたちをとりながらも、①受託者及び信託財産に対し物権的ともいえる強い権利（受託者の権限違反行為の取消権（信託法二七条）が、また②受託者の法令・信託行為違反行為の差止請求権（同法四四条一項））等が与えられ、さらに、信託財産は受託者所有の財産であるにもかかわらず、信託であるがゆえ、③受託者の債権者から強制執行等を受けず（同法二三条一項）、④受託者破産時に破産財団を構成しない（同法二五条一項）という独立性を有し、また、⑤受託者の責任を信託財産に属する財産に限定する限定責任信託（同法二一六条以下）が新設され、⑥信託財産に履行責任を限定する特約の有効性が確認され（同法二一条二項四号）、⑦信託財産の破産制度を導入する等、信託財産の独立性が強化されている。その一方で⑧受託者に対しては、信託財産の所有はするものの、常に信託目的に沿って受益者のために行動しなければならないとする厳しい義務と責任が課されている。

その結果、ある信託の受託者の地位にある者と別の信託の受託者の地位にある者が別人か本人かは実質的な意味を有さず、たまたま同一法人格であるからといってその場合だけ「契約」の成立を否定しそのため「権利義

務」を認識せず、また二重信託にあっては「信託」の成立を否定することは信託の発展に資する議論ではない。ところで、受託者の内部関係にとどまる限りにおいては、それをあえて「債権」「債務」と整理する必要はなくても、執行の側面で配当加入する場合などには「債権」「債務」とみなす扱いとする考え方を信託法は条文上明記する。すなわち、①信託財産に対する強制執行・担保権の実行との関係で受託者が配当要求する場合（信託法四九条四項・五項）、②受託者が固有財産をもって信託財産責任負担債務（同法二条九項）を弁済して信託財産に対して債権を有する第三者の権利に代位する場合（同法五〇条一項）には、受託者の信託財産に対する「債権」を差押えあるいは代位の規定との関係で、「金銭債権とみなす」と規定する。

こうした信託法の規定を例外的あるいは創設的と考え、明記されている場合以外当てはまらないものと考える必然性はなく（注39）、受託者内取引についての信託法の趣旨が示されたものと考えるべきであって、「債権」とみなすことが必要なその他の場合について適切な立法がなされることが望ましいものの、それまでの間においても、解釈論で対応を図るべきであろう（注40）。そうすれば「債権」譲渡にあたって第三者対抗要件の具備も可能となり、また銀行勘定貸しあるいは信託勘定貸しに担保権を設定することも、またかかる「債権」を差し押さえることも可能との議論が展開できよう。

なお、こうした考え方は「債権」「債務」の発生原因たる「契約」関係でも同様で、「金銭債権とみなす」規定の準用として、受託者内取引について、「契約」に準ずるものととらえる解釈論を確立する方向での議論の深化を図ることが必要であろう。受託者内取引について法理が未発達というだけでは、法律関係を曖昧なものとし、受益者の保護にも取引の安全にも資するものではない。

2　二重信託をめぐる議論

二重信託とは、たとえば年金信託の運用の手法として個々に受託（「原信託」と呼ぶ）した信託財産を合同運用する場合等、同一受託者内において「再信託」する行為を指すが、これをいかに法的に説明するかが問題となる。

まず、固有財産の切出しではないことを理由に自己信託（信託法三条三号）には該当せず公正証書等の要式は不要と整理され、次に民法法理との折合いをつけるため法的にどのように説明するかにつき、いくつかの考え方が示されている。①実質的に考え、原信託の委託者が二重信託の委託者でもあるとする考え方（注41）、②原信託と二重信託を合わせて一つの信託であるとする考え方、③信託財産の分割の一類型とする考え方、また、④同一内容の複数の信託契約に基づき、当該複数の信託に係る信託財産が合同運用される場合について、信託の変更や受益者の権利行使の問題を考える場合、一本の信託契約により受益権が複数存在する場合において個々の受益者が有するのと実質的に同等の権利を合同運用されている複数の信託の各受益者に対しても認めるべきとする考え方がある（注42）。

いずれの考え方も一人の受託者内の二重の信託設定そのものに正面から向き合わず、実質論や技巧的なとらえ方で対処するものであるが、①二重信託における受益者である原信託の受託者の信託法上の強行法規たる権利を考慮できない結果となり、②法人格が異なる受託者との間の実質が同じ信託との間で法的扱い、その結果として関係当事者の権利義務に差異をもたらし、また③将来受託者の変更等により二重信託が法人格が異なる受託者との間で成立するかたちとなった場合に前後の信託の同一性について説明に窮することになる。やはり、正面からこの問題を見据える姿勢が必要であろう（注43）。

3　音楽著作権侵害訴訟の事例

受託者が管理する音楽著作権相互間で侵害の有無が争われる場合、受託者として自らを原告とし被告である自らを訴える必要が生じる。また、これができないと現実的に考えた場合、当該著作権の受益者間において訴訟を遂行することが考えられるが、その場合、受益者に当事者適格を認め、かつ既判力は受託者に及ぶとする、訴訟担当の可否を検討する必要があろう（注44）。

ところで、こうした状況が実際に発生した事例がある。東京高判平14・9・6判時一七九四号三頁において、原告たる音楽出版社はその著作権の一部を日本音楽著作権協会に信託的に譲渡し受益者たる地位にあったため、原告の当事者適格が問題となりえた事例である。もっとも、裁判所は明示的に判断していないが、著作権の支分権である編曲権が受益者に残されていたことから原告の当事者適格を認めうる事案でもあったとされる。

本事例においては、信託を解約し、当事者（著作権者等と作曲者）間での争いというかたちで同一受託者内での訴訟という問題が回避されたが、今後はこのような技巧的な方法が採用できない状況もあろう。また、解約自体が訴訟信託に当たるとして信託法一〇条により、あるいは弁護士法七三条により禁止され無効であり、当事者適格がないと反論される可能性もある（注45）。したがって、委託者、受託者、受益者、信託財産という四者の関係をふまえた訴訟手続上の信託の扱いに関して議論の発展が必要であろう。

（注37）　なお、横山美夏「信託から、所有について考える」信研三六号六七頁以下では、フランス法を素材として、「二〇一〇年の法律は、一つの法人格がその内部に二つの責任財産を持ちうることを正面から認めたことで、法

人格が持つ意義に変化をもたらしうると言われています。というのも、これまでは法人格が責任財産の構成単位であったのが、何の目的に充てられるかにより責任財産を分けることができる、すなわち、目的が法人格に取って替わる可能性があるからです。」『民法上、契約は二人の法主体を前提とするので、自己契約はできないはずです。この法律はこの点について特別に規定していませんが、もしそれが可能であるとするならば、権利能力の帰属主体としての法人格の意義にも変容をもたらしうるところです。自分の固有財産と事業財産との間で契約ができるということは、権利義務の帰属単位が法人格ではなく、その内部の財産の総体に変容するということを意味するからです。」「信託財産は受託者に属しますが、信託財産は受託者の総財産の中で独立した財産体を構成し、受託者の相続財産にもならないとされています。このように信託財産が受託者の財産の中で独立性を有することから、我が国の信託についてもフランス2010年法が提起する問題について考えなければならない場合があると思います。」「このように、我が国の信託法についても、同一の主体に複数の独立した財産体、フランスで言うところの資産を認めることにより、責任財産の分離にとどまらず、権利義務の帰属点としての法人格の意義に変容がもたらされる可能性があります。」と述べ、この問題に対する今後の展開への示唆を与える。

（注38） また固有・信託勘定間の取引を「債権」として扱えないため担保の設定ができないことになり、たとえば、信託が固有財産に対して「債権」を有すると整理できれば担保権を設定し優先弁済権を確保できるものが、受託者の一般債権者と同じ地位に甘んじることを強いることになる。

（注39） 前述した信託業法の適用除外を規定する政令について、確認的なものであると考えるべきであって、この点受益権の譲渡について民法四六七条の適用がある旨明記する信託法の条文（九四条）も、同様に解されよう。

（注40） この点について、能見教授は「何か債権を擬制しなくてはいけない場面はいくらでも出てくるのだろうと思います……どうしても生じてしまう場合があるのだろうな、とも思います」と発言する。「信託法セミナー第四回信託財産(1)」ジュリ一四〇七号一四七頁。

（注41） 大蔵省銀行局長照会に対する昭和二七年三月三一日付の法務省民事局長回答。田中和明『詳解信託法務』四二頁参照。

（注42） 田中和明「平成一八年信託法と商事信託――実務的観点から」信研三五号九頁、神田秀樹「平成一八年信託法と商事信託――理論的観点から」同二〇頁、神作裕之「コメント(1)信託法と商事信託――実務と理論の架橋」同六二頁参照。

（注43） ところで、民訴法一二四条一項四号は、当事者である受託者の信託の任務終了を訴訟手続の中断事由として規定しており、その趣旨は信託財産をあたかも独立の法主体と考えることにより初めて説明がつくものであって、訴訟の中断・受継について、法人における代表者の交替と同視して構成しようとするものであり、法律関係における当事者としての信託につき、いかに考えるべきかに関して参考となろう。

（注44） 訴訟物である権利又は法律関係について管理処分権を有する権利者・義務者は当事者適格を有し、また、訴訟物である権利又は法律関係の主体は管理処分権を有するから当事者適格を有する。そうすると、受益者は信託財産の管理処分権を有していないと理解すれば、当事者適格が否定されることになるが、信託の構造上受益者は信託財産に対する管理処分権とも質的に拮抗する種々の権利を有しており、受益者の当事者適格について十分検討の余地はあるように思われる。なお、賃貸土地が法令上当然に信託財産となった事案において、委託者兼受益者はその管理処分権を失うとした判例がある（最判昭29・2・5民集八巻二号三六六頁）。拙稿「訴訟手続における受託者・信託財産・受益者の関係――訴訟信託と任意的訴訟担当の関係に関する立法過程の議論を参考として」東京大学法科大学院ローレビュー第四巻一四六頁参照。

（注45） JASRAC著作権信託契約約款二一条は「委託者は、受託者に管理を委託した著作権の侵害を自ら提起しようとするときは」、「信託著作権の返還を受けることができる」旨定めるが、返還されている間の利用料という問題が残る。訴訟信託の問題に対しては、受益者の当事者適格を肯定する考え方が通説・判例になっていない現況下、やむをえない措置であって、正当性があり、また受益者は本来の当事者であってまったくの第三者でなく、その意味でも弊害が考えられない以上、信託法一〇条あるいは弁護士法七三条による禁止の対象には該当しないと整理されよう。この点について、寺本振透『知的財産権信託の解法』一一一頁以下が詳しく論じている。また同氏による二〇〇九年六月一三日の信託法学会での「知的財産権信託における受託者による管理処分権限掌握の

不完全さについて」と題する報告及び関連資料参照。

五　まとめにかえて――新たな民事信託の規律

現行の信託法も信託業法も民事信託と一般に考えられている個人間の信託に十分にフィットしない状況をふまえて、では、いかなる規律がふさわしいかという視点であるが、この点参考とされるべき信託関連法制がすでに存在している。一つが担保付社債信託法（担信法）であり、もう一つが著作権等管理事業法である。担信法は信託法関連で、著作権等管理事業法は信託業法関連で相互に共通する面が存在する。

まず担信法であるが、社債に担保を付する場合に相対での担保設定では社債の流通性の阻害要因になることから、英米法に倣い信託を利用する枠組みを提供するため立法されたものである（注46）。担信法は同じく流通性の確保が必要なシンジケートローンに担保を設定するのに有用なセキュリティトラストの導入につながっている。なお、今日の出来上がりの姿として、一般法としてのセキュリティトラストに対する特別法として、担信法は信託を用いて社債に担保を設定する法的枠組みを提供するものである。留意すべき点は、担信法以外の方法で社債に担保を付してはならないとする見解であるが、記名式で譲渡制限がある場合など、社債とローンの経済的実質は変わらず、またそうでなくても当事者間で社債に対して相対で担保設定を合意することを実体法上禁じられるいわれはない。すなわち、当事者が希望すれば信託法のセキュリティトラストを利用して社債に担保を設定してもかまわないはずであり、担信法に限らなければならない合理性はない。

そこで民事信託の規律との関連であるが、定義すら困難である多様な民事信託を新たな立法により一律に規律したりするのではなく、担信法に倣い、（当該民事信託を信託銀行が利用する場合を念頭に置いて）信託法の適用を希望する場合はそれも許容しつつ、一定の民事信託に対して、信託法とは別に受益者保護にもなり、また使い勝手のよい実体法のメニューを提供するという発想である。

次に、著作権等管理事業法であるが、同法は、音楽著作権の管理を業とする信託の設定を許容する法律であり、一般社団法人日本音楽著作権協会（ＪＡＳＲＡＣ）による音楽著作権の管理信託はこの分野で支配的な存在であるが、注目すべき点は、著作権管理について信託業法を適用し、同法下で信託業として行うことを排斥するものではないことである（注47）。担信法同様、民事信託に対する規律を考える際に参考となる立法例である。

以上をふまえ、民事信託法制のあり方であるが、民事信託でも一定の種類のもの（福祉信託として議論されているものが考えられる）について特定民事信託法（仮称）を制定し、そのなかで社会福祉法人等公益団体や弁護士が受託者として活躍できるよう受託者資格について信託業法とは異なる新たな規律として、たとえば簡易で費用のかからない登録制度を設け、また実体法の面では受託者義務の当該民事信託の実態に即した強行法規化、また対象となる信託財産が信託銀行等が受託困難な紛争性が潜在的に存する物件や不動産が中心となることが考えられるから、受託者の責任財産限定をデフォルトルールとすること等、当該民事信託にふさわしい規律を定める考え方である（注48）。

かかる規律の下においては、信託銀行等は従前どおり信託法、信託業法、兼営法により同種信託業務を営むことができ、また親族間など元来業も関連せず信託法のみで完結してきた民事信託も影響を受けないことになる。

まとめにかえて民事信託立法の規律に踏み込んで提案した理由は、信託の裾野を広げるためにも、まずこの問題を解決する必要があるからである。というのも、現状のままでは信託法と信託業法がセットで適用のある営業信託だけが実質唯一適法な信託ということに踏みとどまり、信託の発展性を望めず、他方、営業信託サイドでも自らの正統性を示すために、本来さまざまな態様があってしかるべき受託者責任について、ことさら重く厳しいものと主張し、現実にそぐわない窮屈なものに信託を押し込めることにもなっているからである。

信託制度が濫用や悪用されないための仕掛けとしても民事信託立法は有用であり、これを導入することにより、さまざまな法律分野で既存の法理がもたらす軋轢に対して柔軟なソリューションを提供する信託制度を社会に浸透しやすくする土壌を提供することができよう。

（注46） 担信法二条は、「社債に担保を付そうとする場合には、担保の目的である財産を有する者と信託会社との間の信託契約……に従わなければならない。」と規定する。

（注47） ＪＡＳＲＡＣに対する排除措置命令を取り消す審決のなかで、公取委は「被審人が、ほとんど全ての放送事業者との間で包括徴収を内容とする利用許諾契約を締結し、放送等使用料を徴収する行為（以下「本件行為」という。）……」と述べる。公正取引情報二三三三号三頁参照。なお、同法と信託業法の関係位置づけについて曖昧不明確との指摘もあるが、信託業法に則って同種の事業を営むことも禁じられている趣旨ではなく、信託銀行等も参入が可能であることはいうまでもない。

（注48） なお、ここでは登録制度を設け、一定の要件を充足する者に対して民事信託の受託者となることを許容する方向性を示したが、新井誠教授は「福祉型信託の受託者については、一般社団法人、公益認定法人、ＮＰＯ法人、弁護士、司法書士等の国家資格者の参入を、信託業法の制限から除外して全面的に容認し、その参入要件として、公的機関が適格性の認定を行う制度を構築すべき。」（『誰でも使える民事信託（第二版）』三四一頁）と「認定受託者」を提唱する。また、司法書士を中心とする一般社団法人民事信託推進センターは平成二四年九月一日のシンポジウムにおいて「民事信託の受託者は、公益法人、社会福祉法人、一般社団法人、ＮＰＯ法人等にするなどして担い手の拡充を図り、また、受託者適格性および能力を公認する公的機関を設置する（このことは、信

託銀行・信託会社を民事信託の受託者から排除する趣旨ではない)。」(民事信託推進宣言 http://www.civiltrust.com/jisseki/20120901.pdf) と述べる。いずれも受託者のあり方について本稿と同じ方向性と思われる。

弁護士の預り金口座の預金の帰属と信託

堂園昇平

一　問題の所在

1　弁護士口座の帰属

(一)　弁護士口座

弁護士が、依頼者からの委任事務処理に関連して、さまざまな資金を預り、その保管のための預金口座を銀行に開設している。このような預金口座は、弁護士の側からは預り金口座と呼ばれて、その名義での口座開設とされている。

弁護士の預り金口座（以下「弁護士口座」という）に預け入れられる資金としては、

① 訴訟提起のための帖用印紙代、鑑定費用、法的倒産申立事件の予納金
② 相手方に支払うべき和解金、刑事事件における被害者への弁償金
③ 受領した和解金
④ 私的整理における債務者資産の換価金

があるとされる（注1）。

(二)　弁護士口座の帰属

弁護士口座については、依頼者の債権者が差し押さえることができるかをめぐって紛争となり、誰に帰属する

のかが問題とされた。

この点について、下級審では判断が分かれていたが、最高裁は、依頼者AとB社の債務整理に関する事務処理を委任する契約を締結した弁護士Xが「X」名義の普通預金口座を開設し、当該口座には、Aから預った資金が入金され、その後、Bの資産売却資金、売掛金、請負代金、公租公課の還付金が振り込まれ、他方で、当該口座からは、Bの債権者への配当のほか、Bの従業員の給料、社会保険料、税金等が出金されたなかで、Bへの滞納処分としてY税務署長が差し押さえたところ、当該預金は弁護士Xに帰属するとの判断を示した（注2）。

2　弁護士口座の信託性

しかし、受任弁護士に帰属するとしたときには、受任弁護士の債権者が当該預金を差し押さえた場合にどうすべきかはまた別の問題である。

このため預金の帰属と責任財産としての帰属とを分けて考えるべきであるとする説がある（注3）。

この点について、このような弁護士預り金口座は、委託者をA、受託者をXとする信託が設定され、その財産の管理のための口座であって、当該預金は弁護士自身の固有財産とはならない（弁護士自身の債務の引当てとはならない）ため、弁護士の債権者が差し押さえることはできないとする説がある（注4）。

上記最高裁判決も、補足意見として、信託契約の締結、または委任と信託の混合契約の締結と解することを示唆している（注5）。

この判例については、預金債権の帰属についての客観説や信託法理の適用の観点から多くの評釈や論文が発表されているが、必ずしも信託の構成や効果について明確となっていないと思われる。また、判例及び論文は旧信託法に基づくものであるが、信託法は、新信託法が平成一九年九月三〇日に施行されるかたちで改正され、施行後に成立した信託については新信託法が適用されることとなっており、新信託法は信託の概念や成立要件を明確にしている。

本稿では、新信託法も前提として、弁護士口座の帰属とその信託の可能性や問題について、再検討を試みたい。

（注1）田原睦夫「弁護士の依頼者からの預かり金口座の預金とその帰属」金法一六六二号四頁。
（注2）最判平15・6・12民集五七巻六号五六三頁。
（注3）潮見佳男「損害保険代理店の保険料保管専用口座と預金債権の帰属(下)――契約当事者レベルでの帰属法理と責任財産レベルでの帰属法理」金法一六八五号四四頁。
（注4）弁護士預金は、委任者を委託者、受任弁護士を受託者、弁護士（弁護士報酬）・被害者（弁償金）を受益者とする信託であるとする（田原・前掲（注1）五頁）。
（注5）資産の全部または一部を債務整理事務の処理に充てるために弁護士に移転し、弁護士の責任と判断においてその管理・処分をすることを依頼するような場合には、財産権の移転及び管理・処分の委託という面において、信託法の規定する信託の締結と解する余地もあるものと思われるし、場合によっては、委任と信託の混合契約の締結とかにすることもできる。

二　預金の帰属

1　預金の客観説と、その批判

預金者は誰かという問題について、判例は、自らの出捐により自己の預金とする意思をもって本人自らまたは使者・代理人を通じて預金をした者が預金者であるとする立場（客観説）をとってきたとされる。

しかし、前述の弁護士口座の帰属については、出捐関係ではなく、預金契約によって帰属を定めたとの指摘がある。さらに、ほぼ時期を同じくして損害保険代理店の保険料専用口座の帰属についても、最高裁は出捐によらずに預金の帰属を定めたと評価があり、むしろ契約法理に基づいて帰属を定めるべきであるとする説が大勢を占めるようになった観がある。弁護士口座及び保険料専用口座の事案は普通預金に関するものであり、普通預金は出入金によって一個の債権が成立するとされ、個々の入金の出捐関係が意味をもたないとして、少なくとも普通預金については、判例は客観説を適用していないとする説も有力である。

2　預金の客観説の再評価

これに対し、客観説は、単に原資を誰が出捐したかによってのみ預金者を認定しているわけではないこと、（大橋寛明「判批」ジュリ一二六二号一四二頁）、また、出捐者に「自己の預金とする意思」がある点を重視していること（注6）などからの再評価がある。

判例の分析から、最高裁は「預入する側」の内部的な法律関係を重視しているとされ（注7）、また、預金者の認定にあたって、預入れをする側の事情を重視し、定期預金、普通預金を問わず、預金原資の出捐関係、預金開設者、出捐者の預金開設者に対する委任内容、預金口座名義、預金通帳及び届出印の保管状況等の諸要素を総合的に勘案したうえで、誰が自己の預金とする意思を有していたかという観点から、統一的に認定判断すべきであるとする説もある（注8）。

以上から、預金債権の帰属は、その預金の資金の出所と預金手続者との内部関係で、当該預金の出捐者が定まり、これによって預金者が定まるものと考える。普通預金は、出入金が自由に行えるが、これは預入れする側の内部関係の内容を反映したもの、すなわち出入金を前提とした資金の管理の存在を許容する内容と考えることが実態に即していると考えられる。したがって、AがBに小切手を交付して、当該小切手の取立資金でB名義の定期預金の設定を依頼した場合に、Bが小切手を自己の普通預金を通じて資金化したとしても当該普通預金がAに帰属するものではなく、また、Bが当該普通預金の残高の一部をもってB名義の定期預金を設定したとしても、Bが直ちに出捐者となるものではなく、Aが自己の預金とする意思を有していたならば、Aが預金者となるのではないか。

ところで、内部関係が委任関係の場合、これまで無記名定期預金や記名式定期預金の事案で問題となったように、資金について個別具体的に出捐者の預金設定についての委任関係があるような特別の場合は別として、一般的には委任された事務を遂行するために資金の使用処分を許容する関係であり、そのような内部関係からは、当該資金は受任者の財産に含まれることとなると考えられる。

弁護士口座や保険料専用口座は、弁護士又は代理店に対する委任に基づくものであり、その内部関係である委任の内容により、委任事務に関する資金による預金債権の帰属が定まるものと考えられる。

3　弁護士と依頼者との内部関係と弁護士口座に関係する資金の性格

弁護士と依頼者との関係は委任であり、委任事務の内容は法律事務の処理である。

委任者と受任者の間の資金の関係については、以下のように考えられる。

(一)　委任事務費用の前払い（民法六四九条）

前払いの対象となる費用は、旅費、通信費など委任事務処理のための受任者の出費に限られず、委任により処理すべき契約上必要な金銭（買入れの委任における代金など）を含むとされている（注9）。

前払いは概算で支払われるが、残額を生じたときは、委任者は返還を請求できる。

前払いされた金銭については、交付の時に、所有権は受任者に帰属するとされている（注10）。

(二)　受任者による受取物の引渡し（民法六四六条）

委任事務を処理するにあたって受け取った金銭については、その所有権は受領者である受任者に帰属し、受任者は委任者に対して支払う義務があるとするのが通説とされる（注11）。

なお、委任事務を処理するにあたって委任者または第三者から受け取ったものは、委任事務処理のために使用すべきものであるとされるため、受領した資金については、前払費用と同じ性格を有していると考えられる。

弁護士が依頼者から受任する業務はさまざまであり、弁護士口座については、これらの性格の異なる資金が入出金される。

㈢　委任報酬の支払

4　弁護士口座における問題点

弁護士は、受任事務に関して依頼者から費用の前払い等として資金を受領することと、受任事務に基づいて第三者から代理人として資金を受領する場面があり、両方の資金が弁護士口座に入金される。

弁護士口座に関する資金のうち、前者の依頼者から受領する資金については、公共工事請負前払金保管口座が、また後者の第三者から受領する資金については、損害保険代理店の保険料専用口座に類似の問題が存する。

判例は、公共工事請負前払金保管口座については、請負人に帰属するが信託財産であるとし、損害保険代理店の保険料専用口座についても、損害保険代理店に帰属するとしただけである（注12・13）。

いずれにしても、法律事務の委任を内部関係とする弁護士が受領した資金を弁護士が保管するための預金口座は、弁護士に帰属することになると考えられる。しかし、弁護士の一般財産として取り扱われてよいかどうかについては、説が分かれよう。

このために、弁護士が受任した法律事務に関して受領した資金については、弁護士を受託者とする信託とすべきであると主張されている。

信託とは、特定の者が一定の目的に従い信託財産の管理又は処分及びその他の当該目的の達成のために必要な行為をすべきものとすることをいう（信託法二条一項）。

受託者は、信託の目的に従って受益者に対し信託財産から給付を行う（同条七項）。

信託財産は受託者に属する財産であるが、信託財産に対しては、信託財産責任負担債務に係る債権に基づく場合を除き、強制執行、仮差押え、仮処分若しくは担保権の実行若しくは競売又は国税滞納処分をすることができないとされている（同法二三条一項）。

信託財産責任負担債務に係る債権とは、信託財産のためにした行為によって生じた権利（注14）、受託者が信託事務を処理するについてした不法行為によって生じた権利、その他信託事務の処理について生じた権利などであり、受託者の個人的な債務は信託財産責任負担債務とはならない（注15）。

信託財産の範囲は、①信託契約又は自己信託書面などの信託行為において信託財産に属すべきものと定められた財産のほか、②信託財産に属する財産の管理、処分、滅失、損傷その他の事由により受託者が得た財産とされている（同法一六条柱書及び①号）（注16）。

したがって、問題となる財産に関して、信託が成立し、かつ当該財産がその信託の信託財産となることが、受託者の個人的な債務の引当てとならないとの取扱いを受けるために必要である。

（注6） 岩藤美智子「他人のために所持する金銭を原資とする専用口座預金——預金者の認定と預金者の責任財産への預金債権の帰属」NBL七八五号四八頁。
（注7） 加毛明「最高裁判所民事判例研究」法協一二一巻一九六八頁（一一号二二二頁）。
（注8） 福井章代「預金債権の帰属について——最二小判平15・2・21民集五七巻二号九五頁及び最一小判平15・6・12民集五七巻六号五六三頁を踏まえて（民事実務研究）」判タ一一一三号四〇頁。
（注9） 明石三郎『新版注釈民法⒃』二六九頁。
（注10） 前掲最判平15・6・12は、「前払費用は、交付の時に、委任者の支配を離れ、受任者がその責任と判断に基づい

て支配管理し委任契約の趣旨に従って用いるものとして、受任者に帰属する」としている。

(注11) 明石三郎『新版注釈民法⒃』二四一頁(なお、判例は委任者の所有とするとされる)。

(注12) 損害保険代理店の保険料専用口座については、最判平15・2・21民集五七巻二号九五頁。公共工事請負前払金保管口座については、最判平14・1・17民集五六巻一号二〇頁。

(注13) これらのほか、マンション管理会社による、管理組合の管理費等を保管する口座の帰属に関する問題もあるが、裁判例は分かれている。

(注14) 原則として受託者の権限に属する行為に基づくものである。受託者の権限に属しないものであっても、取り消すことができない行為または取り消すことができる行為であって取り消されていないものに基づく権利に係る債務は、信託財産責任負担債務となる。

(注15) 受益債権のほか、重要な変更等の際の受益権取得請求権、受託者の利益相反行為であるが取り消すことができない行為又は取り消すことができる行為であって取り消されていないものによって生じた権利、受託者が信託事務を処理するについてした不法行為によって生じた権利がある。信託財産に属する財産について信託前の原因によって生じた権利、信託前に生じた委託者に対する債権であって、当該債権に係る債務を信託財産責任負担債務とする旨の信託行為の定めがあるものも信託財産責任負担債務となる。

(注16) 信託財産とその他の財産との、付合、混和または加工により信託に帰属する財産(信託法一七条)、識別不能により信託に帰属する共有持分(同法一八条)、共有物の分割により信託に帰属する財産(一九条)なども信託財産である(一六条二号)。

三　信託

1　信託の成立と構成

弁護士口座に関する資金は信託となるか、また信託となるとした場合に、どのような信託とされるであろうか。

信託の方法として、信託契約、遺言又は自己信託があるとされる。信託契約は、特定の者との間で、当該特定の者に対し財産の譲渡その他の財産の処分をする旨並びに当該特定の者が一定の目的に従い財産の管理又は処分及びその他の当該目的の達成のために必要な行為をすべき旨の契約を締結する方法（信託法三条一号）であり、遺言は、特定の者に対し財産の譲渡、担保権の設定その他の財産の処分をする旨並びに当該特定の者が一定の目的に従い財産の管理又は処分及びその他の当該目的の達成のために必要な行為をすべき旨の遺言をする方法（同条二号）、そして、自己信託は、一定の目的に従い自己の有する一定の財産の管理又は処分及びその他の当該目的の達成のために必要な行為を自らすべき旨の意思表示を、公正証書その他の書面等で、当該目的、当該財産の特定に必要な事項その他の法務省令で定める事項を記載したものによってする方法（同法三条三号）である（注17）。

信託契約の場合は、依頼者が委託者、弁護士が受託者となって、依頼者から弁護士に資金を移転し、弁護士が当該資金の管理又は処分及びその他の目的達成のために必要な行為を行うことの契約を締結することになる。

依頼者が弁護士に対して委任事務処理費用の前払いを行い、当該資金で委任事務処理の目的を達成するために必要な行為を行うとの関係は、上記の信託契約の締結に適合する。

信託契約は要式行為ではなく、通常の契約と同様に意思表示の合致で成立するため、このような信託契約の締結を認定しやすいと考えられる。

弁護士が依頼者から刑事被告事件の弁護の委任を受け、当該弁護士ほか二名の弁護士の着手金、保釈金、被害者に対する弁償金の支払に充てる資金について、その資金を保管するための普通預金口座を開設し、費用の前払いとして振込みを受けたケースについて、委任者を委託者、受任弁護士を受託者、弁護士（弁護士報酬）・被害者（弁償金）を受益者とする信託であるとする考え方が示されている（注18）。

前述の最高裁判決補足意見は、会社の資産の全部又は一部を債務整理事務の処理に充てるために弁護士に移転し、弁護士の責任と判断においてその管理・処分をすることを依頼するような場合には、財産権の移転及び管理・処分の委託という面において、信託法の規定する信託契約の締結と解する余地もあるとしている。信託の内容については明確ではないが、委任者を委託者、受任弁護士を受託者、債権者を受益者とするものと解されよう。

2　信託財産の要件

信託財産の範囲は、前述のとおり、信託行為において信託財産に属すべきものと定められた財産、信託財産に属する財産の管理・処分・滅失・損傷その他の事由により受託者が得た財産とされている。

信託契約では、委託者が、受託者との間で、受託者に対し財産の譲渡その他の財産の処分をする旨を定めることから、信託契約で譲渡等処分された財産が、信託行為において信託財産に属すべきものとして定められた財産となることには異論がない。

これに対して、弁護士が委任者の財産を処分して受領する処分代金、委任者の債権を取り立てて受領する弁済金、あるいは委任者の代理人として第三者との交渉を行って受領することとなった和解金の場合には、委任者から受任弁護士への財産権の移転がないため、信託財産の要件を欠くこととなるとの考えがある。なお、信託財産の管理・処分・滅失等により受託者が得た財産への該当性についても、処分対象の財産が弁護士に移転されているものではないこと、また、財産の処分代金債権、取り立てるべき債権、あるいは損害賠償請求権などが、弁護士への委任の際にすでに存在し、あるいは具体的に特定できる将来債権である場合、これらの債権の受託者への譲渡による信託設定は可能であり、その代わり金は信託財産となるが、受任弁護士は依頼者の代理人であって譲渡は前提とされていないこと、譲渡禁止特約がある場合には、債権の譲渡自体が無効となることも指摘されよう。

ところで、信託財産とするために委託者が受託者に対して移転等の処分を行う時期は、信託成立の時に限られず、委託者は、信託の成立後に追加的に行うこと（追加信託）ができるとされている。委託者である依頼者は、財産の処分代金、債権の弁済金、あるいは第三者からの和解金を受領した時に、これを追加信託することができるのであるが、さらに、追加信託にかえて、受任弁護士が受領した金銭を信託財産とするとの処分を、信託契約の時に行うことができると解されるのではないか。

信託行為において、ある財産について、信託財産に属すべきものと定めることができるとされているが、移転・設定された財産だけに限られるとする必要はないと考えられる。たとえば、第三者の所有する特定の財産を信託財産とする旨の信託契約は有効であり、委託者が当該財産を取得したときに当然に信託財産となるとされている。

受任弁護士が代金等を受領したときには、上記のとおり委任に関する受領金として、委任の前払費用と同様の性格を有すると解されていること、当該資金の受領に関する本人は依頼者であることから、依頼者の処分として取り扱うことに問題はないと考えられる。なお、当事者の合意により対世的・絶対的効果を有する金銭所有権の帰属については第三者関係では権限帰属を対抗できないと解されるが（注19）、本件処分では、当該資金が受任弁護士に占有により帰属していることを前提とするものであることから、有効と考える。

なお、信託行為において、ある財産を信託財産に属すべきものと定めることができるとしても、委託者において当該財産についての処分権の存在のほか、信託財産とされるためには当該財産について代替のない具体的な特定が必要と考えられる。

信託行為で定めたとしても、財産について包括的な特定しかできない場合は、当然に信託財産となるものではなく、あらためて信託財産とし追加する等の行為が必要と考えられる。保険代理店が契約者から受領する将来の保険料については、包括的な特定しかできないことから、信託契約で定めて信託は成立したとしても、当然に信託財産となるものではないと考えられる（注20）。

また、信託事務として製作した物や情報で価値のあるもの、処理費用を賄うために借り入れた金銭など信託事務処理により取得した財産については、信託財産となる。受任事務は信託事務と密接な関係はあっても、受任事務によって取得した財産については、委任者の財産であり、直ちに信託財産となるものではない。

旧信託法では、信託の成立要件として財産権の移転が必要と解されていたが、新信託法では、自己信託の方法による信託の成立を認めている。弁護士が、一定の目的に従い、自己が受領して帰属した資金について、管理又は処分及びその他の当該目的の達成のために必要な行為を自らすべき旨の意思表示を、公正証書その他の書面等で、当該目的、当該財産の特定に必要な事項その他の法務省令で定める事項を記載したものによってする要式行為である。なお、依頼者から受領した資金と第三者から受領した資金とについて、別個の信託が成立することは管理が複雑になることから、双方の資金について自己信託の方法で信託を行うこととなろう。

なお、信託法に定める方法によらず、信託による救済を認めるべきであるとの考えもあるが、信託法は、このような擬制信託を認めていないと考えられる。

3 分別管理

弁護士口座は、弁護士が受託者である信託の信託財産である資金を管理するための口座であり、信託財産に属するものは当該口座の預金債権である。複数の法律事件を受任しているときは、受任事件ごとに信託が存在することとなるため、受託者は特定の事件の信託財産について、他の信託の信託財産及び固有財産と分別して管理する義務（分別管理義務）を負っている。預金債権のような金銭債権については、その計算を明らかにする方法によることとされている（信託法三四条一項二号ロ）。

信託財産の額を帳簿等で明らかにし、受任事務ごとに預り金口座を分けて管理することが望ましいが、同一の預り金口座で複数の事件の信託財産を管理することも計算を明らかにすれば許容される。

信託財産に属する財産と固有財産（又は他の信託財産）に属する財産とを識別することができなくなった場合には、各財産の共有持分が信託財産と固有財産とに属するものとみなされ、その共有持分の割合は、その識別することができなくなった当時の各財産の価格の割合とされている（同法一八条）。

預金債権は分割債権であることから、相続で共有となった預金が法定相続分により当然に各相続人に分割帰属することと同様に、各財産の価格の割合で当然に分割され各財産に帰属することになろう。

（注17）信託契約、自己信託のほかに、特定の者に対し財産の譲渡、担保権の設定その他の財産の処分をする旨並びに当該特定の者が一定の目的に従い財産の管理又は処分及びその他の当該目的の達成のために必要な行為をすべき旨の遺言をする方法もある。

（注18）田原・前掲（注1）。

（注19）潮見佳男「損害保険代理店の保険料保管専用口座と預金債権の帰属(上)」金法一六八三号四四頁。

（注20）将来債権だけを信託財産として譲渡することによる信託契約については、信託の設定要件として議論がなされている（能見善久ほか「信託法セミナー　信託の設定(2)」ジュリ一四〇二号一一二〜一一六頁）。

四　受益権の差押え

弁護士が受任した事件について、依頼者から費用の前払いとして受領した資金及び受任事務の処理として第三者から受領した資金については、そのいずれについても依頼者を委託者、受任弁護士を受託者及び委任事務処理に従って支払等を受ける者を受益者（ただし残余財産については委託者を残余財産受益者）とする信託契約が締結され、その信託財産であると認定することができる（注21）。

そして、当該資金の管理を行っている弁護士口座の預金債権は当該信託の信託財産であり、依頼者（委託者）の債権者又は受任弁護士（受託者）の債権者は、当該預金債権について差し押さえることはできない（信託法二三条一項・二項）。

しかし、依頼者は、委任事務前払費用等については、委任事務終了の時、その残額について返還請求権を有するとされる（注22）。

本件信託についても、委任事務終了となった場合には、信託の目的の達成により終了し、残余財産はその残余財産受益者である委託者に返還される。

このような残余財産の返還請求権は、依頼者が有する債権であり、依頼者の債権者は差し押さえることができる。

委任事務費用前払いの残余財産の返還請求権は、委任事務が終了した時に、金額が定まり、履行期が到来することから、転付命令の対象とはならないとされている。信託の残余財産受益権も同様である。

なお、差押債権者は、取立権の行使として、受益者の信託を解約できないと解すべきであると考える。信託の場合は、信託行為に特段の定めがない場合、委託者及び受益者が何時でも信託を終了することができるとされている。しかし、差し押さえられた受益権は受益者の権利であって、委託者の権利とはいえないこと、また差し押さえられた受益権は信託終了時の残余財産の交付を内容とするもので、信託継続中の他の受益者が存在し、終了にはその受益者の同意も必要であることなどが、その理由である。

（注21）　信託行為に残余財産受益者若しくは帰属権利者の指定に関する定めがない場合、信託行為に委託者又はその相続人その他の一般承継人を帰属権利者として指定する旨の定めがあったものとみなされる（信託法一八二条二項）。

（注22）　受任者が費用を保管することが不要となったときにも返還すべきであるとされている（明石三郎『新版注釈民

法⒃』二四〇頁）。

五　おわりに

平成一四年から一五年にかけて、預金の帰属をめぐり客観説の見直しの議論が進展した。それと同時に、預金についての信託の成立の議論もなされた。

筆者は、弁護士の預り金口座については、公共工事請負契約前払金と同様に、その資金について弁護士を受託者とする信託契約の成立を認め、信託財産である資金を管理する普通預金口座については、受託者に帰属するとともに、信託財産として、信託財産責任負担債務以外の強制執行が禁止される等の効果があるものと考えている。

信託の内容や信託財産の範囲について、検討したものである。

信託の成立及びある財産が信託財産に該当するかについては、対象となる財産の具体的な特定などのほか、受託者となる者の善管注意義務・忠実義務等の基本的な義務負担可能性や当該取引を信託すべき理由の観点から検討する必要がある。また、新信託法においても、擬制信託が認められるとは考えられないため、信託が認められる範囲はおのずと限られたものになると解される。

四

金融商品取引法

証券詐欺の民事責任規定の整備

森田　章

はじめに

田原睦夫裁判官は、同志社高校の先輩であり、親しくご指導いただく機会に恵まれた。本稿は、田原裁判官が少数意見を付された金商法に関連する最高裁判所の判決から多くを学ばせていただいたことを契機として、これを日米の比較法の観点から検討し、証券詐欺の民事責任規定の整備の必要性を提言するものである。

さて、最近において、金商法二一条の二が制定されたが、この民事責任規定の法意が何であるのかについては、かねてから疑問を抱いていた（拙稿「金融商品取引法二一条の政策理由——証券詐欺の民事責任」奥島孝康先生古希記念論文集『現代企業法学の理論と動態』第一巻〈下篇〉一〇二九頁）。最高裁判所は、日本システム技術事件（平21・7・9金商一三二一号三六頁）において、法人の民事責任についての判断を明らかにしていたが、本件で取り上げるライブドア事件において、最高裁判所は、金商法二一条の二の解釈について、詳しく検討を加えた示唆深い判断を示した。田原裁判官の意見が大いに注目されたわけである。最高裁判所の判示をアメリカの判例法と突き合わせながら、本稿は、結論として、金商法二一条の二の規定を整備して、証券詐欺についての民事責任規定を明文化すべきことを論ずる。

つたない成果であるが、田原睦夫先生に捧げるものである。

一　問題の所在

1　金融商品取引法二一条の二制定の沿革

金融審議会金融分科会第一部報告「市場機能を中核とする金融システムに向けて」（平成一五年一二月二四日）は、市場監視機能・体制の強化のなかで民事責任規定の見直しを提言した。すなわち、「例えば、重要な不実開示がある場合について、不実開示を行った者と投資家との間で実質的な立証のバランスを図るため、損害額を推定する規定を設けるなど一定の立法上の措置を設けることが望ましい。」と提言した。

これを受けて、「証券取引法の民事責任規定が利用されていない状況、あるいは一般不法行為を理由とする訴訟においても証券被害者による立証が困難であるという現状にかんがみると、原被告間の公平を図りつつも原告の立証の困難性を立法で一定程度緩和する措置をとることが、ひいてはわが国の証券市場の公正性・透明性の確保に資するものといえる。」として、虚偽記載等に関する流通市場における発行会社の責任規定を新設した（岡田大ほか「市場監視機能の強化のための証券取引法の改正の解説」商事一七〇五号五〇頁）。このようにして、平成一六年改正により、虚偽記載等に関する流通市場における発行会社の責任規定（金商法二一条の二第一項）が新設された。

流通市場においては、会社と投資者の間ではなんらの取引も行われていないが、開示内容の正確性を担保するために民事責任を課すことに踏み切ったことが特徴といえる（岡田ほか・前掲四四・五一頁）、という。ただし、最近になって、有価証券報告書等の虚偽記載について発行会社の民法上の不法行為責任を追及する訴訟が増加しており、西武鉄道事件について判例法も形成されている。

2　発行会社の有価証券報告書等の虚偽記載等の金融商品取引法上の民事責任

ところで、わが国の金商法は、従前から有価証券届出書についての虚偽記載等については、発行会社の投資者に対する民事責任を法定している（一八条）。他方、有価証券報告書等の虚偽記載等について責めに任ずべき者は、会社の役員及び財務諸表に監査証明をした公認会計士・監査法人に限定し（二四条の四）、発行会社を責任主体に掲げなかった。このことは、母法であるアメリカの１９３４年証券取引所法が発行会社を責任主体とする民事責任（18条）を法定しているのと比較すると、立法政策に大きな違いが生じていた。有価証券報告書等の虚偽記載等の法定の民事責任の主体として発行会社を掲げるべきかどうかについて、学界においても一九七一年の証券取引法改正を前にして激しく議論された。有力な証券取引法学者は、会社を責任主体とすべきだと主張したが（後掲シンポジウム〔神崎発言・竹内発言〕）、少数説は、①出資の払戻しにならないか、②訴訟における立証責任を緩和すると株主だけが一般債権者よりも有利な救済を受けるのではないか、③自己株式の取得にならないかということを主張した。①は、最後の③に共通するが、発行者に対する責任追及の救済方法が損害賠償の方法をとればよいことが竹内教授により示唆されていた（矢沢惇ほか「経済法学会証券取引法改正シンポジウム」（昭和四五年一〇月八日）商事五四二号三三頁以下）。以上のような議論がなされたが、一九七一年改正法は、会社を法定の民事責任を負うべき主体に入れなかった。それゆえ、金商法二一条の二は、これまでの政策を大きく転換させたことになる。

3　発行者の責任の性質

アメリカにおいては、有価証券報告書等の虚偽記載等について、発行者は１９３４年証券取引所法18条の法定民事責任を負わされる。しかし、有価証券報告書等の虚偽記載等は、同時に証券詐欺禁止規定である規則10ｂ―５に違反することがあり、同規則の違反を根拠とする不法行為責任を追及することも可能である。むしろ、アメリカではほとんどの事件で、原告は、一般的に後者の請求原因によって訴訟を提起するといわれている。なぜなら、18条は提訴期限が短期であること、担保の提供が求められること、虚偽記載等と損害との間の因果関係や損害額の立証が要求されることなどが理由となっているといわれている（Hamilton, Trautman & Rasmussen, Responsibilities of Corporate Officers and Directors Under Federal Law, 2005-2006 Edition, p. 128）。驚くべきことには、

１９３３年証券法11条の適用が可能である場合でさえ、規則10ｂ—5違反に基づく訴訟が可能であるとされているようである（前掲¶303）。

１９３４年証券取引所法10条(b)項に基づく規則10ｂ—5は、次のように定める。

いかなる者も州際通商の方法若しくは手段、又は郵便或いは国法証券取引所の施設を利用して、証券の購入又は売却に関連して、直接又は間接に次の各項に掲げる行為を行うことは違法である。

(a)項　詐取（defraud）を行うための策略（device）、計略（scheme）又は技巧（artifice）を用いること、

(b)項　重要な事項について事実と異なる記載を行うことにより、又はそれが作成された当時の状況にかんがみ記載につき誤解を避けるために必要な重要事項の記載を省略すること、

(c)項　いずれかの者に対して詐欺（fraud）若しくは欺瞞（deceit）となり又は詐欺若しくは欺瞞となるおそれのある行為、慣行又は業務方法を行うこと。

4　発行会社による証券詐欺の民事責任

最近においては、金融システム改革により上場基準が緩和され、また会社法においても自己株式の取得が原則自由となり、また株式交換や株式分割も容易に行えるように改正されたことから、こともあろうに上場会社が証券詐欺を行うというような従来は考えにくかった事例が、わが国においても生じてきた。ライブドア事件である。

金融システム改革によって規制が緩和された結果、これを悪用する発行会社に対しては、厳格な制裁が必要で

あり、公正な証券市場を維持するために事後的救済の強化がいっそう必要とされている。アメリカでも、サーベンズ・オクスリー法は、会社の行う証券詐欺に関して、役員等が最高で懲役二五年の刑に服すべきことを立法した（郵便詐欺法1348条）。同規定は、これまで規則10b―5等を根拠として証券詐欺を摘発してきたことに加えて、このような最高刑に服させることを明文化して、証券取引の公正を確保しようとするものである。

金商法二一条の二は、以上のアメリカの会社責任に関する救済のための規則10b―5の使命を負わされたものといえよう。しかし、アメリカにおいて重要とされるのは、流通市場の証券詐欺というべき場合の虚偽記載等の救済のありようでこそあり、わが国でも発行会社の証券詐欺についての民事責任を追及できる制度として二一条の二を解釈する必要性が大きいと思われるので、以下その理由を考察したい。

二　会社法三五〇条

日本システム技術事件は、同社が元従業員らによる売上げの架空計上行為が発覚したことを受け、有価証券報告書の訂正を行ったが、株主が発行会社に対して有価証券報告書虚偽記載が不法行為に当たるとして損害賠償を求めたものである。原告は、同有価証券報告書に基づき、業績が好調で、財務面も安定していると考え同社株を取得したが、本件不実記載の公表により株価が暴落して損害を負ったという（最判平21・7・9金商一三二一号三六頁、東京高判平20・6・19金商一三二一号四二頁、東京地判平19・11・26金商一三二一号四三頁）。

(一) 管理体制の不備――原審、一審の判示

パッケージ事業本部には、製品品質管理室及び事業部長が統括するＧＡＫＵＥＮ事業部が設置されていた。ＧＡＫＵＥＮ事業部の分掌業務は、営業活動、営業事務であり、架空の売上げを行いうるリスクが内在していた（一審四九頁）。

財務部は、債権債務の管理及び売掛金債権の回収遅延管理を担当するが、取引先からの入金と個個の売掛債権との照合を財務部が直接行うことをせず、消込工作を可能にする余地を残していた（一審四九頁）。

代表者は、財務部に適切な措置をとらせることを怠り、財務部によるリスク管理体制を機能させていなかった（一審四九頁）。

「また、当時のリスク管理体制の下においても財務部が経理規程に基づく事務処理を忠実に履行せず取引先に対し適時的確に残高確認を求めたり、不明な点があれば更に確認を求めるなどを怠ったことにより、元事業部長らによる本件不正行為を容易にし、その発覚の遅れを招いた」ことが代表者の懈怠としている（二審四三頁）。

(二) 架空売上げの計上等の不正行為を防止しうる程度の管理体制――最高裁判所の判示

① 職務分掌規定等を定めて事業部門と財務部門を分離し、

② ＧＡＫＵＥＮ事業部について、営業部とは別に注文書や検収書の形式面の確認を担当するＢＭ課及びソフトの稼働確認を担当するＣＲ部を設置し、それらのチェックを経て財務部に売上報告がされる体制を整え、

③ 監査法人との間で監査契約を締結し、当該監査法人及び会社の財務部が、それぞれ定期的に、販売会社宛てに売掛金残高確認書の用紙を郵送し、その返送を受ける方法で売掛金残高を確認することとしていた。

㈢ 責任

本件不正行為は、通常容易に想定しがたい方法によるものであった。代表取締役が本件不正行為の発生を予見すべきであったという特別な事情も見当たらない。財務部におけるリスク管理体制が機能していなかったということはできない。代表取締役に、本件不正行為を防止するためのリスク管理体制を構築すべき義務に違反した過失があるということはできない。

本件最高裁判例は、有価証券報告書の虚偽記載について、会社の監督体制に不備はなく、会社法三五〇条により発行会社の責任を追及する訴訟を棄却している点が興味深い。原審や一審は、金商法二一条の二による投資者保護を大いに意識していたのに対し、最高裁判所は、会社法三五〇条を介してであるが、金商法二一条の二を意識することなく、会社の責任を否定したことに留意すべきである。二一条の二を適用すればどのようになるのか興味深い。

三 金融商品取引法二一条の二

㈠ 無過失責任

わが国の金商法二一条の二は、発行会社の継続開示書類の虚偽記載等があれば、発行会社は無過失で責任を負うこととしている。これは、アメリカにおける継続開示に関する1934年証券取引所法18条よりもはるかに厳格である。立案担当官の説明は、「発行市場において、発行会社の役員らの責任は過失責任（ただし、挙証責任を転換している）であるが、発行会社自体の責任は無過失責任である。……したがって、流通市場における発行会社の責任を規定した二一条の二においても、発行市場における発行会社の責任と平仄を合わせ、無過失責任とした。」という(岡田ほか・前掲五一頁)。流通市場の開示における発行会社の責任規定が、発行市場の場合の無過失責任規定(金商法一八条)になぜ平仄を合わせるべきなのかについての説明がまったくなされていない。おそらくは、流通市場で取得する投資者に正確な情報を提供すべきことに変わりはないとでもいいたかったのであろうが、乱暴な議論というべきであろう。

発行開示の場合は発行会社が資金調達をするために投資者に積極的に有価証券の買付けの申込みの勧誘を行うことになるので、そのような調達事項に関する開示が重要となる。これに対して、流通に関する開示は継続的な開示となり、継続的な企業活動上の秘密の保持と将来業績についての見通しなどのソフト情報に関して、いわゆるプリ・マチュアー(pre-mature)の開示と呼ばれる開示対応の根本問題が存在することに留意すべきである。つまり、発行会社は、企業活動を行うなかで重要情報がしばしば発生してくる可能性がある一方で、企業秘密としてこれを開示しないままに次への戦略的活動を行うことがありうる。このようなビジネスのチャンスなどの不確定な段階で、投資者に当該情報を開示すると、うまくいけば迅速な開示として評価されることになるかもしれないが、他方うまくいかなければ誤解を招く虚偽の開示ではないのかが問題となる。それゆえ、プリ・マチュアーな重要な情報は、原則的には開示すべきではないことになる。しかるに、わが国の四半期報告書等においては、ソフト情報の開示が求められており、このような情報の開示を含めたうえで発行会社に虚偽記載の無過失責任を課すことは、著しく妥当性を欠くことになるおそれがある。

(二)　１９３４年証券取引所法18条

アメリカでは、有価証券の流通市場の開示に関して、１９３４年証券取引所法18条で次のように規定して、発行会社の有価証券報告書等の虚偽記載等について民事責任を法定している。すなわち、

(a)項　本法若しくはこれに基づく規則、又は本法15条(d)項に規定される登録届出書に含まれる約束に従って提出されるすべての申請書、報告書又は文書中に、それが作成された時及びその当時の状況に照らして、重要事項に関して虚偽又は誤解を生じさせる記載を行い又は行わせた者は、善意により行動しかつ当該記載が虚偽若しくは誤解を生じさせるものであることをあらかじめ知らなかったことを立証しない限り、（当該記載が虚偽又は誤解を生じさせるものであったことを知らずに）その記載を信頼して当該記載の影響を受けた価格で証券の売買を行ったものに対して、当該信頼により生じた損害の責めを負わなければならない。当該責任の履行を求めるものは、管轄裁判所において普通法又は衡平法に基づき提訴できる。当該訴訟において、裁判所は、その裁量において、両当事者のいずれか一方に対して、当該訴訟費用の支払の約束を要求しかつ適当な弁護料を含む妥当な費用を課すことができる。……

(c)項　本条に基づく責任の履行を求める訴訟は、訴訟の原因となる事実を発見した時から一年以内かつ当該訴訟の原因が生じた時から三年以内に限り、提起することができる。

このアメリカの18条は、原告は、被告の虚偽開示を信頼したこと、そこから損害が生じたことなどを立証しなければならないだけでなく、発行会社は善意であったことを抗弁できる。したがって、企業結合についての機関決定をした後でそれが成就しなかったというような場合でも、合理的な根拠に基づく開示であったことを示せば、責任はとらなくてよいことになろう。つまり、アメリカでは、流通市場における開示書類の虚偽記載等は、

発行会社に対して無過失責任を課すなどという政策をとっていないことに学ぶべきである。会社が、無過失責任を負わされるというのはいかなる根拠に基づくのか、近代市民法原理からして、大いに疑問である。立法論としては、金商法二四条の四に発行者を加えること、挙証責任の転換された責任を負わせることで足りたのではないかと思われる。

四　ライブドアの最高裁判所判決

(一)　金融商品取引法二一条の二の趣旨

最高裁判所は、金商法二一条の二第五項にいう「虚偽記載等によって生ずべき当該有価証券の値下り」について、二一条の二は、「一般不法行為の規定の特則として、その立証責任を緩和した規定である」として、虚偽記載等と相当因果関係のある損害をすべて含むと判示し、「本件虚偽記載は、上告人の代表者であったBの指示ないし了承の下、上告人が実際には約三億円の経常赤字であったのに約五〇億円の経常黒字である旨の連結損益計算書を本件有価証券報告書に記載したというものであって、このような重大な犯罪行為を行えば、強制捜査が行われ、Bが上告人の代表取締役を解任され、Y株が上場を廃止されることになるのはもちろん、上告人が成長性の著しい企業と目され、上告人ないしBの動向がマスメディアによって注目されていたことなども考慮すると、上告人や同種ベンチャー企業等に対する取引所四条の評価が大きく損なわれ、個人投資家による売り注文が殺到するなどして取引所市場に混乱がもたらされることや、こうした事態をめぐり、マスメディアが報道することも、すべて通常予想される事態であった」として、本件各事情によるY株の値下りは、本件虚偽記載と相当因果関係がある、と結論づけている。

この事件では、いわば証券詐欺に関係する虚偽記載についての判断がなされたわけで、その場合に、投資家が、金商法二一条の二の規定によって挙証責任の負担なく、相当因果関係のある損害賠償が救済を受けることができることを判示したものといえる。

(二) 田原裁判官の補足意見

① 虚偽記載等の事実がなく、事実が適正に記載されていれば当該株式を取得しなかった。

② 取得前に虚偽記載等がなされていることを知っていたならば当該株式を取得しなかった。

これらの場合は、取得自体損害の損害賠償を主張できると、多くの学説が認める。

これに対して、

③ 虚偽記載等の有無に拘らず当該株式を取得していたと認められる場合は、取得価額—処分価額（又は口頭弁論終結時の評価額）の取得差額額となることが一般に認められている。

岡部裁判官は、取得時差額損害の賠償を前提とした規定であるとされるが、虚偽記載等の後に流通市場で株式を取得した者は、取得自体損害、取得時差額損害のいずれの主張においても、金商法二一条の二第一項の適用を主張できる、と田原裁判官は指摘する。

(三) 寺田裁判官の補足意見

「不法行為の基本要素たる違法性の内容からみて、投資家に対する不法行為が成立し、その損失が保護されるべき対象であるとみることができる場合には、これを損害賠償の対象から除外すべき理由はなく、これにつき会社が責任を負うについての民法、会社法上の要件が充たされるのであれば、会社の責任を否定する理由もやはりない。」として、さらに次のことを主張する。

① 会社の代表者が単に会社財産を横領した場合には、株価に下落があっても、株主が会社に直接にその分の損害賠償を請求することはできない。この点、岡部裁判官と同意見。

② 代表者が、大株主に損害を与えることをねらって、会社財産を毀損する行為をはたらいた場合は、会社に対しても請求できる。

(四) 岡部裁判官の反対意見

① 高値取得損害は、株主の直接損害である。金商法二一条の二第二項は、取得時差額を推定する。取得自体損害もありうる。

② 会社の信用毀損による株主の間接損害は、株価下落損害である。この損害は、全株主が被る損害であり、金商法二一条の二は、これを対象外にしている。

(五) 最高裁判所の解釈

最高裁判所は、金商法二一条の二は、「一般不法行為の規定の特則として、その立証責任を緩和した規定である」として、虚偽記載等と相当因果関係のある損害をすべて含むと判示している。

問題は、田原裁判官が損害額算定について、「虚偽記載等の有無に拘わらず当該株式を取得していたと認められる場合は、取得価額—処分価額（又は口頭弁論終結時の評価額）の取得差額額となることが一般に認められている。」といわれるが、はたしてそのような場合に発行会社は、なぜそのような損害賠償の責任を負うべきなのか、である。

岡部裁判官の反対意見では、会社の信用毀損による株主の間接損害は、株価下落損害である。この損害は、全株主が被る損害であり、金商法二一条の二は、これを対象外にしている、という。

また、寺田裁判官の補足意見においても「会社の代表者が単に会社財産を横領した場合には、株価に下落があっても、株主が会社に直接にその分の損害賠償を請求することはできない。この点岡部裁判官と同意見。」とされている。このような考え方は、雪印食品損害賠償請求事件（平成17・1・18金商一二一〇九号一〇頁）において、東京高裁が、「株式が証券取引所などに上場され公開取引がなされている公開会社である株式会社の業績が取締役の過失により悪化して株価が下落するなど、全株主が平等に不利益を受けた場合、株主が取締役に対しその責任を追及するためには、特段の事情がない限り、……株主代表訴訟を提起する方法によらなければならず、直接民法七〇九条に基づき株主に対し損害賠償をすることを求める訴えを提起することはできない、」と判示したことにも関係するのかどうか問題となりうる。この考え方であれば、株主は、代表訴訟での救済を受けることができるが、金商法二一条の二の規定による救済が特別な場合であることを主張しなければならないと思われる。

(六) 日本システム技術事件についての架空的最高裁判決のイメージ

日本システム技術事件の原告株主は、有価証券報告書の記載に基づいて同社株を取得したが、はたして有価証券報告書の虚偽記載がなければ同社株を取得しなかった事例であるかどうかは、認定されていないようである。

この事例こそが、上記田原裁判官が指摘される「虚偽記載等の有無に拘らず当該株式を取得していたと認められる場合」なのかもしれない。

第一審裁判所は、高値取得損害であって取得差額が財産的損害額であるとして、いまだ施行されていない金商法二一条の二第二項の推定規定を用いて損害賠償を認めている。しかし、このような虚偽記載は、上記の雪印食品判決やライブドア最高裁判決中で岡部裁判官や寺田裁判官が指摘されたような全株主が負うべき会社損害であり、二一条の二の対象外ともいえるのではないかと思われる。

本件の会社の主観要件について、会社法三五〇条に関しては過失がなかったとしているが、金商法二一条の二の適用については、はたして無過失責任で判断するのかどうかが注目される。このことに関して、ライブドア判決で寺田裁判官が「投資家に対する不法行為が成立し、……これにつき会社が責任を負うについての民法、会社法上の要件が充たされるのであれば、会社の責任を否定する理由もやはりない。」との補足意見を書かれていることを吟味すべきであろう。解釈上の解決方法としては、金商法二一条の二第五項に基づいて裁判所が適切な判断ができるという解釈を試みるしかないといえよう。しかし、立法論としては、前述したように、発行会社が金商法二四条の四の責任主体に追加されることで足りたといえよう。

五　証券詐欺となる虚偽記載

わが国の金商法二一条の二についての上記最高裁判所の議論は、二一条の二が直接損害を受けた投資家に認められる規定であるということを明らかにしているといえよう。そこで、それは、証券詐欺とまでいえる不法行為であることを要すべきかどうかを検討してみよう。

1　アメリカの証券詐欺の故意要件

アメリカでは、上記のように流通市場の開示の民事責任規定にあっては、会社は、善意の抗弁を主張できたが、証券詐欺については、規則10b—5に基づく民事責任が問題となる。有価証券報告書等の虚偽記載等が規則10b—5の違反を根拠として証券詐欺のコモンロー上の不法行為の請求ができることになっている。それゆえ、原告は、コモンロー上の要件として、被告の故意（scienter）、原告が虚偽表示等を信頼したこと、損害との因果関係を原告は挙証しなければならない。

規則10b—5違反の救済を求めることができるのは、違反について、被告の意図的ないし悪意のある場合に限るというのが、最高裁判例となっている（Ernst & Ernst v. Hochfelder, 425 U.S. 185）。原告は、被告の主観要件を挙証しなければならないが、被告の違法性の認識までは要求されないようである（Hamilton 前掲 ¶306）。

これに対して金商法二一条の二は、虚偽記載等があれば発行会社は無過失責任を負うとしているので、アメリカの証券詐欺に必要とされる故意要件を採用していないことが問題となる。

2　証券詐欺となる重要な情報

(一)　重要な事項の定義規定

そもそもアメリカの１９３３年証券法上で発行市場における発行会社の有価証券届出書における虚偽記載等の責任を負う対象となる重要な事項とは、「通常の慎重な投資者が登録証券を買い付ける前に知らされるべきであると合理的に考えられる事項」であるとの定義規定（規則405）によると思われるが、証券詐欺となると、証券市場に影響を及ぼす事実という考え方にならざるをえない（谷川久「民事責任」ルイ・ロス＝矢澤惇監修『アメリカと日本の証券取引法(下)』六一五頁）。証券詐欺に該当するような重要な虚偽記載による損害額であればこそ、原状回復的損害賠償が各投資者に認められるので、金商法二一条の二第二項は、そのような損害と因果関係を推定することにこそ意義があるのではないかと思われる。

(二) 証券市場に影響する重要な事項

規則10b―5の対象となる重要な事項は、合理的な投資者が投資判断を行う際に重要と考えた場合が「重要」ということになるが、虚偽記載等が合理的な投資者の投資判断において現実的重要性を想定させたであろう実質的蓋然性が存在しなければならない。別の表現でいうと、合理的投資者が不実記載された事実を見た場合に利用可能であった情報のトータル・ミックスを重大に変更させる実質的蓋然性が存在しなければならないというのが判例であり、原告は、このことを証明しなければならない（Basic, Inc. v. Levinson, 485 U.S. 224）。

連邦証券取引委員会（SEC）は、IR活動で会社が情報を伝達することを奨励し、これとの関連で会社が責任を負わなくてもよいようにレギュレーションFDを制定したが、その際に重要性についてのガイドラインを明らかにしている（SEC通牒34－43154号）。それによると、

①収益情報、②合併、取得、公開買付け、合弁事業、資産の変更、③新しい製品若しくは発見、又は顧客若しくは供給者に関する展開（例：契約の獲得又は喪失）、④支配権又は経営権の変更、⑤監査人の変更又は監査人からの通告（発行会社が監査人の監査報告書を信頼することができなくなったとの通告）、⑥発行会社の証券に関する出

来事（例：シニア証券のデフォルト、redemptionのコール、自己取得計画、株式分割若しくは配当変更、株主権の変更、追加証券の公募若しくは私募）、及び⑦破産又は再生、である（森田・前掲三七四頁）。

これらの事項が、証券詐欺となる重要な事項の具体例となりうるという点で、わが国の金商法二一条の二においても、有益な指針となるように思われる。

㈢ 西武鉄道の名義株主

西武鉄道事件において、名義株主が虚偽記載とされたことは、上場廃止を惹起させる重要事実であるといわれているようであるが、いささか疑問がある。東証の平成一六年一一月一六日のプレスリリースによると、西武鉄道は、虚偽記載を行い、かつその影響が重大であると認めた場合（株券上場廃止基準二条一項一一号a）、及びその他公益又は投資者保護のため、上場廃止を適当と認めた場合（同一六号）に該当したとして、猶予期間の終了を待たずに上場廃止とした。少数特定者持株比率八〇％以下に抵触する水準に及ぶなど重大な情報に誤りがあったことが認められ、また内部管理体制等組織的な問題に起因するものと認められたからだという（同プレスリリースの注記）。

たしかに大株主の記載に誤りがあったとしても、西武鉄道は、大株主からの報告に基づいて記載するわけで、大株主のコクドからの情報に基づくわけであるから、その信憑性の責任を発行会社に押しつけているのではないかと思われる。さらに奇妙なのは、同日の東証社長の記者会見で、東証の少数特定者持株数に係る基準の見直しを公表していることである。すなわち、「この基準を導入したのは昭和五七年にさかのぼるわけですが、導入にあたり、「当分の間」基準を緩和することとした取扱いが、今日まで継続しているという状況となっています。

最近の株式持合いの解消状況等もふまえると、こうした緩和措置を継続する合理性は乏しくなってきているものと考えられますので、今回、この緩和措置を廃止することとします。」と説明しているのである。そうだとすると、上場廃止は、取引所の政策問題であって、少数特定者持株数の虚偽記載なるものが重要情報の虚偽記載といえたかどうかは疑問である。

3 原状回復的救済

(一) アメリカにおける証券詐欺の場合の信頼と因果関係

コモンロー上の不法行為責任の要件とされる「信頼と因果関係」について、アメリカでは「市場における詐欺」の概念の採用により、原告の挙証の負担を取り除いている。市場に影響するようなという意義における重要事項について、会社が故意に不実表示した場合には、「市場における詐欺」(fraudon market)となるという考え方が、最高裁判例によって採用されたのである(Basic, Inc. v. Levinson, 485 U.S. 224, pp. 241-249)。すなわち、「市場における詐欺理論は、公開かつ展開された証券市場においては、会社の株価は当該会社及びその業務に関する利用可能な重要情報によって決定されるという仮説(いわゆる効率資本市場仮説—森田)に基づき、……誤解を生じさせる説明は、それゆえ株式の購入者を詐取することになる。たとえ、購入者がそのような説明を直接的に信頼していなかったとしてもである。……そのような場合の被告の詐欺と原告の株式購入との間の因果関係は、誤解を生じさせる説明を直接的にした場合とくらべても重大さは劣ることはない。」という考え方である。

二　損害額としてのアウト・オブ・ポケット理論

アメリカでは発行者の虚偽記載等について、原告が規則10b―5違反に基づく不法行為を請求原因として訴訟を提起する場合、原状回復の権利又は差額の損害賠償の請求のいずれかを選択できるといわれているが、陪審の評決を含む裁判所の裁量によって決定されるようである。ただし、証券取引所法28条(a)項により、現実損害に限定されるし、懲罰的損害賠償は認められないようである（Loss & Seligman, Fundamentals of Securities Regulation 4th Ed. p. 1217)。一般的には購入時の市場価値と支払対価との差額が損害額とされるようである（同p. 1212)。損害額は、通常は、アウト・オブ・ポケットで算定される。最近では、集団訴訟について、損害額の算定は、購入価格と虚偽記載の訂正公表後九〇日間の平均取引価格との差額を限度とすべきであるとの損害額の上限を制限する規定が設けられている（1934年証券取引所法21条D)。このような考え方がわが国の金商法二一条の二に大きな影響を与えているといえよう（黒沼悦郎「証券取引法における民事責任規定の見直し」商事一七〇八号四・一一頁)。

三　金融商品取引法二一条の二の救済の利用可能性

わが国の金商法二一条の二は、発行会社の有価証券報告書等の虚偽記載等により証券を取得した者だけに認められる法定の民事責任を定める規定であるが、発行市場における当事者の損害賠償規定である金商法一九条に言及しており、証券詐欺に認められるべき原状回復的救済を意図していると解釈される可能性がある。さらに、投資者に損害賠償請求をしやすいように、二一条の二第二項は、因果関係及び損害額の推定を規定している。

しかし、株価下落による株主の損害は、上記のように全株主が負うべきものともいえる。金商法二一条の二は、はたしてこのような場合の株主の損害の賠償を認める規定であるのかが問題となりうる。

同様に、オリンパス工業事件では、損失隠しは約二〇年にも及ぶようであり、全株主が負担すべき不祥事であり、ある株主だけが救済を受けるのはどうかという考え方もある。このような事例では、金商法二一条の二の規定ではバランスのとれた解決が困難ではないかと思われる。さらにいえば、同事件では、損失隠しといわれるがそれを処理してきたのであり、証券詐欺を行う等には該当しないように思われる。株価も事件当時にまで回復していることも見逃せないように思われる。このような場合に発行会社が民事責任を問われないというのもおかしいが、だからといって無過失でも民事責任が課せられるというのもおかしい。立法論としては、金商法二四条の四の責任主体として裁判所が判断することがベターであるといえよう。

他方、わが国の証券詐欺の規定の違反について、民事責任を定める規定が存在していない。金商法二一条の二は、報告書の虚偽記載の被害者たる投資者の救済として、損害額の推定規定を定めていることから実効性が大いに期待できる。そこで、同条の適用範囲を拡大して、規制対象の開示書類の範囲を拡大するなど、金商法一五七条の証券詐欺規定の違反に対しても適用できるようにすべきではないかと思われる。その場合には、濫訴も懸念されるが、それについては被告の故意要件を掲げればよいと思われる。条文の位置もそちらにずらすのがよいであろう。

六　その他の証券詐欺の民事責任規定

意図的な虚偽記載等が、アメリカでは証券詐欺になるという議論自体がわが国においては必ずしも浸透していないように思われる。ここでそれを主張してわが国の常識を覆す余裕はないが、有価証券報告書等の虚偽記載等が、自由市場に大きな阻害要因となることは、わが国においても一応承認されていることを紹介しておきたい。まず、金商法の相場操縦の規定を見てみよう。一五九条二項は「何人も、有価証券の売買、市場デリバティブ取引又は店頭デリバティブ取引（以下この条において「有価証券売買等」という。）のうちいずれかの取引を誘引する目的をもつて、次に掲げる行為をしてはならない。……三号　有価証券売買等を行うにつき、重要な事項について虚偽であり、又は誤解を生じさせるべき表示を故意にすること。」と規定している。そして、こ「の規定に違反した者は、当該違反行為により形成された金融商品……に係る価格……より、当該金融商品……の売買……をし、又はその委託をした者が当該取引所金融商品市場等における有価証券の売買等又は委託につき受けた損害を賠償する責任を負う。」（金商法一六〇条）こととされている。

この条文がこれまで利用されてこなかった理由として、取引を誘引する目的という主観要件の証明が困難であることが指摘されてきた。また、「売買等を行うにつき」という文言から、自らが当該取引の当事者である必要があるように解釈されることも理由をなしていたと思われる。しかしながら、ライブドア事件では、裁判所は、次のような認定を行っている。すなわち、「被告においては、インターネット関連業務の業績の増大には限界があることから、合併・買収（M&A）や株式分割を利用し、ライブドア株式の時価総額の増大を図っていたが、被告、甲野、乙山らは共謀の上、さらに、企業買収の際の株式交換を利用してライブドア株式を高値で売り抜けて利益を得た上、それを被告の売上に計上して経常利益を増大させることとし、その過程に投資事業組合を介在させて、被告、甲野、乙山らの関与を発覚しにくくするとともに企業会計処理等による規制を逃れようとしていた。」こと及びマネーライフ社買収に係る偽計・風説の流布を認定している（東京地判平20・6・13判時二〇一三号二七・四七～四九頁）。それゆえ、相場操縦の主観要件及び有価証券の売買についてという要件は自己株式の売買差益の獲得を目的としていたことで、金商法一六〇条の適用も可能となる事例であったといえよう。

証券詐欺を禁止するわが国の金商法一五七条は、アメリカの１９３４年証券取引法10条(b)項を継受するのであるが、同規定に基づく規則10ｂ―５は、証券詐欺禁止行為の要件として、証券の購入又は売却に「関連して」(in connection with）という概念を採用しているのに対して、わが国の規定が有価証券の売買「について」としているのと大きな差異となっていると思われる。アメリカにおいても、この概念の採用こそが、一九四二年における大発明であって（Loss & seligman 前掲 p. 876)、証券詐欺に有効な規定となったようである。立法論として、この「売付又は買付に関連して」という文言をぜひわが国の金商法一五七条等に導入して、証券詐欺については原状回復的損害賠償を広く認めるべきであろう。しかし、ライブドア事件では、発行会社が自己株式の売買差益を目的にして行為したことが認定されており、上記のように相場操縦についての民事責任が肯定されうる事例のようでもある。これと重畳的に一五七条の違法を認定できる場合の民事責任規定を整備して、民法上の不法行為責任の救済よりも簡便な証券詐欺として原状回復的損害賠償を認めるべきである。金商法二一条の二は、このような場合の有価証券報告書等の虚偽記載等に対して投資者保護を強化するものであり、そのような趣旨の規定を整備して、一五七条に対応するような証券詐欺についての民事責任規定を立法化すべき時が来ていると思う。

五

民事立法

平成の民事立法をめぐる解釈についての若干の考察

始関正光

一　はじめに

平成の年代の民事立法は、平成元年の民事保全法制定に始まり、平成二年の商法等の大改正、平成三年の借地借家法制定と続き、その後も、毎年、少なくとも一本以上の法改正が行われ、その結果、手続法の分野においては、上記の民事保全法制定の後、現行民事訴訟法典の制定及びその後の数回の改正、倒産法制の全面的な改正、民事執行法の数回にわたる改正、新人事訴訟法の制定、家事事件手続法の制定、新非訟事件手続法の制定など、民事手続法の大半の部分につき大規模な改正が次々と行われてきた。また、実体法の分野においても、会社法制につき、上記平成二年の大改正の後も、度重なる改正がされた末、平成一七年には会社法が制定されるに至ったほか、民法関係では、民法の全面的なひらがな現代語化、成年後見制度・保証制度・抵当権制度の各改正、平成一八年の「一般社団法人及び一般財団法人に関する法律」及び「公益社団法人及び公益財団法人の認定等に関する法律」の制定に至るまでの一連の非営利法人法制の改正、建物の区分所有等に関する法律の改正、平成一〇年の「債権譲渡の対抗要件に関する民法の特例等に関する法律」の制定から同法の平成一七年における「動産及び債権の譲渡の対抗要件に関する民法の特例等に関する法律」への改正に至る動産・債権譲渡登記法制の創設と整備、電子記録債権法の制定などが行われ、また、商法関係では、国際海上物品運送法の改正、保険法の制定なども行われてきた。そして、このような改工作業は、本稿執筆時点でも続けられており、平成二四年九月七日には法制審議会により「会社法制の見直しに関する要綱」が答申され、法制審議会民法（債権関係）部会における債権法改正の中間試案策定に向けた審議が急ピッチで進行し、法務大臣から法制審議会に対して罹災都市借地借家臨時処理法及び被災区分所有建物の再建等に関する特別措置法の見直しに関する諮問がされるなどしている。このように、平成の年代は、わが国の民事立法において、明治時代の近代法典編纂期、第二次世界大戦後の改正期に次ぐ、第三の立法大変革期であるということができる。

ところで、明治時代の近代法典編纂期における立法作業は、欧米諸国との間の不平等条約の早期是正を実現する前提として急いで行われたものであり、その当時のわが国には民商法が前提とする近代資本主義の社会実体が十分に存在しない状況の下で、フランス法やドイツ法を翻訳して輸入したというものであるから、解釈問題が生ずることは必定であったということができる。また、終戦直後の改正期においては、ＧＨＱの指示の下、それまでのわが国にとってなじみの少なかったアメリカ法を短期間に導入する改正作業が行われたものであるから、これまた、解釈問題が生ずることは当然に予期されていたということができる。

これに対し、平成の改正作業は、いずれの法分野においても、わが国におけるこれまでの永年にわたる判例や実務の蓄積を背景に、既存の法制下で生じていた問題点（改正検討課題）を分析、抽出したうえで、当該問題点の解消ないし改善を図るために行われたものである。また、その改正作業の手続も、内閣提出法案として行われた改正においては、研究者（学者）のほか、法曹界（裁判所及び弁護士会）、経済界、金融界などの当該改正対象分野に関係の深い各業界が推薦した代表者や、関係省庁の担当官が委員や幹事に選任されて、法制審議会の各専門部会が組織され、当該専門部会において、長時間に及ぶ白熱した議論が多数回にわたって繰り返されながら、改正検討課題の抽出、当該改正検討課題について考えうる複数の改正試案の提示、各改正試案の長所・短所の検討・分析、これをふまえた改正試案の修正といった作業が順次行われたうえで、改正要綱案が取りまとめられ、これが法制審議会総会の審議にかけられたうえで、改正要綱として採択・答申され、この改正要綱に基づいて事務当局が法律案を立案するという慎重な手続が採られている（田原睦夫判事にも、現行民事訴訟法典制定の際には民事訴訟法部会の幹事として、倒産法制の大改正の際には倒産法部会の委員として、審議に参画いただいた。）。また、その審議過程で、少なくとも中間試案についてのパブリックコメント手続が実施され（現行民事訴訟法の制定や、倒産法改正、現在進行中の債権法改正などの大規模な改正においては、試案の作成作業に取り掛かる前の改正検討課題の抽出の段階でもパブリックコメント手続が行われている。)、当該パブリックコメント手続において寄せられた意見をも重要な参考資料としながら、法制審議会の専門部会における審議が進められる。また、このような審議の末に答申される改正要綱には、条文の規定に近いかたちで改正内容が記載されることが慣例となっており、当該改正要綱を受けて作成される法律案に盛り込まれる条文も、特段の事情がない限り、概ね改正要綱どおりの内容の規定となっている。このように、法制審議会を通じて行われる平成の民事立法においては、従前の法制の下で生じていた解釈・運用上の問題点を解消ないし改善するために、研究者と関係各界の実務家が会して、さまざまな角度から意見を出し合って議論を重ね、パブリックコメント手続の結果もふまえて、十分な検討が尽くされたうえで、改正要綱として答申され、それがほぼそのまま法律となるものであるから、従前の法律の下における解釈上の対立に立法的な決着をつける場合はもとより、従前の法律の解釈ではまかないきれない事柄について新たな制度を創設する立法を行う場合であっても、改正要綱に基づいて作成される新たな条文の解釈・運用についても検討が行われたうえで、改正要綱の内容が決定される。したがって、改正要綱の採択にあたって、当該要綱に基づく新規立法により解釈上の問題が惹起されることが了解事項となっている例外的な場合(たとえば、民事訴訟法二二〇条四号ニは、いわゆる自己使用文書を文書提出義務の例外文書の一つとするものであるが、この自己使用文書が具体的に何を指すかについては、同号創設の立法の審議が行われた時点で解釈が分かれていたものであり、そのことを承知のうえで、自己使用文書を文書提出義務を負わない文書の一つに掲げることが答申されたものである。)を除くと、明治の法典編纂期や終戦直後の大改正期におけるのとは異なり、改正要綱に基づく条文について解釈問題が生ずることは想定されていなかったはずである。

ところが、現実には、平成の立法についても、その施行後それほど長い年月が経たわけでないにもかかわらず、その解釈が争われる事案が相当数生じており、判例や下級審裁判例が次々と出されている。そこで、本稿では、筆者が事務当局の一員として立案を担当した法律をめぐる三つの解釈問題を題材にして、法制審議会の審議を経て行われた平成の立法について解釈問題が生ずる理由ないし原因を考察することとしたい。

二　個人再生手続と詐害行為取消権（東京高判平22・12・22判タ一三四八号二四三頁）

1　事案の概要

AのXに対する借入金債務を連帯保証していたBが、その所有する土地建物を娘であるYに贈与した後、Aとともに小規模個人再生手続開始の申立てをして、その開始決定を受けたが、その後に、Xが、上記贈与は詐害行為に該当すると主張して、Yに対し、詐害行為取消権に基づき、上記贈与の取消し及び上記土地建物の所有権移転登記の抹消登記手続を求めた。なお、Bの小規模個人再生手続においては、Bの現有資産に上記土地建物の価値を加算した金額をもって清算価値とされ、これを上回る総額の弁済を五年間の分割払いで行う旨の再生計画案が提出され、債権者の書面決議を経て、再生裁判所の認可決定を受け、再生債権者らに対する上記再生計画に従った弁済が続けられており、また、Xは上記再生計画案に同意し、上記分割弁済を受けている。

第一審判決は、Yに詐害の認識が認められないとして、Xの請求をいずれも棄却した。

2　本判決の要旨

小規模個人再生の手続が開始された後は、詐害行為取消権を行使することはできない。

3　考　察

本件において、Xは、再生債務者Bについて小規模個人再生手続の開始決定がされた後に、受益者Yに対する詐害行為取消訴訟を提起し、第一審判決は、小規模個人再生手続の開始決定後であっても再生債権者が詐害行為取消訴訟を提起することはできるという解釈を前提として、詐害行為取消権の成否について判断をしたのであるが、このようなX及び第一審判決の解釈は、民事再生法には再生手続開始決定後に詐害行為取消訴訟を提起することを禁ずる明文の規定がないこと、個人再生手続においては、否認権制度の適用が除外されており、この関係で、詐害行為取消訴訟の中断に関する規定も適用が除外されていることに起因して生じたものとみられる。

しかしながら、個人再生手続を含む倒産処理手続は、民事再生や会社更生のような再建型の手続であるか、破産のような清算型の手続であるかにかかわらず、総債権者を衡平に取り扱うという、いわゆる包括執行の手続であるから、倒産処理手続が開始された以上は、一般の債権者は、当該倒産処理手続に参加することによって、債権者平等の原則に従った弁済ないし配当を受けることができるのみであって、別途個別に債権を行使することは許されないものである（民事再生法三九条一項、八五条一項、会社更生法四七条一項、五〇条一項、破産法四二条一項・二項、一〇〇条一項）。詐害行為取消権の行使は、「すべての債権者の利益のためにその効力を生ずる」とされている（民法四二五条）ものの、個々の債権者がその債権を個別に行使するものであるから、包括執行の手続である倒産処理手続が開始された以上は、各債権者が個別に詐害行為取消権を行使することは許されないものというべきである。本判決も、小規模個人再生の手続が開始された後は、詐害行為取消権を行使することはできないとの解釈を採る理由として、「小規模個人再生による再生手続では、通常の民事再生手続と同様に、再生手続開始の決定があったときは、債権者は、債務者に対して破産又は強制執行等の申立てをすることができず、既になされている強制執行等の手続は中止されることとなり（民事再生法三九条一項）、原則として、再生計画の定めるところによらなければ、再生債権について、弁済をし、弁済を受け、その他これを消滅させる行為（免除を除く。）をすることができず（同法八五条一項）、その有する再生債権をもって再生手続に参加することにより（同法八六条一項）権利実現を図ることになる。従って、小規模個人再生においても、再生手続が開始された後は、債権者間の公平を図るために、再生債権の個別的な権利行使は許されないものとして、債権者が再生手続外で別途、詐害行為取消権を行使することはできないと解するのが相当である。」と判示しているが、もとより正当な説示である。

法的倒産処理手続が開始された後に詐害行為取消権を行使することのできないことは、一般の民事再生手続、会社更生手続及び破産手続においては、否認権の制度が設けられていることからしても明瞭である。すなわち、これらの手続の場合には、当該手続が開始された後は、否認権限を有する者（管財人ないし民事再生手続の監督委員）のみが総債権者のために否認権を行使することができるのであり（民事再生法一三五条一項、会社更生法九五条一項、破産法一七三条一項）、当該手続の開始前に詐害行為取消訴訟が提起されていたときは、当該訴訟は中断し、否認権限を有する者が受継することによって否認訴訟に移行させることとされている（民事再生法四〇条の二第一項、一四〇条一項、会社更生法五二条の二第一項・二項、破産法四五条一項・二項）から、当該手続が開始された後に個々の債権者が詐害行為取消訴訟を提起することができないことは明らかである。これに対し、個人再生手続においては、否認権制度の適用が除外されており、この関係で、詐害行為取消訴訟の中断に関する規定も適用が除外されている（民事再生法二三八条、二四五条）。しかしながら、これは、個人債務者の簡易迅速な経済的再生を実現するという個人再生手続創設の目的に照らし、最終的な決着までに時間を要する否認権制度を採用しなかったものにすぎず、個人再生手続において、その手続開始後に各債権者が詐害行為取消訴訟を提起することや、手続開始前から係属している詐害行為取消訴訟において、再生計画の認可後も、詐害行為の取消しを命ずる判決をすることができることを許容する趣旨ではない。本判決は、「小規模個人再生においては、個人債務者の簡易迅速な経済的再生を実現するという目的から、最終的な決着までに時間を要する否認権制度を採用せず、仮に、債務者によって否認にあたる行為がなされていても、再生手続開始前に判明した場合は、破産による否認権の行使を免れるという不当な目的でなされたものとして、再生手続開始の申立てを棄却することができ（同法二五条四号）、再生手続開始後に判明した場合は、否認権の行使によって回復されるべき財産に相当する価額を加算した額以上の弁済を内容とする再生計画案が再生債務者から提出されない限り、債権者の一般の利益に反するものとして、再生手続を廃止（同法一九一条一号・二号）するか、あるいは不認可決定（同法一七四条二項四号）をすることができるので、否認にあたる行為を排除して債権者の利益を保護するために手続的保障があるのであるから、否認権制度の適用が除外されていることをもって、倒産手続の基本原則である債権の個別的権利行為の禁止を修正して、債権者に詐害行為取消権を行使させる必要性は認められず、かえって、その行使を認めると、個人債務者の簡易迅速な再生を目指した前記趣旨を没却することになる。また、詐害行為取消訴訟の中断規定は否認権制度を前提としたものであり、上記のとおり、小規模個人再生では否認権制度を採用せず、監督委員や管財人による訴訟受継の問題を生じないために同規定の適用が除外されたものと解されるところから、この点が直ちに前記解釈の妨げになるものではない。」と、立法の趣旨・経緯を正確にふまえた正当な判示をしている。

個人再生手続は、再生債権の総額が小規模な個人債務者にとっては、一般の民事再生手続は重厚長大に過ぎて、コストパフォーマンスが引き合わず、実際にこれを利用することが困難であるという問題点を解消するために創設されたものであり、このような小規模な個人債務者が実際に利用できる手続とすべく、手続の大幅な簡素化が図られているところ、否認権の行使手続は、その決着までに時間がかかることが多いことから、小規模な個人債務者が利用しやすい簡易迅速な手続という観点からは否認権制度を設けるべきでないと考えられた一方で、否認該当行為によって他の一般債権者（再生債権者）が受けた不利益を放置するのは相当でないと考えられた。そこで、法制審議会倒産法部会において、否認権制度の個人再生手続における取扱いについて相当の時間を割いて議論が重ねられた結果、再生計画案認可の要件である民事再生法一七四条二項四号等に規定されている「再生債権者の一般の利益に反するとき」が破産手続における配当額を下回る場合という意味と解されていることから、個人再生手続において否認該当行為があったと認められる場合には、再生債務者の残余財産額に当該否認対象財産の額を加算した額を超える弁済総額の再生計画案が作成されない限り、不認可の決定がされるという取扱いをすることなどの本判決説示の上記各方策によって、否認該当行為によって一般債権者が破産の場合よりも不利益を受けることがないようにすることとして、個人再生手続においては否認権の制度を設けないものとするという決断がされたものである（拙編著『一問一答個人再生手続』二六九頁）。このような法制審議会倒産法部会における審議内容に照らせば、倒産処理手続の一種である個人再生手続において、個々の債権者による詐害行為取消権の行使を容認するなどということがまったく考えられていなかったことは明らかである。

したがって、個人再生手続の開始決定後の詐害行為取消権の行使を否定した本判決は相当というべきであるし、さらに進んで、個人再生手続の開始前から詐害行為取消訴訟が係属している場合においても、少なくとも、否認対象財産の額を加算した額を超える弁済総額の再生計画案が認可されたときは、再生債権者は個人再生手続が予定する十分な満足を得たものであるから、詐害行為取消権は、その目的を達成して消滅することになると解すべきものと考える（なお、本判決も、説示の最終部分において、Xは、「認可を受けた本件再生計画に従って権利変更された債権に対する弁済を受けているのであって、実質的に見ても、もはや本件貸付債権自体の要保護性を失ったものといえる。」と判示している。）。

ところで、筆者が担当した個人再生手続創設のための民事再生法の一部改正（平成一二年法律第一二八号）の際には、詐害行為取消訴訟の中断に関する規定は、否認権を定める民事再生法第六章第二節のなかの一四〇条として規定されており、上記のとおり、個人再生手続においては否認権制度を設けないとの審議結果になったことから、二三八条及び二四五条において第六章第二節をまとめて適用除外にした。個人再生手続創設の際の法制審議会倒産法部会の審議においては、個人再生手続における詐害行為取消訴訟の取扱いに焦点を当てた議論をしてもらったことはなかったし、この取扱いについて委員、幹事から意見が出されたこともなかった。これは、個人再生手続の創設が急がれていて、審議日程が限られていた一方で、否認権制度の個人再生手続における取扱い自体が大問題となったため、否認権制度を設けないこととしたことに伴う詐害行為取消訴訟の取扱いという否認権制度全体から見ると細かな問題にまで気が回らなかったものであり、詐害行為取消訴訟の提起後に個人再生手続が開始された場合に当該訴訟を中断させないという決断が倒産法部会においてされたわけではない。このような審議経過に照らすと、訴え提起後に個人再生手続が開始された場合における詐害行為取消訴訟の取扱いについては、中断肯定説もまったく採りえないものではなかったように思われる。

ところが、新破産法の制定に伴う整備（平成一六年法律第七六号）において、詐害行為取消訴訟の中断に関する規定が、新破産法の規定振りに併せ、債権者代位訴訟の中断規定とともに四〇条の二に移されたことに伴い、二三八条における適用除外規定にも、債権者代位訴訟部分を除く四〇条の二の規定が追加され、この改正（筆者は関与していない。）によって、上記のような解釈は文理上採りえないものとなった。詐害行為取消訴訟の中断に関する規定を適用除外として、個人再生手続の開始によって詐害行為取消訴訟は中断しないものとすることの説明は、本判決の上記判示のように、個人再生では否認権制度を採用せず、監督委員や管財人による訴訟受継の問題を生じないためであるということになろうが、あらためて考察してみると、このような取扱いの合理性には疑問があるように思われる。規定の文理からすれば、中断が生じない以上、個人再生手続において否認対象財産の額を加算した額を超える弁済総額の再生計画案が可決されて認可された後であっても、詐害行為取消訴訟の審理を継続して、詐害行為取消権の成否についての実体判決をすべきように読まれてしまうなどの問題が生じるからである。破産債権者が破産手続開始決定前に破産者に対して提起していた破産債権に関する請求訴訟は、破産手続開始決定によって中断するが、破産管財人によって必ず受継されることになるわけではなく、むしろ実務上は、破産債権の届出及び調査の手続において届出債権が異議なく確定することにより、目的を達したものとして当然終了となることが多いことに照らすと、個人再生手続開始決定前に提起されていた詐害行為取消訴訟についても、再生手続開始決定によっていったん中断させたうえで、再生計画認可決定が確定した場合には、当該訴訟についても実質的に決着がついたものとして、当然終了となるものとするほうが落ち着きがよいように思われる。筆者はこの問題が裁判実務上どの程度生ずるのかを承知していないが、それがある程度生じるのであれば、立法的手当てがされるべきであろう。

三　振替株式である全部取得条項付株式の取得価格の決定の申立てと個別株主通知（最決平22・12・7民集六四巻八号二〇〇三頁）

1　事案の概要

株券電子化会社（振替制度利用会社）であったYは、A社の完全子会社となるために、振替株式である普通株式を全部取得条項付株式とし、その取得対価として、新たに発行する優先株式を割り当て、当該全部取得条項付株式をYが取得する旨の株主総会決議及び種類株主総会決議をしたところ、Xは、会社法一七二条一項に基づき、同総会に先立って、上記取得に反対する旨をYに通知し、かつ、同総会において、上記取得に反対する旨の議決権行使をしたうえで、当該全部取得条項付株式の取得価格の決定の申立てをした。Xは、同申立てをした後に個別株主通知をしようとしたが、Yの株式が上場廃止になったため、個別株主通知は行われなかった。Yは、個別株主通知の欠けつを主張して同申立ての適法性を争った。

第一審は、Yの主張を容れて、同申立てを却下したが、抗告審は、取得価格決定申立権は個別株主通知を要する「少数株主権等」に該当しないなどとして、本件を第一審に差し戻す決定をした。

2　本判例の要旨

振替株式についての会社法一七二条一項に基づく価格の決定の申立てを受けた会社が、裁判所における株式価格決定申立事件の審理において、申立人が株主であることを争った場合には、その審理終結までの間に個別株主通知がされることを要する。

3　考　察

社債、株式等の振替に関する法律（以下「社債等振替法」という。）一五四条は、振替株式についての「少数株主権等」の行使について、株主名簿の記載又は記録を発行会社への対抗要件とする会社法の規律を適用せず、個別株主通知を要すると定めているところ、その最大の趣旨は、本決定が判示するとおり、株券電子化会社においては、「株主名簿の名義書換は総株主通知を受けた場合に行われるものの、総株主通知は原則として年二回しか行われないため（社債等振替法一五一条、一五二条）、総株主通知がされる間に振替株式を取得した者が、株主名簿の記載又は記録にかかわらず、個別株主通知により少数株主権等を行使することを可能にすることにある。」。株券電子化前の株券保管振替制度の時代にも、社債等振替法上の総株主通知に相当する原則年二回の実質株主通知の手続が設けられていたが、株券保管振替制度を利用して株式を期中で取得した者が次回の実質株主通知より前に少数株主権等を行使したい場合には、同制度の利用をやめて、証券保管振替機構から預託株券の返還を受け、これを呈示して株主名簿の名義書換をすることが可能であった。これに対し、株券電子化後は、株券が廃止されることから、株券保管振替制度の時代のような方法による少数株主権等の行使は不可能になる。そこで、法制審議会商法（株券不発行等関係）部会において議論が重ねられた末に採用されたのが、個別株主通知の制度であった。

ところで、社債等振替法は、「少数株主権等」を、基準日株主（会社法一二四条一項）が行使することができるとされる権利以外の株主の権利と定義している（社債等振替法一四七条四項）ところ、「会社法一七二条一項所定の価格決定申立権は、その申立期間内である限り、各株主ごとの個別的な権利行使が予定されているものであって」、基準日株主「による一斉の権利行使を予定する同法一二四条一項に規定する権利とは著しく異なる」ことは、本決定が判示するとおりであって、当該価格決定申立権が社債等振替法の文理解釈上「少数株主権等」に該当することは間違いない。ただ、この価格決定申立権や、組織再編における反対株主の株式買取請求権などは、原則として、株主総会において当該議案に反対する旨の議決権行使をした者しか行使できないものとされているところ、この議決権行使をすることができるのは基準日株主に限られるから、これらの権利は、「基準日株主のみが行使することのできる少数株主権等」という特殊性のある少数株主権等である。また、これらの権利は、その行使期間が株主総会の日から二〇日間に制限されているが、他方で、社債等振替法一五四条二項は、振替株式についての少数株主権等の行使期間を、個別株主通知がされた後政令で定める期間が経過する日までの間と定めており、法律相互の規定の定め方が十分に整合していないという問題もある。株券電子化の法案作成作業の終盤になって、筆者ら立案担当者は、これらの問題に気づき、組織再編における反対株主の株式買取請求権について（本件で問題となった全部取得条項付株式の制度は、会社法制定の際に新設されたものであり、株券電子化の立案当時は存在しなかった。）、他の「少数株主権等」と異なる取扱いをすべきかどうかを内部で若干議論した。しかしながら、その当時は、すでに法制審議会の審議が終了して答申を得てしまっていたうえ、法案提出時期も迫っていたこと、別異の取扱いをすることの当否及び当該取扱いの内容につき担当者限りで短期間に適切な解を得られそうになかったことから、この問題については、解釈に委ねるほかないと判断して、法案を提出したものである。その意味で、この問題につき、下級審裁判例が、①本決定要旨のような説のほかに、②本件の原決定（抗告審決定）が採ったような個別株主通知不要説、②個別株主通知を会社法一七二条一項所定の申立期間の二〇日間のうちにしなければならないとする説（東京高決平22・1・20金判一三三七号二四頁の①事件）に分かれたのは、立案担当者の想定の範囲内の出来事であり、本決定が、「ある総株主通知と次の総株主通知との間に少数株主権等が行使されたからといって、これらの総株主通知をもって個別株主通知に代替させることは、社債等振替法のおよそ予定しないところというべきである。」と判示するのは、少数株主権等一般については妥当するものの、全部取得条項付株式の取得価格決定申立権や、株式買取請求権についてまで当然に妥当するとは、立案を担当した筆者の立場からは言いがたい。

もっとも、本決定は制度導入の趣旨というかたちでは明示的にあげていないが、株主名簿の名義書換後に当該株式を売却して再度買い戻すなどした者が、これを秘して少数株主権等を行使するという事態の発生を防止することも、個別株主通知制度の導入の趣旨の一つであったもので、この点を加えることが、同制度の導入に消極的であった発行会社側の理解を得るための条件となり、その結果、本決定が判示するように、「少数株主権等の行使を受けた会社が、（中略）当該株主が少数株主権等行使の要件を充たすものであるか否かを判断することができるようにするため」、「総株主通知と異なり、個別株主通知において、振替口座簿に増加又は減少の記載又は記録がされた日等が通知事項とされ」たものである。そして、この制度趣旨は、全部取得条項付株式の取得価格決定申立権や、株式買取請求権の行使についても当てはまるから、本決定がこの点に着目して、「上記会社にとって、総株主通知とは別に個別株主通知を受ける必要があることは明らかである。」と判示したことには、十分な説得力があると感じる。

次に、本決定は、前記のような権利行使期間に関する会社法と社債等振替法との不整合の問題につき、「社債等振替法一五四条二項が、個別株主通知がされた後の少数株主権等を行使することのできる期間の定めを政令に委ねることとしたのは、個別株主通知がされた後に当該株主がその振替株式を他に譲渡する可能性があるために、振替株式についての少数株主権等の行使を個別株主通知から一定の期間に限定する必要がある一方、当該株主が少数株主権等を実際に行使するには相応の時間を要し、その権利行使を困難なものとしないためには、個別株主通知から少数株主権等を行使するまでに一定の期間を確保する必要もあることから、これらの必要性を調和させるために相当な期間を設定しようとすることにあるのであって、少数株主権等それ自体の権利行使期間が、社債、株式等の振替に関する法律施行令四〇条の定める期間より短いからといって、個別株主通知を不要と解することはできない。」と判示するとともに、「個別株主通知は、社債等振替法上、少数株主権等の行使の場面において株主名簿に代わるものとして位置付けられており（社債等振替法一五四条一項）、少数株主権等を行使する際に自己が株主であることを会社に対抗するための要件であると解される。そうすると、会社が裁判所における株式価格決定申立て事件の審理において申立人が株主であることを争った場合、その審理終結までの間に個別株主通知がされることを要し、かつ、これをもって足りるというべきである」と判示した。これらの判示は、個別株主通知制度の趣旨を正確に記述するものであるとともに、それらを組み合わせることによって、バランスのとれた解釈を導き出したものということができよう。

なお、事案の概要にあげたとおり、本件では、Xは、取得価格の決定の申立てをした後に個別株主通知をしようとしたが、Yの株式が上場廃止になったため、個別株主通知は行われなかったところ、本決定は、この点に直接言及していない。しかし、この事実自体は、本決定の「本件の経緯」の項目中に掲げられているから、本決定は、「審理終結までの間に個別株主通知がされることを要し、かつ、これをもって足りる」と述べながらも、審理終結前に発行会社が上場廃止になった場合には、そうなる前に個別株主通知がされることを要すると判示していることになる。そして、このことは、最決平24・3・28民集六六巻三号一二四四頁（以下「二四年決定」という。）が、振替株式について株式買取請求を受けた株式会社が同請求をした者が株主であることを争った時点ですでに当該株式について上場廃止がされ、振替機関の取扱いが廃止されていたという事案について、本決定を引用しつつ、この場合であっても、個別株主通知を要すると判示したことによって明確にされた。組織再編において、株主の地位を引き継ぐ会社が非上場会社である場合には、当該組織再編によって従前の振替株式は消滅し、これに代えて、一般的には当該非上場会社の株式が発行されることになるから、反対株主による振替株式の買取請求権行使の裁判手続の途中で、個別株主通知をすることができなくなるという事態は決してまれに生ずることではない。そして、このような場合に振替株式に代えて発行される非上場会社の株式の発行会社への対抗要件は、会社法の原則どおり、株主名簿の名義書換であり、社債等振替法は、それが可能になるように、特定の銘柄の振替株式が振替機関によって取り扱われなくなったときには、総株主通知をしなければならないこととし（同法一五一条一項六号）、発行会社は、この総株主通知に基づいて株主名簿の名義書換をしなければならないこととしている（同法一五二条一項）。そして、振替株式をそうでなくするという取扱いは、発行会社が自ら決議して行うものである。そうすると、当該発行会社は、少数株主権等の行使につき個別株主通知を要求することによって本来権利のない者が権利行使をするという事態の発生を防止するという当該発行会社にとってのメリットを自ら放棄したと評価することもできないわけではなかったと思われる。しかしながら、二四年決定及びこれが前提とする本決定は、このような考え方を採らず、株式買取請求権や価格決定申立権を行使する株主は、個別株主通知が可能な時期にこれをしておかないと、同請求が認められなくなってもやむをえないという政策決定をした。その理由について、二四年決定は、「このように解しても、株式買取請求をする株主は、当該株式が上場廃止となって振替機関の取扱いが廃止されることを予測することができ、速やかに個別株主通知をすれば足りることなどからすれば、同株主に過度の負担を課すことにはならないからである。」と判示している。個別株主通知の手続が休日を含めてもせいぜい一週間程度で完了するという振替実務の実態を十分にふまえた政策決定といえよう。

いずれにしても、個別株主通知をめぐる解釈問題は、前述のとおり、立法当時に予測しながらも、十分な立法的手当てを行うことができなかったために生じたものである。個別株主通知制度についても、これを創設することの当否自体が株券電子化法制の整備における大きな論点の一つとなり、法制審議会における審議も、この点に相当の時間が割かれた一方、株券電子化は緊急を要する政策課題とされていて、検討期間が限られていたことから、個別株主通知の対象となる「少数株主権等」を個別具体的に取り上げた検討を法制審議会において行うことのないまま、法制審議会における要綱の答申とこれに基づく改正法の制定に至ったことが、高裁段階での解釈の分裂という事態を招き、本決定及び二四年決定によって、解釈の統一が図られ、この問題にようやく決着がついたものである。

四　民事訴訟法三八条後段の共同訴訟についての同法七条ただし書と同法九条の関係
（最決平23・5・18民集六五巻四号一七五五頁）

1　事案の概要

XがYを含む貸金業者三社を共同被告として過払金返還請求訴訟をXの住所地を管轄する地方裁判所に提起した。各被告に対する請求額は、いずれも一四〇万円を超えないが、これらを合算した額は一四〇万円を超えていた。Yは、民事訴訟法（以下、この項において「法」という。）一六条一項に基づき、同訴訟のうちYに係る部分をXの住所地を管轄する簡易裁判所に移送するよう求めた。

原審は、法三八条後段の共同訴訟については、法七条ただし書により同条本文は適用されず、受訴裁判所に併合請求による管轄が生ずることはなく、法九条を適用して各請求の価額を合算して訴訟の目的の価額を算定することができないから、Yに係る訴訟は簡易裁判所に属すると判断して、Yの移送申立てを認容した。

2　本決定の要旨

法三八条後段の要件を満たす共同訴訟であって、いずれの共同訴訟人に係る部分も受訴裁判所が土地管轄権を有しているものについて、法七条ただし書により法九条の適用が排除されることはない。

3 考察

法七条ただし書は、現行法の制定の際に新設された規定であり、共同訴訟のうち、併合請求の裁判籍が認められる場合を、法三八条前段の場合（訴訟の目的である権利又は義務が数人について共通であるとき、又は同一の事実上及び法律上の原因に基づくとき）に限定している。これは、旧法下における多数説の解釈を規定上も明確にすることによって、併合請求の裁判籍をめぐる解釈上の争いを立法的に解決したものであり、「同一の裁判所で一挙に紛争を解決することによる利益と、併合請求の裁判籍によってのみ管轄が認められることになる被告の不利益との調和を図ろうとしたものである」と説明されている（法務省民事局参事官室編『一問一答新民事訴訟法』三五頁）。本件の原審は、この「併合請求の裁判籍によってのみ管轄が認められることになる被告の不利益」のなかに、事物管轄が地方裁判所に認められることによる不利益、具体的には、支配人以外の従業員の許可代理（法五四条一項ただし書）や、続行期日における準備書面の擬制陳述（法二七七条、一五八条）が許容されなくなることなども含まれるとの理解の下に、訴訟の目的である権利又は義務が同種であって事実上及び法律上同種の原因に基づくにすぎない法三八条後段の共同訴訟については、法七条ただし書により同条本文は適用されず、法九条を適用して各請求の価額を合算して訴訟の目的の価額を算定することはできないとの解釈を採ったものと思われる。

しかしながら、この原審の解釈は、法七条ただし書創設の立法の趣旨及び経緯や、同条が土地管轄規定であることを正解としないもので、立案を担当した筆者からすれば、驚愕すべき解釈というほかない。本決定が判示するとおり、「法七条ただし書の趣旨は、法三八条後段の共同訴訟において、一の請求の裁判籍によって他の請求についても土地管轄が認められると遠隔地での応訴を余儀なくされる他の請求の被告の不利益に配慮するものである」のであって、旧法下における多数説もこのような配慮に基づくものであったのである。また、これも本決定が判示するように、「法七条は、法四条から六条の二までを受けている文理及び条文が置かれた位置に照らし、土地管轄について規定するものであって事物管轄について規定するものではないことが明らか」である。法の管轄の節（第一編第二章第二節）は、旧法におけるのと同様に、まず土地管轄の規定群（四条から七条まで）を、次いで事物管轄の規定群（八条及び九条）を、その後に、土地管轄と事物管轄の双方に適用のある規定群（一〇条から二二条まで）を置くという配列順序で構成されており、受訴裁判所が管轄の有無を検討するにあたっては、まず土地管轄の有無を検討し、その後に事物管轄の有無を検討するという順序によるべきことを明らかにしているのである。そして、法九条本文は、土地管轄のある複数の請求についての訴えの事物管轄を定めるにあたり、これらの請求を合算することを定めるものであるから、法七条の併合請求の裁判籍を持ち出すまでもなく（すなわち、法四条から六条の二までのいずれかの規定により）土地管轄のある法三八条後段の共同訴訟については、当該訴訟における各被告に対する請求を合算するのが当然なのである。したがって、本決定は、立法の趣旨・経緯に照らし当然採られるべき解釈を誤った下級審を正したものということができる。

なお、本決定をめぐる評釈のなかには、事物管轄についても、地方裁判所と簡易裁判所の管轄区域の違いから、被告が離島の住民の場合など、遠隔地の地方裁判所での応訴を余儀なくされる場合があり、このような場合については、原審のような解釈が採用されてよいとするものがある（「座談会　民事訴訟手続における裁判実務の動向と検討　第三回」における春日偉知郎発言・判タ一三七五号一〇頁）。しかしながら、事物管轄に関して遠隔地の裁判所での応訴を余儀なくされるという事態の発生は、法七条ただし書創設の検討の際には想定されていなかったものであり、このようなきわめて例外的な場合に対処するために管轄規定群の配置構成と整合しない解釈を採ることが相当であるとも思われない。指摘のような場合については、当事者間の衡平を図るという観点から、必要に応じ、法一七条のいわゆる裁量移送による対処を行うことが相当であると考える。この考え方に対しては、同条は、管轄裁判所が提訴時において複数ある場合の規定であって、上記のような場合には適用することができないのではないかとの問題点の指摘もある（同座談会一一頁における山本和彦発言）が、指摘のような場合には、当該被告に係る訴訟の弁論を他の請求とは分離して移送することになるものであり、弁論を分離すれば、簡易裁判所にも管轄権が生ずるのであるから、同条を適用することに支障はないと思われる（同旨・同座談会同頁における垣内秀介発言）。

五　総　括

法制審議会の審議を経て行われた平成の立法について解釈問題が生ずる理由ないし原因について、三つのケースを例に取り上げて考察してきた。その結果、一つ目に取り上げた個人再生手続における詐害行為取消訴訟の取扱いのケースと、二つ目に取り上げた個別株主通知のケースによって、本稿の初めに述べたような法制審議会における慎重で徹底的とも見える手続を経ても、なお検討が尽くされずに立法に至る箇所が残る場合があることが明らかとなった。また、一つ目に取り上げた上記ケースと、最後に取り上げた共同訴訟と事物管轄のケースにおいては、立法の趣旨や経緯についての正確な理解を欠くために誤った解釈が生み出されて、解釈問題が生ずることがあることも明らかとなった。もっと多くのケース研究を行えば、平成の立法について解釈問題が生ずる他の要因が発見される可能性はあるが、法制審議会の審議において検討が尽くされない箇所が残ることと、立法の趣旨・経緯についての正確な理解を欠くことが、平成の立法について解釈問題が生ずる主要な要因の一つであることは間違いないと思われる。

法制審議会の審議を経てもなお検討が尽くされずに立法に至る箇所が残る場合があるのは、法制審議会を通じた法律案の立案作業にも、納期ともいうべき立案作業の時間的制約があること、関係各界から専門家を結集して検討を進めても、新たな制度の導入の当否それ自体が大きな論点となった場合には、その点に議論が集中する結果、導入する新制度の細部についてまで検討が及ばないことがあることに起因するといえよう。今後の立法作業にあたっては、立案の担当官はもとより、法制審議会の専門部会での審議に委員、幹事、関係官として参画される方々におかれても、そのような検討漏れが生じないよう、より一層細心の注意を払われるようにお願いしたい。しかしながら、いくら細心の注意を払っても、所詮は人間の行う作業であるから、検討漏れによるバグが発生することは不可避であろう。そうすると、今後も、立法段階の検討漏れによる解釈問題が生ずることは避けられないことになるが、その場合に、解釈問題を解決すべき裁判所としては、法制審議会が検討漏れとなった箇所についても審議を尽くしたとすればどういう結論を出したであろうかという視点から、法制審議会における審議の経緯を十分に調査することが、正しい解釈を導き出すことにつながると思われる。

他方、立法の趣旨や経緯についての正確な理解を欠くために誤った解釈を示してしまい、解釈問題を惹起させることは、裁判官として絶対に避けねばならないものであることは多言を要しないが、そのためにも、法制審議会における審議の経緯を十分に調査することが肝要である。

各立法については、立案担当官による解説が単行本ないし法律雑誌掲載論文として公表されているほか、平成一〇年代に入った後の各立法作業については、法制審議会の各専門部会の議事録が法務省のホームページ上で公開されているので、これらを参照することが、立法の趣旨及び経緯を正確に把握するうえで有益であろう。また、立法によっては、法制審議会の専門部会の審議に参画された方々が入った座談会や研究会が法律雑誌に掲載されており、これらも参考になる場合があると思われる。

田原睦夫先生 古稀・最高裁判事退官記念論文集
現代民事法の実務と理論（上巻）

平成25年6月27日　第1刷発行

編　者　一般社団法人金融財政事情研究会
発行者　倉　田　　勲
印刷所　図書印刷株式会社

〒160-8520　東京都新宿区南元町19
発　行　所　一般社団法人 金融財政事情研究会
編 集 部　TEL 03(3355)2251　FAX 03(3357)7416
販　　売　株式会社 き ん ざ い
販売受付　TEL 03(3358)2891　FAX 03(3358)0037
URL http://www.kinzai.jp/

ISBN978-4-322-12344-9
ISBN978-4-322-12148-3（セット）
〈分売不可〉